高等学校法学教学丛书
GAODENG XUEXIAO FAXUE JIAOXUE CONGSHU

编委会

顾　问　伍柳村　周应德

主持人　李　平

编委会　（按姓氏笔画为序）

　　　　王建平　左卫民　古立峰　龙宗智

　　　　向朝阳　李　平　陈永革　里　赞

　　　　周　伟　金　明　杨遂全　唐　磊

宪法教程
（第二版）

高等学校法学教学丛书

主　编　周　伟　谢维雁

撰稿人（以姓氏笔画为序）

李　累　李勇军　周　伟

陶　涛　梁琼芳　谢维雁

四川大学出版社

项目策划：蒋姗姗
责任编辑：蒋姗姗
责任校对：王小碧
封面设计：墨创文化
责任印制：王　炜

图书在版编目（CIP）数据

宪法教程／周伟，谢维雁主编．—2版．—成都：四川大学出版社，2020.12
（高等学校法学教学丛书）
ISBN 978-7-5690-4254-2

Ⅰ．①宪… Ⅱ．①周… ②谢… Ⅲ．①宪法－中国－高等学校－教材 Ⅳ．①D921

中国版本图书馆CIP数据核字（2020）第271255号

书　名	宪法教程（第二版）
主　编	周　伟　谢维雁
出　版	四川大学出版社
地　址	成都市一环路南一段24号（610065）
发　行	四川大学出版社
书　号	ISBN 978-7-5690-4254-2
印前制作	四川胜翔数码印务设计有限公司
印　刷	郫县犀浦印刷厂
成品尺寸	185mm×260mm
印　张	26
字　数	628千字
版　次	2021年2月第2版
印　次	2021年2月第1次印刷
定　价	65.00元

◆ 版权所有 ◆ 侵权必究 ◆

◆ 读者邮购本书，请与本社发行科联系。
电话：(028)85408408/(028)85401670/
(028)86408023　邮政编码：610065
◆ 本社图书如有印装质量问题，请寄回出版社调换。
◆ 网址：http://press.scu.edu.cn

四川大学出版社
微信公众号

目 录

第一编 宪法总论

第一章 什么是宪法 (1)
第一节 宪法的含义 (1)
一、宪法的概念 (1)
二、法治 (8)
第二节 宪法的特征 (11)
一、在调整对象上的特点 (11)
二、在内容上的特点 (13)
三、在制定和修宪程序上的特点 (17)
四、在法律效力上的特点 (18)
第三节 宪法的渊源 (18)
一、宪法渊源的概念 (18)
二、宪法渊源的判定标准 (18)
三、宪法渊源的种类 (19)
第四节 宪法的分类 (23)
一、传统的宪法分类 (23)
二、新的宪法分类 (26)
第五节 宪法的结构 (29)
一、宪法序言 (29)
二、宪法正文 (35)
三、宪法附则 (36)

第二章 宪法的历史发展 (38)
第一节 近代宪法的产生与发展 (38)
一、近代宪法产生的基础 (38)
二、西方国家宪法的产生 (39)
三、宪法的发展 (41)
四、当代宪法的发展特点 (43)
第二节 近代中国宪法的产生与发展 (45)
一、清朝末年的制宪活动 (45)

二、孙中山的宪政思想和《中华民国临时约法》……………………（46）
　　三、北洋军阀时期的宪法………………………………………………（47）
　　四、国民党政府制定的宪法……………………………………………（48）
　　五、人民革命根据地的宪法性文件……………………………………（48）
 第三节　中华人民共和国宪法的产生与发展……………………………（50）
　　一、《中国人民政治协商会议共同纲领》………………………………（50）
　　二、1954年宪法…………………………………………………………（50）
　　三、1975年宪法…………………………………………………………（52）
　　四、1978年宪法…………………………………………………………（52）
　　五、1982年宪法…………………………………………………………（53）

第二编　国家权力

第三章　国家权力总论………………………………………………………（57）
 第一节　国家权力的概念…………………………………………………（57）
　　一、权力的概念、本质与特征…………………………………………（57）
　　二、国家权力的功能……………………………………………………（60）
 第二节　国家权力的理论基础……………………………………………（61）
　　一、有限政府理论………………………………………………………（61）
　　二、社会契约理论………………………………………………………（62）
　　三、人民主权理论………………………………………………………（64）
 第三节　国家权力的来源与合法性………………………………………（65）
　　一、选举…………………………………………………………………（65）
　　二、政党…………………………………………………………………（78）
 第四节　国家政权组织形式………………………………………………（91）
　　一、政体的概念…………………………………………………………（91）
　　二、现代政体的基本类型………………………………………………（92）
　　三、我国的政权组织形式………………………………………………（93）
 第五节　国家结构形式……………………………………………………（100）
　　一、国家结构形式的概念………………………………………………（100）
　　二、国家结构形式的主要类型…………………………………………（100）
　　三、我国的国家结构形式………………………………………………（101）

第四章　我国的立法机构……………………………………………………（106）
 第一节　概　　述…………………………………………………………（106）
　　一、人民代表大会的概念………………………………………………（106）
　　二、人民代表大会的性质………………………………………………（107）
　　三、人民代表大会的原则………………………………………………（108）

四、人民代表大会代表制度的历史演变 …………………………………………… (111)
　第二节　全国人民代表大会的组织体制 ……………………………………………… (113)
　　一、全国人民代表大会的组织体系 ……………………………………………… (113)
　　二、全国人民代表大会常务委员会的工作机构 ………………………………… (119)
　第三节　全国人民代表大会会议制度 ………………………………………………… (121)
　　一、全国人民代表大会会议 ……………………………………………………… (121)
　　二、全国人民代表大会常务委员会会议 ………………………………………… (124)
　　三、全国人民代表大会专门委员会会议 ………………………………………… (125)
　第四节　全国人民代表大会及其常务委员会的职权 ………………………………… (126)
　　一、立法权 ………………………………………………………………………… (126)
　　二、监督权 ………………………………………………………………………… (131)
　　三、决定权 ………………………………………………………………………… (134)
　　四、任免权 ………………………………………………………………………… (136)
　第五节　人民代表大会代表 …………………………………………………………… (138)
　　一、人民代表大会代表的概念 …………………………………………………… (138)
　　二、人民代表大会代表的选举 …………………………………………………… (138)
　　三、人民代表大会代表的权利与义务 …………………………………………… (141)
　　四、代表与选民的关系 …………………………………………………………… (143)
　　五、人民代表大会代表履行职责的保障 ………………………………………… (145)

第五章　中国人民政治协商会议 ………………………………………………………… (148)
　第一节　中国人民政治协商会议概述 ………………………………………………… (148)
　　一、中国人民政治协商会议的历史演变 ………………………………………… (148)
　　二、中国人民政治协商会议的性质和地位 ……………………………………… (151)
　第二节　中国人民政治协商会议的构成 ……………………………………………… (152)
　　一、中国人民政治协商会议全国委员会的构成 ………………………………… (152)
　　二、中国人民政治协商会议地方委员会的构成 ………………………………… (154)
　第三节　中国人民政治协商会议的职能 ……………………………………………… (155)
　　一、中国人民政治协商会议职能的演变 ………………………………………… (155)
　　二、中国人民政治协商会议的主要职能 ………………………………………… (155)
　第四节　中国人民政治协商会议的工作方式 ………………………………………… (156)
　　一、会议 …………………………………………………………………………… (156)
　　二、提案 …………………………………………………………………………… (157)
　　三、视察 …………………………………………………………………………… (157)
　　四、专题调研 ……………………………………………………………………… (157)
　　五、其他方式 ……………………………………………………………………… (157)

第六章　我国的行政机关 ………………………………………………………………… (159)
　第一节　行政机关概述 ………………………………………………………………… (159)
　　一、行政机关的概念 ……………………………………………………………… (159)

二、行政机关体制类型 …………………………………………………… (159)
　　三、行政机关的组织形式 …………………………………………………… (161)
　　四、行政机关的一般职权 …………………………………………………… (162)
第二节　国务院 …………………………………………………………………… (162)
　　一、中央人民政府的历史演变：从政务院到国务院 …………………… (162)
　　二、国务院与全国人民代表大会及其常务委员会的关系 ……………… (164)
　　三、国务院的组成 ………………………………………………………… (165)
　　四、国务院的任期 ………………………………………………………… (165)
　　五、国务院的领导体制 …………………………………………………… (165)
　　六、国务院的职权 ………………………………………………………… (166)
　　七、国务院的组织体系 …………………………………………………… (168)

第七章　国家元首 ……………………………………………………………………… (190)
第一节　国家元首概述 …………………………………………………………… (190)
　　一、国家元首的历史演变 ………………………………………………… (190)
　　二、国家元首的概念 ……………………………………………………… (191)
　　三、国家元首的特征 ……………………………………………………… (192)
　　四、国家元首的类型 ……………………………………………………… (192)
第二节　国家元首的职权 ………………………………………………………… (193)
　　一、立法提案权 …………………………………………………………… (193)
　　二、法律公布权 …………………………………………………………… (193)
　　三、外交权 ………………………………………………………………… (193)
　　四、军事权 ………………………………………………………………… (194)
　　五、人事任免权 …………………………………………………………… (194)
　　六、赦免权 ………………………………………………………………… (194)
　　七、荣典权 ………………………………………………………………… (194)
第三节　我国的国家元首制度 …………………………………………………… (194)
　　一、我国国家元首制度的历史演变 ……………………………………… (194)
　　二、我国国家元首制度的内容 …………………………………………… (197)

第八章　我国的监察委员会 …………………………………………………………… (200)
第一节　监察委员会的性质和地位 ……………………………………………… (200)
　　一、监察委员会的性质 …………………………………………………… (200)
　　二、监察委员会的地位和组成 …………………………………………… (200)
第二节　监察委员会的职责、监察范围和管辖 ………………………………… (201)
　　一、监察委员会的职责 …………………………………………………… (201)
　　二、监察委员会的监察范围和管辖 ……………………………………… (201)
第三节　监察委员会的监察权限 ………………………………………………… (201)
　　一、监督、调查权 ………………………………………………………… (201)
　　二、要求说明、陈述权 …………………………………………………… (201)

三、询问权…………………………………………………………(202)
四、留置权…………………………………………………………(202)
五、查询、冻结权…………………………………………………(202)
六、搜查权…………………………………………………………(202)
七、调取、查封、扣押权…………………………………………(202)
八、勘验检查、鉴定权……………………………………………(202)
九、采取技术措施权………………………………………………(202)
十、通缉和限制出境权……………………………………………(203)
十一、建议权………………………………………………………(203)

第九章 我国的审判机关与检察机关………………………………(204)
　第一节 司法机关概述……………………………………………(204)
　　一、司法权与司法机关的概念…………………………………(204)
　　二、司法机关的特征……………………………………………(204)
　　三、司法机关的功能……………………………………………(205)
　第二节 司法机关的组织与职权…………………………………(208)
　　一、人民法院……………………………………………………(208)
　　二、人民检察院…………………………………………………(212)
　第三节 司法机关的地位…………………………………………(214)
　　一、司法机关与党的领导………………………………………(214)
　　二、司法机关与同级国家权力机关的关系……………………(215)
　　三、司法机关与行政机关的关系………………………………(216)

第十章 我国的军事机关……………………………………………(220)
　第一节 我国军事机关的历史沿革………………………………(220)
　第二节 中央军事委员会…………………………………………(220)
　　一、中央军事委员会的性质和地位……………………………(220)
　　二、中央军事委员会的组成和任期……………………………(221)
　　三、中央军事委员会的职权……………………………………(221)
　　四、中央军事委员会的领导体制………………………………(221)

第十一章 我国的地方制度…………………………………………(223)
　第一节 地方制度概述……………………………………………(223)
　　一、地方制度的概念……………………………………………(223)
　　二、地方制度的特点……………………………………………(223)
　第二节 民族区域自治地方………………………………………(224)
　　一、民族区域自治地方的概念…………………………………(224)
　　二、民族区域自治地方的特征…………………………………(225)
　　三、民族区域自治地方的设立…………………………………(225)
　　四、民族区域自治地方的自治权………………………………(228)
　第三节 一般地方制度……………………………………………(233)

一、地方各级人民代表大会 (233)
　　二、县级以上地方各级人民代表大会常务委员会 (235)
　　三、地方各级人民政府 (237)
　　四、普通行政区域 (239)
　第四节　基层群众自治组织 (247)
　　一、基层群众自治组织概述 (247)
　　二、居民委员会 (249)
　　三、村民委员会 (250)

第十二章　我国的特别行政区制度 (252)
　第一节　特别行政区的法律地位 (252)
　第二节　特别行政区与中央的关系 (253)
　　一、中央行使国家主权原则：中央人民政府对特别行政区行使的权力 (253)
　　二、特别行政区实行高度自治原则：特别行政区享有的自治权 (255)
　第三节　特别行政区的政治体制 (257)
　　一、行政长官 (257)
　　二、行政机关 (259)
　　三、立法机关 (260)
　　四、司法机关 (262)

第三编　基本权利

第十三章　基本权利总论 (265)
　第一节　基本权利的概念和特征 (265)
　　一、基本权利的概念 (265)
　　二、基本权利的特征 (266)
　第二节　基本权利的主体 (268)
　　一、自然人 (269)
　　二、法人和其他组织 (275)
　第三节　基本权利的分类和体系 (278)
　　一、宪法未列举的基本权利或者未予类型化的权利 (278)
　　二、宪法列举的类型化的基本权利 (279)
　第四节　基本权利的历史发展 (284)
　　一、古典宪法的基本权利 (284)
　　二、现代宪法的基本权利 (286)
　第五节　基本权利的效力 (290)
　　一、基本权利效力的概念和特点 (290)
　　二、基本权利的效力类型 (290)

第六节　基本权利的限制·····································(291)
　一、限制基本权利的原因和依据·······················(292)
　二、限制基本权利的基本形式··························(294)
　三、限制权的界限··(297)
　四、特别权力关系中的限制·····························(298)

第十四章　公民基本权利：公民权利和政治权利·······(300)
第一节　公民权利··(300)
　一、生命权··(300)
　二、人格尊严···(308)
　三、平等权··(312)
　四、宗教信仰自由···(321)
　五、人身自由···(324)
　六、居住自由···(329)
　七、迁徙自由···(333)
　八、隐私权··(337)
　九、通信自由与通信秘密·································(341)
　十、财产权··(344)

第二节　政治权利··(351)
　一、选举权与被选举权····································(351)
　二、担任国家公职的权利·································(354)
　三、言论自由···(355)
　四、出版自由···(360)
　五、结社自由···(362)
　六、集会、游行、示威的自由··························(367)
　七、请愿权··(369)
　八、信息自由···(372)

第十五章　公民基本权利：经济、社会和文化权利·····(379)
第一节　经济权利··(379)
　一、经济自由···(379)
　二、经济平等···(381)
　三、社会保障权利···(383)
　四、劳动权··(386)

第二节　社会权利··(391)
　一、妇女权利···(391)
　二、受教育权利··(394)

第三节　文化权利··(398)
　一、科学研究自由···(398)
　二、文学艺术创作自由····································(400)
　三、参加文化生活权利····································(401)

第一编 宪法总论

第一章 什么是宪法

【本章学习提示】 本章讨论的是宪法的基本问题，由五节组成。第一节分析了宪法的概念，第二节分析了宪法的特征，第三节介绍了宪法渊源的种类，第四节介绍了宪法的分类，第五节分析了宪法的结构。

第一节 宪法的含义

一、宪法的概念

（一）"宪法"的词源

1. 西语"宪法"（Constitution）一词的由来

在西方，宪法一词来源于拉丁文的 Constitutio。从 Constitutio 演变为今日英文的 Constitution，经历了漫长的历史；Constitution 具有今日宪法之含义，也经历了一个长期演变的过程。Constitution 一词初为建立、组织、构成与构造之意。在古希腊时就开始使用"宪法"，亚里士多德（Aristotle）[①] 曾经编辑过《一百五十八国宪法》[②]。一般认为，到中世纪时，亚里士多德所编《一百五十八国宪法》已然无存，近代学者所见到的只是后来学者所作的许多引证和引文。不过，1880 年在埃及沙漠中发现两小页破损的纸草纸，后经学者鉴定，证实这两页纸草纸来自政制论著中最重要的一部即《雅典政制》（即《雅典宪法》）的抄本。之后，学者又在不列颠博物馆保存的来自埃及的纸草卷中认出有 4 页是几乎包括全文的抄本。经过整理，不久以后，亚里士多德所著《一百五

---

① 亚里士多德被认为是西方最早谈论宪法又影响最大的哲学家。见徐秀义、韩大元：《宪法学原理》（上），中国人民公安大学出版社 1993 年版，第 48～49 页。
② 有的学者将其称为一百五十八部"政制"，见［古希腊］亚里士多德：《雅典政制》，日知、力野译，商务印书馆 1959 年版，英译者序言。

十八国宪法》中的最重要的一部即《雅典宪法》①（中译文为《雅典政制》）得以公开出版。亚里士多德被认为是西方最早阐述宪法问题和为"宪法"一词下定义的思想家。他在《政治学》中指出："政体（宪法）为城邦一切政治组织的依据，其中尤其着重于政治所由以决定的'最高治权'的组织"②；"……法律实际是也应该是根据政体（宪法）来制订的，当然不能叫政体来适应法律。政体可以说是一个城邦的职能组织，由以确定最高统治机构和政权的安排，也由以订立城邦及其全体各分子所企求的目的。"③ 亚里士多德频繁地使用"宪法"一词。他所谓"宪法"虽然也被认为宪法是国家的根本法，是建立国家制度的依据，但此"根本法"非彼"根本法"，它既未规定公民权利，也不限制国家权力，只是关于国家机关之组织和执掌的法律。④ 古希腊宪法是古希腊法的组成部分。城邦有关公民资格、公民的权利与义务的法律以及有关行政机构、议事机构和法庭的选任、组织、权限、责任的法律，构成了城邦宪法的基本内容。⑤

古罗马并没有 constitutio 一词，但表示 polis 的统治形态之 politeia 与之相近。如西塞罗的 *De Re Publica*（中译《论共和国》）中，当时的 status publicus 之观念，系用以表示平民的权力是构成全罗马人统治的泉源之国家状态。⑥ 此处指的是一种政治形态，或称政制，或称政体，这与后世学者所谓罗马宪法，是完全不同的。今称罗马宪法者，是指罗马帝国时期罗马皇帝的各种建制和他所发布的诏令、谕旨等，借以区别由市民会议和元老院通过的法律文件，如《查士丁尼安新律》（Novel Constitutions of Justinian），内容主要涉及公共行政和宗教事务，属于机构法或组织法的性质。在古罗马，随着帝国的建立，帝王权威逐步扩张，并以敕令的形式直接参与立法和司法。公元2世纪时，元老院立法创制权基本丧失，取而代之的则是皇帝的立法权。皇帝敕令包括诏谕（对全体人民所发的通令）、裁决（关于非常诉讼案件中皇帝所为之裁判）、批复（皇帝对于人民或官吏法律上的疑问所做的答复）、训示（皇帝在官吏就职之时对其所作的指示）等。⑦

中世纪的欧洲，"宪法"一词则被用来专指确认封建主与教会关系和各项特权的法律。在英国，12世纪中叶曾用 Constitutun 一词来指称英国国王亨利二世颁布的调整国王与教士之间关系的法律。亨利二世于1164年颁布国家对教会特权进行限制的法令，称为《克拉伦敦宪法》（Constitutions of Clarendon），用以限制教皇和教会在英国的特权。1215年，英王约翰签署的调整国王同贵族、诸侯及僧侣之间关系的大宪章，被学者认为是世界历史上第一部近代意义上的宪法。Constitution 一词最初是指"章程"，即"一组规则，用来规定任一团体的结构和组织的主要组成部分，这些团体包括俱乐

---

① 中文译者在"译后记"中说：希腊文 πολα（英文多译为 constitution），在书名译作"政制"，因为这是一部政治制度的论著；书中则译作"宪法"，因为所指的是各阶段的具体宪法，或成文，或不成文。见［古希腊］亚里士多德：《雅典政制》，日知、力野译，商务印书馆1959年版，译后记。可见，《雅典政制》即《雅典宪法》。
② ［古希腊］亚里士多德：《政治学》，吴寿彭译，商务印书馆1997年版，第129页。
③ ［古希腊］亚里士多德：《政治学》，吴寿彭译，商务印书馆1997年版，第178页。
④ 龚祥瑞：《比较宪法与行政法》，法律出版社2003年第2版，第28页。
⑤ 何勤华、张海斌主编：《西方宪法史》，北京大学出版社2006年版，第19页。
⑥ 参见［日］阿部照哉等：《宪法——总论篇、统治机构篇》（上），中国政法大学出版社2006年版，第3页。
⑦ 江平、米健：《罗马法基础》，中国政法大学出版社2004年版，第96页。

部、协会、工会、政党及一国的公民。"① 这里"一国的公民"中的"国"只意味着特殊"团体"而非政治意义上的国家。16世纪末17世纪初，英语世界的人开始将Constitution与法人实体和政治实体联系起来。1688年光荣革命以后，Constitution一词才被用于国家的基本法令。1727年伦敦出现了《英国宪法：或不列颠政府的基本形式》一书。② 但直到1758年，在埃梅里希·德·瓦特尔写下"一个国家的政体（constitution）是决定公共权威行使方式的根本性安排"的时候，Constitution的意义才发生了重要转折，③ 也即获得了宪法的意义。14世纪的法国，已经存在"国法"与"王法"的区别。"国法"是指未经贵族、僧侣、平民组成的三级会议同意，国王不能自行变更和废止的法律。如国王违背了这些法律，人民没有服从的义务。"王法"是国王可以自行变更或废止的法律，国王的立法权受自然法、上帝法及国家根本组织法的限制，法律未在审议院登记不发生效力。"国法"又被称为基本法。法国16世纪时的法学家Loyseau说："根本法是因为要严厉限制国王权力而设的。"④ 直到法国大革命时期制定的《人权宣言》，"国法"一词才被"宪法"所取代。中世纪的这些法律或文件无论从形式上或实质上都不是现代意义上的国家根本法，但从中世纪起，"宪法"已失去了诏令的意义，增加了调整国家与其属民关系的意义。

直到近代，宪法才具有了如下特征，即限制国家权力，保障公民基本权利。宪法通过规定政府的构成、国家机关的职权及其运行程序对国家权力进行制约，而且更为重要的是规定了公民的基本权利并确立起政府不得侵犯公民个人权利的原则。限制国家权力只是手段，而保障公民权利才是宪法的终极目标。因此，近代意义上的宪法是指限制国家权力、保障公民基本权利的基本法律。

2. 中文"宪法"一词之由来

在中国古代文献中，宪法一词被反复使用。在名称上并不统一，称为"宪""宪法""宪令""宪章""宪典""宪纲"等。我国古典文献中"宪"字有以下几种含义：第一，指法，可以指除刑律之外的国家典章制度，也可以指包括刑律、典章制度在内的国家的整个法律制度；第二，指一般的法律、法令；第三，指法律或禁令的公布；第四，指效法、遵循；第五，指受法律的惩罚和制裁；第六，指御史和监察机关；第七，指具有最高效力的法律、法令。⑤ 我国古典文献中的"宪法"一词系"宪"和"法"两个同义词素的组合，相当于法制、法纪，指法律、法令，有时是指最重要的、最根本的法律准则。⑥ 在"鉴于先王成宪，其永无愆"（《尚书》），"宪，法也"（《尔雅》《佩文韵府》），"赏善罚奸，国之宪法也"（《国语·晋语》），"正月之朔，百吏在朝，君乃出令布宪于国。宪既布，有不行宪者，谓之不从令，罪死不赦"（《管子·立政》），"法者，宪令著

---

① [英]戴维·M·沃克：《牛津法律大辞典》，邓正来等译，光明日报出版社1988年版，第200~201页。
② [美]杰拉尔德·施图尔茨：《Constitution：17世纪初到18世纪末的词义演变》，载[美]特伦斯·鲍尔、约翰·波考克主编：《概念变迁与美国宪法》，谈丽译，华东师范大学出版社2010年版，第36页。
③ [美]杰拉尔德·施图尔茨：《Constitution：17世纪初到18世纪末的词义演变》，载[美]特伦斯·鲍尔、约翰·波考克主编：《概念变迁与美国宪法》，谈丽译，华东师范大学出版社2010年版，第28页。
④ 转引自王世勋、江必新编著：《宪法小百科》，光明日报出版社1987年版，第5页。
⑤ 钱大群："宪"义略考》，载《南京大学学报》1984年第2期。
⑥ 钱大群："宪"义略考》，载《南京大学学报》1984年第2期。

于官府,刑罚必于民心"(《韩非子·宪法》)等典籍中的"宪""宪法",都指一般法律,主要指刑律。"百官奉宪,各遵其职,而国统备矣"(《史记》)中的"宪"则指典章制度。在"宪禁于王宫"(《周礼》)、"令群吏宪禁令"(《周礼》)中的"宪"是将法律、禁令予以公布的意思。在"祖述尧舜,宪章文武"(《中庸》),"宪章者,迎守其法"(《四书章句》)中的"宪"指遵守法律。在"中丞案裁之职,被宪者多结怨"(《南齐书·沈仲传》)中的"宪"是指受法律制裁。归纳起来,中国古典文献中的"宪"字有两种用法:一是用作名词,指普通法律、法规,有时也指重要的法律、法规,但更多的是指刑律。可见,中国古典文献中的"宪"和"宪法",虽然有时也含有"根本规范""基本准则"或"根本制度"等含义,表示一个社会或国家中对于社会秩序或统治秩序具有根本性的价值观念或规范体系,但并不具有现代宪法的含义。二是用作动词,指公布、宣传、实施法律。如"宪刑禁"就是公布刑法。《康熙字典》对"宪"字的解释是:"悬法示人曰宪"。

中国今日的宪法概念非由古代"宪法"一词发展而来,而是一个舶来品。中国古代文化对今日世界普遍施行之宪法贡献殊少,那种从中国传统中找寻现代宪法渊源的做法是不可取的。宪法概念与宪法词汇具有不同的性质,词汇虽早已存在,但现代宪法的概念却是从西方引进的。[①] 中国使用现代意义上的宪法一词是19世纪末20世纪初的事情。随着中国封建统治的衰败乃至瓦解,至1840年清政府在鸦片战争中失败,帝国主义全面侵入中国,中国沦为半殖民地半封建社会。外敌入侵和国内政治的腐败,中国的先进知识分子开始向西方学习,希望以西方国家的治理模式改造中国。19世纪80年代,中国近代改良主义思想家郑观应提出立宪议院政治的主张。他在《盛世危言》一书中第一次使用"宪法"一词。1895年,清廷在甲午战争中遭到失败,以康有为、梁启超为首的资产阶级改良派举起"变法""维新"大旗,提出"伸民权,争民主,开议院,定宪法"的政治主张,拉开了一场在中国历史上持续已逾百年的宪政运动。1908年,为缓和国内矛盾,敷衍民意,清政府颁布了《钦定宪法大纲》。这是我国在正式的法律文件中首次使用"宪法"一词。从此,宪法一词正式进入到中国的政治舞台,成为一个具有专门含义的特定法律用语。

(二)宪法的概念

1. 立宪主义:宪法概念成立的前提

立宪主义是"依据宪法运行政治的原理",[②] 或者是"通过宪法治理国家的政治原理,即国家权力的运行严格按照宪法原则进行,行使权力的主体受宪法的约束"。[③] 限制权力和保障人权是立宪主义的两个关键要素。法国1789年《人权宣言》第16条规定:"凡权利无保障和分权未确立的社会,就没有宪法。"由于限制权力只是保障人权的手段,因此,保障人权是立宪主义的最高价值。立宪主义在本质上是一套保障人权的价值观念。立宪主义被用来"建立并推动某类政治制度的实践,这类制度中包含有体现有限政府原理的规则";"它们通常含有保障政治或经济权利和自由的法案或宪章,以及旨

[①] 徐秀义、韩大元:《宪法学原理》(上),中国人民公安大学出版社1993年版,第54页。
[②] [日]阿部照哉等:《宪法》(上),周宗宪译,中国政法大学出版社2006年版,第6页。
[③] 韩大元:《亚洲立宪主义研究》,中国人民公安大学出版社1996年版,第9页。

在保护个人权利不受国家侵犯的其他结构性特征。"① 同时，从立宪主义概念中我们可以推导出，宪法必须具有至高无上的权威。在形式的意义上，立宪主义旨在"建立、管理或约束政府的规则"②，它是"科学地组织国家权力的方法和原则"③。也就是说，立宪主义是要构建立宪政体④，并以此将国家权力纳入宪法的控制之下。美国革命家托马斯·潘恩指出："宪法是一样先于政府的东西，而政府只是宪法的产物。一国的宪法不是其政府的决议，而是建立其政府的人民的决议。"⑤ 宪法一旦制定，它就具有最高法律效力，任何国家机关、社会组织或个人都不得凌驾于宪法之上。在此，立宪主义又表征着一种法治精神。大体而言，立宪主义包含以下内容：(1) 宪法本身的正当性。(2) 法治原则。(3) 权力制约。(4) 人权保障原理。(5) 宪法的法典化。⑥

"没有任何西方政治思想比立宪主义更具有权威性。"⑦ 立宪主义是宪法的基础，立宪主义原理的价值远远高于宪法本身的价值。立宪主义决定了宪法的正当性、合理性。未确立立宪主义的宪法徒有宪法之名，不可能产生宪法之实效。只有建立在立宪主义基础上的宪法才是名副其实的、真正的宪法。

2. 宪法的概念

宪法是一个国家的根本大法，是一国法律体系的核心。就宪法而言，到目前为止，还没有一个学界公认的概念。

学者们从不同的角度对宪法进行界定，形成了各式各样的宪法概念。这些宪法概念主要有以下类型：

(1) 形式意义的宪法概念与实质意义的概念

形式意义的宪法，即不管宪法规定的具体内容如何，只要具备宪法典的形式或者具有最高法律效力即是宪法。形式意义的宪法概念的要素有二：具有成文法典的形式；具有特定的修改程序。⑧ 如美国学者施华兹说："宪法是包括治理国家的指导原则的根本法。"⑨

实质意义的宪法概念则是指规定国家政治制度的结构与作用的国家根本法。就实质意义上而言，"每个国家都有宪法，因为每个国家都是依据某些基本原则和规则进行运

---

① [英] 戴维·米勒、韦农·波格丹著：《布莱克维尔政治学百科全书》，邓正来等译，中国政法大学出版社 2002 年版，第 183 页。
② 同①。
③ 徐秀义、韩大元：《宪法学原理》(上)，中国人民公安大学出版社 1993 年版，第 29 页。
④ 立宪政体即"根据明确的原则和规则执政的国家政府或组成的政治共同体"。见 [英] 戴维·M·沃克：《牛津法律大辞典》，邓正来等译，光明日报出版社 1988 年版，第 201 页。
⑤ [美] 托马斯·潘恩：《潘恩选集》，商务印书馆 1981 年版，第 146 页。
⑥ 徐秀义、韩大元：《宪法学原理》(上)，中国人民公安大学出版社 1993 年版，第 32~33 页。
⑦ [美] 格伦·廷德：《政治思考：一些永久性问题》，王宁坤译，世界图书出版公司北京公司 2010 年版，第 155 页。
⑧ 徐秀义、韩大元：《宪法学原理》(上)，中国人民公安大学出版社 1993 年版，第 60 页。另有学者认为，宪法的形式意义包括三层含义：(1) 宪法以成文法律形式表现；(2) 宪法的效力高于普通法律；(3) 宪法的制定和修改难于普通法律。见肖泽晟：《宪法学——关于人权保障与权力控制的学说》，科学出版社 2003 年版，第 40 页。
⑨ 转引自何华辉：《比较宪法学》，武汉大学出版社 1988 年版，第 25 页。

转的。"① 如《牛津法律大辞典》对宪法的解释是"指某一特定政治社会政府的基本政治和法律结构，解决诸如国家首脑、立法、行政和司法机构，它们的构成，权力及关系之类的事项"。② 芬纳认为，"宪法就是在各政府机构及其官员之间分配职能、权力和义务，规定其与公民关系的法典"。③ 实质意义的宪法必须包括以下内容：规定政府权力及运行程序与各国家机关之间的关系；规定公民的基本权利及其保障方式，也即政府权力的界限；规定政府权力与公民基本权利或者国家与公民之间的关系，包括国家机关各类人选的产生、公民参与国家权力的方式与程序、公民对国家权力运行过程的监控与国家机关有关工作人员的撤换等。

(2) 近代意义的宪法概念与现代意义的宪法概念

宪法是近代资产阶级革命的产物，因此，在古代并没有真正的宪法。

近代意义的宪法是指体现近代立宪主义原理的宪法，也叫立宪主义宪法。近代意义的宪法概念，旨在"用宪法制定政治和社会的基本形态，同时要求施政必须遵照宪法"④，它包含权利保障和权力分立两个核心要素。日本宪法学者小林直树认为，"宪法是规定国家统治机构的组织规范，特别是近代宪法规定了以分权为中心的国家重要机关的组织及其运转的方法和国家进行统治所遵循的基本原则，其中还包括违反这些基本原则将受到的直接的法律制裁"。⑤ 近代意义宪法的基本原理包括国民主权原理、基本权利保障原理、代议制原理、权力分立原理、法治主义原理、成文宪法主义原理等。

现代意义的宪法，也叫"现代福利国家的宪法"或者"社会的法治国家宪法"，是指反映民主化和福利国家化倾向的宪法。这种宪法是近代宪法向现代宪法转变过程中出现的代表当代特点的新的宪法概念。⑥ 现代意义宪法的主要原则包括民主原则、人权原则、社会利益原则等。

(3) 社会学意义的宪法概念与法学意义的宪法概念

宪法中所反映出来的权力关系，既有政治现实的一面——宪法中的权力关系是政治现实中的权力关系的反映，同时宪法也要求将纸上的权力关系变成现实的权力关系；又有法律的一面，政治现实中的权力关系要受到宪法的约束。从政治现实的角度来理解宪法，就是社会学意义上的宪法概念。如拉萨尔认为，宪法是一个国家的事实的权力关系，事实的宪法是作为法的宪法的基础，这种宪法也称之为"作为事实的权力关系的宪法"⑦。

法学意义上的宪法概念则强调法律规范的因素。前述实质意义上的宪法、形式意义上的宪法都属于法学意义上的宪法概念。有学者认为，"宪法作为国家组织法，是法律的一种，是从内容到形式上凌驾于其他任何法律之上的国家根本法"。⑧ 英国在 2001 年

---

① [英] 戴维·M·沃克：《牛津法律大辞典》，邓正来等译，光明日报出版社 1988 年版，第 201 页。
② [英] 戴维·M·沃克：《牛津法律大辞典》，邓正来等译，光明日报出版社 1988 年版，第 201 页。
③ 转引自徐秀义、韩大元主编：《现代宪法学基本原理》，中国人民公安大学出版社 2001 年版，第 24~25 页。
④ [日] 杉原泰雄：《宪法的历史——比较宪法学新论》，吕昶等译，社会科学文献出版社 2000 年版，第 22 页。
⑤ [日] 小林直树：《宪法讲义》，东京大学日文版，第 3 页。转引自龚祥瑞：《比较宪法与行政法》，法律出版社 1985 年版，第 23 页。
⑥ 徐秀义、韩大元主编：《现代宪法学基本原理》，中国人民公安大学出版社 2001 年版，第 26 页。
⑦ 转引自徐秀义、韩大元主编：《现代宪法学基本原理》，中国人民公安大学出版社 2001 年版，第 24 页。
⑧ 朱国斌：《中国宪法与政治制度》，法律出版社 1997 年版，第 5 页。

由上议院任命的宪法委员会将"宪法"定义为:"创设国家及其相关组成部分的基本制度,并规定相关机构的权能与不同机构之间,以及机构与个人之间关系的法律、规则与惯例的集合。"①

(4) 功能意义、政治意义、内容意义与特殊地位意义的宪法概念

功能意义的宪法概念,是指从强调宪法的功能和作用的角度来界定宪法。如布朗戴尔认为,宪法是"强调对政府活动进行限制,给公民以最大限度自由的强制性规范"。②宪法的功能对宪法具有重要意义。宪法的内容在很大程度上是由宪法的功能所决定的。西方国家的宪法被认为具有限制国家权力、保障公民权利的功能,这决定了西方国家宪法的主要内容,一是确立三权分立原则并以此原则构建国家机关体系及权力分配,一是保障公民权利的一系列规定。在制定我国1954年宪法过程中,毛泽东说:"我们现在要……为建设一个伟大的社会主义国家而奋斗。这个宪法就是为这个目的而写的。"

政治意义的宪法,也称阶级意义的宪法或者意识形态意义的宪法,是从宪法的政治性、阶级性或者意识形态的角度定义宪法。如,有学者认为:"宪法是集中表现统治阶级意志的国家根本法。"③"宪法是国家的根本法,规定一个国家的根本制度,是一定经济基础的上层建筑的重要组成部分,是统治阶级意志和利益的集中表现。"④

内容意义上的宪法概念,是指从宪法所包含的内容的角度来定义宪法。赫·叶林温克认为,宪法是"规定最高国家机关及其履行职能的程序,规定最高国家机关的相互关系和职权,以及个人对国家政权的原则地位的各种法的原则的总和"。⑤

特殊地位意义上的宪法概念,是指从宪法在一国法律体系中的特殊地位的角度来定义宪法。美国学者施华兹认为,"宪法是包括治理国家的指导原则的国家根本法"。⑥"宪法是规定国家根本制度和根本任务、集中表现各种政治力量对比关系、保障公民权利的国家根本法。"⑦

(5) 其他宪法概念

除上述这些不同角度定义的宪法外,还存在不少其他意义的宪法概念。如有学者认为,宪法在市民革命以前首先以自由的证书或统治契约形式存在,并在此基础上形成统治形态。宪法作为契约,通常具有两个方面的内容:一是国家内部的宪法契约;二是为联邦国家提供统一基础的契约。⑧ 萨孟武认为,"宪法并不是神秘的东西,不过随社会的势力关系,规定统治者行使权力的范围而已"。⑨

上述这些宪法的概念,都在一定程度上揭示了宪法的本质与意义。本书作者尝试将

---

① [英] A. W. 布拉德利、K. D. 尤因:《宪法与行政法》,程洁译,商务印书馆2008年版,第11页。
② 转引自何华辉:《比较宪法学》,武汉大学出版社1988年版,第12页。
③ 何华辉:《比较宪法学》,武汉大学出版社1988年版,第17页。
④ 王叔文:《宪法》,四川人民出版社1988年版,第5~6页。
⑤ 转引自王向明:《宪法若干理论问题的研究》,中国人民大学出版社1983年版,第26页。
⑥ 转引自何华辉:《比较宪法学》,武汉大学出版社1988年版,第12页。
⑦ 许崇德主编:《中国宪法》,中国人民大学出版社1996年版,第27页。
⑧ 杨海坤主编:《跨入新世纪的中国宪法学——中国宪法学研究现状与评价》(上),中国人事出版社2001年版,第12页。
⑨ 转引自王向明:《宪法若干理论问题的研究》,中国人民大学出版社1983年版,第27页。

宪法界定为：宪法是指在调整公民与国家之间的关系中为实现人权保障，规定国家机关及其权力和公民基本权利和自由的国家根本法。对这一宪法概念的理解：首先，宪法调整的是公民与国家之间的关系。公民与国家，是宪法所要解决的一对基本矛盾。国家权力的存在是维系作为一个共同体的国家所必需的。但是，国家权力却又具有腐蚀性和扩张性。正如法国启蒙思想家孟德斯鸠所发现的，"一切有权力的人都容易滥用权力，这是万古不易的一条经验。有权力的人们使用权力一直到遇有界限的地方才休止"。[①] 因此，必须要防止权力的滥用，或者，必须对国家权力进行必要的限制。于是，限制国家权力，保障公民权利，成为宪法的基本精神。保障公民基本权利是目的，而对国家权力的限制只是实现这一目的的手段。为了实现限制国家权力保障公民权利的目的，宪法还必须调整国家机关之间的关系，但这一关系从属于公民与国家的关系。其次，宪法的内容主要包括两大组成部分，一是关于国家权力的规定，一是关于公民基本权利与自由的规定。再次，宪法是国家的根本法。宪法是法律，而非政治宣言。它具有法律的一般特征。说宪法是根本法，是由宪法的内容所决定的。如前述，宪法主要包括公民基本权利与自由和国家权力两大部分，也即民权与政权。说宪法是国家法，是因为宪法规定了国家机关及其工作人员的职权与职责，宪法是规定一国政治制度与国家机构的法律。宪法是国家的根本法，还意味着宪法在一国法律体系中具有最高法律效力。普通法律的制定须以宪法为依据，宪法是普通法律的立法基础。普通法律不得与宪法相抵触。这揭示了宪法在一国法律体系中的地位。

二、法治

法治即法律的统治（Rule of Law）。

法治的观念可追溯到古希腊某些哲学家的思想之中。公元前399年，雅典城邦对苏格拉底进行审判并判处他死刑（饮鸩自尽）。苏格拉底拒绝上诉，在他的朋友买通官吏促其逃走时却拒绝逃走，最后欣然赴死。德国著名哲学家雅斯贝尔斯就此评论说，"他是始终忠实于法律的"，"没有什么能够使苏格拉底对法律产生怀疑"，"他不求法律对他的公正，但却明白自己应当遵守法律的义务"。[②] 苏格拉底以其行为开启了西方文化中尊崇法律、遵守法律的传统。柏拉图一生中的绝大部分时间都是"人治论者"，主张国家由贤人（哲学家）来统治。但到晚年却写下了《法律篇》[③] 一书，认为，在贤人统治不能实现的情况下，国家应由法律来统治。他把法治国作为第二等好的国家。亚里士多德指出，"法治应包含两重意义：已成立的法律获得普遍的服从，而大家所服从的法律本身是制订得良好的法律"。[④] 西方的法治传统一直延续下来。但第一次明确提出法律的统治（Rule of Law）的人是英国的戴雪（Albert Venn Dicey）。他将法治概括为三个命题："1. 除法律外，任何人的行动不受阻碍。2. 任何人没有特权（不允许任何人站在法律之上或法律之外）；任何人犯了法必须与民同罪。3. 关于个人权利的一般宪法原则都是司法判决的成果而不是权利宣言之类的空论。换言之，公民权利不是宪法赋予

---

① ［法］孟德斯鸠：《论法的精神》（上），张雁深译，商务印书馆1961年版，第154页。
② ［德］卡尔·雅斯贝尔斯：《大哲学家》，李雪涛等译，社会科学文献出版社2005年版，第69~70页。
③ ［古希腊］柏拉图：《法律篇》，张智仁、何勤华译，上海人民出版社2001年版。
④ ［古希腊］亚里士多德：《政治学》，吴寿彭译，商务印书馆1965年版，第199页。

的，英国宪法是个人权利在数个世纪内普通法发展过程中产生的。"① 然而，对于什么是法治的问题，学者们却是众说纷纭。《牛津法律大辞典》认为，法治（Rule of Law）是"一个无比重要的，但未被定义也不能随便就能定义的概念"。② 1959年，在印度德里召开的"国际法学家会议"通过了关于法治问题的《德里宣言》。《德里宣言》确认法治为一个"能动的概念"，它"不仅被用来保障和促进公民个人的民事的和政治的权利，而且要创造社会的、经济的、教育的和文化的条件，使个人的合法愿望和尊严能够在这样条件下实现"。③《德里宣言》总结了75000名法学家及30个国家的法学研究机构对国际法学家委员会就征询他们对法治问题而作的回答，得出初步结论：法治观念服从于两个理想：一是国家的一切权力必须根源于法，而且要依法行使；一是必须建立在尊重人格的基础之上。《德里宣言》对法治原则确认如下：（1）根据"法治"原则，立法机关的职能就在于创设和维护得以使每个人保持"人类尊严"的各种条件。（2）法治原则不仅要对制止行政权的滥用提供法律保障，而且要使政府能有效地维护法律秩序，借以保证人们具有充分的社会和经济的生活条件。（3）司法独立和律师业自由是实施法治原则的必不可少的条件。④

中国古代有一个学派叫法家，也主张实行"法治"，强调法律在治理国家中的重要价值。这种观念源于春秋时期管仲、子产、邓析等革新家的思想，经战国李悝、商鞅、慎到、申不害等思想家的发展，至韩非集其大成，秦始皇以其为立国的指导思想，在实践中大力推行。韩非的"法治"理论内容包括：第一，强调"以法治国"，认为法治优于德治、礼治和人治。第二，强调"法治"是历史发展的必然结果。第三，法家总结出推行法治的方法。这些方法包括：必须有法可依，使法律成为人们言行的唯一准则。将法公之于众，立法权统一于国君；实行"法治"必须要严于执法；要推行"法治"必须法、术、势结合。⑤ 这种理论具有一定的进步意义，但其局限性也显而易见。其要害在于，法律不具有至上权威，从属于君权，它只是国王或者皇帝统治国家的手段，而国王或皇帝却永远凌驾于法律之上；法律不是建立在民主政治之上的，这使得法律成为专制、独裁统治的"帮凶"。这些局限性使得我国古代的"法治"，与西方的法治有着本质的区别，"奠定西方国家法治基石的那些因素在中国古代制度中并不存在"。⑥ 我国古代的"法治"理论其实践效果并不好，往往成为严刑峻法的代名词。我们今天讲的法治，严格地说，它不是源自我国自身的传统文化，而是一个舶来品。

法治到底应当包含哪些内容或要素？我国学者莫衷一是。李步云认为，法治主要包括以下原则：①国家需要制定出以宪法为基础的完备的法律，而这些法律必须充分体现现代宪政的精神；②任何国家机关、政党和领袖人物都必须严格依法办事，没有凌驾于宪法和法律之上的特权；③宪法和法律应按照民主程序制定和实施，这种宪法和法律也

---

① 转引自龚祥瑞：《比较宪法与行政法》，法律出版社1985年版，第76～77页。
② ［英］戴维·M·沃克：《牛津法律大辞典》，邓正来等译，光明日报出版社1988年版，第790页。
③ 张文显：《二十世纪西方法哲学思潮研究》，法律出版社1996年版，第623页。
④ 龚祥瑞：《比较宪法与行政法》，法律出版社1985年版，第82页。
⑤ 参见武树臣主编：《中国传统法律文化辞典》，北京大学出版社1999年版，第32～33页"法治"条。
⑥ 信春鹰：《法治在中国的历史命运》，载夏勇、李林、［瑞士］丽狄娅·芭斯塔·弗莱纳主编：《法治与21世纪》，社会科学文献出版社2004年版，第87页。

能充分保障民主制度和人权；④法律面前人人平等，法律的保护和惩罚对任何人都是一样的；⑤实现司法独立，以保证法律公正和权威。[①] 蔡定剑认为，法治包括以下要素：①法律至上是法治国的前提；②法律具有正义的品质是法治的重要条件；③法治的重点和核心是依法治权和依法治官；④保障公民权利是法治的价值取向；⑤司法正义是法治国的保障。[②] 夏勇认为，法治的普适要素包括：①有普遍的法律；①法律为公众知晓；③法律可预期；④法律明确；⑤法律无内在矛盾；⑥法律可循；⑦法律稳定；⑧法律高于政府；⑨司法权威；⑩司法公正。[③] 刘军宁认为，法治的基本要素和原则应包括：①法律必须是公开的，普遍的，不自相矛盾的，稳定的，明确的，针对未来的，合乎实际的，针对所有人同等适用的；②法律必须是善意的、合乎情理的；③法律具有最高性；④法律必须是可预知的、可信赖的；⑤法律面前人人平等；⑥法律的目的只能是正义本身；⑦一切法律都不得违背宪法，不得侵犯宪法所保障的权利和自由；⑧一切法律都必须接受违宪审查；⑨司法必须独立；⑩越权无效原则；⑪国家责任原则；⑫不溯及既往原则；⑬无罪推定原则和法律的正当程序原则。[④] 还有不少学者对法治的要素、标准或原则进行了探讨，提出了一些颇有价值的见解，我们无法一一列出。

综观学者们关于法治的要素或原则的论述，笔者认为，法治应当至少包括以下内容：

第一，法律具有至上权威。这是 "rule of law" 的核心含义，也称法律至上。法律至上，在实质上是指在法律与国家权力的关系中，法律高于国家机关的权力，权力要受到法律的规范和约束。这也就是通常所说的，法治的关键在依法治权、依法治官。法治并不是说一个国家或社会有没有法律，也不是普通公民遵守或不遵守法律的问题，而是说在法律与某些国家机关（实质是国家机关中的某些人员）的意志冲突的时候，必须以法律为准。如果相反，在法律与国家机关（尤其是其工作人员）的意志冲突的时候以人的意志为准，则是典型的人治。因此，法律至上意味着国家机关、任何组织和个人都不能在法律之上，也不能在法律之外。

第二，以良法为前提。这是对法律的内在要求。早在古希腊时期，亚里士多德就指出，"法治应包含两重意义：已成立的法律获得普遍的服从，而大家所服从的法律本身是制订得良好的法律"。[⑤] 何为良法？有学者认为，良法的基本标准[⑥]是：①价值合理性是良法的核心要素。法律的基本价值包括平等、自由、民主、人权等等。②规范合理性是良法的形式表征。规范合理性的基本要求是：结构体系的完整性、规则要素的齐备性、内容组合的确定性和语言文字的精确性。③体制合理性是良法的实体要件。良好的法律就是要通过国家权力体制的合理性设定，防止国家机关越权

---

① 李步云：《走向法治》，湖南人民出版社1998年版，第10页。
② 蔡定剑：《历史与变革》，中国政法大学出版社1999年版，第223页。
③ 夏勇：《法治是什么——渊源、规诫与价值》，夏勇、李林、［瑞士］丽狄娅·芭斯塔·弗莱纳主编：《法治与21世纪》，社会科学文献出版社2004年版，第57～58页。
④ 刘军宁：《从法治国到法治》，载刘军宁等编：《经济民主与经济自由》，生活·读书·新知三联书店1997年版，第107～109页。
⑤ ［古希腊］亚里士多德：《政治学》，吴寿彭译，商务印书馆1965年版，第199页。
⑥ 详见李龙主编：《良法论》，武汉大学出版社2001年版，第71～73页。

行使、滥权行使，来达到保障和实现公民的权利和自由。④程序合理性是良法的运行保障。程序合理性的基本要求是：程序法定、主体平等、过程公开、决策自治、结果符合逻辑。

第三，以民主政治为基础。民主与法治互为表里。法治与民主之间可能存在着紧张的关系。① 一味追求民主而不努力奠定法治基础，会造成公民权利实际上的丧失。因为民主的解放虽然可能带来自由权利的扩充，但却不能对自由和权利提供持续有效的保护。而且，纯粹的民主极可能带来多数的暴政，公平正义难以实现。但是，片面强调法治而忽视民主政治，则可能导致法治虚有其表。因为，没有民主的牵制，国家必然会以权力超大的行政部门为依归，立法机关的存在可能只是一枚橡皮图章，其立法就会背离人民的普遍利益，其结果自然是"法将不法"了。因此，法治必须以民主政治为基础，否则，法治大厦迟早会坍塌。

第四，确立人权保障为其价值目标。保障人权是法治的价值所在，人权是法治的精神和灵魂。离开人权谈法治，是极其危险的。因为，这种观点在实践中可能会走向专制与独裁。20世纪纳粹时期的德国，在形式上仍然实行法治，但由于在法律中抽掉了人权保障价值，致使一些惨绝人寰的大屠杀发生。这样的"法治"徒有其形式，战后学者将其概括为"形式法治国"。这从反面证明，法治必须确立人权保障的价值。

第五，公民在法律上一律平等。平等是现代法治的基本原则，很多国家都通过宪法来确认这一原则，有的国家将平等规定为公民的基本权利即平等权。它要求：一国公民在法律上身份或地位都是一样的，享有平等的权利，承担同等的义务；所有公民的权利和利益都受到法律的平等的保护，任何人都无权任意侵犯或剥夺其他公民的权利；任何公民都必须守法，任何违法行为都要受到法律的追究，不允许存在凌驾于法律之上的现象；国家机关特别是法院在适用法律上，对一切公民一律平等。

第二节 宪法的特征

本书所论宪法的特征，主要是指与普通法律相比，宪法所具有的特殊属性。这体现在以下方面。

一、在调整对象上的特点

宪法调整的对象是公民与国家或者公民权利与国家权力之间的关系。公民与国家之间，或者公民权利与国家权力之间的矛盾是宪法所要解决的基本矛盾。自英国洛克的著作《政府论》（特别是其下篇）开始将国家权力置于公民权利的对立面，近代以来的学者无不将国家权力视为公民权利的最大威胁。所有的宪法理论无非都是"设防"的学说，提供防止国家权力侵犯公民权利的种种方案。限制国家权力，保障公民权利成为宪法的永恒追求、宪法的基本精神。

宪法通过调整公民与国家之间的关系从而形成宪法关系来影响人们的行为。宪法关系是根据宪法规范产生的，以宪法主体之间的权利、义务形式表现出来的，反映一国社

---

① 周天玮：《法治理想国——苏格拉底与孟子的虚拟对话》，商务印书馆1999年版，第99页。

会经济制度和政治制度基本性质的法律关系。① 具体说来，宪法关系包括以下几个方面。

（一）公民与国家之间的关系

公民与国家之间的关系，其实质是公民权利与国家权力之间的关系，或者就是权利与权力的关系。现代宪法无一例外地都规定，国家权力来源于公民权利，确立起人民主权原则。宪法规定的公民的基本权利，也即是实定法意义上的"人权"，它为国家权力的行使划定了不可逾越的边界。公民基本权利所具有的要求国家不予侵犯的功能，被称为防御权功能。② 宪法也规定了国家机关体系、国家机关的职权和责任、国家机关行使国家权力的程序等，这实际上也是对国家机关权力的限制或约束。宪法的上述规定，都旨在确定公民与国家的一般关系。

（二）国家机关之间的关系

国家机关之间的关系即权力与权力之间的关系。首先，宪法确立一国的政府体制。宪法要规定一个国家是实行君主立宪制还是实行共和制。其次，根据宪法建立由分别行使立法权、行政权、司法权及其他国家权力的国家机构构成的国家机关体系，设定国家机关职权与职责，规定国家机关行使权力的程序。这里讲的是国家权力的横向关系，也即横向国家机关之间的分权与制衡关系或者分工与合作关系。西方国家按照三权分立原则来确立国家机关之间的分权与制衡关系，而社会主义国家则按照人民代表大会制度模式，使行使立法权、行政权、司法权的国家机关都从属于国家权力机关，它们相互之间是分工与合作关系。再次，宪法还要规定国家权力的纵向关系。国家权力的纵向关系就其范围而言虽然包括上级国家机关与下级国家机关之间的关系，但更主要的，是单一制国家中的中央与地方的关系和联邦制国家联邦与地方成员单位之间的分权制衡关系。

（三）国家机关内部的关系

这是指各类国家机关内部组织结构，国家机关的活动原则、方式、程序，及各国家机关工作人员与该国家机关之间的关系等。如，国家机关中实行少数服从多数的民主原则；行使立法权、行政权、审判权、检察权所应遵循的法定程序；国家机关领导人同其他组成人员及下属人员之间的关系，等等。

（四）国家与社会的关系

这是一种新型的宪法关系。宪法发展的基本趋势是，国家在履行政治职能即阶级统治职能的同时，还必须积极履行社会职能。而且，履行社会职能具有越来越重要的意义。这是因为，不管人们对社会持何种认识或者人们对社会的认识存在多大的分歧，人们总是共同生活在某一特定社会之中，面临着共同的问题，这些问题包括自然资源的合理利用、人口与社会的关系、经济发展与环境保护之间的冲突等。这些问题变得日益重要，以致不得不通过宪法来对相关问题进行界定，对有关的权益进行保护。

（五）国家与其他国家或者国际组织的关系

这在传统的宪法规范中主要体现在给予因为政治原因要求避难的外国人以受庇护的权利上，从而必然会因为这种庇护而间接产生一种宪法关系，即一国因国内法的规定而

---

① 徐秀义、韩大元主编：《现代宪法学基本原理》，中国人民公安大学出版社2001年版，第110页。
② 张翔：《基本权利的规范建构》，高等教育出版社2008年版，第44页。

发生的与其他国家的关系。在第二次世界大战以后，由于宪法的规定，国家与其他国家或国际组织发生了直接的宪法关系。如德国基本法第 24 条规定："1. 联邦可以通过立法将一些主权移交各国政府间机构。2. 为维护和平，联邦可以加入共同集体安全体系，在这样做的同时它将同意对它的主权进行某种限制，以便导致和保证欧洲和世界各国间和平的和持久的秩序。3. 为解决各国之间的争端，联邦将服从有关普遍、广泛和强制性的国际仲裁的协定。"其第 25 条还规定："国际公法的一般规则是联邦法律的组成部分。它们的地位优于法律，并直接创制联邦境内居民的权利和义务。"[①] 日本国宪法第 9 条规定："日本国民衷心谋求基于正义与秩序的国际和平，永远放弃以国家权力发动的战争、使用武力或武力威胁作为解决国际争端的手段。""为达到前项目的，不保持陆海空军及其他战争力量，不承认国家的交战权。"[②] 现在大多数欧盟国家（包括英国）的宪法都采纳了限制主权的条文。我国宪法并无类似规定，也即我国目前没有这种类型的宪法关系。

宪法的调整对象是公民与国家之间的关系，宪法关系的形成是宪法规范对公民与国家关系进行调整的结果。正如有学者指出的，"宪法关系并不是宪法直接调整某一具体的社会关系领域而产生的法律关系，而是在调整个人与国家之间关系的过程中，通过间接地确立各种社会关系存在的合法性基础而形成的一种法律关系，是对社会关系的再调整"。[③] 公民权利产生国家权力，国家权力从属于公民权利，这是"对公民与国家之间关系的一种抽象的、形而上学的价值判断"。[④] 宪法关系实际上就是一种通过宪法规范形成的价值关系。与宪法关系是一种抽象的价值关系不同，普通法律的调整对象是已然存在的、事实性的社会关系。宪法关系是其他法律关系的基础和前提，普通法律关系是宪法关系的实现。宪法关系具有两个特点：其一，宪法关系所涉领域非常广泛，几乎包括国家生活的各个方面，但它们均属于宏观的或者原则性方面的关系。其二，宪法关系的一方通常总是国家或者国家机关。因此，宪法关系必然要求有国家或国家机关的参与，国家或国家机关根据宪法行使职权或者履行职责。

二、在内容上的特点

宪法的内容是指宪法规定些什么。一般来说，宪法大体上包含以下几方面的内容。

（一）序言

宪法序言是指位于宪法正文之前，为宪法所确认或为该国传统、习惯、理论所认可为"序言"（或"前言"等），成为该国宪法文本之有效组成部分，具有相对独立性的叙述性文字。1787 年美国宪法首创序言的形式。根据荷兰学者的统计，在 142 部宪法中，有序言（包括引言、宣言）的 96 部，占 67.6%。[⑤] 而据日本学者对 82 个国家的统计，宪法有序言的国家 63 个，宪法没有序言的国家 20 个；有序言的宪法占宪法总数的

[①] 姜士林等主编：《世界宪法全书》，青岛出版社 1997 年版，第 793～794 页。
[②] 姜士林等主编：《世界宪法全书》，青岛出版社 1997 年版，第 384 页。
[③] 莫纪宏：《宪法学原理》，中国社会科学出版社 2008 年版，第 201 页。
[④] 徐秀义、韩大元主编：《现代宪法学基本原理》，中国人民公安大学出版社 2001 年版，第 127 页。
[⑤] 见[荷]亨克·范·马尔赛尔、格尔·范·德·唐：《成文宪法——通过计算机进行的比较研究》，陈云生译，北京大学出版社 2007 年版，第 100 页。

76%。① 虽然不是每个国家的宪法都有序言，而且从理论上讲，宪法序言也不是宪法必不可少的内容；但是，凡拥有序言的宪法，其序言都是宪法的重要组成部分。

（二）国家和社会的基本制度

1. 政治制度

由宪法规定的政治制度主要包括以下内容。

（1）国体

这是指国家的阶级属性。从世界范围看，宪法关于国体的规定有三种情况：一种情况是资产阶级宪法规定的国体，其基本特征是确认"主权在民""增进全民福利"等，笼统的原则掩盖资产阶级专政的本质。但往往又确认私有财产神圣不可侵犯，从而使宪法关于国体的规定与实际相脱节。一种情况是社会主义国家宪法，其规定国体为工人阶级领导的、工农联盟为基础的人民民主国家。还有一种情况是发展中国家的宪法，有的侧重吸收社会主义国家宪法对国体规定的精神，有的侧重吸收主要资本主义国家宪法对国体的规定。②

（2）政体

政体即国家政权组织形式，是指"统治阶级采取何种原则和方式，去组织反对敌人、保护自己、治理社会的政权机关"。③ 按照不同的标准，对政体可有不同的分类。如按照现代国家政体的性质，可分为资本主义国家的政体和社会主义国家的政体；按照不同国家的形态，可分为奴隶制国家的政体、封建制国家的政体、资本主义国家的政体和社会主义国家的政体。目前学界通行的分类是，先依国家性质将政体分为资本主义国家的政体和社会主义国家的政体两个大类。再将资本主义国家的政体分为君主制政体和共和制政体。当今的君主制都是立宪君主制。共和制政体则又可以分为总统制、内阁制（或议会制）、半总统制（以法国最为典型）、委员会制（以瑞士为典型，目前也只有瑞士一国采行这种制度）。社会主义国家在本质上只能是共和国制，具体制度实际上是代表制。人民代表制是这样一种制度，即由人民依法选举代表组成国家权力机关，再由国家权力机关产生其他国家机关，共同行使国家权力；国家权力机关拥有立法权和重大事项的决定权，并负有监督其他国家机关执法过程的法律责任。

（3）国家结构形式

它是指国家整体与组成部分之间、中央机关与地方机关之间的相互关系及其构成形式。国家结构形式的实质是在国家机构体系内纵向配置国家权力行使权并规范其运用程序的形式。④ 自资本主义国家产生以来，国家结构形式就为各国宪法所确认，从而成为宪法的组成部分。国家结构形式包括两个方面：一是国家整体与组成部分之间地域领土的所属关系，一是国家整体与组成部分之间的权力隶属关系，二者相结合才构成完整的

---

① [日]三浦 隆：《实践宪法学》，李力、白云海译，中国人民公安大学出版社2002年版，第31页。
② 杨海坤主编：《跨入新世纪的中国宪法学——中国宪法学研究现状与评价》（上），中国人事出版社2001年版，第130页。
③ 肖蔚云、周恩惠主编：《中华人民共和国法律大百科全书·宪法卷》，河北人民出版社1999年版，第83页。
④ 李步云主编：《宪法比较研究》，法律出版社1998年版，第593页。

国家结构形式。综观世界各国，主要有两种国家结构形式，即单一制和联邦制。① 所谓单一制是由普通行政区域单位构成的单一主权的国家结构形式。联邦制是指由若干具有独立性的成员国（称州、邦或共和国）组成的统一的主权国家。我国现行宪法序言规定："中华人民共和国是全国各族人民共同缔造的统一的多民族国家。"这表明，我国是一个单一制国家。

（4）选举制度

所谓选举制度，是指选举国家代表机关代表或其他公职人员的各项原则和制度的总称。选举制度是现代民主政治的基石，一国政治制度必不可少的组成部分，它由一系列原则、程序、方法形成的具体制度构成。选举制度一般由宪法、选举法、组织法或议会法加以规定。选举制度已经成为现代宪法的重要内容之一。宪法对选举制度的规定，是其他法律关于选举制度规定的基础。

（5）政党制度

政党是阶级斗争发展到一定历史阶段的产物，是一定阶级或阶层中的活动分子，基于共同意志和共同利益，为夺取或维持或影响政权而建立起来的政治组织。政党制度是关于政党的组织、权利与职责、活动范围与规则、地位与作用，有关政党执掌、参与或影响国家政权的制度的总称。从世界范围看，按照政党执掌国家政权的数目和掌权方式，可把政党制度分为一党制、两党制、多党制三种形式。一党制是指一国的国家政权长期由一个政党控制的状况，表现为一党执政。两党制是指一国的国家政权由两个最大的政党交替控制的状况，表现为两大政党轮流执政，英国、美国、加拿大、澳大利亚等国实行两党制。多党制是指一国内有两个以上的政党并存，由多个政党联合交替控制国家政权的状况，表现为两个以上政党联合轮流执政或者几个政党联盟轮流执政，法国、日本、德国、荷兰等国实行多党制。一般来说，一国实行什么样的政党制度受该国历史文化、政治传统及政治制度的形式和特点等多种因素的影响。我国目前实行的在共产党领导下的多党合作制。

2. 经济制度

由宪法规定的经济制度②包括以下内容。

（1）产权制度

无论是发达国家还是发展中国家，其宪法都规定了产权制度。如美国宪法第五条修正案规定："任何人……不经正当法律程序，不得被剥夺生命、自由或财产。"③ 我国宪法通过对不同所有制的规定，确立了不同的产权制度。2004 年通过的宪法修正案第 22 条规定："公民的合法的私有财产不受侵犯。""国家依照法律规定保护公民的私有财产

---

① 有学者认为，国家结构形式的两种形式应该是单一制和复合制。复合制国家包括国家联盟和联盟国家两种。国家联盟称为邦联，即由几个成员国为一定的政治、军事、经济贸易目的而结成的国家联盟，各成员国在保留自己的国家主权的前提下，共同组成邦联议会，讨论决定涉及共同利益的问题和事项，邦联议会的决议须经各成员国政府批准才能生效。联盟国家称为联邦，它由若干州、邦或共和国组成（见许崇德：《中华法学大辞典·宪法学卷》，中国检察出版社 1995 年版，第 237 页）。笔者认为，国家结构形式是国家内部的结构形式，而国家联盟只是一种松散的主权国家之间的联ংবে而非具有独立主权的国家，因此不能将国家联盟即邦联作为国家结构形式而加以讨论。

② 参见桂宇石：《中国宪法经济制度》，武汉大学出版社 2005 年版，第 21～26 页。

③ 姜士林等：《世界宪法全书》，青岛出版社 1997 年版，第 1619 页。

权和继承权。""国家为了公共利益的需要，可以依照法律规定对公民的私有财产实行征收或者征用并给予补偿。"这些规定进一步丰富和完善了我国宪法确立的产权制度。

（2）经济体制

目前世界上有三种类型的经济体制：市场经济体制、计划经济体制和混合经济体制。资本主义国家将实行市场经济体制看作是理所当然的，因此很少在宪法中作规定。我国现行宪法最初规定的是实行计划经济，但到1993年修宪时将建立社会主义市场经济体制写进了宪法之中。不少国家宪法规定的既不是纯粹的市场经济体制也不完全的计划经济体制，而是一种混合的经济体制。一方面，宪法对市场经济体制的原则作了规定。如美国宪法通过规定契约自由、经济自由间接确认了市场经济体制。另一方面，宪法又对国家的经济权力作了规定，确认国家对经济的控制和干预。如意大利宪法第47条规定："共和国鼓励并保护各种形式的储蓄；指导和监督信贷业务。共和国赞助人民把储金转化为房产、自耕农地产以及对国内巨大生产联合企业直接和间接的股份投资。"①

（3）分配制度

按照资本和劳动进行财富分配的制度，在资本主义发达国家也被视为当然，因此发达国家的宪法很少规定分配制度。财政、税收、预算、社会保障等再分配制度则是大多数国家宪法的重要内容。

3. 文化制度

文化制度也是宪法的重要内容。各国宪法对文化制度的规定主要包括：文化政策；文化和科学技术革命的宗旨；发展教育事业；发展科学事业，保证科研学术活动的自由；鼓励创作发明活动，保护知识产权中的人身权和其他权益；国家发展文学艺术事业；发展体育、卫生等娱乐健康事业，增强人们体质；尊重人才，充分发挥知识分子的作用；保护文物等物质文化；宗教信仰问题。②

（三）公民基本权利和义务

公民权利与国家权力二者构成宪法的一对基本矛盾，因此而公民权利是宪法的又一重要内容。综观世界各国，虽然各国宪法对公民基本权利和自由的规定范围大小不一、具体权利多寡不等，但其宪法都对公民的权利和自由作了规定，综合起来其内容大体包括自由权、平等权、财产权、参政权、受益权等五大类别。对宪法应否规定公民的义务近年出现了争论。传统宪法学主张，权利与义务应当具有一致性，享有权利必须履行义务，因此，宪法既要规定公民的权利也应规定公民的义务。但近年来，有学者认为，宪法应完全针对政府，而不应针对公民个人，因此宪法不应规定公民的义务。③ 目前，多数国家的宪法都规定了公民的义务，其内容有三类，即纳税的义务、服兵役的义务和受教育的义务。④

---

① 姜士林等：《世界宪法全书》，青岛出版社1997年版，第1249页。
② 张庆福：《宪法学基本理论》，社会科学文献出版社1999年版，第539～541页。
③ 见张千帆：《自由的魂魄所在：美国宪法与政府体制》，中国社会科学出版社2000年版，"前言"第6页；张千帆：《宪法不应该规定什么》，载《华东政法学院学报》2005年第3期；刘军宁：《宪法是防范谁的》，载《议报》2001年8月25日。
④ 林纪东：《比较宪法》，五南图书出版公司1980年版，第323～329页。

（四）国家机构

国家机构是宪法的核心。世界各国宪法无一例外地都对国家机构作了非常详尽的规定。宪法规定了国家机关的体系——包括国家元首、立法机关、行政机关、司法机关等——的构成及相互关系，各国家机关的职权、职责及活动原则，各国家机关的产生、组成及地位等。

（五）宪法保障

宪法是国家的根本大法，具有最高的法律效力。从世界各国的经验来看，宪法的这种地位和权威，需要建立专门的宪法保障制度并有效运行才能实现。宪法保障制度主要包括以下内容。

1. 在宪法典中明确肯定宪法的根本法地位及其具有的最高法律效力

我国现行宪法的序言申明："本宪法以法律的形式确认了中国各族人民奋斗的成果，规定了国家的根本制度和根本任务，是国家的根本法，具有最高的法律效力。"

2. 对修改宪法的程序作出了严格的规定

宪法修改通常由立法机关全体成员的 2/3 或 3/4 多数通过才能有效，有的国家还规定宪法修改还要提交全民公决。

3. 由法定有权机关进行宪法解释

宪法解释机关在各国存在差异，主要有立法机关解释、普通法院解释、宪法法院解释、宪法委员会解释等类型。

4. 建立违宪审查制度

违宪审查制度是保证宪法实施的最为重要的措施和最基本的制度。

5. 要求公民及社会组织遵守宪法

西方国家普遍建立了宪法保卫者制度，社会主义国家也对公民和社会组织提出了遵守宪法的要求。

6. 开展各种形式的护宪、卫宪活动

这些活动包括设立"宪法节""宪法日"等。[1]

三、在制定和修宪程序上的特点

宪法的制定和修改程序比普通法律更严格，这主要是为了保持宪法的严肃性、稳定性、连续性和权威性，以保持一国政局的稳定。宪法的制定或修改通常不是由一般立法机关进行，而是成立专门机构专司其职。如制宪会议、宪法起草委员会、修宪会议、宪法修改委员会等。宪法的修改必须由特定机关及法定人数提议。对于谁可以提议修改宪法，很多国家都有特别规定。我国宪法规定，宪法的修改必须由全国人大常委会或者 1/5 以上的全国人大代表提议，而普通法律则没有这些要求。宪法修改的通过比普通法律也更为严格，一般都需要由修宪机关 2/3 或 3/4 的绝对多数才能通过。我国宪法修正案需由全国人民代表大会以全体代表的 2/3 以上的多数通过。普通法律一般是立法机关过半数通过即可。还有一些国家为了强调宪法的重要性，明文规定宪法某些内容禁止修改，如法国宪法就规定共和政体不得成为修改对象。

---

[1] 参见许崇德主编：《中华法学大辞典·宪法学卷》，中国检察出版社 1995 年版，第 668 页。

四、在法律效力上的特点

由于宪法规定的是一个国家的政治制度和社会制度的基本原则，集中反映了统治阶级的意志和利益，因此，宪法被赋予最高的法律效力。宪法的最高法律效力表现在以下两个方面：

（一）宪法是国家立法活动的基础

普通法的制定必须以宪法为依据，其内容不得与宪法相抵触。我国宪法第5条规定："一切法律、行政法规、地方性法规都不得同宪法相抵触。"普通法律通常都在第1条表明自己的合宪性。如《中华人民共和国刑法》第1条规定："为了惩罚犯罪，保护人民，根据宪法，结合我国同犯罪作斗争的具体经验和实际情况，制定本法。"强调宪法是立法的基础和依据，是为了表明宪法对国家机关日常立法所起的决定作用和普通法对宪法的从属性。

（二）宪法是一切国家机关、社会组织、公民个人的根本活动准则

我国宪法序言末段明确规定："全国各族人民、一切国家机关和武装力量、各政党和社会团体、各企业事业组织，都必须以宪法为根本的活动准则，并且负有维护宪法尊严、保证宪法实施的职责。"所谓"根本的活动准则"，就是衡量、评价一切行为的最高标准和最后依据。

第三节 宪法的渊源

一、宪法渊源的概念

由于宪法渊源这一术语直接借用法律渊源的概念，因此，我们先考察法律渊源的概念。对于法律渊源的含义，学术史上存在着不同的理解，大体包括法律的历史渊源、法律的理论渊源、法律的形式渊源、法律的文件渊源、法律的文献渊源以及法律的本质来源等。其中最为重要的一种观点认为，法律渊源可从实质意义和形式意义来理解。所谓实质意义上的法律渊源，是指法律的真正来源即法律赖以产生的一定生产方式下的物质生活条件。而形式意义上的法律渊源，则是指法律的各种具体表现形式，即由不同国家机关依法制定或认可的、具有不同法律效力和法律地位的各种类别的规范性法律文件的总称，又称法律的形式。[①] 作为专门的法学术语，法律渊源是指后者，即法律的各种表现形式。

在这种意义上，所谓宪法渊源，就是指宪法的外在表现形式，即由特定国家机关依照法定程序制定或认可的宪法性法律文件的总称。宪法渊源所要回答的问题是"哪些规范性法律文件可以被称为宪法"，或者"一国的宪法包括哪些规范性法律文件"。

二、宪法渊源的判定标准

面对一份正式、有效的规范性文件，我们如何判断它是否具有宪法的渊源呢？

有学者提出了一种可称为宪法渊源"二分法"的判定标准，其基本观点是，在成文宪法国家，由于宪法具有比普通法律更严格的制定、修改程序，使得符合这一特点的"宪法"只有宪法典和宪法修正案，因此，只有宪法典和宪法修正案才构成宪法的渊源。

---

① 参见公丕祥主编：《法理学》，复旦大学出版社2002年版，第219~220页。

"只要不是通过制定或者修改宪法的特定法律程序制定出来的,无论其内容与宪法典是否存在大量的、直接的关联,都不得视为宪法渊源"[①];在不成文宪法国家,由于不存在制定、修改宪法的特殊程序,因此,不能从制定程序来区分宪法与一般法律,必须根据法律所调整的社会关系的内容来确定。由于"宪法的起源、宪法文化和宪法的传统在界定宪法性法律中起着非常重要的作用",因此,宪法的起源、宪法文化和宪法的传统也成为判定宪法渊源的标准。依据这一标准,不成文宪法的渊源包括宪法性法律、宪法解释、宪法判例、宪法惯例等。在不成文宪法国家,宪法渊源的概念没有什么实际意义,"只能在宪法学的理论研究中具有一定的价值和意义"[②]。

这一观点,揭示了在成文宪法与不成文宪法形态下宪法渊源表现形式上的差异,是值得肯定的。但这一观点存在如下缺陷。首先,对"宪法"概念的界定未坚持统一标准。这一观点对成文宪法的界定坚持的是一种形式标准,即宪法制定的特殊程序;而对不成文宪法的界定则又坚持实质标准,即宪法所调整的社会关系的内容。这必然导致判定"宪法渊源"的标准及由此确定的宪法渊源不统一、不一致。其次,这一观点实质上否定了"宪法渊源"这一概念的学术价值。这一观点不仅弱化了宪法渊源在不成文宪法国家中的意义,事实上也否定了宪法渊源在成文宪法国家中的意义。因为,依此观点,在成文宪法国家其宪法渊源只有宪法典和宪法修正案,既然没有其他的宪法渊源,自然也就没有专门研究的必要,宪法渊源在学术上也就没有存在的价值。

我们认为,在对宪法渊源进行研究的时候,必须持一种更具有包容性的"宪法"观,即撇开形式上的多样性,从宪法的实质内容——宪法所调整的社会关系的内容,来把握宪法的含义并确定界定宪法渊源的标准。一般认为,宪法调整的社会关系,是社会关系中比较特殊的一类,即宪法关系,主要包括:国家与公民之间的关系,国家与国内各民族、团体、企业、事业和其他组织的关系,国家机关与国家机关之间的关系,同一体系国家机关内部的关系。概括起来,宪法关系包括两种关系,即权利与权力的关系和权力与权力的关系。在这种意义上,所谓宪法就是指一切调整宪法关系即权利与权力关系和权力与权力关系的法。[③] 依据这种理解,构成宪法渊源的规范性文件必须符合以下两个条件:其一,这个规范性文件在一国立法体系中必须属于法律渊源的范畴,即必须是法律文件;其二,这个法律文件所调整的社会关系属于上述宪法关系的范围。因此,只要是调整这些社会关系的法律文件就可以被认为属于宪法或者是宪法的表现形式即宪法渊源。

三、宪法渊源的种类

从调整社会关系的内容看,宪法存在多种表现形式。大致有以下几种情况:①由于各国历史与文化传统方面的原因,成文宪法与不成文宪法在表现形式上差异很大。最显著的是,在不成文宪法国家,不存在宪法典和宪法修正案。如英国宪法,其具体表现形式可归结为:制定法即明文的法规、判例法、惯例、学理等。②虽然都是成文宪法,但

---

① 徐秀义、韩大元主编:《现代宪法学基本原理》,中国人民公安大学出版社2001年版,第83页。
② 参见徐秀义、韩大元主编:《现代宪法学基本原理》,中国人民公安大学出版社2001年版,第83页。
③ 我们认为,实际上存在两种意义上的宪法:一是部门法意义上的宪法,即包括宪法和一切调整宪法关系的普通法律,不成文宪法也属于这一范畴;二是指作为该根本法意义上的宪法,即仅仅指作为国家根本法的宪法。在本节所述"宪法渊源"中"宪法"一词取第一种意义的宪法概念。

在不同的国家其具体表现形式特别是宪法渊源的种类与范围等也存在较大差异。③即使在同一国家，由于社会现实及认识等的变化，在不同时期宪法也可能会有不同的具体表现形式。综观各国实践，宪法渊源一般包括宪法典及宪法修正案、宪法性法律、宪法惯例、宪法判例、国际条约和其他宪法渊源，如紧急法令、宪法解释、宪法性文件、协议、法理等。

（一）宪法典及宪法修正案

宪法典，是指由享有制宪权的机关依据特殊的程序制定并公布施行的法典，它是经过系统整理、修订而成的具有一定体系和结构的正式法律文件。一般认为，在不成文宪法国家不存在宪法典，而在成文宪法国家，宪法典是最主要的宪法渊源，但不是唯一渊源。宪法典的名称有以下几种：①宪法，如1787年美利坚合众国宪法、1982年中华人民共和国宪法、1980年智利共和国政治宪法、1953年丹麦王国宪法等。②根本法，如1936年苏维埃社会主义共和国联盟根本法（宪法）。③基本法，如1949年德意志联邦共和国基本法。④临时宪法。一些国家在宪法中明确规定宪法的生效时间或者规定永久宪法取代临时宪法的条件，这种宪法称为临时宪法，如1970年伊拉克临时宪法、1971年阿拉伯联合酋长国临时宪法等。⑤其他名称，如1929年奥地利联邦宪法性法律、1911年中华民国临时约法、1914年中华民国约法等。

宪法修正案，是指享有修宪权的机关依据宪法修改程序，采用保留原宪法条文而将修正后的条款作为独立的部分附在宪法典之后的修改方式，对宪法典进行修改形成的与宪法典具有同等法律效力的法律文件。以宪法修正案的方式对宪法进行修改为美国首创。截至1991年底，世界上约有16个国家采用这种方式，约占成文宪法国家的11%。[①] 在这些成文宪法国家，宪法修正案是一种重要的宪法渊源。在我国，对1954年宪法进行过三次全面修改，即1975年、1978年、1982年宪法修改。对1978年宪法还进行了两次局部修改，即1979年五届人大二次会议通过的《关于修改宪法若干规定的议案》和1980年五届人大三次会议通过的《关于修改〈中华人民共和国宪法〉第45条的决议》。但这两次修改是将修宪内容直接写入宪法，不是采用宪法修正案的方式。自1988年通过了两条修正案开始，1993年通过了9条修正案，1999年又通过了6条修正案。可以说，在我国已经形成了采用宪法修正案方式修改宪法的惯例。

（二）宪法性法律

包括以下两种情况。

1. 成文宪法国家中有关宪法内容的普通法律

认为一部宪法典就已经包括了宪法的所有内容是不切实际的。导致一般法律规定宪法内容的原因有：①由于制定宪法典时认识的限制或客观条件不具备，使本应由宪法典规定的内容未规定在宪法典中，而由普通法律加以规定；②宪法典一般都只规定根本原则、主要内容，属于宪法内容的一些具体规定包括一些程序等内容无法全部纳入宪法典，而只能由普通法律加以补充、完善；③对于有些内容来说，宪法与法律并无绝对的界限，既可以由宪法加以规定，也可以由普通法律加以规定等等。在我国，属于宪法渊源的法律有四个方面：①关于国家及其权力的法律，如国旗法、国徽法、国籍法、立法

---

① 许崇德主编：《中华法学大辞典·宪法学卷》，中国检察出版社1995年版，第668页。

法等。②关于国家机构的法律，如全国人民代表大会组织法、国务院组织法、人民法院组织法、人民检察院组织法等。③关于公民基本权利的法律，如选举法、游行集会结社示威法、戒严法等。④关于中央与地方关系的法律，如香港特别行政区基本法、澳门特别行政区基本法、民族区域自治法等。

2. 不成文宪法国家的宪法性法律

英国并没有一部成文宪法典，其宪法渊源主要是由宪法性法律和宪法惯例构成。英国的宪法性法律主要包括：1215年《大宪章》、1628年《权利请愿书》、1689年《权利法案》、1701年《王位继承法》、1832年《改革法》、1918年《人民代表法》、1949年《议会法》、1963年《贵族法》、1968年《种族关系法》等。

（三）宪法惯例

宪法惯例也叫宪法习惯，它是指在国家的政治生活中长期形成并得到认可的具有宪法效力的习惯或传统。在不成文宪法国家，宪法惯例是宪法的重要渊源。在英国，宪法惯例包括：国王必须同意议会所通过的法律；国王必须按照内阁的建议行事；议会中的委员会之成员比例必须依照下议院的党派比例；内阁首相必须是议会中多数党的领袖；下院议长当选后必须断绝政党关系以无党派身份履行职责，等等。虽然有学者认为，在宪法学上研究宪法惯例，并将宪法惯例视为宪法渊源的一种，主要是针对英国等不成文宪法的国家的；[①] 但一般认为，宪法惯例是立宪国家（包括成文宪法国家）都共有的一种现象。在成文宪法国家，宪法惯例也是宪法的渊源，并在政治实践中发挥着重要的作用。同时，在成文宪法国家，宪法惯例可以转化为正式的宪法规范。如在美国，总统的任期为每届4年，宪法对于可否连任及连任届数初无明文规定，但自华盛顿逐渐形成了任何人只能连任一届总统，不超过8年的宪法惯例。后由于"二战"时罗斯福总统连任四届打破了这一宪法惯例，美国于1951年通过了第22条修正案将这一宪法惯例变成宪法的一部分。我国也存在宪法惯例：由中共中央首先提出修改宪法的建议，再由全国人大常委会或全国人大代表提出修宪议案；在实践中将中国人民政治协商会议作为权力机构予以对待，其主要领导人属于国家领导人的范围并享有相应国家领导人的待遇；宪法修改采用宪法修正案形式对个别条文进行修改或补充等。

（四）宪法判例

依普通法原理，法院在法律没有明文规定的情形下可以创造规则，最高法院及上级法院的判决是下级法院审理同类案件的依据（即先例约束原则），由此形成了判例制度。宪法判例是指，法院可以援引作为审理同类涉宪案件依据的、具有宪法效力的判决。在普通法系国家，宪法判例是宪法的重要渊源。在绝大多数大陆法系国家，法院的判决必须符合宪法的规定，不能创造规则，因此，不存在宪法判例。在这些大陆法系国家，事实上被遵循的宪法判决可视为一种宪法惯例。但联邦德国是个例外，其宪法法院的判决被承认为具有先例的约束力和法律效力。[②] 我国宪法至今未完全为法院所适用，不存在宪法判例；即使偶有法院依据宪法作出裁决，对下级法院也仅有参考意义，不具有法律上的约束力。

---

① 徐秀义、韩大元主编：《现代宪法学基本原理》，中国人民公安大学出版社2001年版，第104页。
② 李步云主编：《宪法比较研究》，法律出版社1998年版，第198页。

(五) 国际条约

国际条约，是两个以上国家之间根据所缔结的据以确定相互之间的权利和义务的协议。从各国实践看，在条约与宪法的关系上有两种不同理论，即宪法优越论和条约优越论。持宪法优越论者主张，如果条约与宪法规定相抵触，条约无效；持条约优越论者主张，如果条约与宪法相抵触，条约仍有效。[①] 在后一种情形下，条约显然是对宪法的修正，条约本身也成为宪法渊源。在未明确规定条约与宪法关系的国家，一般来说对自己签订的条约也会积极采取措施予以履行，因此，只要条约的内容属于宪法规定的内容它也应当成为宪法渊源。

(六) 宪法的其他渊源

1. 紧急法令

作为宪法渊源的紧急法令，主要是指为应付天灾、瘟疫、战争等不正常情况而发布的紧急命令。[②] 一般而言，紧急法令一生效，国家就处于不正常状态，国家机关在运转、公民基本权利的行使等都要受影响。因此，紧急法令调整的是宪法关系，属于宪法的内容，紧急法令也应当是宪法渊源。

2. 宪法解释

宪法解释是享有宪法解释权的机关，依照法定程序和权限对宪法条文的含义或精神作出的具体说明。宪法解释是针对宪法在实施中遇到的疑难问题作出的，它补充了宪法文本的不足。因此，它也是宪法的重要渊源之一。在我国，现行宪法规定由全国人大常委会行使宪法解释权，因此，全国人大常委会就宪法问题所作的解释构成了我国宪法的重要渊源。

3. 宪法性文件

所谓宪法性文件，是指近代一些国家在宪法尚未制定、国家尚未成立时即公布的确认建立国家的基本原则和基本制度的具有法律性质的文件，如1789年8月27日法国制宪会议通过的《人权宣言》、1776年7月4日美国第二届大陆会议通过的《独立宣言》、1918年1月25日全俄苏维埃第三次代表大会通过的《被剥削劳动人民权利宣言》、我国1949年9月29日通过的《中国人民政治协商会议共同纲领》都属于这类宪法性文件。这些宪法性文件，不仅确立了国家的基本原则和性质，并为后来制定的宪法典所确认，而且还成为后来解释宪法的历史性文献。因此，这些宪法性文件也是宪法渊源。

4. 协议

这里所谓的协议，是指一国中央政府与地方政府或地方政府之间达成的关于中央与地方政府的协议，也包括一国因特殊原因各构成部分之间达成的协议。这类协议是处理中央与地方关系或一国内部关系的基本原则，具有宪法上的约束力，因此也是宪法渊源。[③] 这类协议如1777年11月美国第二届大陆会议通过的《联邦和永久联盟条例》（即《邦联条例》），我国中央政府与西藏地方政府于1951年5月签订的《中央人民政府

---

① 参见张庆福主编：《宪法学基本理论》（上），社会科学文献出版社1999年版，第85页。
② 张庆福主编：《宪法学基本理论》（上），社会科学文献出版社1999年版，第108页。
③ 关于"协议"作为宪法渊源部分主要参阅了周伟主编：《宪法学》（四川大学出版社2002年版）第21页有关内容。

和西藏地方政府关于和平解放西藏的协议》等都具有宪法的性质,属于宪法渊源。

5. 法理

法理是指关于法律的学说、原理或基本精神。能够成为宪法渊源的当然是宪法学说、宪法原理或宪法的基本精神。这主要是针对的普通法系国家而言的,它是对宪法规定不完善的补充。如在英国,在没有成文法或其他成文来源的情况下,一些权威性的政治学和法学著作中的阐释或声明的有关理论,就被司法裁决所引用。19世纪的奥斯汀、20世纪的詹宁斯等人的著作常起到这种作用。[①] 在美国,《联邦党人文集》是解释宪法必要的参考书,成为美国宪法的渊源之一。一般认为,在大陆法系国家,宪法理论不是宪法的渊源。大陆法系国家的宪法理论,虽然不会作为裁决的依据被引用,但它对宪法实践仍具有重要的指导作用。

第四节 宪法的分类

自1787年美国宪法制定后,世界上存在过的和当前仍然存在的宪法数量十分可观。由于各国在政治、经济、社会及历史文化背景等方面存在着差异,它们各自的宪法也各有千秋。对数量庞大的宪法文件逐一研究,显得既无必要,也不可能。学者们将这些宪法进行分类,是寻求对宪法的进一步认识的有效方法。宪法的分类,是指在学术上按照确立一定的标准,通过概括与归纳,将相近的或者具有某些共同特征的宪法归并为不同类型,对不同类型的宪法分别研究,以探索它们各自特有的规律。对宪法进行分类,有助于人们对并不熟悉的某些宪法文件作出大致准确的判断,并对制定这一宪法的国家的政治制度作出大致公允的评价;还可以在学术意义上判断哪种类型的宪法更为优越、更能反映时代或其本国国情的要求、更有利于实施。但宪法的分类只是一种理论上的虚构,仅仅是为了学术上的方便,对宪法本身及其实施过程不会产生影响。由于学者们设定的分类标准和选用的分类方法存在差异,宪法的类别也就显得纷繁复杂。

一、传统的宪法分类

(一)成文宪法与不成文宪法

这是以宪法的表现形式为标准对宪法进行的一种分类。这一分类是有史以来对宪法最早的分类,它是由英国著名法学家布赖斯(James Bryce)在1884年在牛津大学讲学时提出的。[②] 成文宪法指用于记载国家的根本政治制度、公民基本权利与义务、国家机构的设置及职权与职责、宪法修改与宪法保障等国家根本事项的、统一的宪法典。不成文宪法是指没有统一的宪法典作为其表现形式,国家的根本政治制度、公民基本权利与义务、国家机构的设置及职权与职责、宪法修改与宪法保障等国家根本事项主要由宪法性法律、法院的判例和宪法习惯等构成的宪法。成文宪法以美国1787年宪法为典型,不成文宪法以英国宪法为典型。英国宪法主要由四部分构成:各种历史文件,如1215年《自由大宪章》等;含有宪法内容的议会制定法,如1679年《人身保护法》、1689年《权利法案》、1701年《协议条例》(即《王位继承法》)、1832年《选举改革法》、

---

① 参见韩大元主编:《外国宪法》,中国人民大学出版社2000年版,第19页。
② 李步云主编:《宪法比较研究》,法律出版社1998年版,第58页。

1911年《议会法》、1918年《国民参政法》（经1928年修正，修正后又被称为《男女选举平等法》）、1998年《人权法》等；宪法判例和宪法惯例。其中宪法惯例主要是由英国历代权威法学家如布拉克斯通（W. Blackstone）、白芝浩（W. Bagehot）、戴雪（A. V. Dicey）和詹宁斯（Sir I. Jennings）等予以总结归纳的。

不成文宪法是"自然生长"的宪法，其中也包含有成文的法律文件。因此，意大利学者G. 萨托利认为，成文宪法与不成文宪法的区分不科学，应把这种分类精确为"法典化宪法"和"非法典化宪法"。针对一大批被公认为英国宪法组成部分的成文法律文件，他说："英国的这些'最高法律'没有集中于一个单一的文件，这并不真的意味着英国有不成文宪法。我宁愿说英国人没有法典化的宪法，即英国所拥有的宪法是一部只是部分成文的宪法，或者更确切地说，较之于'成文'宪法，它在很大程度上是'不成文的'，它勉强成文于零散的文件之中，分散于大量的法律渊源之中。"① 他甚至认为英国宪法也是成文的，只是"它的'成文方式不同'"② 而已。我国也有学者认为，成文宪法与不成文宪法的区别"包含着自相矛盾或容易造成误解"："其误解之一是，似乎只有不成文宪法才承认惯例或习惯，成文宪法不承认宪法惯例；其二是宪法典中没有规定的宪法规范的内容（或宪法性法律）得不到足够的重视；其三是片面强调宪法的成文化必要性，没有看到习惯或惯例所具有的拘束性。"③

（二）刚性宪法与柔性宪法

这是以宪法修改程序的难易程度及宪法的效力高低为标准而对宪法进行的分类。此分类方法仍然是由英国著名法学家布赖斯（James Bryce）在1901年《历史与法理学研究》一书所首创的。刚性宪法是指修改程序不同于普通法律且效力高于普通法律的宪法。刚性宪法以美国宪法为典型代表。刚性宪法的优点在于：宪法修改程序比较复杂，修改难度较大，因此，宪法的稳定较好；宪法的效力高于普通法律，普通法律不得与宪法相抵触。其缺点在于，由于修改不易，宪法缺乏适应性，不易及时应对急剧变化的形势。柔性宪法是指其修改机关、修改程序及效力跟普通法律没有区别的宪法。由于宪法与普通法律效力相同，在适用时宪法并不具有优先性，而是依照新法优于旧法原则予以适用。柔性宪法的最大优点在于，由于制定和修改比较容易，所以比刚性宪法弹性大，适应性比较强，容易适应不断发展的社会环境。其缺点是，因为其制定和修改容易，所以就不及刚性宪法稳定，也不具有刚性宪法的尊严性。④

刚性宪法与柔性宪法的划分"存在技术与逻辑的矛盾"。其一，即使同样采取刚性宪法，但其宪法修改难易程度相差很大。如历史上曾经存在过的法国1875年宪法为刚性宪法，但其修改程序并不严格。而同样采取刚性宪法形式的1787年美国宪法其修改程序却非常严格。⑤ 其二，就宪法的效力而言，刚性宪法的效力高于普通法律、柔性宪

---

① ［意］G·萨托利：《"宪政"疏议》，晓龙译，载刘军宁等编：《市场逻辑与国家观念》，生活·读书·新知三联书店1995年版，第104页。
② ［意］G·萨托利：《"宪政"疏议》，晓龙译，载刘军宁等编：《市场逻辑与国家观念》，生活·读书·新知三联书店1995年版，第117页。
③ 徐秀义、韩大元：《宪法学原理》（上），中国人民公安大学出版社1993年版，第62页。
④ 李步云主编：《宪法比较研究》，法律出版社1998年版，第66~67页。
⑤ 胡锦光、韩大元：《中国宪法》，法律出版社2007年（第二版），第30页。

法的效力与普通法律效力相同,这只是理论上的推定,在实践中并非一成不变。如,在第一次世界大战后,英、法、德等国的授权法、革新组织法都让议会或政府以法律或命令变更宪法,使宪法非宪法化,使议会的构成法和政府的命令可与宪法发生同等效力。刚性宪法呈现出柔性的倾向。第二次世界大战后,为吸取希特勒篡权的教训,德国魏玛宪法实际上由刚性变成了柔性,并由柔性变成废纸。而英国宪法与此相反,议会对宪法性法律的通过特别慎重,则有变为刚性的趋势。① 此外,刚性宪法与柔性宪法的划分还可能带来误解。其实,影响宪法的稳定和效力的,除通过修改程序体现出的难易程度外,主要依靠社会中各种社会、政治及经济力量对宪法的认同与支持,其实质取决于宪法自身是否适应社会生活的发展变化以及适应社会发展变化的程度。

(三)钦定宪法、协定宪法和民定宪法

这是从制定机关的不同而作的分类。所谓钦定宪法,是指按照君主的意志制定的宪法。19世纪曾出现不少钦定宪法的情况,如1814年法国宪法、1851年普鲁士宪法、1889年日本宪法(即明治宪法)等,我国清政府在1908年颁布的钦定宪法大纲也属于此类宪法,这些宪法都秉承君主意志而制定或者直接由君主制定,其制宪目的是维护君主专制统治。这些宪法在本质上并不是民主革命的结果,而只是对人民民主的让步,但这些宪法建立的也都是法治国家,在历史上也具有重要的意义。所谓协定宪法,又称协议宪法、协约宪法,是指由君主或国王与国民或国民代表机关即议会通过协商、妥协而制定的宪法,即由君民之间协定的宪法。协定宪法反映了君主与人民双方的意志和利益。19世纪欧洲君主国家的宪法大都属于此类宪法。如1830年法国"七月王朝"奥尔良公爵(路易·菲利浦)统治时的宪法,即是由国会与国王路易·菲利浦共同颁布的,制定该宪法的目的是防止巴黎人民夺取政权。民定宪法是指由国民直接(如通过"全民投票")或者通过其选出的代表机关或制宪机关制定的宪法。世界上绝大多数国家的宪法都属于民定宪法。钦定宪法、协定宪法和民定宪法,反映了不同的阶级斗争状况和阶级力量对比关系。钦定宪法是封建君主还占优势,但迫于阶级斗争的形势不得不向以资产阶级为代表的新兴势力作出妥协、让步的结果。协定宪法则反映出封建君主的势力与以资产阶级为主体的新兴势力之间势均力敌,双方经协商达成妥协的结果。民定宪法则是在资产阶级或者无产阶级占绝对优势的情况下由资产阶级或无产阶级制定的宪法。但这种分类也存在值得商榷的问题。其中最重要的问题是,钦定宪法既然并不体现民意,那它"是不是包括在我们现在所论的宪法范围?"正如有学者指出的,"钦定宪法反映的是封建君主的意志,保护的是君主特权,从严格意义上讲,不能归为现代意义的宪法"。② 有学者认为,这种区分"已经没有多大的实际意义"③。

上述传统宪法分类方法,虽然存在缺陷或不足,但它们从形式上或者从某一侧面揭示了各种宪法的特点,仍然具有一定的学术价值。当然,也必须指出,传统宪法分类,侧重形式和程序,对于理解宪法的本质和准确揭示宪法的概念,却存在明显的不足。

---

① 参见龚祥瑞:《比较宪法与行政法》,法律出版社1985年版,第40~41页。
② 赵喜臣主编:《宪法学词典》,山东大学出版社1989年版,第655页。
③ 王世勋、江必新:《宪法小百科》,光明日报出版社1987年版,第39页。

二、新的宪法分类

除了上述传统的宪法分类外，宪法学者们还根据不同的标准对宪法进行了多种分类。比较具有代表性的观点主要有以下几种。

（一）以时间为标准的分类

1. 古代宪法、近代宪法和现代宪法

所谓古代宪法，是指近代资产阶级出现之前的宪法。早在古希腊、罗马时代，人们就开始使用宪法一词。据说古希腊的雅典在公元前 624 年至 409 年出现过 11 部宪法。古希腊伟大的思想家亚里士多德将法律分为两类，一类是普通法律，一类是宪法，后者是关于国家机关的组织及权限的法律。在古罗马，皇帝的诏书、谕旨被称作宪法。在我国古代的文献中也频繁出现"宪""宪法"等词语。实际上，古代宪法并不是我们今天所讲的宪法，它们都不具有作为国家根本法的意义。所谓近代宪法，是指在 18、19 世纪出现于资产阶级革命时期的宪法，也称自由资本主义时期的宪法。这些宪法都是在资产阶级战胜封建专制统治后，由资产阶级制定的。近代宪法否定了封建经济基础及其上层建筑，确立了资产阶级的统治地位、法治原则及平等原则等，具有历史进步意义。当然，由于这些宪法是建立在生产资料私有制基础上的，它们只是维护资产阶级统治的工具，因此也具有历史的局限性。现代宪法是指 20 世纪特别是第一次世界大战以后各国制定和颁布的宪法，是现代世界各国各种类型宪法的总称。现代宪法不仅包括了资本主义国家的宪法，也包括社会主义国家的宪法，还包括独立民族主义类型的宪法。

根据宪法产生的历史阶段，也有学者将宪法分为古典宪法和现代宪法两种类型。这种分类方法，将 1787 年美国宪法以前颁布的宪法称古典宪法，其后颁布的宪法则称现代宪法。还有学者以世纪为时限将宪法划分为 18 世纪宪法、19 世纪宪法和 20 世纪宪法。C. 邦纳从历史学角度将宪法分为美国宪法、1791 年宪法群（1791 年法国宪法、1812 年西班牙宪法）、1814 年宪法群（1814 年、1830 年法国宪法）、普鲁士宪法群（1850 年普鲁士宪法、1889 年日本宪法）、近代联邦宪法（1848 年瑞士宪法、1919 年魏玛宪法）。[①]

2. 临时宪法和永久宪法

还有学者根据宪法施行的时间长短以及制宪者对其所制定宪法的使用时间长短的事先设定，将宪法分为临时宪法和永久宪法。

临时宪法是指制宪者在制定之初就将其确定为只在正式宪法制定颁布前起临时宪法作用的宪法，正式宪法制定颁布后临时宪法自然就失去效力。在近现代国家中，有的统治者出于国家情势和其他情况的需要，在制定宪法之前，先颁布临时宪法，作为过渡时期的治国章程。如阿联酋、卡塔尔、伊拉克三国宪法均为临时宪法。[②] 我国 1949 年由政治协商会议制定的《共同纲领》就是一个临时宪法。而我国 1954 年宪法虽然是正式的宪法，但制宪者将这部宪法设定为只管三个五年计划即十五年的过渡性宪法，这在本质上也是一部临时宪法。

永久宪法是制宪者希望其制定颁布的宪法永世长存而命名的宪法。临时宪法与永久

---

① 徐秀义、韩大元：《宪法学原理》（上），中国人民公安大学出版社 1993 年版，第 63 页。
② 李步云主编：《宪法比较研究》，法律出版社 1998 年版，第 73 页。

宪法同制宪者的愿望有关，而不是宪法的事实状态。统治者希望能够永久适用的宪法却可能适用时间很短，本来打算只用着临时宪法的，却有可能长期适用。

3. 平时宪法与战时宪法

平时宪法是国家处于正常时期或者和平时期适用的宪法，其特点是宪法的制定和修改都要经过严格的程序。

战时宪法是指国家处于非常时期或者战争时期适用的宪法，其特点在于为了适应战时需要，宪法规定了变更宪法的原有规定而制定颁布适应战时需要的宪法性法规，规定紧急状态条款，如宣布戒严、实行宵禁等等。

（二）以宪法的作用或功能为标准的分类

斯大林在1936年《关于苏联宪法草案》中认为："纲领和宪法有重大的差别。纲领上说的是还没有的东西，是要在将来获得和争取的东西，相反，宪法上应当说的是已经有的东西，是现在已经获得和已经争取到的东西。纲领主要是说将来，宪法却是说现在。"[①] 根据这种观点，学者们将宪法分为纲领性宪法和确认性宪法。

确认性宪法是指在宪法条文中基本以确认已经获得的成果为主而较少涉及未来内容的宪法。

纲领性宪法则指在宪法条文中规定了较多尚未实现和正在争取的内容的宪法。

学者们还认为，在纲领性宪法与确认性宪法之间还有一种宪法叫作中立性宪法。所谓中立性宪法，是指只规定政府组织，不写公民基本权利和意识形态的宪法。

（三）以宪法的形成过程为标准的分类

根据这一标准，宪法分为原始宪法和派生宪法。

原始宪法，也称创制性宪法，是指宪法基本内容具有创新的宪法，原始宪法直接产生于本国的宪政运动。有的原始宪法是革命的产物，如法国大革命时期产生的1789年宪法（该宪法于1791年经国王路易十六签署生效，因此一般也将该宪法称1791年宪法）；有的原始宪法是"自然长成"的，如英国宪法。英国虽然也经历了革命历程，但其宪法却不完全是革命的产物，而是继承了世代宪法习惯而逐渐形成的。

派生宪法，也称模仿性宪法或移植性宪法，是指根据国内外已经存在的宪法范例，吸取适合本国的内容而制定的宪法。如日本，先模仿德奥宪法，"二战"后模仿美国宪法。我国1954年宪法也属于派生宪法，主要模仿了1936年苏联宪法。

（四）以宪法的实施效果为标准

根据这一分类标准，宪法可分为规范宪法、名义宪法和标签宪法。

规范宪法是指不但在法律上而且在实际上生效的宪法。规范宪法和国家的政治生活融为一体，支配着政治权力的运行，规范着社会生活的全过程。规范性宪法能够将宪法的规定落实到社会生活中去。

名义宪法是指名不符实的宪法，即其内容远离国家实际政治生活，不能规范国家政治生活的宪法。在名义宪法下，政治权力不是依照宪法的规定来运行的，宪法与政治生活之间存在脱节，宪法不能对政治生活产生规范作用。可以说，在这种情况下，宪法成为一纸空文。

---

① 《斯大林文选（1934—1952）》（上），人民出版社1962年版，第89~90页。

标签宪法是指为了适应统治者的需要和当权派的利益，而将现有的政治权力状况按照原状形式化的宪法。这种宪法是统治者愚弄人民群众、欺骗社会舆论，以使自己的地位合法化的工具。在这种情况下，宪法规范与实际政治权力的运行之间毫无一致之处，宪法根本不能对政治生活产生影响。

（五）以政体为标准的分类

1. 君主宪法与共和宪法

君主宪法是指实质或名义上规定由君主（国王、皇帝、亲王等）独揽国家统治权的宪法。这是由君主制定的宪法。从君主权力的虚实角度，君主宪法又可分为立宪君主宪法、专制共和宪法和联合君主宪法。君主立宪制宪法如日本明治宪法；专制共和宪法如冈比亚、圭亚那、塞拉利昂、斯里兰卡等国的宪法；联合君主宪法如马来西亚等国宪法。①

共和宪法是指国家权力由选举产生的国家代表机关执掌的国家的宪法。共和宪法即民定宪法，目前绝大多数国家的宪法都属于共和宪法。

2. 议会内阁制宪法、总统制宪法和委员会制宪法

议会内阁制宪法是指采用内阁制管理国家的宪法，如英国、日本、意大利等国家的宪法都属于此类型。

总统制宪法是指采用总统制管理国家的宪法，如美国、菲律宾、印度尼西亚等国的宪法。

委员会制宪法是指采用委员会制管理国家的宪法，如瑞士宪法。

（六）以国家结构形式为标准的分类

单一宪法是指实行单一制国家结构形式的宪法。单一宪法确认国家结构形式为单一制，即国家地方区域结构直接隶属于中央政府。在单一制下，全国只有一部宪法，地方无权制定宪法。

联邦宪法是指规定具有国家身份的各成员国（或邦、州等）联合组成国家的宪法。在联邦宪法下，各成员国（或邦、州）也制定有自己的宪法。美国、瑞士、加拿大等国宪法属于联邦宪法。

除上述这些新宪法分类外，还有不少分类方法。如以国家代表机关的组成为标准将宪法分为一院制宪法、两院制宪法、三院制宪法（原南非共和国1984年宪法规定议会由白人议院、有色人议院和印度人议院三院组成）②；以构成宪法文件的多寡为标准将宪法分为单一文件宪法和复式文件宪法③；以宪法有无序言为标准将宪法分为有序言的宪法和无序言的宪法④；以宪法的长短为标准将宪法分为长宪法和短宪法⑤；以是否附有意识形态为标准将宪法分为附有意识形态的宪法和不附意识形态的宪法⑥；以是否可

---

① 见王世勋、江必新：《宪法小百科》，光明日报出版社1987年版，第46页。
② 张庆福：《宪法学基本理论》（上），社会科学文献出版社1999年版，第147页。
③ 张庆福：《宪法学基本理论》（上），社会科学文献出版社1999年版，第147页。
④ 张庆福：《宪法学基本理论》（上），社会科学文献出版社1999年版，第149页。
⑤ 张庆福：《宪法学基本理论》（上），社会科学文献出版社1999年版，第150页。
⑥ 张庆福：《宪法学基本理论》（上），社会科学文献出版社1999年版，第153页。

以接受审查为标准将宪法分为可以审查的宪法和不受审查的宪法[①];以制宪者的指导思想（意识形态）为标准可将宪法分为政治自由主义宪法、君主立宪主义宪法、社会改良主义宪法和独立民族主义宪法[②];（日本学者稻田正次）以地域为标准将宪法分为西欧型宪法、拉丁美洲型宪法、韩国宪法、缅甸印度型宪法、人民民主主义国家宪法[③];等。这些分类都在某一方面揭示了宪法的特点，都具有一定的意义。

第五节 宪法的结构

本书所称宪法的结构，是指宪法典的结构。所谓宪法典，是指依据一定的宪法理念，以按照某种逻辑顺序排列的条文体系，对一国的根本性问题及国家的基本制度加以明确规定而形成的、统一的法律文件。只有成文宪法国家才可能存在一部统一的宪法典。一部宪法典总是按照一定的逻辑将一系列宪法条文进行排列、组合从而形成一个有机的体系。这个由宪法条文的排列、组合形成的有机体系，就是宪法典的结构。

宪法典的结构与宪法规范的内容是形式与内容的关系。从根本上讲，宪法典的结构是由宪法规范的内容所决定的。但由于各国不同的历史传统、民族特点、制宪条件、立宪技术及经验等因素，相同的宪法规范的内容，在不同的国家或同一国家的不同发展阶段表现出来的宪法典结构也存在差异。因此，世界上并没有一个宪法典结构的统一模式。各国宪法典的结构虽然没有统一模式，但从各国宪法文本来看，大体都包括宪法序言、宪法正文、宪法附则三个组成部分。

一、宪法序言

（一）宪法序言的概念

宪法序言，又称宪法前言，目前学界并无统一的定义。荷兰学者的定义是：有些宪法的前面有一段单独叙述，就是一种前言。[④] 我国学者的定义是：宪法序言是附于宪法正文，宣布宪法制定的由来和它所依据的基本立场及其根本原则，表明未来理想和方向的叙述性文字。[⑤] 也有学者认为前一定义失之过宽，后一定义又失之过严，提出一个新定义：宪法序言即是附于宪法正文之前的叙述性文字，是宪法的有效构成部分。[⑥] 不过，位于宪法正文之前的叙述性文字并不总是宪法序言，还要该宪法是否确认它是序言。如法国1958年宪法的序言前还有一段文字："共和国政府根据1958年6月3日的宪法性法律建议，法国人民通过，共和国总统公布宪法性法律，其内容如下。"接下来的文字明确标明为"序言"，这说明该宪法并未将前面这段文字视为序言，在这种情况下，我们则须尊重该宪法的意愿。

---

① 龚祥瑞：《比较宪法与行政法》，法律出版社1985年版，第44页。
② 龚祥瑞：《比较宪法与行政法》，法律出版社1985年版，第45页。
③ 徐秀义、韩大元：《宪法学原理》（上），中国人民公安大学出版社1993年版，第64页。
④ ［荷］亨克·范·马尔赛尔、格尔·范·德·唐：《成文宪法的比较研究》，陈云生译，华夏出版社1987年版，第322页。
⑤ 董璠舆：《关于宪法序言及其法律效力》，载《政法论坛》1987年第1期。转自李步云主编：《宪法比较研究》，法律出版社1998年版，第183页。
⑥ 李步云主编：《宪法比较研究》，法律出版社1998年版，第185页。

我们认为，所谓宪法序言，就是指位于宪法正文之前，为该宪法所确认或为该国传统、习惯、理论所认可为"序言"（或"前言"等）的，成为该国宪法正式文本之有效组成部分，具有相对独立性的叙述性文字。由于各国对宪法序言功能的认识、各国实际赋予宪法序言的功能存在着较大差异，不易准确、完整地概括。正如荷兰学者所言，"各种序言不仅其性质和主旨不同，而内容也是不同的"。① 因此，没有必要在宪法序言的概念中对序言的各种功能、内容等进行总结性界定。

成文宪法绝大多数都有序言。但也有一些成文宪法没有序言，如1926年黎巴嫩宪法、1957年马来西亚宪法、1965年新加坡宪法、1966年多米尼加宪法、1969年刚果宪法、1970年伊拉克宪法、1972年朝鲜宪法、1973年几内亚比绍宪法、1979年伊朗宪法等。② 从各国的宪法文本看，有的宪法序言有一个标题予以明确，有的则没有标题。学界一般将前者称为明示的宪法序言或明示序言，后者称为非明示的宪法序言或非明示序言。明示的宪法序言，其名称并不统一，有的叫"序言"，有的叫"序文"，有的叫"前言"。

（二）宪法序言的特征

宪法序言的特征：（1）位于宪法正文之前。（2）是一种叙述性的文字，主要用以叙述立宪之根据、建国的由来、国家之目的、宪法之地位及确立意识形态等，在内容上不属于宪法规范，不适宜写进宪法正文。须注意的是，宪法序言也有以条文形式表现的，如玻利维亚共和国宪法的"序言"就由4个条文构成，但是不能认为这些条文是宪法正文。（3）宪法直接将其确认为序言，或者该国传统、习惯及宪法学理论将其视为序言。（4）是正式公布的宪法文本的有效组成部分。（5）宪法序言与宪法正文在内容上具有相对独立性。

（三）宪法序言与宪法正文的关系

这里讲宪法序言与宪法正文的关系，其当然的前提是宪法必须有序言。笔者认为，揭示宪法序言与宪法正文之间的区别并无实质意义，因此，在此主要揭示二者的关联。

首先，宪法序言与宪法正文共同构成完整的宪法典。这是从宪法的形式结构上讲的。一部拥有序言的宪法，其序言是宪法的组成部分之一。因此，对一部拥有序言的宪法而言，其完整的形式结构一般包括：序言、总则、分则、附则四个组成部分。

其次，宪法序言与宪法正文分享共同的原则和精神。这意味着序言与宪法正文在内容和含义上必须保持高度和谐一致，而不能出现矛盾、抵触。二者如有抵触或矛盾，应当依序言优先的原则进行解释，这是因为序言是在更高的层次上（往往是在政治层面上）进行的原则概括和抽象，应当具有更普遍的适用性。当然，如果二者之间的矛盾、冲突较大，不能用解释的办法进行弥合，则应考虑修宪了。一些纯粹叙述性的宪法序言似乎并不包含什么原则和精神，但仍须保持序言与宪法正文之间的一致性。

再次，宪法序言与宪法正文在内容上互为补充。包含基本原则、精神的宪法序言，对宪法正文的适用和解释具有约束力，也即宪法具体条文的适用与解释必须贯彻序言所

---

① ［荷］亨克·范·马尔赛尔、格尔·范·德·唐：《成文宪法的比较研究》，陈云生译，华夏出版社1987年版，第323页。

② 参见李龙：《宪法基础理论》，武汉大学出版社1999年版，第162页。

载的原则和精神;而对宪法具体条文没有规定的事项的处理,须遵从序言的原则、精神。"宪法本文(即宪法正文)的各个条款的实施也只有和宪法序言所宣布的原则相结合才能有明确的目的",因此,宪法序言"构成宪法本文的指导原则"。① 另一方面,对宪法序言内容的准确、全面把握,并使它在实践中真正实现,往往也依赖于宪法正文的具体条文。如我国宪法序言最后一段赋予了宪法的根本法地位,规定自身具有最高法律效力,但它需与总纲第 5 条规定结合起来方才构成宪法保障制度。当然,宪法保障制度在我国也还有待于进一步完善。

(四) 宪法序言的分类

从宪法序言所包含的内容,我们可以把宪法序言分为以下几类。

1. 目的性序言

这类序言仅仅陈述制宪的目的,字数一般都很少。如美国宪法的序言,仅 75 字(含标点):"我们合众国人民,为建立更完善的联邦,树立正义,保障国内安宁,提供共同防务,促进公共福利,并使我们自己和后代得享自由的幸福,特为美利坚合众国制定本宪法。"这类序言较为典型的还有 1874 年瑞士宪法、1975 年希腊宪法、1949 年联邦德国基本法等。其中 1975 年希腊宪法序言最短,仅 32 字(含标点)。这类叙述性陈述一般多为非明示序言。

2. 原则性序言

这类序言主要表述宪法的基本原则,字数一般也不多。如 1958 年法国宪法的序言全文为:"法国人民庄严宣告,他们热爱 1789 年的《人和公民的权利宣言》(即《人权宣言》)所规定的,并由 1946 年宪法序言所确认和补充的人权和国家主权的原则。"该序言重申了《人权宣言》的原则,又确认了人权和国家主权原则。1982 年土耳其宪法的序言最为典型,几乎全是讲原则。成文宪法中这类序言最多,占一半以上。

3. 纲领性序言

纲领性是指宪法序言具有对未来的指导作用,它规定一定的行动路线以及国家生活的目标。这类序言大多为发展中国家的宪法,我国宪法是这类宪法的代表。② 我国 1982 年宪法的序言规定了四方面的纲领性内容:一是规定了宪法的指导思想,提出了四项基本原则;二是规定了国家的根本任务;三是规定了国家的基本国策,包括统一战线、民族政策、对外政策等;四是规定了宪法的根本法地位和宪法的最高法律效力。

4. 综合性序言

综合是就序言中包含的内容较多而言的,这类序言所占比例很小,最典型的是 1974 年南斯拉夫宪法。1974 年南斯拉夫宪法的序言是世界上最长的,达 11000 多字,内容包括基本原则、基本政策、国际关系、宪法的最高效力等,涉及宪法分则的多个组成部分。

(五) 宪法序言的功能

综观拥有序言的各国的宪法,其宪法序言的功能大体包括以下数项或某几项或某

---

① 何华辉:《比较宪法学》,武汉大学出版社 1988 年版,第 43 页。
② 我国四部宪法都有序言。1954 年宪法序言分 6 个自然段 1041 字,1975 年宪法序言分 8 个自然段 936 字,1978 年宪法序言分 8 个自然段 1278 字,1982 年宪法序言分 13 个自然段 1846 字。

一项：

第一，表达立宪意图。

第二，融贯宪法文本。以宪法序言为宪法内容之统帅。宪法序言往往就是一部宪法的灵魂或基本精神，宪法的具体条款可看作是对宪法序言的具体化。对宪法具体条款的准确理解须结合宪法序言所宣示的精神。或者可以说，宪法序言对宪法具体规范的理解具有"规范"作用，即凡是出现对宪法规范的分歧理解时，须以宪法序言所含的精神为准，凡不合序言精神的解释无效。对宪法解释、宪法修改而言，宪法序言更是具有限制或约束的作用。正如有学者指出的，对于宪法解释权之运用和修宪权之行使，宪法序言"具有极大之范限作用"。①

第三，补充宪法文本之不足。宪法序言的"真正职责是，解释宪法确实所授予的权力的性质、范围和运用，而不是在实质上创造它们"。②

第四，约束修宪权。宪法序言往往是宪法的灵魂与精神所在，因此，对宪法的修改常常受宪法序言的约束。如日本学者认为，日本国宪法在其前言（即序言）中提出人权与国民主权是"人类普遍的原理"，宣明"排除一切违反此原理的宪法、法令及诏敕"。"这并不仅仅只是政治性希冀的表明，而是有对宪法修正具有法意义界限的理论加以确认，促使慎重对待修宪权的意味。"③

第五，宪法法律效力的维护。这里主要是指对宪法最高法律效力或称宪法至上的确认。如我国宪法在其序言的最后一段宣称："本宪法以法律的形式确认了中国各族人民奋斗的成果，规定了国家的根本制度和根本任务，是国家的根本法，具有最高的法律效力。全国各族人民、一切国家机关和武装力量、各政党和各社会团体、各企业事业组织，都必须以宪法为根本的活动准则，并且负有维护宪法尊严、保证宪法实施的职责。"

（六）宪法序言的法律效力

宪法序言是否具有法律效力，是目前关于宪法序言问题最有争议的问题。④ 这一问题并非为我国所独有，西方国家也出现过这类的争论。在日本，宪法序言是否具有法律效力的争论是围绕宪法序言能否直接成为法院所运用的裁判规范而展开的。⑤ 在法国，自1946年以来宪法序言的法律价值一直是个争论不休的"经典"问题。一直到1971年7月16日，宪法委员会通过对关于结社自由的决定确认1946年和1958年宪法序言的宪法价值而使该问题得到解决。⑥ 另外，在德国学界也出现过关于宪法序言是否具有法律效力的争论。争论中，施米特认为宪法序言没有法律效力。⑦

在我国，针对现行宪法序言是否具有法律效力，学者们提出了无效力说、有效力说、部分效力说和模糊效力说等四种具有代表性的理论。①无效力说的主要理由：第

---

① 管欧：《宪法新论》，五南图书出版公司1991年第23版，第85页。
② [美] 约瑟夫·斯托里：《美国宪法评注》，毛国权译，上海三联书店2006年版，第172页。
③ [日] 芦部 信喜：《宪法》，高桥 和之修订，林来梵等译，北京大学出版社2006年版，第348页。
④ 殷啸虎主编：《宪法学》，上海人民出版社2003年版，第100页。
⑤ 参见 [日] 三浦隆：《实践宪法学》，李力、白云海译，中国人民公安大学出版社2002年版，第28～30页。还可见 [日] 佐藤 功：《日本宪法序言的法律效力》，载《法学译丛》，1983年第3期。
⑥ 刘育喆：《法国宪法委员会关于结社自由决定（44DC）的介绍与评析》，载中国人民大学宪政与行政法治研究中心编：《宪政与行政法治研究——许崇德执教五十年祝贺文集》，中国人民大学出版社2003年版，第364页。
⑦ 参见王广辉：《比较宪法学》，武汉水利电力大学出版社1998年版，第145页。

一，宪法序言中大多数原则性规定难以成为人们的行为准则，没有必要赋予其法律效力。第二，宪法序言主要是某种价值观的表述，其价值主要在于使宪法结构更具完整性，本身不具有法规范的属性。第三，宪法序言原则性的规定和事实性的叙述，其结构形式不符合也没有必要符合法律规范的结构要求，因而其法律效力也无从谈起。②有效力说的主要理由：第一，宪法序言作为宪法的构成部分之一，自然与宪法的其他部分一样具有法律效力。第二，宪法序言同宪法的其他部分一样，其修改也都遵守严格的程序。第三，宪法序言在正确解释宪法、使用宪法条文等方面起着越来越重要的作用，也即在现代宪法体制中宪法序言的职能作用日益体现出来，它具有构成宪法规则的规范性基础。③部分效力说。上述两种认识都具有片面性，只针对宪法序言的部分内容，不能涵盖宪法序言的全部。该观点认为，宪法序言仅具有部分法律效力，即它必须和宪法条文相结合，宪法序言才具有法律效力。④模糊效力说。该说认为，宪法序言的抽象性特点可能导致一种效力的未确定状态，即模糊效力的状态。模糊效力说肯定了"部分效力说"关于宪法序言的原则性内容须与其他条文相结合才能发挥效力的观点，主张以"模糊效力"一词来予以体现。①

宪法学界对宪法序言的法律效力问题还没有取得一致意见。我们认为，在理论上，宪法序言应该与宪法的其他条款具有同等的法律效力。其理由是：第一，序言是宪法的重要组成部分，它与宪法的其他内容共同构成完整的宪法典。宪法是作为一个统一的法律而有效力的，而作为一个完整的法律文件，它不仅包括正式的宪法条文，也包括宪法序言。第二，宪法序言中含有宪法规范，序言理当具有法律效力。如，1958年几内亚宪法序言规定，"国家宣布……全体国民不分种族、性别和宗教……一律平等"；1961年委内瑞拉宪法序言规定，"保持社会上的和法律上的平等，没有种族、性别、信仰或社会条件的区别"；1937年爱尔兰宪法序言规定，"为了促进公共利益，应当奉行节俭、公平和宽厚……"；1947年老挝宪法序言规定，"本宪法规定人民的义务有……履行家庭义务……"等。这些规定都是具体的宪法规范，②当然具有法律效力。第三，即使宪法序言中非宪法规范的内容也仍应当具有法律效力。我们认为，不仅仅是序言中具有宪法规范结构的部分才具有法律效力，不具备宪法规范结构的内容也具有法律效力，只是其表现形式不同而已。

一般而言，法律规范其效力主要通过适用体现出来，而宪法序言中非宪法规范的那部分内容其法律效力具有特殊性，这表现在：其一，序言中关于基本任务、基本国策及宣告自身具有最高法律效力的内容，虽然不能通过适用表现其效力，但这些内容对国家、社会生活具有规范性作用，在一个国家不可能出现大规模或大面积与宪法序言规定相背离的现象。其二，在宪法中没有具体规定或者理解具体条文出现歧义时，有关机关可依据序言中的原则规定进行处理，即原则可弥补具体条文的不足。1971年法国宪法委员会关于结社自由案件的判决是一个典型的例子。③该案的大致背景是：1958年宪法

---

① 参见李步云主编：《宪法比较研究》，法律出版社1998年版，第四章第三节"成文宪法序言的效力"，该书第182—195页；杨海坤主编：《宪法学基本论》，中国人事出版社2002年版，第91~92页。
② 参见李步云主编：《宪法比较研究》，法律出版社1998年版，第192页。
③ 该案详细内容请参见李树忠主编：《宪法教学案例教程》，知识产权出版社2002年版，第24页以下。

由于其立宪者希望构造的是一个可行的政府，因此未系统设计公民的权利和自由条款，其中没有规定结社自由。但宪法委员会经过审理后认为，根据宪法序言，可以得知，受共和国法律承认和宪法序言肯定的基本原则包括结社自由。宪法委员会最后裁决对社团之形成事先限制的有关法律无效。这一宪法裁决是依据宪法序言确定的基本原则作出的，原则弥补了宪法正式条文的不足，赋予了序言正式的法律效力。

宪法序言具有法律效力的根据在于，宪法序言也同宪法的其他部分一样具有法律性。但这并不是说，宪法序言也必须由宪法规范构成，宪法序言也可以产生出具体的权利义务关系来。作为宪法的有机组成部分，宪法序言必然分享属于宪法的基本属性，即法律性。但宪法序言的法律性具有特殊性，即宪法序言并非由宪法规范构成，也不能从中产生出具体的权利义务关系。宪法序言的法律性主要表现在以下两个方面：（1）宪法序言的制定和修改都同样遵循了宪法制定和修改的严格程序。因此，宪法序言同样具有法的规范性。有的宪法还对序言的法律规范性专门作出规定。如，1974 年南斯拉夫宪法在序言的结尾处规定："宪法的这一部分表明社会主义自治社会及其发展的基本原则，是解释宪法和法律的基础和依据，也是所有的人和每一个人活动的基础和依据。"[①]（2）从世界各国的实践看，宪法序言已经逐渐成为审判的规范。如前述，法国宪法委员会已在 1971 年的裁决正式确认了宪法序言的法律价值。日本政府在制定宪法过程中回答议员的质疑时，认定宪法序言"其规定有法律的效果"，并表示，"不能说因为是序言所以就不是法规。必须根据各自的内容决定。"日本学界对宪法序言是否与本文的各条款一样具有作为审判规范的效力，存在肯定、否定两说。虽然否定说目前仍占上风，但肯定说在"近来逐渐变得有力"。而在实践中，持肯定说和否定说的判例均有。[②] 荷兰学者指出，一些序言特别是被认为是注入了某些政治价值观念的宪法序言，在要求法院选用宪法条文的情况下，其所确立的价值观念的重要性是显而易见的，法院为了作出判决，在某些情况下不得不明确地引用序言。[③] 当然，在我国，宪法的正文和序言尚未正式成为审判的规范。

我国现行宪法序言的法律效力具有如下特点：①判断宪法序言是否具有法律效力的标准，不是看宪法序言是（或能）否在法院适用即具有司法适用性，而是在更广义地层面上看宪法序言是否得到普遍而有效地贯彻或遵守。但这一判断标准是粗放式的，并没有具体、明确的判定指标。因此，在实践中不易把握。②宪法序言法律效力的表现形式具有多样性。笔者不赞同要将宪法序言与宪法正文条文相结合才具有法律效力的观点。因为，宪法序言的法律效力的表现是多方面的。它具体体现在以下四个方面：一是宪法正文条文及其施行过程中不能存在违反宪法序言的现象。二是宪法序言对宪法解释（包括宪法解释机关的专门解释和有关国家机关在适用宪法时对相关宪法条款的解释）具有约束力，序言是宪法解释的依据，其解释不能与序言相抵触。三是一般法律、法规及其执行中也没有违反宪法序言精神的现象。四是宪法序言在政治、经济及社会生活中没有

---

① 转引自［日］三浦隆：《实践宪法学》，李力、白云海译，中国人民公安大学出版社 2002 年版，第 28 页。
② 参见［日］三浦隆：《实践宪法学》，李力、白云海译，中国人民公安大学出版社 2002 年版，第 28~30 页。
③ ［荷］亨克·范·马尔赛尔、格尔·范·德·唐：《成文宪法的比较研究》，陈云生译，华夏出版社 1987 年版，第 325 页。

被违反的现象。可以说，宪法正文条文本身是在宪法序言的指导下才能充分发挥其效力的，而不是宪法序言须依靠宪法正文条文才能产生法律效力。因此，宪法序言具有独立的法律效力。③宪法序言不以制裁等法律手段作为其产生法律效力的保障，也无相关保障制度。宪法序言法律效力的实现，既可能是宪法序言获得了人们自觉地遵从，也可能是因为舆论、道德等因素影响的结果。④我国现行宪法序言的法律效力是一种整体效力。[①] 所谓整体效力，是指宪法序言作为一个整体被认为是具有法律效力的，但却不必深究每一段文字、每一句话具体的法律效力。它主要通过宪法正文条文、一般法律法规及政治机关、各种组织的行为与宪法序言（主要是宪法序言的精神）不相抵触来表现；而不是必须由一定机关及其人员直接依据某一段文字进行的"施行"或"执行"活动来实现其法律效力。笔者也不赞同有的学者关于宪法序言的法律效力有"强弱之分、明显与模糊之别"的主张。[②] 在笔者看来，宪法序言要么有法律效力、要么没有法律效力，法律效力绝无所谓"强与弱""明显与模糊"之分；即使真有"强与弱""明显与模糊"之分，我们也是无从评判、不可检测的。

二、宪法正文

宪法的正文是宪法的主体，一般包括总则和分则两部分。

（一）总则

多数国家的宪法都有总则性规定。有的宪法称"总则"，如 1874 年瑞士宪法、1995 年阿塞拜疆宪法等；有的称"总纲"，如 1987 年韩国宪法，我国自 1954 年以来的四部宪法都称"总纲"；有的称"基本原则"，如 1947 年意大利宪法和 1976 年阿尔及利亚宪法等；有的称"宪法制度的原则"，如 1993 年俄罗斯宪法；有的称"导语"，如 1973 年巴基斯坦宪法；有的称"关于原则和国家政策的宣告"，如 1986 年通过、1987 年生效的菲律宾宪法，等等。

宪法总则在宪法中具有重要地位，它具有原则性、综合性、概括性的特点，主要规定宪法的基本原则，国家的基本政策，国家基本政治制度、基本经济制度、基本文化制度等内容。我国现行宪法的总纲共 32 条，规定的内容有：①国体，即人民民主专政的社会主义国家。②政体，即人民代表大会制度。③国家结构形式，即多民族平等的单一制国家，以及民族区域自治、基本行政区划。④法治原则，即实行依法治国，建设社会主义法治国家。⑤国家经济制度。⑥精神文明建设。⑦社会制度。⑧国家机关与人民的关系。⑨武装力量。⑩对外国人的权利保护。我国宪法的总纲中，涉及经济制度、经济政策的条款所占比重较大。由于我国现正处于改革时代，因此，经济制度、经济政策的变化较快，这导致宪法总纲部分修改较为频繁，自 1988 年以来对现行宪法进行了三次修正，其主要内容都在总纲部分。一国宪法的稳定，很大程度上取决于宪法所确定的基本原则、国家基本制度的稳定，也即取决于总纲的稳定。由此，我们认为，在宪法的制度设计时，应考虑在总纲中对经济制度、经济政策进行规定时，要尽可能原则化，减少那些具体制度、阶段性政策的条款，使其条款具有更强的适应性，增强宪法的稳定性。

---

① 不仅宪法序言，而且我国宪法的正文也表现出整体效力的倾向。参见谢维雁：《从宪法到宪政》，山东人民出版社 2004 年版，第 35~36 页。
② 殷啸虎主编：《宪法学》，上海人民出版社 2003 年版，第 100 页。

(二) 分则

宪法分则是总则的具体化,是宪法的实体部分,宪法规范主要集中在分则的条文中。一般而言,宪法分则包括如下内容:公民的基本权利与义务,国家机构的设置、权限、活动原则及运行程序,宪法的实施与监督,过渡性条款等。过渡性条款的内容,一般包括对一国历史遗留问题的处理、建国初期临时政府的职权、宪法颁布前一些临时性法律的效力问题等。目前世界上仍有一些宪法有过渡性条款,如法国 1958 年宪法,1991 年俄罗斯宪法等。

我国现行宪法分则的内容是:公民的基本权利和义务(第 2 章),国家机构(第 3 章),国家标识即国旗、国徽、首都(第 4 章)。1954 年、1975 年、1978 年宪法都将"公民的基本权利和义务"放在第 3 章,即放在"国家机构"之后。很多学者认为这表示现行宪法更重视对公民基本权利的保护。固然有学者认为这不过是形式主义的思维方式,但我们认为,这一调整仍然具有积极的意义:将"公民基本权利和义务"放在"国家机构"之前,更彻底、完全地贯彻了人民主权原则——国家机构的权力来自人民,或者先有人民的权利而后有国家机构的权力。同时,这一调整使现行宪法更符合世界宪法发展的潮流。

三、宪法附则

宪法附则,有的称"补则"或"最后规定",是宪法中关于宪法修改、解释的程序,宪法的保障措施,宪法的最高法律效力,宪法的生效时间和生效条件及宪法的公布等内容的那部分条款。宪法附则在内容上的特点有二:一是宪法附则基本都是程序性的规定;二是宪法附则的规定都属于宪法效力保障的范畴。

几乎每一部成文宪法都有宪法附则的内容,但具体规定又各不相同。有的宪法规定很全面;有的宪法只就其中部分内容作了规定;有的宪法对附则的规定集中而系统,甚至其相关内容以"附则"为标题,如 1952 年波兰宪法第十章为"附则";有的宪法规定很零散。我国宪法上的附则未做专章规定,其内容分散于序言、总纲和国家机构之中。我国宪法未规定生效时间,但实践中均是自公布时生效。我国宪法也没有规定公布的方式,1975 年宪法甚至始终没有正式公布。

宪法附则与"过渡性条款"在内容上常有交叉的地方。但一般而言,有了"过渡性条款",就不再有附则的规定。但也有例外,如 1961 年委内瑞拉宪法中既有过渡性条款又有附则的规定。

【关键词】

宪法　立宪主义　法治　成文宪法　不成文宪法　宪法渊源　宪法典　宪法修正案　宪法惯例　宪法结构　宪法序言

【思考题】

1. 宪法具有什么样的特点?
2. 法治包含的要素有哪些?
3. 宪法渊源包含的种类有哪些?
4. 如何确定判定宪法渊源的标准?

5. 如何理解宪法序言与宪法的关系？
6. 宪法序言具有什么作用？
7. 你认为宪法序言是否具有法律效力？理由是什么？

参考文献：

〔日〕三浦隆：《实践宪法学》，李力、白云海译，中国人民公安大学出版社 2002 年版。

〔日〕阿部照哉等：《宪法》（上），周宗宪译，中国政法大学出版社 2006 年版。

〔英〕A.W. 布拉德利、K.D. 尤因：《宪法与行政法》，程洁译，商务印书馆 2008 年版。

〔荷〕亨克·范·马尔赛尔、格尔·范·德·唐：《成文宪法的比较研究》，陈云生译，华夏出版社 1987 年版。

〔美〕约瑟夫·斯托里：《美国宪法评注》，毛国权译，上海三联书店 2006 年版。

林纪东：《比较宪法》，五南图书出版公司 1980 年版。

何华辉：《比较宪法学》，武汉大学出版社 1988 年版。

李龙：《宪法基础理论》，武汉大学出版社 1999 年版。

徐秀义、韩大元：《宪法学原理》（上），中国人民公安大学出版社 1993 年版。

龚祥瑞：《比较宪法与行政法》，法律出版社 2003 年第 2 版。

李步云主编：《宪法比较研究》，法律出版社 1998 年版。

许崇德主编：《宪法》，中国人民大学出版社 1999 年版。

莫纪宏主编：《宪法学》，社会科学文献出版社 2004 年版。

杨海坤主编：《宪法学基本论》，中国人事出版社 2002 年版。

第二章 宪法的历史发展

【本章学习提示】 本章由三节组成。第一节分析了近代宪法产生的基础和宪法的发展趋势；第二节考察了中国近代宪法的产生及其对中国宪法发展的影响；第三节介绍了中华人民共和国宪法的制定和修改。

第一节 近代宪法的产生与发展

一、近代宪法产生的基础

自从人类社会出现了私有制，进入了阶级社会，就有了国家和法。但是，作为国家根本大法的宪法，是资产阶级在反对封建专制统治，要求限制最高统治者的权力和保障公民权利的过程中产生的。也就是说，宪法作为一种特殊性质的法律，并不是随着人类社会法律的产生同时产生的，而是资产阶级革命的产物，最早出现于资本主义社会。

近代宪法的产生不是一种孤立的法律现象，它是以民主政治为前提。正如毛泽东所说："世界上历来的宪政，不论是英国、法国、美国，或者是苏联，都是在革命成功，有了民主事实之后，颁布一个根本法，去承认它，这就是宪法。"[①] 当然，民主政治作为社会上层建筑，其产生和发展必须基于一定的社会经济结构和政治思想文化条件。因此，社会内部蕴含着的处于不断变化状态的经济和政治思想文化因素，是推动宪法产生的重要根源。

（一）社会经济基础

社会发展到封建社会末期，资本主义生产关系随着生产力的发展孕育成长起来，这种生产关系同封建专制制度的等级特权、人身依附关系是不相容的。它要求自由竞争，自由购买劳动力，要求废除封建土地所有制和特权制度等限制，自由地占有私有财产，自由地进行生产、交换和发展，获得更大的利润。而封建的生产关系却严重地阻碍了资本主义经济的发展，这种生产关系与生产力的矛盾，最终导致了资产阶级革命的爆发。

革命胜利后，资产阶级在摧毁封建生产关系的基础上，确立了可以"自由"地出卖劳动力，"平等"地占有财产的资本主义生产关系，从而为近代宪法的产生奠定了社会经济基础。

（二）政治基础

从政治上看，宪法产生的前提是封建主义政权转变为资本主义政权。在封建专制制度下，君主（国王或皇帝）具有至高无上的权力，国家的一切活动都要完全听命于君主。封建的等级制度和等级特权，公开确认人们在社会地位上的不平等，这使新兴的资产阶级既无权参政，又无法保护自己的经济利益。为了改变这种无权地位，资产阶级不

---

① ①《毛泽东选集》第 2 卷，人民出版社 1991 年版，第 735 页。

断掀起了争取民主、自由和平等的革命,通过革命,推翻了封建专制,建立了资本主义国家政权,确立了以普选制、议会制为标志的资本主义民主政治制度,实现了对社会的统治,从而为近代宪法的产生奠定了政治基础。

(三) 思想基础

任何一个阶级要想推翻旧政权、旧制度,都需要一定的思想理论作指导,以便动员和组织群众起来进行革命斗争。在反对封建专制制度的斗争中,一批早期的资产阶级启蒙思想家、理论家应运而生。如英国的洛克、法国的卢梭和孟德斯鸠等人提出了"天赋人权""主权在民""社会契约""三权分立"等一系列民主、自由与人权的学说和主张,为资产阶级反封建斗争提供了思想理论武器。这些思想理论经过广泛的宣传和在革命中的实际运用,已为人们所普遍接受,成为资产阶级民主制度的基本内容,从而不仅为资产阶级组织革命力量取得革命胜利起了指导作用,而且还为资产阶级制定宪法和实施宪法提供了思想理论基础。

二、西方国家宪法的产生

毛泽东在《关于中华人民共和国宪法草案》一文中指出:"讲到宪法,资产阶级是先行的。英国也好,法国也好,美国也好,资产阶级都有过革命时期,宪法就是他们在那个时候开始搞起的。"事实确实如此,世界上最早的一批宪法便是17、18世纪英、美、法等国的资产阶级在反封建专制的革命斗争取得胜利后相继制定的。

(一) 英国宪法的产生

近代宪法最早是在英国出现的。英国被称为资本主义宪政的策源地。因为英国是世界上最早进行资产阶级革命的国家。从1640年开始,英国资产阶级和封建贵族就进行了长期的斗争,直到1688年"光荣革命"推翻了封建统治,建立起资产阶级的君主立宪制政权。由于英国革命时期工业还不很发达,资产阶级比较软弱,而封建贵族却保持有相当大的势力,资产阶级是通过一步步地限制王权扩大自己的政治力量,最终确立资产阶级统治的。英国宪政制度的产生发展,就是资产阶级和封建贵族在斗争中互相妥协演变发展的过程。因此,英国并没有制定一部统一完整的具有法典形式的成文宪法,而是"不成文宪法",它是由许多不同年代产生的分散的宪法性文件、宪法惯例和宪法性判例所组成的。其中,比较重要的宪法性文件有1215年的《自由大宪章》、1628年的《权利请愿书》、1679年的《人身保护法》、1689年的《权利法案》、1701年的《王位继承法》、1832年的《选举改革法》、1911年的《议会法》、1918年的《国民参政法》、1958年的《终身贵族法》、1972年的《欧洲共同体法》等。这些宪法性文件,不断丰富着英国宪法制度的内容。宪法惯例则是一种非正式的规范,它是由某人的实践造成先例,后人不断仿效而形成了习惯。在英国,这种惯例的数量很多,以致有的学者认为"没有惯例就没有英国宪法"。由宪法惯例调整的宪法关系大体上有两个方面:一是英王的实际权力,如英王统而不治的地位、下院多数党领袖由英王任命组阁等;二是内阁与议会的关系,如内阁应对下院负责、首相自选阁员议会不得过问等。至于宪法性判例则是由高等法院的判决所构成。英国是实行判例法的国家,上级法院的判决对下级法院有约束力。英国宪法的某些内容,就是由普通法院的判决规定的,如有关国王特权的判决,有关人民控诉官吏的判决等。这些判决构成了英国宪法的重要组成部分。

（二）美国宪法的产生

在英国之后，1776年北美殖民地人民经过独立战争，摆脱了英国的殖民统治。7月4日，第二届殖民地大陆会议通过《独立宣言》，宣布美国独立。《独立宣言》在历史上第一次以政治纲领的形式宣布了资产阶级民主共和国的原则，被马克思誉为"第一个人权宣言，它最先产生了伟大的民主共和国思想，并且最先推动了18世纪的欧洲革命"。[①] 随着独立战争的胜利，1777年11月15日13州又制定通过了《邦联条例》，它规定美国是13州结合而成的邦联，各州继续保持其主权、自由和独立。各州派代表组成邦联国会，国会实为一个协商性机构，并无多大实际权力。因此，这种软弱无力的邦联机构很不适应巩固资产阶级统治和发展资本主义的需要。这样，修改《邦联条例》，制定一部正式的宪法，建立一个强有力的中央政权，便逐渐成为统治集团内部的共识。出于此因，统治阶级以修改《邦联条例》为名，于1787年5月在费城召开制宪会议，制定了宪法和宣布成立联邦，并于1789年批准生效。美国宪法是世界上第一部成文宪法，它由一个简短的序言和七条正文组成，基本内容是确立以"权力分立"和"制约与均衡"为原则的资产阶级民主共和政体。其中，前三条分别规定了行使立法权、行政权和司法权的国家机关及其活动原则，其余各条规定了各州与联邦的权限划分和宪法修改、批准程序等，对公民的权利自由则没有规定。因而它一经公布，便遭到了包括资产阶级民主派在内的广大人民的强烈反对。在人民的压力下，统治集团于1789年9月以修正案的形式增加了十条关于公民权利自由的"权利法案"，从此，美国宪法基本上完备起来。此后，美国又陆续颁布了十七条宪法修正案，以规定修正有关宪法制度的内容，这些修正案也是美国宪法的重要组成部分。

（三）法国宪法的产生

美国独立战争的胜利，极大地支持和推动了同时期欧洲反封建革命斗争的发展。1789年7月法国爆发了资产阶级革命，通过武装起义推翻了封建统治，制定了《人权和公民权宣言》（简称《人权宣言》）。《人权宣言》确立了资产阶级民主、分权、法制等基本原则，宣告了私有财产的神圣不可侵犯。因此，《人权宣言》的意义非常深远，不仅在1791年法国第一部成文宪法中成为该宪法的序言，而且根据法国第五共和国时期宪法委员会的宪法解释，该宣言的主要精神至今仍是解释法国宪法制度的基本原则。

1791年法国制定了欧洲大陆上最早的一部资产阶级成文宪法。这部宪法一方面宣布废除封建等级特权和各种贵族制度，主权属于国民全体，公民有迁徙、集会、请愿、言论、信仰等自由，国家机构实行三权分立原则，这些规定具有进步的历史意义。但是，另一方面，宪法确立的是君主立宪制政体，保存了一个世袭的国王，并赋予国王一定权力，只是国王由"上帝的代表"改称为"国民的代表"，并且，宪法还按财富的有无和多寡，将公民划分为"积极公民"和"消极公民"两部分，而占全国人口极少数的"积极公民"才享有选举权。这一切反映出1791年的法国宪法在内容上有其不可避免的历史局限性和阶级局限性。随着法国资产阶级革命的进一步发展，实行君主立宪制的1791年宪法为实行共和制的法国1793年宪法所取代。

综观英、美、法三国宪法的产生，如果说英国宪法在内容和形式上都还不太成熟的

---

① 《马克思恩格斯全集》第16卷，人民出版社1964年版，第20页。

话,那么美国宪法和法国宪法的产生,则使宪法无论是在形式上还是在内容上都已与普通法律有了明显的区别,标志着宪法作为法的一个独立部门已经形成。此后,其他各资本主义国家成立时,大都仿效美、法两国的榜样,制定了自己的成文宪法。

三、宪法的发展

按照马克思主义的宪法理论,以宪法的阶级本质和经济基础为标准进行分类,可以把宪法划分为资本主义宪法和社会主义宪法两大类。综观宪法在世界范围内的发展,两大不同历史类型的宪法经历了不同的发展历程。

（一）资本主义宪法的发展

资本主义宪法自产生以来,随着资本主义经济、政治的发展,特别是阶级力量对比关系的发展变化,其宪法也随之发生变化。从整体上看,资本主义宪法的发展经历了资本主义上升时期和垄断资本主义时期两个发展阶段。

17世纪中叶至19世纪末,是资本主义发展的上升时期。在这一时期,立宪活动是同资产阶级革命联系在一起的,在那些资产阶级革命取得胜利的国家,都纷纷仿效美、法等国的模式,制定成文宪法来巩固资产阶级革命的成果,建立适合资产阶级统治需要的资产阶级民主制度。在这一时期资本主义国家宪法发展变化的历史过程中,充满了资本主义的民主势力与封建复辟势力的斗争,也充满了资产阶级与广大人民的斗争,从而形成了两种宪法:一种是民主共和制宪法,如美国宪法、1848年法国宪法等。这类宪法都普遍地确认了"主权在民""权力分立"和"私有财产神圣不可侵犯"等资产阶级民主制度的基本原则,并在资产阶级根本利益所允许的范围内规定了公民相应的权利和自由,表现出一定的进步性和民主性;另一种是君主立宪制宪法,如1889年日本宪法等。这类宪法坚持主权在君的原则,把议会放在从属于君主的地位,政府成员也对君主负责,表现出封建专制制度与资产阶级民主制度相混合的特点。

19世纪末,自由资本主义逐渐向垄断资本主义过渡。20世纪初,垄断资本主义最终形成。随着资本主义经济上走向垄断,资本主义国家宪法的发展变化出现了不同倾向。一方面,垄断资产阶级为了最大限度追逐利润,对外掠夺和重新瓜分世界,在政治上强化国家集权,限制民主发展,有些国家甚至实行法西斯统治。正如列宁所指出的"这一新的经济基础,即垄断资本主义（帝国主义就是垄断资本主义）的政治上层建筑,就是从民主制转向政治反动。自由竞争要求民主制。垄断则要求政治反动"。[①] 为此,垄断资产阶级通过制定一系列的反动法律和法令来破坏宪法,使宪法中规定的资产阶级民主原则名存实亡。如德国希特勒上台后,于1933年颁布了"保护人民和国家法令",具有浓厚民主色彩的魏玛宪法虽然没有被宣布废除,但实际上成了一纸空文。在20世纪40年代末和50年代初,美国也出现了法西斯逆流,制定了一系列反民主的法律,如1947年的"联邦忠诚法"、1950年的"国家安全法"、1952年的"华夫脱—麦卡锡法"。另一方面,随着无产阶级革命运动和殖民地人民民族解放运动的发展,特别是俄国十月革命的胜利,对资本主义世界产生了巨大的冲击和影响。在这种形势下,资产阶级为了维护其统治,在使用暴力镇压手段的同时,还根据不同时期斗争形势的需要,采取怀柔政策,在不触动其根本利益的前提下,扩大人民的民主权利,向民主势力作出某些让

---

① 《列宁全集》第23卷,人民出版社1958年版,第34页。

步，反映在宪法上则是扩大了资产阶级民主的范围。如1919年德国魏玛宪法，在资本主义宪法史上第一次用专章规定了公民的基本权利和义务。第二次世界大战以后，由于世界反法西斯斗争的胜利和一系列新国家的出现，世界和平民主力量大大加强，许多资本主义国家或者通过修改宪法，或者制定一些宪法性法律，对原有宪法规定做出了相应的调整，以维持和加强自己的统治。

（二）社会主义宪法的发展

世界上第一部社会主义类型的宪法是1918年7月10日第五次全俄苏维埃代表大会通过的《俄罗斯苏维埃联邦社会主义共和国宪法（根本法）》（简称《苏俄宪法》）。

1917年俄国十月社会主义革命，推翻了资产阶级政权，创建了世界上第一个无产阶级专政的新型的苏维埃社会主义国家。列宁指出："工人阶级夺取政权以后，像任何阶级一样，要通过改变所有制和实行新宪法来掌握和保持政权，巩固政权。"[1] 无产阶级革命的胜利和无产阶级专政政权的建立，为社会主义宪法的产生创造了政治前提。

在十月革命胜利后的最初时期，苏维埃政权颁布了一系列宪法性法律，如《和平法令》《土地法令》《被剥削劳动人民权利宣言》等。这些法令称为"十月法令"，为后来制定《苏俄宪法》确立了基本原则。1918年1月召开的第三次全俄苏维埃代表大会，委托全俄中央执行委员会起草一部宪法。4月1日，在全俄中央执行委员会上选举组成了宪法起草委员会，进行宪法的起草工作。7月10日，在列宁的主持下，第五次全俄苏维埃代表大会通过了《苏俄宪法》。宪法除前言以外，共分6篇17章90条。《苏俄宪法》作为世界上第一部社会主义宪法，突破了资产阶级宪法的局限性，推动了社会主义类型宪法的发展。列宁曾经高度赞扬这个宪法，他说："苏维埃宪法和苏维埃一样是在革命斗争时期产生的，它是第一个宣布国家政权属于劳动人民，剥夺剥削阶级即新生活建设者的敌人的一切权力的宪法。这就是它和其他国家宪法的重要区别，同时，也是战胜资本主义的保证。"[2]

十月革命后，俄国境内成立了许多独立的苏维埃共和国，这些国家为了反对苏维埃政权的共同敌人而通过订立条约等形式，进行政治、军事和经济上的合作和联盟。1922年12月，在莫斯科召开了全联盟苏维埃第一次代表大会，俄罗斯、乌克兰、白俄罗斯和南高加索（包括阿塞尔拜疆、格鲁吉亚和阿尔明尼亚）共和国参加了会议。会议根据列宁的建议通过了成立苏维埃社会主义联盟即苏联的决议。为了把这一联盟关系用根本法的形式固定下来，1924年1月第二次苏联苏维埃代表大会通过了《苏维埃社会主义共和国联盟根本法》（宪法），即1924年苏联宪法。该宪法规定了联盟和各加盟共和国以及地方的国家机构，划分了联盟和各加盟共和国的职权。之后，随着社会主义过渡时期的完成，苏联已经进入了完全的社会主义社会。为了巩固这一成果，全苏第八次苏维埃代表大会通过了1936年苏联宪法。这部宪法共有13章146条，用根本法的形式确认了社会主义制度在苏联建成的事实，是一部完全的社会主义宪法，标志着社会主义宪法已经巩固并发展到了较为成熟的高度，对以后各社会主义国家的制宪产生了深刻的影响。

---

[1] 《列宁全集》第30卷，人民出版社1985年版，第433页。
[2] 《列宁全集》第27卷，人民出版社1958年版，第520页。

1936年宪法的实施,使苏联在各方面都发生了很大的变化。按照苏联自己的提法,到70年代中叶,苏联已经建成发达的成熟的社会主义社会。适应着新的形势的需要,1977年10月第九届苏联最高苏维埃第七次会议通过了新宪法,即1977年宪法。1991年"八·一九"事件后,苏联政府发生了急剧变化,苏联解体,其宪法也就不复存在了。

第二次世界大战后,在欧洲和亚洲出现了一系列社会主义国家。它们根据本国的民族特点,以苏联1936年宪法为榜样,相继制定和颁布了自己国家的第一部宪法。这些宪法,从本质上讲都是社会主义类型的宪法,宪法规定的各项基本制度和原则体现了人民民主和社会主义性质。但20世纪80年代以来,一些国家由于政治力量重新组合,经济政策失误,社会主义优越性未能有力地显示出来,致使这些国家的国家制度和宪法发生了根本性的变化,它们又颁布了与本国新的形势相适应的宪法。

四、当代宪法的发展特点

宪法诞生于激烈的社会变革或政治冲突之中,并基于变革和冲突的需要而不断变更自身的性质和形式。第二次世界大战以后,宪法在世界范围为得到了飞速发展,并发生着深刻的变化,呈现出了新的态势和特点。

(一) 宪法类型上的发展特点

按照马克思主义的观点,根据宪法赖以产生、发展的经济基础和其所反映的阶级本质,可以把宪法划分为资本主义宪法和社会主义宪法。早期的宪法都是在资产阶级革命胜利并掌握政权之后产生的,体现的都是资产阶级的民主观、法治观和人权观。1918年的苏俄宪法,标志着社会主义类型宪法的产生,从此打破了资本主义宪法一统天下的局面。第二次世界大战以后,包括中国在内的一系列社会主义国家都纷纷制定和颁布了自己的宪法。社会主义类型宪法充分体现了人民民主和社会主义的基本原则,相对于资本主义类型的宪法而言,更注重宪法的本质要求,更加重视宪法是否实质性地体现了人民群众的意志和利益,而不是抽象地反映所有人的意志和利益。

同时,第二次世界大战后,亚洲、非洲、拉丁美洲地区民族民主革命运动不断高涨,有许多国家挣脱殖民主义的束缚,取得了独立,建立了民族独立国家。这些国家独立后,一般都制定了宪法来肯定民族民主革命成果。民族国家的民族主义宪法从而成为宪法大家庭中不可缺少的一员。这些宪法既具有早期资本主义国家宪法的特点,又由于它是在特殊的历史条件下制定的,因而十分强调民族独立和国家主权,强调发展民族经济,积极探索与本国特点相适应的模式,从而极大地丰富和发展了现代宪法的内容和形式。

随着第二次世界大战后全球化进程的不断深入,以及各种地区性国际组织在协调国际事务方面的作用的加强,享有主权的国家之外的国际组织的宪法性文件也开始对主权国家发生效力,有些国家甚至将这些国际组织的宪法性文件视为本国宪法的渊源之一。如欧盟在促进欧洲一体化过程中就制定了《欧盟宪法》,作为指导欧盟成员国的基本法律原则,对欧盟成员国国内的宪法制度产生了重要影响。[1]

---

[1] 莫纪宏:《宪法学》,社会科学文献出版社2004年版,第69页。

（二）宪法内容上的发展特点

随着社会政治、经济、文化事业的飞速发展和科学技术的不断进步，法律社会化成为时代的潮流，为了满足现代市场经济体制的需要，宪法内容有了很大的变化，并在变化中得到发展。

1. 重视人权保障，扩大了公民基本权利和自由的范围

宪法本来就是人权的保障书，历史上任何一部宪法都涉及对人权的确认与保障。在各国的立宪进程中，虽然因各国的生产力发展水平、历史文化传统、经济文化条件等不同，各国宪法所确认的人权范围也不同，但保障人权已成为各国立宪的基本价值目标。第二次世界大战以来，尤其是近十几年来，各国在推行和完善宪法中不断充实人权的内容，丰富人权的实现形式，强化人权的保障机制。在人权的内容方面，不仅丰富了公民的政治权利和自由，而且普遍增加了公民在经济、社会文化及社会保障等方面的权利。在人权的实现形式方面，不仅强调个人人权的实现，更强调民族、国家和人民权利的实现，出现了集体人权的概念。在人权的保障方面，人权问题也超越了国内法的界限，成为国际法的基本内容，从而将人权的国内法律保障与国际法律保障结合起来。因此，随着世界各国对人权问题的高度重视和签署《公民及政治权利国际盟约》的国家越来越多，这将极大地推动各国宪法保障人权制度的进一步完备与完善。

2. 宪法体系日益扩大，结构更为庞杂

在现代市场经济的推动下，宪法在世界范围内得到了飞速发展，使宪法内容普遍增加，涉及面越来越广，特别是为现代市场经济服务的条款越来越多，个别国家在宪法中还明确规定了国家干预经济和宏观调控措施等内容，使宪法在结构上由简单到复杂。过去，超过100条的成文宪法并不多，但由于现代市场经济的复杂性和国际性趋向，第二次世界大战后制定的宪法都比较长。如《巴基斯坦共和国宪法》有280条，宪法全文总计数万余字。《葡萄牙共和国宪法》经1982年修改后，共四编300条，是当时世界上条文最多的宪法。同时，在宪法构成上有了新的要素。宪法规范不仅包括原则、规则、国策，也包括纲领和任务，有的甚至明确以纲领与任务为章名、节名。就是说，宪法规范庞杂，早已超出了过去仅仅是规则与原则的模式。

3. 重视宪法实施的各种保障制度的建设，力求实现宪法保障的制度化、专门化

对于宪法监督的机构与制度，虽然形成较早，而发展与健全则是第二次世界大战以后。由于宪法的贯彻与实施对于调整日益复杂的社会关系，发展国家的民主与法治，发挥着举足轻重的作用，为了与此相适应，加强对宪法实施的监督就成了合乎逻辑的发展结果和必然要求。因此，各国都十分重视宪法的实施保障机制，不断加强宪法的保障措施，完善对宪法的监督。如明确规定宪法的最高法律地位，严格设定宪法的修改程序，建立专门违宪审查机构并赋予较为广泛的职权，确立违宪审查的范围和方式，明确社会组织和公民在维护宪法中的责任等。总之，不管采取什么形式，由什么样机关保障宪法实施，各国宪法都在不断完善宪法的保障制度。这一切都说明，现代宪法中确实存在宪法保障制度化、专门化的趋势。这代表了宪法监督保障制度建设的一股新潮流。

4. 重视国际协作，宪法的本土化与国际化紧密结合

现代市场经济的重要特征之一，就是国际市场扩大，跨国公司比比皆是。各国之间的联系更为紧密，一处出问题，他处必然有反映。东南亚的金融危机，不仅给该地区带

来了灾难性的经济后果，而且影响了全球经济。这种经济全球化的客观事实，必然反映到政治、法律上来，这就决定了现代各国宪法必然是本土化与国际化的结合。一方面宪法的本土化要求宪法既要反映本国经济建设的规律和特色，又要直接服从和服务于本国的经济建设，确立本国经济建设的基本方针和措施。另一方面，宪法的国际化则表现为各国宪法互相吸收的东西更多了，宪法把确认国际合作、互利互惠、和平共处作为基本原则而加以规定。如有的国家宪法规定遵守国际公约，承认国际法具有高于国内法的效力；有的国家宪法规定放弃用战争作为解决国际争端的手段或不参与侵略战争。这些规定反映了随着经济全球化，国际间交流的频繁和国际关系的复杂化，各国对加强国际协作，维护世界和平的共同愿望。因此，各国宪法的发展必将带来人类的共同繁荣和政治生活的新格局。

第二节 近代中国宪法的产生与发展

一、清朝末年的制宪活动

清朝末年，由于清朝统治者的腐败无能，八国联军蹂躏北京，"辛丑条约"丧权辱国，人民起义与革命不断，要求改革的呼声充斥朝野，清朝统治者感到"皇灵之不永"，于是摇身一变，由"宁肯亡国，不肯变法"，而开始玩弄"预备立宪"骗局，以此欺骗人民，苟延残喘。1905年清政府派五大臣出洋考察各国宪政，1906年清政府宣布"预备立宪"，设立宪政编查馆，并于1908年9月颁布一个以保护君权为中心的《钦定宪法大纲》，规定以9年为立宪预备期限，后改为5年。

《钦定宪法大纲》是在"大权统于朝廷，庶政公诸舆论"的指导思想下制定的。它全文共23条，分为"君上大权"和"臣民权利义务"两个部分。君上大权是正文，共14条，主要是确立皇帝的至高无上的地位和权力。它规定"大清皇帝统治大清帝国万世一系，永永尊戴"，皇帝享有颁布法律，发布议案，召集、开闭、停展及解散议院，设官制禄，黜涉百司，统率军队，宣战讲和，宣告戒严，爵赏恩赦，总揽司法，发布命令等大权。臣民权利义务是附录，共9条，规定臣民有纳税、当兵和守法的义务。可见，这个宪法大纲，既不是资产阶级民主共和国宪法，也不是资产阶级君主立宪制宪法，而只是给原来的君主专制增添了一层法律保障，借以巩固封建专制的国家制度，是一个具有浓厚封建性质的宪法性文件。

清王朝的立宪骗局，更加激起了全国人民的愤怒，反对清王朝的革命日益高涨。1911年10月，爆发了以孙中山为领导的辛亥革命。清王朝为了挽救其行将灭亡的封建统治，匆匆忙忙于同年11月3日公布了由资政院仅用三天时间就炮制出来的《宪法重大信条十九条》（简称《十九信条》），并宣布立即实行。但是，《十九信条》与《钦定宪法大纲》实质上都是一样的，仍然规定："大清帝国之皇位万世不易""皇帝神圣不可侵犯"，对人民享有的权利则只字不提。只是《十九信条》是在清政府面临覆亡的紧急关头制定的，它不得不对皇帝的权力做出某些限制，规定"皇帝之权，以宪法规定者为限"，皇帝继承顺序由宪法规定，宪法由资政院起草议决，皇帝颁布等。可见，《十九信条》只不过是清朝统治者企图挽救其摇摇欲坠的统治而抓住的一根救命稻草，是"假立宪之名，行抵制革命之实"的宪法性文件。尽管如此，《十九信条》并未能挽救清政府灭亡的命运，它最终与清王朝一起被孙中山领导的辛亥革命所推翻。

二、孙中山的宪政思想和《中华民国临时约法》

1898年戊戌变法的失败宣告了改良道路的破产，以孙中山为首的资产阶级革命势力得到迅速发展，并于1905年联合各反清团体组成了"中国同盟会"，提出了"驱除鞑虏，恢复中华，建立民国，平均地权"的革命纲领。同年10月在同盟会机关刊物《民报》月刊上发表的《〈民报〉发刊词》中又提出"民族、民权、民生"三民主义。其中，民权主义是孙中山宪政思想的集中表现。他反复阐明中华民国的主权应属于全体国民的观点，明确提出了以武装革命推翻清朝的统治，建立资产阶级民主共和国。他在总结中外经验基础上，创立了五权宪法学说，认为中华民国的宪法应该是以确认五权即立法、行政、司法、考试、监察分立为基本内容的宪法。总之，孙中山的思想反映了近代中国社会政治、经济发展的状况，反映了中国资产阶级反对封建专制制度，发展资本主义的要求。

1911年10月10日，在孙中山先生领导下，爆发了武昌起义，推翻了中国历史上最后一个封建王朝，结束了长达两千年之久的封建专制制度。1912年1月1日，南京临时政府成立，孙中山就任临时大总统，正式宣告中华民国的诞生。然而，由于临时政府内夹杂着各种政治力量，除革命党人外，还有改良派、旧军阀官僚，特别是袁世凯勾结帝国主义和旧势力从各方面向革命党人施加压力，孙中山不得不做出妥协，将临时大总统让位给袁世凯。而以孙中山为首的革命派为了维护辛亥革命的胜利成果，以制约袁世凯的政治野心，便"奉临时约法而使之服从，盖以服从约法为服从民国的证据"，遂于1912年3月颁布了《中华民国临时约法》（简称《临时约法》）。

《临时约法》是中国资产阶级共和国方案的具体体现，共有七章五十六条，在"宪法未施行以前，本约法之效力与宪法等"。① 其主要内容包括：

（1）确立了资产阶级民主共和国的国家制度。它规定"中华民国之主权，属于国民全体"、"中华民国由中华人民组织之"，并且确认，"中华民国人民一律平等，无种族、阶级、宗教之区别"，从而彻底否定了封建君主专制和等级特权。（2）确认中华民国实行"三权分立"的政治体制。它规定："中华民国以参议院，临时大总统，国务员，法院行使其统治权"。其中，参议院是最高立法机关，行使立法、任命、选举、决定之权；临时大总统和国务员（国务总理和各部总长的总称）为行使行政权的最高行政机关，总统的权力要受到参议院的限制；法院为行使司法权的司法机关，法官独立审判并终身任职。（3）根据资产阶级民主自由原则，赋予了人民较广泛的权利和自由。它规定人民享有人身、住宅、财产及营业权；有言论、著作、游行、集会、结社、通信、居住迁徙、信教等自由；同时规定只有为了"增进公益，维持治安，或非常紧急必要时"，才能依法对人民的权利自由加以限制。这些规定反映了资产阶级革命派的民主主义立场和确保共和的愿望。

《临时约法》是中国资产阶级革命的产物，是中国历史上仅有的一部资产阶级性质的宪法性文件，也是中国资产阶级宪政运动所取得的最高成就。它肯定了辛亥革命的胜利成果，宣告了在中国延续了两千多年的封建制度的终结。它以根本法的形式确认了主

---

① 《临时政府公报》第35号，1912年3月11日。

权在民、三权分立、人人平等一系列资产阶级民主共和国的基本原则和国家制度，使民主共和的观念深入人心，对于民众的民主觉醒，起了不可估量的作用。即使在世界范围内，也引起了极大的关注，特别是在20世纪初期的亚洲各国中，它是一部最有影响的宪章。但是，由于时代的局限性和中国民族资产阶级自身的阶级局限性，它既没有提出反帝的任务，又没有提出彻底的反封建纲领，因而也不可能实现资本主义共和国的理想。辛亥革命的成果最终被袁世凯篡夺了，《临时约法》被撕毁，革命归于失败。

三、北洋军阀时期的宪法

从1912年4月袁世凯掌握了中华民国临时政府执政大权开始，中国历史便进入以"中华民国"为招牌的北洋军阀统治时期。北洋军阀政府是帝国主义支持下的、以军事实力为支柱的、带有浓厚封建性的军阀政府。在北洋军阀统治的十多年时间中，军阀混战连年不断，政权更迭频繁，从1912年到1928年间，共更换了47届内阁。但是社会经济的发展、文化的进步，特别是辛亥革命的实践，民主、共和、宪政的观念已深入人心，这就使得北洋军阀虽不情愿，但又不得不进行制宪活动。

第一个玩弄立宪骗局的是北洋军阀的头子袁世凯。他当上中华民国临时大总统以后，立即背弃"谨守约法"的誓言，开始了复辟封建专制的活动。1913年4月8日，中华民国国会成立，10月10日袁世凯正式就任中华民国大总统，在这之后不久，便下令解散国会。10月31日，国会被解散前夕，国会宪法起草委员会匆匆通过了《中华民国宪法（草案）》。因宪法起草活动是在北京天坛祈年殿进行的，所以史称"天坛宪草"。"天坛宪草"共11章113条。从总体上看，由于距离辛亥革命发生的时间较短，民主共和体制的影响仍然深入人心，因此，"天坛宪草"仍保持了孙中山《临时约法》的精神，坚持国家的政治体制为责任内阁制。对此，袁世凯大为恼火。1914年1月14日，他下令解散国会，"天坛宪草"便胎死腹中，始终只是一个草案。

袁世凯强行解散国会以后，于1914年2月18日另外组织了一个"约法会议"，制造了一部有利于袁世凯专权的《中华民国约法》，即"袁记约法"，并于1914年5月1日公布施行。这是一部以反映袁世凯个人专制独裁野心为基本特征的宪法性文件，它无限扩大总统的权力并消减议会的牵制力量，把行政、军事、立法、任免等大权交由总统行使，从而确认了大总统至高无上的权力。1915年12月12日，袁世凯宣布实行帝制，自称"中华帝国皇帝"，改中华民国五年为"洪宪元年"，但由于共和制度深入人心，恢复帝制受到全国反对，反袁起义遍及南北，迫使袁世凯不得不于1916年3月22日宣布撤销帝制。其83天皇帝梦收场，并于1916年6月6日在全国的一片讨袁声中羞愤死去。

袁世凯垮台后，出现了北洋军阀混战的局面。到1922年直系军阀占了上风，直系军阀头子曹锟赶走了傀儡总统黎元洪后，以威胁利诱和收买手段，用1356万银元向议员行贿，买到了大总统的职位。接着就匆匆忙忙地拼凑出一部被人们戏称为"贿选宪法""猪仔宪法"的《中华民国宪法》，于1923年10月10日在曹锟就任大总统的同时，举行了宪法公布典礼。这是旧中国颁布的第一部正式宪法，共有13章141条。这部宪法是"天坛宪草"和"袁记约法"的混合物，内容十分庞杂，把总统制和责任内阁制混合起来，用资产阶级民主共和国的形式，掩盖封建军阀的独裁统治。毛泽东曾说："宪法，中国已有过了，曹锟不是颁布过宪法吗？但是民主自由在何处呢？"① 章士钊也说"曹锟宪法革临时约法的命"。② 因此，"贿选宪法"颁布后，在全国范围内引起了一致反对，结果不到一年，这部宪法就随着曹锟下台而寿终正寝。

曹锟倒台后，由皖系军阀头子段祺瑞以"中华民国临时执政"的头衔取而代之。他一上台就下令撤销曹锟的"贿选宪法"，并宣告《临时约法》失效。1925年8月3日成立"国宪起草委员会"，负责起草宪法，经过4个月的起草活动，于1925年12月11日完成了《中华民国宪法草案》。这部宪法草案还没有来得及正式通过，就同北洋军阀一起被汹涌澎湃的北伐战争粉碎了。

四、国民党政府制定的宪法

北伐战争的胜利，宣告了北洋军阀制宪丑剧的收场，开始了国民政府制宪的复杂局面。

1927年4月12日，蒋介石集团背叛革命，在南京建立国民党政府。为镇压革命，制服其内部的敌对势力，利用孙中山先生已经废弃了的"建国三时期"学说的政治词汇，于1931年6月1日公布施行《中华民国训政时期约法》。该约法共有8章89条，它是国民党政府统治时期用根本法形式确认国民党一党专政和蒋介石个人独裁的第一部宪法性文件，它在规定公民享有某些权利和自由的同时，又规定"选举、罢免、创制、复决四权之行使由国民政府训导之"。可见，《中华民国训政时期约法》是一个反民主，维护独裁的工具。

1931年"九一八"事变后，全国人民响应中国共产党提出的"停止内战，一致抗日"的号召，开展了声势浩大的抗日民主运动，要求结束国民党的所谓训政。国民党政府为了欺骗人民，缓和国内矛盾，唱起了"还政于民"的高调，于1936年5月5日制定了《中华民国宪法草案》（通称"五五宪草"）。这部草案用根本法的形式再一次肯定了国民党和蒋介石的独裁统治。但是，就是这样一个宪草，国民党也并不甘心付诸实施，1940年宣布"无限延期"，照旧实行"训政"。

1945年抗日战争胜利以后，在中国共产党的倡议下，国民党政府被迫于1946年1月在重庆召开了有中国共产党和民主党派参加的政治协商会议，通过了停战、制定民主宪法、成立联合政府等协议。但当国民党政府认为时机成熟时，便撕毁了协议，发动了对解放区的全面进攻，并于1946年11月15日非法单独召开"制宪国大"，12月15日通过了《中华民国宪法》。这部宪法共有14章175条，基本上是"五五宪草"的内容，还掺杂进去曹锟"贿选宪法"的一些条文，名为实行责任内阁制，实则总统独裁制，总统拥有凌驾于一切机关之上的大权并不受任何"追诉"。因此，这部宪法仍然是以根本法形式确认以蒋介石为首的四大家族对人民的专制独裁统治，实质上是反人民、反民主的法西斯专政的宪法。

五、人民革命根据地的宪法性文件

1919年五四运动和1921年中国共产党的诞生，标志着中国革命进入新民主主义革命时期，与这个革命阶级相适应，中国开始了新民主主义运动，即工人阶级领导的人民

---

① 《毛泽东选集》第2卷，人民出版社1991年版，第694页。
② 徐矛：《中华民国政治制度史》，上海人民出版社1992年版，第98页。

大众反对帝国主义、封建主义和官僚资本主义的宪政运动。正如毛泽东所指出的："现在，我们中国需要的民主政治，既非旧式的民主，又还非社会主义的民主，而是合乎现在中国国情的新民主主义目标，准备实行的宪政，应该是新民主主义的宪政。"① 在新民主主义时期，中国共产党根据形势的需要和社会关系的不断变化，先后颁布了一系列重要的宪法性文件。

1927年蒋介石背叛革命以后，中国共产党走上了农村包围城市、建立农村革命根据地、武装夺取政权的道路。随着各革命根据地的发展，逐步建立起了各级工农民主政府。为了加强对革命根据地的统一领导，各根据地于1931年11月在江西瑞金召开了第一次全国工农兵苏维埃代表大会，宣告了中华苏维埃共和国的成立，并通过了《中华苏维埃共和国宪法大纲》（简称《宪法大纲》），1934年1月第二次全国苏维埃代表大会对其作了补充修改后颁布实施。这是中国历史上由人民政权制定并颁布实施的第一个宪法性文件。《宪法大纲》全文共17条，它确认革命根据地政权性质是工农民主专政，规定工农民主政权的组织形式是工农兵苏维埃代表大会，基本任务是反帝反封建，并赋予工农劳动群众广泛的权利和自由。《宪法大纲》的内容尽管还不够完善，但由于它总结了人民革命政权的早期经验，确认了人民革命的成果，同时又指明了革命发展的方向和奋斗目标，因此，它的颁布和实施，激发了根据地人民的革命积极性，进一步推动了全国人民的革命斗争，并为后来革命根据地政权建设和制宪工作提供了宝贵的历史经验。

在抗日战争时期，中日民族矛盾上升为主要矛盾，为了团结一切力量进行抗日战争，中国共产党在当时形势要求下调整了自己的政策与纲领。于1941年11月陕甘宁边区第二届参议会第一次会议上通过了《陕甘宁边区施政纲领》，共21条。它规定边区政府的任务是为保卫中国、驱逐日本帝国主义出中国而战，确认了建立抗日民主政权的"三三制"原则（即共产党、其他抗日党派和无党派民主人士各占三分之一），保证一切抗日人民的人权、政权、财权以及各项民主自由权利，并且提出了许多基本的经济、政治政策和民主法制原则等。《施政纲领》是抗日战争时期革命根据地的宪法性文件，它对于团结边区各界人民，动员各方面的力量，战胜日本侵略者起了重要作用。

抗日战争胜利后，革命形势和阶级关系都起了重大的变化。在这种历史背景下，1946年4月在延安召开的第三届边区参议会第一次会议通过了《陕甘宁边区宪法原则》，全文共5个部分24条。它规定边区政权的组织形式是各级人民代表会议，人民享有政治、经济、文化等方面的权利自由。同时规定了边区政权的司法制度、经济和文化教育政策等。《宪法原则》总结了解放区政权建设和民主运动的经验，对新中国成立后的宪法和政权建设都产生了重要的影响。

综上所述，我们可以看到，旧中国的宪政运动和制宪活动经历了长期复杂的艰难曲折的过程，但正如刘少奇在1954年《关于中华人民共和国宪法草案的报告》中指出的："100多年来中国革命同反革命的激烈斗争从来没有停止过。这种激烈的斗争反映在国家制度问题上，就是表现为三种不同势力要求的三种不同宪法。"最终是新民主主义取得胜利，从而为转变到社会主义创造了前提条件。

---

① 《毛泽东选集》第2卷，人民出版社1991年版，第691页。

第三节　中华人民共和国宪法的产生与发展

新中国成立以后，颁布实施了《中国人民政治协商会议共同纲领》、1954年宪法、1975年宪法、1978年宪法和1982年宪法。

一、《中国人民政治协商会议共同纲领》

1949年秋，中国共产党领导的人民解放战争已经在全国范围内取得了决定性胜利，国民党反动派的军事力量已经彻底崩溃，阶级力量的实际对比关系已经发生了根本性的转折，建立中华人民共和国的条件已经成熟，急需要制定一部宪法来确认已经取得的胜利成果，确定新中国的国家制度和社会制度以及其他方面的重要国策。但是，由于当时解放战争尚在进行，遭受战争破坏的国民经济还没有恢复，特别是全国大部分地区的土地改革还没有进行，人民群众的组织程度和觉悟程度还有待提高，因此，还没有条件立即召开普选的全国人民代表大会来制定一部正式宪法。在这种情况下，中国共产党邀请各民主党派、各方面的爱国民主人士，于1949年9月召开了具有广泛代表性的中国人民政治协商会议第一届全体会议，并且由政协全体会议代表全国人民的意愿，宣告了中华人民共和国的成立，组织了中央人民政府。在这次会议上制定了起临时宪法作用的《中国人民政治协商会议共同纲领》（以下简称《共同纲领》）。

《共同纲领》包括序言和7章，共60条。它总结了我国人民革命斗争的经验，明确规定："中华人民共和国为新民主主义即人民民主主义国家，实行工人阶级领导的，以工农联盟为基础的，团结各民主阶级和国内各民族的人民民主专政"。而"中国人民民主专政是工人阶级、农民阶级、小资产阶级和其他爱国民主分子的人民民主统一战线的政权"；规定我国的政权组织形式是实行民主集中制的人民代表大会制度，以及在普选的人民代表大会召开以前政权机关的过渡形式：即在中央是中国人民政治协商会议全体会议代行全国人民代表大会职权，在地方是地方各界人民代表会议逐步地代行地方人民代表大会的职权；规定公民享有较为广泛的权利和自由；规定了新中国的军事制度以及经济、文化、教育、民族、外交等各方面的政策。可见，《共同纲领》不论在结构形式上还是在内容上，都具有现代意义宪法的一般特征。毛泽东在中国人民政治协商会议第一届全国委员会第二次会议上曾明确指出："我们有伟大而正确的《共同纲领》作为检查工作、讨论问题的准则。《共同纲领》必须充分付之实行，这是我们国家现实的根本大法。"

由具有广泛代表性的中国人民政治协商会议所制定并颁布的《共同纲领》，反映了全国各族人民的共同愿望，代表着全国各族人民的共同利益，它所规定的内容是国家制度和社会制度的基本原则及各项基本政策。因此，《共同纲领》是新中国成立初期团结全国人民共同前进的政治基础和战斗纲领，是动员人民起来迅速完成民主革命的遗留任务，朝着社会主义方向前进的行动指南和法律保证。它起到了临时宪法的作用，成为新中国在一个很重要的历史时期内的总章程和根本大法，也为我国正式宪法的制定和实施积累了经验，创造了条件。

二、1954年宪法

从《共同纲领》颁布实施至1954年，我国已经比较彻底地完成了民主革命遗留下来的任务，国内情况发生了巨大变化：①胜利地进行了土地改革，封建剥削制度被基本消灭，解放了农村的生产力；②抗美援朝运动取得了决定性胜利，巩固了国防，赢得了和平，从而加强了我国的独立地位；③经过"三反""五反"、镇压反革命等一系列民主改革和斗争，人民群众的觉悟和组织性已大大提高和加强，社会秩序和治安有了明显好转，人民政权得到了巩固；④遭受战争破坏的国民经济已经恢复起来，为全面开展社会主义改造和有计划地进行社会主义建设创造了条件。这些巨大变化表明，《共同纲领》已不适应新形势发展的需要，制定一部正式宪法的条件已经成熟。1953 年 1 月 13 日，中央人民政府委员会第二十次会议决定成立以毛泽东为首的宪法起草委员会，负责宪法的起草工作。1954 年 3 月，毛泽东向宪法起草委员会提交了中共中央拟定的宪法草案初稿作为起草宪法的基础。经征求各方面的意见和反复修改，中央人民政府委员会第 34 次会议决定将宪法草案提交全国人民代表大会进行审议。1954 年 9 月 15 日，第一届全国人民代表大会第一次会议在北京召开，刘少奇代表宪法起草委员会向大会作了《关于中华人民共和国宪法草案的报告》，9 月 20 日，会议庄严通过了《中华人民共和国宪法》。我国第一部社会主义类型宪法正式诞生。

1954 年宪法以《共同纲领》为基础，是《共同纲领》的发展。《共同纲领》的一些基本原则，已被实际生活证明是正确的，宪法就肯定和继承下来。同时，根据我国政治、经济发展变化的情况，又进行了修改和补充，使它的内容更加丰富，更加完备。

1954 年宪法除序言外，分为总纲，国家机构，公民的基本权利和义务，国旗、国徽、首都，共 4 章，106 条。宪法规定了我国的国家性质是工人阶级领导的、以工农联盟为基础的人民民主专政的国家；规定了我国的政权组织形式是人民代表大会制度，国家的一切权力属于人民；规定了我国是单一制的统一的多民族国家，实行民族区域自治制度；确认了四种生产资料所有制：国家所有制即全民所有制、合作社所有制即劳动群众集体所有制、个体劳动者所有制和资本家所有制，并规定了国营经济在国民经济中的领导地位和国家优先发展国营经济的政策；规定了由新民主主义过渡到社会主义的方法和步骤，确认了要"依靠国家机关和社会力量，通过社会主义工业化和社会主义改造，保证逐步消灭剥削阶级，建立社会主义社会"；确定了我国国家机构的设置；规定了公民在法律上一律平等的原则和公民的基本权利和义务。所有这些内容，既充分体现了全国各族人民的共同愿望和要求，又符合当时的实际情况。同时，1954 年宪法还以国家根本大法的形式把民主原则和社会主义原则固定下来，使全国人民有了一条清楚的前进道路，有了一个明确的奋斗目标。

1954 年宪法作为中华人民共和国的第一部根本大法，具有鲜明的特点：①体现了原则性与灵活性的结合，坚持人民民主，坚持社会主义方向和道路，这是原则性，但在方法、步骤上则是灵活的，不拘泥于某种固定的模式；②体现了历史与现实的结合，它以《共同纲领》为基础而产生，记载了我国人民一百多年来英勇奋斗的胜利成果，又总结了新中国成立五年来革命和建设的经验，丰富和发展了《共同纲领》；③带有过渡性的特点，它一方面确认了生产资料社会主义公有制和社会主义建设与改造的基本路线，保证消灭剥削制度和建立社会主义社会，又规定保护资本家的生产资料所有权和其他资本所有权，反映出它既不同于旧中国和其他资本主义国家的宪法，又不同于完全社会主义的宪法，因而是一部由新民主主义向社会主义过渡的宪法，属于社会主义类型宪法的范畴。

1954年宪法是一部比较完善的符合中国国情的社会主义类型宪法,它得到了全国人民的拥护,激发了全国人民的社会主义积极性,推动了社会主义改造和建设的顺利进行,在国家生活中确实起到了重要作用。

三、1975年宪法

1954年宪法实施以后,到1956年就基本上实现了社会主义改造,并打下了社会主义工业化的初步基础。在这种情况下,宪法的某些规定已不适应社会主义建设的要求,需要对宪法进行适当的修改和补充。但是从1957年开始,在社会主义建设中开始,政治上的阶级斗争扩大化极大地破坏了宪法的人民民主原则,经济上的盲目跃进破坏了有计划按比例发展国民经济的社会主义原则,1954年宪法未能作及时修改。1970年3月,毛泽东才提出了关于召开四届人大和修改宪法的意见,直到1975年1月17日第四届全国人民代表大会第一次会议才在北京召开。这次会议对1954年宪法进行了修改,通过了1975年宪法。

1975年宪法除序言外,共分4章,30条。这部宪法对1954年宪法中的一些原则问题做了肯定:如社会主义制度已经建立,国家政权的无产阶级专政性质,党在国家政治生活中的领导地位,我国是统一的多民族的社会主义国家,国营经济是国民经济中的领导力量等等。因此,它还是一部社会主义性质的宪法。但是,由于这部宪法是在"文化大革命"的动乱中修改而成的,特别是有"四人帮"反革命集团的插手,使这部宪法从指导思想到具体条款都掺杂了极左的内容,不可避免地存在着严重的缺点和错误。

四、1978年宪法

1976年10月粉碎了"四人帮",党在1977年8月召开了第十一次全国代表大会,大会宣布了"文化大革命"结束。为了清除"四人帮"的流毒,恢复宪法中被破坏了的人民民主原则和社会主义原则,迫切需要修改1975年宪法。在这种情况下,1978年3月5日,第五届全国人民代表大会第一次会议通过了《中华人民共和国宪法》。

1978年宪法是在我国进入新的历史发展时期的根本法。它仍然由序言、4章组成,条文比1975年宪法增加了一倍,共60条,并增加了新的内容。在序言部分,宪法规定了我国新时期的总任务,提出"在本世纪内把我国建设成为农业、工业、国防和科学技术现代化的伟大国家";第一章总纲规定了我国的国家制度和社会制度的基本原则,取消了1975年宪法关于"全面专政"的规定,强调"国家坚持社会主义的民主原则,保障人民参加管理国家,管理各项经济事业和文化事业,监督国家机关和工作人员";在第二章国家机构中,恢复了人民检察院的建置和1954年宪法中规定的有关国家机关的某些职权;第三章公民的基本权利和义务的条款由4条增加到16条,基本恢复了1954年宪法对公民基本权利和自由的规定,并增加规定了公民对违法失职的国家机关的工作人员有控告权和申诉权。

1979年7月1日五届人大二次会议通过了《关于修改〈中华人民共和国宪法〉若干规定的决议》。决议规定在县和县以上的地方各级人民代表大会设立常务委员会,将地方各级革命委员会改为各级人民政府,将县级人大代表改为由选民直接选举,将上级人民检察院对下级人民检察院的监督关系改为领导关系。接着1980年9月10日五届人大三次会议通过了《关于修改〈中华人民共和国宪法〉第45条的决议》,取消了1978

年宪法中关于公民"有运用大鸣、大放、大辩论、大字报的权利"的规定。尽管1978年宪法经过了上述两次局部修改,但仍不能适应客观形势发展的需要,因此,对它进行全面、系统的修改已是势在必行。

五、1982年宪法

1978年12月,召开了党的十一届三中全会。会议果断地决定停止使用"以阶级斗争为纲"的口号,做出了从1979年起全党工作重点转移到社会主义现代化建设上来的战略决策。1981年6月,召开了党的十一届六中全会,做出了《关于建国以来党的若干历史问题的决议》,全面总结了新中国成立以来社会主义革命和建设的经验教训,把建设民主文明的社会主义政治制度确立为国家的根本任务之一,从而完成了思想上的拨乱反正。同时,我国的经济体制改革已全面展开,以国营经济为主导的开放的、充满活力的多元性经济结构已初步形成。整个国家在政治、经济、文化等各个领域都取得了长足进步。而1978年宪法已远远不能反映现实生活的这些变化。因此,对1978年宪法的修改也就势在必行。1980年9月10日,第五届全国人大第三次会议接受中共中央建议,决定成立宪法修改委员会,主持修改1978年宪法。宪法修改委员会成立后经过一年多的认真准备和充分讨论,在广泛征求各方面意见的基础上,于1982年2月提出宪法修改草案讨论稿,经再一次征求意见并进行修改后,于1982年4月提交全国人大常委会审议,会议决定将草案公布并交付全国讨论。在历时4个月的全民讨论中,广大群众表现了高度的政治热情和积极性,提出了大量的意见。经宪法修改委员会对该草案再次修改后,决定提请全国人大审议。1982年12月4日,第五届全国人民代表大会第五次会议正式通过了1982年宪法,即现行宪法。

1982年宪法,除序言外,分为总纲,公民的基本权利和义务,国家机构,国旗、国徽、首都4章共138条。在结构上与前三部宪法不同的是,它将公民的基本权利和义务一章放在总纲之后,国家机构一章之前,这充分反映了国家对保障公民基本权利和要求公民履行基本义务的重视。从内容上讲,1982年宪法以1954年宪法为基础,规定了人民民主专政的国家性质、人民代表大会制度的政体、统一多民族的国家结构形式和社会主义经济制度,赋予公民广泛而真实的权利自由等。同时,作了许多新的规定:①它把四项基本原则,即坚持社会主义道路,坚持人民民主专政,坚持中国共产党的领导,坚持马列主义、毛泽东思想,作为宪法总的指导思想,并在整个宪法中贯彻始终。②明确规定了宪法在国家生活中的根本大法地位和最高法律效力,并规定了各种制度和措施以保证它们的实现。宪法明确规定:"全国各族人民、一切国家机关和武装力量、各政党和各社会团体、各企业事业组织,都必须以宪法为根本的活动准则,并且负有维护宪法尊严、保证宪法实施的职责"。③规定了在建设社会主义物质文明的同时,努力建设社会主义精神文明。为此,宪法对建设社会主义精神文明的任务内容和措施作了具体规定。宪法《总纲》第19条到23条集中地规定了文化建设的有关内容,第24条规定了思想道德建设的内容,并将它贯穿于公民的基本义务之中。④规定了经济体制改革和政治体制改革的基本原则。党的十一届三中全会以来逐步确立了在坚持社会主义根本制度的前提下进行改革的方针,并进行了一系列的经济体制和政治体制改革。1982年宪法充分体现了这一改革方针,并为我国的经济体制和政治体制的改革规定了根本任务和基本原则,从而为改革的深入发展提供了法律依据。⑤规定了维护国家的统一和民族团结。国家的统一和民族的团结,是我国各族人民的根本利益所在,也是实现社会主义现代化的重要保证。为了维护国家的统一和民族的团结,1982年宪法进一步确认完善了民族区域自治制度,重申了国内各民族一律平等的根本原则,对民族自治机关的建设和自治权问题增加规定了新的内容,并根据"一国两制"原则规定了特别行政区制度。

1982年宪法颁布实施以后,随着我国改革开放的不断深入和社会主义建设事业的发展,我国的政治、经济、文化等领域发生了很大的变化,出现了宪法的一些规定与社会生活的变化存在明显的不适应的情况。因而从1988年以来,全国人民代表大会曾先后四次采用宪法修正案的方式,对宪法进行了局部的修改、补充和完善。在修宪方式上,改变了过去"修改一次,重颁一次"的习惯做法。这种修宪方式的改进,有利于保持宪法的权威性和稳定性。

1988年4月12日第七届全国人大第一次会议通过了《中华人民共和国宪法修正案》。这个修正案只有两条,一是确认私营经济的法律地位,规定"国家允许私营经济在法律规定的范围内存在和发展。私营经济是社会主义公有制经济的补充。国家保护私营经济的合法的权利和利益,对私营经济实行引导、监督和管理"。二是修改了土地政策,规定"任何组织或个人不得侵占、买卖或者以其他形式非法转让土地。土地的使用权可以依照法律的规定转让"。

1993年3月29日,第八届全国人大第一次会议通过了《中华人民共和国宪法修正案》共9条,对宪法序言有关部分和宪法第7条、第8条第1款、第15条、第16条、第17条、第42条第3款和第98条进行了修改。其主要内容有:①在序言部分,增写了"我国正处于社会主义初级阶段""建设有中国特色的社会主义的理论""坚持改革开放""中国共产党领导的多党合作和政治协商制度将长期存在和发展"等内容,同时,把我国的建设目标由"高度文明、高度民主的社会主义国家"修改为"富强、民主、文明的社会主义国家"。②在经济制度的规定方面,根据经营权和所有权分离的理论,将"国营经济""国营企业"的提法修改为"国有经济""国有企业",将宪法第8条第1款中原规定的"农村人民公社、农业生产合作社"等过了时的组织形式,改为"农村中的家庭联产承包为主的责任制"。同时删去了有关"计划经济""国家计划"的用语,规定"国家实行社会主义市场经济","国家加强经济立法,完善宏观调控","国家依法禁止任何组织或个人扰乱社会经济秩序"。③在国家机构部分,将县级人民代表大会的任期由3年改为5年。

1999年3月15日,第九届全国人大第二次会议通过了《中华人民共和国宪法修正案》共6条,对现行宪法序言和一些条款再一次作了修改和补充,其主要内容包括:①在宪法序言中规定了邓小平理论的指导地位,把"我国正处于社会主义初级阶段"的规定修改为"我国将长期处于社会主义初级阶段"。②在宪法第5条增加规定了"中华人民共和国实行依法治国,建设社会主义法治国家"。③对国家基本经济制度和分配制度做出调整,增加规定了"国家在社会主义初级阶段,坚持公有制为主体、多种所有制经济共同发展的基本经济制度,坚持按劳分配为主体、多种分配方式并存的分配制度"。④把宪法第8条第1款中的"家庭联产承包为主的责任制"修改为"农村集体经济组织实行家庭承包经营为基础、统分结合的双层经营体制"。⑤调整了对非公有制经济的政策,把宪法第11条修改为"在法律规定范围内的个体经济、私营经济等非公有制经济,是社会主义市场经济的重要组成部分"。"国家保护个体经济、私营经济的合法的权利和利益,国家对个体经济、私营经济实行引导、监督和管理"。⑥将宪法第28条中规定的"反革命的活动"修改为"危害国家安全的犯罪活动"。

2004年3月14日第十届全国人大第二次会议通过了《中华人民共和国宪法修正案》共14条。其主要内容是:①把"三个代表"确立为社会主义现代化建设的指导思想,明确了推动物质文明、政治文明和精神文明协调发展的思路。②扩大了爱国统一战线的范围,在宪法序言关于爱国统一战线的表述中,增写了"社会主义的建设者"。③确立了土地征用或征收的补偿制度,把宪法第10条第3款修改为"国家为了公共利益的需要,可以依照法律规定对土地实行征收或者征用并给予补偿"。④改变了国家对个体经济和私营经济的政策,确立了国家鼓励、支持和引导非公有制经济的发展,并对非公有制经济依法实行监督和管理的制度。⑤确立了国家保护公民的合法的私有财产不受侵犯,以及国家为公共利益的需要,对公民的私有财产实行征收或者征用并给予补偿的制度。⑥在宪法第14条中增加规定了"国家建立健全同经济发展水平相适应的社会保障制度"。⑦在人民代表大会的组成和任期上,一方面在全国人大代表的组成中,增加了特别行政区选出的代表,同时统一了地方各级人大的任期,规定地方各级人民代表大会每届任期五年。⑧把宪法第67条、第80条和第89条原关于"戒严"的规定,一律改为"进入紧急状态"。相应的把国家主席宣布戒严的权力修改为宣布进入紧急状态。⑨增加了中华人民共和国主席代表中华人民共和国进行国事活动的规定。⑩把宪法第四章章名修改为"国旗、国歌、国徽、首都"。增加规定:"中华人民共和国国歌是《义勇军进行曲》。"

2018年3月11日十三届全国人大一次会议对宪法进行了第五次修改,这次修改主要涉及10项内容,共通过21条宪法修正案,使宪法修正案累计达到了52条。其主要内容是:第一,在指导思想部分增加了科学发展观、习近平新时代中国特色社会主义思想;第二,将"健全社会主义法制"修改为"健全社会主义法治";第三,增加了习近平新时代中国特色社会主义思想的内涵,例如,新发展理念、国家发展目标、统一战线的新内涵、新型国际关系处理原则、人类命运共同体、新型民族关系等;第四,在宪法第1条第2款中增加"中国共产党领导是中国特色社会主义最本质的特征"的规定;第五,在社会主义道德部分,增加规定"国家倡导社会主义核心价值观";第六,增加规定"国家工作人员就职时应当依照法律规定公开进行宪法宣誓";第七,将全国人大法律委员会更名为"宪法和法律委员会";第八,删除国家主席、副主席"连续任职不得超过两届"的规定;第九,增加设区的市的人大及其常委会有制定地方性法规的权力的规定;第十,在宪法第三章"国家机构"中增加一节,作为第七节"监察委员会",规定了监察委员会的性质、地位、组成、职权及相互关系,并修改了宪法相关条款。

对现行宪法的局部修改,及时确认了改革开放和社会主义现代化建设过程中取得的成果和经验,从而使宪法更加符合发展变化了的社会关系和改革开放的新需要,增强了宪法的适应力和生命力。

【关键词】

宪法　英国宪法　美国宪法　法国宪法　苏俄宪法　钦定宪法大纲　中华民国临时

约法　中华民国宪法　共同纲领　新中国宪法　现行宪法

【思考题】

1. 简述近代宪法产生的基础。
2. 简述当代宪法的发展特点。
3. 简述《中华民国临时约法》的主要内容和意义。
4. 简述《共同纲领》在新中国制宪史上的地位。
5. 简述1954年宪法的主要内容和基本特点。
6. 简述现行宪法修正案的主要内容。

【参考文献】

1. 张千帆主编：《宪法学》，法律出版社，2004年版。
2. 蒋碧昆编著：《中国近代宪政宪法史略》，法律出版社，1988年版。
3. 潘伟杰著：《宪法的理念与制度》，上海人民出版社，2004年版。
4. 石毕凡著：《近代中国自由主义宪政思潮研究》，山东人民出版社，2004年版。
5. 张晋藩著：《中国近代社会与法制文明》，中国政法大学出版社，2003年版。
6. ［英］戴雪著：《英宪精义》，雷宾南译，中国法制出版社，2001年版。
7. 李龙著：《宪法基础理论》，武汉大学出版社，1999年版。

第二编　国家权力

第三章　国家权力总论

【本章学习提示】　本章介绍国家权力的基本理论。内容由五节组成。第一节介绍了国家权力的概念与功能；第二节介绍了国家权力的理论基础，包括有限政府理论、社会契约理论、人民主权理论；第三节介绍了国家权力的来源与合法性，重点介绍了选举制度和政党制度；第四节介绍了国家政权组织形式即政体；第五节介绍了国家结构形式。

第一节　国家权力的概念

博登海默曾经说过，虽然在有组织的社会历史上，法律作为人际关系的调节器曾产生过巨大的决定性的作用，但在任何这样的社会，将法律作为唯一的社会控制力量仍然是不可能的。还存在一些能够指导或引导行为的其他工具，这些工具是用来补充或部分取代法律手段以实现社会目标的。这些工具有：权力、行政、道德与习惯。[①] 博登海默在研究和阐明法律及其制度的重要性时仍然不忘指出法律的局限性，将权力等视为社会目标实现的"补充或部分取代法律手段"的工具，站在法治主义的角度未尝不可，但是，从历史和现实层面考察，权力也许远远不仅仅是处在次要的地位，它是一种人类社会普遍存在的现象，它对于人类利益的实现和秩序的构成并不低于法律和其他调控手段。在权力与法律的关系方面，近代以来宪法产生的重要使命之一就是对权力的有效规制。

一、权力的概念、本质与特征

权力是一种复杂的社会现象，渗透于人类生活的各个领域，无时不为我们所感知到，众多的人文社会学科和学者企图定义，但仍未取得共识。从词源上看，中文的"权

---

① [美] E·博登海默：《法理学——法哲学及其方法》，邓正来、姬敬武译，华夏出版社1987年版，第340页。

力"一词来自对英语 power 的翻译。power 来自拉丁语 potestas 或 potentia, 引申自 potere, 意为可以做某件事, 权力则指通过意志的运用以达到某种目的的能力。在西方, 权威的说法认为,"权力在最低限度上讲是指一个行为者或者机构影响其他行为者或者机构的态度和行为的能力"。① 或者"把自己的意志强加给他人行为的可能性"。② 或者是指"支配他人行为的权利和自由"。③ 而被一些学者视为"很可能在几年内一直是对权力的标准社会学论述"的美国丹尼斯·H·朗教授的《权力论》认为:"在社会科学文献中, 虽然有几百种, 或许几千种比较新的权力定义, 或一些人控制另一些人的权力定义, 但我认为只要合乎理智, 就没有理由不尽量利用比较熟悉的、比较简单的定义。因此, 我将采用稍加修改的罗素定义: 权力是某些人对他人产生预期效果的能力。"④ 在中国, 有学者认为, 所谓权力, 在终极意义上指的是可获取对方服从的一种事实上的资格, 其中可获取对方自发性的服从的资格称为权威, 而强制性地要求他人服从的情形则必须伴随物理力量的行使。完整而稳定的权力正是由权威和物理力量这两种要素构成的。⑤ "权力之所以引人特别关注, 乃在于权力对人们所具有的支配性, 并因此而形成的权力者的优越性。因此, 不论何种权力均可在本质上解释为法定的有权组织对社会普通主体所实施的支配力。"⑥ 或者"以合法的强制力作为后盾的一个行为主体支配其他行为主体的能力。"⑦ 众说纷纭的权力概念⑧应当说都从不同的角度揭示了权力现象某些含义与特征, 有代表性的关于权力的学说主要有:

能力说。能力说认为, 权力是有效地执行或行动的能力或才能、力量, 权力可被看成一种对别人行为产生预期影响的能力, 即权力指影响或者控制他人行为的力量。

强制意志说。强制意志说认为, 权力是实行控制的能力或官方的权力、权威, 是一个人或一些人在某一社会行动中甚至不顾其他参与这种行动的人的抵抗的情况下实现自己意志的可能性。

关系说。关系说认为, 权力是一个人或许多人的行为使另一个或其他许多人的行为发生改变的一种关系, 即强调权力是行使者与受动者之间的一种不平等关系, 这种不平

---

① [英] 戴维·米勒、韦农·波格丹诺主编:《布莱克维尔政治学百科全书》(修订版), 邓正来主译, 中国政法大学出版社 2002 年版, 第 641 页。
② [德] 韦伯:《经济与社会》(下), 林荣远译, 商务印书馆 1997 年版, 第 264 页。
③ 参见张恒山:《义务先定论》, 山东人民出版社 1999 年版, 第 86 页。
④ [美] 丹尼斯·H·朗:《权力论》, 陆震纶、郑明哲译, 中国社会科学出版社 2001 年版, 第 3 页。
⑤ 张千帆:《宪法学》, 法律出版社 2004 年版, 第 150 页。
⑥ 谢晖:《法学范畴的矛盾辨思》, 山东人民出版社 1999 年版, 第 291 页。
⑦ 喻中:《法律文化视野中的权力》, 山东人民出版社 2004 年版, 第 41 页。
⑧ 国外具有代表性的众说纷纭的权力定义有能力说、因果说、关系说、决策说、结果说、集体说、信息交换说、权利说, 甚至还有一维论、二维论、三维论等, 参见李元书、李宏宇:《试论权力的实质、渊源和特性》,《学习与探索》2001 年第 6 期; 赵芳琳:《权力诸种概念述评》,《湘潭大学学报(哲学社会科学版)》2007 年第 4 期。

等关系也称为命令与服从关系。①

从上述定义可以看出：

第一，从本质上讲，权力是不同的行为主体之间基于一定的利益诉求而形成的主客体关系。社会关系的存在是权力得以产生的前提，脱离开相应的社会关系，权力是不可能存在的，而这种社会关系最主要的是有权力主客体的存在。"没有权力客体，权力主体就失去了权力作用的对象，也就失去了权力，从而不成其为主体；同样，没有权力主体也就没有权力客体。"② 这种社会关系还表现为基于一定的利益诉求的不对等的主客体关系。而利益的满足是权力现象的本质反映，主客体在权力关系中有着不同的利益，这种不对称性表现为主体的要求与支配，客体的接受与服从，或者压制与惩罚，抵制与反抗。

第二，权力的根本特征表现为具有支配性的能力。在权力关系中，不管相对人愿意与否，权力都会影响、控制和支配其行为。权力的"支配性是其功能上的根本特征，权力如果不具有主体支配性，那它在实践中也就没有任何功能。""权力之所以引人特别关注，在于权力对人们所具有的支配性，并因此而形成的权力者的优越性。"③ 如行政机关有权要求行政相对人遵守相应的行政法规履行相应的法律义务，有权作出一定的行政决定或者行政命令等支配行政相对人的行为，如果没有这些权力，行政机关就不可能完成对社会和公民个人的管理。

第三，权力的支配性必须有强制力作为其后盾。虽然不是所有的权力在体现其支配性时都采取强制形式，但都是以强制力为后盾的。人们在感知权力时是以感知强制力开始的。如行政机关在支配行政相对人的行为时，有权作出相应的行政行为，但行政相对人一方面可以自觉积极服从，使行政管理的目的得以实现。另一方面也可能消极抵制甚至反抗，如果行政机关没有强制力，行政机关行政管理的目的和意愿就可能落空，权力所追求的利益就不可能实现从而影响权力，或者人们没有感觉到这种权力的存在，因此权力内在要求有"物理力量"，即强制实现权力的能力。"强制力意味着，对权力的不服从，其后果将是被强制服从，或者是付出一定的代价。"④

第四，作为权力后盾的强制力必须是合法的。实现权力手段的强制力有多种形式，如有形的军队、警察、监狱，无形的舆论等。只有合法的强制力才能有效维护权力的继续、权力的存在。非法的强制力往往带来对权力的否定。如野蛮与越权执法、非法扣押等最终还是会被否定。

---

① 阿伦特从规范主义角度理解权力特别是政治权力是"交往权力"。她把权力看作是非强制交往中形成的一种共同意志的潜力。她把"权力"同"暴力"相对立，认为，权力所对应的人类能力不仅是行动或做某事的能力而且是与他人协调一致地行动的能力。参见［德］哈贝马斯：《在事实与规范之间》，童世骏译，生活·读书·新知三联书店 2003 年版，第 181 页。而哈贝马斯则综合了阿伦特的交往权力概念和帕森斯的制度论权力概念，提出"权力是政治集团为了它而争夺的一种好的东西，也是政治领袖利用它来管理事务的一种好的东西，但在确切的意义上说，政治集团和政治领袖所发现的这个好的东西，已经是手边的东西了，他们自己是不能产生权力的。这就是权力者的无能之处——他们必须从权力产生者那里借来权力"。参见汪行福：《通向话语民主之路——与哈贝马斯对话》，四川人民出版社 2002 年版，第 255 页。
② 李元书、李宏宇：《试论权力的实质、渊源和特性》，载《学习与探索》2001 年第 6 期。
③ 谢晖：《法学范畴的矛盾辨思》，山东人民出版社 1999 年版，第 291 页。
④ 喻中：《法律文化视野中的权力》，山东人民出版社 2004 年版，第 42 页。

二、国家权力的功能

在我国,学者们把权力"一般是被作为公权看待的"[①],"权力与公权力、公共权力就是一回事"[②]。不管这种观点是否正确,至少在宪法学领域,权力一说往往等同于国家权力、公共权力或者宪法权力。

根据一般的理解,国家权力是"统治阶级运用国家机器实行阶级统治的一种特殊社会权力。它具有强制性和主权性。强制性由军队、警察、法庭、监狱等有系统的暴力组织保证其实现;主权性表现为既不受外来的控制,又应尊重他国的独立自主,按统治阶级意志自由处理对内对外一切事务,即对内具有统治权,对外具有独立地位"。[③] 国家权力是以国家名义所拥有的,以维护统治秩序,达到管理社会,保障成员合法利益的权力。"国家权力就是广义政治国家所享有的权力,或广义的政府(即国家机关)所享有的权力。"[④] 西方国家往往根据洛克、孟德斯鸠等学者的观点,将国家权力分为立法权、行政权和司法权。孙中山先生根据中国的历史和现实,设计了立法、行政、司法、考试和监察五种国家权力。当代中国,按照"国家权力分解定律"说的观点,可以将国家权力分解为国家权力的所有与国家权力的行使。[⑤] 我国在遵循国家一切权力属于人民的前提下,将国家权力分配给全国和地方各级人民代表大会及由它们产生的国家机构来行使,这些行使国家权力的机构包括全国人大及其常委会、中华人民共和国主席、国务院、中央军事委员会、地方人大和地方人民政府、民族自治地方的自治机关、人民法院和人民检察院等。

国家权力之所以必要是因为它具备满足社会和个人特定需要的功能。这些功能,由作为其存在基础和产生源泉的权利的性质和特点决定,即权利需要权力支撑其有效性,达到居间仲裁权利争议的目的。如按照莫纪宏教授的观点,"公共权力的形成是因为'权利'制度自身欠缺有效性,也就是说,当纯粹发生在个体之间的权利义务关系产生争议时,对公正的第三者的需要就成为提高权利制度有效性的逻辑依据"。[⑥] 发生在权利主体之间的分配社会公共利益的争议,单纯靠权利是不能有效解决的。又有为保护权利主体自由和利益而必须由也只能由权力进行的干预,即权利需要权力确定其实在法上的合法性,并达到对权利和自由的保障。"由于种种原因使每个社会主体的自由内容及倾向总会存在差异,而企图靠每个主体的'理性自治'来自我约束自己的'自由'不致损害他人的'自由',几乎是不可能的。因而需要权力对人们的自由划定一个适度的空

---

① 张恒山:《义务先定论》,山东人民出版社1999年版,第89页。
② 王建华主编:《宪法学新论》,电子科技大学出版社2005年版,第255页。与承认有"公权力"就有与之对应的"私权力"的观点(虽然这种划分在当代中国的语境中,可以概括为传统与现代、合法与非法的关系这样两个方面。参见喻中:《法律文化视野中的权力》,济南:山东人民出版社2004年版,第45~47页)。不同的是,许多学者则否定有所谓的"私权力"的存在,他们认为,私权力是权力的异化和变质,丝毫没有道德和法律上的正当性。
③ 《法学辞典》,上海辞书出版社1980年版,第407页。
④ 喻中:《法律文化视野中的权力》,山东人民出版社2004年版,第154页。
⑤ 童之伟:《法权与宪政》,山东人民出版社2001年版,第306~330页。这种理论认为近现代以前的一切国家权力都是由君主一人独揽,而资产阶级革命以后,按照人民主权理论和代议制政府理论,资本主义国家制度的建立中,明确了国家权力在法律上是属于人民或国民的,国家权力的行使者的权能则由公民通过选举行为委托给由他们选出的国家机关。
⑥ 莫纪宏:《现代宪法的逻辑基础》,法律出版社2001年版,第280~281页。

间,并提供一种公平的保护。"① 因此,国家权力首先具有协调冲突的功能;其次是保障主体自由的功能。随着社会公共生活的成熟和复杂,国家权力还表现出维护社会秩序、创设公共制度等功能。当然,"权力对于人类发挥着动员、组织、协调、保障、强制等多层次、多方面的功能"。②

与此同时,人们也认识到国家权力远非权力的全部内涵,它仅仅是权力结构的一部分,在国家权力之外还有人民权力、政党权力等③。

第二节 国家权力的理论基础

一、有限政府理论

有限政府理论是相对于"无限政府"而言的一种政府体制理论,是指政府无论在权力的行使和行为方面,还是在政府的规模和职权方面都要受到宪法和法律的控制。这种理论发轫于资本主义经济的发展和政治文明的要求,它强调政府不再是全能的、无限的,而是充当游戏规制消极制定者的角色,主要职责在于为市场、社会提供法律保护伞,而非广泛干预社会经济生活和私人活动领域。

限制政府权力的最有效手段是确立法治,即通过宪法和法律来要求政府的一切活动和权力的行使都服从、遵守和满足立宪主义的制度安排,从而防止一切专断的政治行为的发生。政府受制于宪法,"它意味着一种有限政府,即政府只享有人民同意授予它的权力并只为了人民同意的目的,而这一切又受制于法治。它还意味着权力的分立以避免权力集中和专制的危险。宪政还意指广泛私人领域的保留和每个个人权利的保障。另外,宪政也许还要求一个诸如司法机构的独立机关行使司法权,以保证政府不偏离宪法的规定,尤其是保证权力不会集中以及个人利益不受侵犯。"④ 这里,有限政府要求:第一,政府权力来自人民的同意和授予;第二,政府权力的实现是为了人民的目的,政府要直接或间接向人民负责并保障人民的权利;第三,政府权力的直接依据是宪法或法律,因此,政府拥有权力的范围和实现权力的手段都由宪法或法律明文规定;第四,司法独立也是保证有限政府的有限手段。

有关限制政府权力与活动的想法虽然产生较早,但将其提炼并形成一套思想和理论的是洛克。洛克在其《政府论》(下篇)中,系统地阐述了有限政府思想。当然,与霍布斯一样,洛克为了阐明政府产生的合理性与合法性,也预设了一种自然状况。洛克认为自然状态是一种"完备无缺的自由状态,他们在自然法的范围内,按照他们认为合适的办法,决定他们的行动和处理他们的财产和人身,而无须得到任何人的许可或听命于任何人的意志"。在自然状态下,人与人之间"是一种平等的状态,在这种状态中,一切权力和管辖权都是相互的,没有一个人享有多于别人的权力"。洛克进一步认为,自然状态虽然"是自由的状态,但不是放任的状态"。"自然状态有一种为人人所应遵守的

---

① 王建华主编:《宪法学新论》,电子科技大学出版社2005年版,第261页。
② 谢晖:《法学范畴的矛盾辨思》,山东人民出版社1999年版,第284页。
③ 参见喻中:《法律文化视野中的权力》,山东人民出版社2004年版,第149页。
④ [美]路易斯·亨金:《宪政·民主·对外事务》,邓正来译,生活·读书·新知三联书店1996年版,第11页。

自然法对它起着支配作用。而理性，也就是自然法，教导着有意遵从理性的全人类：人们既然都是平等和独立的，任何人就不得侵害他人的生命、健康、自由或财产。"一旦发生违反自然法的事件，"每个人都有权惩罚违反自然法的人"。这样导致的结果就是每个人都可以依据自然法而成为裁判者，并且还存在以下缺陷："第一，缺少一种确定的、规定了的、众所周知的法律，为共同的同意接受和承认为是非的标准和裁判他们之间一切纠纷的共同尺度。""第二，缺少一个有权依照既定的法律来裁判一切争执的知名的裁判者。""第三，缺少权力来支持正确的判决，使它得到应有的执行。"所以洛克认为自然状态并不是完美的。为了克服自然状态的缺陷，人们便订立契约，并让渡出惩罚他人的权利，把它交给一个中立的第三方，即组成的国家，建立的政府，由此，人们就进入了政治社会，政府因此而产生。政府又因为它的权力来源于人民并归属于人民，因而它必然是相对的、有限的，必然在人民的监督之下，而不能凌驾于人民之上。洛克指出："政治社会的创始是以那些要加入和建立一个社会的个人的同意为依据的；当他们这样组成一个整体时，他们可以建立他们认为合适的政府形式。"他还说，"政权的一切和平的起源都是基于人民的同意的。"也就是说，只有经人民同意的政权，才是合法性的政权。人们之所以放弃权利而把它交给政府，"只是出于各人为了更好地保护自己、他的自由和财产的动机，社会或由他们组成的立法机关的权力绝不容许扩张到超出公众福利的需要之外……而这一切都没有别的目的，只是为了人民的和平、安全和公众福利"。[①] 为了使这种体制得以实现，洛克还设计了法治、分权与制衡原理和制度来保障。

洛克之后，有限政府理论成为西方国家政府体制的公认学说，政府的成立是为了保障人民的"从造物主那里获致的不可转让的权利"。如，托马斯·潘恩说："宪法并不是政府的法令，而是人民组织政府的法令；政府如果没有宪法就成了一种无权的权力了。"[②] 维尔指出："如果我们的体制要想在本质上维持一种以法律统治的制度，那么，就必须对政府的机构行使某些形式的控制。如果我们放弃这一法律哲学，那么我们又何以防止单纯的权宜之策逐渐坠落成专断的统治？"[③] 因此，从某种意义上讲，宪法就是"限法"，是限制政府权力，确立有限政府的制度保证。

二、社会契约理论

社会契约理论是西方有关国家和国家权力起源的一种有着十分重要意义的学说，这种学说对西方乃至世界的有关国家政权的合理性和合法性产生了深远的影响。虽然近代以前，人们对国家及其权力的产生不是没有思考，如国家起源的自然说、不同分工说，甚至伊壁鸠鲁的契约说，中世纪的神权说，中国古代的家国说等，但真正对于"近现代西方国家和法律的组织构成、功用分析具有极其重要的奠基性作用"[④] 的是社会契约理

---

① 参见 [英] 洛克：《政府论》（下篇），叶启芳、瞿菊农译，商务印书馆 1993 年版，第 5、6、60、70、77、78、80 页。
② 《潘恩选集》，马清槐译，商务印书馆 1991 年版，第 250 页。
③ [英] M·J·C·维尔：《宪政与分权》，苏力译，生活·读书·新知三联书店 1997 年版，第 224 页。
④ 虽然按照苏力教授的观点认为，社会契约理论经过众多的学派批判后已经被众多学者放弃。即使如此，那种关于国家是一种社会契约的思想仍然存活在西方许多思想家的著作中，更重要的是，这一观念已经融入西方政治法律活动的实践，并且成为一种信仰，而这种信仰是难以凭借理论的否认就能使人们对之加以拒斥的。参见朱苏力：《从契约理论到社会契约理论》，载《中国社会科学》1996 年第 3 期。

论，并且社会契约理论完成了从"君权神授"到"政权民授"转变的论证。在社会契约理论中，契约被解释为政治权威的合法基础，政府及其政治权力是基于人们的自愿同意通过订立契约的形式产生的。社会契约理论的基点在于，如果不先假定社会成员之间的契约关系就无法解释市民社会的存在。近代最早完整提出社会契约论的是自然法学家荷兰的格老秀士，后来霍布斯、洛克、卢梭都相继提出了具有独立见解的社会契约论思想。

霍布斯与其他自然法学家一样，通过预设一种自然状态，以及人在自然状态中的本性假设为基点，来分析自然法，提出国家及其权力的起源。霍布斯认为，人在本质上是自私的、怀恶意的、野蛮残忍的和侵略成性的，自然状态下人与人之间关系如狼与狼之间关系一样，而战争状态则是人类的最初原始状态。由于害怕死亡，希望过一种安逸的生活并避免战争状况，人类的理性这一自然法提出了和平的适合条款，在此基础上签订协议共同达成一项契约，"把大家所有的权力和力量付托给某一个人或一个能通过多数的意见把大家的意志化为一个意志的多人组成的集体。这就等于是说，一个人或一个由多数人组成的集体来代表他们的人格，每一个人都承认授权于如此承当本身人格的人在有关公共和平或安全方面所采取的任何行为、或命令他人作出的行为，在这种行为中，大家都把自己的意志服从于他的意志，把自己的判断服从于他的判断。这就不仅是同意或协调，而且是全体真正统一于唯一人格之中；这一人格是大家人人相互订立信约而形成的，方式就好像是人人都向每一个其他的人说：我承认这个人或这个集体，并放弃我管理自己的权利，把它授权于这人或这个集体，但条件是你也把自己的权利拿出来授予他，并以同样的方式承认他的一切行为。这一点办到之后，像这样统一在一个人格之中的一群人就称为国家，在拉丁文中称为城邦。这就是伟大的利维坦的诞生。"① 霍布斯认为，建立国家的契约是在人们之间，而不是在主权者与臣民之间，并且，人们一旦签订协议就把所有的权利都让渡出去了，因此为了增进所有人的和平安全与便利，为使主权者充分履行其职责，主权者便应当是至高无上和不受法律约束的。与霍布斯不一样，洛克假设了一个完全自由的、平等的、和平的自然状态。在此状态下，人们普遍地享有自然权利，这种权利与生俱来。人们在自然状态下充分享有自由，但绝不是放任自流，而是遵循着自然法，即人类的理性。但是，由于自然状态存在自身不可避免的缺陷，为了克服这种缺陷，人们因此而协议，保留下自己的生命、财产和自由等不可让渡的自然权利，放弃保护自己和他人而独自执行违反自然法的处罚权力和要求罪犯赔偿损害的权利，转交给政治社会或国家："这就是立法和行政权力的原始权利和这两者之所以产生的缘由，政府和社会本身的起源也在于此。"② 在订立契约的时候，由于人们只是把一部分权利交给政府，人们依然保存着生命、自由和财产等自然权利，这些权利是不可转让的，并先于政府而存在，也是政府成立的目的和不可逾越的边界。政府的活动还要取得人们的同意，因为政府"只能根据它的各个个人的同意而行动，而它作为一个整体又必须行动一致，这就有必要使整体的行动以较大的力量的意向为转移，这个较大的力量

---

① [英] 霍布斯：《利维坦》，黎思复、黎廷弼译，商务印书馆 1985 年版，第 131~132 页。
② [英] 洛克：《政府论》（下篇），叶启芳、瞿菊农译，商务印书馆 1993 年版，第 78 页。

就是大多数人的同意。"① 同时，如果政府不能服务于人们的保留着的自然权利，则人们就有废除原有契约的权利。卢梭虽称自然状态为人类的"黄金岁月"，人人生而平等、自由，但随着私有制等的出现，瓦解了"天然自由"之自然状态而衍生出不平等的现实社会。为了自由与平等的社会与个人，以及政府和社会的合法，同时又避免回到个人无法克服困难的自然状态，人们需要缔结契约，联合起来，相互合作，达成协议，"个人自由都既是'社会契约'赖以缔结的前提，又是人类从'自然状态'到'社会状态'一以贯之的价值"。② 并且，"'要寻找一种结合的形式，使它能以全部共同的力量来护卫和保障每个结合者的人身和财富，并且由于这一结合而使每一个与全体相联合的个人又只不过是在服从自己本人，并且仍然像以往一样的自由。'这就是社会契约所要解决的根本问题"。③ 订立社会契约时必须遵守：第一，每一个参加契约的人必须把自己的全部权利让给联合体，而且所有的人交出的权利都是同等的。第二，参加社会契约的人把权力交给了联合体，即交给了整个集体，而不是交给任何个别人。人们从这个联合体里可以获得自己本身所让渡给它的同样的权利，并且得到更大的力量来保卫自己的人身、自由和财产。

三、人民主权理论

人民主权，也称为主权在民，是指国家的权力来源于并且属于全体人民，其行使不得背离人民授予权力时的目的。人民主权是相对于"君主主权"而言的，是资产阶级在反对封建专制统治中的锐利武器，也是社会契约理论发展的自然结果。人民主权强调国家一切权力源于人民，因此，权力的行使必须对人民负责，为人民谋利；而社会契约理论强调国家和政府的成立应当得到人民的同意，其权力是人民授予或委托的，因此，没有受托的权力是非法的权力。

人民主权的思想虽然产生较早，如雅典就已经形成了以"主权在民"为特征的民主政体，但"人民主权理论的首创者当属欧洲资产阶级启蒙运动的先驱——洛克，而卢梭则是人民主权理论之集大成者，就理论建构来看，卢梭的人民主权论显得更加系统和缜密"。④ 洛克明确提出了人民主权的思想⑤，按照他的社会契约理论，人们在相互订立契约的基础上建立国家，自愿把一部分自然权利让渡给国家，委托国家行使个人所让渡的因国家而形成的公共权力，目的在于用国家权力来保障个人的权利、自由和安全。在洛克看来，个人权利是国家权力的本源和基础。在一个建立在自己基础之上并按照自己的性质，即为了保护社会而行动的有组织的国家中，虽然只能有一个最高权力，即立法权，其余一切权力都是而且必须处于从属地位，但是，立法权既然只是一种受委托的权

---

① 同②，第60页。
② 黄克剑：《"社会契约论"辨证》，载《哲学研究》1997年第3期。
③ ［法］卢梭：《社会契约论》，何兆武译，商务印书馆1980年版，第23页。
④ 陈永鸿：《人民主权理论的演进及其启示》，载《武汉大学学报》（哲学社会科学版）2007年第2期。
⑤ 同时代的锡德尼等人也提出了相同的观点，如他认为，权力只有一个唯一合理的根据，那就是人们以自己为目的而订立的自由协议。人们在建立国家政权的时候，依照维护共同利益所必不可少的尺度限制了自己的自由，但人民享有建立和推翻政府的权力。另一思想家乔治·劳森认为，一切政治权力应该属于人民，人民主权是最后的、固有的和不可剥夺的，它表现为一种所有权。只有在为了全体人民的利益时，权力才能给予政府。只有通过共同体的默契或表示，权力才能获得。参见周叶中主编：《宪法学》，高等教育出版社、北京大学出版社2000版，第94页。

力,当人民发现立法行为与他们的委托相抵触时,人民仍然享有最高的权力来罢免或更换立法机关。这样,"权力又回到当初授权的人们手中,他们可以重新把它授予他们认为最有利于他们的安全和保障的人"。① 因此,权力最终还是由人民掌握的。卢梭的人民主权理论并没有多大创新,但他在分析时提出的"公意"说则打开了一个新的思路。在卢梭看来,人民订立契约建立国家,并且因此成为国家的主人。国家是自由的人民根据契约协议而产生的,人民才是国家最高权力的来源,政府的一切权力都是人民授予的,政府权力的行使都是为保障人民的权利和自由服务的。而国家为了社会全体成员的利益,必须具有普遍的强制性力量,具有支配社会各成员的绝对权力。卢梭指出:"正如自然赋予了每个人以支配自己各部分肢体的绝对权力一样,社会契约也赋予了政治体以支配它的各个成员的绝对权力。正是这种权力,当其受公意所指导时,如上所说,就获得了主权这个名称。"② 这种国家的主权就是人民公意的具体体现,人民公意即人民的公共意志,表现为最高权力,是固定社会形态中一切权利和义务的"法律",因此国家的主人不是君主而是人民。政府的各级官员作为国家的治理者只是受人民委托,运用人民授予的公共权力来保护人民的权利和自由的,故此国家的主权只能属于人民。卢梭还从其公意的理论基点出发,论证了人民主权的两个基本特征:其一是人民主权的不可分割性。因为主权是公意的具体体现形式,而公意又是人民整体的公共意志,是不可分割的,所以主权当然也是不可分割了。其二是主权的不可转让性。因为主权者是一个集体的生命,它只能由自己来代表自己。如果转让主权就意味着转让意志,而转让意志就是出卖自由、出卖生命,这是主权者所绝对不能容忍的。③

人民主权理论在当代获得了不同意识形态国家的共识。认为国家的一切权力来自人民,属于人民,其行使不得背离人民授予权力行使者行使该权力的目的。

第三节 国家权力的来源与合法性

一、选举

(一)选举概述

1. 选举与选举制度的概念

在近代,选举总是同民主相联系在一起的。作为一种政治制度,与君主制和贵族制不同的是,民主政体强调国家最高权力不应当由一个人或少数优秀的人掌握,而应该由多数人掌握。民主意味着公民有投票和参与政治生活的权利。多数人掌握国家权力的形式主要有两种,一种是直接民主,即由人民自己参与公共事务的决策,强调公民作为国家的主人自己管理自己的事务。其倡导者首推近代思想家卢梭。他认为,人民直接参与公共事务是追求真正自由的前提,一个真正自由的国度是所有公民都能够直接参与政

---

① [英]洛克:《政府论》(下篇),叶启芳、瞿菊农译,商务印书馆1993年版,第92页。
② [法]卢梭:《社会契约论》,何兆武译,商务印书馆1980年版,第41页。
③ 参见何华辉:《比较宪法学》,武汉大学出版社1988年版,第51页。

治，决定公共事务。"一切都是公民亲手来做"。① 另外一种则是间接民主，也称为代议民主，它是由人民选举自己的代理人（代表）来行使国家的最高权力而不是由人民自己直接行使。这两种形式都被誉为在理论层面或者从最终的价值层面上是"人民支配的政体，最高权力属于人民，由人民直接行使，或由经自由选举制度产生的人民代理人行使"。②

  虽然从程度上讲，直接民主更能够体现和表达每个人的利益，但是从实践层面来看，现代国家所普遍采用的是代议民主而不是直接民主。这固然因为直接民主需要很高的条件，一方面直接民主只能在小国寡民得以实现③，在人数众多的现代国家，要让所有的公民对国家政策进行议决的成本和代价非常巨大且困难重重；另外，直接民主对公民的政治意识和国家意识要求也更高，否则容易被他人利用和操纵而形成多数人对少数人的"多数暴政"④。而间接民主或者代议民主则能够克服直接民主的弊端，因为它能够通过选举选择公民满意的代表，同时有一整套健全而严格的程序和制度，对选择出来的代表实施有效的监督和约束，防止代表违背选民的意志和利益，最终达到公民对政治生活的参与、制定法律、管理公共事务和对国家的治理。如果没有代议民主制的出现，仍然固守直接民主制，那么就不可能有民主制，因为如此人口众多的民族统一国家无论如何全体公民是不可能在同一时间，同一地点平等地表达自己的意志的。⑤ 列宁在看到这一点时就深刻地指出："如果没有代议机构，那我们就很难想象什么是民主，即使是无产阶级民主。"⑥ 代议民主而形成的代议政府其权力来自人民的委托，而这种委托的形式就是选举，所以真实有效的选举是民主得以真实有效实施的基本前提。

  "选举（election）"一词源于拉丁语 eligere，意为"挑选"。根据一般的理解，选举"是一种公认规则的程序形式，人们据此而从所有人或一些人中选择一个人或几个人担

---

① 卢梭非常向往古希腊和罗马的直接民主制度，对代议民主持强烈的批评态度。他的逻辑是，主权在本质上是由公意构成的。它只能由人民直接表达，而绝不可能被代表。代议制起源于封建政府，起源于那种使人屈辱并使"人"这个名称丧失尊严的、既罪恶又荒谬的政府制度。代议制与雇佣兵制度在本质上并无二致。二者的共同点是，人们出钱雇佣军队或选举议员来代替自己履行公共职责。代议制违背了自由的原则。因为自由意味着自主，而代议制恰恰是由某些人代表人民行使政府职权，人民在本质上丧失了自主。参见卢梭：《社会契约论》，何兆武译，商务印书馆 1980 年版，第 37~125 页。

② 赞成直接民主的主要理由认为，第一，在直接民主下，主权在民，人民亲自参加统治；第二，虽然以往缺乏实现直接民主的条件，但新技术开辟了直接民主的无限可能性；第三，直接民主是最真实的、最纯粹的和最高级的民主，因为在直接民主下，人们可以直接统治自己，而不必借助中介或代表，这才是民主的本意。反对者认为，直接民主不可行；直接民主成本高、风险高，易导致对抗和易情绪化；直接民主无程序、一刀切，不自由，生暴政；直接民主是假民主。赞成间接民主的理由则认为，间接民主切实可行，生和谐，易妥协，成本低，更理性；间接民主依托市场社会，维护个人自由；间接民主比直接民主具有更大的包容性；间接民主通过程序化，既依归民意，又能防止多数暴政。而反对者认为，间接民主不信赖大众，实行的是精英政治；间接民主是一种初级的民主，是一种因直接民主一时不具备实现条件而采取的不得已的、凑合的权宜之计；间接民主是伪民主，不自由。参见刘军宁：《直接民主与间接民主：近义，还是反义》，载公共论丛：《直接民主与间接民主》，生活·读书·新知三联书店 1998 年 11 月版，第 36~52 页。

③ 过去实行的直接民主往往只能在人数较少的城邦国家，而近现代人数大不一样的民族国家根本无法实现。

④ 托克维尔语。麦迪逊同样表达了对直接民主的忧虑。参见［法］托克维尔：《论美国的民主》，董果良译，沈阳出版社 1999 年版。［美］汉密尔顿等：《联邦党人文集》，程逢如等译，商务印书馆 1980 年版。

⑤ 曹沛霖、徐宗士：《比较政府体制》，复旦大学出版社 1993 年版，第 2 页。

⑥ 《列宁选集》第 3 卷，人民出版社 1972 年版，第 211 页。

任一定职务"① 的活动。据认为这种定义是"排除了法律和理论上的专门用法",是"定位在选择官吏一个方面,而且官吏的定位也是相当宽泛的";除此之外,选举不仅要选择官吏,而且要选择政策②。如《简明不列颠百科全书》认为选举是以投票选择公职人员或接受或拒绝某种政治主张的正式程序。《美国大百科全书》也认为选举是一种通过那些有正式资格参加的人的投票来进行官员的选拔和有关政策、决议的制定过程。通常人们更多从第一种定义层面来认识和接受选举,这种观点可以正确看待人们在进入社会以后的各种各样的选举活动,因为选择官吏或代表担任公职的行为在每个社会都存在,而不仅仅是在近现代有了民主政治以后的事情。

在现代社会政治生活中,存在各式各样的选举,一般意义的选举是指社会组织中具备资格的成员根据自己的意愿并按照既定的方式和程序,选择代表人或领导人的活动。如对国会议员或代表机关代表的选举;对政府首脑或公职人员的选举;也有对社团组织如工会代表的选举;对政党代表的选举等等。宪法学上的选举与国家制度密切相关,特指选民或者选举单位依据宪法或选举法的规定,选择国家代表机关的代表或国家机关公职人员的活动。③ 对于选择国家代表机关代表的选举,有的人认为是狭义的选举,而选择国家代表机关代表和国家机关公职人员的选举则是广义的选举,对于一切公职人员的选举则被视为是最广泛意义的选举,如公司董事长、学校校长、厂长、经理等的选举。

选举制度是现代国家的一项重要民主政治制度,其主要内容是关于选举国家代表机关代表和国家公职人员的一系列选举原则、选举程序、选举方法、选民与代表的关系、候选人当选制度以及选举争议及其解决机制等相关的经法律规范确认并形成的一整套制度的总称。作为一项被国家法律确认并形成的制度,它不涉及非国家组织,而且更具体地同代议民主制联系在一起。在一定意义上,选举制度与议会制度和政党制度成为现代国家制度的三大支柱,而选举制度是议会制度和政党制度实现其价值的基石。④ 当代各国的选举制度几乎都包含以下几方面组成:(1)选民及其选举资格;(2)候选人及其资格和条件;(3)选举单位;(4)选举方式和投票方式;(5)选举监督和选举争议解决机制。⑤ 具体到每个国家,其选举制度往往根据其文化传统或民族特点又有较大的区别,如直接选举或间接选举制、多数或比例代表制、大选区或小选区制等。

2. 选举历史

(1)选举制度的起源

选举的历史相当悠久,人类进入社会就有了选择处理社会"公务"人员的需要。当国家出现以后,选举因此才逐渐被赋予了组织和参与国家政权,选择国家公职人员和代表的色彩。但作为民主产物的制度化的选举是伴随代议制政府的产生和出现一并建立起来的。

---

① [英]戴维·米勒等:《布莱克维尔政治学百科全书》,中国国际问题研究所等组织编译,中国政法大学出版社1992年版,第251页。
② 参见彭宗超:《公民授权与代议民主》,河南人民出版社2002年版,第28页,转引自潘伟杰:《宪法的理念与制度》,上海人民出版社2004年版,第497页。
③ 杨海坤:《宪法学基本论》,中国人事出版社2002年版,第300页。
④ 潘伟杰:《宪法的理念与制度》,上海人民出版社2004年版,第514~515页。
⑤ 参见王雅琴:《选举及其相关权利研究——美国选举个案分析》,山东人民出版社2004年版,第11页。

英国是最早建立代议制政府的国家，因此，从制度层面考察，选举制度应当在英国最早提出并最先得以推行。英国的选举制度是在历史的发展进程中不断完善的。但其选举制度有其局限性，因为在英国，国王是世袭的，贵族是国王册封的，唯有下院是选举产生的，即使是首相也是由下院议会占多数席位的政党党魁自然担任。1689年的"权利法案"规定下院议员实行自由选举，后又爆发了以普遍选举权为中心的宪章运动。1867年的选举改革降低了选举财产资格的限制和要求。1872年废除公开投票制，实行秘密投票。1884年进一步改革选举制度，统一了全国城市和农村选民资格。1918年，英国妇女有条件地取得了选举权。1928年通过男女平等选举权。1948年通过的"人民代表法"形成了一个比较完善的普选制度。1970年才将选民年龄从21岁降到18岁，从而最终实现了18岁以上的男女公民平等地享有选举权。按照现行英国选举法的规定，凡年满18岁，没有被任何法律取消选民资格的英国臣民，包括居住在英国的任何英联邦国家的和爱尔兰共和国的公民，都有选举权。而年满21岁的除以下公民的人员享有被选举权：未清偿债务的破产者、神职人员、贵族、法官、文官、武装部队成员、警察等。

美国没有统一的选举制度，各州自行规定选举资格和选举程序。1787年的美国联邦宪法对于选民资格只是原则性地规定并把权力交给了各州。1828年美国有12个州实行"白种成年男人普选权"。1870年才通过宪法第15条修正案，1872年在形式上相继废除了因肤色设置的选民资格的限制，并实行秘密投票，赋予黑人以选举权。1920年妇女才有了选举权。1964年宪法第24条修正案生效后，才禁止以缴纳人头税为选举资格。直到1971年宪法第26条修正案生效后，选举年龄才降到18岁。但对被选举权及其资格，联邦宪法却有明确的规定。按照美国宪法第1条第2款规定："年龄未满25岁，为合众国公民未满7年以及当选时非其选出州之居民者，不得为众议院议员。"第3款规定："年龄未满30岁，为合众国公民未满9年以及当选时非其选出州之居民者，不得为参议员。"宪法第2条第1款规定："任何人除非生为合众国国民或在本宪法通过时为合众国国民者不得当选为总统。年龄未满35岁及居住于合众国境内未满14年者也不得当选为总统。"

法国在1791年建立第一共和国，宣布取消其第一部宪法所规定的"积极公民"与"消极公民"的划分，实行普选议员。但当时选举是间接的，公民选举选举人，再由选举人选议员。后来选举制度一直未能成型并多次反复，直到1944年第四共和国成立，国民议员才实行普遍的直接选举，规定21岁的男女公民都有选举权，而总统和参议员由选举人间接选举。1962年法国经全民公决通过将总统选举改为公民直接选举。1974年6月通过宪法修正案，才将选举年龄定为18岁。

（2）我国现行选举制度的历史沿革

我国现行选举制度是在历史发展中结合我国基本国情的基础上逐步建立起来的。早在革命根据地时期和解放战争时期，中国共产党领导人民创建了革命根据地和革命政权，就开始摸索并实行革命政权的选举制度，制定并颁发了一系列关于选举的法律文件。在土地革命时期，以《中华苏维埃共和国选举细则》《中华苏维埃共和国选举委员会工作细则》《苏维埃暂行选举法》为代表的规范性文件规定了劳动者的普遍的选举权，选民对代表的监督罢免权，男女平等，直接选举和间接选举并用，给选举权以法律和物质保障等，为我国人民民主选举制度的形成奠定了基础。抗日战争时期，民族矛盾上升为主要矛盾，为建立广泛的抗日民族统一战线政权而实行代表会议制度，在实行普遍选举的基础上按照"三三制"原则分配代表名额，选举和组织抗日民主政权机关，明确了"普遍、平等、直接、无记名投票"的基本原则，给少数民族的选举权利特殊照顾，抗日政党与团体间的竞选，促进了民族统一战线的发展和根据地抗日政权的巩固。解放战争时期的选举制度是在继承上述两个不同时期选举制度的基础上建立起来的，其主要变化：选举权只给予一切反对国民党反动统治和赞成土地改革的工人、农民、城市小资产阶级、民族资产阶级以及一些开明的士绅和民主人士，而封建地主阶级、官僚资产阶级和国民党反动派都没有选举权和被选举权。这一系列的做法和实践，对后来保障人民当家做主，提高人民的民主意识和参政意识，为新中国选举制度的形成提供了宝贵的历史经验。

在总结新民主主义革命时期民主选举的基础上，新中国明确了国家政权以人民代表大会制度作为根本政治制度并在1949年9月第一届中国人民政治协商会议制定的建国大纲——《共同纲领》中规定实行普选制。《共同纲领》规定了：凡反对帝国主义、封建主义、官僚资本主义，赞成共同纲领，年满18岁的公民，除患精神病及被褫夺公权者外，不分民族、阶级、性别、信仰，均得当选为代表。同时还规定了各级各界代表会议产生的程序和方法。1953年1月13日，中央人民政府委员会通过《关于召开全国人民代表大会及地方各级人民代表大会的决议》指出："必须依照共同纲领的规定，及时地召开由人民用普选方法产生的全国人民代表大会代替现在由中国人民政治协商会议的全体会议执行全国人民代表大会职权的形式，用普选的地方各级人民代表大会，代替现在由地方各界人民代表会议代行人民代表大会职权的形式，俾能进一步地加强人民政府与人民之间的联系，使人民民主专政的国家制度更加完善，以适应国家计划建设的要求。"与此同时，建立了选举法起草委员会。1953年2月，中央人民政府委员会通过了当代中国第一部选举法，即《中华人民共和国全国人民代表大会和地方各级人民代表大会选举法》，具体规定了实行普遍选举，从而使享有选举权和被选举权的选民占18岁以上公民总数的97%以上；实行一人一票的平等选举原则；直接选举与间接选举并用，无记名投票与举手表决并用等。我国的第一部选举法并没有刻意追求直接选举，在选举的形式上也较为灵活，当时的指导思想是既强调发扬民主，也要坚持从实际出发。正如当年周恩来所言："关于直接选举的问题，中国是全世界人口最多的国家，直接选举目前实在不容易办到。至于平等这一项，假如按人口比例也不行，农民占全国人口的80%，那么选出来的代表就会大多数是农民，这种情况还不能够适应于今天革命的形势和要求。不记名的秘密投票的方式，依照目前人民的文化程度来说，也是做不到的，许多地方只能用举手或投票的方式。"①

1979年7月1日全国人大通过了我国的第二部《选举法》，对20世纪50年代的选举制度做出了重大改革，新选举法的主要变化包括：将直接选举扩大到县级；一律实行差额选举和无记名投票；将原规定的按选民居住情况划分选区改为按生产单位、事业单位、工作单位和居住状况划分；将原规定的只有不属于党派、团体的选民或代表才能联

---

① 《周恩来统一战线文选》，人民出版社1984年版，第140页。

合或单独提出代表候选人改为任何选民或单位有3人以上附议，都可推荐代表候选人；规定如果所提候选人过多而难以确定正式候选人时可以进行预选；将候选人当选由获得参加选举的选民或代表半数以上的票数改为应获得全体选民或代表半数以上的票数始得当选；规定了每个少数民族至少要有1名全国人大代表；规定可以采用各种形式宣传候选人；规定对代表的监督与罢免。

1982年12月全国人大对1979年选举法进行了第一次修改，完善了介绍候选人的程序，对少数民族代表所代表的人口数作出了有利于民族平等的规定。

1983年3月5日，全国人大常委会颁布《关于县级以下人民代表大会代表直接选举的若干规定》，具体规定了选举委员会的职权，选区的大小，选举权主体行使选举权的程序与条件，以及所有被提名者均列入候选人名单而不得增减等。

1986年12月2日，第六届全国人大常委会第十八次会议通过了"关于修改《选举法》的决议"，主要从以下方面对《选举法》进行了修改：选民资格一次登记长期有效；选民或代表须有10人以上联名才能推荐代表候选人；取消了预选；每一选民接受代为投票的委托不得超过3人；规定直接选举时，选区全体选民过半数参加投票，选举有效；直接选举的候选人只要获得参加选举的选民过半数选票就可当选；全国人大代表名额不超过3000人。

1995年2月，第八届全国人大常委会第十二次会议再次对选举法进行了重大修改，主要内容有：调整了农村代表所代表的人口数与城市代表所代表的人口数之间的比例，将全国人大与省级人大农村每一代表所代表的人口数由8倍与5倍于城市代表所代表的人口数一律改为4倍；具体规定了地方各级人大代表名额的产生及其标准，以及提高妇女代表名额的要求；调整了选民名单与候选人名单公布的日期；恢复了间接选举中的预选；对特别行政区全国人大代表名额的产生办法由全国人大另定；规定乡镇选举委员会受上一级人大常委会的领导；进一步完善了差额选举制度；规定了代表当选与罢免的具体程序等。

2004年10月，第十届全国人大常委会第十二次会议对选举法进行了第四次修改，明确规定：①省、自治区、直辖市的代表名额基数为三百五十名，省、自治区每十五万人可以增加一名代表，直辖市每二万五千人可以增加一名代表；但是，代表总名额不得超过一千名。②由选民直接选举的人大代表候选人，由各选区选民和各政党、各人民团体提名推荐。选举委员会汇总后，在选举日的十五日以前公布，并交各该选区的选民小组讨论、协商，确定正式代表候选人名单。如果所提候选人的人数超过最高差额比例的，由选举委员会交各该选区的选民小组讨论、协商，根据较多数选民的意见，确定正式代表候选人名单；对正式代表候选人不能形成较为一致意见的，进行预选，根据预选时得票多少的顺序，确定正式代表候选人名单。正式代表候选人名单应当在选举日的五日以前公布。③选举委员会或者人大主席团应当向选民或者代表介绍代表候选人的情况。推荐代表候选人的政党、人民团体和选民、代表可以在选民小组或者代表小组会议上介绍所推荐的代表候选人的情况。选举委员会可以组织代表候选人与选民见面，回答选民的问题。但是，在选举日必须停止对代表候选人的介绍。④对于县级的人大代表，原选区选民五十人以上联名，对于乡级的人大代表，原选区选民三十人以上联名，可以向县级的人大常委会书面提出罢免要求。⑤为保障选民和代表自由行使选举权和被选权，对破坏选举，违反治安管理规定的，依法给予治安管理处罚；构成犯罪的，依法追究刑事责任。违法当选的，其当选无效。

随着我国政治、经济与社会改革和发展的深化，2010年3月14日第十一届全国人大第三次会议对我国选举法进行了新的修改。修改的主要内容包括：一是取消城乡选举差别，实现"同票同权"。具体来说，是将现行的城乡按照4比1比例分配代表名额的做法，修改为城乡按相同人口比例选举人大代表，也就是1比1。二是在全国和地方各级人大代表中，确保应有适当数量的基层代表，特别是工人、农民和知识分子。三是增设"选举机构"专章，对选举委员会的产生、回避、职责和工作要求等作出具体规定。四是将乡镇代表名额从130名提高到160名。由于近年来的乡镇合并造成乡镇人口的较大增加，因此提出增加30名乡镇人大代表名额。五是禁止同时两地担任代表，并明确规定接受推荐的代表候选人，应向选举委员会或大会主席团如实提供个人身份、简历，以及是否取得外国永久居留权或外国国籍等情况。六是代表候选人的提名名额不能超过应选名额。按选举法规定，各政党、人民团体、选民和代表都可以提名候选人，新法对提名的名额进行了限定。七是增强候选人的"透明度"，将之前规定的"选举委员会'可以'组织代表候选人和选民见面"，修改为更刚性的"应当"组织候选人和代表见面。同时，将此前的"公布正式代表候选人的名单"，改为应在选举日的七日以前公布正式代表候选人名单及基本情况。八是保障选民和代表的选举权，规定全国人民代表大会和各级人大代表的选举，都应严格依照法定程序进行，并接受监督，任何组织或个人不得以任何方式干预选民或代表自由行使选举权。九是对选举的投票程序进行了完善，其中包括设立秘密写票处、规范流动票箱的使用等内容。

3. 选举制度的功能

现代选举制度通过选民选择一部分人来管理国家和政府，意味着"社会中有多少人可以参与政治，影响政治；决定每个公民对政治的影响力；决定哪些人，有多少机会可以直接分享权力，成为社会的管理者，而且它还可以影响政府、决定政府反映民意的范围"。[①] 它以人民主权为理论衣托，宣示并昭告着国家公职人员，特别是代议机关的代表和政府首脑应当由人民进行选择，实现人民当家做主的民主意愿，体现了国家对公民权利的尊重和承认。选举制度将最高的民主理念付诸实践，使空洞的理论有了具体的生机，促进和推动着国家的政治与法律制度的发展。选举秉承诸多功能，就选民个人而言，是政治参与和政治意愿表达的有效手段；就政府而言，是政权获得合法性支撑和政治有序化的途径；就国家和社会而言，是实现法治和构建社会平衡与和谐的保证。

公民参与政治生活和表达政治意愿的途径很多，如对国家机关工作人员的工作提出建议和批评，也可以控告和检举违法犯罪的公职人员等，但唯有制度化的选举是最基本和最有效的方式。定期的选举一方面可以及时反映选民的意愿和要求，另外一个方面则可以有效地监督和制约公职人员，防止权力的滥用和腐败，树立起责任意识。

选举还是政府政权获得合法性的途径。"权力的合法性只不过是由于本集体的成员或至少是多数成员承认它为权力。如果在权力合法性问题上共同同意的情况，那么这种

---

① 林尚立：《选举政治》，香港三联书店1993年版，第27~29页。

权力就是合法的。"① 权力属于人民是现代民主政治的基本精神，与过去权力取得的暴力方式不一样的是，现代权力必须来源于人民才是合法的，而唯一的手段就是通过民主的选举由人民参加并从人民手中取得或得到人民的认同。经选举，权力在人民选择的不同的人或群体中和平转移，从而实现政治的有序化。当然，合法性的程度是不一样的，合法性高的政府，可以获得社会广泛的支持和认同，因而政权更加巩固和更有权威；社会认同和支持程度低的政府，其合法性较低，政权也就容易动荡，其权威也难以树立。

同时，选举制度还是当代宪法实现的基本保证。"现代国家宪政制度体现了人类社会对共和精神的追求，因此宪政的价值就存在于对共和精神的确认和实践中。而共和精神意味着公共权力的执掌者应该通过选举的方式产生。"② 通过选举，人民对国家事务进行选择，也选择执掌国家权力和执行国家事务的公职人员，表达其共同的目标和追求。

（二）我国宪法和相关法律规定的选举制度

我国选举制度分基本原则和选举的组织、程序与方法两个部分。

选举的基本原则主要包括：

1. 选举权的普遍性原则

普遍性原则是指享有选举权和被选举权的公民在广泛程度上与被公认的有能力参政议政的全体公民的比较，限制和被剥夺选举权的人数极少，因此，选举权的普遍性原则主要表现在享有选举权的公民范围的广泛性。当代世界各国对选举权的普遍性原则经历了从限制到认可，最终得到广泛的接受。在我国，普遍性原则主要体现在：第一，我国公民享有选举权没有特殊资格条件的限制。我国宪法和相关法律对选举权的普遍性原则予以确认，在《选举法》第3条中规定："年满18周岁的公民，不分民族、种族、性别、职业、家庭出身、宗教信仰、教育程度、财产状况和居住期限，都有选举权和被选举权。"据此，任何公民只要具有中国国籍、年满18周岁、享有政治权利，都享有选举权。第二，我国规定的选举年龄较低（18周岁），西方国家规定的选举年龄一般较高，如意大利规定下院议员须25周岁，上院议员须30周岁。我国广大适龄青年都能够参加国家政治生活。第三，在我国被剥夺政治权利的公民数量极少。从近几次县乡换届选举的情况看，依法被剥夺选举权的人约占选举适龄人口的万分之三以下，而享有选举权的人占18周岁以上人口的99.7%③。因此，这不影响选举权的普遍性。

在实践的选举过程中，对以下情况应当按照法律的规定来处理：

对精神病患者的选举权的规定。如果精神病患者在选举的时候患病而失去行为能力的，经选举委员会确认，不列入选民名单，暂停其行使选举权。

按照1983年第五届全国人大常委会第二十次会议通过的《全国人民代表大会常务委员会关于县级以下人民代表大会直接选举的若干规定》，下列人员准予行使选举权：被判处有期徒刑、拘役、管制而没有附加剥夺政治权利的；被羁押，正在受侦查、起诉、审判，人民检察院或者人民法院没有决定停止行使选举权的；正在取保候审或者监

---

① ［法］莫里斯·迪韦尔热：《政治社会学》，华夏出版社1987版，第116～117页。
② 韩大元：《比较宪法学》，高等教育出版社2003年版，第268页。
③ 蔡定剑：《中国人民代表大会制度》，法律出版社1998年版，第143页。

视居住的；正在被劳动教养的；正在受拘留处罚的。上述人员有权参加选举或委托有选举权的亲属或其他选民代为投票。

2. 选举权的平等性原则

选举的平等性原则是指在每一次选举中，每一个选民只能在一个地方有一个投票权，其所投选票具有同等法律效力。我国《选举法》第4条规定："每一选民在一次选举中只有一个投票权。"选举权的平等性表现在：第一，每个年满18周岁的公民只要未被依法剥夺政治权利，都享有参加选举的权利，而不论其民族、种族、性别、宗教信仰、教育程度、经济状况如何。第二，每一选民在一次选举中都只有一个投票权，即在同一次选举中只能投一票。第三，选举权与被选举权统一，除依宪法和法律规定外，享有选举权的人，原则上享有被选举权。

从理论上讲，选举权的平等性应当包括两个方面：一人一票和一票一价。一人一票是指一次选举中每个选民只有一个投票权；一票一价是指每一票在决定代表候选人是否当选时的价值大致相等。如果说一人一票从形式上体现了选举的平等性而被许多国家认可与采用，那么一票一价就是从实质意义上贯彻了选举的平等性，在当代许多国家实施起来要困难得多。其不能完全实现，"除去体制上的正当原因外，还存在一些国家出自自身国情的正当理由。如在中国这样一个正处于发展中的、多民族的、地域辽阔的、人口众多且分布不均匀的大国来说，只可能从自身的民情出发，逐步推行'一票一值'在某些领域（如城乡代表名额分配）的实现，而在另一些领域（如地域、民族）则不能不基于正当政治理由来考虑"。① 因此我国并不追求和强调选举的绝对平等，而是从我国自身国情出发，着眼于实质意义的平等和选举的有效平等实施，在一些地方作了变通规定。具体表现在：其一，对少数民族给予特殊照顾。我国选举法规定了人口特少的民族，至少也应有全国人大代表1人。有少数民族聚居的地方，每一聚居的少数民族都应有代表参加当地的人民代表大会。因此，少数民族与汉族代表所代表的人口比例是不平等的。其二，军队代表也不是按人口比例平等原则产生的。在我国，只有军队代表是以职别而不是以人口比例为基数进行选举产生的，军队代表在全国人大有260多名代表，约占人大代表总数的9%。在县级以上地方各级人民代表大会中，凡有驻军的地方，一般都有一定数量的军队代表。②

3. 直接选举与间接选举相结合的原则

直接选举，是指由选民直接投票选举产生应选的代表和国家公职人员的一种选举方法。间接选举，一般是指由选民选举产生的代表机关，由代表机关再选举产生应选的代表和国家公职人员的一种选举方法。我国选举法确立了直接选举与间接选举相结合的原则。《选举法》第2条规定："全国人民代表大会代表，省、自治区、直辖市、设区的市、自治州的人民代表大会代表，由下一级人民代表大会选举。不设区的市、市辖区、县、自治县、乡、民族乡、镇的人民代表大会的代表，由选民直接选举。"而各级行政机关领导人、县级以上人民代表大会常务委员会组成人员和人民法院院长、人民检察院检察长均由本级人民代表大会选举产生，均属于间接选举。而全国人大代表往往还要经

---

① 参见胡盛仪等：《中外选举制度》，商务印书馆2000年版，第88~89页。
② 参见蔡定剑：《中国人民代表大会制度》，法律出版社2003年版，第153页。

过两级或三级多层间接选举产生：县级人民代表大会选举产生省级人民代表大会，再由省级人民代表大会选举产生全国人民代表大会。而在一些实行市管县或设自治州的地方，县级人民代表大会还不能选举产生省级人民代表大会，而只能选举产生市或自治州的人民代表大会后，再由市或州的人民代表大会选举产生省级人民代表大会。[①]

4. 自由选举原则

自由选举原则包括两个方面，一是参选的自由；一是投票的自由。

参选的自由，即选民自己决定是否参加选举的权利。这里涉及对选举权的性质的认识：选举权到底是属于一种权利，还是属于一种公务或权限。对此，英美宪法学上一向不存在太大争议，基本上以选举权乃一项权利为自明之理，而在大陆法系的传统宪法学上却众说纷纭，迄今曾出现三种不同的学说，分别为所谓的权利说、公务说（或权限说）和二元说。[②] 我国学术界大多数学者也是主张选举是一种权利，虽然有部分学者在同意选举是一种权利的时候强调了作为公民对国家和社会的责任以及权利和义务的统一，但主张参选的自由在目前我国有其积极的意义。首先，我国宪法将选举作为一种政治权利予以规定而没有其他限制，体现了权利的真实性；其次，肯定公民参选的自由也是对公民意愿的尊重；再次，强调参选的自由可以防止他人强制选民投票，从而操纵选举；最后，坚持参选的自由有利于选举的组织者以及候选人主动积极做好选举及其准备工作，以争取选民参加被认为代表和反映了自己利益的选举，而不是流于形式。

投票的自由即秘密选举。秘密选举，是指选举人在选举时根据自己的意愿在选票上只注明被选举人而不记自己的姓名，并亲自将所注选票投入票箱或弃权而不投票的选举方法，也称无记名投票选举。投票的自由有利于选民真实的表达自己的意愿，选择自己满意的代表，维护自己的利益。我国《选举法》规定，全国和地方各级人民代表大会的选举，一律采用无记名投票的方式，只有选民是文盲或者因残废不能写选票时方可以委托他信任的人代写。选举人对于代表候选人可以投赞成票，可以投反对票，可以另选其他任何选民，也可以弃权。

5. 等额与差额选举相结合，以差额选举为主的原则

等额选举是指选举中应选出的人民代表大会代表和其他国家机关公职人员的人数同提出的候选人数额相等。差额选举是指人民代表大会代表和其他国家机关公职人员选举中候选人的人数多于应选代表、公职人员名额的选举。在我国，两种方式都采用，但以差额选举为主，即一般情况下应采用差额选举，在特定情况下，也允许采用等额选举。我国《选举法》第30条规定："全国和地方各级人民代表大会代表候选人的名额，应多于应选代表的名额。由选民直接选举的代表候选人的名额1/3至1倍；由地方各级人民代表大会选举上一级人民代表大会代表候选人的名额，应多于应选名额的1/5至1/2。"但等额选举在一定范围内仍采用。第22条规定，县以上地方各级人民代表大会常务委员会主任、秘书长，各级人民政府首长（如省长、市长等），各级人民法院院长，各级

[①] 蔡定剑：《中国人民代表大会制度》，法律出版社2003年版，第142~143页。

[②] 韩大元、林来梵、郑贤君：《宪法学专题研究》，中国人民大学出版社2004年版，第395~396页。三种学说中，权利说认为选举是公民与生俱来的先验的权利；公务说认为选举是一种国家赋予的公务，为了国家利益而行使，因此是一种不能放弃的义务；而二元说认为选举兼具权利与义务属性。

人民检察院检察长的候选人数一般应多于1人，进行差额选举；如果提名的候选人只有1人，也可以等额选举。第25条还规定，在地方各级人民代表大会进行补选时，上述职务及其副职人员的候选人数可以多于应选人数，也可以同应选人数相等。

人民代表大会代表的选举有两种方式，一是县乡两级人民代表大会代表实行直接选举；一是县以上各级人民代表大会代表实行间接选举。

（三）直接选举的组织与程序

1. 设立选举主持机构

《选举法》第7条规定，不设区的市、市辖区、县、自治县、乡、民族乡、镇设立选举委员会，主持本级人民代表大会代表的选举。不设区的市、市辖区、县、自治县的选举委员会受本级人民代表大会常务委员会的领导。乡、民族乡、镇的选举委员会受不设区的市、市辖区、县、自治县选举委员会领导。选举委员会是组织办理本级人民代表大会代表选举事宜的临时机构，其职权包括：①主持本级人民代表大会代表的选举；②规定选举日期；③进行选民登记，审查选民资格，公布选民名单；受理对选民名单不同意见的申诉，并做出决定；④划分选举本级人民代表大会代表的选区，分配各选区应选代表的名额；⑤汇总并公布代表候选人名单，根据较多数选民的意见，确定和公布正式代表候选人名单；⑥委派人员主持投票站或选举大会的选举；⑦确定选举结果是否有效，公布当选代表名单。

选举委员会一般是由当地中国共产党同各民主党派、社会团体、各阶层进行民主协商，确定组成成员人选，经由人大常委会任命。一般设主任1名，副主任若干人，委员若干人，并设立相应的办事机构。实践中，办事机构往往设有秘书组、联络组、宣传组、组织组、选民登记及选举事务组等。选举工作完成后，选举委员会及其选举工作机构即行撤销。

2. 划分选区

选区是由法律规定以一定人口数量为基础划分的选举代表的区域单位，是选民进行选举的基本单位。选区可以按照居住状况划分，也可以按生产单位、事业单位、工作单位划分。通常有大选区、小选区两种，大选区也称复名选区，要选出2名以上的代表；小选区也称单名选区，只选出1名代表。在各选区中，每一代表所代表的人口数应大体相等。我国《选举法》规定："选区的大小，按照每一选区选一名至三名代表划分。"在实践中，农村选县级人大代表时一般由几个村联合划为一个选区，人口特多的村或者人口少的乡，可单独划为一个选区；选乡级代表时，一般由几个村民小组合为一个选区，人口多的村民小组或人口少的村，也可以单独划为一个选区。在城镇，只是1个单位或1个居民区单独划分的选区称独立选区；有几个单位联合组成的选区称联合选区；由居民区与单位联合组成的选区称混合选区。

3. 选民登记

选民登记是对选民资格进行确认的法律程序。凡符合法定选民条件的人，只有经过法律规定的手续，由选举委员会审查登记为选民，才能进行选举投票。我国《选举法》规定，选民登记应当按选区进行。凡年满18周岁的中华人民共和国公民都有选举权和被选举权，都应当列入选民名单。经登记的选民资格长期有效。每次选举前上次选民登记以后新满18周岁的公民，以及被剥夺政治权利期满后恢复政治权利的选民予以登记；

对选民经登记后迁出原选区的,列入新迁入的选区的选民名单;对死亡的和依照法律被剥夺政治权利的,不列入选民名单;对因患精神病不能行使选举权的公民,经确认后也不列入选民名单。选民名单应在选举日 20 天前公布,并发给选民证。对公布的选民名单有不同意见的,可以向选举委员会提出申诉。对申诉意见,选举委员会应在 3 日内作出处理决定。申诉人如果对处理决定不服,可以在选举日的 5 天前向人民法院起诉,人民法院应在选举日前作出判决,人民法院的判决为最后决定。

4. 提名并确定代表候选人

我国《选举法》第 29 条规定:"全国和地方各级人民代表大会代表候选人,按选区或选举单位提名产生。"各政党、各人民团体可以联合或单独推荐代表候选人;选民 10 人以上联名也可以推荐代表候选人。由选民和各政党、各人民团体提名的候选人,选举委员会汇总后应在选举日的 15 天前公布,并在各该选区的选民小组反复酝酿、讨论、协商,根据较多数选民的意见,确定正式代表候选人名单;对正式代表候选人不能形成较为一致意见的,进行预选,根据预选时得票多少的顺序,确定正式代表候选人名单。正式代表候选人名单及代表候选人的基本情况应当在选举日的七日以前公布。

5. 候选人的介绍宣传

我国没有实现竞选制度,所有要求推荐候选人的政党、人民团体和选民,应向选举委员会介绍候选人的情况。选举委员会或者推荐候选人者应向选民介绍候选人的情况。但在选举日必须停止对代表候选人的介绍。

6. 投票选举

选民凭身份证或选民证领取选票在各选区设立的投票站或召开的选举大会投票。投票一律采取无记名的方式,每一个选民在一次选举中只有一个投票权。可以书面委托其他选民代为投票但每一选民接受的委托不得超过 3 人。

7. 确定当选,公布选举结果

投票结束后,选举委员会首先要确认选举结果是否有效。如有效,则进一步确认当选代表。代表候选人以"两个过半数"当选。即以全体选民过半数参加投票,选举有效。代表候选人获得参加投票的选民过半数才算当选。若获得过半数选票的代表候选人的人数超过应选名额,以得票多的当选。如果票数相等不能确定当选人时,应当就票数相等的候选人重新投票以得票多的当选。如果当选代表人数少于应选代表名额,不足的另行选举,以得票多的当选,但得票数不得少于选票的 1/3。最后,选举委员会将选举是否有效、全体代表数、参选人数、有效票数、废票数、当选代表得票数和未当选的得票数等予以公布。

(四)间接选举的组织与程序

设区的市、自治州的人民代表大会,省级人民代表大会和全国人民代表大会的代表由间接选举产生。其选举工作由本级人民代表大会常务委员会主持,并接受上级人民代表大会常务委员会领导。地方各级人民代表大会常务委员会在组织人民代表大会代表选举中负有以下职责:省级人民代表大会常务委员会决定本行政区域各级人民代表大会代表名额;省级人民代表大会常务委员会有权根据选举法制定选举法实施细则;省级人民代表大会常务委员会和设区的市、自治州的人民代表大会常务委员会主持本级人民代表大会代表的选举,并做好上级人民代表大会代表选举的有关准备工作;县级人民代表大会常务委员会任命本级选举委员会组成人员并领导其工作;省级人民代表大会常务委员会和设区的市、自治州人民代表大会常务委员会指导本行政区域内县级以下人民代表的选举工作。具体程序包括：① 代表候选人的提出。选举法规定，间接选举的代表候选人由选举单位提名产生。各政党各人民团体联合或者单独推荐代表候选人，代表10人以上联名也可以推荐代表候选人。② 确定正式代表候选人。大会主席团将所有提出的代表候选人进行汇总，并经大会主席团批准后交全体代表酝酿、讨论。如所提候选人没有超过法定差额比例（即1/5~1/2），则将所有候选人都作正式候选人提交投票选举。如所提出候选人超过法定差额比例，则将全部候选人提交代表进行预选，再据得票顺序依事先确定的差额比例确定正式候选人。③ 确定当选。选举大会由主席团主持，采用无记名投票方式，以代表候选人获全体代表过半数的选票者当选。获得过半数选票当选代表人数少于应选代表名额时，不足的名额，应在没有当选的代表候选人中依得票多少顺序和法定差额比例确定候选人名单另行选举，以得票多的当选，但得票须过全体代表的半数。④ 代表资格的审查与确认。间接选举产生的人民代表大会代表选出以后，要经过代表资格审查委员会的审查，并经常务委员会确认代表资格是否有效。

（五）对代表的罢免和补选

我国宪法和选举法规定，全国和地方各级人民代表大会的代表，受选民和原选举单位的监督，选民和选举单位有权监督和罢免自己选举产生的代表。《选举法》规定：通过直接选举方式产生的代表，原选区选民30人以上联名，可以提出罢免案；通过间接选举的方式产生的代表，人代会期间，主席团或1/10以上代表联名可以提出罢免案，在人大闭会期间，人大常委会主任会议或者常委会委员1/5以上联名可以提出罢免案。被提出罢免的代表有权在选民会议、主席团会议或人大全体会议上提出申辩意见，也可以提出书面申辩意见。罢免代表采用无记名投票的表决方式。罢免县级和乡级人大代表，须经原选区过半数的选民通过。罢免由县级以上的地方各级人民代表大会选出的代表，须经各该级人民代表大会过半数的代表通过。在人代会闭会期间，须经常委会组成人员的过半数通过。罢免的决议须报送上一级人民代表大会常务委员会备案。

对代表的补选，我国《选举法》第54条规定：代表在任期内，因故出缺，由原选区或者原选举单位补选。地方各级人民代表大会代表在任期内调离或者迁出本行政区域的，其代表资格自行终止，缺额另行补选。县级以上的地方各级人民代表大会闭会期间，可以由本级人民代表大会常务委员会补选上一级人民代表大会代表。补选出缺的代表时，代表候选人的名额既可以多于应选代表的名额，也可以同应选代表的名额相等。

我国选举法同时还规定了代表的辞职问题。《选举法》第52条规定："全国人民代表大会代表，省、自治区、直辖市、设区的市、自治州的人民代表大会代表，可以向选举他的人民代表大会的常务委员会书面提出辞职。常务委员会接受辞职，须经常务委员会组成人员的过半数通过。接受辞职的决议，须报送上一级人民代表大会常务委员会备案、公告。县级的人民代表大会代表可以向本级人民代表大会常务委员会书面提出辞职，乡级的人民代表大会代表可以向本级人民代表大会书面提出辞职。县级的人民代表大会常务委员会接受辞职，须经常务委员会组成人员的过半数通过。乡级的人民代表大会接受辞职，须经人民代表大会过半数的代表通过。接受辞职的，应当予以公告。"

代表资格的终止和停止。按照相关法律的规定，有下列情况的，代表资格终止：任期届满；死亡；丧失国籍；地方人大代表迁出或调离本行政区域；辞职被接受；未经批准两次不出席本级人大会议；被依法剥夺政治权利；被依法罢免等。有以下情形的，暂停其执行代表职务：代表因刑事犯罪嫌疑被羁押，正在受侦查、起诉、审判；被依法判处管制、拘役或有期徒刑而没有附加剥夺政治权利，正在服刑的。上述情形在代表任期内消失后，恢复其执行代表职务。

（三）现行选举制度中存在的问题及完善

首先，应当加强和深化对选举的认识。再好的制度也必须得到人们的认识并予以接受，才能成为实践。由于过去的一些做法伤害了选民的利益，不少人认为选举纯粹是"走过场"，是一种形式，实际是上面和领导说了算，甚至认为选举与自己无关，选谁都一样，漠视或放弃选举活动。一些领导干部也习惯于"为民做主"，认为选举降低了工作效率，妨碍了"意志"的贯彻和实施，对选举持抵触的态度，没有认识到选举是"人民权力的委托"行为。一切权力属于人民，人民通过选举代表组成代表大会并赋予其行使权力，由代表大会产生出其他国家机关，因此所有的权力都是来自人民的授权和委托。只有正确认识到这一点，才能真正体现和贯彻人民当家做主的民主思想，而最直接的表现就是是否尊重人民的选举权利。

其次，应当健全对候选人的提名和介绍。候选人的提名关涉到整个选举过程是否民主，尤其是对选民联名推荐的候选人是否重视，影响选民对选举的态度。一些地方只重视政党、团体推荐的候选人，而忽视选民的提名，甚至包办代替选民的提名。有些地方领导借口以差额选举的法定比例为理由，限制提名候选人的人数，严重挫伤了选民推荐候选人的积极性。因此，首先应当平等对待各政党、团体推荐的候选人与选民推荐的候选人；还应当限制上级的"安排"，多给选民提名的机会，并且只要符合法律的规定，凡是选民联名推荐的候选人都应当列入候选人名单。

对候选人的宣传和介绍是使选民了解和熟悉候选人的有效途径，只有让选民真正认识、了解候选人，才能通过比较，选择其满意的代表，从而实现选举的目的和价值。我国目前对候选人的宣传和介绍有选举委员会、提名者以及候选人自己的宣传介绍。由于我国没有实行"竞选"制度，如何让选民不至于在选举的时候一头雾水，盲目投票，对候选人的宣传介绍就显得尤为重要。在宣传和介绍候选人的时候，应当做到客观、公正、全面，并且应建立候选人与选民直接见面和回答选民提问，从而宣传自己对选民关心问题的看法的机制，以保证选民选择出来的代表是自己的代表。

再次，应当完善直接选举，逐步推广直接选举的范围。我国目前实行直接选举的地方仅仅限于县乡两级，而其他均实行间接选举。虽然间接选举的成本要低于直接选举，但直接选举的民主程度要高于间接选举，并且，层次越多的间接选举，越容易模糊选民与代表之间的联系，使选民监督代表的机制落空，削弱代表的责任感和使命感。

二、政党

（一）政党概述

1. 政党与政党制度的概念

政党是社会发展到一定历史阶段，由一定阶级、阶层或集团中的中坚分子结成的，以掌握政权，实现本阶级、阶层或社会集团的政治主张及其他利益为目标而共同奋斗的政治组织。《美国百科全书》认为："政党是由个人或团体为了在某种政治制度内，通过控制政府或影响政府政策以期行使政治权力而建立起来的组织"；《大英百科全书》认为:"政党是在某个政治制度内,通过民主选举或革命手段,以取得和行使政治权利为目的而建立的组织"。这种组织是以沟通政府与选民之间的关系,通过选举争取国家权力实现公共权力和平转移为目的的组织。政党的称谓五花八门,除"政党"外,诸如"联盟""同盟""阵线""运动"等,在宪法学中它们称谓的差别并没有特别的意义。

在西方,"政党"一词源于拉丁文 pars,英文 party,其本意为"一部分",后来演变为"偏私",隐含贬义。其最早出现或许可以追溯到古希腊,亚里士多德就曾描述过代表当时希腊社会不同阶级和集团利益的这些政党集团。中国古代也出现过"党"或"朋党",但其意蕴着追求私利,它们与近代意义上那种有纲领、有组织、有纪律的政党存在很大的区别,在一个社会大多数成员连基本的人身自由权都不具备的社会,是不可能产生出近代以民主和人权为基本条件的政党制度的。因此,近代政党是工业革命的产物,是近代社会的特有现象。

政党的产生与资产阶级的反封建斗争及其登上历史舞台有着直接的联系。资产阶级在反封建专制斗争中提出的"天赋人权","人民主权","自由、平等、博爱"等口号,为资产阶级政党的建立奠定了理论基础。而革命后为凝聚共同利益集团,以适应政治角逐和表达的需要,近代政党就出现了。17世纪英国的辉格党和托利党是近代政党的最早代表。继英国之后,美国、法国、德国等资本主义国家都先后产生了资产阶级政党。无产阶级政党的出现是19世纪的事。最早的无产阶级政党可以追溯到马克思、恩格斯于1847年在英国伦敦建立的共产主义同盟。随后许多国家都出现了无产阶级建立的马克思主义的共产党、劳动党等。

作为近代社会的一种特殊组织,政党在当今社会扮演着极为重要的角色。政党角色的特殊性可以通过政党的如下特征获得证明。

首先,政党一般都有一定的政治纲领。为号召、组织和领导政党成员及其影响的人群,政党一般都会规定政党的政治目标以及实现这种目标的途径和方法。

其次,政党有一套完整的组织领导体系,以便有效指挥政党的活动以实现其政治目标。同时,政党也有一定的纪律约束机制,以规范其成员的行为。

第三,政党活动与国家政权密切相关。在阶级社会,维护阶级利益的最好手段是夺取、把持国家政权。政党建立自己的组织,确定纲领和规定纪律,进行各种活动,其目的都是想尽量的影响国家意志及国家行为,为政党谋取利益。在现代社会,除少数国家的政党以暴力夺取国家政权为宗旨外,绝大多数政党通常通过选举自己所提出的候选人担任公职以达到夺取或把持国家政权之目的。这种以"议会斗争""竞选"为主的政治角逐形式及规则已日益世界化,是当今最常见的政党活动竞争方式。

此外,政党一般还是阶级中坚分子的党。总的来看,政党成员都是某一阶级、阶层或社会集团中政治上最忠诚、最积极、最坚定的分子。政党成员的素质和活动,对一个政党的地位及目标实现的影响都是巨大的。

根据不同的分类标准,政党可以分成不同的种类。以是否执政为标准,可以分为执政党、参政党和在野党;以法律上的承认与否为标准,政党可分为合法政党、非法政党与半合法政党;以政党的政治或意识形态倾向为标准,可分为左、中、右三种类型;以对现行体制的态度为标准,可分为亲体制、反体制以及中间党派;以政党的阶级属性为标准,可分为无产阶级政党和资产阶级政党。当代大量的政党存在,为政党类型的划分提供了丰富的材料。①

政党是当代政治舞台上最主要的角色，政党制度的多样性构成了当代政治差异性的基础之一。一般来说，政党制度是一个国家的政党执掌和争夺国家政权或者干预、影响政治的形式、方法、程序的总称，比如如何组成、执掌政权或干预政治，处理与其他政党的关系等。第二次世界大战前，大多数国家的宪法和法律对政党制度规定很少。"二战"后，鉴于法西斯主义给人类带来巨大危害的教训，为防止法西斯将党置于国家之上的灾难重演，克服以往政党游离性、任意性弊端，大多数国家加强了政党制度方面的立法，将民主政治的基本目标作为政党制度的基本前提，规定了政党必须在宪法和法律范围内活动的原则，从而将政党制度导入法治化的轨道。

当代西方主要资本主义国家的政党制度，一是英美两国的两党制，主要表现为居于垄断地位的两大政党通过定期的选举，轮流执掌国家政权。二是欧洲大陆的多党制，这种体制下一国国内存在多个政党，但没有哪一个政党可以在选举中取得绝对多数而获得执政资格，往往是几个政党联合组成政党联盟执政。还有日本自民党长期执政的体制也维持了相当长的时期，这种格局可以在宪法上归为一党制，即国家政权长期由一个政党执掌，其原因要么是国家法律禁止其他政党的存在，要么是除该党外，其他政党还不足以与之抗衡。当然，近期自民党在选举中的失败宣告了其独断日本政治的结束。总的看：政党制度的差异性是明显的，它大多与历史传统、文化风格、政治力量演变等因素有关。

社会主义国家的政党制度同资本主义国家的政党制度有着根本区别。无产阶级政党执掌国家政权是社会主义各国政党制度的共同特征，由于历史和革命运动的特点不同，政党制度在形式表现上也存在差异。苏联等实行一党制；中国以及前东欧的波兰等则实行执政党领导下的多党合作制。

政党制度除了在各国宪法中作出原则性规定外，许多国家有了调整这方面关系的专门法律规范。如德国在1967年制定、1979年重订了世界上第一部政党法。越来越多的国家已开始注重专门的政党立法。随着法治化浪潮席卷全球，政党制度法制化将不可避免。

2. 政党制度的起源

（1）政党制度在西方的起源

英国是当代政党制度最早的发源地。早在资产阶级革命时，英国议会内部就围绕着是赞成君主制还是共和制出现了"宫廷派"和"民权派"两大派系。1679年，议会在辩论剥夺詹姆斯王位继承权的"排斥法案"时，围绕着王位继承问题，两大派系再次在议会发生冲突，支持王位继承权的人被骂为"托利"（Torry，意为歹徒，是爱尔兰人骂人语），主张废除王位继承权的人被骂为"辉格"（Whig，意为强盗，是苏格兰人骂人语）②。虽然两大派系各执己见而出现比较明确的党派分野，但由于英国的历史和文化传统为两派最终

---

① 法国政治学家莫里斯·迪韦尔热（Maurice Duverger）是最早系统提出政党分类的学者之一。他把所有的政党归为三个描述性的类别：群众型、干部型和信徒型。群众型政党尽可能扩大成员的数量，该类型的政党不惜打破阶层方面的界限来招收尽可能多的成员，其组织形式是开放的。干部型的政党有高度的组织性，它从积极的政治活动精英人物中选拔成员，并对精英群体在党内外发挥作用寄予厚望。信徒型的政党组织结构是围绕一个领袖的核心来安排的，如希特勒统治的纳粹党。

② 潘伟杰：《宪法的理念与制度》，上海人民出版社2004年版，第533页；韩大元：《比较宪法学》，高等教育出版社2003年版，第277页。

达成妥协提供了基础,"托利党在赞成实行自由政体的同时却更爱君主制;而辉格党则在赞成君主制的同时更爱英国政体中的自由成分"。① 光荣革命促成两派达成妥协并最终确立了英国君主立宪体制,两派成员共司组成内阁。1714年,辉格党一党内阁成立,自此政党组阁开始滥觞。1721年,沃尔波领导的辉格党由于内讧,沃尔波失去本党的支持辞职,托利党上台组阁,开创了英国历史上的责任内阁制。1784年,托利党人小皮特内阁遭到议会多数反对,但他没有辞职,而是宣布解散议会,提前大选,既给本党以重新组阁的机会,也给在野党上台提供了可能,由此完善了英国的责任内阁制。

19世纪英国议会的改革使原来党派仅限于在议会内部进行活动的行为开始走出议会,影响扩散到全国。1832年第一次议会改革后,托利党的托利卡俱乐部和辉格党的改革俱乐部相继成立,成为两党的全国性的组织机构和中央选举团体,同时两党先后在各地成立了选民登记社。1833年,托利党正式命名为保守党,代表主张自由贸易的工业资产阶级利益;1839年,辉格党改名为自由党,代表主张保护关税,以地产为中心的财团利益。到20世纪20年代,英国一直由保守党和自由党轮流执政,具有现代意义的政党在英国的政治生活中正式形成。据统计,保守党和自由党自19世纪七八十年代最终形成到1922年所进行的12次大选中,除1910年和1922年在议会中所占议席低于80%以外,其余10次,这两大政党都控制了议会下院80%以上的席位②。20世纪上半叶,由于日益严重的经济危机、政治危机以及世界大战的爆发,自由党内耗严重,日益失去社会基础。1924年的议会大选,自由党所得席位最少时竟不满1%。更加上国际工人运动蓬勃发展,工党取代自由党成为与保守党相抗衡的第二大党。1929年工党终于在大选中获得胜利获得组阁权,由此奠定了由保守党与工党轮流组阁执政的新的两党制格局。1997年工党在议会选举中击败执政18年的保守党,成为议会中的多数党。

美国政党的产生和出现也是近代围绕着对某些重大政治问题的争议,由各种不同的政治派别分化组合而成的。在制定和批准1787年宪法时,制宪会议内部出现了以汉密尔顿为代表的主张建立强有力的联邦政府的联邦党和以杰弗逊为代表的反对赋予联邦强大权力,主张在宪法中应该加上保障人民权利条款的反联邦党(1795年正式称为民主共和党)。1796年大选,联邦党人亚当斯当选总统。1800年民主共和党领袖杰弗逊击败亚当斯当选总统。由于联邦党在第二次对英战争中执行亲英政策等原因而渐失民意,其党员纷纷退党或加入民主共和党,终遭瓦解,形成事实上的民主共和党一党执政时期。19世纪20年代,随着约翰·昆希·亚当斯(1825-1829年任总统)和安德鲁·杰克逊(1829-1836年任总统)之间的竞选,民主共和党走向分裂:一方称为青年共和党(或国民共和党,30年代中期又改称辉格党或自由党);另一方以杰弗逊为首,于1828年正式建立民主党。当时辉格党继承联邦党传统,而民主党则继承杰弗逊的传统。从那时起直到内战以前,辉格党与民主党交替上台执政。③ 这个时期,美国社会发生重大变化,大多数州取消选民资格的财产限制,各州的总统选举人也由原来的州议会选举改为选民直接选举。这些变化使总统选举成为全国性的、有众多选民参加的执政生活,同时

---
① [英]休谟:《休谟政治论文选》,商务印书馆1997年版,第51页。
② 胡大康:《英国政治制度》,社会科学文献出版社1993年版,第135页。
③ 沈宗灵:《比较宪法》,北京大学出版社2002年版,第261页。

也促使政党组织自下而上建立起来。1840年至1860年,民主党和辉格党都作为全国性政党在各州建立党的组织,开展竞争并轮流执政。① 南北战争时期美国政党制度发生巨大变化。由于资本主义经济在北方的迅速发展,奴隶制的存废成为国内主要矛盾,观点的分歧最终导致政党的分化组合。民主党分裂后成为南部奴隶主的代言人;辉格党迅速瓦解,南部的辉格党人倒向民主党,北部的辉格党则联合北部的民主党人于1854年成立了共和党并于1860年,由林肯领导的共和党取得大选的胜利。至今,共和党与民主党两党轮流执政的体制一直没有改变。

　　法国近代历史的多变性决定了其政党制度也多变。早在法国资产阶级革命时期,就出现了各种各样的政治组织,但这些政治组织却未能随着革命的胜利变为稳定的全国性政党,热月革命后就销声匿迹了。现代法国政党制度发端于第三共和国时期。这个时期法国政党繁多,竞争激烈,在选举中总有二三十个政党进行活动,各党为赢得选举,经常结成选举联盟,政党分化组合经常发生。从没有一个政党拥有议会过半数以上的席位②。第四共和国时期,这种情况更是发展到极端,多党林立,组阁与倒阁经常发生,最短的政府执政了3天,最长的也不过存在了1年多,政治格局的多变和不稳加速了第四共和国的短命。第五共和国建立后,法国反思了过去政治动荡的原因,认为"没有成熟的立宪制度,就没有成熟的现代政党;没有稳定的政党,就没有稳定的立宪制度。"③ 因此,1958年宪法第一章特别规定:"各政党和政治团体协助选举表达意见。它们可以自由地组织并进行活动。它们必须遵守国家主权原则和民主原则。"(第4条)④ 围绕宪法所确立的原则,第五共和国政党的一大特点是形成了左右两大阵营,即四党两派:社会党和共产党组成左翼,保卫共和联盟和法国民主联盟组成右翼。80年代以来,法国政党制度出现了一些新的变化。除了四大政党以外,代表种族主义等极右思潮的国民阵线以及强调环保和生态平衡的绿党等相继产生并赢得一定的选票。由于其力量相对较弱,还不足以动摇现行政党制度的格局。

　　(2) 政党制度在中国的起源及演变

　　近代意义的中国政党制度产生于中国半殖民地半封建社会。随着民族资产阶级的产生和发展,根据自己的经济实力和与外国资本主义、本国封建主义的亲疏远近,形成了上层以及中下层。上层民族资产阶级主张君主立宪,企图通过改良、维新来救亡传统国家体制,而中下层的民族资产阶级则希望掀起革命运动,设立一个崭新的资产阶级共和国,达到国家富强的目的。不同的政治主张产生了不同的政治要求,但由于受到传统文化"朋党"观念的制约,它们在建立自己的政党性团体时,都以"会""社"相称,而不以"党"命名。

　　康有为1895年11月在北京创办的"强学会"是改良派的第一个政治团体。"强学会"和稍后产生的"南学会""保国会"等组织,都是代表资产阶级上层利益的改良性质的政治团体,具有近代政党的某些色彩,是中国政党组织的最初萌芽。1907年康有

---

① 李步云:《宪法比较研究》,法律出版社1998年版,第977页。
② 参见李步云:《宪法比较研究》,法律出版社1998年版,第953页。
③ 韩大元:《比较宪法学》,高等教育出版社2003年版,第279页。
④ 沈宗灵:《比较宪法》,北京大学出版社2002年版,第268页。

为将"保皇会"改为"帝国宪政会",1911 年初,又将"帝国宪政会"改称"帝国统一党",并以政党的名义在清朝政府注册登记成为合法政党。这是中国使用"政党"称谓的第一次。1907 年 10 月,梁启超在日本东京成立了"政闻社"。梁启超在《政闻社宣言书》中说,"政闻社"的目的就是为将来成立政党立基础的。康有为、梁启超等立宪派对政党的鼓吹和实际的政治活动,为民初政党的勃兴和政党政治做了铺垫。①

民族资产阶级革命派的政治代表孙中山,于 1894 年在美国檀香山组建了兴中会,提出了"驱逐鞑虏,恢复中华,创立合众政府"的政治纲领,是中国近代第一个资产阶级的革命团体。此后在长沙建立的"华兴会",在上海建立的"光复会",在武昌建立的"科学补习所"等等,都是同类的政治团体,均以推翻清朝的统治、建立民主共和国为宗旨,有较完备的组织章程和严密的组织机构,是资产阶级政党的雏形。1905 年,孙中山把兴中会、华兴会、光复会和科学补习所等组织联合起来,在日本东京秘密地建立了中国同盟会,政治上以"驱逐鞑虏,恢复中华,创立民国,平均地权"为政治纲领(后来孙中山把这个政纲归纳为民族主义、民权主义和民生主义),组织上制定了章程,并建立了党部领导机构和地方组织,行动上发动武装起义,立志推翻清朝政府,建立民国。显然,同盟会是中国历史上的第一个资产阶级革命政党。它的出现,正式揭开了中国政党历史的第一页。政党的产生,对近代中国的意义十分重大,因为,"相对于近代中国社会,政党是一种新生组织形态和政治参与主体。中国同盟会的诞生,便将政党现象和政党力量融进了中国社会政治近代化进程,为之增添了新的政治要素,从中渐次调整其政治资源的配置格局,使得近代中国社会政治内涵获致丰富和发展"。②

嗣后,各种政治势力纷纷登场,先后形成数百个大大小小的政治派别和团体,围绕竞选第一届国会议员,经过分化、组合,逐渐形成了 30 多个有一定力量的大党。其中主要有以孙中山为理事长、宋教仁为代理理事长的国民党,章炳麟领导的统一党,黎元洪领导的共和党,汤化龙领导的民主党等。

1919 年,孙中山改组国民党为"中国国民党",1924 年重新解释了"三民主义",1927 年蒋介石、汪精卫叛变革命,设立中华民国南京国民政府,1949 年 4 月 23 日,人民解放军占领南京,宣告国民党在中国大陆的覆灭。

自鸦片战争以来,虽然许多仁人志士为国家富强和民族救亡提出了种种方案,并进行了可歌可泣的斗争,但由于民族资产阶级的软弱性和妥协性,农民阶级的落后性和无组织性,太平天国起义、戊戌变法、辛亥革命等相继失败,十月革命后,以陈独秀、李大钊为代表的中国的先进分子,领导了新文化运动、五四运动,传播了马克思主义,促进了马克思主义和中国工人运动的结合,并于 1921 年成立了中国共产党。中国共产党的成立,这是中国社会开天辟地的大事,经过 28 年的艰苦奋斗,中国共产党领导人民推翻了帝国主义、封建主义和官僚资本主义"三座大山",结束了半殖民地半封建社会的历史,推翻了国民党的"一党专制",取得了新民主主义革命的胜利,成立了中华人民共和国。

---

① 参见钟德涛:《中国政党制度的产生与演变——20 世纪初以来中国政党制度发展史论》,华中师范大学博士学位论文,2007 年。
② 关海庭主编:《世纪中国政治发展史论》,北京大学出版社 2002 年版,第 74 页;参见并转引至钟德涛:《中国政党制度的产生与演变——20 世纪初以来中国政党制度发展史论》,华中师范大学博士学位论文,2007 年。

20世纪20年代以后，先后出现了几十个介于国共两党之间的政党或派别，即中间性党派。经过演变和消长，有10余个党派坚持了爱国、民主的立场，统称为"民主党派"。1946年青年党、民社党自民盟分裂出去以后，参与1949的中国人民政治协商会议的党派才成为今天人们称为的"民主党派"。

(3) 中国共产党领导下的多党合作制度的确立与发展

中国共产党领导的多党合作和政治协商制度是我国的一项基本政治制度。作为民主党派的社会基础的民族资产阶级、小资产阶级及其知识分子，由于深受帝国主义、封建主义和官僚买办阶级的压迫和剥削，一般都有强烈的爱国心和反帝反封建的要求，因此，从民主党派成立之日起，便和中国共产党建立了不同程度的团结合作关系。特别是在抗日战争和解放战争期间，这种关系得到了进一步发展。1944年9月，中国共产党提出结束国民党一党专政，召开各党派代表参加的国事会议，组织抗日党派联合政府，获得民主党派的坚决支持。1946年的重庆政协会议期间，共产党与民主党派由默契配合发展到公开并肩战斗。1947年以后，随着战争转入反攻，民盟被国民党宣布为非法组织等，中共与民主党派之间的合作进一步加深。1948年初，各民主党派公开宣布支持中国革命，同共产党一道为推翻国民党的反动统治、建立新中国共同奋斗。随后，各民主党派又发表通电，响应中国共产党1948年5月1号发表的关于召开新政协，成立联合政府的号召。从1948年8月起，在香港、国统区和海外的民主党派负责人应中共的邀请，分批次进入东北和华北，在中共的主持下开始了新政协筹备的协商工作。1949年6月，新政协筹备会在北平召开，中共及9个民主党派、无党派民主人士及人民团体等23个单位共134名代表参加。1949年9月21日，中国人民政治协商会议第一届全体会议在北平隆重开幕。在政党中，属于民主党派的是民革、民盟、民建、民进、农工、救国会、民联、民促、致公、九三、台盟以及无党派民主人士。

新中国成立后，民主党派和无党派民主人士参加到国家政权中，其中，政协第一届全国委员会28位常务委员中有17位，中央人民政府6位副主席中有3位，中央人民政府委员会56个委员中有27位，政务院4位副总理中有2位，政务院的15名政务委员中有9位，政务院34个部委正职领导人中有15位是民主党派和无党派民主人士担任，而最高人民法院院长则是民盟的沈钧儒。1956年，社会主义改造基本完成，社会主义制度基本确立，中共鉴于其他社会主义国家多党合作的教训，总结中国实行多党合作制度的成功经验，明确提出"长期共存、互相监督"的多党合作的基本方针。在《论十大关系》中，毛泽东提出："究竟是一个党好，还是几个党好？现在看来，恐怕是几个党好。不但过去如此，而且将来也可以如此，就是长期共存，互相监督。"

1977年召开的第四届全国政协常委会第七次会议以及1978年如期举行的全国政协五届一次会议标志着多党合作崭新局面的打开。1979年6月15日，在全国政协五届二次会议上，邓小平将民主党派的性质明确表述为："各自所联系的一部分社会主义劳动者和一部分拥护社会主义的爱国者的政治联盟，都是在中国共产党领导下为社会主义服务的力量。"[①] 这就为新时期发展中国共产党同各民主党派的合作提供了强有力的理论依据。1979年10月，中共中央批转了中央组织部、统战部关于在国务院部委和地方各

---

① 邓小平：《新时期的统一战线和人民政协的任务》，《邓小平文选》第2卷，人民出版社1994年版，第186页。

级人民政府中安排党外人士担任领导职务的请示报告。1981年1月，中共中央又再次批转中央组织部、统战部《关于在国家机关安排党外人士担任领导职务的情况和今后意见的报告》。1982年1月5日，胡耀邦同志发表讲话，称中共坚决贯彻党同民主党派"长期共存、互相监督"的方针，并认为在新的历史时期中，应当鲜明地告诉党外朋友，"我们一定要同党外朋友真正建立起肝胆相照、荣辱与共的关系"。① 1986年7月，中共中央批转《中共中央统战部关于新时期对民主党派工作的方针任务的报告》，《报告》指出："我党领导下的多党派合作，是我国政治制度的特点和优点。它不同于苏联等国只有一个党，也根本不同于欧美资本主义国家的多党制。……各民主党派接受共产党的领导，以宪法为根本活动准则，以党和国家在不同历史时期的总任务作为共同政治纲领，参加国家政治生活中重大问题的协商和决定，他们的领导人和许多成员都参加了国家政权工作。因此，各民主党派都不是在野党，更不是反对党。我国社会主义制度下的这种新型政党关系，是任何资本主义国家的两党制或多党制所无法比拟的。"② 1987年10月25日，中共"十三大"报告中明确、完整地提出了"共产党领导下的多党合作和政治协商制度"。1989年12月，中共中央制定颁布了《关于坚持和完善中国共产党领导的多党合作和政治协商制度的意见》。《意见》进一步阐明了中国共产党领导的多党合作和政治协商制度是我国一项基本政治制度；进一步指出了中国共产党领导的多党合作和政治协商制度是在长期革命与建设中形成和发展起来的；进一步强调了我国的多党合作必须坚持中国共产党的领导，必须坚持四项基本原则；进一步明确了"长期共存、互相监督、肝胆相照、荣辱与共"是中国共产党同各民主党派合作的基本方针；进一步明确了民主党派参政议政、民主监督的基本内容和总的原则。《意见》指出：第一，将中国共产党和各民主党派在长期实践中形成的行之有效的合作与协商形式加以规范化和制度化。第二，强调要进一步发挥民主党派成员、无党派人士在人民代表大会中的作用。第三，强调要举荐民主党派成员、无党派人士担任各级政府及司法机关的领导职务。第四，强调进一步发挥民主党派在人民政协中的作用。第五，强调要支持民主党派加强自身建设。1992年10月，中共"十四大"将"坚持共产党领导的多党合作和政治协商制度"正式写入党章。"十五大"报告指出"坚持和完善共产党领导的多党合作和政治协商制度。坚持'长期共存、互相监督、肝胆相照、荣辱与共'的方针，加强同民主党派合作共事，巩固我们党同党外人士的联盟。继续推进人民政协政治协商、民主监督、参政议政的规范化、制度化，使之成为党团结各界的重要渠道"。2005年2月中共中央颁布了《中共中央关于进一步加强中国共产党领导的多党合作和政治协商制度建设的意见》，《意见》指出："在新世纪新阶段，民主党派是各自所联系的一部分社会主义劳动者、社会主义事业建设者和拥护社会主义爱国者的政治联盟，是接受中国共产党领导、同中国共产党通力合作的亲密友党，是进步性与广泛性相统一，致力于中国特色社会主义事业的参政党。"《意见》还明确提出衡量中国的政治制度和政党制度的标准，最根本的是要从中国的国情出发，从中国革命、建设和改革实践的效果着眼：一是看能否促进社会生产力的持续发展和社会全面进步；二是看能否实现和发展人民民主，增强党和国

---

① 《新时期统一战线文献选编》，中共中央党校出版社1985年版，第165页。
② 《十一届三中全会以来重要文献选读》（下册），人民出版社1987年版，第1091~1092页。

家的活力，保持和发挥社会主义制度的特点与优势；三是看能否保持国家政局的稳定和社会安定团结；四是看能否实现和维护最广大人民的根本利益。《意见》还进一步提出了民主党派参政的基本点：参加国家政权，参与国家大政方针和国家领导人选的协商，参与国家事务的管理，参与国家方针政策、法律法规的制定和执行。

2007年11月国务院新闻办公室发表《中国的政党制度》白皮书。白皮书指出：中国实行的政党制度是中国共产党领导的多党合作和政治协商制度，它既不同于西方国家的两党或多党竞争制，也有别于有的国家实行的一党制。这一制度在中国长期的革命、建设、改革实践中形成和发展起来，是适合中国国情的一项基本政治制度，是具有中国特色的社会主义政党制度，是中国社会主义民主政治的重要组成部分。中国多党合作制度中包括中国共产党和八个民主党派。八个民主党派是中国国民党革命委员会、中国民主同盟、中国民主建国会、中国民主促进会、中国农工民主党、中国致公党、九三学社、台湾民主自治同盟。在中国多党合作制度中，中国共产党与各民主党派长期共存、互相监督、肝胆相照、荣辱与共，共同致力于建设中国特色社会主义，形成了"共产党领导、多党派合作，共产党执政、多党派参政"的基本特征。中国多党合作制度在中国的政治和社会生活中显示出独特的政治优势和强大的生命力，发挥了不可替代的重大作用。

党的十九大报告指出："必须坚持中国特色社会主义政治发展道路，坚持和完善人民代表大会制度、中国共产党领导的多党合作和政治协商制度、民族区域自治制度、基层群众自治制度，巩固和发展最广泛的爱国统一战线，发展社会主义协商民主，健全民主制度，丰富民主形式，拓展民主渠道，保证人民当家作主落实到国家政治生活和社会生活之中。"

3. 政党制度的类型

政党制度的类型是按照一定的标准将政党在各个国家中表现出的形式而进行的分类。比较典型的分类是，以政党的政治性质和阶级实质为标准，它可分为资产阶级政党制度和无产阶级政党制度；以一国政党的数量和执政党的数量相结合为标准，它还可分为一党制、两党制和多党制[①]。

4. 政党制度的功能

近代，经济和政治上的进化唤醒了社会上各种利益集团的政治自觉，"人们获得了一定的自由，主体意识日益增强，产生了为自己的利益而干预权力的主观欲望和客观可能"[②]。这种对政治的参与和介入以政党的形成桥梁而得以实现。另外，"没有政党，就不可能组织有实质意义的大众选举，而大众选举是任何民主的基础和本质特征。政党是

---

① 西方国家的政党制度虽然传统上可以分为一党制、两党制和多党制，但由于严格意义的一党制与两党制很难成立，而是一个政党长期执政，两个政党轮流执政，或者两个主要的政党结合一些小党派轮流掌权；政局无论怎样变化，主要的执政党和主要的反对党都是相对稳定的，它们主要执政或交替掌权的格局始终难以打破。因此，考虑到法律上的规定、选举过程和实际执政的情况，这里将西方国家的政党制度区分为"多党一极政党体制"，包括稳定的一极政党体制和不稳定的一极政党体制；"多党两极政党体制"，包括典型的"两党制"、基本稳定的多党两极政党体制和不稳定的多党两极政党体制。参见宋玉波：《比较政治制度》，法律出版社2001年版，第175页。

② 林勋建：《西欧多党政治透视》，中共中央党校出版社1993年版，第253页。

民主选举必不可少的动员和组织力量"。① 它为民主政体的运行提供了有效的活动机制，使所有公民平等参与政治具备了理论上的可行性。因此，可以说，伴随近代选举制度逐渐形成与成熟起来的政党制度，"为无数既无力提出自己的政治目标，亦无力就一些重大问题进行讨论的选民提供了机会，使他们得以联合起来一起行动，表达自己的愿望，影响国家的政策"。② 而作为一个政治组织的政党，总是要代表一定的社会阶层的利益，总是要通过一定的方式去影响直至掌握、维持公共权力，以使权力达到和平、有序过渡，避免国家和社会"陷入高压、反抗、镇压的恶性循环"③。为了实现这些目的，政党要组织其成员，统一其意志，形成严密的政纲，推选适当的候选人，有组织的参加选举；同时，要与其他政治力量或者团体合作或竞争，这是政党制度在当代的基本功能。也有学者将政党的功能归纳为：连接政府与公众的桥梁，利益的聚合，整合政治体制，政治社会化，动员全民，组织政府等。④

我国实行的是中国共产党领导下的多党合作与政治协商制度，我国政党制度的功能，按照国务院2007年发布的《中国的政党制度》白皮书，包括：

政治参与。中国多党合作制度为各民主党派的政治参与开辟了制度化渠道，把各种社会力量纳入政治体制，巩固和扩大人民民主专政国家政权的基础；调动各方面积极性，广集民智，广求良策，推动执政党和政府决策的科学化、民主化；在保持社会稳定的前提下，推进社会主义民主积极稳步发展。

利益表达。中国是一个人口众多的大国，存在不同的阶级、阶层和社会群体。人民内部在根本利益一致的基础上存在着具体利益的差别和矛盾。特别是随着社会主义市场经济的发展，经济体制深刻变革，社会结构深刻变动，利益格局深刻调整，思想观念深刻变化。中国多党合作制度能够有效反映社会各方面的利益、愿望和诉求，畅通和拓宽社会利益表达渠道，协调利益关系，照顾同盟者利益，从而保持社会和谐稳定。

社会整合。中国现代化建设的艰巨性和复杂性，要求政治制度具备高度的社会整合功能。中国多党合作制度以中国共产党的坚强领导为前提，又有各民主党派的广泛合作，从而形成强大的社会整合力。在建设中国特色社会主义大目标下，中国共产党紧密团结民主党派，形成高度的政治认同，促进政治资源的优化配置，调动各方面的积极性，引导和组织社会沿着现代化的方向不断前进。

民主监督。中国共产党与各民主党派互相监督，有利于强化体制内的监督功能，避免由于缺乏监督而导致的种种弊端。各民主党派反映和代表着各自所联系群众的具体利益和要求，能够反映社会上多方面的意见和建议，能够提供一种中国共产党自身监督之外更多方面的监督，有利于执政党决策的科学化、民主化，更加自觉地抵制和克服官僚主义和各种消极腐败现象，加强和改进执政党的工作。

维护稳定。中国多党合作制度以合作、协商代替对立、争斗，避免了政党互相倾轧造成的政局不稳和政权频繁更迭，最大限度地减少社会内耗，维护安定团结的社会政治

---

① 张千帆：《宪法学导论》，法律出版社2004年版，第390页。
② ［美］莱斯利·里普森：《政治学的重大问题——政治学导论》，刘晓等译，华夏出版社2001年版，第210页。
③ ［美］莱斯利·里普森：《政治学的重大问题——政治学导论》，刘晓等译，华夏出版社2001年版，第213页。
④ ［美］迈克尔·罗斯金等著：《政治科学》，林震等译，华夏出版社2001年版，第217页。

局面。这一制度既有中国共产党的坚强领导,又有各民主党派的广泛参与,能够有效化解各种社会矛盾和冲突,保持政治稳定和社会和谐。

(二)我国宪法及相关法律规定的政党制度

我国现行宪法明确规定了坚持中国共产党的领导是一项基本原则,第八届全国人民代表大会第一次会议将"中国共产党领导的多党合作和政治协商制度将长期存在和发展"载入宪法,多党合作和政治协商作为一项基本政治制度正式在制度层面确立起来了。中国共产党和各民主党派都要以宪法为根本活动准则,维护宪法尊严,保证宪法实施。中国共产党是执政党,各民主党派是参政党。

作为执政党的中国共产党的领导主要是政治领导、组织领导和思想领导。

所谓政治领导,就是党对国家的政治原则、政治方向、重大决策的领导和向国家政权机关推荐重要干部。政治领导的核心是路线、方针、政策的领导。党根据马克思主义理论和客观实际,确定党长远的和一定历史时期的纲领、目标和任务,规定实现目标的步骤和方法,制定正确的路线、方针和政策,引导人们沿着正确的政治方向前进。党通过使党的主张经过法定程序上升为国家意志,通过党组织的活动和党员的先锋模范作用带动广大人民群众作为主要方式,实行对国家事务的领导。所谓思想领导,就是理论观点、思想方法以至精神状态的领导,就是坚持以马克思列宁主义、毛泽东思想、邓小平理论、"三个代表"重要思想、科学发展观和习近平新时代中国特色社会主义思想为党和国家的指导思想,用马克思列宁主义、毛泽东思想、新时代中国特色的社会主义理论教育和武装广大党员和人民群众,引导他们用无产阶级的世界观认识世界和改造世界;就是坚持用党的实事求是的思想路线,正确地认识和解决中国革命、建设和改革的各种复杂问题;就是向人民群众宣传党的路线、方针、政策,把党的主张变成人民群众的自觉行动。党的组织领导就是建立健全党的组织,培养、选拔、使用和监督党员干部,发挥党员的先锋模范作用,通过各级党组织和党员干部以及全体党员的工作,保证党的路线、方针、政策的实施,从而实现党对国家的各个领域、各个部门、各种组织的统一领导。

作为参政党的各民主党派和无党派爱国人士,主要是:参加国家政权,参与国家大政方针和国家领导人选的协商,参与国家事务的管理,参与国家方针政策、法律法规的制定和执行。

中国共产党与各民主党派和无党派爱国人士合作的内容包括:

第一,中国共产党就重大方针政策和重要事务同各民主党派进行政治协商,实行相互监督。

第二,各民主党派成员在国家权力机关中占有适当数量,依法履行职权。

第三,各民主党派成员担任国家及地方人民政府和司法机关的领导职务;各级人民政府通过多种形式与民主党派联系,发挥他们的参政议政作用。

第四,各民主党派通过人民政协参加国家重大事务的协商。

第五,中国共产党支持民主党派参加改革开放和社会主义现代化建设。

(三)中国共产党在国家政治生活中的地位

1. 中国共产党在立法中的作用

我国宪法规定党必须在宪法和法律内进行活动,不得有超越宪法和法律的特权,同时，党领导人民制定宪法和法律，也领导人民遵守和执行宪法和法律，确立了中国共产党领导国家立法的必然性。当然，这种领导，并不是由其直接行使立法职权替代国家立法机关的职能，而主要通过两个渠道：第一，通过执政党的基本路线和纲领的指导以及把党的政策转化为法律；第二，通过国家权力机关中的党组织和党员代表来发挥作用。

在我国，中国共产党领导立法、参与立法所采取的主要方式有①：

（1）通过党的决议或决定确立立法的方向、任务和重心。

（2）通过国家权力机关将那些经过实践检验证明是正确有效的政策转变为法律。

（3）就国家和社会的重大问题提出立法建议。

（4）讨论和审查法律草案②。

（5）参加有关立法的起草和协调工作，对立法草案提出意见。

（6）通过设在人大常委会中的党组对人大及其常委会的日常工作作出决议和发布指示。

2. 中国共产党与各级人民政府的关系

从组织构成来看，中国共产党在政府机构中普遍设立了党的组织，政府机构中的成员同时也是党员。从决策与执行来看，中国共产党实行的是党委领导下的分工负责制，政府中主要负责人是党委成员。重大问题由党委做出决策，依法定程序输送到国家权力机关上升为国家意志，再由政府部门予以执行。党政一体性结构决定了党对政府影响的持久性和整体性。③各级人民政府是国家政权机关，党和国家政权机关的性质不同、职能不同、组织形式或工作方式也不同。中国共产党是我国社会主义事业的领导核心，是全国各族人民的领导核心，当然也是我们国家机关的领导核心。因此，各级国家政权机关必须坚持党的领导，可以说党与各级人民政府之间首先是领导与被领导的关系。同时，党的领导是指政治领导、组织领导和思想领导，以及向国家政权机关推荐重要干部，确定国家发展的基本路线和方针，国家各级人民政府负责贯彻、落实和实施，因而，党与各级人民政府之间还存在决策与执行的关系。另外，党实施领导的主要方式是提出正确的政治主张，并通过法定程序使自己的主张变为国家的法律，成为国家意志，而各级人民政府依照宪法和法律赋予的职权独立开展活动，行使管理国家和社会事务，管理经济与文化事业的职能，两者都必须在宪法和法律的范围内活动，不允许有超越宪法和法律的特权。

党的十六大提出了依法执政是新的历史条件下"党执政的一个基本方式"。依法执政强调用宪法和法律来理顺党政关系，克服党政不分、以党代政的弊端，目的是改善党的领导，加强党的领导，从而提高党的执政水平和整体战斗力。依法执政使党从直接干

---

① 曹海晶：《中外立法制度比较》，商务印书馆2004年版，第500~502页。

② 党中央对立法过程介入分四种情形：①宪法的修改，某些重大政治方面和特别重大的经济、行政方面的法律草案，在提请全国人大审议以前，都须经过党中央政治局（或党委）与中央全会的审议；其他法定机关提出的修宪议案，也需经全国人大常委会党组或全国人大中的党的领导小组报送党中央审定。②政治方面的法律。在起草前应由全国人大常委会将立法思想和原则呈报党中央审批。③政治方面的法律和重大经济、行政方面的法律，在提交全国人大或常委会审议前，由全国人大常委会党组呈报党中央政治局或其常委审批。④中央对法律起草工作实行统一领导，凡由全国人大及其常委会起草的法律，一律由全国人大常委会党组报中央审批，其他部门起草的法律草案需报全国人大审议的，也由全国人大常委会党组统一报中央审批。

③ 刘亚平：《试析新时期党政关系的完善》，载《新闻天地》，2009年5月。

预转变到依靠宪法和法律进行领导的轨道上来,从而使"党政关系由原来的以党代政、党政不分转变为党对政府进行政治、组织、思想上的领导,政府机关独立行使职权的新型党政关系"。

党的十九大报告指出:"坚持人民当家作主。坚持党的领导、人民当家作主、依法治国有机统一是社会主义政治发展的必然要求。必须坚持中国特色社会主义政治发展道路,坚持和完善人民代表大会制度、中国共产党领导的多党合作和政治协商制度、民族区域自治制度、基层群众自治制度,巩固和发展最广泛的爱国统一战线,发展社会主义协商民主,健全民主制度,丰富民主形式,拓宽民主渠道,保证人民当家作主落实到国家政治生活和社会生活之中。

坚持全面依法治国。全面依法治国是中国特色社会主义的本质要求和重要保障。必须把党的领导贯彻落实到依法治国全过程和各方面,坚定不移走中国特色社会主义法治道路,完善以宪法为核心的中国特色社会主义法律体系,建设中国特色社会主义法治体系,建设社会主义法治国家,发展中国特色社会主义法治理论,坚持依法治国、依法执政、依法行政共同推进,坚持法治国家、法治政府、法治社会一体建设,坚持依法治国和以德治国相结合,依法治国和依规治党有机统一,深化司法体制改革,提高全民族法治素养和道德素质。"

3. 中国共产党与司法的关系

中国共产党作为中国社会的领导核心,自然包括对司法的领导。在我国,坚持中国共产党对国家事务包括对司法工作的领导是宪法所规定的原则,这是我国司法独立最具特色的地方。党领导人民制定法律,建立司法体制和司法机关,遴选适当的司法人员,确定司法活动的一般原则和组织活动原则。"从建国以来的历史中,我们可以看到法治发展的一条大致轨迹:党对法治的科学认识和重视程度决定着中国法治的兴与衰。党重视法治则法治兴;党轻视法治则法治衰。"[①]

1979年中共中央《关于坚决保证刑法、刑事诉讼法切实实施的指示》明确规定:"党委与司法机关各有专责,不能互相代替,不应互相混淆。"1982年的《中共中央关于加强政法工作的指示》规定:"各级党委对政法工作的领导,主要是管方针、政策、管干部、管思想政治工作,监督所属政法机关模范地依照国家的宪法、法律和法令办事。"

党对司法的领导,依然应当实行政治领导、思想领导和组织领导。党确定司法工作的大政方针,对司法人员进行马列主义、毛泽东思想和建设中国特色社会主义的教育和培养,按照法定程序举荐司法机关领导人选。要落实司法机关独立行使职权,"不受行政机关、社会团体和个人的干涉",为此,1987年党的十三次代表大会报告指出:要改善执法活动,保障司法机关依法独立行使职权。1992年党的十四次代表大会报告强调:"要严格执行宪法和法律,加强执法监督,坚决纠正以言代法、以罚代刑等现象,保障人民法院和人民检察院依法独立进行审判和检察。"1997年党的十五次代表大会提出了依法治国,建设社会主义法治国家的基本方略,提出:"推进司法改革,从制度上保证司法机关依法独立公正地行使审判权和检察权。"十六大报告明确强调党要"依法执

---

① 程竹汝:《论依法治国条件下党与司法的关系》,载《政治与法律》(上海),2001年4期。

政"，要求党的各项工作均应纳入法制轨道。党的十七大报告更进一步提出："建设公正高效权威的社会主义司法制度，保证审判机关、检察机关依法独立地行使审判权、检察权，各级党组织和全体党员要自觉在宪法和法律范围内活动，带头维护宪法和法律的权威。加强和改进党对政法工作的领导，支持审判机关和检察机关依法独立公正地行使审判权和检察权，提高司法队伍素质，加强对司法活动的监督和保障。以保证司法公正为目标，逐步推进司法体制改革，形成权责明确、相互配合、相互制约、高效运行的司法体制，为在全社会实现公平和正义提供法制保障。"党的十九大报告提出："明确全面推进依法治国总目标是建设中国特色社会主义法治体系、建设社会主义法治国家"。

新时期，按照中央政法委机关理论学习中心组的总结，加强和改进党对政法工作的领导，主要任务体现在八个方面①：

领导和推动政法部门贯彻落实中央大政方针；加强和维护国家安全和社会稳定工作的统筹协调；指导和推动政法部门为经济社会发展提供有力的法制保障；强化对政法部门执法活动的监督；积极稳妥地推进司法体制改革；建设高素质的政法干部队伍；为政法工作创造良好的舆论环境；改善政法部门的执法条件。

第四节 国家政权组织形式

一、政体的概念

政体是世界各国宪法规定的一项重要内容，也是宪法学者们研究的一个重要问题。但在不同时期，学者们的理解并不一致。如亚里士多德根据统治者的人数和统治的目的不同，将政体分为君主政体、贵族政体、共和政体三种正宗政体和僭主政体、寡头政体、平民政体三种变态政体。②洛克根据立法权的归属将政体分为民主政体、寡头政体和君主政体（君主政体又分为世袭君主制和选任君主制）。③而卢梭则说："凡是实行法治的国家——无论其形式如何——我都称之为共和国。"并把政体分为民主制、贵族制、国君制和混合制。④德国学者施密特认为："作为政体的民主制按今天的说法就是共和制。……部分国家活动可按民主制加以组织，另一部分国家活动则可按君主制加以组织。"⑤长期以来，我国宪法学界将政体与体现国家阶级性质的"国体"相区别，认同毛泽东同志的说法："所谓'政体'问题，那是指的政权构成的形式问题，指的是一定的社会阶级取何种形式去组织那反对敌人保护自己的政权机关。"⑥认为政体通常指的是政权组织形式，即特定社会的统治阶级采取何种原则和方式，组成并代表国家系统地行使权力，以实现阶级统治任务的政权机关体系。沈宗灵教授认为："广义的政体是与国体相对称的，泛指国家的组织形式，或国家的政治制度。"并将政体按照统治形式分为民主政治的政体和法西斯统治政体，就国家管理形式分为君主制和共和制，就国家整

---

① 中央政法委机关理论学习中心组：《加强和改进党对政法工作的领导》，载《求是》，2006年第15期。
② 亚里士多德：《政治学》，参见《西方法律思想史资料选编》，北京大学出版社1983年版，第48～49页。
③ [英]洛克：《政府论》（下篇），叶启芳、瞿菊农译，商务印书馆1993年版，第80～81页。
④ [法]卢梭：《社会契约论》，何兆武译，商务印书馆1980年版，第51、85～87页。
⑤ [德]卡尔·施密特：《宪法学说》，刘锋译，世纪出版集团上海人民出版社2005年版，第239页。
⑥ 毛泽东：《新民主主义论》，参见《毛泽东著作选读》（上册），人民出版社1986年版，第364页。

体与部分分为单一制和复合制,就国家立法机关与行政机关关系分西方的内阁制和总统制以及中国的人民代表大会制。[①]

二、现代政体的基本类型

(一) 共和制

共和制是指国家最高权力由民选的有一定任期的国家机关或国家领导人组成,并以民主方式行使的国家政权组织形式。相对于君主制,共和制政体是一种巨大的进步。目前,世界上主要有以下几种共和制政体。

1. 总统制

总统直接领导政府,掌握最高行政权,政府不对议会负责的国家体制就是总统制。又可分为典型的总统制,如美国;半总统制,如法国。美国式的总统制,其主要特征是:总统既是国家元首,代表国家对内对外行使国家元首权,又是政府首脑,行使行政权,直接领导政府并统帅全国武装力量,内阁部长由总统任命,对总统负责。国家权力依一定原则在总统、议会和法院间进行配置。总统由选民选举产生,对选民负责,不对国会负责,总统也不能解散国会,但总统可通过向国会发表国情咨文提出立法建议,并可对国会通过的法案行使否决权,而国会除对总统行使弹劾权外,不能以通过不信任案的方式迫使总统辞职。法国式的总统制,总统是国家元首,由选民直接选举产生,不对议会负责,实际掌握最高行政权。政府则由议会中的多数党组阁,政府对议会负责,议会可以倒阁。总统有权任命政府总理和部长等内阁成员,主持内阁会议,发布总统咨文,要求议会重新审议法案,统帅军队,总统还可以解散议会,将重要法案提交公民复决等。

2. 议会制 (内阁制)

议会制,又称内阁制或责任内阁制,是指议会为国家权力的重心,政府由拥有多数席位的政党组成并对议会负责的国家。其主要特征是:国家元首为虚权元首,不掌握实权,仅在形式上代表国家,不对议会负责,立法机关不得更换国家元首。议会由选举产生的议员组成,政府由议会中获得多数席位的政党或政党联盟组成,对议会负责,受议会监督。当议会通过不信任案时,政府必须总辞职,或者由总理(首相)提请国家元首下令解散议会,重新组织大选。

3. 委员会制

委员会制是指国家的最高行政权由多数人组成的委员会集体行使的一种政体。目前,世界上只有瑞士采用这种政体形式,即联邦行政委员会制。其主要特征是:国家最高行政机关为由 7 名委员组成的联邦行政委员会,由国民院和联邦院两院组成的联邦会议选举产生,是国家最高权力机关联邦议会的执行机关,但不对联邦议会负责,联邦议会不能对联邦行政委员会提出不信任案,联邦行政委员会也无权解散联邦议会,而且联邦行政委员会委员不得同时兼任联邦议会议员。联邦行政委员会主席即联邦主席为国家元首和政府首脑,由联邦议会从联邦行政委员会委员中任命,任期一年,不得连任,且无实权,联邦行政委员会的各种决定由联邦行政委员会集体平等讨论,以出席会议的委员过半数通过决定。

[①] 沈宗灵:《比较宪法——对八国宪法的比较研究》,北京大学出版社 2002 年版,第 131~132 页。

4. 人民民主共和制（社会主义国家）

人民民主共和制，是社会主义国家相对于资本主义的民主共和制而采取的适合于广大人民当家做主的政体形式，在学界又说人民代表会议制。人民代表议会制是指人民代表会议为国家权力机关，是国家权力结构的重心，立法权高于行政权、司法权。"马克思把这种权力结构称为'议行合一'制。我国称之为民主集中制。"① 这是社会主义国家采取的政体形式，苏联的"苏维埃制"、我国的"人民代表大会制"等都是这种政体，其主要特征是：人民代表会议由人民选举代表组成，是国家权力机关，行政机关、军事机关、审判机关、检察机关及国家元首等其他国家机关都由人民代表会议产生，对它负责，受它监督。

（二）君主制

君主制是由世袭的君主作为国家元首或政治权力中心的政治制度。在现代社会，君主权力由于受到的限制程度不同，主要表现为两种形式：一种是以君主为国家权力的中心，议会和政府只是君主的咨询和执行机构的二元制君主立宪制；另一种是议会或政府成为国家权力的中心，君主的权力受到宪法和议会的严格限制，只能行使一些形式上或礼仪上的职权的议会制君主立宪制。

1. 议会君主制

议会君主制，是以议会为国家最高立法机关和国家最高权力机关，君主不直接支配国家政权的政体形式。在这种政体形式下，内阁必须从议会中产生，通常由议会中的多数党或政党联盟组阁，并对议会负责，君主只履行任命手续。内阁如失去议会信任，则必须辞职或提请君主解散议会，君主也要例行公事表示同意。君主是"虚位元首"，按内阁的意志行使形式上的权力，主要代表国家进行礼仪活动。但君主仍保留显赫的地位和象征国家团结统一的尊严，仍是国家政治制度中不可或缺的组成部分。

2. 二元君主制

二元君主制，又称二元制，是君主与议会共同执掌国家政权，但君主为国家权力结构重心的政体。其主要特征是：君主是国家元首，拥有实权，他直接掌握行政权，有权任免内阁首相和大臣，统帅军队，并与议会共同行使立法权，有权批准和颁布议会通过的法律，有权创议法律甚至钦定宪法，还有权任命部分议员、召集议会特别会议和解散议会，君主是真正的国家权力中心，在许多方面与封建专制君主没有什么差别，但毕竟有宪法和议会，议会享有一定的权力。故人们称这种政体为"二元制"。② 但议会的权力较小，政府对君主负责。

三、我国的政权组织形式

（一）人民代表大会制度的由来与历史

作为政体的我国人民代表大会制度是我国人民在长期的革命斗争中政权建设的经验总结，人民代表机构的建立最早是从苏区革命根据地建立起来的。它经历了第一次国内革命战争时期的农会制、第二次国内革命战争时期的苏维埃制、抗日战争时期的参议会制和解放战争时期的人民代表会议制及建国初期的政治协商会议制，直到 1954 年才正

---

① 莫纪宏主编：《宪法学》，社会科学文献出版社 2004 年版，第 226 页。
② 杨海坤主编：《宪法学基本论》，中国人事出版社 2002 年版，第 208～209 页。

式确立人民代表大会制。

早在第一次国内革命战争时期,在中国共产党领导的工农革命运动中,出现了一些革命群众组织。比如,在农村建立了"农民协会""农民协会会员代表大会",在城市的工人阶级中组建的"罢工工人代表大会"等组织。这些组织形式是人民代表大会制政体的萌芽。

第二次国内革命战争时期,1927年大革命失败后,中国共产党提出了武装夺取政权的口号。毛泽东在湖南省委曾提出建设工农兵苏维埃政权的主张。彭湃领导广东省海陆丰武装起义后,召开海陆丰工农兵苏维埃代表大会并选举产生海陆丰工农兵苏维埃政府,开创了建立工农兵苏维埃政权的先导。当年11月,中共中央临时政治局扩大会议正式把建立工农兵苏维埃政权制度作为党的一项任务,指出无产阶级政权只有通过工农兵苏维埃制度的形式才能建立起来,提出"一切政权归工农兵苏维埃"的武装暴动口号。中共六大以后,当时各革命根据地相继召开各级工农兵苏维埃代表大会,成立了苏维埃政府。1931年11月7日,中华工农兵苏维埃第一次全国代表大会在江西瑞金召开,宣告中华苏维埃共和国临时中央政府成立,通过了《中华苏维埃共和国宪法大纲》,选举产生了中央执行委员会,并组织了人民委员会。1934年1月,召开了中华苏维埃第二次全国代表大会,修改了《中华苏维埃共和国宪法大纲》。这一时期工农兵苏维埃政权建立后,全国工农兵苏维埃代表大会为最高政权机关,在大会闭会期间,全国苏维埃临时中央执行委员会为最高政权机关。在中央执行委员会下,组织人民委员会,由工农兵代表大会选举产生,对代表大会及其执行委员会负责、报告工作并受其监督。人民委员会负责处理日常政务,发布一切法令和决议案。地方政权完全实行议行合一,设省、县、区、乡四级苏维埃代表大会。乡苏维埃实行直接选举并由主席团主持经常性工作,区以上代表由下一级苏维埃代表大会代表会议选举产生,在大会闭会期间,由大会选出的中央执行委员会行使行政权。[①] 苏维埃制政权的建立,虽然由于残酷的战争环境使有些制度并没有实施,但为后来的政权建设及人民代表大会制政体的建立积累了经验。

抗日战争时期,民族矛盾成为主要矛盾。1937年国共两党合作建立了抗日民族统一战线,中国共产党领导的根据地成为国民政府的边区,根据地政权在名义上成为国民政府的一级地方政权,称陕甘宁边区政府,并采用与国民政府地方政权形式相同的"参议会"来组建这种抗日民族统一战线性质的政权。1939年1月,陕甘宁边区第一届参议会召开,通过了《陕甘宁边区抗战时期施政纲领》《陕甘宁边区各级参议会组织条例》《陕甘宁边区组织条例》《陕甘宁边区选举条例》等法律,选举产生了参议会制政权。1940年,中共中央提出边区参议会政权的"三三制"的组织原则,即在政权机关人员构成上,共产党员、非党进步分子、中间分子及其他分子各占1/3。这一时期,边区参议会政权的特点表现为:在边区、县实行代议制,普遍设立参议会,为最高政权机关。参议会闭会期间,由选出的议员或驻会议员办理议会日常事务。参议会选举产生同级政府行使行政权,组织法院行使司法权。政府和法院都对参议会负责,受其监督,并定期报告工作。

---

① 参见蔡定剑:《中国人民代表大会制度》,法律出版社2003年第4版,第54~56页。

1945年抗战结束后，国共两党统一战线破裂，这意味着抗日民主政权参议会制的结束。中国共产党决定以人民代表会议制取代参议会制。1945年10月14日，陕甘宁边区参议会常驻委员会和政府联合发出通知，要求改乡参议会为乡人民代表会。1946年4月23日陕甘宁边区第三届参议会第一次大会通过的《陕甘宁边区宪法原则》规定："边区、县、乡人民代表会议（参议会）为人民管理政权机关。""人民普遍直接平等无记名选举各级代表，各级代表选举政府人员。""各级政府对各级代表会负责，各级代表对选举人负责。"此后，其他边区也相继召开了各级人民代表会议，选举产生了各级人民政府。随着解放区的扩大和土地改革运动的发展，在解放战争后期，各解放区特别是在广大农村，在广泛建立贫民团和农会的基础上建立了区、乡两级人民代表会议。这种人民代表会议制形式在地方一直延续到1954年，成为新中国成立后地方政权向人民代表大会制过渡的普遍形式。[①]

　　1949年9月，中国人民政治协商会议第一次全体会议在北平召开，会议通过了起临时宪法作用的《中国人民政治协商会议共同纲领》。《共同纲领》首次以法律文件的形式确定了人民代表大会制为中华人民共和国的政体，它规定：中华人民共和国的国家政权属于人民。人民行使国家政权的机关为各级人民代表大会和各级人民政府。各级人民代表大会由人民用普选方法产生。各级人民代表大会选举各级人民政府。各级人民代表大会闭会期间，各级人民政府为行使各级政权的机关。鉴于当时条件还不够成熟，《共同纲领》又规定了过渡措施：在普选的全国人民代表大会召开以前，由中国人民政治协商会议的全体会议执行全国人民代表大会的职权，制定中华人民共和国中央人民政府组织法，选举中华人民共和国中央人民政府委员会，并付之以行使国家权力的职权。政治协商会议就有关的国家建设事业的根本大计及其他重要措施，向全国人民代表大会或中央人民政府提出建议案。在地方，向人民代表大会制度过渡是通过城市军事管制委员会和各界人民代表会议而逐步实现的。凡是人民解放军解放的地方，应一律实施军事管制，取消国民党反动政权机关，由中央人民政府或前线军政机关委任人员组织军事管制委员会和地方人民政府，领导人民建立革命秩序，镇压反革命活动，并在条件许可时召集各界人民代表会议。在普选的地方人民代表会议召开以前，由地方各界人民代表会议逐步地代行人民代表大会的职权。新中国成立初期，我国实行的政体，在中央是政治协商会议制，在地方是军事管制委员会制和各界人民代表会议制。

　　召开人民代表大会需要几个基本条件："即大陆基本解放，民主革命的基本任务土地改革彻底完成，人民群众能充分组织起来，并且觉悟程度有一定提高。"[②] 随着军事行动的结束和土地改革的基本完成及人民群众觉悟的提高，实行普选召开各级人民代表大会的时机逐渐成熟。1953年1月13日，中央人民政府委员会通过决议，决定1953年召开由人民普选产生的乡、县、省（市）各级人民代表大会，然后在此基础上召开全国人民代表大会。3月1日，中央人民政府委员会颁布了《中华人民共和国全国人民代表大会及地方各级人民代表大会选举法》。1954年8月，全国省级以下各个地方除个别地区以外普遍召开了各级人民代表大会，选举产生了地方各级国家机关，并由各省、自

---

① 杨海坤主编：《宪法学基本论》，中国人事出版社2002年版，第215页。
② 蔡定剑：《中国人民代表大会制度》，法律出版社2003年版，第60页。

治区、直辖市和较大市的人民代表大会以及中国人民解放军、华侨等方面选举产生了全国人大代表。1954年9月，第一届全国人民代表大会第一次会议在北京隆重召开，通过了新中国第一部宪法，以根本大法的形式正式确定了我国的政体是人民代表大会制，并制定了《全国人民代表大会组织法》《国务院组织法》《人民法院组织法》《人民检察院组织法》《地方各级人民代表大会和地方各级人民政府组织法》等法律。第一届全国人民代表大会的召开，标志着我国的人民代表大会制度在全国从中央到地方系统正式建立起来了。

"文化大革命"期间，我国的人民代表大会制度受到严重破坏。1966年5月，"文化大革命"爆发。7月，第三届全国人大常委会第33次会议决定延期召开第三届全国人大第二次会议。此后，直到1975年第四届全国人大第一次会议召开，延期达8年。在8年多的时间里，全国人大及常委会没有举行任何会议，虽然在名义上保留，但实际上已瘫痪，完全丧失了最高国家权力机关的作用。1975年1月，第四届全国人大第一次会议召开并通过了1975年宪法，此届人民代表大会也只开过一次大会和四次常委会，立法权和监督权基本上没有行使，只作出特赦全部在押战争罪犯的决定和几项人事任免决定，而一些必须提交全国人大或全国人大常委会讨论决定的国家重大问题也没有提交。

1976年10月粉碎"四人帮"之后，经历了两年多的停顿，各级人民代表大会才正式开始恢复工作。1978年3月，第五届全国人大第一次会议通过了1978年宪法，恢复了1954年宪法的一些基本原则，重新确认全国人民代表大会是最高国家权力机关，整个国家机关基本上恢复到1954年宪法确立的人民代表大会制政体的组织体系上。此间，地方各级人民代表大会也陆续召开会议，选举产生了地方各级国家机关。这样，人民代表大会制政体开始全面恢复。1978年12月，党的十一届三中全会总结了新中国成立以来的历史经验教训，明确提出了发展社会主义民主，健全社会主义法制的任务，强调社会主义民主要制度化、法律化，使这种制度和法律具有稳定性、连续性和极大的权威性，做到有法可依、有法必依、执法必严、违法必究。1979年7月，第五届全国人大第二次会议通过了《关于修正〈中华人民共和国宪法〉若干规定的决议》，决定在县和县级以上的地方人民代表大会设立常务委员会，将地方各级革命委员会改为地方各级人民政府，将县级人大代表由间接选举改为直接选举等。特别是1982年12月4日，第五届全国人大第五次会议通过了现行宪法，该宪法扩大了全国人大常委会的职权，恢复了国家主席的建制，设立了国家的中央军委，赋予省级人大及其常委会地方性法规制定权，恢复设立乡政权等。这些规定大大完善了人民代表大会制政体，使我国的人民代表大会制政体进入了一个崭新的发展阶段。

（二）人民代表大会制度的理论基础

1. 马克思主义的国家政权建设学说

马克思、恩格斯在对资产阶级议会制进行批判和总结巴黎公社实践经验时，提出在无产阶级取得政权后要建立代议制的人民代表机关的理论和政权建设学说，开创了人民当家做主，管理国家的先河，其要点：一是国家的实质表现为一个阶级对另一个阶级的专政，无产阶级要建立新型的无产阶级国家，民主共和国是唯一应采取的政权形式；二是新型的国家政权制度，应实行代议制，建立人民代表机关，它不应当是议会式的，而应当是同时兼管行政和立法的工作机关;三是代表机关由选民直接选举产生并直接受到选民的监督,四是公职人员都必须经过普选,政府官员由代表机关任命,受代表机关监督;五是所有政治权必须集中于人民代议机关,代表机关掌握一切社会生活事务的决定权。这五点,特别是政权组织的"议行合一"理论,后来被社会主义国家奉为经典,是苏联的苏维埃制度和我国的人民代表大会制度的直接理论基础。

2. 苏联工农兵苏维埃的理论和实践

列宁在领导苏联十月革命中,发展了马克思、恩格斯关于建立新型的无产阶级国家代议制的理论。列宁一方面肯定资产阶级议会制在历史发展中的作用,同时,针对资产阶级议会制的虚伪性、欺骗性和脆弱性,针锋相对地提出:一是建立民意机关,代表机构必须按普遍、平等、直接和无记名投票,并充分保障竞选自由条件下选举产生;二是真正代表民意的机关要确实有力量,应当掌握全部的权力,即完整的、统一的和不可分割的权力,一切权力归苏维埃;三是人民代表机关必须接受人民监督,必须做到人民可以随时罢免、撤换他们。

3. 中国人民民主专政和民主集中制的理论和实践

在中国革命和建设的历程中,毛泽东发展了马克思政权建设学说和代议制的理论,结合我国政权建设的实践,提出了人民民主专政和民主集中制的理论,最后形成了人民代表大会制度。其主要观点:一是我国是以工人阶级为领导,以工农联盟为基础的人民民主专政的社会主义国家,这是我国国体,政体必须与国体相适应,政体应是人民代表大会制度;二是从全国到乡可以采取人民代表大会的系统,人民代表大会选举政府;三是必须实行无男女、信仰、财产、教育等差别的真正普遍平等的选举制;四是民主集中制是人民代表大会及一切党政机关的工作原则和方法。

4. 坚持和完善人民代表大会制度的思想

邓小平在改革开放和社会主义现代化建设新的历史条件下提出:一是必须坚持和完善人民代表大会制度,不搞"三权鼎立"和"两院制";二是坚持和改善党对国家事务的领导,不搞以党代政,党的领导主要是政治领导,即政治原则、政治方向、重大决策领导和向国家政权机关推荐干部;三是逐步发展社会主义民主,健全社会主义法制,实行依法治国,以使国家制度、法律和政策,不以领导人的改变而改变,不以领导人的注意力改变而改变;四是必须使民主制度化、法律化,使其具有稳定性、连续性和权威性。

(三) 人民代表大会制度的特点

我国《宪法》第2条规定:"中华人民共和国的一切权力属于人民","人民行使国家权力的机关是全国人民代表大会和地方各级人民代表大会"。与其他国家的议会制度不一样的是,在我国,国家的一切权力属于人民是人民代表大会制度的本质和逻辑起点;选民选举代表是人民代表大会制度的前提;以人民代表大会为基础,建立全部国家机构是人民代表大会制度的核心;对人民负责、受人民监督是人民代表大会制度的关键;① 实现人民当家做主是人民代表大会制度的根本目的。我国的人民代表大会制度体现出如下特点:

---

① 周叶中:《宪法学》,北京大学、高等教育出版社2000年版,第215~216页。

1. 坚持中国共产党的领导

党的领导地位是历史形成的，人民代表大会制政体是中国共产党领导下建立起来的，故强调坚持党的领导，这是中国国情。在我国，首先，国家机关的组成是在党的领导下进行的。每次全国人大进行换届选举时，先由中共中央向大会主席团提出国家主席、副主席、中央军委主席、最高人民法院院长和最高人民检察院检察长的候选人建议名单，经各代表团酝酿协商后，再由主席团确定正式候选人提交大会进行选举。而且，中央国家机关的主要领导人一般均由共产党高级领导人担任，如近几届国家主席由党的总书记担任，全国人大常委会委员长、国务院总理是中共中央政治局常委，国家中央军委主席同时也是党的中央军委主席，由党的总书记兼任，最高人民法院院长和最高人民检察院检察长通常是中共中央政治局委员。其次，国家机关是在党的领导下开展工作的。党中央在中央国家机关设有党组，是中央国家机关的决策中心，负责讨论决定本部门的重大问题。党提出路线、方针、政策，国家机关予以贯彻、执行。中央国家机关紧紧围绕党的中心工作和重大决策开展工作，党中央有时直接对中央国家机关的工作发布指示，或者就国家的重大问题，直接向全国人大提出建议案，中央国家机关准备决定的重大事情和重要立法要经党组报党中央审批，有时党中央还和国务院就有关重大问题联合发布文件。

2. 实行民主集中制的原则

我国《宪法》第3条第1款明确规定："中华人民共和国的国家机构实行民主集中制的原则。"我国的人民代表大会制实行民主集中制原则，主要体现在以下两个方面：

第一，我国国家机关的建立实行民主制。在国家机关与人民的关系上，全国人民代表大会和地方各级人民代表大会都是由人民民主选举产生，对人民负责，受人民监督。表明了我国国家机关的建立是以民主选举为基础的，体现了我国人民代表大会政体实行民主集中制的民主方面。

第二，国家机关之间的关系则实行集中制。国家行政机关、审判机关、检察机关等其他国家机关都从属于国家权力机关即人民代表大会，对它负责，受它监督。这体现了我国人民代表大会制政体实行民主集中制的集中方面。

第三，在中央与地方国家机构职权划分方面，"遵循在中央的统一领导下，充分发挥地方的主动性、积极性的原则"。这表明了确保中央权力的集中统一行使，体现了民主集中制的集中方面。

（四）人民代表大会制度存在的问题及其完善

人民代表大会制政体是我国宪法确立的国家政治体制，我们必须遵守宪法，毫不动摇地坚持人民代表大会制政体，并在实践中认真地贯彻落实。然而，各种主客观原因却使各级人民代表大会及其常委会往往权力不实、威信不高，宪法和法律规定的国家权力机关，在实际政治生活中往往演变为"二线机关"[①]。因此，必须纠正当前那些与宪法规定不相符的做法，使人民代表大会制政体真正发挥作用。同时，在坚持的基础上，应当进一步完善人民代表大会制政体，切实加强人民代表大会制度建设，使它成为更有利

---

① 周叶中：《宪法学》，法律出版社2000年版，第219页。

于实现社会主义民主和法制、更有利于国家发展和富强。

1. 进一步改善党对国家机关的领导

坚持中国共产党对国家的领导是我国宪法确立的基本原则。但是，党的领导不是包办代替国家机关的工作，必须克服党政不分的现象。党的领导应当逐步制度化，应当转变为支持和组织人民群众通过人民代表大会这种政体形式来实现当家做主的要求，同时党应当支持各级人大及其常委会的工作，保证他们积极主动、独立负责地行使各项职权。党要适应改革开放和实行依法治国，建设社会主义法治国家的要求，改善党的领导，不断改进领导方式和领导方法，提高领导水平。党还必须在宪法和法律的范围内活动，按照宪法和法律的规定进行领导，带头尊重与遵守各级人大作出的各项决议，使人民代表大会制政体名副其实。

2. 进一步理顺国家机关之间的关系

首先，要理顺国家权力机关与国家行政机关的关系。根据宪法和法律的规定，国家行政机关是人大的执行机关，由人大产生，对人大负责并报告工作。因此，各级人大与同级国家行政机关之间是决定与执行、监督与被监督的关系。必须严格按宪法的规定将重大事项交由人大讨论决定，纠正在实践中一些重大问题直接由政府做出决定而不提交人大决定的做法，厘清人大重大事项决定权与政府管理决定权的关系，摆正人大为权力机关与政府为执行机关的位置，树立人大的权威，使人大成为名副其实的国家权力机关。必须坚持执行人大常委会组成人员不得担任政府职务的规定，并逐步取消政府组成人员兼任人大代表的做法，政府官员只是执行者而不应同时又是监督者，这使人大能够更加超脱地开展对政府的监督工作，加强人大的监督职能。

其次，要理顺国家权力机关与国家司法机关的关系。根据宪法，人民法院、人民检察院都由人大选举产生，对人大负责，受人大监督。同时，宪法还规定了人民法院、人民检察院分别依照法律规定独立行使审判权和检察权。因此各级人大与法院、检察院的关系是人大监督与司法独立的关系。必须加强人大及其常委会对人民法院和人民检察院的监督，但是不能代行审判权、检察权，直接去纠正司法机关的具体案件，人大的监督只能是推动司法机关启动内部的监督机制和程序，督促审判机关、检察机关依法办案、公正司法。应当规范人大的质询制度。人大代表不能在案件侦查、审判过程中提出质询案，对案件的处理施加压力和影响，干涉司法机关依法独立行使职权，质询监督只能是事后性的。而且，人大代表提出对人民法院和人民检察院的质询案时，与案件有直接利害关系的人大代表不能参与质询，以保证质询的公正性。

3. 进一步加强人大制度自身建设

关于人大代表方面，应当选择具备一定素养和参政议政能力的人员担任，代表数量也应当有所限制，人大代表不在于多而在于精，这有利于人大会议的召开，有利于人大职能的发挥，有利于深入细致地审议议案。在代表的产生方面，在继续坚持按地区选举代表的同时，可以辅之以按界别选举和其他方式产生代表。应当提高和扩大直接选举的程度和范围，同时，应当实行差额选举和竞选。

关于人大组织机构建设方面，应当充分发挥和有效运转现有的专门委员会以及其他工作机构，同时根据需要增设专门委员会，如理论界呼吁的宪法委员会等。对乡镇人大的常设机构的建设问题也应当引起重视，否则，不便于落实本级人大的决定，不利于经常性的监督乡镇人民政府的工作。

关于人大的会议制度方面，应当完善各项规定。由于人大是以开会的形式行使职权的，因此，有关会议的各项制度建设就显得非常重要。我国人大由于会期短、代表多，每次开会要审议的议案和决定的国家大事不少，虽然《全国人大议事规则》和《全国人大常委会议事规则》的颁布为人大的会议提供了法律依据，但实践中还有许多方面需要进一步完善与健全，如代表间的沟通、辩论，对提出批评意见代表的保护等。

第五节　国家结构形式

一、国家结构形式的概念

所谓国家结构形式是指国家的中央政权机关与地方政权机关、整体与局部之间的构成方式。它要解决的问题是，统治阶级对国家的领土如何划分以及如何处理国家整体和组成部分间的关系，关键在于中央和地方以及它们的各组成单位之间的权限划分问题。可见，国家结构形式有两个构成要素：第一，自然要素，即国家的地域结构。地域结构主要解决国家行政区域的划分和行政单位的设立，即要解决地域结构与领土结构问题。作为地域概念，国家结构形式必须以一定的领土和人口为基础，是国家得以确立的物质载体和形式基础。没有一定的领土和领土之上的人口，国家不过是抽象的口号，而地域结构使抽象的国家概念有了现实的依附载体，从而使国家成为有外在存在形式的实实在在的政权组织。第二，政治要素，即国家的纵向权力结构。它主要解决国家纵向的权力划分，即国家权力体系层次的划分以及处于不同层次的政权机关权力的划分与配置。作为政治概念，国家结构形式必须以国家权力的集中且最高的体现——主权为基础和灵魂。主权是国家结构形式的政治内核。没有主权作后盾，即使拥有广大的土地和众多的人口，也不能形成现代意义上的国家（政治国家），至多只是个自然地理概念。而当主权，主要是纵向权力结构，这一国家结构形式的本质要素一旦与地域结构这一国家结构形式的形式要素结合起来，真正的国家结构形式就形成了。

因此，国家结构形式是国家的地域结构与纵向权力结构的完美结合，是形式和内容的统一：国家的地域结构是其纵向权力结构的领土框架；纵向权力结构是地域结构的政治支柱。二者缺一不可。故领土、人口、主权是一个国家的必要要素。所不同的是，这些要素如何与阶级统治结合起来。不同的结合方式形成不同的国体和政体，最终表现为不同的国家。

二、国家结构形式的主要类型

现代国家基本上有两种国家结构形式，即复合制和单一制，其中，复合制又分为联邦制和邦联制。

（一）联邦制

联邦是典型的复合制国家结构形式，指两个或两个以上享有相对独立权限的成员单位组成的统一的联盟性主权国家。联邦制的出现是国家结构形式发展完善的结果。当今世界的主要国家，如美国、俄罗斯、印度、瑞士、巴西等都实行联邦制。联邦制的特点：联邦和其成员国分别有自己的宪法和法律，有相应的国家机关体系；公民既是成员国的公民，也是联邦的公民；联邦的最高立法机关通常采用两院制，其中一院由联邦成员选派代表组成；通过宪法划分联邦与成员国之间的权力和联邦的权力，包括立法权、行政权和司法权，来自成员国的授予，凡未授予联邦的权力通常由各成员国保留；对外关系方面，联邦的成员国一般没有权力。

（二）邦联制

邦联是一种松散的联盟，它以相关国家签订的条约为基础，是主权国家为了达到军事、贸易或其他目的而组成的国家联合。由于结成邦联的目的较为单一，因而邦联的存在都是临时性的，不是主权国家，没有统一的宪法、国家机关等。各成员国保留自己独立的国家主权。邦联的主要机关由各成员国派遣代表组成，或者是定期召开由成员国国家元首、政府首脑参加的会议。邦联的决议必须经过成员国批准才能生效。

邦联与联邦的主要区别在于：（1）从中央机关所拥有的权力看，联邦制的中央机关的权力虽然来自地方的让与，但它却拥有遍及全国的国家权力；而邦联制中央机构只是一种协调性组织，没有权力统治其成员。（2）从各成员单位关系看，联邦是各成员单位组成的完整国家，各成员之间关系是国家内部关系；而邦联各成员国是独立的国家，各国之间关系是国际关系。

（三）单一制

单一制是指中央国家机关掌握国家事务和公共事务的最终决定权，而地方国家机关只享有宪法和法律规定或中央国家机关直接授予的从属性权力，组成国家的地方是国家不可分割的一部分的国家结构形式。单一制的主要特征是：（1）在组成方面，单一制国家一般由普通行政区域单位和实行自治的区域单位组成；（2）在法律体系方面，只有一部宪法，一般具有统一的法律制度；（3）在国家机构方面，一般只有一套统一的立法、行政、司法机关系统；（4）在权力关系方面，中央对国家和公共事务有最终决定权，地方的权力来源于中央的授予，地方一般要接受中央的统一领导；（5）在对外关系方面，由中央统一行使外交权，只是个别行政区域如我国的特别行政区根据中央的授权可以处理一些外交事务。

三、我国的国家结构形式

（一）我国宪法关于国家结构形式的规定

我国宪法没有直接用"单一制"的词语来明确规定我国的政体。但从《共同纲领》到新中国的历部宪法都明确规定："中华人民共和国是全国各族人民共同缔造的统一的多民族国家。"这一规定表明，我国实行单一制国家结构形式。现行宪法第3条第4款还规定："中央和地方的国家机构职权的划分，遵循在中央的统一领导下，充分发挥地方的主动性、积极性的原则。"第110条第2款规定："地方各级人民政府对上一级国家行政机关负责并报告工作。全国地方各级人民政府都是国务院统一领导下的国家行政机关，都服从国务院。"第116条规定："民族自治地方的人民代表大会有权依照当地民族的政治、经济和文化的特点，制定自治条例和单行条例。自治区的自治条例和单行条例，报全国人民代表大会常务委员会批准后生效。自治州、自治县的自治条例和单行条例，报省或者自治区的人民代表大会常务委员会批准后生效，并报全国人民代表大会常务委员会备案。"第31条规定："国家在必要时得设立特别行政区。在特别行政区内实行的制度按照具体情况由全国人民代表大会以法律规定。"这些规定进一步表明我国是单一制的国家。

我国的国家结构形式具有单一制的共同特征：我国只有一部宪法，即中华人民共和国宪法；我国只有一套中央国家机关体系，立法、行政、司法体系都是独一无二的；中央与地方之间是领导与被领导关系；在对外关系上，中华人民共和国是一个统一的国际法主体。

我国实行单一制的国家结构形式的原因[①]：

1. 长期实行大一统的历史传统

我国自秦始皇统一中国，建立我国历史上第一个"海内为郡县，法令由一统"单一制的国家以来，在漫长的历史发展进程中，尽管有分裂的时候，但统一是主流，且从元朝以后我国再没有出现大分裂的局面。"大一统"的观念根深蒂固，这种大一统的历史传统，造就了我国基本的政治文化，自然影响并决定了我国对单一制的选择。

2. 民族分布与融合的民族关系

民族问题是决定政体形式的重要因素，世界上许多联邦制国家正是基于多民族之间的显著差异和势均力敌等因素而建立的。我国是一个多民族国家。几千年的历史发展过程中，尽管各民族之间有过各种不同程度的民族矛盾、民族压迫乃至民族战争，但总的趋势是友好往来的，并形成了各民族大杂居、小聚居的分布状况，这为实行单一制提供了可能。

3. 统一领导的建国历程是我国采取单一制的直接因素

中国共产党领导中国各族人民在经历了长期的艰难曲折的武装斗争和其他形式的斗争以后，特别是针对国内外敌对势力在我国少数民族问题上制造事端，搞颠覆和分裂活动后，取得了胜利，推翻了国民党的反动统治，建立了新中国。中华人民共和国是在中国共产党统一领导下建立的，是在中共中央的直接领导下完成的。在这种情况下，新中国成立后自然不可能采取地方相对独立的联邦制，而只能采取单一制。

（二）我国国家结构形式的特点

1. 实行中央统一领导，但又赋予地方一定的权力

我国《宪法》规定："中央和地方的国家机构职权的划分，遵循在中央的统一领导下，充分发挥地方的主动性、积极性的原则。"根据我国宪法、地方组织法、立法法的规定，我国中央权力机关全国人大及其常委会统一行使立法权，中央人民政府统一领导地方各级人民政府，中央军委统一领导全国武装力量，中央司法机关最高人民法院和最高人民检察院行使最高审判权和最高检察权。但同时省级和较大的市的人大及其常委会有权制定地方性法规，县级以上地方各级人大常委会有权决定本地区的重大事项，地方各级人民政府管理本地区的各项行政工作。

[①] 决定一个国家采取什么样的国家结构形式，主要的决定因素有：民族原因、经济原因、地理原因和历史原因等，参见周叶中：《宪法学》，北京大学、高等教育出版社2000年版，第228～229页。我国实行单一制的原因，有学者认为是：超稳定的文明价值模式、封闭的地理环境、民族的融合和中华民族的认同、近代革命历程，参见俞子清主编：《宪法学》，中国政法大学出版社1999年版，第208页。

2. 不属于地方自治类型，但又有部分地方实行自治

我国为数众多的普通地方行政区域不实行地方自治，故我国政体不属于地方自治类型。但是，在少数民族聚居的地方实行民族区域自治，在特别行政区实行高度自治。民族自治地方的自治权以遵守宪法和法律的原则为界限，相对于特别行政区而言，自治权力较小，而且民族自治地方的人民法院和人民检察院不属于自治机关，不享有自治权。特别行政区享有高度的自治权，包括立法权、独立的司法权和终审权等，但特别行政区的权力是中央授予的，特别行政区基本法是全国人民代表大会制定的，特别行政区行政长官和行政机关的主要官员由中央人民政府任命，行政长官要对中央人民政府负责。特别行政区是中华人民共和国不可分割的一部分。

3. 最基层实行群众自治

在我国城市和农村的最基层，按居民居住区设立基层群众性自治组织——居民委员会和村民委员会，居（村）民实行自我教育、自我管理和自我服务，办理本居住区的公共事务和公益事业，调解民间纠纷，协助维护社会治安，并且向人民政府反映群众的意见、要求和提出建议。

（四）行政区划

1. 行政区划的概念

行政区划是国家结构形式的一项重要内容，是指国家按一定的原则和程序将其领土分为若干不同层次的区域，以便设置相应的地方国家机关，分层管理，实现国家职能的法律制度。这一制度具有鲜明的阶级性、层次性，并且受社会、自然条件以及历史条件的制约。

2. 我国的行政区划

我国是统一的多民族的单一制国家。因而我国的行政区划必须遵循以下原则：有利于国家管理；有利于发展经济；有利于民族团结同时照顾历史状况。

行政区域的建置和划分必须经过法定程序。我国宪法规定了各级各类行政区划的审批权限：①全国人民代表大会行使批准省、自治区、直辖市的建置和特别行政区的设立及其制度的职权；②国务院行使批准省、自治区、直辖市的区域划分，批准自治州、县、自治县、市的建置和区域划分的职权；③省、自治区、直辖市的人民政府决定乡、民族乡、镇的建置和区域划分。

现阶段我国行政区划以三级制为主，即省（自治区、直辖市）、县（自治县、县级市）、乡（民族乡、镇）。也有划分为四级的，即省、自治区下设市、自治州，而市、自治州下又设县、自治县或区下设乡、民族乡、镇。这形成了行政区划的纵向划分。从横向考虑，我国行政区划分为一般行政区域单位，即省、直辖市、县、市、市辖区、乡、民族乡、镇；民族自治地方，即自治区、自治州、自治县；特别行政区。目前，我国有23个省，5个自治区，4个直辖市，2个特别行政区；截至2005年12月31日，全国共有283个地级市、17个地区、30个自治州、3个盟；有852个市辖区、374个县级市、1464个县、117个自治县、49个旗、3个自治旗、2个特区（均位于贵州）、1个林区；11个区公所、19522个镇、14677个乡、181个苏木（均位于内蒙古，介乎旗及村之间

的乡级行政区）、1092个民族乡、1个民族苏木、6152个街道。①

我国行政区划具有如下特点：

第一，四种类型的行政区域建制并存。第一类为一般地域型建制，包括省、县、乡等；第二类为城镇型建制，包括直辖市、市、市辖区、镇等；第三类为民族自治地方，包括自治区、自治州、自治县等；第四类为特殊性建制，如香港、澳门特别行政区。

第二，多级建制并存。一般的行政区域是省、县、乡三级，直辖市一般设市区两级，实行民族自治的地方，设立了自治州的地方实行市管县的地方则是四级建制。

第三，地市双轨制。即实行行政公署管县和市管县相结合的体制。

第四，三级市建制并存。在我国，有省级的直辖市，有地级市的省会市和国务院批准的较大市，也有不设区的县级市。

【关键词】

权力　国家权力　选举　选举制度　政党　政党制度　一党制　两党制　多党制　行政区划　单一制　联邦制

【思考题】

1. 什么是国家权力？它有什么功能？
2. 如何认识近代以来国家权力的理论基础？
3. 我国选举制度的基本原则是什么？
4. 何为政党？政党制度有哪些类型？
5. 我国国家结构形式的特点是什么？

【参考文献】

［美］E·博登海默：《法理学——法哲学及其方法》，邓正来、姬敬武译，华夏出版社1987年版。

［英］戴维·米勒、韦农·波格丹诺主编：《布莱克维尔政治学百科全书》（修订版），邓正来主译，中国政法大学出版社2002年版。

［英］霍布斯：《利维坦》，黎思复、黎廷弼译，商务印书馆1985年版。

［法］孟德斯鸠：《论法的精神》（上），张雁深译，商务印书馆1961年版。

［法］卢梭：《社会契约论》，何兆武译，商务印书馆1980年版。

［英］洛克：《政府论》（下篇），叶启芳、瞿菊农译，商务印书馆1993年版。

［德］韦伯：《经济与社会》（下），林荣远译，商务印书馆1997年版。

［美］丹尼斯·H·朗：《权力论》，陆震纶、郑明哲译，中国社会科学出版社2001年版。

---

① 参见中华人民共和国民政部网站，http://qhs.mca.gov.cn/article/zlzx/qhtj/200711/20071100003177.shtml，2010年3月4日访问。

张千帆：《宪法学》，法律出版社 2004 年版。
童之伟：《法权与宪政》，山东人民出版社 2001 年版。
莫纪宏：《现代宪法的逻辑基础》，法律出版社 2001 年版。

第四章 我国的立法机构

【本章学习提示】 本章介绍关于立法的基本理论。内容由五节组成：第一节是概述，主要介绍我国立法机构即人民代表大会的概念、性质、原则、历史演变及与国外议会的初步比较；第二节分析了全国人民代表大会的组织体制，包括全国人民代表大会的组织体系和全国人民代表大会常务委员会的工作机构；第三节介绍了人民代表大会的会议制度；第四节介绍了人民代表大会及其常务委员会的职权；第五节介绍了人民代表大会代表的有关理论，包括人民代表大会代表的概念、选举、权利义务、与选民的关系及代表履行职责的保障。

第一节 概 述

我国《宪法》第 58 条规定："全国人民代表大会和全国人民代表大会常务委员会行使国家立法权。"这一规定表明，我国的立法机构是全国人民代表大会及其常务委员会。

一、人民代表大会的概念

简言之，人民代表大会即我国国家权力机关。具体说来，人民代表大会是指依照宪法和法律行使国家和地方权力的各级国家权力机关。它既是我国各级人民代表大会会议的名称，也是我国各级国家权力机关的名称。人民代表大会的概念有广义和狭义之分。广义的人民代表大会，既包括人民代表大会全体会议，也包括人民代表大会产生的常委会和专门委员会。狭义的人民代表大会仅指人民代表大会全体会议，而不包括由其产生的常委会和专门委员会。广义和狭义的人民代表大会往往交互使用，其具体含义视说话对象而定。在外部关系上，如我们在与其他国家机关比较的意义上使用人民代表大会概念时，多为广义。而在内部关系上，相对于其产生的常委会、专门委员会时，则是在狭义上使用这一概念。

与人民代表大会概念相联系且常常混淆的一个概念是人民代表大会制度。实际上，这是两个完全不同的概念。所谓人民代表大会制度，是指以人民代表大会为核心和主要内容的国家政权组织形式。人民代表大会制度是我国的根本政治制度，是落实我国人民民主专政的政权组织形式。人民代表大会制度在内容上可分为三个部分：一是公民与人民代表大会之间的关系的制度，具体内容包括人民代表大会代表如何从公民中产生、公民的意志如何到达人民代表大会、公民如何对代表和人民代表大会进行监督等；二是关于人民代表大会本身的产生、组织、职权和行使职权的程序等制度；三是关于人民代表大会与其他国家机关之间关系的制度。这些关系包括：人民代表大会与行政机关、司法机关及其他国家机关也即人民代表大会与横向的国家机关之间的关系和中央政权与地方政权的关系即纵向国家机关之间的关系。就横向关系而言，我国宪法规定，由人民代表大会选举产生行政机关、审判机关、检察机关，行政机关、审判机关、检察机关向人民代表大会报告工作，对人民代表大会负责，受它的监督。就纵向关系而言，我国宪法规定，国家实行中央统一领导，同时注意发挥地方的积极性和主动性，在少数民族聚居地区实行民族区域自治制度。作为我国根本政治制度，人民代表大会制度的核心是要保证国家的一切权力属于人民，人民通过人民代表大会这一组织形式参与国家事务的管理，行使人民当家做主的权利。

二、人民代表大会的性质

国外对代议机关性质的规定大体有三种情况：一是规定代议机关为国家最高权力机关。如英国、日本、澳大利亚以及社会主义国家。英国资产阶级是通过议会夺取政权的，议会被作为人民主权的象征。资产阶级在建国之初就让议会拥有很大的权力，确立议会主权原则，也即通常所说的"议会至上"。正如英国宪法学家戴雪所说的，"巴力门（即议会，Parliament之音译）在英宪之下，可以造法，亦可以毁法；而且四境之内，无一人复无一团体能得到英格兰的法律之承认，使其有权利以撤回或弃置巴力门的立法"。[①] 因此，英国的议会"处于国家最高权力机关地位"。[②] 日本宪法（1947年）第41条规定："国会是最高国家权力机关"。二是代议机关为最高立法机关。如1787年美国宪法第1条第1款规定："本宪法所授予的全部立法权，均属于由参议院和众议院组成的合众国国会。"代议机关是最高立法机关但却不是最高权力机关。三是确定代议机关仅是立法机关，而不是最高立法机关。由于全民公决的兴起，一些国家代议机关的立法权受到限制：一种情形是代议机关通过的重要立法案需要提交全民公决才能生效，一是代议机关没有通过的法律案也可直接提交全民公决。法国就属于此类情况。法国1958年宪法第11条规定："共和国总统可以根据《政府公报》发表的、政府在议会会议期间所提出的建议或者议会两院提出的联合建议，将含有认可共同体协定的或者旨在授权批准一项不违反宪法但可能影响'现行'制度运行的条约的一切有关公共权力机构组织的法律草案，提交公民投票。"[③]

我国人民代表大会的性质体现在两个方面：

1. 我国的人民代表大会是国家权力机关

我国《宪法》第57条规定："中华人民共和国全国人民代表大会是最高国家权力机关。"第96条规定："地方各级人民代表大会是地方国家权力机关。"所谓最高国家权力机关，是指它代表全体人民在全国范围内，全面、独立地行使国家主权或统治权。所谓地方权力机关，是指它在自己所辖范围代表人民独立、全面地行使对所在地区的统治权。[④] 作为国家权力机关，人民代表大会是人民主权的体现。同时，国家权力机关的概念实际上也解决了人民代表大会与其他国家机关的关系，其他国家机关是由国家权力机关派生出来的，其他国家机关从属于国家权力机关。

2. 我国的人民代表大会是国家立法机关

我国《宪法》第58条规定："全国人民代表大会和全国人民代表大会常务委员会行

---

① ［英］戴雪：《英宪精义》，雷宾南译，中国法制出版社2001年版，第116页。
② 田穗生等：《中外代议制度比较》，商务印书馆2000年版，第311页。
③ 姜士林等主编：《世界宪法全书》，青岛出版社1997年版，第886页。
④ 蔡定剑：《中国人民代表大会制度》，法律出版社1998年版，第28页。

使国家立法权。"第 100 条规定："省、直辖市的人民代表大会和它们的常务委员会，在不同宪法、法律、行政法规相抵触的前提下，可以制定地方性法规，报全国人民代表大会常务委员会备案。"这些规定表明，我国人民代表大会既是国家权力机关，同时是也是国家的立法机关，行使立法权。宪法规定行使立法权力的人民代表大会（及其常委会）只有两级："全国人民代表大会和全国人民代表大会常务委员会"与"省、直辖市的人民代表大会和它们的常务委员会"。但《立法法》扩大了这一范围。《立法法》第 63 条规定："较大的市的人民代表大会及其常务委员会根据本市的具体情况和实际需要，在不同宪法、法律、行政法规和本省、自治区的地方性法规相抵触的前提下，可以制定地方性法规。"不过，《立法法》对较大的市的人民代表大会及其常务委员会的立法权做了一个限制：即其制定的地方性法规须报省、自治区的人民代表大会常务委员会批准后才能施行。所谓较大的市是指省、自治区的人民政府所在地的市，经济特区所在地的市和经国务院批准的较大的市。可见，只有"较大的市"的人民代表大会及其常委会才有立法权，而级别更低的人民代表大会没有立法权。

三、人民代表大会的原则

（一）一切权力属于人民：人民代表大会制度的根本原则

一切权力属于人民的原则是人民代表大会制度组织和一切活动应遵循的最高准则，也是人民代表大会制度所要达到的终极目的。一切权力属于人民是人民代表大会制度的核心内容和本质精神。我国《宪法》第 2 条规定："中华人民共和国的一切权力属于人民。人民行使国家权力的机关是全国人民代表大会和地方各级人民代表大会。"

一切权力属于人民的原则可追溯到人民主权或主权在民的理论。"主权"的概念最早是由法国思想家博丹在其所著《国家六论》一书中提出来的。博丹认为，主权是超乎于公民与臣民之上不受法律限制的最高权力。不过，"最为英语世界中学习智识史的学生们熟知的经典主权学说的作者不是让·博丹，而是托马斯·霍布斯"。[①] 英国思想家霍布斯认为，主权至高无上，它不受任何个人、团体的权力之限制，也不受法律的约束；它不可转让、不可分割。但霍布斯的主权仍然是君主的。洛克提出了主权应属于人民的理论，但他没有明确提出人民主权的观点。法国思想家卢梭创立了人民主权学说。卢梭认为，原始社会人们生活不方便，于是共同订立契约，组成国家；人们根据社会契约把全部权利让渡给国家。"正如自然赋予了每个人以支配自己各部分肢体的绝对权力一样，社会契约也赋予了政治体以支配它的各个成员的绝对权力。正是这种权力，当其受公意所指导时，如上所述，就获得了主权这个名称。"[②] "公意"即主权，它是最高的，属于全体人民，不可转让、不可分割，这就是人民主权。

人民主权学说成为 18 世纪欧美各国资产阶级反封建的思想武器。美国的《独立宣言》和宪法、法国《人权宣言》都正式宣告了人民主权原则。从此，人民主权原则就成了各国宪法的一般原则。后来，林肯将这一原则具体化为"民有、民治、民享"的政府。人民主权学说相对于封建专制下"朕即国家"的说法，无疑是一个历史的进步。

社会主义在苏联胜利后，社会主义国家的宪法都无例外地承认国家的权力属于人

---

① ［美］斯科特·戈登：《控制国家——西方宪政的历史》，应奇等译，江苏人民出版社 2001 年版，第 24 页。
② ［法］卢梭：《社会契约论》，何兆武译，商务印书馆 1980 年版，第 41 页。

民，并以此作为重要的宪法原则。但这个原则在理论基础上和实践方面都与西方不同。社会主义的宪法理论通常不承认"社会契约"，不认为主权是全民"公意"的体现。按照马克思主义的国家学说，国家乃是阶级矛盾不可调和的产物，是阶级压迫的工具，所以人民主权具有阶级性。尽管在文字上我国宪法的相关条文与其他国家的宪法并没有太大的区别，但我们认为，我国人民代表大会是真正代表人民的，受人民监督，向人民负责。人民代表大会制度是实现权力属于人民这一宪法原则的根本保证。

（二）民主集中制原则：人民代表大会制度的组织原则

民主集中制是我国人民代表大会制度的组织原则。民主集中制原则是与西方国家三权分立原则相对立的一项原则，是社会主义国家特有的原则。民主集中制就是指在民主的基础上集中，在集中指导下民主，它是民主与集中紧密结合的方式和制度。[①] 作为一项组织原则，民主集中制是指人民代表大会制度所应遵循的指导思想，是各国家机关组合起来的方法。组织原则和人民代表大会制度的根本原则不同。前文所述一切权力属于人民原则，即是人民代表大会制度的根本原则，它是指人民代表大会制度组织起来进行一切活动的最高准则和所应达到的最后目的。[②] 因此，不能以民主集中制原则取代一切权力属于人民的原则。

把民主集中制作为人民代表大会制度的组织原则，有两方面的含义：一方面是民主，即人民代表大会建立在充分的民主基础之上，人民代表大会对国家重大问题的决定，对国家重大事务的管理，必须符合广大人民群众的利益和要求。另一方面是集中，即人民代表大会又要在民主基础上进行集中，形成正确的决策，集中处理国家事务，带领广大人民群众为共同的奋斗目标而奋斗。

我国《宪法》第3条规定："中华人民共和国的国家机构实行民主集中制的原则。全国人民代表大会和地方各级人民代表大会都由民主选举产生，对人民负责，受人民监督。""国家行政机关、审判机关、检察机关都由人民代表大会产生，对它负责，受它监督。""中央和地方的国家机构职权的划分，遵循在中央的统一领导下，充分发挥地方的主动性、积极性的原则。"这就是民主集中制原则在我国宪法中的体现，主要内容包括：①全国人民代表大会和地方各级人民代表大会都由民主选举产生，对人民负责，受人民的监督。②国家行政机关、审判机关、检察机关都由人民代表大会产生，对它负责，受它监督。③中央和地方的国家机关职权的划分，遵循在中央统一领导下，充分发挥地方的主动性、积极性的原则；在民族聚居地方实行民族区域自治。

作为人民代表大会制度的组织原则，民主集中制是对国家机关的一项总体要求，但却不是绝对的，对具体的国家机关也并非一视同仁，而是有所侧重。有的国家机关主要实行民主制，如各级人民代表大会的组织和活动都遵循民主制原则，审判机关的审判活动也主要遵循民主制原则。而有的国家机关则主要实行集中制原则，如行政机关实行首长负责制，检察机关实行检察长负责制，这样更能体现集中和效率的原则。可见，民主集中制是就整个国家政权体制的结构而言的，不能把民主集中制机械地套用到具体每个

[①] 李龙：《宪法基础理论》，武汉大学出版社1999年版，第202页。
[②] 蔡定剑：《中国人民代表大会制度》，法律出版社1998年版，第83页。

国家机关、国家机关的具体活动中去。①

(三) 对"议行合一"原则的质疑

1871年，巴黎公社由20个区的选民按普遍、平等的原则选出86名代表（由于一批资产阶级分子退出，实际代表只有68名）组成公社委员会。公社委员会设立了相当于政府部门的十个委员会作为政府的职能机构。这68名公社委员全都分配到各委员会和各区担任行政领导职务，有的公社委员还担任两个委员会的领导职务。在这里，公社委员会既是立法机关，又是行政机关。马克思、恩格斯对此给予了高度评价。马克思说："公社是由巴黎各区普选选出的城市代表组成的。这些代表对选民负责，随时可以撤换。其中大多数自然都是工人或者是公认的工人阶级的代表。公社不应当是议会式的，而应当同时是兼管行政和立法的工作机关。"② 此后，"议行合一"一直被认为是社会主义国家政权组织的普遍原则，并把它看作是西方资本主义国家"三权分立"的对立面。③ 经过数十年理论与实践的发展，"议行合一"已经不再是我国人民代表大会制度的组织原则。主要理由如下：

第一，马克思并没有将"议行合一"作为无产阶级国家政权形式的普遍原则。④ 马克思对巴黎公社的"议行合一"给予了肯定，主要是因为巴黎公社采用"议行合一"树立了人民代表机构的权威，它不仅行使立法权而且还行使行政权，巴黎公社成了真正有权威的机构。但是，马克思从未将"议行合一"确定为社会主义政权形式的普遍原则，而只是将其看作"社会共和国"的"一定的形式"。⑤

第二，巴黎公社实行"议行合一"是由于特定的历史条件所决定的，不具有普遍意义。巴黎公社面临着严峻的战争环境，正如马克思指出的："凡尔赛人不仅对巴黎进行了惨无人道的战争，而且还千方百计地在巴黎内部进行收买和阴谋活动。"⑥ 战争环境迫使巴黎公社将立法与行政结合起来。即使在战争的环境中，"议行合一"也是很难行得通的。巴黎公社总共存在了72天，而"议行合一"体制却只实行了20多天。⑦

第三，"议行合一"不是我国人民代表大会制度的组织原则。我国除在土地革命战争苏区苏维埃政权建设时期曾仿照苏联1924年宪法体制建立过"议行合一"式政权外，新中国成立后基本上没有实行过"议行合一"的政权体制。根据新中国成立初期的《共同纲领》和《中央人民政府组织法》，我国的中央人民政府委员会是当时的国家权力最高领导机关，由全国政治协商会议全体会议选举产生。中央人民政府委员会组织政务院作为国家政务的最高执行机关，组织人民革命军事委员会作为国家军事的最高统辖机关，组织最高人民法院作为国家的最高审判机关，组织最高人民检察署作为国家的最高检察机关。这些机关虽在中央人民政府委员会领导下进行工作，但它们不是由中央人民政府委员会成员组成的。根据1954年宪法，全国人民代表大会是最高国家权力机关，

---

① 蔡定剑：《宪法精释》，法律出版社2006年版，第171页。
② 《马克思恩格斯选集》第2卷，人民出版社版1972年版，第375页。
③ 参见范毅：《"议行合一"与中国宪政》，载《中国人民大学学报》1995年第3期。
④ 参见吴家麟：《"议行"不宜"合一"》，载《中国法学》1992年第5期。
⑤ 《马克思恩格斯选集》第2卷，人民出版社版1972年版，第374页。
⑥ 《马克思恩格斯选集》第2卷，人民出版社版1972年版，第383页。
⑦ 吴家麟：《"议行"不宜"合一"》，载《中国法学》1992年第5期。

由其选举产生的全国人大常委会是最高国家权力机关的常设机关，由国家最高权力机关产生的国务院即中央人民政府是最高国家权力机关的执行机关，是最高国家行政机关。这一规定一直为后来的历代宪法所继承。1982年宪法的规定更为具体，增加了全国人大常委会成员不得担任国家行政机关、审判机关和检察机关职务的规定。

主张我国人民代表大会是"议行合一"的理由主要有二：一是人民代表大会代表来自各个工作部门，它们亲自参加制定法律或作出决定，闭会后又回到各自工作部门贯彻执行法律；二是人民代表大会是国家权力机关，它制定法律、作出决议，产生、组织其他国家机关去执行法律、决议，并监督它们执行。"议行合一"就体现在人民代表大会集中统一行使国家权力上。但这两个理由都值得商榷。因为这和马克思论述的"议行合一"远不是一回事。马克思论述的"议行合一"其本质特征是指国家政权不分立法、行政两套机关，两班人马，旧式国家的两个机关两种职权合一。①

第四，实行"议行合一"不利于加强我国人民代表大会制度建设。首先，实行"议行合一"不利于加强人民代表大会作为国家权力机关的地位和作用。强调"议行合一"等于否认人民代表大会作为国家权力机关的性质和地位，既然是"议行合一"也就无所谓国家权力机关与行政机关之分了。其次，强调"议行合一"容易忽视国家机关之间的合理分工和制约，混淆各国家机关的权力界限，不利于保障各国家机关依法行使职权。再次，强调"议行合一"不利于加强人民代表大会自身建设。当前加强人民代表大会建设的重要内容之一，就是实现常委会和专门委员会组成成员的专职化，而"议行合一"则是主张代表和委员兼职，主张代表、委员与政府官员一身二任。②

四、人民代表大会代表制度的历史演变

早在第一次国内革命战争时期，中国共产党领导的革命运动中就出现过"农民协会""罢工工人代表大会"等组织。1927年，上海工人武装起义占领了上海，召开了"市民大会"，产生了"市民政府"。这些组织都是中国共产党领导无产阶级和广大人民群众夺取政权、实现人民当家做主的尝试，在本质上跟人民代表大会是一致的。这一时期是人民代表大会代表制度的萌芽。

第二次国内革命战争时期，中国共产党从事在全国建立革命根据地斗争。起初，由于根据地规模小，只建立了县级政权。后来逐渐建立起省级政权。这些政权都采取了工农兵代表会议的形式。1931年11月在江西瑞金召开了第一次全国苏维埃代表大会，出席大会的代表610名，于1931年11月7日通过了《中华苏维埃宪法大纲》，建立起了全国性的中央政权。1934年1月，中华工农兵苏维埃第二次全国代表大会召开，对《宪法大纲》进行了修改。修改后的《宪法大纲》第3条规定："中华苏维埃共和国之最高政权为全国工农兵苏维埃代表大会，在大会闭会的期间，全国苏维埃临时中央执行委员会为最高政权机关，在中央执行委员会下组织人民委员会，处理日常事务，发布一切法令和决议案。"根据《中华苏维埃共和国选举细则》规定，工农兵乡代表大会代表由全乡选民大会选举，另选正式代表1/5为候选代表。各乡工农兵代表大会选举出来的代表，组成全区工农兵代表大会；各区工农兵代表大会和城市工农兵代表大会选出的代

---

① 蔡定剑：《中国人民代表大会制度》，法律出版社1998年版，第92页。
② 蔡定剑：《中国人民代表大会制度》，法律出版社1998年版，第94页。

表，组成全县工农兵代表大会；各县工农兵代表大会和省直属市工农兵代表大会选出来的代表，组成全省工农兵代表大会；全省工农兵代表大会和中央直属市工农兵代表大会选出来的代表，组成中华苏维埃共和国工农兵全国代表大会。工农兵代表大会代表有权参加政权，也有权参与制定法令。工农兵代表大会代表制度是我国现在的人民代表大会代表制度的雏形。

抗日战争时期，鉴于国共合作的历史条件，没有建立统一的中央民主政府来行使立法权。随着1937年卢沟桥事变的爆发，第二次国共合作的实现，抗日民族统一战线正式形成，工农兵苏维埃代表大会逐步转变为陕甘宁边区参议会。边区参议会不仅是民意机关，而且是当时边区最高权力机关，边区政府由参议会决定和选举。边区参议会分边区、县、乡三级。边区参议会的立法职权主要是制定边区的单行法规，县参议会的立法职权主要是制定本县单行法规。陕甘宁边区参议会共召开过三届四次会议。第一次边区参议会于1939年1月17日至2月4日在延安召开，会议通过了《陕甘宁边区抗战时期施政纲领》《陕甘宁边区政府组织条例》《陕甘宁边区各级参议会组织条例》《陕甘宁边区高等法院组织条例》和《陕甘宁边区选举条例》等法规。边区第三届参议会于1946年2月在延安召开，通过了《陕甘宁边区宪法原则》。边区参议会制度为我国后来的人民代表大会代表制度提供了丰富的实践经验。

解放战争时期，根据《陕甘宁边区宪法原则》的规定，边区、县、乡人民代表会议为人民管理政权的机关。这意味着，人民民主政权的各级权力机关，由抗日战争时期的参议会过渡到人民代表会议。这为新中国基本政治制度的建立奠定了基础。

1949年9月，中华人民共和国成立前夕，召开了中国人民政治协商会议，通过了起临时宪法作用的《中国人民政治协商会议共同纲领》，还制定了《中国人民政治协商会议组织法》。《中国人民政治协商会议共同纲领》第12条规定："中华人民共和国的国家政权属于人民。人民行使国家政权的机关为各级人民代表大会和各级人民政府。各级人民代表大会由人民用普选方法产生之。各级人民代表大会选举各级人民政府。各级人民代表大会闭会期间，各级人民政府为行使各级政权的机关。国家最高政权机关为全国人民代表大会。全国人民代表大会闭会期间，中央人民政府为行使国家政权的最高机关。"第13条规定："在普选的全国人民代表大会召开以前，由中国人民政治协商会议的全体会议执行全国人民代表大会的职权，制定中华人民共和国中央人民政府组织法，选举中华人民共和国中央人民政府委员会，并付之以行使国家权力的职权。在普选的全国人民代表大会召开以后，中国人民政治协商会议得就有关国家建设事业的根本大计及其他重要措施，向全国人民代表大会或中央人民政府提出建议案。"第14条规定："在普选的地方人民代表大会召开以前，由地方各界人民代表会议逐步地代行人民代表大会的职权。"可见，根据《中国人民政治协商会议共同纲领》，新中国已经确立了人民代表大会制度。根据这一根本政治制度，在全国人民代表大会召开以前由中国人民政治协商会议代行其职权，在地方人民代表大会召开之前由地方各界人民代表大会代行其职权。但是，由于此时在全国范围内军事行动还没有结束，土地改革也没有完成，还不具备全面实行以普选方式产生人民代表大会代表的条件，只能采取协商产生代表的过渡性办法。《中国人民政治协商会议共同纲领》的实施，为确定人民代表大会代表制度奠定了坚实的基础。

1953年，在全国召开普选的人民代表大会的条件成熟了。中央人民政府公布了《中华人民共和国全国人民代表大会和地方各级人民代表大会选举法》。在此基础上，1954年9月15日召开了第一届全国人民代表大会第一次会议，9月20日会议通过了《中华人民共和国宪法》，人民代表大会制度作为我国的根本政治制度通过宪法确定下来，人民代表大会代表制度也随之固定下来。1954年宪法虽历经多次修改，但人民代表大会代表制度在修改后的历部宪法中没有发生过任何实质性的改变。1992年4月3日，七届全国人民代表大会第五次会议通过了《中华人民共和国全国人民代表大会和地方各级人民代表大会代表法》，将人民代表大会代表制度以法律的形式固定下来，对人民代表大会代表的地位和作用、代表在人民代表大会会议期间的工作、代表在人民代表大会闭会期间的活动、对代表执行职务的保障、对代表停止执行职务和代表资格终止及涉及代表的其他主要问题作了规定。2010年10月28日，第十一届全国人民代表大会常务委员会第十七次会议通过了《关于修改〈中华人民共和国全国人民代表大会和地方各级人民代表大会代表法〉的决定》，我国人民代表大会代表制度得到极大的完善。

第二节 全国人民代表大会的组织体制

一、全国人民代表大会的组织体系

（一）全国人民代表大会

1. 全国人民代表大会的组成

根据我国宪法和选举法的规定，全国人民代表大会由省、自治区、直辖市①和军队选出的代表组成（第十一届全国人民代表大会名额见附件一），各少数民族都应当有适当名额的代表（第十一届全国人民代表大会各少数民族的代表名额见附件二）。全国人民代表大会代表的选举主要是一种建立在地域代表制与职业代表制、民族代表制相结合并以地域代表制为主的间接选举。选举法规定，全国人民代表大会代表的名额不超过3000人。第十一届全国人民代表大会实际选出代表为2987人。代表的构成主要是工人、农民、知识分子和国家干部，人民解放军的代表也占相当比例。我国实行中国共产党领导下的多党合作制。因此，中共党员代表占60%以上，各民主党派代表在正常情况下占将近20%，少数民族全国人大代表通常达12%以上。②

---

① 根据2007年3月16日第十届全国人民代表大会第五次会议的决定，各省、自治区、直辖市应选第十一届全国人民代表大会代表的名额与第十届全国人民代表大会代表的名额相同。根据最后公布的代表名单，各省、自治区、直辖市选出的第十一届全国人民代表大会代表人数为：北京市58名、天津市45名、河北省121名、山西省69名、内蒙古自治区58名、辽宁省110名、吉林省69名、黑龙江省102名、上海市64名、江苏省157名、浙江省90名、安徽省114名、福建省62名、江西省80名、山东省181名、河南省166名、湖北省124名、湖南省118名、广东省160名、广西壮族自治区88名、海南省19名、重庆市62名、四川省148名、贵州省66名、云南省91名、西藏自治区20名、陕西省68名、甘肃省48名、青海省21名、宁夏回族自治区19名、新疆维吾尔自治区60名、香港特别行政区36名、澳门特别行政区12名、台湾省13名，加上解放军268名，第十一届全国人大代表合计2987名。资料来源：新华网，网址：http://news.qq.com/a/20080229/002060.htm，最后访问时间：2011年4月17日。

② 参见蔡定剑：《中国人民代表大会制度》，法律出版社1998年版，第226页。

附件一：《关于第十一届全国人民代表大会代表名额和选举问题的决定》

关于第十一届全国人民代表大会代表名额和选举问题的决定

(2007年3月16日第十届全国人大五次会议通过)

根据《中华人民共和国宪法》和《中华人民共和国全国人民代表大会和地方各级人民代表大会选举法》的有关规定，第十届全国人民代表大会第五次会议关于第十一届全国人民代表大会代表名额和选举问题决定如下：

一、第十一届全国人民代表大会代表的名额不超过3000人。

二、各省、自治区、直辖市应选第十一届全国人民代表大会代表的名额与第十届全国人民代表大会代表的名额相同。

三、香港特别行政区应选第十一届全国人民代表大会代表36人，澳门特别行政区应选第十一届全国人民代表大会代表12人，代表产生办法由全国人民代表大会另行规定。

四、台湾省暂时选举第十一届全国人民代表大会代表13人，由在各省、自治区、直辖市和中国人民解放军的台湾省籍同胞中选出。代表产生办法由全国人民代表大会常务委员会规定。依法应选的其余名额予以保留。

五、中国人民解放军应选第十一届全国人民代表大会代表265人。

六、第十一届全国人民代表大会代表中，少数民族代表的名额应占代表总名额的12%左右。人口特少的民族，至少应有全国人民代表大会代表1人。

七、第十一届全国人民代表大会代表中，应选归侨代表35人。

八、第十一届全国人民代表大会代表中，妇女代表的比例不低于22%。

九、第十一届全国人民代表大会代表中，来自一线的工人和农民代表人数应高于上一届。在农民工比较集中的省、直辖市，应有农民工代表。

十、第十一届全国人民代表大会代表，于2008年1月选出。

附件二：《第十一届全国人民代表大会少数民族代表名额分配方案》

第十一届全国人民代表大会少数民族代表名额分配方案

(2007年4月27日第十届全国人大常委会第二十七次会议通过)

根据第十届全国人民代表大会第五次会议通过的《关于第十一届全国人民代表大会代表名额和选举问题的决定》，第十一届全国人民代表大会少数民族代表名额为360名左右，与十届相同。具体分配方案如下：

一、各省、自治区、直辖市应选少数民族代表320名，其中：

1. 蒙古族24名：内蒙古自治区17名、辽宁省3名、吉林省1名、黑龙江省1名、青海省1名、新疆维吾尔自治区1名。2. 回族37名：北京市1名、天津市1名、河北省3名、辽宁省1名、上海市1名、江苏省1名、安徽省2名、山东省3名、河南省5名、云南省2名、陕西省1名、甘肃省4名、青海省2名、宁夏回族自治区8名、新疆维吾尔自治区2名。3. 藏族26名：四川省6名、云南省2名、西藏自治区12名、甘肃省2名、青海省4名。4. 维吾尔族22名：新疆维吾尔自治区22名。5. 苗族21名：

湖北省1名、湖南省5名、广西壮族自治区2名、海南省1名、重庆市2名、贵州省8名、云南省2名。6. 彝族20名：四川省7名、贵州省2名、云南省11名。7. 壮族44名：广东省1名、广西壮族自治区41名、云南省2名。8. 布依族7名：贵州省7名。9. 朝鲜族9名：辽宁省1名、吉林省6名、黑龙江省2名。10. 满族20名：北京市1名、河北省2名、内蒙古自治区1名、辽宁省10名、吉林省2名、黑龙江省4名。11. 侗族6名：湖南省1名、广西壮族自治区1名、贵州省4名。12. 瑶族6名：湖南省1名、广东省1名、广西壮族自治区3名、云南省1名。13. 白族4名：云南省4名。14. 土家族15名：湖北省6名、湖南省5名、重庆市2名、贵州省2名。15. 哈尼族4名：云南省4名。16. 哈萨克族5名：新疆维吾尔自治区5名。17. 傣族5名：云南省5名。18. 黎族5名：海南省5名。19. 傈僳族2名：云南省2名。20. 佤族1名：云南省1名。21. 畲族2名：浙江省1名、福建省1名。22. 高山族2名：福建省1名、台湾省1名。23. 拉祜族1名：云南省1名。24. 水族1名：贵州省1名。25. 东乡族1名：甘肃省1名。26. 纳西族1名：云南省1名。27. 景颇族1名：云南省1名。28. 柯尔克孜族1名：新疆维吾尔自治区1名。29. 土族1名：青海省1名。30. 达斡尔族1名：内蒙古自治区1名。31. 仫佬族1名：广西壮族自治区1名。32. 羌族1名：四川省1名。33. 布朗族1名：云南省1名。34. 撒拉族1名：青海省1名。35. 毛南族1名：广西壮族自治区1名。36. 仡佬族1名：贵州省1名。37. 锡伯族1名：新疆维吾尔自治区1名。38. 阿昌族1名：云南省1名。39. 普米族1名：云南省1名。40. 塔吉克族1名：新疆维吾尔自治区1名。41. 怒族1名：云南省1名。42. 乌孜别克族1名：新疆维吾尔自治区1名。43. 俄罗斯族1名：新疆维吾尔自治区1名。44. 鄂温克族1名：内蒙古自治区1名。45. 德昂族1名：云南省1名。46. 保安族1名：甘肃省1名。47. 裕固族1名：甘肃省1名。48. 京族1名：广西壮族自治区1名。49. 塔塔尔族1名：新疆维吾尔自治区1名。50. 独龙族1名：云南省1名。51. 鄂伦春族1名：内蒙古自治区1名。52. 赫哲族1名：黑龙江省1名。53. 门巴族1名：西藏自治区1名。54. 珞巴族1名：西藏自治区1名。55. 基诺族1名：云南省1名。

二、中国人民解放军应选少数民族代表14名。

三、其余26名少数民族代表名额由全国人民代表大会常务委员会依据法律另行分配。

2. 全国人民代表大会的任期

1954年宪法规定的全国人民代表大会任期为4年，从1975年宪法起，全国人民代表大会行使职权的法定期限即每届任期规定为5年。当时改变任期的原因主要是为了与国家的五年计划相对应，但1982年宪法沿用这一任期的规定则是出于传统。为保证两届全国人大任期的衔接，宪法规定：全国人民代表大会任期届满的2个月以前，全国人民代表大会常务委员会必须完成下届全国人民代表大会代表的选举。如果遇到不能进行选举的非常情况，由全国人民代表大会常务委员会以全体组成人员的2/3以上的多数决定，可以推迟选举，延长本届全国人民代表大会的任期。在非常情况结束后1年内，必须完成下届全国人民代表大会代表的选举。

全国人民代表大会任期的起止时间：从每届全国人民代表大会宣布举行第一次会议

开始，到下届全国人民代表大会宣布举行第一次会议为止。

3. 全国人民代表大会的职权

全国人民代表大会是最高的国家权力机关，它行使的职权是最主要、最根本的国家权力。根据宪法的规定，全国人民代表大会的职权包括：

（1）修改宪法并监督宪法的实施。宪法的修改，由全国人民代表大会常务委员会或者 1/5 以上的全国人民代表大会代表提议，并由全国人民代表大会以全体代表的 2/3 以上的多数通过。为保证宪法的最高权威以及维护法制的统一，宪法规定全国人民代表大会有权监督宪法的实施。监督宪法实施的权力并非专属于全国人民代表大会，宪法规定全国人民代表大会常务委员会也有监督宪法实施的权力。但是，由于全国人民代表大会有权改变或撤销全国人民代表大会常务委员会不适当的决定，因此，保证宪法实施的最终监督权属于全国人民代表大会。

（2）制定基本法律。全国人民代表大会行使立法权，它有权制定国家基本制度方面的法律。《中华人民共和国立法法》第 7 条规定："全国人民代表大会制定和修改刑事、民事、国家机构的和其他的基本法律。""其他的基本法律"，主要是指涉及公民基本权利义务及调整重要经济活动的法律。法律和其他议案由全国人民代表大会以全体代表的过半数通过。宪法还规定，全国人民代表大会有权改变或者撤销全国人民代表大会常务委员会不适当的决定。

（3）选举和罢免国家机关领导人员。全国人民代表大会选举国家机关领导人员的范围是：中华人民共和国主席、副主席；全国人民代表大会常务委员会的组成人员；中央军事委员会主席；最高人民法院院长；最高人民检察院检察长。全国人民代表大会决定国家机关领导人员的范围是：根据中华人民共和国主席的提名，决定国务院总理的人选；根据国务院总理的提名，决定国务院其他组成人员（包括副总理、国务委员、各部部长、各委员会主任、审计长和秘书长）的人选；根据中央军事委员会主席的提名，决定中央军委其他组成人员的人选。由全国人民代表大会选举和决定的以上人员，全国人民代表大会都有权予以罢免。

（4）审查、批准和决定国家重大事情。全国人民代表大会有权审查和批准国民经济和社会发展计划及计划执行情况的报告；审查和批准国家的预算和预算执行情况；批准省、自治区和直辖市的建置；决定特别行政区的设立及其制度；决定战争和和平问题；改变或撤销全国人民代表大会常务委员会不适当的决定。

（5）全国人民代表大会有权行使"应当由最高国家权力机关行使的其他职权"。这是《宪法》第 62 条第 15 项的规定，但这个规定并不意味着全国人民代表大会想干什么就干什么。即使是作为最高国家权力机关，全国人民代表大会也必须遵守宪法和法律，其权力也必须受到限制。在这里，"应当由最高国家权力机关行使的其他职权"是指：该项职权宪法和法律虽然没有明确划分其归属，但理论上从该项职权的性质和对全国人民代表大会是最高国家权力机关的性质判断，此项权力应当由它行使，而不是由全国人民代表大会常务委员会、国务院或其他机关行使的职权。[①]

---

① 蔡定剑：《宪法精解》，法律出版社 2006 年版，第 320 页。

(二) 全国人民代表大会常务委员会

1. 全国人民代表大会常务委员会的组成

根据宪法和全国人民代表大会组织法的有关规定，全国人民代表大会常务委员会是全国人民代表大会从自己的代表中选举产生的。全国人民代表大会常务委员会由委员长1人、副委员长若干人、秘书长1人和委员若干人组成。其人员统称为全国人民代表大会常务委员会组成人员。2008年3月15日，十一届全国人民代表大会第一次会议选出全国人民代表大会常务委员会组成人员共161名，其中，委员长1名、副委员长13名、秘书长1名、委员146名。全国人民代表大会常务委员会组成人员不得担任国家行政机关、审判机关和检察机关的职务，否则必须向常务委员会辞去常务委员会组成人员职务。这是使常务委员会组成人员专职化的重要措施。在全国人大常委会的委员当中，一般应该包括：①来自中国共产党的代表；②各民主党派和无党派爱国民主人士的代表；③工、青、妇等社会团体的代表；④人民解放军的代表；⑤人口在100万人以上的各少数民族代表。

2. 全国人民代表大会常务委员会的任期

全国人民代表大会常务委员会的每届任期与全国人大每届任期相同，都是5年。全国人民代表大会常务委员会任期的计算方法是：从本届全国人民代表大会第一次会议选举产生常委会组成人员开始，到下届全国人民代表大会第一次会议产生新的常委会组成人员时止。全国人民代表大会常务委员会委员长和副委员长连续任职不得超过两届。

3. 全国人民代表大会常务委员会的职权

根据宪法和《全国人民代表大会组织法》的规定，全国人民代表大会常务委员会的职权包括：

（1）立法权。立法权是全国人民代表大会常务委员会最重要的一项权力。依据宪法的规定，全国人民代表大会常务委员会和全国人民代表大会共同行使立法权。全国人民代表大会常务委员会行使的立法权包括：制定和修改除应当由全国人民代表大会制定的法律以外的其他法律；在全国人民代表大会闭会期间，对全国人民代表大会制定的法律进行部分补充和修改，但是不得同该法律的基本原则相抵触。除了宪法和基本法律外，大量的立法工作都由全国人大常委会承担。

（2）法律解释权。这里的法律解释包括对宪法的解释和对普通法律的解释。解释宪法，即对法律条文本身需要进一步明确界限或做补充规定而作的立法解释。这样便于从立法的角度及时回答和解决宪法和法律实施过程中提出的问题，保障宪法和法律的准确实施。法律解释是根据立法意图，对法律条文明确界定或正确地阐明其内容和含义的活动。

（3）人事任免权。在全国人民代表大会闭会期间，根据国务院总理的提名，决定国务院的部长、委员会主任、审计长、秘书长的人选；在全国人民代表大会闭会期间，根据中央军事委员会主席的提名，决定中央军事委员会其他组成人员的人选；根据最高人民法院院长的提请，任免最高人民法院副院长、审判员、审判委员会委员和军事法院院长；根据最高人民检察院检察长的提请，任免最高人民检察院副检察长、检察员、检察委员会委员和军事检察院检察长，并且批准省、自治区、直辖市的人民检察院检察长的任免；决定国家驻外全权代表的任免；根据委员长提名，任免常务委员会秘书长。

(4) 重要问题决定权。这一职权包括：决定同外国缔结的条约和重要协定的批准和废除；规定军人和外交人员的衔级制度和其他专门衔级制度；规定和决定授予国家的勋章和荣誉称号；决定特赦；在全国人民代表大会闭会期间，如果遇到国家遭受武装侵犯或者必须履行国际间共同防止侵略的条约的情况，决定战争状态的宣布；决定全国总动员或者局部动员；决定全国或者个别省、自治区、直辖市的戒严。

(5) 监督权。包括下列几项：第一，监督宪法实施。现行宪法除规定我国人民代表大会监督宪法的实施外，还赋予全国人民代表大会常务委员会以监督宪法实施的职权。全国人大常委会是全国人大的常设机构，由它行使这一职权，便于对宪法的实施进行经常性的监督。第二，监督国务院、中央军事委员会、最高人民法院和最高人民检察院的工作。第三，撤销由国务院制定的同宪法、法律相抵触的行政法规、决定和命令；撤销省、自治区、直辖市国家权力机关制定的同宪法、法律和行政法规相抵触的地方性法规和决议。第四，在全国人民代表大会闭会期间，审查和批准国民经济和社会发展计划、国家预算在执行过程中所必须作的部分调整方案。第五，在会议期间，有权阻止特定问题调查委员会，并根据特定问题调查委员会的报告作出相应决议。

(6) 全国人民代表大会授予的其他职权。如：主持全国人民代表大会代表的选举，召集全国人民代表大会的会议，联系全国人大代表，并组织他们视察，在全国人民代表大会闭会期间，领导各专门委员会的工作等等。

(三) 全国人民代表大会专门委员会

1. 全国人民代表大会专门委员会的产生

全国人民代表大会专门委员会由每届全国人民代表大会第一次会议选举产生。全国人民代表大会专门委员会对全国人民代表大会负责并报告工作，在全国人民代表大会闭会期间，受全国人民代表大会常务委员会领导。

2. 全国人民代表大会专门委员会的组成

全国人民代表大会各专门委员会的组成。自第九届全国人民代表大会设有九个专门委员会，分别是：民族委员会、法律委员会、内务司法委员会、财政经济委员会、教育科学文化卫生委员会、外事委员会、华侨委员会、环境与资源保护委员会、农业与农村委员会。第十届、十一届全国人民代表大会关于专门委员的设置没有变化。全国人民代表大会各专门委员会由主任委员1人，副主任委员若干人和委员若干人组成。专门委员会组成人员的人选由全国人民代表大会主席团从代表中提名，大会通过。大会闭会期间，可以由全国人民代表大会常务委员会补充任命个别副主任委员和委员。各专门委员会组成人员大多是某一领域的专家、学者，或在某一领域长期工作的人士。各专门委员会还可以根据工作需要，任命专家若干人为顾问；顾问可以列席专门委员会会议，发表意见。顾问由全国人民代表大会常务委员会任免。专门委员会的任期与全国人民代表大会每届任期相同。

3. 全国人民代表大会专门委员会的职权

根据《中华人民共和国全国人民代表大会组织法》第37条的规定，全国人民代表大会各专门委员会的职权如下：①审议全国人民代表大会主席团或者全国人民代表大会常务委员会交付的议案；②向全国人民代表大会主席团或者全国人民代表大会常务委员会提出属于全国人民代表大会或者全国人民代表大会常务委员会职权范围内同本委员会有关的议案;③审议全国人民代表大会常务委员会交付的被认为同宪法、法律相抵触的国务院的行政法规、决定和命令,国务院各部、各委员会的命令、指示和规章,省、自治区、直辖市的人民代表大会和它的常务委员会的地方性法规和决议,以及省、自治区、直辖市的人民政府的决定、命令和规章,提出报告;④审议全国人民代表大会主席团或者全国人民代表大会常务委员会交付的质询案,听取受质询机关对质询案的答复,必要的时候向全国人民代表大会主席团或者全国人民代表大会常务委员会提出报告;⑤对属于全国人民代表大会或者全国人民代表大会常务委员会职权范围内同本委员会有关的问题,进行调查研究,提出建议。民族委员会还可以对加强民族团结问题进行调查研究,提出建议;审议自治区报请全国人民代表大会常务委员会批准的自治区的自治条例和单行条例,向全国人民代表大会常务委员会提出报告。法律委员会统一审议向全国人民代表大会或者全国人民代表大会常务委员会提出的法律草案;其他专门委员会就有关的法律草案向法律委员会提出意见。

此外,近年来,全国人民代表大会专门委员会在监督方面也发挥着积极的作用,协助全国人民代表大会常务委员会行使监督权,主要是在加强专门委员会执法检查工作和听取有关部门工作汇报方面取得了初步成效。

二、全国人民代表大会常务委员会的工作机构

全国人民代表大会常务委员会工作机构包括三个部分,即办公厅、法制工作委员会和各专门委员会所属的办事机构。全国人民代表大会常务委员会机关的组织体系如下:

(一) 秘书处

根据1993年全国人民代表大会常务委员会会议批准的《全国人大常委会秘书处工作规则》[①],全国人大常委会秘书处是负责处理常委会日常事务工作的办事机构,在委员长领导下工作。全国人大常委会秘书处由全国人大常委会常务副委员长、秘书长、各专门委员会主任委员、常委会副秘书长、法制工作委员会主任组成。常务副委员长主持秘书处的工作。秘书长协助常务副委员长工作。

全国人大常委会秘书处的任务是:①围绕立法、监督等项工作,了解情况,研究问题,提出解决问题的意见或建议;②掌握全国人大各专门委员会、常委会办公厅和常委会法工委的工作进展情况,加强统一协调;;③研究机构设置、人员编制和机关建设等问题;④通报党中央、国务院和全国人大常委会党组有关会议情况或文件精神;⑤办理委员长会议和委员长交办的其他工作。

(二) 办公厅

办公厅是全国人大常委会的综合办事机构,在全国人大常委会秘书长领导下工作,全国人大常委会副秘书长协助秘书长工作。办公厅下设秘书一局、秘书二局、研究室、联络局、外事局、新闻局、信访局、人事局、机关事务管理局、人民大会堂管理局等部门。其主要职责是:①承担全国人大会议、全国人大常委会会议、委员长会议的各项筹备和会务工作;②受委员长会议的委托,拟定有关的议案草案和常委会工作的有关计划;③承担全国人大及其常委会行使职权的调查研究工作;④负责全国人大及其常委会

[①] 来源:人大与议会网,网址:http://www.e-cpcs.org/newsinfo.asp?Newsid=7541,最后访问时间:2011年4月19日。

有关报告、文件的起草和准备工作；⑤组织办理全国人大代表提出的议案及建议、批评和意见；⑥承担全国人大常委会同全国人大代表和省、自治区、直辖市的人大常委会的联络工作；⑦承办全国人大及其常委会同外国议会、议会国际组织的交往联系工作；⑧负责全国人大及其常委会的新闻发布和宣传工作；⑨办理和接待全国人大代表和人民群众的来信来访；⑩承担全国人大及其常委会的后勤保障和会议服务工作。

办公厅还下设培训中心、信息中心、机关服务中心、会议中心、图书馆、中国人大杂志社、中国民主法制出版社等单位，承担全国人大常委会机关的相关工作。

（三）法制工作委员会

法制工作委员会是全国人民代表大会常务委员会和全国人民代表大会法律委员会双重领导下专门负责立法工作的服务机构，由法制工作委员会主任1名、副主任若干名和秘书长组成，下设研究室、国家法行政法室、民法室、刑法室、经济法室和办公室。

法制工作委员会的主要职责是：①受委员长会议委托，拟订有关法律方面的议案草案；②为全国人大和全国人大常委会审议法律草案服务，对提请全国人大和全国人大常委会审议的有关法律草案进行调查研究，征求意见，提供有关资料，提出修改建议；③在法律草案交付表决前，负责法律用语的规范和文字方面的工作；④对各省、自治区、直辖市人大常委会及中央和国家机关有关部门提出的有关法律方面问题的询问进行研究和予以答复，并报常务委员会备案；⑤对报全国人大常委会备案的行政法规和地方性法规是否违反宪法和法律进行研究，提出意见；⑥研究处理并答复全国人大代表提出的有关法制工作的建议、批评和意见以及全国政协委员的有关提案；⑦进行与人大工作有关的法学理论、法制史和比较法学的研究，开展法制宣传工作；负责汇编、译审法律文献的有关工作；⑧办理全国人大常委会和委员长会议交办的其他事项。

（四）各专门委员会的办事机构

全国人民代表大会现有九个专门委员会，根据工作需要，分别设有办公室、研究室、法案室等办事机构。其中，法律委员会只设了一个小的办公室，它以法制工作委员会的各室为其办事机构。民族委员会设有办公室、调研室、法案室；财经委员会设有办公室、经济法室、计划预算室、研究室；科教文卫委员会设有办公室、教育研究室、科技研究室、文化研究室、人口体育卫生研究室；华侨委员会设有办公室、研究室；内务司法委员会设有办公室、内务室、司法室、妇女儿童青少年室；外事委员会设办公室、综合处、美大处、欧亚非处；环境与资源委员会设办公室、研究室、法案室；农业与农村委员会设有办公室、法规室、调研室。

专门委员会的办事机构的主要职责：①为专门委员会研究、审议和拟订议案服务；②对报送全国人民代表大会常务委员会备案的地方性法规拟订专门委员会审议意见；③负责专门委员会全体会议、主任委员会议的筹备及会务工作；④承办专门委员会同外国议会对口委员会交往的具体事务；⑤围绕专门委员会的工作开展调查研究。

第三节 全国人民代表大会会议制度

一、全国人民代表大会会议

（一）会议时间

现行宪法及组织法并没有对全国人民代表大会会议时间做出明确规定。全国人民代表大会开会时间是在实践中逐渐确定下来的。早期，全国人民代表大会会议开会时间不确定。一至五届期间的会议，有时在3~4月召开，有时在6月召开，有时在7月召开，有时又在11~12月召开。直到1989年，《全国人民代表大会议事规则》规定："全国人民代表大会会议于每年第一季度举行。"（第二条）七届全国人民代表大会以来，全国人民代表大会开会时间逐渐固定在3~4月份召开，自八届全国人民代表大会以来，会议提前至春节后，固定在3月召开。

（二）会议会期

会期即会议召开时间的长短。会期制度是关于立法机关开会的起讫时间以及前后两次会议之间间隔期限的制度。我国宪法及相关组织法对全国人民代表大会会议制度只规定了两次会议之间的间隔期限，未对每次会议的起讫时间进行规定。关于两次会议的间隔期限，宪法规定，全国人民代表大会会议每年举行一次，由全国人民代表大会常务委员会召集。如果全国人民代表大会常务委员会认为必要，或者有1/5以上全国人民代表大会代表提议，可以临时召集全国人民代表大会会议。宪法虽然有召开临时会议的规定，不过，全国人民代表大会至今还没有召开过临时会议。关于每次会议的起讫时间，在实践中长短不一，很不确定。我国全国人民代表大会每次开会时间最长的达26天（一届人大四次会议和二届人大三次会议），最短的只有5天，一般为15天左右。

（三）会议过程

1. 会议准备

会议准备包括组织准备、文件准备和会务准备三个部分。

组织准备。组织准备是会议准备中最为重要的部分，具体准备工作包括：①提出会议议程草案。全国人民代表大会常务委员会应在全国人民代表大会举行会议的一个月前的常委会上确定议程草案和开会日期，并将开会日期和建议会议讨论的主要事项通知代表，拟提请会议审议的法案草案也要发给代表。同时，通过新闻媒体向社会公布开会议程和日期。②提出主席团和秘书长名单草案。大会主席团和秘书长名单在大会召开前由常委会提出，大会主席团成员一般在150名左右。全国人民代表大会主席团成员通常由下列人员组成：党和国家领导人（包括中共中央领导、国家主席、副主席、委员长、副委员长）；各民主党派中央、全国工商联负责人和无党派爱国人士；中央党、政、军机关有关负责人和人民团体负责人；经济特区的代表，港澳地区的代表，工、农、兵等方面的劳动模范代表，解放军、武警部队的代表，经济、科技、教育、文化、卫生、体育、宗教、华侨等方面先进人物和知名人士代表；人口在100万以上的少数民族的代表；各代表团负责人。③决定列席会议人员名单。每次全国人民代表大会法定列席的人员名单包括国务院组成人员、中央军事委员会组成人员、最高人民法院院长、最高人民检察院检察长。另外，主席团还可决定其他相关机关、团体负责人列席会议。④组织代表团。每次全国人民代表大会之前，全国人民代表大会代表按照选举单位组成代表团。每个省、自治区、直辖市的全国人大代表组成一个代表团，解放军代表组成一个代表团，香港、澳门两个特别行政区的代表各自单独组成自己的代表团，共35个代表团。代表团团长、副团长由代表团全体会议推选产生，代表团团长召集并主持代表团全体会议，副团长协助团长工作。⑤审查代表资格。在新一届全国人民代表大会代表选出以后、新一届全国人民代表大会第一次会议举行之前，由全国人民代表大会常务委员会资格审查委员会对选出的代表进行资格审查。全国人民代表大会常务委员会根据资格审查委员会的报告，决定个别代表当选或无效。在会议召开之前，由全国人民代表大会常务委员会公布代表名单，并通知其参加会议。

文件准备。由有关部门负责在大会举行前，起草好提交代表大会的工作报告，拟好议程草案和决议、决定草案。涉及人事选举与任免的，需准备好候选人的介绍、推荐材料。

会务准备。会务准备主要包括：合理安排会议进程，收集、提供参加会议所需的各种信息，为会议的顺利进行提供各种保障。

2. 预备会议

《全国人民代表大会组织法》第5条规定："全国人民代表大会每次会议举行预备会议，选举本次会议的主席团和秘书长，通过本次会议的议程和其他准备事项的决定。"《全国人民代表大会议事规则》第8条规定："全国人民代表大会会议举行前，召开预备会议，选举主席团和秘书长，通过会议议程和关于会议其他准备事项的决定。"预备会议的主要任务是，选举主席团和秘书长，通过会议议程和关于会议其他准备事项的决定。可见，预备会议主要是为了解决会议的程序等问题而举行的会议。预备会议由全国人民代表大会常务委员会主持。每届全国人民代表大会第一次会议的预备会议，由上一届全国人民代表大会常务委员会主持。预备会议一般在全国人民代表大会召开的前一天举行，时间多为半天。

3. 会议开幕

会议开幕即宣布会议的正式召开。会议开幕需达到法定人数。《全国人民代表大会议事规则》第4条规定："全国人民代表大会会议有三分之二以上的代表出席，始得举行。"代表因病不能出席，必须请假。大会执行主席根据报到人数向大会报告代表总数和实到代表人数，确定是否符合法定人数。只有达到法定人数才能宣布开会。

4. 举行会议

全国人民代表大会举行会议，并不意味着在整个会议期间都采取全体会议的形式。一次全国人民代表大会是由一系列会议包括主席团会议、全体会议、代表团会议、小组会议等组成的。

5. 会议闭幕

会议闭幕即宣布会议的结束。闭幕会实际上是全国人民代表大会最重要、最关键的会议。闭幕会之前的各种会议，都是在讨论、审议各种报告、立法草案及人事任免案草案等。这些草案都在闭幕会上表决，因此，会议的最终成果都体现在闭幕会中。在闭幕会上表决的常规草案包括关于政府工作报告的决议草案、关于国民经济和社会发展计划执行情况与国民经济和社会发展计划的决议草案、关于全国人民代表大会常务委员会工作报告的决议草案、关于最高人民法院工作报告的决议草案、关于最高人民检察院工作报告的决议草案等。闭幕会在表决结束后，由大会执行主席做简短的总结讲话，最后宣布会议闭幕。

（四）会议形式

根据会议听取审议和通过议案的需要，全国人民代表大会在实践中逐渐形成了各种会议的形式。这些会议形式包括主席团会议、大会全体会议、代表团会议、代表团小组会议和专门委员会会议。

1. 主席团会议

大会主席团是全国人民代表大会的组织者。大会主席团的职责是：①提出议案和决定议案列入程序。②提名由全国人民代表大会选举的全国人民代表大会常务委员会组成人员和其他国家机关领导人员的人选。③提出对全国人民代表大会常务委员会组成人员和其他国家机关领导人员的罢免案。④对大会中提出的质询案，交给被质询单位，并决定回答质询的方式及受质询单位是否再作答复。⑤提出组织特定调查委员会的议案。⑥组织列入大会议程的议题，召开大会全体会议，组织大会发言。⑦决定大会期间全国人民代表大会代表是否受逮捕或刑事审判等。

全国人民代表大会决定的一切问题都先要在主席团会议上通过。主席团第一次会议由全国人民代表大会常务委员会委员长主持，① 以后的会议由主席团常务主席②召集和主持，主席团全体成员参加。主席团会议的任务是：领导会议，解决各种会议程序问题。主席团会议履行职责分两个阶段：第一个阶段是，主席团第一次会议，主要解决大会召开的有关程序问题；第二个阶段是，就会议中出现的程序问题作出决定，如对议案进行初步审查决定各种议案的命运等。

2. 大会全体会议

大会全体会议就是由全部到会的全国人民代表大会代表参加的会议。它是全国人民代表大会开会的基本形式，是全国人民代表大会行使权力的主要场所。每次全国人民代表大会开会期间都要召开若干次大会全体会议。全国人民代表大会全体会议有两项基本任务：一是听取报告和法律议案的说明。听取的报告包括全国人民代表大会常务委员会的工作报告、国务院的工作报告、最高人民法院的工作报告、最高人民检察院的工作报告、上一年度国民经济和社会发展计划执行情况的报告和本年度国民经济和社会发展计

---

① 这是因为主席团举行第一次会议还没有选出主席团常务主席，因此只能由全国人民代表大会常务委员会委员长主持会议。主席团第一次会议行使的职责是：（1）推选主席团常务主席若干人；（2）推选主席团成员若干人轮流担任每次大会全体会议执行主席；（3）决定大会秘书长人选；（4）决定大会会议日程安排；（5）规定议案表决办法；（6）规定代表议案提出截止日期；（7）决定除依法应列席全国人民代表大会会议以外的其他有关机关、团体的负责人列席会议的名单；（8）其他需要由主席团第一次会议决定的有关事项。（见蔡定剑：《中国人民代表大会制度》，法律出版社1998年版，第437页）

② 主席团常务主席由主席团第一次会议选出。主席团常务主席的主要职权是：（1）召集并主持主席团会议；（2）对属于主席团职权范围内的事项向主席团提出建议，并可对会议议程安排作必要的调整；（3）召开代表团团长会议，就议案和有关报告的重大问题听取各代表团的审议意见，进行讨论，并将讨论情况的意见向主席团报告；（4）还可就重大专门性问题，召集代表团推选的有关代表进行讨论；国务院有关部门负责人参加会议，汇报情况，回答问题。会议讨论情况和意见，应当向主席团报告。（见蔡定剑：《中国人民代表大会制度》，法律出版社1998年版，第439页）

划、本年度国家预算和上一年度国家预算执行情况的报告。二是投票选举和表决议案。

3. 代表团会议

代表团会议的任务包括：在每次全国人民代表大会举行前，集中进行各类准备活动，讨论全国人民代表大会常务委员会提出的关于会议的准备事项，如审议主席团和秘书长名单草案、会议议程草案等；传达主席团会议的有关决定和意见；对列入议程的议案进行集中审议；在会议期间提出代表大会职权范围内的议案，如罢免案、质询案及提议组织特定问题调查委员会等。上述这些行动，都要通过召开代表团全体会议，由代表团全体代表过半数作出决定。

4. 代表团小组会议

由于一些代表团人数较多，在全国人民代表大会开会时，代表团还要分若干小组举行会议审议议案。一般情况而言，只有西藏、青海、甘肃、宁夏、台湾等省或自治区的代表团不分小组开会。代表团小组会议一般是按照省或自治区内的地区划分，小组会议推选召集人轮流主持会议。小组会议的任务是，讨论大会的各项议程。举行代表团小组会议的优点是，能够让每个代表有充分的时间就每个议案发表意见。其缺点是，广泛交流性差，讨论问题地区局限性大，会议行政色彩浓厚，小组会议常常变成了地区工作汇报会或地区工作的动员会。

5. 全国人民代表大会会议期间的专门委员会会议

各专门委员会是全国人民代表大会的常设机构。因此，在全国人民代表大会会议期间，各专门委员会一直处于工作状态。在全国人民代表大会会议期间，各专门委员会审议与本委员会有关的议案。具体职责是：向全国人民代表大会提出议案；审议主席团交付的议案，提出是否列入会议议程的意见；向大会提供有关列入会议议程的议案材料；审议主席团交付列入会议的议案，提出审议报告，由主席团会议决定是否交付大会表决。

二、全国人民代表大会常务委员会会议

根据《中华人民共和国全国人民代表大会组织法》第29条的规定，全国人民代表大会常务委员会由委员长召集，一般两个月举行一次。根据《中华人民共和国全国人民代表大会常务委员会议事规则》第3条规定，全国人民代表大会常务委员会会议一般每两个月举行一次，有特殊需要的时候，可以临时召集会议。

（一）会议的召集与准备

全国人民代表大会常务委员会会议由委员长召集并主持，委员长也可以委托副委员长主持会议。全国人民代表大会常务委员会会议必须由常务委员会组成人员过半数出席，方能举行。

全国人民代表大会常务委员会会议的议程由委员长会议拟订，由常务委员会全体会议决定。常务委员会举行会议，应当在会议举行7日前，将会议日期、建议开会讨论的主要事项，通知常务委员会组成人员。临时召集常务委员会会议，也可以临时通知。

（二）会议的形式

全国人民代表大会常务委员会会议主要采取以下形式，即全体会议、分组会议和联组会议。

1. 全体会议

全国人民代表大会常务委员会全体会议是由常务委员会全体组成人员一同参加的会议。这是全国人民代表大会常务委员会会议的主要形式,其职责是:听取各种提交大会审议的议案说明;听取向常务委员会所作的各项工作报告、汇报等;对各种法律案、普通议案、人事任免案和有关报告进行投票表决等。

2. 分组会议

分组会议是将全国人民代表大会常务委员会组成人员分成若干小组召开会议,分组举行会议的目的是便于对议案进行充分的讨论。全国人民代表大会常务委员会开会时一般分为四个小组,小组成员不固定,每次常务委员会会议根据议程重新编组。列席人员分组参加会议。分组会议由会务指定的若干召集人轮流主持,副委员长和一些资深委员常被指定为召集人。分组会议的职责是:对提交常务委员会的法律案和其他议案进行充分讨论,对国务院及各部门、最高人民法院、最高人民检察院向常务委员会的工作报告及汇报进行审议,讨论人事任免事项等。

3. 联组会议

联组会议在形式上跟全体会议没有区别,在会议的内容上是不同的。联组会议的内容有两项:一是听取和审议有关专门委员会对法律案和其他议案的审议意见和修改意见的汇报;二是在分组会议讨论各项议案的基础上,各组再集中共同审议议案,特别是对审议中的重点问题和不同意见,开展进一步的讨论。自第七届全国人民代表大会后,联组会议已经不再举行。

三、全国人民代表大会专门委员会会议

全国人民代表大会专门委员会不是国家权力机关实体,并不行使实体国家权力。但它是国家权力机关的常设工作机构,是国家权力机关的内设机构。在全国人民代表大会和全国人民代表大会常务委员会闭会期间,各专门委员会也仍然保持运转。各专门委员会在全国人民代表大会开会期间受全国人民代表大会领导,在全国人民代表大会闭会期间受常务委员会领导。

全国人民代表大会专门委员会会议分两种情况。一是在全国人民代表大会会议期间的会议。对在全国人民代表大会会议期间的专门委员会会议,本书前文已做介绍,主要是为大会做准备和辅助性工作。二是在全国人民代表大会闭会期间的会议。此时,专门委员会的会议主要职责是:向常务委员会提出与常务委员会有关的议案;审议常务委员会交付的议案,并作出审查报告,或提出审议意见或建议;起草法律草案或参与和联系、督促政府部门的立法起草工作,开展立法研究;对行政、司法机关执法情况进行检查,听取他们的工作汇报;处理代表提出的建议、批评和意见。上述这些工作都由专门委员会会议作出决定。

全国人民代表大会各专门委员会的会议主要有两种形式:①专门委员会全体会议。全体会议由主任委员召集,主要讨论决定本委员会职责范围内的重大问题;研究或讨论常务委员会会议或委员长会议交付的各项工作;听取"一府两院"有关部门的工作汇报等。②委员会主任委员办公会议。主任委员办公会议由主任委员、副主任委员组成,主要任务是研究处理专门委员会的日常重要工作,包括落实常务委员会或委员长会议交办的事项;确定委员会全体会议的议题;决定委员会的工作计划等。

第四节　全国人民代表大会及其常务委员会的职权

宪法赋予全国人民代表大会和全国人民代表大会常务委员会各十多项职权，概括起来大体上是四种类型即立法权、监督权、决定权和任免权。

一、立法权

（一）立法权的概念

简言之，所谓立法权即制定法律的权力。在我国，立法权有广义和狭义之分。狭义的立法权是指全国人民代表大会及其常务委员会制定、修改、废止、解释法律的权力。狭义的立法权也可称为国家立法权。广义的立法权是指有关国家机关依照法定职权和程序，制定、修改、废止、解释各种具有不同法律效力的规范性文件的权力。本书所讲立法权，是指狭义的立法权，即国家立法权，它是全国人民代表大会及其常务委员会的一项专有国家权力。对这一概念应做如下理解：第一，立法权是一项国家权力，是国家主权的体现。第二，立法权是由立法机关行使的国家权力，有别于行政机关行使的行政权和司法机关行使的司法权。第三，我国虽然存在国务院、省级人民代表大会及常务委员会、民族自治地方人民代表大会和较大的市的人民代表大会的立法活动，但它们都没有独立的立法权，其立法工作都只是全国人民代表大会及其常务委员会立法权的一部分。我国的立法权就是一个，它是统一的，不可分割的，并且只属于全国人民代表大会及其常务委员会。[①]

（二）立法权限

1. 全国人民代表大会的立法权限

《宪法》第62条规定：全国人民代表大会"制定和修改刑事、民事、国家机构的和其他的基本法律"。《立法法》第7条也作了完全相同的规定。"刑事"方面的基本法律，是指关于犯罪和刑罚以及关于追究犯罪的程序方面的基本法律，如《刑法》《刑事诉讼法》等。"民事"方面的基本法律，是指调整平等主体之间的财产关系和与财产有关的人身关系以及处理民事案件程序的基本法律，如《民法通则》《物权法》《侵权责任法》《民事诉讼法》等。"国家机构"方面的基本法律，是指国家机构的选举产生、组织、职权方面的基本法律，如《选举法》《地方人民代表大会和地方人民政府组织法》《全国人民代表大会组织法》《国务院组织法》《最高人民法院组织法》《最高人民检察院组织法》等。所谓"其他的基本法律"，是指社会关系中除刑事、民事、国家机构之外的其他方面的基本法律，如《民族区域自治法》《义务教育法》《外资企业法》等。对什么是"其他的基本法律"，实践中主要由全国人民代表大会常务委员会来判定，全国人民代表大会常务委员会提交全国人民代表大会审议的法律就是基本法律。[②] 一般认为，"其他的基本法律"应包括涉及公民权利义务的法律、涉及公职人员权利义务的法律、重要的经济立法及有关司法诉讼方面的法律等。

---

① 蔡定剑：《中国人民代表大会制度》，法律出版社1998年版，第273页。
② 蔡定剑：《宪法精解》，法律出版社2006年第2版，第314页。

2. 全国人民代表大会常务委员会的立法权限

《宪法》第 67 条规定：全国人民代表大会常务委员会"制定和修改除应当由全国人民代表大会制定的法律以外的其他法律"；"在全国人民代表大会闭会期间，对全国人民代表大会制定的法律进行部分补充和修改，但是不得同该法律的基本原则相抵触"。《立法法》第 7 条作了相同的规定。跟全国人民代表大会的立法权限相比，全国人民代表大会常务委员会的立法权限受到一定的限制：①全国人民代表大会常务委员会只能制定和修改除应由全国人民代表大会制定的法律以外的其他法律。对于前述刑事、民事、国家机构的和其他基本法律，只能由全国人民代表大会制定，而全国人民代表大会常务委员会不能制定这些方面的法律。②全国人民代表大会常务委员会虽然不能制定刑事、民事、国家机构的和其他基本法律，但却可以对全国人民代表大会制定的这些方面的基本法律进行"部分"补充和修改。确定是否属于"部分"补充修改的范围，有两项标准，一是内容标准，一是数量标准。内容标准要求，全国人民代表大会常务委员会对基本法律进行补充修改时，不得修改法律的指导思想、基本原则，也不能修改根本性的条文。数量标准要求，全国人民代表大会常务委员会在对基本法律进行补充修改时不能改得面目全非，而应该有一个总量限制，如所补充修改的法律条文总数不得超过三分之一。①③全国人民代表大会常务委员会对全国人民代表大会制定的基本法律进行部分补充修改时不得同该法律的基本原则相抵触。这里包含两层意思：一层意思是，如前文提到的确定是否属于"部分"补充修改范围的内容标准所要求的，全国人民代表大会常务委员会不得修改全国人民代表大会制定的基本法律的基本原则；一层意思是，全国人民代表大会常务委员会对基本法律所进行的部分补充修改，不能违背该基本法律确定的基本原则。

3. 全国人民代表大会及其常务委员会的专属立法权

《立法法》第 8 条规定，下列事项只能制定法律：①国家主权的事项；②各级人民代表大会、人民政府、人民法院和人民检察院的产生、组织和职权；③民族区域自治制度、特别行政区制度、基层群众自治制度；④犯罪和刑罚；⑤对公民政治权利的剥夺、限制人身自由的强制措施和处罚；⑥对非国有财产的征收；⑦民事基本制度；⑧基本经济制度以及财政、税收、海关、金融和外贸的基本制度；⑨诉讼和仲裁制度；⑩必须由全国人民代表大会及其常务委员会制定法律的其他事项。根据《立法法》第 9 条的规定，在上述事项尚未制定法律时，全国人民代表大会及其常务委员会有权作出决定，授权国务院可以根据实际需要，对其中的部分事项先制定行政法规，但是有关犯罪和刑罚、对公民政治权利的剥夺和限制人身自由的强制措施和处罚、司法制度等事项除外。

上述十项专属立法权的规定意味着，这些事项只能由全国人民代表大会及其常务委员会制定法律。这在理论上称为法律保留。对这些法律保留的事项还可进一步分为法律绝对保留的事项和法律相对保留的事项。所谓法律绝对保留的事项，主要是指涉及公民基本权利、国家基本制度和法制统一的事项。根据《立法法》的规定，有关犯罪和刑罚、对公民政治权利的剥夺和限制人身自由的强制措施和处罚、司法制度的事项，全国人大及其常委会不得授权国务院制定行政法规。对于其他专属立法权限的事项，尚未制

---

① 参见蔡定剑：《中国人民代表大会制度》，法律出版社 1998 年版，第 277 页。

定法律的,全国人大及其常委会有权作出决定,授权国务院根据实际需要,先行制定行政法规。这些事项可以称为法律相对保留的事项。①

(三) 立法程序

立法程序即法律的制定程序,是国家立法机关制定法律包括制定、认可、修改和废除法律所必须遵守的步骤、方式和顺序。立法程序是法律民主性、科学性的保障。科学而完善的立法程序,有利于在广泛民主的基础上集中多数人的意见,将多数人的意见以法律的形式上升为国家意志。根据《立法法》的规定,全国人民代表大会及其常务委员会的立法程序,主要包括:法律草案的起草、法律草案的提出、法律草案的审议、法律草案的通过和法律的公布。

1. 法律草案的起草

以往学者都将法律起草排除在立法程序之外。但起草法律草案是立法过程中最基础也是最重要的步骤,任何法律草案都必须起草,因此,法律草案的起草其意义不言而喻。基于这个理由,本书将法律草案的起草纳入立法程序之中。

我国现行法律对法律草案的起草未作规定。实践中的具体情况是,由全国人民代表大会主席团、全国人民代表大会常务委员会及委员长会议、全国人民代表大会各专门委员会提出的草案,通常由全国人民代表大会各专门委员会、全国人民代表大会常务委员会法制工作委员会和办公厅、全国人民代表大会代表或常务委员会组成人员或者成立专门法律起草委员会起草;由国务院提出的法律草案通常由国务院法制办或国务院各部委起草;最高人民法院负责起草司法审判以及司法审判组织方面的法律草案;最高人民检察院起草与检察工作和检察院组织有关的法律草案;中央军事委员会起草有关军事方面的法律草案,主要由中央军事委员会法制局承担。中共中央有关机关也起草一些主要的法律草案,全国性的社团、群团组织如全国总工会、全国妇联、共青团中央、科技协会等组织也起草与该团体组织有关的法律草案,交全国人民代表大会有关部门或者国务院作为法律议案提出。还有一种情形,也称联合起草,是指由一个部门牵头,各有关方面组成联合法律起草小组起草。上述情况表明,我国法律草案的起草主体还有待规范。这种格局下,法律草案更多地体现了起草者的利益要求,甚至有的部门为了部门利益而立法,利用立法争权夺利,实践中这种现象被称为"部门立法"。如何利用相关部门对所需立法情况了解的优势,又能保证所立之法反映多数人的利益,是一个有待破解的难题。

2. 法律草案的提出

法律草案的提出包括向全国人民代表大会提出法律草案和向全国人民代表大会常务委员会提出法律草案。《立法法》规定:①可以向全国人民代表大会提出法律议案的主体是:全国人民代表大会主席团、全国人民代表大会常务委员会、国务院、最高人民法院、最高人民检察院、全国人民代表大会各专门委员会。除全国人民代表大会主席团提出的法律议案外,其他主体提出的法律议案,须由主席团决定列入会议议程。一个代表团或者30名以上的代表联名,可以向全国人民代表大会提出法律案,由主席团决定是否列入会议议程,或者先交有关的专门委员会审议,提出是否列入会议议程的意见,再

---

① 张春生:《论我国的国家立法权》,载《唯实》2002年第10期。

决定是否列入会议议程。②可以向全国人民代表大会常务委员会提出法律案的主体是：委员长会议、国务院、中央军事委员会、最高人民法院、最高人民检察院、全国人民代表大会各专门委员会、全国人民代表大会常务委员会组成人员十名以上联名。国务院、中央军事委员会、最高人民法院、最高人民检察院、全国人民代表大会各专门委员会向全国人大常委会提出法律案，由委员长会议决定列入常务委员会会议议程，或者先交有关的专门委员会审议、提出报告，再决定列入常务委员会会议议程。常务委员会组成人员十人以上联名提出的法律案，由委员会会议决定是否列入常务委员会会议议程，或者先交有关的专门委员会审议，提出是否列入常务委员会会议议程的意见，再决定是否列入常务委员会会议议程。

3. 法律草案的审议

法律草案的审议是立法过程中的重要一环。法律草案议案的审议主要审议两方面的内容：一是法律草案议案是否列入会议议程和如何列入会议议程；二是法律草案议案被列入会议议程后，审议该议案具体内容的合理性、科学性和可行性。

根据《立法法》的规定，列入全国人民代表大会会议议程的法律案和列入全国人大常委会会议议程的法律案，在审议方式上存在差别。①列入全国人民代表大会会议议程的法律案有两种审议方式：一是代表团审议，包括代表团全体会议审议和代表团小组会议审议。二是专门委员会审议，包括有关专门委员会审议和法律委员会统一审议；②列入全国人大常委会会议议程的法律案，主要有三种审议方式：常务委员会全体会议审议、常务委员会分组会议审议和常务委员会联组会议审议。

审议准备。法律议案列入会议议程后，需要做如下准备：①提供资料。提出法律案的机关应向会议提供该法律案的有关资料，包括背景材料、调研情况和各方面的意见。②将法律草案提前发给代表或常务委员会组成人员。③全民征求意见。对一些重要的基本法律，往往向社会公开征求意见。一个法律草案是否向社会征求意见，由委员长会议视具体情况决定。④提交全国人民代表大会审议的法律案要经常务委员会事先审议，并将审议意见印发会议。

正式审议。目前主要有两项审议制度。①"三审制"。这是指列入全国人民代表大会常务委员会会议议程的法律案，一般应经三次常务委员会会议审议后才能交付表决。三次审议分别是，第一次审议：全国人民代表大会常务委员会第一次审议法律案是在全体会议上听取提案人的说明。"说明"包括立法理由，起草简要经过，草案的主要原则和精神，其中的主要问题。由分组会议进行初步审议。第二次审议：常务委员会第二次审议法律案是在全体会议上听取法律委员会关于法律草案的修改情况和主要问题，并将有关专门委员会以及征求各地、各部门和专家学者的意见印发会议。由分组会议进一步审议。第二次审议围绕法律草案的重点、难点和分歧意见进行。第三次审议：常务委员会第三次审议法律案是在全体会议上听取法律委员会关于法律草案审议结果的报告，由分组会议对法律草案修改稿进行审议。法律案经过三次审议后，一般应当交付表决。法律案经常务委员会三次审议后，如仍有重大问题需要进一步研究的，经委员长会议提出，经联组会议或全体会议同意，也可以暂不交付表决。②专门委员会分别审议和法律委员会统一审议相结合的制度。根据《立法法》的规定，专门委员会在审议法律案方面的分工是，法律委员会负责统一审议。有关的专门委员会就有关法律案进行审议。分别审议与统一审议相结合，是我国立法工作的一项基本经验。

4. 法律草案的通过

全国人民代表大会审议的法律草案修改稿，经各代表团审议，由法律委员会根据各代表团的审议意见进行修改，提出法律草案表决稿，由主席团提请大会全体会议表决。全国人民代表大会常务委员会审议的法律草案修改稿，经常务委员会审议，由法律委员会根据常务委员会组成人员的审议意见进行修改，提出法律草案表决稿，由委员长会议提请常务委员会全体会议表决。

（1）全国人民代表大会对法律案的表决通过。《宪法》第64条规定："宪法的修改，由全国人民代表大会常务委员会或者五分之一以上的全国人民代表大会代表提议，并由全国人民代表大会以全体代表的三分之二以上的多数通过。""法律和其他议案由全国人民代表大会以全体代表的过半数通过。"《立法法》第22条规定："法律草案修改稿经各代表团审议，由法律委员会根据各代表团的审议意见进行修改，提出法律草案表决稿，由主席团提请大会全体会议表决，由全体代表的过半数通过。"《全国人民代表大会议事规则》第53条规定："会议表决议案采用投票方式、举手方式或者其他方式，由主席团决定。""宪法的修改，采用投票方式表决。"

（2）全国人民代表大会常务委员会对法律案的表决通过。《立法法》第40条规定："法律草案修改稿经常务委员会会议审议，由法律委员会根据常务委员会组成人员的审议意见进行修改，提出法律草案表决稿，由委员长会议提请常务委员会全体会议表决，由常务委员会全体组成人员的过半数通过。"《全国人民代表大会常务委员会议事规则》第32条规定："表决议案由常务委员会全体组成人员的过半数通过。""表决结果由会议主持人当场宣布。"第35条规定："常务委员会表决议案，采用无记名方式、举手方式或者其他方式。"

法律议案经过表决，如获得法定通过人数的赞成票，该法律即获得通过。但它还需要最后一个程序即公布才能成为真正的法律。

5. 法律的公布

（1）法律公布的主体。《宪法》第80条规定："中华人民共和国主席根据全国人民代表大会的决定和全国人民代表大会常务委员会的决定，公布法律。"《立法法》第23条规定："全国人民代表大会通过的法律由国家主席签署主席令予以公布。"第41条规定："常务委员会通过的法律由国家主席签署主席令予以公布。"这些规定表明，我国法律的公布主体是国家主席。但须明确，国家主席对法律的公布，是根据全国人民代表大会的决定和全国人民代表大会常务委员会的决定进行，国家主席并不具有对国家立法机关进行制约的权力。

（2）法律公布的时间。我国宪法、立法法对国家主席应当在法律案获得通过后多长时间内予以公布，并未作具体规定。从实践看，对于全国人民代表大会和全国人民代表大会常务委员会通过的法律，国家主席都及时予以公布。绝大多数情况下，国家主席在法律通过的当天即予以公布。曾有过法律获得通过后相隔几天后才公布的情形。如，1979年7月1日五届全国人大二次会议通过的《人民法院组织法》《刑法》，就分别于

1979年7月5日、7月6日公布的。①

（3）法律公布的形式。《立法法》第52条规定："签署公布法律的主席令载明该法律的制定机关、通过和施行日期。""法律签署公布后，及时在全国人民代表大会常务委员会公报和在全国范围内发行的报纸上刊登。""在常务委员会公报上刊登的法律文本为标准文本。"第53条规定："法律的修改和废止程序，适用本章的有关规定。""法律部分条文被修改或者废止的，必须公布新的法律文本。"公布法律必须还在国家确定的公开刊物上。全国人民代表大会及其常务委员会制定的法律正式公布的刊物是全国人民代表大会常务委员会办公厅出版的《全国人民代表大会常务委员会公报》和《人民日报》。

二、监督权

（一）监督权的概念与特征

本书所讲的监督权，即人民代表大会及其常务委员会的监督权，是指各级人民代表大会及其常务委员会为全面保证国家法律的实施和维护人民的根本利益，防止行政、司法机关滥用权力，通过法定方式和程序，对由它产生的国家机关实施的检查、调查、督促、纠正、处理的强制性权力。全国人民代表大会享有国家最高监督权，它有权监督由它产生的其他国家机关的工作。全国人民代表大会常务委员会是全国人民代表大会闭会期间的常设机构，它对全国人民代表大会负责并报告工作。

监督权的特征：①法定性。人民代表大会及其常务委员会的监督是一种全面的法律监督，其核心是保证国家法律的全面施行，其监督行为严格按照法律规定的职权和程序进行。②权威性。人民代表大会及其常务委员会是我国的国家权力机关，其监督具有极大的权威性。这是其他类型的监督如行政监察、检察监督及党纪检查等监督方式所不具有的。人民代表大会及其常务委员会监督权的权威性主要体现在，它能够撤销违法的法规或不适当的决定，可对国家机关组成人员作出罢免或撤职的处理。（3）事后性。所谓事后性，是指人民代表大会及其常务委员会的监督行为一般都实施在事发之后。如，对立法的监督，常常是对已经制定并公布生效的法律、法规进行审查。对政府行政行为的监督，也一般是在政府行为已经完成之后。对司法机关的监督更是如此。人民代表大会及其常务委员会监督的事后性，主要是为了防止对立法、行政机关的正常工作造成干扰。

（二）监督权的主体

人民代表大会监督权的主体，是指人民代表大会监督权的享有者、行使者，也即谁有权去行使人民代表大会的监督权。根据我国宪法及相关组织法的规定，监督权的行使主体有两个：一是人民代表大会，一是人民代表大会常务委员会。其他任何组织和个人都不能行使监督权。

根据宪法和相关组织法规定，全国人民代表大会对国务院、最高人民法院、最高人民检察院依法行使监督权。全国人民代表大会监督权的具体内容包括：监督宪法的实施；监督总理、副总理、国务委员、各部部长、各委员会主任、审计长和国务院秘书长的任免；审查和批准国民经济和社会发展计划以及财政预算及其执行情况的报告；撤销或改变国务院不适当的决定和命令；监督和保障司法机关依法独立行使职权。根据宪法

---

① 李培传：《论立法》，中国法制出版社2004年版，第181页。

和相关组织法规定，全国人民代表大会常务委员会作为全国人民代表大会在闭会期间的常设机构，拥有对国务院、最高人民法院、最高人民检察院的日常监督权，包括对政府法制的监督和对政府工作的监督。

委员长会议（主任会议）、各专门委员会、人大代表及人大常委会组成人员都不是监督权的主体。这些机构和人员，都在某种程度上或者部分地行使监督权，但不能说它们是监督权的主体。理由是，这些机构和人员，都无权对被监督者采取具有法律效力的、决定性的处理措施。只有人民代表大会和人民代表大会常务委员会才有权采取具有法律效力的强制性措施。

（三）监督对象

人民代表大会的监督对象，是指由宪法及相关组织法规定的人民代表大会监督权所指向的客体。笼统说，人民代表大会的监督对象就是由人民代表大会及其常务委员会产生并向全国人民代表大会及其常务委员会负责的国家机关及国家机关的组成人员。具体包括：①本级人民政府、人民法院、人民检察院。②所有由人民代表大会及其常务委员会选举和决定任命的国家机关工作人员。③下一级国家权力机关。④上一级人民代表大会的代表。我国法律规定，中国各级人民代表大会代表分别由选民直接选举和县级以上地方各级人民代表大会选出。直接选举的代表，由原选区选民监督；由县级以上地方各级人民代表大会选出来的代表，由原选举单位监督。⑤其他监督对象。这里主要是指人民代表大会及其常务委员会对政党等的监督。本来，人民代表大会只能对其产生的国家机关及其组成人员实施监督，而不能对非国家机关的政党进行监督。但中国的国情是，中国共产党是一党执政。《宪法》第5条规定："一切国家机关和武装力量、各政党和各社会团体、各企业事业组织都必须遵守宪法和法律。一切违反宪法和法律的行为，必须予以追究。"从而将各政党置于宪法和法律之下。党之所以在国家机关系统受到监督，这主要是由我国实行一党执政并直接参与国家事务的决策和管理这一特点决定的。[①]

（四）监督权的内容

人民代表大会监督的内容主要包括两大部分，一是法律监督，一是工作监督。两种监督有合二为一的趋势，以至于有的学者认为人大及其常委会的监督主要是宪政监督。[②]

1. 法律监督

法律监督是指人民代表大会及其常务委员会根据宪法和法律对国家行政、审判和检察机关及其工作人员执行宪法和法律的行为进行的监督。法律监督包括立法监督、执法监督和司法监督。

（1）立法监督。立法监督是指人民代表大会及其常务委员会审查法律、法规以及其他有关规范性文件是否违反宪法、基本法律和人民代表大会的决议、决定的监督活动。立法监督的目的是使一般法律同宪法和基本法律、法规与法律相一致，各种规范性文件与人民代表大会的法律、决议、决定相符合，从而维护国家法制的统一。立法监督的范

---

① 蔡定剑：《中国人民代表大会制度》，法律出版社1998年版，第379页。
② 尤光付：《监督制度比较》，商务印书馆2003年版，第84页。

围；县以上各级人民代表大会有权改变或撤销它的常委会不适当的决定；全国人民代表大会有权撤销国务院和省级人民代表大会制定的同宪法、法律相抵触的法规、决定和命令；县以上的地方人民代表大会常务委员会有权撤销本级人民政府不适当的决定和命令；上级人民代表大会常务委员会有权撤销下一级人民代表大会及其常务委员会制定的不适当的规范性文件；全国人民代表大会有权纠正、撤销最高司法机关和最高行政机关在具体适用法律过程中所作的不符合立法原意的司法解释和行政解释。立法监督一般都是事后监督，但对于民族自治地方制定的自治条例和单行条列，须报上一级人民代表大会常务委员会批准后方能生效。

（2）执法监督。执法监督即对法律实施的监督，又称执法检查。宪法规定，地方各级人民代表大会及其常务委员会有权在本行政区域内保证宪法、法律、行政法规的遵守和执行。执法监督的主要内容是，就上级人民代表大会和本级人民代表大会法律、法规和决定的实施情况，进行执法检查。1993年全国人民代表大会常务委员会制定了《关于加强对法律实施情况检查监督的若干规定》，对执法检查重点的确定、执法检查的对象、执法检查工作的组织与原则、执法检查的方法、对执法检查报告的审议、对执法中发现违法案件的处理等作了规定，执法监督逐渐规范化和制度化。

（3）司法监督。司法监督是人民代表大会对人民法院、人民检察院的司法工作及其司法人员在司法工作中是否遵守宪法和法律，是否严格依法办事，特别是对他们是否存在严重违法及是否造成冤假错案实施的监督检查。监督的具体内容包括：通过听取工作报告理解司法机关执行法律和有关司法政策的基本情况；作出有关决定，指导司法机关的司法工作；对司法解释是否符合法律进行审查；受理人民群众对司法机关所办案件的申诉和对司法人员违法行为进行的举报、控告；监督司法机关在办案过程中是否有失职、越权、滥权、不作为和明显违法的行为及办案中诉讼、审判程序是否符合法律规定，督促纠正违法行为和违法诉讼案件。为加强对司法的监督，实践中形成了最高人民法院和最高人民检察院向全国人民代表大会常务委员会报告重大事项的制度和内务司法委员会汇报有关情况的制度。[①]

2. 工作监督

人民代表大会的工作监督是指人民代表大会通过听取工作报告、审查批准国民经济和社会发展计划、预决算等实施的监督。

（1）全面工作监督。包括两方面，一是人民代表大会会议期间对人民政府、人民法院、人民检察院年度工作报告的审议、表决；二是在人民代表大会闭会期间人民代表大会常务委员会对有关国家机关工作汇报的审议。

（2）对财政的监督。主要包括三方面的监督：一是对计划和预算的审查批准。这是人民代表大会对人民政府最重要的一项监督。而且，人民代表大会对财政的监督是事前的监督。监督的具体内容包括：国民经济发展速度及主要行业的发展速度；年度计划的综合平衡及与长期、中期计划的衔接和平衡；社会固定资产投资规模及投资比例；一些重要部门和行业如农业、教育、科技、能源、交通、原材料等方面的投入规模；一切涉及国家税收的增加和减少措施；信贷总规模；货币发行指标；国家预算总规模；基本建

---

① 参见蔡定剑：《中国人民代表大会制度》，法律出版社1998年版，第386页。

设支出总额；重大经济建设项目；举债总数量；行政经费总数和行政工作人员工资总数；重大对外经援和军援项目及数量等等。① 二是对计划预算执行情况的监督。人民代表大会常务委员会对每年的计划和预算要进行年中或季度检查，听取有关计划和预算执行部门的报告或汇报，对计划和预算重要方面及人民群众关心的问题进行检查或视察，督促有关计划、预算执行部门严格执行计划和预算。三是对计划和预算在执行过程中的部分调整的批准审查。这是人民代表大会常务委员会对人民政府财政的专门监督。

（3）对人民代表议案、意见、建议办理情况的监督。人民代表大会在人民代表大会会议期间收到的代表依法联名提出的议案、意见、建议，委员们在人民代表大会常务委员会会议期间审议各种报告、汇报中提出的意见、建议，转交人民政府、人民法院、人民检察院办理情况，人民代表大会及其常务委员会要进行督促检查。

（4）人事监督。所谓人事监督，是指人民代表大会及其常务委员会对国家机关组成人员选举、任免、决定以及罢免、撤职等方面的监督。

（5）对军事和外交事务的监督。对军事和外交的监督，是全国人民代表大会两项特别监督权。根据宪法规定，全国人民代表大会目前对军事的监督仅限于行使对最高国家军事机关的人事任免权。从理论上讲，国家军事机关同其他国家机关一样，都要接受全国人民代表大会的全面监督，因此，对国家军事的监督必须进一步加强。一方面，要建立报告工作制度。既然最高国家军事机关也是由全国人民代表大会产生并对它负责，那么，最高国家军事机关也要像其他最高国家机关一样，定期向全国人民代表大会报告工作。另一方面，建立重大问题交由全国人民代表大会审批制。如国防事业发展战略计划、重大国防科研项目、裁军与扩军、常备军总数量、军费总预算、各种军事制度等，应由全国人民代表大会批准。对于外交事务，全国人民代表大会的监督主要是任免外交人员、审查和批准条约，以及听取一些领导人出访报告和外交情况的报告。

三、决定权

（一）决定权的概念

人民代表大会及其常务委员会的决定权是一种具有对事情作出实体性规定和对行为作出规范的权力，这些规定或规范具有法律约束力。② 实体性规定是指对实体问题作出的明确规定，行为规范性是要告诉人们如何行为以及违反这些规范可能产生的后果。人民代表大会及其常务委员会在其产生的文件中常常使用"决定"或"决议"。实际上，"决定"和"决议"二者存在着差异。有学者根据人民代表大会及其常务委员会所作的大量决议和决定进行分析后得出结论，决议是一种带有批准、宣告、结论、确认、表态性的法律文件形式。而决定是针对实体性问题作出的，或者具有明确的行为规范性质。

（二）决定权的内容

根据宪法和有关组织法的规定，决定权的内容包括：①全国人民代表大会行使决定权的内容是：批准省、自治区、直辖市的建置；决定特别行政区的设立及其制度；决定战争与和平问题；审查和批准国民经济和社会发展计划以及预算；决定国务院各部、各委员会的设立、撤销或者合并。②全国人民代表大会常务委员会行使决定权的内容是：

---

① 参见蔡定剑：《中国人民代表大会制度》，法律出版社1998年版，第384页。
② 蔡定剑：《中国人民代表大会制度》，法律出版社1998年版，第323页。

决定同外国缔结的条约和重要协定的批准和废除；规定军人和外交人员的衔级制度和其他专门衔级制度；规定和决定授予国家的勋章和荣誉称号；决定特赦；决定战争状态的宣布；决定全国总动员或者局部动员；决定全国或个别省、自治区、直辖市的戒严；在全国人民代表大会闭会期间，根据总理提出，决定国务院各部、各委员会的设立、撤销与合并；在全国人民代表大会闭会期间，审查和批准国民经济和社会发展计划，国家预算在执行过程中所必须作的调整方案等。③地方各级人民代表大会及其常务委员会的决定权的内容随级别不同而呈现出差异。总体来讲，宪法及有关组织法对地方各级人民代表大会及其常务委员会决定权的内容规定比较原则，即县以上地方各级人民代表大会有权决定本行政区域内的政治、经济、教育、科学、文化、卫生、民政、民族工作的重大事项。乡镇人民代表大会有权根据国家计划，决定本行政区域内的经济、文化事业和公共事业的建设计划；决定本行政区域内的民族工作的实施计划。县以上人民代表大会常务委员会有权决定本行政区域内的政治、经济、教育、科学、文化、卫生、民政、民族工作的重大事项；根据人民政府的建议，决定对本行政区域内的国民经济和社会发展计划、预算的部分变更；决定授予地方荣誉称号。

（三）决定权的种类

对人民代表大会及其常务委员会决定权进行分类是一个学术问题，带有较强的主观性，根据不同的标准可以有不同的划分。目前学界对决定权有以下划分：[①] ①根据决定的内容，决定权可分为修改补充法律的决定、有关法律问题的决定、大政方针的决定、大事决定。修改补充法律的决定是对法律条文进行修改或对法律内容进行补充的决定。该类决定构成了法律的组成部分，具有跟法律同等的法律效力。有关法律问题的决定是指就与法律有关的问题作出的决定，其决定的内容并非法律本身，而是涉及法律的实施、法律的解释、立法授权等。大政方针的决定是指对那些宏观的改革探索、试验和较为迫切需要解决的重大现实问题作出的原则性的方针政策性的规定。大事决定是指对某一具体的、重大现实问题作出的决定，如关于国庆日的决定等。②根据作出决定的形式，决定权可分为批准性决定和自主性决定。批准性决定是指根据人民政府、人民法院、人民检察院等国家机关提出的文件，人民代表大会及其常务委员会经审议作出批准或不批准的决定。这类决定主要有对国民经济和社会发展计划和国家预算的批准及对该计划、预算部分调整方案的批准，对省、自治区、直辖市建置的批准，对政府机构改革方案的批准等。自主性决定是人民代表大会及其常务委员会就解决自己职权范围内的问题而主动作出的关于解决某问题的意见、办法。如大政方针性决定、修改补充法律的决定都属于自主性决定。③根据决定的时效性，决定权可分为即时性决定和长效性决定两种类型。即时性决定是就某件具体事项或具体问题作出的、仅具有一次性效力的决定。如关于设立或撤销某地区的建置、特赦的决定等都是一次性的。长效性决定是为确立某件永久性事件或者解决某类问题而作出的一般性的决定。如关于教师节的决定就属于永久性决定。

（四）决定权的行使程序

人民代表大会及其常务委员会行使决定权的程序大体如下：①决定草案的提出。决

[①] 参见蔡定剑：《中国人民代表大会制度》，法律出版社1998年版，第330～331页。

定草案由法定的具有提案权的单位或个人提出，经法定机构审查后列入议程。根据宪法及组织法的规定，有权向全国人民代表大会提出决定案的主体包括：全国人民代表大会主席团、常务委员会、各专门委员会、国务院、中央军事委员会、最高人民法院、最高人民检察院、全国人民代表大会一个代表团或者30名以上代表联名。有权向全国人民代表大会常务委员会提出决定案的主体包括：委员长会议、国务院、各专门委员会、中央军事委员会、最高人民法院、最高人民检察院、常务委员会组成人员10名以上联名。②决定议案的审议。决定案列入议程后，需由提案人向人民代表大会或者人民代表大会常务委员会作议案的说明，然后由人民代表大会分代表团审议或常务委员会分小组会议或联组会议审议。③决定案的表决。决定案以全体代表或常务委员会全体组成人员过半数同意通过。④决定的公布。人民代表大会及其常务委员会的决定案获通过后即行公布。人民代表大会通过的决定，由会议主席团公布。由人民代表大会常务委员会通过的决定，由常务委员会公布。

四、任免权

（一）任免权的概念

人民代表大会及其常务委员会的任免权，又称人事权或人事任免权，是指人民代表大会及其常务委员会对国家机关领导人员及其组成人员进行选举、任命、罢免、撤职等权力。简言之，人民代表大会及其常务委员会的任免权，是选举产生国家机关及组成人员的权力。任免权既是组织国家机关的权力，也是对国家机关进行监督的重要手段之一。

（二）任免权的范围

根据《宪法》第62条的规定，全国人民代表大会可以选举罢免国家主席、副主席、中央军委主席、最高人民法院院长和最高人民检察院检察长；根据国家主席提名，决定任命国务院总理；根据国务院总理提名，决定任命国务院副总理、国务委员、各部部长、各委员会主任、审计长、秘书长；根据中央军委主席提名，决定任命中央军委其他组成人员。根据《宪法》第67条的规定，全国人民代表大会常务委员会行使任免权的范围是：在全国人民代表大会闭会期间，根据国务院总理的提名，决定部长、委员会主任、审计长、秘书长的人选；在全国人民代表大会闭会期间，根据中央军事委员会主席的提名，决定中央军事委员会其他组成人员的人选；根据最高人民法院院长的提请，任免最高人民法院副院长、审判员、审判委员会委员和军事法院院长；根据最高人民检察院检察长的提请，任免最高人民检察院副检察长、检察员、检察委员会委员和军事检察院检察长，并且批准省、自治区、直辖市的人民检察院检察长的任免；决定驻外全权代表的任免。

（三）任免的方式

全国人民代表大会行使任免权的方式有：①选举。即被选举人的提名权属于全国人民代表大会主席团，经大会各代表团代表协商后，再由主席团根据多数代表的意见确定正式候选人名单，提请全国人民代表大会会议选举表决，得票过半数者当选。全国人民代表大会选举的范围包括：国家主席、副主席，中央军委主席，最高人民法院院长和最高人民检察院检察长。②决定人选。即指人民代表大会或常务委员会根据法定提名人的提名，决定是否由某人出任国家机关的某一领导职务的任命方式。全国人民代表大会决定人选的范围,主要是最高国家机关组成人员:根据国家主席的提名,决定国务院总理的人选;根据国务院总理的提名,决定国务院其他组成人员人选;根据中央军委主席提名,决定中央军委其他组成人员人选。③罢免。凡是由全国人民代表大会通过"选举"或"决定人选"方式产生的领导人都可由全国人民代表大会罢免。④补选。即指国家主席、副主席分别缺位时,由全国人民代表大会补选。⑤接受辞职。即指在全国人民代表大会会议期间,大会会议可决定是否接受下列人员的辞职:全国人民代表大会常务委员会组成人员,国家主席、副主席,国务院组成人员,中央军委组成人员,最高人民法院院长和最高人民检察院检察长。

(四) 任免的程序

任免程序是指人民代表大会及其常务委员会行使任免权的过程、步骤。

1. 党组织推荐

我国人民代表大会及其常务委员会任免干部是以党委推荐为基础的。人民代表大会及其常务委员会行使任免权,需由党组织推荐人选。具体步骤:第一步,通过民主推荐或民主评议,广泛听取各方面意见。第二步,确定被考察人选并进行考察。由党委常委或全体委员会确定人选,报上级党委审批,上级党委组织部门考察后,提请党委审批。第三步,向人民代表大会常务委员会党组和人民代表大会常务委员会组成人员的党员介绍人事安排方案,听取意见,并同民主党派协商。第四步,向人民代表大会主席团或常务委员会主任会议提交推荐书,介绍推荐人的基本情况,说明推荐理由。[①]

2. 全国人民代表大会选举和表决人选程序

目前还没有关于全国人民代表大会选举和决定人选具体程序的法律规定,而是在每次选举表决前大会通过选举办法来规定。国家主席、副主席、中央军委主席、最高人民法院院长和最高人民检察院检察长的人选,由大会主席团根据中共中央的建议提名,经各代表团酝酿协商后,再由主席团根据多数代表的意见,确定正式候选人。国务院总理人选由国家主席根据中共中央建议提名,国务院副总理、国务委员、各部部长、各委员会主任、审计长、秘书长人选由总理提名。中央军委副主席及其他组成人员,由中央军委主席提名。全国人民代表大会每次换届选举时,进行三次投票:第一次投票选出国家主席、副主席、中央军委主席、最高人民法院院长和最高人民检察院检察长;第二次由国家主席提名总理、中央军委主席提名军委副主席及其他组成人员人选进行表决;第三次再由总理提名国务院组成人员人选进行表决。

3. 全国人民代表大会常务委员会决定人选程序

根据1989年全国人民代表大会常务委员会委员长会议制定的《全国人民代表大会常务委员会人事任免办法》的规定,全国人民代表大会常务委员会决定国家机关有关组成人员的程序是:①提出任免案。任免案由享有任免案提案权的主体向全国人民代表大会常务委员会提出。提出任免案时,提案人应提交被提名人的简历及任免理由。由委员长会议决定提请常务委员会审议。②表决。表决任免案由常务委员会全体组成人员过半数通过,表决结果由会议主持人当场宣布。③公布。国务院部长级人选和驻外全权代表

[①] 这是党内推荐程序,宪法和法律对此并无明确规定,参见蔡定剑:《中国人民代表大会制度》,法律出版社1998年版,第356~357页。

人选，经常务委员会决定后，由国家主席任免并予以公布。由常务委员会决定的中央军委副主席、委员的人选，最高人民法院和最高人民检察院除院长和检察长以外的其他组成人员人选以及批准省级人民检察院检察长的任免，由常务委员会公布。

第五节　人民代表大会代表

一、人民代表大会代表的概念

人民代表大会代表，简称人大代表，是指经由原选区选民或原选举单位选举从而成为全国人民代表大会和地方各级人民代表大会的组成人员。

人民代表大会代表这一概念包含以下几个要素：①符合法律规定的资格条件。根据《中华人民共和国全国人民代表大会和地方各级人民代表大会选举法》（1979年颁布，2010年第五次修正，以下简称《选举法》）第3条规定："中华人民共和国年满十八周岁的公民，不分民族、种族、性别、职业、家庭出身、宗教信仰、教育程度、财产状况和居住期限，都有选举权和被选举权。""依照法律被剥夺政治权利的人没有选举权和被选举权。"该法第26条规定："精神病患者不能行使选举权利的，经选举委员会确认，不列入选民名单。"据此，我国公民要成为人民代表大会代表的基本法律条件是：中国公民；年满十八周岁；非精神病患者；没有被剥夺政治权利。②依照法律规定的程序，经民主选举产生。我国各级人民代表大会代表都要在普遍、平等基础上，遵循差额、无记名投票、直接与间接选举相结合的民主原则严格依法选举产生。③人民代表大会代表受选民或原选举单位监督，选民和原选举单位可以依法对人民代表大会代表进行罢免或撤换。④人民代表大会代表当选后，一般情况下并不脱离原工作岗位。⑤人民代表大会代表依法参加国家权力的行使。人民代表大会代表的职责就是依法行使国家权力，切实履行代表义务。⑥人民代表大会代表执行职务依法受到保障。对人民代表大会代表职务的保障，是指国家和社会为使人民代表大会代表能够有效行使职权，参与国家管理所提供的必要的条件和手段，是对代表的特殊保护。⑦人民代表大会代表的任期跟人民代表大会相同，都是五年。

二、人民代表大会代表的选举

（一）代表名额的确定与分配

1. 代表名额的确定原则

根据《选举法》的规定，代表名额确定原则包括：

（1）限定全国人民代表大会代表的最高限额不超过3000人。全国人民代表大会代表名额，由全国人民代表大会常务委员会根据各省、自治区、直辖市的人口数，按照每一代表所代表的城乡人口数相同的原则，以及保证各地区、各民族、各方面都有适当数量代表的要求进行分配。全国人民代表大会代表名额的具体分配，由全国人民代表大会常务委员会决定。

（2）地方各级人民代表大会代表名额分别按照不同的代表名额基数加人口增加数的办法确定。《选举法》第11条规定，省、自治区、直辖市的代表名额基数为三百五十名，省、自治区每十五万人可以增加一名代表，直辖市每二万五千人可以增加一名代表；但是，代表总名额不得超过一千名；设区的市、自治州的代表名额基数为二百四十名，每二万五千人可以增加一名代表；人口超过一千万的，代表总名额不得超过六百五十名。不设区的市、市辖区、县、自治县的代表名额基数为一百二十名，每五千人可以增加一名代表；人口超过一百六十五万的，代表总名额不得超过四百五十名；人口不足五万的，代表总名额可以少于一百二十名；乡、民族乡、镇的代表名额基数为四十名，每一千五百人可以增加一名代表；但是，代表总名额不得超过一百六十名；人口不足二千的，代表总名额可以少于四十名。按照上述地方各级人民代表大会的代表名额基数与按人口数增加的代表数相加，即为地方各级人民代表大会的代表总名额。

（3）对少数民族代表给予特殊照顾。在按照不同的代表名额基数加人口增加数的办法确定各级人民代表大会代表名额的基础上，选举法还规定，自治区、聚居的少数民族多的省，经全国人民代表大会常务委员会决定，代表名额可以另加百分之五。聚居的少数民族多或者人口居住分散的县、自治县、乡、民族乡，经省、自治区、直辖市的人民代表大会常务委员会决定，代表名额可以另加百分之五。

（4）农村与城镇每一代表所代表的人口数相同。《选举法》第14条规定："地方各级人民代表大会代表名额，由本级人民代表大会常务委员会或者本级选举委员会根据本行政区域所辖的下一级各行政区域或者各选区的人口数，按照每一代表所代表的城乡人口数相同的原则，以及保证各地区、各民族、各方面都有适当数量代表的要求进行分配。"这是2010年对原选举法所作的最重要的修改。这一修改对于中国的民主化进程具有十分重要的意义。

2. 确定代表名额的因素

（1）行政区域。行政区域是确定各级人民代表大会代表的基本因素。在我国，县级以上的人民代表大会代表都是间接选举产生的，间接选举即由下一级人民代表大会选举上一级人民代表大会的代表，它是按行政区域来进行的。每个行政区域都有一定数量的代表。

（2）人口。在行政区域确定的情况下，人口的多少是决定各级人民代表大会代表数量或规模的最为重要的因素。我国地方各级人民代表大会代表数量是按照代表名额基数加人口增加数的办法来确定的。如《选举法》第11条规定，省、自治区、直辖市的代表名额基数为三百五十名，省、自治区每十五万人可以增加一名代表，直辖市每二万五千人可以增加一名代表。

（3）少数民族。根据宪法及相关法律规定，全国各少数民族都应选出全国人民代表大会代表，由全国人民代表大会常务委员会参照各少数民族的人口分布等情况，分配给各省、自治区、直辖市的人民代表选出。人口特少的民族，也应至少有一名全国人民代表大会代表。对于地方各级人民代表大会的代表，相关法律也作了相同的规定。

（4）军队。军队是我国政权的支柱，军队代表在人民代表大会中具有重要地位。不同时期军队代表数量有所变化，特别强调军队作用的时候，军队的代表数量就会相应增加。第一届、第二届全国人民代表大会军队代表仅60名。根据第十届全国人大五次会议通过的《关于第十一届全国人民代表大会代表名额和选举问题的决定》（2007年3月16日），第十一届全国人民代表大会军队代表总数为265名。

（5）归国华侨。据统计，我国有海外华侨数千万人，是一支重要的统战队伍。自七届至十一届的历届全国人民代表大会，分配归侨代表都是35名。

（6）港澳地区。自第五届全国人民代表大会开始给港澳地区分配全国人民代表大会代表名额。根据第十届全国人大五次会议通过的《关于第十一届全国人民代表大会代表名额和选举问题的决定》（2007年3月16日），全国人民代表大会分配给香港特别行政区第十一届全国人民代表大会代表的名额为36名，分配给澳门特别行政区第十一届全国人民代表大会代表的名额为12名。

（二）代表的选举程序

我国人民代表大会代表的选举有两种方式，即直接选举和间接选举。根据选举法的规定，直接选举的范围是县乡两级人民代表大会；间接选举即由下一级人民代表大会选出上一级人民代表大会的代表，其范围是县以上各级人民代表大会。代表的两种选举方式在具体程序方面存在差异。

1. 直接选举程序

具体程序包括：①选举组织机构。《选举法》第8条规定："不设区的市、市辖区、县、自治县、乡、民族乡、镇设立选举委员会，主持本级人民代表大会代表的选举。"选举委员会是组织办理本级人民代表大会代表选举事宜的临时机构。②划分选区。选区是由法律规定选举代表时划分的区域单位。一般来说，农村基本上是按照居住地来划分选区，城市则主要按照生产和工作单位划分选区。③选民登记。选民登记是对选民资格进行确认的程序。任何符合选民条件的公民，经过法律规定的手续，由选举委员会审查登记为选民之后，才能参加投票。④提名并确定代表候选人。⑤候选人的介绍宣传。《选举法》第29条规定："推荐者应向选举委员会或者大会主席团介绍代表候选人的情况。接受推荐的代表候选人应当向选举委员会或者大会主席团如实提供个人身份、简历等基本情况。提供的基本情况不实的，选举委员会或者大会主席团应当向选民或者代表通报。"⑥差额选举。差额选举是保证选民按照自己的意志选择自己较为满意的人为代表的重要保证。⑦组织投票与确定当选。组织投票主要有两种方式：一是各选区设选举投票站，二是召开选举大会。关于投票的方式，一般都采用无记名投票的方式进行。

2. 间接选举程序

①选举的主持和领导。间接选举工作由本级人民代表大会常务委员会主持，并接受上级人民代表大会常务委员会的领导。②代表候选人的提出。《选举法》第29条规定："全国和地方各级人民代表大会的代表候选人，按选区或者选举单位提名产生。各政党、各人民团体，可以联合或者单独推荐代表候选人。选民或者代表，十人以上联名，也可以推荐代表候选人。"③确定正式代表候选人。经酝酿提名候选人阶段后，大会主席团将所有提出的候选人进行汇总，经主席团批准，将所有候选人交全体代表酝酿讨论。如果所提候选人没有超过法定的差额比例，则将提出的候选人名单作为正式候选人提交投票选举。如果所提出的候选人超过了法定的差额比例，则将全部候选人提交代表进行预选，根据得票多少的顺序，确定正式候选人名单，然后投票选举。④确定当选。选举大会由主席团主持，采用无记名投票的方式。以代表候选人获全体代表过半数通过。⑤代表资格的审查与确认。间接选举产生的人民代表大会代表选出以后，要经过代表资格审查委员会的审查，并经常务委员会确认代表资格是否有效。

三、人民代表大会代表的权利与义务

（一）人民代表大会代表的权利

《中华人民共和国全国人民代表大会和地方各级人民代表大会代表法》（1992年颁布，2010年第二次修正，以下简称《代表法》）第3条规定："代表享有下列权利：①出席本级人民代表大会会议，参加审议各项议案、报告和其他议题，发表意见；②依法联名提出议案、质询案、罢免案等；③提出对各方面工作的建议、批评和意见；④参加本级人民代表大会的各项选举；⑤参加本级人民代表大会的各项表决；⑥获得依法执行代表职务所需的信息和各项保障；⑦法律规定的其他权利。"据此，我国人民代表大会代表的权利包括：

1. 参会权

即人民代表享有参加人民代表大会各种会议的权利，包括参加人民代表大会预备会议、所在代表团会议、人民代表大会全体会议等。参会权是人民代表行使其他权利的基础和前提。

2. 审议权

人民代表在参加本级人民代表大会会议的时候，有权讨论、审议列入人民代表大会会议议程的各项议案、报告及其他议题。审议权就是参加讨论、发表意见的权利。

3. 提出议案的权利

议案是人大代表根据法律规定，依法联名向本级人民代表大会提出并列入会议议程，进行审议、决定的重大事项的议事原案。议案分立法案、重大事项决议决定案、特定问题调查案、质询案、选举案、罢免案、临时召集大会案等级种类型。代表有提出这些议案的权利，但不等于说代表有决定议案立案的权利。

4. 提出建议、批评和意见的权利

这需要跟议案区别开来。五届人民代表大会以前，代表在会议期间提出的议案、建议、批评、意见都称"提案"。六届人民代表大会第一次会议以后，开始将"提案"分为"议案"和"建议、批评、意见"。"议案"只涉及人民代表大会职权范围的事，需一定数量的代表联名。而"建议、批评、意见"可涉及政治、经济、文化建设各方面的问题，一个代表即可提出，也无须在议案提出时间内提出。

5. 提出询问与质询的权利

在人民代表大会开会审议议案的时候，代表可就审议中不明确或有疑问的事项向有关国家机关提出，要求解释或解答。有关国家机关应派人在代表小组或代表团会议上解释、说明。质询是代表行使监督权的一种方式。在全国人民代表大会开会期间，30名以上代表联名；地方各级人民代表大会开会期间，10名以上代表联名，可以以书面的方式提出质询案。

6. 参加选举和决定人选的权利

会议期间，代表有参加选举和决定国家和地方国家机关领导人及其他组成人员的权利。这项权利可分为三项，即为人民代表大会提出选举案的提名权、代表审议候选人的审议权和代表投票选择候选人的表决权。

7. 参与表决权

表决是人民代表大会代表对某个议案或者议题进行最后决定所采用的方法。人民代

表大会代表所享有的表决权,是代表享有的对某一议案或议题的最终决断权。各级人民代表大会上的表决,都是具有法律效力的表决,是代表行使权利的重要形式。代表享有平等的表决权,一人一票。

8. 罢免权

各级人民代表大会都有权对由它选举产生的国家机关领导人提出罢免。罢免权是选举权的延伸,也是选举权的保障。对于被选举出来的国家机关领导人及其组成人员而言,罢免权是一项非常重要的监督权。

9. 调查权

在开会审议议案过程中,如遇重大问题需进一步查明情况时,代表可以提出组织特定问题调查委员会的议案。全国人民代表大会十分之一以上代表联名,可以提议组织特定问题调查委员会,是否组织由大会主席团提请大会全体会议决定。

10. 获得相关信息权

代表参加人民代表大会会议,行使审议、表决等权利,是以知悉相关信息为基础的。如果不知道相关信息,审议和表决就会无的放矢,自然也就难以形成正确的决定。《代表法》第38条规定:"县级以上的各级人民代表大会常务委员会,各级人民政府和人民法院、人民检察院,应当及时向本级人民代表大会代表通报工作情况,提供信息资料,保障代表的知情权。"

11. 履行职务保障权

具体包括:①言论免责权。②人身特别保护权。③履行职权的专门保护。《代表法》第44条规定:"一切组织和个人都必须尊重代表的权利,支持代表执行代表职务。有义务协助代表执行代表职务而拒绝履行义务的,有关单位应当予以批评教育,直至给予行政处分。阻碍代表依法执行代表职务的,根据情节,由所在单位或者上级机关给予行政处分,或者适用《中华人民共和国治安管理处罚法》第五十条的处罚规定;以暴力、威胁方法阻碍代表依法执行代表职务的,依照刑法有关规定追究刑事责任。对代表依法执行代表职务进行打击报复的,由所在单位或者上级机关责令改正或者给予行政处分;国家工作人员进行打击报复构成犯罪的,依照刑法有关规定追究刑事责任。"④时间、经济、交通与通讯、服务机构保障。

(二) 人民代表大会代表的义务

《代表法》第4条规定:"代表应当履行下列义务:①模范地遵守宪法和法律,保守国家秘密,在自己参加的生产、工作和社会活动中,协助宪法和法律的实施;②按时出席本级人民代表大会会议,认真审议各项议案、报告和其他议题,发表意见,做好会议期间的各项工作;③积极参加统一组织的视察、专题调研、执法检查等履职活动;④加强履职学习和调查研究,不断提高执行代表职务的能力;⑤与原选区选民或者原选举单位和人民群众保持密切联系,听取和反映他们的意见和要求,努力为人民服务;⑥自觉遵守社会公德,廉洁自律,公道正派,勤勉尽责;⑦法律规定的其他义务。"概括起来,人民代表大会代表应当履行的义务有以下几项:

1. 模范遵守法律

人民代表大会代表参与了宪法和法律的制定,理应模范遵守宪法和法律,并积极促进宪法和法律在本地区内实施。这一方面要求代表要不断学习相关法律,另一方面还要求代表在日常工作和生活中严格依法办事。

2. 保守国家秘密

在参政议政的过程中，人大代表会不同程度地接触到国家的秘密，这些秘密关系到党和国家的安全、社会的安定团结。因此，会议中接触到的尚未公开的国家秘密不能泄露，接触到的各种材料不能私自扩散。

3. 协助法律执行

人大代表既参与制定法律，回到原单位又贯彻执行法律。人大代表一方面要在各自的单位向群众宣传法律并带头执行法律，另一方面对政府在执行法律中暴露出来的问题要及时向有关部门反映，使问题得到解决或纠正。

4. 密切联系群众

代表只有跟群众保持密切的联系，才能了解人民群众的愿望和要求，才能履行好作为人民的"代表"的职责，也才能称得上真正的人民代表。代表联系人民群众的方式主要有：向人民群众宣传人民代表大会制定的法律及相关决定；向选民或选举单位汇报自己的工作；征求人民群众的意见；接受群众来信来访；向人民代表大会及有关部门积极反映群众的合理要求，督促相关问题的解决；开展调查研究等。

5. 自觉接受监督

根据选举法的规定，直接选举产生的代表受选民的监督，间接选举产生的代表受选举单位的监督。接受监督的方式是向选民或选举单位汇报自己行使职权的情况；积极参加当地人民群众的各种活动；列席选举单位的代表大会；参加代表小组的活动等。

6. 出席代表大会

出席本级人民代表大会是代表的一项基本义务。出席大会是代表履行职责的主要形式。因此，除因生病及其他特殊情况确实不能出席会议外，代表要按时出席大会。

7. 参加代表活动

除按时出席代表大会外，代表还必须参加人民代表大会闭会期间的各种活动。视察、专题调研、执法检查等各项活动，也是代表履行职责的重要方式。

8. 提高代表能力

随着社会的不断发展，新事物、新现象不断涌现，也出现了很多新的问题。这就要求代表必须不断学习，使自己跟时代保持一致。

9. 保持公正廉洁

人大代表是人民意志的传声筒，是人民利益的代言人。能够当选人大代表足以说明人民群众是比较信任他们的。他们履行的特殊职责，也要求他们必须廉洁奉公，不以权谋私，不贪污受贿，不做与人大代表身份不符的事。

四、代表与选民的关系

(一) 代表与选民的一般法律关系

代表与选民的一般法律关系可表述为：①代表由选民选举产生。县以下人民代表大会代表由选民直接选举产生。而县以上人民代表大会代表则是由下一级人民代表大会选举产生。因此，县以上人民代表大会代表并不直接跟选民发生联系，他必须通过原选举单位才能跟选民发生联系。②代表应跟选民保持密切的联系。在直接选举的情况下，代表跟选民联系是直接的，也比较容易联系。但在间接选举的情况下，代表只能跟选举单位联系，跟选民是间接联系。但实践中，并不意味着这些代表就不跟选民联系。代表通过视察、来信来访、走访人民群众及调查研究等方式跟选民发生联系。③代表要接受选民的监督。根据选举法的规定，通过直接选举产生的代表受选民监督，通过间接选举产生的代表受选举单位监督。

（二）对代表的监督与罢免

《代表法》第46条规定："全国和地方各级人民代表大会的代表，受选民和原选举单位的监督。选民或者选举单位都有权罢免自己选出的代表。"对人大代表进行监督和罢免是我国人民代表大会制度的重要特点之一。我国是无产阶级政权，其性质是"国家的一切权力属于人民"，人民通过人民代表大会的形式行使当家做主的权利。只有人民拥有罢免权，才能保证人大代表按照人们的意志制定法律、决定国家重大事务，罢免权是对选举权的补充，是对选举权缺陷的弥补。

1. 对直接选举产生的代表的罢免

根据《选举法》和《代表法》的规定，对直接选举产生的代表的罢免程序如下：

对于县级的人民代表大会代表，原选区选民五十人以上联名，对于乡级的人民代表大会代表，原选区选民三十人以上联名，可以向县级的人民代表大会常务委员会书面提出罢免要求。

罢免要求应当写明罢免理由。被提出罢免的代表有权在选民会议上提出申辩意见，也可以书面提出申辩意见。

县级的人民代表大会常务委员会应当将罢免要求和被提出罢免的代表的书面申辩意见印发原选区选民。

表决罢免要求，由县级的人民代表大会常务委员会派有关负责人员主持。

罢免代表采用无记名的表决方式。

罢免县级和乡级的人民代表大会代表，须经原选区过半数的选民通过。

乡、民族乡、镇的人民代表大会主席、副主席的代表职务被罢免的，其主席、副主席的职务相应撤销，由主席团予以公告。

2. 对间接选举产生的代表的罢免

根据《选举法》和《代表法》的规定，对间接选举产生的代表的罢免程序如下：

县级以上的地方各级人民代表大会举行会议的时候，主席团或者十分之一以上代表联名，可以提出对由该级人民代表大会选出的上一级人民代表大会代表的罢免案。在人民代表大会闭会期间，县级以上的地方各级人民代表大会常务委员会主任会议或者常务委员会五分之一以上组成人员联名，可以向常务委员会提出对由该级人民代表大会选出的上一级人民代表大会代表的罢免案。

罢免案应当写明罢免理由。

县级以上的地方各级人民代表大会举行会议的时候，被提出罢免的代表有权在主席团会议和大会全体会议上提出申辩意见，或者书面提出申辩意见，由主席团印发会议。罢免案经会议审议后，由主席团提请全体会议表决。

县级以上的地方各级人民代表大会常务委员会举行会议的时候，被提出罢免的代表有权在主任会议和常务委员会全体会议上提出申辩意见，或者书面提出申辩意见，由主任会议印发会议。罢免案经会议审议后，由主任会议提请全体会议表决。

罢免代表采用无记名的表决方式。

罢免由县级以上的地方各级人民代表大会选出的代表，须经各该级人民代表大会过半数的代表通过；在代表大会闭会期间，须经常务委员会组成人员的过半数通过。罢免的决议，须报送上一级人民代表大会常务委员会备案、公告。

县级以上的各级人民代表大会常务委员会组成人员，全国人民代表大会和省、自治区、直辖市、设区的市、自治州的人民代表大会专门委员会成员的代表职务被罢免的，其常务委员会组成人员或者专门委员会成员的职务相应撤销，由主席团或者常务委员会予以公告。

五、人民代表大会代表履行职责的保障

（一）对人民代表大会代表履行职责的条件保障

1. 时间保障

我国人民代表大会代表都是兼职的，且大多位于生产工作第一线。因此，需要代表所在的工作单位为其提供行使职权的时间。任何单位都不得阻挠代表参加代表大会和列席相关会议，不得阻挠代表参加代表小组活动和视察。《代表法》第33条规定："代表在本级人民代表大会闭会期间，参加由本级人民代表大会或者其常务委员会安排的代表活动，代表所在单位必须给予时间保障。"

2. 经济保障

《代表法》第34条规定："代表执行代表职务，其所在单位按正常出勤对待，享受所在单位的工资和其他待遇。无固定工资收入的代表执行代表职务，根据实际情况由本级财政给予适当补贴。"该法第35条还规定："代表的活动经费，应当列入本级财政预算予以保障，专款专用。"

3. 交通保障

代表出席会议和执行代表职务，国家应给予往返路费和必要的物质便利。凡组织代表集体活动，一般由有关部门统一解决。

4. 服务机构保障

设立为代表服务的专门机构和人员，是代表行使职务的重要条件。目前，县级以上地方各级人民代表大会一般都设立有专事代表工作的机构或者配备了专门工作人员。

（二）人民代表大会代表的言论免责权

1. 言论免责权的概念

所谓言论免责权，是指国会议员或者人大代表在议会或人民代表大会会议上的发言、辩论、决议、投票、质询及受议会或人民代表大会委托发表的演说、起草报告文件时享有不受法律追究的权利。我国《宪法》第75条规定："全国人民代表大会代表在全国人民代表大会各种会议上的发言和表决，不受法律追究。"《代表法》第31条规定："代表在人民代表大会各种会议上的发言和表决，不受法律追究。"这就是我国人大代表的言论免责权。

2. 设立言论免责权的意义

第一，设立人大代表的言论免责权有利于代表充分表达民意。人大代表是人民利益的代言人。但只有在保障代表的言论免责权的情况下，人大代表才有可能"知无不言，言无不尽"。

第二，设立人大代表的言论免责权有利于充分行使人民代表大会及其常务委员会的监督权。人大代表的言论免责权是人民代表大会及其常务委员会有效行使监督权的重要保证。在监督过程中涉及对事实的认定和评价问题，如果没有代表的言论免责权，代表在对相关事实进行认定和评价时，就会有顾虑，害怕打击报复。

第三，设立人大代表的言论免责权有利于人民代表大会及其常务委员会全面收集各方面的信息从而保证作出正确的决策。我国人口多，地区差异大，很多问题都比较复杂，而要解决这些问题，需要对该问题各方面的情况有比较全面的掌握。言论免责权使代表能够畅所欲言，使会议收集到更多、更全面的信息，并最终保证人民代表大会及其常务委员会能够做出正确的决策。

3. 言论免责权的内容

人大代表的言论免责权包括以下内容：①人大代表的言论免责权是永久性的，不因代表任期结束后再追究其责任。②人大言论免责权的范围是"人民代表大会的各种会议"，包括代表大会全体会议、小组会议、代表团会议、专门委员会会议、主席团会议、常务委员会全体会议、分组会议。代表在闭会期间的言论不在免责的范围。③代表不但无须对其在上述各种会议上的言论负责，而且对于人民代表大会公布或出版的各种文件中的言辞亦无须负责。④代表在人民代表大会会议上的言论虽对外免其责任，然在人民代表大会内需受议事规则的约束。

（三）对人民代表大会代表的人身特别保护权

1. 代表人身特别保护权的概念

代表人身特别保护权是指由法律规定，基于人大代表的特殊身份而给予的特别保护，也即非经法定程序，不得剥夺人大代表的人身自由。我国《宪法》第74条规定："全国人民代表大会代表，非经全国人民代表大会会议主席团许可，在全国人民代表大会闭会期间非经全国人民代表大会常务委员会许可，不受逮捕或者刑事审判。"《代表法》第32条规定："县级以上的各级人民代表大会代表，非经本级人民代表大会主席团许可，在本级人民代表大会闭会期间，非经本级人民代表大会常务委员会许可，不受逮捕或者刑事审判。如果因为是现行犯被拘留，执行拘留的机关应当立即向该级人民代表大会主席团或者人民代表大会常务委员会报告。对县级以上的各级人民代表大会代表，如果采取法律规定的其他限制人身自由的措施，应当经该级人民代表大会主席团或者人民代表大会常务委员会许可。人民代表大会主席团或者常务委员会受理有关机关依照本条规定提请许可的申请，应当审查是否存在对代表在人民代表大会各种会议上的发言和表决进行法律追究，或者对代表提出建议、批评和意见等其他执行职务行为打击报复的情形，并据此作出决定。乡、民族乡、镇的人民代表大会代表，如果被逮捕、受刑事审判，或者被采取法律规定的其他限制人身自由的措施，执行机关应当立即报告乡、民族乡、镇的人民代表大会。"

2. 设立代表人身特别保护权的意义

设立代表人身特别保护权是为了保护人大代表在履行职务过程中免受非法干涉或恶意打击报复。《代表法》第1条规定："为保障全国人民代表大会和地方各级人民代表大会代表依法履行代表的职权，履行代表的义务，发挥代表作用，根据宪法，制定本法。"这也正是设立代表人身特别保护权的根本目的所在，也即在于保护代表在履职过程中免受强制干涉和恶意打击,而非对代表进行一般意义上的人身庇护,更不是将代表游离于法律的制裁之外。

3. 代表人身特别保护权的内容

第一,人大代表拥有代表人民的特殊身份,是人民依照法定程序选举产生的,未经人民的同意不能剥夺其人身自由。这里并不意味着人大代表犯罪不受法律制裁,而是说需经过特别的程序。

第二,所谓特定程序,就是在司法机关有证据认为人大代表犯罪时,逮捕或审判之前必须报经人民代表大会主席团,闭会期间是人民代表大会常务委员会同意。若是现行犯被拘留,拘留机关应立即向该级人民代表大会主席团或常务委员会报告。

第三,代表人身特别保护权针对的是刑事案件,但不限于刑事案件。采取其他限制人身自由的一切措施,包括行政拘留、司法拘留、监视居住、取保候审等,都必须在事后经该级人大主席团或常务委员会许可。①

【关键词】

人民代表大会　议员的言论免责权　代表人身特别保护权　一院制　两院制　议会至上

【思考题】

1. 什么是人民代表大会制?
2. 议员言论免责权的内容是什么?
3. 代表人身特别保护权的内容是什么?
4. 全国人民代表大会及其常务委员会有哪些职权?
5. 如何理解全国人民代表大会是我国的最高权力机关?
6. 我国人大代表有哪些权利和义务?对他们履行职责如何保障?
7. 你认为我国的人大制度存在哪些问题?如何改进?

参考文献:

蔡定剑:《中国人民代表大会制度》,法律出版社1998年版。
李步云主编:《宪法比较研究》,法律出版社1998年版。
许崇德主编:《宪法》,中国人民大学出版社1999年版。
尤光付:《监督制度比较》,商务印书馆2003年版。

---

① 参见蔡定剑:《中国人民代表大会制度》,法律出版社1998年版,第211页。

第五章　中国人民政治协商会议

【本章复习提示】　本章由四节组成。第一节探讨了中国人民政治协商会议的历史演变，以及其性质和地位。第二节介绍中国人民政治协商会议的构成，委员的产生及其权利义务。第三节探讨了中国人民政治协商会议职能的演变，内容和形式。第四节介绍了中国人民政治协商会议的工作方式。

第一节　中国人民政治协商会议概述

一、中国人民政治协商会议的历史演变

中国人民政治协商会议，简称人民政协或政协，是我国爱国统一战线的组织，是实现中国共产党领导的多党合作和政治协商制度的重要机构，是我国政治生活中发展社会主义民主的重要形式。对此，《宪法》在序言中作了确认："中国人民政治协商会议是有广泛代表性的统一战线组织，过去发挥了重要的历史作用，今后在国家政治生活、社会生活和对外友好活动中，在进行社会主义现代化建设、维护国家的统一和团结的斗争中，将进一步发挥它的重要作用。"

中国人民政治协商会议是在革命和建设过程中产生和发展起来的，其历史演变大体经历了三个阶段。

第一个时期为形成时期，时间为新中国成立前后。

早在第一次国内革命战争与抗日战争时期，中国共产党与国民党曾经有过两次建立统一战线的历史。1924年1月国民党第一次全国代表大会召开，标志着以共产党和国民党合作为基础的革命统一战线的正式确立。由于当时的历史条件，统一战线采取了党内合作的组织形式，即改组后的国民党就是统一战线的组织。但1927年的"四·一二政变"，革命统一战线破裂了，统一战线的组织形式也被破坏了。抗日战争时期，民族危机空前严重，中国共产党要求国民党团结抗日，结成抗日民族统一战线，从而形成了以第二次国共合作为基础的抗日民族统一战线。此次统一战线采取了党外合作的形式，即国共两党都是独立的，都有自己的政权和军队，从实质上讲是两种政权和两种军队的合作。但是由于两党没有形成共同具体的政治纲领，故而抗日民族统一战线就未能有正式固定的组织形式，国共两党的合作事宜，只能是两党派代表协商、决定。可见，统一战线的具体组织形式并不是随着统一战线的产生而同时产生的。然而，内容和形式是不可截然分开的，统一战线无论经过多大的艰难和曲折，总是要找到适合自己的组织形式。人民政协的诞生就是这种历史必然性的深刻反映。

在抗战末期，在中国面临何去何从的历史关头，代表人民利益的中国共产党就提出了"在广泛的民主基础上，召开国民代表大会，成立包括更大范围的各党各派和无党无派代表人物在内的同样是联合性质的民主的正式政府，领导新中国成立后的全国人民，

将中国建设成为一个独立、自由、民主、统一和富强的新国家"的和平建国基本方针。

1945年8月,国共重庆谈判,最后签订了有利于和平的《国共双方代表会谈纪要》。《纪要》签订后,1946年1月在重庆举行了由共产党、国民党及其他党派和无党派人士组成的政治协商会议(即"旧政协")。虽然这次政治协商会议所达成的协议后来被国民党反动派撕毁了,但统一战线的必要性和重要性在中国共产党关于新中国的构想中的地位却巩固下来。1947年12月,在人民解放战争节节胜利的形势下,中共中央提出了"中国新民主主义革命要胜利,没有一个包括全民族绝大多数人口的最广泛的统一战线,是不可能的。不但如此,这个统一战线还必须是在中国共产党的坚强的领导之下。没有中国共产党的坚强领导,任何革命统一战线也是不能胜利的"。① 1948年5月1日,中国共产党发布了著名的"五一"口号,号召"各民主党派和各民主团体及社会贤达,迅速召开新的政治协商会议,讨论并实现召集人民代表大会,成立民主联合政府"。这一提议立即得到了各民主党派、各人民团体、无党派民主人士、少数民族人士和香港同胞、华侨的响应和赞成,并于1949年6月成立了新政协筹备会。同年9月21日,中国人民政治协商会议第一届全体会议在北平召开,共有来自中共及各民主党派、各人民团体、各地区、人民解放军、少数民族、海外华侨、宗教界以及其他爱国民主人士662名代表出席了会议。由于召开普选的全国人民代表大会的条件尚不成熟,政协第一届全体会议代行全国人大的职权。由它制定了具有临时宪法性质的《中国人民政治协商会议共同纲领》,通过了《中华人民共和国人民政府组织法》,选举了中央人民政府,并通过了关于定都北京、采用公元纪年、国歌、国旗等事项。会议于9月30日胜利闭幕。

新中国成立初期,中国人民政治协商会议除代行全国人民代表大会的职权外,作为统一战线的组织,它所行使的职权是:制定或修改中国人民政治协商会议共同纲领和中国人民政治协商会议组织法。在普选的全国人民代表大会召开以后,就有关国家建设事业的重要措施,向全国人大或中央人民政府委员会提出建议案;选举中国人民政治协商会议全国委员会。从政协第一届全体会议行使的职权看,它是带有过渡性质的政权机关,这一届政协全国委员会共召开四次会议,开展了许多重大活动,包括通过《中华人民共和国土地改革法草案》,协商讨论惩治反革命条例,组织各界人士贯彻中国共产党提出的过渡时期总路线,协助政府贯彻对民族资本主义工商业的利用、限制和改造等。总之,在新中国成立前夕和新中国成立初期,人民政协做了大量卓有成效的工作,为新中国的成立、巩固和发展发挥了重要作用。

第二个时期为发展和挫折时期,时间为1954年9月至1976年"文化大革命"结束。

1954年9月我国召开了第一届全国人民代表大会,人民政协从此不再代行人民代表大会职权,而是作为我国人民民主统一战线的组织形式,作为政治协商的机构继续发挥作用。按照1954年12月政协第二届全国委员会第一次会议制定的《中国人民政治协商会议章程》规定,政协作为团结全国各民族、各民主阶级、各民主党派、各人民团体、国外华侨和其他爱国民主人士的人民民主统一战线的组织,继续单独存在。在1954年至1966年"文化大革命"前的12年中,人民政协全国委员会前后经历了第二

---

① 《毛泽东选集》第4卷,人民出版社1991年版,第1257页。

届、第三届、第四届，委员人数从第二届时的569人增加到三届时的1071人，四届时的1199人。1959年人民政协第三届一次会议后，人民政协会议与全国人大会议同时召开，政协委员列席人大会议，听取和讨论政府工作报告和其他报告，和人民代表一起共商国是。1962年，周恩来做了《我国人民民主统一战线的新发展》重要报告，对人民政治协商会议和统一战线面临的新任务作了科学阐述，极大地调动了各民主党派建设社会主义的积极性。在这一时期，人民政协积极开展工作，在国家建设的各个方面都发挥了应有的作用。在协助政府实现过渡时期总路线，推动资本主义工商业、农业、手工业的社会主义改造，贯彻党的知识分子政策及"长期共存，互相监督"的方针，以及尝试形成人民政协民主自由、生动活泼的政治局面等方面，均做了大量工作。

从1957年起，人民政协工作受到了"左"的错误的影响，工作受到了很大冲击。尤其是1966年到1976年十年"文化大革命"期间，人民政协和统一战线受到了巨大的挫折和损失，被迫停止活动，这一阶段人民政协工作，从总体上来说是陷于瘫痪和停滞状态的。直到1971年底，人民政协工作才开始局部有所恢复。

第三个时期是人民政协恢复和全面发展时期，时间为"文化大革命"结束后至今。

1978年2月，在北京召开了政协第五届全国委员会第一次会议，标志着中断十年之久的政治协商制度正式得到了恢复。这次会议选举邓小平为全国政协主席，并通过了新的章程。新的章程进一步阐述了人民政协的性质和新的历史阶段的任务，并对人民政协"政治协商"与"民主监督"的主要职能做出了明确阐述。1979年6月召开的第五届中国人民政治协商会议第二次会议上，邓小平同志指出，我国爱国统一战线和人民政治协商会议今后的根本任务是"调动一切积极因素，努力化消极因素为积极因素，团结一切可以团结的力量，同心同德，群策群力，维护和发展安定团结的政治局面，为把我国建设成为现代化的社会主义强国而奋斗"。1989年1月《政协全国委员会关于政治协商、民主监督的暂行规定》，进一步明确了人民政协的职能，1990年2月中共中央发布了《中共中央关于坚持和完善中国共产党领导的多党合作和政治协商制度的意见》，使人民政协政治协商、民主监督的职能进一步巩固和完善。《意见》再一次强调指出，"人民政协是我国爱国统一战线组织，也是共产党领导的多党合作和政治协商的一种重要组织形式。人民政协应当成为各党派、各人民团体、各界代表人物团结合作，参政议政的重要场所"。1993年3月八届全国政协第一次会议后，于次年修改了《中国人民政治协商会议章程》，在政协职能方面增加了"参政议政"，并进一步完善了各项规章制度，为人民政协在新世纪发挥更大作用奠定了重要基础。

在1997年中国共产党第十五次全国代表大会上，江泽民同志指出："继续推进人民政协政治协商、民主监督、参政议政的规范化、制度化，使之成为党团结各界的重要渠道。巩固和发挥广泛的爱国统一战线。"从此，我国人民政协的发展进入了新的历史时期。1998年3月，第九届全国政协第一次会议在"民主、求实、团结、鼓劲"的主题中召开，人民政协在把建设有中国特色的社会主义事业全面推向二十一世纪的过程中，将会发挥更重要的作用。

二、中国人民政治协商会议的性质和地位

（一）中国人民政治协商会议的性质

人民政协是我国特有的政治组织，就性质而言，它是统一战线和政治协商的组织形式。

人民政协是具有广泛代表性的统一战线组织。中国人民在长期的革命和建设过程中，结成了由中国共产党领导的，有各民主党派、无党派人士、人民团体、少数民族人士和各界爱国人士参加的广泛的爱国统一战线。在民主革命时期，统一战线是中国共产党领导人民推翻帝国主义、封建主义、官僚资本主义的统治，取得革命胜利的三大法宝之一；在社会主义建设时期，统一战线是中国共产党领导和团结全国各族人民，建设现代化强国和完成祖国统一大业的重要法宝。因此说，统一战线是一项具有中国特色的政治制度，是具有政党社团联盟性质的政治组织，是执政的共产党与各民主党派及社会各界进行政治协商合作共事的场所。人民政协在我国的国家政治生活中发挥着极为重要的作用。但人民政协不是国家机关，第一届人民政治协商会议全体会议曾经执行过全国人民代表大会的职权，但那只是一种暂时的过渡措施。我们不能将之与西方两院制的国家上院混同。

人民政协从它诞生之日起，就是统一战线组织，这在不同时期制定修改的政协章程中都有明确规定。而人民政协作为政治协商的组织形式是1989年才正式确定的。1989年12月30日，《中共中央关于坚持和完善中国共产党领导的多党合作和政治协商制度的意见》明确指出，人民政协是我国统一战线的组织，也是中国共产党领导的多党合作和政治协商的一种重要组织形式。

（二）中国人民政治协商会议的地位

中国人民政治协商会议这种组织形式和制度已经成为中国政治体制的基本内容之一，在我国政治生活中发挥着重要作用，但它不是国家政权组织，不属于国家机关体系。人们经常将政协与人大相提并论，是因政协与人大的活动有着密切的联系。根据惯例，从1959年以来，政协全国委员会和全国人大同时召开会议，政协全国委员会全体成员列席人大会议，和全国人大代表一起听取政府工作报告，共同商讨有关事项。这种做法已经成为一项不成文的制度。这种制度不仅体现了民主党派和其他非党人士在国家政治决策中的作用，同时也是实现国家决策民主化、科学化的重要机制。

中国人民政治协商会议作为各党派、各人民团体、各界代表人物团结合作、参政议政的重要场所，它不同于一般的人民团体，它是在我国政治体制中具有重要地位和影响的政治性组织，人民政协全国委员会是我国政治领导体制中的重要组成部分，人民政协主席、副主席被视为国家领导人。在人民政协中，包括了中国共产党、各民主党派、各人民团体、各地区、人民解放军、各少数民族、华侨以及其他爱国分子的代表，具有广泛性和党派性的特点，是我国政治生活中大团结大联合的象征，这不是一般人民团体所具有的。

党的十九大报告指出："人民政协是具有中国特色的制度安排，是社会主义协商民主的重要渠道和专门协商机构。人民政协工作要聚焦党和国家中心任务，围绕团结和民主两大主题，把协商民主贯穿政治协商、民主监督、参政议政全过程，完善协商议政内容和形式，着力增进共识、促进团结。加强人民政协民主监督，重点监督党和国家重大

方针政策和重要决策部署的贯彻落实。增强人民政协界别的代表性，加强委员队伍建设。"

第二节 中国人民政治协商会议的构成

一、中国人民政治协商会议全国委员会的构成

中国人民政治协商会议全国委员会简称政协全国委员会。它是人民政协这个爱国统一战线组织的最高组织形式。

（一）政协全国委员会的组成

人民政协的组成，包含政协的组成单位以及政协的组成人员。就组成单位而言人民政协是由中国共产党、各民主党派、各人民团体等方面的代表组成的。就政协组成人员而言，根据现行政协章程，中国人民政治协商会议全国委员会主要由三部分人士组成：一是中国共产党、各民主党派、无党派民主人士、人民团体、各少数民族的各界代表；二是台湾同胞、港澳地区和归国侨胞的代表；三是特别邀请的人士。以上参加单位、委员名额和人选，由上届全国委员会常务委员会协商决定。每届全国委员会任期内，若有必要增加或者变更参加单位、委员名额和决定人选时，由本届常务委员会协商决定。

政协全国委员会每届任期 5 年，如遇非常情况，由常务委员会以全体组成人员的 2/3 以上的多数通过，可延长任期。全国委员会全体会议每年举行一次，必要时可以召开临时会议。

根据政协章程规定，政协全国委员会设主席、副主席若干人和秘书长。全国委员会全体会议、常务委员会和主席会议是全国委员会的领导机构。

全国委员会全体会议行使下列职权：修改章程；选举全国委员会的主席、副主席、秘书长和常务委员；听取和审议常务委员会的工作报告；讨论本届委员会的重大工作方针和任务并做出决议；参与国家大政方针的讨论；提出建议和批评等。

政协全国委员会设常务委员会主持会务，由主席、副主席、秘书长和常委组成。政协全国委员会常务委员会行使下列职权：解释政协章程，监督章程的实施；召集并主持全国委员会全体会议；组织实施政协章程规定的任务；执行全国委员会全体会议的决议；全国委员会全体会议闭会期间，审议通过提交全国人大及其常委会或国务院的重要建议案；根据秘书长的提议，任免政协全国委员会副秘书长；决定全国委员会工作机构的设置和变动，并任免其领导成员。

政协全国委员会主席主持常务委员会的工作，副主席、秘书长协助主席工作。主席、副主席、秘书长组成主席会议，处理常务委员会的重要日常工作。

（二）政协全国委员会的工作机构

1. 办公厅

全国政协办公厅是全国政协的办事机构，其前身是 1949 年 10 月政协第一届全国委员会第一次会议召开后设立的政协全国委员会秘书处，下设若干科（室、组）。1980 年 12 月 30 日，经第五届全国政协委员会第十四次会议决定成立全国政协办公厅，下设秘书处、外事处、人事处和信访处。1983 年，办公厅被明确定为正部级机构。后历经多次机构改革，现全国政协办公厅下设行政工作机构，包括：研究室、秘书局、各专门委

员会办公室、联络局、人事局、机关事务管理局和机关党委等。这些机构的工作职责各有侧重,活动形式也不尽相同。

全国政协办公厅设秘书长、副秘书长若干人。办公厅在秘书长领导下,直接为政协委员活动提供服务,为完成政协的各项工作任务,做好组织联络、秘书、宣传等工作。

2. 专门委员会

政协全国委员会根据工作需要由常务委员会决定设立若干工作组或专门委员会,作为全会闭会期间委员会活动的工作机构。

工作组是人民政协最早成立的工作机构之一。政协第一届全国委员会设置了8个工作组和6个委员会。1958年3月政协全国委员会常务委员会通过了《政协全国委员会工作组组织简则》,对工作组的性质、任务、成员构成、工作组与各方面的关系等作了规定。1988年4月七届全国政协常委会第一次会议适应我国体制改革的形势,改变了以往委、组并存的局面,决定全国政协统一设置若干专门委员会,作为组织委员进行经常性活动的工作机构。

专门委员会是在常务委员会和主席会议领导下的工作机构。根据《中国人民政治协商会议全国委员会通则》的规定,专门委员会日常工作,包括各类会议的召集和主持,由主任或主任委托副主任主持,秘书长负责协调。必要时,由主席或主席委托副主席、秘书长召开专门委员会主任联席会议,讨论研究专门委员会的重要问题。专门委员会的会议根据工作需要安排,一般不定期举行。专门委员会会议的形式也比较多样。主要形式有:全体会议、主任会议、主任扩大会议、主任联席会议,以及同中共党委、人大、政府的有关部门及民主党派、人民团体的有关机构举行的联席会议等。

专门委员会工作是政协工作的重要组成部分。专门委员会根据政协章程的要求,以及全国委员会全体会议和常务委员会会议提出的各项任务,积极开展工作。各项工作的计划,组织实施的部署,形成的意见、建议和提案,均需经专门委员会会议讨论通过。专门委员会的任务主要是:团结和联系委员及各族、各界人士,学习、宣传国家的方针政策,积极反映社情民意;就国家的大政方针以及政治、经济、文化和社会生活中的重要问题调查研究,提出意见、建议和提案;开展关于维护社会稳定和民族团结,促进祖国和平统一,加强同各国人民的友好往来与合作的有关工作;组织各种活动,积极为委员知情出力、履行职责创造条件等等。根据全国委员会全体会议和常务委员会的决议精神,专门委员会会议要审议制订年度工作计划,年末要审议向常务委员会和全国委员会全体会议提交的工作报告。

(三) 中国人民政治协商会议全国委员会委员(政协委员)

1. 政协委员的产生

政协委员是政协组织的"细胞"。《中国人民政治协商会议章程》规定:"凡赞成本章程的党派和团体,经人民政协全国委员会常务委员会协商同意,得参加人民政协全国委员会。个人经人民政协全国委员会常务委员会协商邀请,并得参加人民政协全国委员会。"

从人民政协的历史看,历届政协委员的产生都反映了当时客观形势的要求和统一战线扩大和发展的情况,体现出统一战线和政治协商的新形势、新特点。在每次换届时,中共中央都要在各民主党派、各有关人民团体和无党派代表人士充分协商的基础上,提出新一届政协的组成规模、界别设置及人事安排的原则意见和指导思想。

从发挥人民政协的整体功能和提高委员参政议政整体水平考虑,处理好政协安排与开展工作的关系,在注重代表性、广泛性的同时考虑委员会整体的政治结构、知识结构、年龄结构、能力结构的合理性。在现阶段,委员人选要体现爱国主义和社会主义旗帜,实现大团结、大统一的精神。

政协委员产生的具体运作步骤,一般为:

(1) 提名推荐。政协委员名单,由各党派中央、各人民团体、无党派人士、各个界别等协商提出。

(2) 协商确定建议名单。对各方面提出的推荐名单由中共中央有关部门进行综合平衡,充分同各推荐方面协商形成建议名单。

(3) 审议通过。将委员建议名单提交政协主席会议审议同意后,由常务委员会协商决定,经全体常务委员会组成人员过半数同意予以通过。

(4) 公布。经常务委员会会议通过的委员,由政协办公厅分别通知推荐单位和本人,向委员发委员证书,并通过新闻媒体向社会公布。

增补政协委员的程序,也需要经过提名、协商、审议通过和公布这几个步骤。

2. 政协委员的权利与义务

根据政协章程规定,政协委员享有以下权利:

①在本会会议上有表决权、选举权和被选举权;②有对本会工作提出批评和建议的权利;③有通过本会会议和组织参加讨论国家大政方针和各该地方重大事务的权利;④有对国家机关和国家工作人员的工作提出建议和批评的权利;⑤有对违纪违法行为检举揭发、参与调查和检查的权利;⑥有声明退出的自由;⑦在受到警告或撤销参加资格的处分时有请求复议的权利。

权利和义务是互相依存,不可分割的。政协委员在享有以上权利的同时,还必须履行一定的义务。政协委员的义务可归纳为:①遵守和履行政协章程;②遵守和履行本委员会全体委员会议和常务委员会会议决议。

二、中国人民政治协商会议地方委员会的构成

根据政协章程的规定,我国各级地方行政区域,除乡镇外,都可设立该地方的人民政治协商会议地方委员会。故政协地方委员会包括人民政协省、自治区、直辖市委员会以及政协自治州、设区的市、县、自治县、不设区的市和市辖区委员会。政协地方委员会每届任期5年。每年至少举行一次全体会议。全体会议行使下列职权:①选举本地方委员会的主席、副主席、秘书长和常务委员;②听取和审议常务委员会的工作报告;③讨论并通过有关的决议;④参与对国家和地方的重要问题的讨论,提出建议和批评。

政协地方委员会设常务委员会主持会务。常务委员会由地方委员会主席、副主席、秘书长和常务委员组成。其职权主要有:①召集并主持地方委员会全体会议,每届第一次全体会议由会议选举主席团主持;②组织实行人民政协章程规定的任务和全国委员会所作的全国性的决议以及上级地方委员会所作的地区性决议;③执行地方委员会全体会议的决议;④地方委员会全体会议闭会期间,审议通过提交同级地方人大及其常委会或人民政府的重要建议案;⑤根据秘书长的提议,任免地方委员会的副秘书长;⑥决定地方委员会工作机构的设置和变动,并任免其领导成员。

政协地方委员会的主席主持常务委员会工作。主席、副主席、秘书长组成主席会议，处理常务委员会的日常工作。

政协全国委员会与地方委员会之间以及地方委员会对下一级地方委员会的关系是指导关系而不是领导与被领导的关系。但政协地方委员会对全国委员会的全国性决议，下级地方委员会对上级地方委员会的决议，都有遵守和履行的义务。

第三节　中国人民政治协商会议的职能

一、中国人民政治协商会议职能的演变

根据政协章程的规定，人民政协的主要职能为政治协商、民主监督与参政议政。

人民政协的职能有一个历史的演变过程。人民政协的民主监督职能，是1956年中共中央总结同各民主党派从民主革命时期以来长期合作的成功经验，提出"长期共存，互相监督"的方针时明确的。人民政协的民主监督职能，是一种有组织的反映统一战线各方面意见的民主监督，它对巩固统一战线，正确处理共产党与各民主党派和社会其他各界的关系有重要意义，它是发扬社会主义民主的一种重要形式，发挥着越来越重要的作用。

政治协商是新中国成立以来中国政治生活中的一大优良传统。1982年12月全国政协副主席刘澜涛在全国政协五届五次会议上所作的《关于〈中国人民政治协商会议章程〉（修改草案）的说明》中提出："根据历史经验，人民政协的重要职能是对国家的大政方针和地方重要事务以及群众生活、统一战线内部关系等重要问题进行政治协商，并通过提出建议和批评，发挥民主监督的作用。"第一次明确提出政治协商是人民政协的主要职能之一，正式确立了政治协商制度化、经常化的地位。

参政议政的职能是政治协商和民主监督的拓宽和延伸。1994年3月，全国政协八届二次会议通过了《中国人民政治协商会议章程（修正案）》，修正案把参政议政正式列入政协的主要职能。李瑞环在全国政协八届二次会议闭幕式上的讲话中指出："参政议政与政治协商、民主监督是一致的。人民政协参政议政的主要内容和基本特征就是政治协商、民主监督。参政议政又不简单等同于政治协商、民主监督，而是它的拓展和延伸。一般说来，政治协商、民主监督以国家与地方的大政方针、重大问题为中心议题，以各级领导机关为具体对象，以会议为主要形式，并依据一定的程序和规则进行。参政议政则不完全受上述条件的局限，对象更加广泛，内容更加丰富，形式更加多样，方法更加灵活。"[①]

二、中国人民政治协商会议的主要职能

（一）政治协商

所谓政治协商，是对国家和地方的大政方针以及政治、经济、文化和社会生活中的重要问题在决策之前进行协商和就决策执行过程中的重要问题进行协商。从程序上讲，政协全国委员会和地方委员会可根据中国共产党、人大常委会、人民政府、民主党派、人民团体的提议，举行有各党派、团体的负责人和各族各界的代表参加的会议进行协商，也可建议上述单位将有关重要问题提交政协协商。协商的结果虽然不具有法律效

---

① 《十五大以来重要文献选编》（中），人民出版社2001年版，第1493页。

力，但对执政党和国家的决策能起到重要的咨询、参谋作用。

政治协商的主要形式有政协全国委员会的全体会议、常务委员会议、主席会议、各专门委员会会议，以及根据需要召开的由各党派、无党派爱国人士、人民团体、少数民族人士和各界爱国人士的代表参加的协商座谈会等。政治协商的内容主要涉及国家在物质文明、精神文明等领域在改革开放中的重要方针政策及重要部署，政府工作报告，国家财政预算，经济与社会发展规划，以及国家政治生活中的其他重大事项，如法律草案，中共中央提出的国家领导人人选，外交政策，涉及祖国统一重大事项，政协内部事务等。通过对这些重大事项的协商，一是可以听取各种意见，有利于执政党决策的科学性，二是可以相互沟通，统一认识，使决策的贯彻执行更加顺利。

（二）民主监督

民主监督是人民政协的又一重要职能。民主监督指的是政协对国家宪法、法律和法规的实施，重大方针政策的贯彻执行，国家机关及其工作人员的工作，通过建议和批评的方式所进行的监督。

民主监督的主要形式有：政协全国委员会的全体委员会议、常务委员会议或主席会议向中共中央、国务院提出建议案；各专门委员会提出建议和有关报告；委员视察、委员提案、委员举报或以其他形式提出批评和建议；参加中共中央、国务院有关部门组织的调查和检查活动等。民主监督的内容包括：国家宪法与法律、法规的实施情况，中共中央与国家领导机关制定的重要方针政策的贯彻执行情况，国民经济和社会发展计划及财政预算执行情况，国家机关及其工作人员履行职责、遵守法纪、为政清廉等方面情况，参加政协的各单位和个人遵守政协章程和执行政协决议的情况。

（三）参政议政

参政议政作为人民政协的一项主要职能，反映了人民政协工作在新时期的新发展，是中国社会主义民主建设的创造和特色。参政议政的内容与形式除政治协商和民主监督规定的内容和形式外，还包括选择人民群众关心、党政部门重视、政协有条件做的课题，组织调查和研究，积极主动地向党政领导机关提出建设性的意见；通过多种方式，广开言路，广开才路，充分发挥委员专长和作用，为改革开放和社会主义现代化建设献计献策等。近年来，人民政协提出了许多专题报告和专题建议，其内容涉及提高工业经济效益、发展农业、控制人口、发展股份制经济、反腐倡廉、落实归侨侨眷权益保护法等；有全国性的事务，也有地方性事务的建议。这种有效的工作形式正在政协的全国和地方性组织中迅速普及，使人民政协在国家进步发展的事业中，发挥了直接的推进作用。各级人民政协通过经常性的活动，向党中央、国务院以及地方各级政府提出了大量的意见和建议，为社会主义现代化建设做出了很大的贡献。为更有效地发挥政协参政议政的职能，还开展了反映社情民意工作，建立了包括专门工作机构和现代化处理手段的信息网络，开辟了向中央反映社情民意的新渠道，为政协委员参政议政提供了更为广阔的舞台。

第四节　中国人民政治协商会议的工作方式

一、会议

会议是政协履行职能的主要形式。政协全国委员会的主要会议制度有：全体会议制度、常委会议制度、主席会议制度以及秘书长会议制度、专门委员会会议制度等。此外，还根据需要召开各种形式的协商座谈会、论证会、意见听证会等。

全体会议是政协最高层次的协商形式。全国委员会的全体会议每年举行一次，一般在每年3月与全国人民代表大会同期召开。全国委员会全体会议协商讨论的主要内容有：政府工作报告、国家计划和预算报告、最高人民法院工作报告、最高人民检察院工作报告以及其他重要报告，审议全国政协常委会工作报告、提案工作情况的报告等。

常委会议是全体会议闭会期间的主要协商形式。全国政协常委会议一般每年召开4次，主要任务有"听取中共中央、国务院负责人的重要报告；讨论国家重大方针政策以及国计民生的重要问题；审议重要的建议案、提案和调研报告；研究政协工作中的重要事务等。

主席会议是常委会议闭会期间的重要协商形式。其主要任务有：讨论国家重大方针政策以及群众关心的重要问题；审查以全国委员会或常务委员会名义向中共中央、国务院提出的重要建议案；拟定常委会议的日程和议程草案；审议提交常委会议的文件；执行常委会的决议，处理常委会的重要日常工作等。

二、提案

提案是政协委员、参加政协的党派团体和政协专门委员会向政协全体会议或常务委员会提出的，经审查立案后由承办单位办理的书面意见和建议。提案的提出一般有四种形式：一是政协委员可以个人或者联名方式提出提案；二是政协全体委员会议期间可以界别小组或者联组名义提出提案；三是参加政协的各党派和人民团体，可以本党派、团体名义或者联名方式提出提案；四是政协各专门委员会可以本专门委员会名义或者联名方式提出提案。对政协提案，承办单位按照有关规定认真办理后，在一定时限内给予书面答复，全国政协会采取多种方式督办。

三、视察

视察是政协委员履行职能的一项基础性工作，是委员了解情况、检查工作、研究问题、议政建言的重要途径，是委员行使民主权利、开展民主监督的重要渠道。通过视察，委员们可以广泛地接触实际，接近群众，从而了解党和政府的方针、政策的贯彻执行情况，发现工作中存在的问题，提出意见、批评和建议。全国政协每年都围绕国家的中心工作，有计划地组织政办委员深入各地开展视察活动。

四、专题调研

开展专题调研、建言立论，是政协发挥优势参与国是的重要途径。专题调研一般以专门委员会为依托，以课题为纽带，联合、组织各行各业的专家学者，围绕国家的中心工作，有重点地进行调查研究，提出切实中肯的意见和建议，协助政府制定有关社会经济发展规划，推动政治经济等方面的改革。专题调研具有人员精悍（参加的人员少而精，主要是专家、学者）、选题单一（围绕一个课题调研，易于深透）等优点，便于发挥政协的人才优势。推动社会主义物质文明、政治文明和精神文明协调发展。

五、其他方式

除以上主要方式外，人民政协还可以通过反映社情民意、促进祖国统一、开展对外交往等活动方式履行职能。

了解和反映社情民意是政协履行职能的重要基础和关键环节。人民政协要求政协委员同各方面群众保持密切的联系，广泛、及时地反映社会的真实情况和群众的意见呼声，为各级领导机关把握形势、正确决策提供重要依据，并推动一些实际问题的解决。

人民政协坚定不移地贯彻"和平统一、一国两制"的方针，加强与有关单位的协调和配合，拓展与港澳台侨各界人士的联系渠道，广泛开展各种形式的联谊活动，努力团结港澳台侨各界人士，为实现祖国的完全统一作出贡献。

人民政协的对外交往是中国总体外交的重要组成部分。人民政协立足于国家外交大局，致力于加强同世界各国的友好往来与交流合作，维护世界和平、促进共同发展。截至 2005 年 8 月，全国政协已经与世界上 111 个国家的 188 个机构、8 个国际性组织或地区性组织开展了友好交往。

【关键词】

中国人民政治协商会议　统一战线　政协全国委员会　办公厅　专门委员会　政协委员　政治协商　民主监督　参政议政　工作方式　提案　专题调研

【思考题】

1. 简述中国人民政治协商会议的性质和地位。
2. 简述政协委员的产生。
3. 简述中国人民政治协商会议的主要职能。
4. 简述政协全国委员会的会议制度。

【参考文献】

1. 朱汉国：《中国政党制度史》，安徽人民出版社 1995 年版。
2. 朱国斌：《中国宪法与政治制度》，法律出版社 1999 年版。
3. 杨泉明主编：《宪法概论》，四川大学出版社 2009 年版。
4. 刘茂林：《宪法学》，中国人民公安大学出版社和人民法院出版社 2003 年版。

第六章 我国的行政机关

【本章学习提示】 本章介绍关于行政权的基础理论以及我国中央行政机关体系。内容由两节组成：第一节主要介绍行政机构的基础理论，主要内容涉及行政机构的概念、行政机关体制的类型、行政机关的组织形式以及行政机构的一般职权。第二节全面介绍我国中央国家行政机关即国务院，具体内容包括国务院的历史演变、国务院与国家权力机关的关系、国务院的组成与任期、国务院的领导体制与组织体系、国务院的职权。

行政机关是国家机关的重要组成部分。行政机关是立法机关的执行机关，行政机关由人民代表大会选举产生，对人民代表大会负责并接受其监督。

第一节 行政机关概述

一、行政机关的概念

在一般意义上，所谓行政，是指一定的社会组织，在其活动过程中所进行的各种组织、控制、协调、监督等手段发生作用的活动。简言之，行政即机关、团体和企事业单位的内部管理。国家意义上的行政，是区别于立法、司法活动，而对国家的组织管理活动。行政机关，是指区别于立法机关和司法机关，行使国家行政权力也即对国家的政治、经济、社会、外交等各方面事务进行组织管理的国家机关。在现代国家，行政机关通常与立法机关、司法机关相对。立法机关行使立法权，司法机关行使司法权，而行政机关行使的是行政权。行政机关跟政府的概念不同。政府的概念有广义和狭义之分。广义是政府概念包括立法、行政、司法等所有公共权力机关。狭义的政府概念才指行政机关，尤指中央行政机关。

二、行政机关体制类型

（一）首长制与委员会制

按照行政机关权力和责任承担者是个人还是集体，可将行政机关体制分为两种类型，即首长制行政机关体制和委员会制行政机关体制。

首长制行政机关体制，又称首长负责制或者个人负责制，它是指行政机关的最高领导者除要对最高国家权力机关负责外，个人权力不受限制，不对任何人负责，行政机关的重大事项都由他独享决策权并由他个人承担责任的行政机关体制。其优点是：①权力集中，决策迅速。②指挥统一，效率较高。③权责明确，易于监督。其缺陷是：①权力过于集中，易于造成权力滥用甚至个人专断；②决策与指挥效果取决于领导者的素质，易出现主观片面性和失误；③权力和责任均集中于领导者或决策者，易使下级和其他成员产生依赖性或推诿责任。

委员会制行政机关体制，又称合议制或集体负责制行政机关体制，是指由两个人以上组成的群体即委员会集体执掌国家行政权力，整个国家行政机关系统的权力和责任由两个以上的地位平等的人共同分享的行政机关体制。这种体制下，任何重大决策都必须由集体讨论决定，实行集体领导、集体决策、集体负责。其优点是：①决策过程民主，有效地避免了个人专断现象；②决策结果科学，决策过程中个人的主观性和局限性得到有效控制；③集体承担责任，提高了集体中所有成员的积极性。其缺点是：①易出现意见分歧，决策迟缓，效率较低；②责任不明确，监督机制难以奏效。

（二）集权制与分权制

按照行政机关系统内上下级行政机关之间权力分配状况可将行政机关体制分为集权制行政机关体制和分权制行政机关体制。

集权制行政机关体制是指决策权集中在上级行政机关特别是中央行政机关，下级或地方行政机关无自由裁量权，只能依据上级或中央行政机关的决定、法令和指示办事。其优点是：政令统一，标准一致，力量集中，统筹全局，方便指挥，决策容易贯彻执行。其缺点是：下级或地方行政机关权力较小，缺乏主动性与积极性，不利于因地制宜发挥下级行政机关的优势；缺乏弹性，适应社会发展能力较差。

分权制行政机关体制是指将行政权分散给下级或地方行政机关，下级或地方行政机关在自己职权范围内，有权独立处理事务，上级行政机关对下级行政机关职权范围内的事务不干涉的一种行政机关体制。分权制行政机关体制一般都通过宪法和其他相关法律对上下级或者中央与地方行政机关各自的职权有比较明确的划分。这种体制的优点是，下级或地方行政机关具有主动性和积极性，能够因地制宜发展各自的特色和优势。其缺点是，过分强调分权则可能导致政令不统一，难以统筹兼顾，易滋生地方保护主义，损害国家的整体利益。

（三）层级制与职能制

层级制行政机关体制，是指国家行政机关系统内纵向划分为若干层级，各层级行政机关的性质和职能基本相同，不同层级行政机关的管辖范围自上而下逐层缩小，各层级行政机关分别对上一层级行政机关负责而形成的层级节制的组织体制。层级制的优点是：行政组织分层管理，各层级都有确定的管辖范围，有利于建立稳定的管理秩序；各层级行政机关事权集中，责任明确，管理效率较高；层级间上下节制，有利于统一指挥。其缺点是：不利于行政机关上、下级之间直接沟通，易造成行政信息失真，使上级行政机关决策失误；各层级行政机关的行政首长权力集中，易独断专行。

职能制行政机关体制，是指某一层级的国家行政机关在横向上依据不同的业务性质、职能平行划分为若干工作部门，各工作部门所辖业务性质不同，但所管范围大小基本相同的行政机关体制。这种体制的优点是：分工明确，有助于工作专业化，提高行政效率；缺点是：分工单位无力进行全局协调，过细的分工会使部门主管过多，政出多门，下级部门无所适从。

层级制与职能制的结合，是现代行政机关体制的重要特色。

三、行政机关的组织形式

（一）总统制

所谓总统制，是指由人民直接选举产生的总统，既是国家元首，又是政府首脑兼武装部队总司令，且其政府不实行集体决策，而由总统一人决策的一种行政机关组织形式。美国是典型的总统制国家，除美国外，还有印度尼西亚、巴基斯坦、孟加拉国、象牙海岸、喀麦隆、加蓬、卢旺达、肯尼亚、墨西哥、危地马拉、博茨瓦纳、巴西、智利、阿根廷等国家实行总统制。

总统制的特点：①国家元首同时为最高行政首长，承担两种不同角色。②行政权与立法权分立，实行相互制衡。③通常总统制的总统由人民直接选举产生。④总统制的总统，任期固定，在任职期间除非遭到弹劾，国会不能以政治理由使其辞职；国会议员的任期也固定，总统无权解散国会。

（二）内阁制

内阁制又称议会制，是指作为行政机关的内阁的成立以及其存在均依赖于议会，内阁对议会负责的一种行政机关组织形式。在内阁制下，行政机关的首脑是总理或首相，由议会选举产生并对议会负责。内阁行使行政权由内阁全体阁员作为整体向议会承担政治责任，目的是保障议会对内阁的控制。内阁制政府一般采取集体决策制度或内阁集体决策制度，首相个人不得独断专行。内阁制国家最典型的代表是英国，此外，意大利、德国、芬兰、奥地利、印度、新加坡等国家也实行内阁制。

内阁制的特点：①政府由议会选举产生并对议会负责。当议会通过对政府不信任案时，政府就得辞职或呈请国家元首解散议会，重新选举。②内阁制下的国家元首与最高行政首长分别由两人担任。有的国家国家元首是国王，如英国，国家元首是英国国王，最高行政首长是内阁首相。有些国家的国家元首是总统，最高行政首长是总理，如德国。在内阁制下，作为国家元首的总统由选举产生，一般不掌握实权，只是名义上的国家元首。③内阁制下的行政与立法合为一体。在英国，由议会选举中获得多数议席的政党组阁，首相和内阁成员都由该政党在议会中的议员担任。在英国的内阁制下，首相及内阁成员同时又是议会议员。④内阁制的行政首长没有固定任期。只要赢得大选，拥有多数席位，即可连续执政。如撒切尔夫人曾连续三次赢得大选，连续执政达11年之久。⑤内阁制的一个特色为副署制度。一般而言，除了部分特殊权力的行使外，元首发布政令，须经首相（或总理）或相关阁员副署，并由副署者承担所产生的政治责任。

（三）半总统制

半总统制又称半总统半议会制或者双元首制，是指具有总统制的实质，但在形式上保留议会制，而且总统作为国家元首又掌握行政大权的行政机关组织形式。半总统制吸取了总统制和内阁制的部分特点并加以结合创新，因此，也有学者称其为"混合制"。法国第五共和国率先采取了这一制度，除法国外，目前实行半总统制的国家还有俄罗斯和韩国。

半总统制的特点：①设立高居于议会之上且又握有行政实权的总统，最高行政权由总统和以总统为首的内阁分享。②行使三权的机构之间具有较强的制约性，既限制了议会制下议会利用不信任表决罢免内阁的权力，也限制了总统制下总统的权力。③大多数双元首制的总统都由选民直接选举产生，少数例外采取间接选举形式。④双元首制的总统与总理之间的关系,非常微妙。倘若总统与议会的多数,分属于不同的政党,那么总理人选必须由议会多数党出任,否则容易倒阁。

(四)委员会制

委员会制也称"合议制"或者"集体元首制",是指国家最高行政权由议会产生的委员会集体行使,委员会各委员平等分享行政首脑权力的一种行政机关组织形式。目前,瑞士是唯一实行委员会制的国家。在瑞士,政府即由议会选举产生的7人组成的联邦委员会,联邦委员会中每个委员职权相同、地位相等。

委员会制的特点:①委员会是最高行政机构,由7名委员组成,任期4年。②委员会设正副主席各一人,由联邦议会从七名委员中选出。主席任期1年,期满由副主席升任,同时另选出新的副主席。③联邦委员会采取合议制,主席与委员地位完全平等。④委员会是联邦议会的执行机关,它必须服从和执行联邦议会的决定,无权解散议会。

四、行政机关的一般职权

行政机关行使的国家权力都可称为行政权,它是国家权力中最广泛的一种权力,在理论上,除立法权和司法权之外的所有国家权力都属于行政权。一些国家在宪法中详细列出了行政机关行使的权力,如巴西宪法规定其总统行使的行政权达19项之多,而阿根廷宪法规定其总统行使的权力更是多达23项。而另外一些国家,如德国、意大利等国宪法并未详细规定行政权,只规定总理确定政治方针并对其负责或者规定总理指导政府的总政策并对其负责。从世界范围看,行政机关行使的权力主要有:

①执行法律,为实施宪法和法律而制定行政法规、行政规章、发布命令等的权力。

②制定和执行政策的权力。

③外交权。

④设置行政机关、任免所属行政机关官员的权力。

⑤编制并执行预算与决算的权力。

⑥参与立法权,主要是向议会提出议案的权力,又称立法创议权。一些国家的行政首脑还有立法否决权。如美国总统有权否决议会通过的立法议案。

⑦行政司法权,即由行政机关来裁决公民之间、公民与行政机关之间、行政机关之间的纠纷。

⑧军事权。包括统帅权、宣战权、戒严权等。

⑨荣典权。包括授予荣誉称号、任命荣誉职务等。

⑩赦免权。包括决定大赦、特赦等。

⑪一般行政事务管理权。这些一般行政事务包括文化、教育、科学、卫生及社会福利等。

第二节 国务院

根据《宪法》的规定,中华人民共和国国务院,即中央人民政府,是最高国家权力机关的执行机关,是最高国家行政机关。

一、中央人民政府的历史演变:从政务院到国务院

国务院的前身是政务院。

1949年9月27日,中国人民政治协商会议①第一届全体会议通过了《中华人民共和国中央人民政府组织法》。《中华人民共和国中央人民政府组织法》明确规定:"中华人民共和国政府是基于民主集中原则的人民代表大会制政府。在普选的全国人民代表大会召开前,由中国人民政治协商会议的全体会议执行全国人民代表大会的职权,制定中央人民政府组织法,选举中央人民政府委员会,并付之以行使国家权力的职权。由中央人民政府委员会组织政务院,以为国家政务的最高执行机关;组织人民革命军事委员会,以为国家军事的最高统辖机关;组织最高人民法院及最高人民检察署,以为国家的最高审判机关和最高检察机关。"1949年10月1日,中华人民共和国和中央人民政府宣告成立。中央人民政府委员会一致决议,任命周恩来为中央人民政府政务院总理兼外交部长。政务院各机构的组建工作也由此展开。周恩来提出的政务院组成人员及所属各委、部、会、院、署、行的主要负责人名单,于10月19日呈请中央人民政府委员会第三次会议通过。10月21日,政务院正式宣告成立。关于"政务院"名称,董必武有说明:"关于政务院的名称,原来有人主张用国务院,但国务院包括军事,不太合适;有人主张用行政委员会,但中央人民政府委员会是委员会,最高行政机关下还有指导性的委员会一级,其下还有各种委员会,这样名称容易混淆。至于部长会议或部、会长会议也不合乎我们的实际,在我们的最高行政机关中,部长不一定是政务委员。所以最后仍采用了政务院的名称。"② 周恩来为首任总理兼外交部长,董必武、陈云、郭沫若、黄炎培为副总理,李维汉为政务院秘书长。政务院下设有四个委员会,董必武为政治法律委员会主任,陈云为财政经济委员会主任,郭沫若为文化教育委员会主任,谭平山为人民监察委员会主任。截至1949年12月底,政务院设置工作部门35个,其中委员会4个,部、院、会25个,署、行5个及1个秘书厅。其后,根据政治、经济发展需要,增设或撤销了一些机构。1952年11月,在中央人民政府之下增设国家计划委员会,与政务院平行,重工业部、第一机械工业部等13部划归其领导,时有"经济内阁"之称。截至1953年底,政务院设置工作部门共42个。

政务院在职能上类似于今天的国务院,但权力相对较小,自己不能单独代表中央人民政府。它要接受中央人民政府委员会的领导,并对中央人民政府委员会负责并报告工作。中央人民政府委员会休会期间,要对中央人民政府主席负责并报告工作。中央人民政府委员会不但具有最高的立法权,还有重大的行政权,是立法兼行政机构。政务院则拥有中央人民政府委员会以外的行政权,二者之间是领导与被领导的关系。

政务院与当今国务院的区别主要体现在:①性质和地位不同。国务院是中央人民政府,是最高国家行政机关。而政务院只是中央人民政府的一个组成部分,但它不是也不可能成为中央人民政府。政务院只是国家政务的最高执行机关。②隶属关系不同。国务院对全国人民代表大会负责并报告工作,在全国人民代表大会闭会期间,对全国人民代表大会常务委员会负责并报告工作。而政务院向中央人民政府委员会负责并报告工作,委员会休会期间,向中央人民政府主席负责并报告工作。③组成人员不同。根据1982

---

① 根据《共同纲领》的规定,此时,由中国人民政治协商会议代行全国人民代表大会的职权。
② 吴文昭:《从政务院到国务院》,来源:辛亥革命网,网址:http://www.xhgmw.org/archive-50383-1.shtml,2011年5月20日访问。

年《宪法》和《国务院组织法》的规定，国务院由总理、副总理若干人和各部部长、各委员会主任、审计长、秘书长组成。而政务院是由总理、副总理若干人、秘书长和政务委员若干人组成。政务委员得兼任各委员会主任及各部部长。不是政务委员的主任委员、部长及署长、行长等不是政务院组成人员，也即，政务院职能机构的委、部、会、院、署、行的负责人不一定是政务院的组成人员。④机构设置与职权不同。新中国成立以来的各部宪法都规定，国务院"统一领导各部和各委员会的工作"。国务院与各部、各委员会之间是上级与下级、领导与被领导的关系。而根据《中华人民共和国中央人民政府组织法》规定，政务院"联系、统一并指导各委、部、会、院、署、行及所属其他机关的相互关系，内部组织和一般工作"。政务院与各委、部、会、院、署、行及所属其他机关是指导与被指导关系。

政务院成立后，开始了除旧布新和领导经济恢复和建设的历史使命，直至1954年9月27日，政务院为国务院所取代。

1954年，中国进入全面建设时期，各地政权组织已经建立起来，国家各项事务正在走向正轨和稳定。经普选产生的全国人民代表大会颁布了《宪法》和《国务院组织法》。1954年《宪法》第47条规定，政务院改称国务院，且进一步规定"国务院即中央人民政府，是最高国家权力机关的执行机关，是最高国家行政机关"。国务院由全国人民代表大会产生，对全国人民代表大会负责，并在全国人民代表大会及其常务委员会的监督下，统一领导和管理全国的行政事务。《国务院组织法》对原政务院时期所设立的机构进行了较大的调整，增设了国防部。截至1954年底，国务院设置工作部门64个，其中部委35个，直属机构20个，办公机构8个及1个秘书厅。此后，国务院所属机构一直处于不断变化之中，但国务院由职能机构、直属机构、办公机构三大块组成的组织结构基本上稳定下来。从此之后，中国国家的政治制度和国家机关的设置、建设逐步走上了正轨，为新中国的发展奠定了坚实的基础。

二、国务院与全国人民代表大会及其常务委员会的关系

《宪法》第92条规定："国务院对全国人民代表大会负责并报告工作；在全国人民代表大会闭会期间，对全国人民代表大会常务委员会负责并报告工作。"这一宪法条文是对国务院与全国人民代表大会及其常务委员会的关系作出的规定。我国人民代表大会制度的基本组织原则是民主集中制，《宪法》第92条是民主集中制原则在我国政权中的落实。另外，《宪法》第62条规定：全国人民代表大会"根据中华人民共和国主席的提名，决定国务院总理的人选；根据国务院总理的提名，决定国务院副总理、国务委员、各部部长、各委员会主任、审计长、秘书长的人选"。《宪法》第63条规定：全国人民代表大会有权罢免"国务院总理、副总理、国务委员、各部部长、各委员会主任、审计长、秘书长"。《宪法》第67条规定，全国人民代表大会常务委员会"在全国人民代表大会闭会期间，根据国务院总理的提名，决定部长、委员会主任、审计长、秘书长的人选"。根据这些规定，国务院跟全国人民代表大会及其常务委员会的关系可概括为三个方面：

（一）国务院由全国人民代表大会及其常务委员会选举产生

这主要有以下几个方面的内容：①全国人民代表大会根据国家主席的提名决定国务院总理的人选；②全国人民代表大会根据总理的提名，决定国务院副总理、国务委员、各部部长、各委员会主任、审计长、秘书长的人选；③在全国人民代表大会闭会期间，全国人民代表大会常务委员会根据国务院总理提名决定部长、委员会主任、审计长、秘书长的人选。④全国人民代表大会有权罢免国务院总理、副总理、国务委员、各部部长、各委员会主任、审计长、秘书长。

（二）国务院对全国人民代表大会负责并报告工作

国务院作为我国最高国家权力机关的执行机关，它应当而且必须对最高国家权力机关负责并报告工作。这里所谓"负责"，是指"国务院要就自己担负的宪法职责向全国人民代表大会及其常务委员会承担责任。"具体表现为：国务院应该向全国人民代表大会报告工作，全国人民代表大会可以对政府领导人提出质询，对不负责任的政府组成人员可以进行罢免等。① 向全国人民代表大会报告工作，是国务院对全国人民代表大会负责的重要形式，也是全国人民代表大会对国务院进行监督的一种重要手段。

（三）在全国人民代表大会闭会期间，国务院对全国人民代表大会常务委员会负责并报告工作

在全国人民代表大会闭会期间，根据全国人民代表大会常务委员会和专门委员会的要求和安排，国务院应就某一方面的工作向全国人民代表大会常务委员会做专题工作汇报。

三、国务院的组成

根据宪法的规定，国务院由下列人员组成：总理、副总理若干人、国务委员若干人、各部部长、各委员会主任、审计长、秘书长。国务院总理根据国家主席的提名，由全国人民代表大会决定。国务院副总理、国务委员、各部部长、各委员会主任、审计长和秘书长，根据国务院总理的提名，由全国人民代表大会决定。在全国人民代表大会闭会期间，根据国务院总理的提名，由全国人民代表大会常务委员会决定各部部长、各委员会主任和秘书长的任免。国务院总理、副总理、国务委员、各部部长、各委员会主任、审计长和秘书长的任免决定以后，由国家主席宣布任免。

四、国务院的任期

国务院每届任期同全国人民代表大会每届任期相同，均为五年。任期届满后，由全国人民代表大会决定，组成新的国务院。国务院的任期同全国人民代表大会任期相同，便于国务院的更替，同时也便于全国人大及其常务委员会和国务院开展工作。如全国人民代表大会因特殊情况延长任期，则国务院也相应地延长任期。

《宪法》第 87 条规定，总理、副总理、国务委员连续任职不得超过两届。

五、国务院的领导体制

根据《宪法》规定，国务院实行总理负责制，各部、各委员会实行部长、主任负责制。

总理负责制是指由总理领导国务院的全部工作，对其主管的工作有完全的决定权并负全部责任的制度。总理负责制实际上就是个人负责制，或者又叫首长负责制。国务院实行总理负责制，并不意味着总理可以独断专行，而是以民主集中制为原则即在发扬民主的基础上高度集中。这是由行政机关的性质和权力行使的特点所决定的。实行总理负

---

① 蔡定剑：《宪法精释》，法律出版社 2006 年版，第 394 页。

责制可以保证责任明确，行动迅速，有利于提高国务院的行政效率。总理负责制的具体内容包括：①国家主席根据全国人民代表大会的决定任命国务院总理。这表明国务院总理受命于国家，既接受人民的委托又收到人民的监督，担负其领导国务院的工作。②国务院总理有向全国人民代表大会及其常务委员会提出国务院其他组成人员人选的权力。③总理领导国务院的工作，副总理、国务委员协助总理工作。④国务院发布的决定、命令和行政法规，向全国人民代表大会及其常务委员会提出的议案，国务院任免工作人员等，由总理签署。⑤总理召集并主持国务院常务会议和全体会议。会议议题由总理确定，会议在决定问题时不进行表决，只是在讨论的基础上由总理最后决定，并形成国务院的决议。⑥总理代表国务院向全国人民代表大会报告工作。

与国务院实行总理负责制一样，国务院各部、各委员会实行部长、主任负责制。具体内容包括：部长或主任领导本部门的工作，召集并主持部务会议或者委员会议；副部长、副主任协助部长工作；在本部门权限范围内发布的命令、指示和规章均需由部长或主任签署。

六、国务院的职权

根据《宪法》第89条的规定，国务院行使的职权如下：①根据宪法和法律，规定行政措施，制定行政法规，发布决定和命令；②向全国人民代表大会或者全国人民代表大会常务委员会提出议案；③规定各部和各委员会的任务和职责，统一领导各部和各委员会的工作，并且领导不属于各部和各委员会的全国性的行政工作；④统一领导全国地方各级国家行政机关的工作，规定中央和省、自治区、直辖市的国家行政机关的职权的具体划分；⑤编制和执行国民经济和社会发展计划和国家预算；⑥领导和管理经济工作和城乡建设；⑦领导和管理教育、科学、文化、卫生、体育和计划生育工作；⑧领导和管理民政、公安、司法行政和监察等工作；⑨管理对外事务，同外国缔结条约和协定；⑩领导和管理国防建设事业；⑪领导和管理民族事务，保障少数民族的平等权利和民族自治地方的自治权利；⑫保护华侨的正当的权利和利益，保护归侨和侨眷的合法的权利和利益；⑬改变或者撤销各部、各委员会发布的不适当的命令、指示和规章；⑭改变或者撤销地方各级国家行政机关的不适当的决定和命令；⑮批准省、自治区、直辖市的区域划分，批准自治州、县、自治县、市的建置和区域划分；⑯依照法律规定决定省、自治区、直辖市的范围内部分地区进入紧急状态；⑰审定行政机构的编制，依照法律规定任免、培训、考核和奖惩行政人员；⑱全国人民代表大会和全国人民代表大会常务委员会授予的其他职权。

国务院行使的这些权力可分为以下七个方面：

（一）行政立法权

包括两个方面：

1. 行政法规制定权

《宪法》第89条第1款规定，国务院有权根据宪法和法律，规定行政措施，制定行政法规，发布决定和命令。作为最高国家权力机关的执行机关，国务院在执行宪法和法律过程中，在对国家行政事务进行管理过程中，根据政治、经济发展的需要，可通过制定规范性文件来推动各方面的工作。国务院发布的规范性文件即行政法规。

2. 授权立法

所谓授权立法，是指本应当由全国人民代表大会及其常务委员会立法的事项，国务院根据全国人民代表大会及其常务委员会的授权决定先制定行政法规。经过实践的检验，待制定法律的条件成熟后，再由全国人民代表大会或者全国人民代表大会常务委员会制定法律。到目前为止，全国人民代表大会及其常务委员会向国务院授权立法有三次：[①] ①第一次是1983年9月2日，六届全国人大常委会第2次会议决定，授权国务院对1978年5月24日五届全国人大常委会第2次会议原则批准的《国务院关于安置老弱病残干部的暂行办法》和《国务院关于工人退休、退职的暂行办法》的部分规定做一些必要的修改和补充。②第二次是1984年9月18日，六届全国人大常委会第七次会议决定："授权国务院在实施国营企业利改税和改革工商税制的过程中，拟定有关税收条例，以草案形式发布试行，再根据试行和经验加以修订，提请全国人民代表大会常务委员会审议。"③第三次是1985年4月10日，六届全国人大三次会议决定：授权国务院对于有关经济体制改革和对外开放方面的问题必要时可以根据宪法，在同有关法律和全国人大及其常委会的有关决定的基本原则不相抵触的前提下，制定暂行的规定或条例，颁布实施，并报全国人大常委会备案。经过实践检验，条件成熟时由全国人大或者全国人大常委会制定法律。此外，全国人民代表大会及其常务委员会还在一些法律中授权国务院作出规定。如《全民所有制工业企业法》规定企业享有的十三项权利中有十项需"依国务院规定"行使。《行政处罚法》第12条第2款规定："尚未制定法律、行政法规的，前款规定的国务院部、委员会制定的规章对违反行政管理秩序的行为，可以设定警告或者一定数量罚款的行政处罚。罚款的限额由国务院规定。"第63条规定："本法第四十六条罚款决定与罚款收缴分离的决定，由国务院制定具体实施办法。"

（二）提案权

也称提出议案权。《宪法》规定，国务院有权向全国人民代表大会及其常务委员会提出包括法律案在内的议案。国务院提出的议案可分为五类：①国民经济和社会发展计划及计划执行情况；②国家预算和预算执行情况；③必须由全国人民代表大会常务委员会批准和废除的同外国缔结的条约和重要协定；④必须由全国人民代表大会或全国人民代表大会常务委员会决定的任免；⑤其他必须由全国人民代表大会或者全国人民代表大会常务委员会以法律规定的事项。[②]

（三）行政领导权

国务院享有的行政领导权表现为两个方面：①组织领导和管理全国性行政工作。具体说来，就是规定各部、委员会的职责和任务，并且领导不属于各部、各委员会的全国性行政工作；统一领导全国各级国家行政机关的工作，规定中央与省、自治区、直辖市的国家行政机关职权的划分；编制和执行国民经济和社会发展计划和国家预算；批准

---

① 详细内容可参见万其刚：《当代中国的授权立法》，来源：中国人大网，网址：http://www.npc.gov.cn/npc/xinwen/rdlt/fzjs/2011-05/13/content_1655612.htm，2011年5月20日访问。

② 1982年修改宪法时曾试图将国务院提案权具体化，把这五类议案写进宪法之中。但由于"后来考虑这样规定同宪法草案关于全国人民代表大会、全国人大常委会和国务院职权的某些规定有重复，因此，将关于国务院向全国人民代表大会或者全国人大常委会提出议案的具体规定删去，只作了宪法这样的规定。"（蔡定剑：《宪法精释》，法律出版社2006年版，第383页）

省、自治区、直辖市的区域划分，批准自治州、县、自治县、市的建置和区域划分；决定省、自治区、直辖市的范围内部分地区的戒严；审定行政机构的编制，依照法律规定任免、培训、考核和奖惩行政人员。②对中央和地方各级国家行政机关的领导。

（四）人事行政权

国务院有权审定行政机构的编制，依照法律规定任免、培训、考核和奖惩行政人员。

（五）保护正当和合法权益

即保护华侨的正当权利和利益，保护归侨和侨眷的合法权利和利益，保护少数民族的平等权和民族自治地方的自治权。

（六）行政监督权

国务院有权改变或者撤销各部、各委员会发布的不适当的命令、指示和规章，有权改变或者撤销地方各级国家行政机关的不适当的决定和命令。

（七）全国人民代表大会及其常务委员会授予的其他职权

如前文提到的全国人民代表大会及其常务委员会对国务院的授权立法。

七、国务院的组织体系

（一）国务院办公厅

国务院办公厅是协助国务院领导同志处理国务院日常工作的机构。根据《国务院办公厅主要职责内设机构和人员编制规定》（2008年7月10日由国务院办公厅颁布），国务院办公厅的主要职责是：①负责国务院会议的准备工作，协助国务院领导同志组织实施会议决定事项。②协助国务院领导同志组织起草或审核以国务院、国务院办公厅名义发布的公文。③研究国务院各部门和各省、自治区、直辖市人民政府请示国务院的事项，提出审核意见，报国务院领导同志审批。④督促检查国务院各部门和地方人民政府对国务院决定事项及国务院领导同志指示的贯彻落实情况，及时向国务院领导同志报告。⑤负责国务院值班工作，及时报告重要情况，传达和督促落实国务院领导同志指示。⑥协助国务院领导同志做好需由国务院组织处理的突发事件的应急处置工作。⑦指导、监督全国政府信息公开工作。⑧办理国务院和国务院领导同志交办的其他事项。

根据《国务院办公厅主要职责内设机构和人员编制规定》（2008年7月10日由国务院办公厅颁布），国务院办公厅设有九个内设机构：①秘书一局，②秘书二局，③秘书三局，④国务院应急管理办公室，⑤督查室，⑥电子政务办公室，⑦人事司，⑧行政司，⑨财务室。

（二）国务院部、委的设置及职权

根据2008年3月15日十一届全国人大一次会议批准的《国务院机构改革方案》，目前国务院组成部门共27个。根据国务院批准的各部门"主要职责、内设机构和人员编制规定"（即"三定方案"）的规定，各部门的职权分述如下：

1. 外交部

外交部是国务院负责执行国家对外政策、主管日常外交工作的职能部门。其主要职权是：①贯彻执行国家外交方针政策和有关法律法规，代表国家维护国家主权、安全和利益，代表国家和政府办理外交事务，承办党和国家领导人与外国领导人的外交往来事务。②调查研究国际形势和国际关系中全局性、战略性问题，研究分析政治、经济、文化、安全等领域外交工作的重大问题，为党中央、国务院制定外交战略和方针政策提出建议。③按照外交总体布局，就对外贸易、经济合作、经援、文化、军援、军贸、侨务、教育、科技、外宣等重大问题，负责与有关单位协调，向党中央、国务院报告情况、提出建议。④起草外交工作领域相关法律法规草案和政策规划。⑤负责处理联合国等多边领域中有关全球和地区安全以及政治、经济、人权、社会、难民等外交事务。⑥负责国际军控、裁军、防扩散等领域工作，研究有关国际安全问题，组织军控方面有关条约、协定的谈判。⑦负责办理国家对外缔结双边、多边条约事务，负责国际司法合作有关事项，负责或参与处理涉及国家和政府的重大涉外法律案件，协助审核涉外法律法规草案，组织协调有关我国履行国际公约、协定工作。⑧牵头或参与拟订陆地、海洋边界相关政策，指导协调海洋对外工作，组织有关边界划界、勘界和联合检查等管理工作并处理有关涉外案件，承担海洋划界、共同开发等相关外交谈判工作。⑨发布重要外交活动信息，阐述对外政策，负责国家重要外事活动新闻工作，组织公共外交活动，主管在华外国记者和外国常驻新闻机构事务。⑩负责国家对外礼仪和典礼事务，负责国家重要外事活动礼宾事宜，负责驻华外交机构在华礼遇、外交特权和豁免事宜。⑪负责领事工作。管理外国驻华外交、领事机构；负责海外侨务工作；办理和参与境内涉外案件的对外交涉工作；负责领事保护和协助工作，协调有关部门、地方政府并指导驻外外交机构处理领事保护和协助案件，发布领事保护和协助的预警信息。⑫负责协调处置境外涉我突发事件，保护境外中国公民和机构的合法权益，参与处置境内涉外突发事件。⑬依法管理香港、澳门特别行政区外交、领事事务，处理涉台事务。⑭指导、协调地方和国务院各部门外事工作，审核地方和国务院各单位的重要外事规定和上报国务院的外事请示，会同有关部门研究提出对重大外事违规违纪事件的处理意见。⑮处理和协调关系国家安全问题的有关涉外事宜。⑯负责国家重要外事活动、外交文件和文书翻译工作。⑰领导驻外外交机构及驻香港、澳门特派员公署工作，负责驻外外交机构干部队伍建设，指导、监督驻外外交机构及驻香港、澳门特派员公署信息化、财务和馆舍建设工作，负责驻华外交机构房地产使用管理工作。⑱代管中国人民对外友好协会，归口管理中国红十字会总会、中国宋庆龄基金会的外事工作。⑲承办党中央、国务院交办的其他事项。

2. 国防部

国防部是国务院军事行政部门，其主要职权是：在国务院、中央军委领导下负责管理全国武装力量建设，包括武装力量的编制、兵役工作、军队装备、军人教育训练、军事人才培养、国防科研、衔级制度、国防后备力量建设、国防教育等。

3. 国家发展和改革委员会

国家发展和改革委员会是综合研究拟订经济和社会发展政策，进行总量平衡，指导总体经济体制改革的宏观调控部门，是国务院的重要部门。其主要职权是：①拟订并组织实施国民经济和社会发展战略、中长期规划和年度计划，统筹协调经济社会发展，研究分析国内外经济形势，提出国民经济发展、价格总水平调控和优化重大经济结构的目标、政策，提出综合运用各种经济手段和政策的建议，受国务院委托向全国人大提交国民经济和社会发展计划的报告。②负责监测宏观经济和社会发展态势，承担预测预警和信息引导的责任，研究宏观经济运行、总量平衡、国家经济安全和总体产业安全等重要问题并提出宏观调控政策建议，负责协调解决经济运行中的重大问题，调节经济运行，负责组织重要物资的紧急调度和交通运输协调。③负责汇总分析财政、金融等方面的情况，参与制定财政政策、货币政策和土地政策，拟订并组织实施价格政策。综合分析财政、金融、土地政策的执行效果，监督检查价格政策的执行。负责组织制定和调整少数由国家管理的重要商品价格和重要收费标准，依法查处价格违法行为和价格垄断行为等。负责全口径外债的总量控制、结构优化和监测工作，促进国际收支平衡。④承担指导推进和综合协调经济体制改革的责任，研究经济体制改革和对外开放的重大问题，组织拟订综合性经济体制改革方案，协调有关专项经济体制改革方案，会同有关部门搞好重要专项经济体制改革之间的衔接，指导经济体制改革试点和改革试验区工作。⑤承担规划重大建设项目和生产力布局的责任，拟订全社会固定资产投资总规模和投资结构的调控目标、政策及措施，衔接平衡需要安排中央政府投资和涉及重大建设项目的专项规划。安排中央财政性建设资金，按国务院规定权限审批、核准、审核重大建设项目、重大外资项目、境外资源开发类重大投资项目和大额用汇投资项目。指导和监督国外贷款建设资金的使用，引导民间投资的方向，研究提出利用外资和境外投资的战略、规划、总量平衡和结构优化的目标和政策。组织开展重大建设项目稽查。指导工程咨询业发展。⑥推进经济结构战略性调整。组织拟订综合性产业政策，负责协调第一、二、三产业发展的重大问题并衔接平衡相关发展规划和重大政策，做好与国民经济和社会发展规划、计划的衔接平衡；协调农业和农村经济社会发展的重大问题；会同有关部门拟订服务业发展战略和重大政策，拟订现代物流业发展战略、规划，组织拟订高技术产业发展、产业技术进步的战略、规划和重大政策，协调解决重大技术装备推广应用等方面的重大问题。⑦承担组织编制主体功能区规划并协调实施和进行监测评估的责任，组织拟订区域协调发展及西部地区开发、振兴东北地区等老工业基地、促进中部地区崛起的战略、规划和重大政策，研究提出城镇化发展战略和重大政策，负责地区经济协作的统筹协调。⑧承担重要商品总量平衡和宏观调控的责任，编制重要农产品、工业品和原材料进出口总量计划并监督执行，根据经济运行情况对进出口总量计划进行调整，拟订国家战略物资储备规划，负责组织国家战略物资的收储、动用、轮换和管理，会同有关部门管理国家粮食、棉花和食糖等储备。⑨负责社会发展与国民经济发展的政策衔接，组织拟订社会发展战略、总体规划和年度计划，参与拟订人口和计划生育、科学技术、教育、文化、卫生、民政等发展政策，推进社会事业建设，研究提出促进就业、调整收入分配、完善社会保障与经济协调发展的政策建议，协调社会事业发展和改革中的重大问题及政策。⑩推进可持续发展战略，负责节能减排的综合协调工作，组织拟订发展循环经济、全社会能源资源节约和综合利用规划及政策措施并协调实施，参与编制生态建设、环境保护规划，协调生态建设、能源资源节约和综合利用的重大问题，综合协调环保产业和清洁生产促进有关工作。⑪组织拟订应对气候变化重大战略、规划和政策，与有关部门共同牵头组织参加气候变化国际谈判，负责国家履行联合国气候变化框架公约的相关工作。⑫起草国民经济和社会发展、经济体制改革和对外开放的有关法律法规草案，制定部门规章。按规定指导和协调全国招投标工作。⑬组织编制国民经济动员规划、计划，研究国民经济动员与国民经济、国防建设的关系，协调相关重大问题，组织实施国民经济动员有关工作。⑭承担国家国防动员委员会有关具体工作和国务院西部地区开发领导小组、国务院振兴东北地区等老工业基地领导小组、国家应对气候变化及节能减排工作领导小组的具体工作。⑮承办国务院交办的其他事项。此外，根据国务院规定，国家发展和改革委员会管理国家粮食和物质储备局、国家能源局。

4. 教育部

教育部是主管教育事业和语言文字工作的国务院组成部门。其主要职权是：①拟订教育改革与发展的方针、政策和规划，起草有关法律法规草案并监督实施。②负责各级各类教育的统筹规划和协调管理，会同有关部门制订各级各类学校的设置标准，指导各级各类学校的教育教学改革，负责教育基本信息的统计、分析和发布。③负责推进义务教育均衡发展和促进教育公平，负责义务教育的宏观指导与协调，指导普通高中教育、幼儿教育和特殊教育工作。制定基础教育教学基本要求和教学基本文件，组织审定基础教育国家课程教材，全面实施素质教育。④指导全国的教育督导工作，负责组织和指导对中等及中等以下教育、扫除青壮年文盲工作的督导检查和评估验收工作，指导基础教育发展水平、质量的监测工作。⑤指导以就业为导向的职业教育的发展与改革，制订中等职业教育专业目录、教学指导文件和教学评估标准，指导中等职业教育教材建设和职业指导工作。⑥指导高等教育发展与改革，承担深化直属高校管理体制改革的责任。制定高等教育学科专业目录和教学指导文件，会同有关部门审核高等学校设置、更名、撤销与调整，负责"211工程"和"985工程"的实施和协调工作，统筹指导各类高等教育和继续教育，指导改进高等教育评估工作。⑦负责本部门教育经费的统筹管理，参与拟订教育经费筹措、教育拨款、教育基建投资的政策，负责统计全国教育经费投入情况。⑧统筹和指导少数民族教育工作，协调对少数民族和少数民族地区的教育援助。⑨指导各级各类学校的思想政治工作、德育工作、体育卫生与艺术教育工作及国防教育工作，指导高等学校的党建和稳定工作。⑩主管全国的教师工作，会同有关部门制订各级各类教师资格标准并指导实施，指导教育系统人才队伍建设。⑪负责各类高等学历教育招生考试和学籍学历管理工作，会同有关部门制订高等教育招生计划，参与拟订普通高等学校毕业生就业政策，指导普通高等学校开展大学生就业创业工作。⑫规划、指导高等学校的自然科学和哲学、社会科学研究，协调、指导高等学校参与国家创新体系建设和承担国家科技重大专项等各类科技计划的实施工作，指导高等学校科技创新平台的发展建设，指导教育信息化和产学研结合等工作。⑬组织指导教育方面的国际交流与合作，制定出国留学、来华留学、中外合作办学和外籍人员子女学校管理工作的政策，规划、协调、指导汉语国际推广工作，开展与港澳台的教育合作与交流。⑭拟订国家语言文字工作的方针、政策，制订语言文字工作中长期规划，制订汉语和少数民族语言文字规范和标准并组织协调监督检查，指导推广普通话工作和普通话师资培训工作。⑮负责全国学位授予工作，实施国家的学位制度，负责国际间学位对等、学位互认等工作。⑯负责协调我国有关部门开展与联合国教科文组织在教育、科技、文化等领域国际合作，负责与联合国教科文组织秘书处及相关机构、组织的联络工作。⑰承办国务院交办的其他事项。

5. 科学技术部

科学技术部是主管科技工作的国务院组成部门。其主要职权是：①牵头拟订科技发展规划和方针、政策，起草有关法律法规草案，制定部门规章，并组织实施和监督检查。②负责组织制订国家重点基础研究计划、高技术研究发展计划和科技支撑计划,负责统筹协调基础研究、前沿技术研究、重大社会公益性技术研究及关键技术、共性技术研究,牵头组织国民经济与社会发展重要领域的重大关键技术攻关。③会同有关部门组织科技重大专项实施中的方案论证、综合平衡、评估验收和制定相关配套政策,对科技重大专项实施中的重大调整提出意见。④负责编制和实施国家重点实验室等科技基地计划,会同有关部门拟订重大创新基地建设规划,参与编制国家重大科学工程建设规划,提出科研条件保障的规划和政策建议,推进国家科技基础条件平台建设和科技资源共享。⑤制定政策引导类科技计划并指导实施,会同有关部门拟订高新技术产业化政策,指导国家级高新技术产业开发区建设。⑥组织拟订科技促进农村和社会发展的方针政策,制订相关重要措施和办法,促进以改善民生为重点的农村建设和社会建设。⑦会同有关部门拟订促进产学研结合的相关政策制定科技成果推广政策,指导科技成果转化工作,组织相关重大科技成果应用示范,推动企业自主创新能力建设。⑧提出科技体制改革的方针政策和重大措施建议,推进科技体制改革工作,审核相关科研机构的组建和调整,优化科研机构布局。⑨负责本部门预算中的科技经费预决算及经费使用的监督管理,会同有关部门提出科技资源合理配置的重大政策和措施建议,优化科技资源配置。⑩负责国家科学技术奖评审的组织工作,会同有关部门拟订科技人才队伍建设规划,提出相关政策建议。⑪制定科普规划和政策,拟订促进技术市场、科技中介组织发展政策,制定科技保密管理办法,负责相关科技评估管理和科技统计管理。⑫组织拟订对外科技合作与交流的政策,负责政府间双边和多边及国际组织间科技合作与交流工作,指导相关部门和地方对外科技合作与交流工作,负责驻外使领馆科技干部的选派与相关管理,组织科技援外与科技援华相关工作。⑬承办国务院交办的其他事项。

6. 工业和信息化部

工业和信息化部是主管国家工业和信息化工作的国务院组成部门。其主要职权是:①提出新型工业化发展战略和政策,协调解决新型工业化进程中的重大问题,拟订并组织实施工业、通信业、信息化的发展规划,推进产业结构战略性调整和优化升级,推进信息化和工业化融合,推进军民结合、寓军于民的武器装备科研生产体系建设。②制定并组织实施工业、通信业的行业规划、计划和产业政策,提出优化产业布局、结构的政策建议,起草相关法律法规草案,制定规章,拟订行业技术规范和标准并组织实施,指导行业质量管理工作。③监测分析工业、通信业运行态势,统计并发布相关信息,进行预测预警和信息引导,协调解决行业运行发展中的有关问题并提出政策建议,负责工业、通信业应急管理、产业安全和国防动员有关工作。④负责提出工业、通信业和信息化固定资产投资规模和方向(含利用外资和境外投资)、中央财政性建设资金安排的意见,按国务院规定权限审批、核准国家规划内和年度计划规模内固定资产投资项目。⑤拟订高技术产业中涉及生物医药、新材料、航空航天、信息产业等的规划、政策和标准并组织实施,指导行业技术创新和技术进步,以先进适用技术改造提升传统产业,组织实施有关国家科技重大专项,推进相关科研成果产业化,推动软件业、信息服务业和新兴产业发展。⑥承担振兴装备制造业组织协调的责任,组织拟订重大技术装备发展和自主创新规划、政策,依托国家重点工程建设协调有关重大专项的实施,推进重大技术装备国产化,指导引进重大技术装备的消化创新。⑦拟订并组织实施工业、通信业的能源节约和资源综合利用、清洁生产促进政策，参与拟订能源节约和资源综合利用、清洁生产促进规划，组织协调相关重大示范工程和新产品、新技术、新设备、新材料的推广应用。⑧推进工业、通信业体制改革和管理创新，提高行业综合素质和核心竞争力，指导相关行业加强安全生产管理。⑨负责中小企业发展的宏观指导，会同有关部门拟订促进中小企业发展和非国有经济发展的相关政策和措施，协调解决有关重大问题。⑩统筹推进国家信息化工作，组织制定相关政策并协调信息化建设中的重大问题，促进电信、广播电视和计算机网络融合，指导协调电子政务发展，推动跨行业、跨部门的互联互通和重要信息资源的开发利用、共享。⑪统筹规划公用通信网、互联网、专用通信网，依法监督管理电信与信息服务市场，会同有关部门制定电信业务资费政策和标准并监督实施，负责通信资源的分配管理及国际协调，推进电信普遍服务，保障重要通信。⑫统一配置和管理无线电频谱资源，依法监督管理无线电台（站），负责卫星轨道位置的协调和管理，协调处理军地间无线电管理相关事宜，负责无线电监测、检测、干扰查处，协调处理电磁干扰事宜，维护空中电波秩序，依法组织实施无线电管制。⑬承担通信网络安全及相关信息安全管理的责任，负责协调维护国家信息安全和国家信息安全保障体系建设，指导监督政府部门、重点行业的重要信息系统与基础信息网络的安全保障工作，协调处理网络与信息安全的重大事件。⑭开展工业、通信业和信息化的对外合作与交流，代表国家参加相关国际组织。⑮承办国务院交办的其他事项。

7. 国家民族事务委员会

国家民族事务委员会是主管国家民族事务的国务院组成部门。其主要职权是：①贯彻执行党中央、国务院关于民族工作的方针、政策，组织开展民族理论、民族政策和民族工作重大问题的调查研究，提出有关民族工作的政策建议。②负责协调推动有关部门履行民族工作相关职责，促进民族政策在经济发展和社会事业有关领域的实施、衔接，对政府系统民族工作进行业务指导。③起草民族法律法规和政策规定，负责督促检查落实情况，保障少数民族的合法权益，联系民族自治地方，协调、指导民族区域自治法的贯彻落实。④研究提出协调民族关系的工作建议，协调处理民族关系中的重大事项，参与协调民族地区社会稳定工作，促进各民族共同团结奋斗、共同繁荣发展，维护国家统一。⑤负责拟订少数民族事业等专项规划，监督检查规划实施情况，参与拟订少数民族和民族地区经济社会相关领域的发展规划，促进建立和完善少数民族事业发展综合评价监测体系，推进实施民族事务服务体系和民族事务管理信息化建设。⑥研究分析少数民族和民族地区经济发展、社会事业方面的问题并提出特殊政策建议，协调或配合有关部门处理相关事宜，参与协调民族地区科技发展、对口支援和经济技术合作等有关工作。⑦负责组织指导民族政策、民族法律法规和民族基本知识的宣传教育工作，承办国务院民族团结进步表彰活动，组织协调民族自治地方重大庆典活动。⑧管理少数民族语言文字工作，指导少数民族语言文字的翻译、出版和民族古籍的搜集、整理、出版工作。⑨负责组织协调民族工作领域有关对外和对港澳台的交流与合作，参与涉及民族事务的对外宣传工作。⑩参与拟订少数民族人才队伍建设规划，联系少数民族干部，协助有关部门做好少数民族干部的培养、教育和使用工作。⑪承办国务院交办的其他事项。

8. 公安部

公安部是国务院主管全国公安工作的职能部门，是全国公安工作的最高领导机关和指挥机关。其主要职权是：①研究拟定公安工作的方针、政策，起草有关法律法规草案，指导、监督、检查全国公安工作。②掌握影响稳定、危害国内安全和社会治安的情况；指导、监督地方公安机关依法查处危害社会治安秩序行为，依法管理户口、居民身份证、枪支弹药、危险物品和特种行业等工作。③组织指导侦查工作，协调处置重大案件、治安事故和骚乱，指挥防范、打击恐怖活动。④依法管理国籍、口岸边防检查工作；指导、监督消防工作、道路交通安全、交通秩序以及机动车辆、驾驶员管理等工作。⑤指导、监督地方公安机关对国家机关、社会团体、企事业单位和重点建设工程的治安保卫工作以及群众性治安保卫组织的治安防范工作和公共信息网络的安全监察工作。⑥指导、监督地方公安机关依法承担的执行刑罚和监督、考察工作；指导对看守所、拘留所、强制戒毒所等的管理工作。⑦组织实施对党和国家领导人以及重要外宾的安全警卫工作。⑧组织实施公安科学技术工作；规划公安信息技术、刑事技术建设。制定公安机关装备、被装配备和经费等警务保障标准和制度。⑨组织开展同外国、国际刑警组织和香港、澳门特别行政区及台湾地区警方的交往与业务合作，履行国际条约和合作协议。⑩统一领导公安边防、消防、警卫部队建设，对武警总部执行公安任务及相关业务建设实施领导和指挥。⑪制定公安机关人员培训、教育及宣传的方针和措施；按规定权限管理干部；指导公安机关法制工作；制定公安队伍监督管理工作规章制度，指导公安机关督察工作；查处或督办公安队伍重大违纪事件，维护公安民警正常执法权益。

9. 国家安全部

国家安全部是负责维护国家安全的职能部门。其主要职权是：掌管反间谍等隐蔽战线的工作，防范、制止和依法打击危害中国国家安全和利益的违法犯罪活动，保卫国家安全，维护社会政治稳定，保障社会主义建设，宣传、教育中国公民忠于祖国，保守国家秘密，维护国家安全和利益。

10. 监察部

监察部是主管全国执法监察工作的国务院组成部门。监察部的主要职权是：①检查国家行政机关在遵守和执行法律、法规和人民政府的决定、命令中的问题。②受理对国家行政机关及其公务员和国家行政机关任命的其他人员违反行政纪律行为的控告、检举。③调查处理国家行政机关及其公务员和国家行政机关任命的其他人员违反行政纪律的行为。④受理国家行政机关公务员和国家行政机关任命的其他人员不服主管行政机关给予处分决定的申诉，以及法律、行政法规规定的其他由监察机关受理的申诉。⑤法律、行政法规规定由监察机关履行的其他职责。

11. 民政部

民政部是主管有关社会行政事务的国务院组成部门。民政部主要职权是：①拟订民政事业发展规划和方针政策，起草有关法律法规草案，制定部门规章，并组织实施和监督检查。②承担依法对社会团体、基金会、民办非企业单位进行登记管理和监察责任。③拟订优抚政策、标准和办法，拟订退役士兵、复员干部、军队离退休干部和军队无军籍退休退职职工安置政策及计划，拟订烈士褒扬办法，组织和指导拥军优属工作，承担全国拥军优属拥政爱民工作领导小组的有关具体工作。④拟订救灾工作政策，负责组织、协调救灾工作，组织自然灾害救助应急体系建设，负责组织核查并统一发布灾情，管理、分配中央救灾款物并监督使用，组织、指导救灾捐赠，承担国家减灾委员会具体工作。⑤牵头拟订社会救助规划、政策和标准，健全城乡社会救助体系，负责城乡居民最低生活保障、医疗救助、临时救助、生活无着人员救助工作。⑥拟订行政区划管理政策和行政区域界线、地名管理办法，负责县级以上行政区域的设立、命名、变更和政府驻地迁移的审核工作，组织、指导省县级行政区域界线的勘定和管理工作，负责重要自然地理实体以及国际公有领域、天体地理实体的命名、更名的审核工作。⑦拟订城乡基层群众自治建设和社区建设政策，指导社区服务体系建设，提出加强和改进城乡基层政权建设的建议，推动基层民主政治建设。⑧拟订社会福利事业发展规划、政策和标准，拟订社会福利机构管理办法和福利彩票发行管理办法，组织拟订促进慈善事业的政策，组织、指导社会捐助工作，指导老年人、孤儿和残疾人等特殊群体权益保障工作。⑨拟订婚姻管理、殡葬管理和儿童收养的政策，负责推进婚俗和殡葬改革，指导婚姻、殡葬、收养、救助服务机构管理工作。⑩会同有关部门按规定拟订社会工作发展规划、政策和职业规范，推进社会工作人才队伍建设和相关志愿者队伍建设。⑪负责相关国际交流与合作工作，参与拟订在华国际难民管理办法，会同有关部门负责在华国际难民的临时安置和遣返事宜。⑫承办国务院交办的其他事项。

12. 司法部

司法部是国务院主管全国司法行政工作的职能部门。司法部的主要职权是：①监督和指导全国监狱执行刑罚、改造罪犯的工作，监督和指导全国劳动教养工作。②制定全国法制宣传教育和普及法律常识规划并组织实施，指导和检查各地区、各行业的依法治理工作，指导对外法制宣传工作，管理法制报刊。③监督和指导全国的律师工作和法律顾问工作，管理社会法律服务机构和在华设立的外国（境外）律师机构。④监督和指导全国公证机构和公证业务活动，负责委托港澳地区律师办理在内地使用的公证事务。⑤指导全国的人民调解和司法助理员工作。⑥管理部直属的高等政法院校，指导全国的中等、高等法学教育工作和法学理论研究工作。⑦组织参加联合国有关预防犯罪领域的会议和活动，承办联合国有关对口部门的往来业务，组织参加国际有关人权问题的法律研讨和交流活动，开展政府间的法律交流与合作。⑧参加与外国签订司法协助协定的谈判，负责国际司法协助协定执行的有关事宜。⑨参与国家立法工作，组织司法领域人权问题研究。⑩监督大型监狱、劳动教养场所国有资产的保值增值，管理直属单位的国有资产。⑪指导全国司法行政系统的队伍建设和思想政治工作，协助省、自治区、直辖市管理司法厅（局）领导干部。

13. 财政部

财政部是国务院主管财政收支、财税政策、国有资本金基础工作的宏观调控部门。财政部的主要职权是：① 拟订财税发展战略、规划、政策和改革方案并组织实施，分析预测宏观经济形势，参与制定各项宏观经济政策，提出运用财税政策实施宏观调控和综合平衡社会财力的建议，拟订中央与地方、国家与企业的分配政策，完善鼓励公益事业发展的财税政策。② 起草财政、财务、会计管理的法律、行政法规草案，制定部门规章，组织涉外财政、债务等的国际谈判并草签有关协议、协定。③ 承担中央各项财政收支管理的责任。负责编制年度中央预决算草案并组织执行。受国务院委托，向全国人民代表大会报告中央、地方预算及其执行情况，向全国人大常委会报告决算。组织制订经费开支标准、定额，负责审核批复部门（单位）的年度预决算。完善转移支付制度。④负责政府非税收入管理，负责政府性基金管理，按规定管理行政事业性收费。管理财政票据。制定彩票管理政策和有关办法，管理彩票市场，按规定管理彩票资金。⑤组织制定国库管理制度、国库集中收付制度，指导和监督中央国库业务，按规定开展国库现金管理工作。负责制定政府采购制度并监督管理。⑥负责组织起草税收法律、行政法规草案及实施细则和税收政策调整方案，参加涉外税收谈判，签订涉外税收协议、协定草案，制定国际税收协议和协定范本，研究提出关税和进口税收政策，拟订关税谈判方案，参加有关关税谈判，研究提出征收特别关税的建议，承担国务院关税税则委员会的具体工作。⑦负责制定行政事业单位国有资产管理规章制度，按规定管理行政事业单位国有资产，制定需要全国统一规定的开支标准和支出政策，负责财政预算内行政机构、事业单位和社会团体的非贸易外汇和财政预算内的国际收支管理。⑧负责审核和汇总编制全国国有资本经营预决算草案，制定国有资本经营预算的制度和办法，收取中央本级企业国有资本收益，制定并组织实施企业财务制度，按规定管理金融类企业国有资产，参与拟订企业国有资产管理相关制度，按规定管理资产评估工作。⑨负责办理和监督中央财政的经济发展支出、中央政府性投资项目的财政拨款，参与拟订中央建设投资的有关政策，制定基本建设财务制度，负责有关政策性补贴和专项储备资金财政管理工作。负责农业综合开发管理工作。⑩会同有关部门管理中央财政社会保障和就业及医疗卫生支出，会同有关部门拟订社会保障资金（基金）的财务管理制度，编制中央社会保障预决算草案。⑪拟订和执行政府国内债务管理的制度和政策，编制国债余额限额计划，依法制定地方政府性债务管理制度和办法，防范财政风险。负责统一管理政府外债，制定基本管理制度。代表我国政府参加有关的国际财经组织，开展财税领域的国际交流与合作。⑫负责管理全国的会计工作，监督和规范会计行为，制定并组织实施国家统一的会计制度，指导和监督注册会计师和会计师事务所的业务，指导和管理社会审计。⑬监督检查财税法规、政策的执行情况，反映财政收支管理中的重大问题，负责管理财政监察专员办事处。⑭承办国务院交办的其他事项。

14. 人力资源和社会保障部

人力资源和社会保障部是主管人事、劳动和社会保障工作的国务院组成部门。其主要职权是：①拟订人力资源和社会保障事业发展规划、政策，起草人力资源和社会保障法律法规草案，制定部门规章，并组织实施和监督检查。②拟订人力资源市场发展规划和人力资源流动政策，建立统一规范的人力资源市场，促进人力资源合理流动、有效配置。③负责促进就业工作，拟订统筹城乡的就业发展规划和政策，完善公共就业服务体系，拟订就业援助制度，完善职业资格制度，统筹建立面向城乡劳动者的职业培训制度，牵头拟订高校毕业生就业政策，会同有关部门拟订高技能人才、农村实用人才培养和激励政策。④统筹建立覆盖城乡的社会保障体系。统筹拟定城乡社会保险及其补充保险政策和标准，组织拟订全国统一的社会保险关系转续办法和基础养老金全国统筹办法，统筹拟订机关企事业单位基本养老保险政策并逐步提高基金统筹层次。会同有关部门拟订社会保险及其补充保险基金管理和监督制度，编制全国社会保险基金预决算草案，参与制定全国社会保障基金投资政策。⑤负责就业、失业、社会保险基金预测预警和信息引导，拟订应对预案，实施预防、调节和控制，保持就业形势稳定和社会保险基金总体收支平衡。⑥会同有关部门拟订机关、事业单位人员工资收入分配政策，建立机关企事业单位人员工资正常增长和支付保障机制,拟订机关企事业单位人员福利和离退休政策。⑦会同有关部门指导事业单位人事制度改革,拟定事业单位人员和机关工勤人员管理政策,参与人才管理工作,制定专业技术人员管理和继续教育政策,牵头推进深化职称制度改革工作,健全博士后管理制度,负责高层次专业技术人才选拔和培养工作,拟订吸引国(境)外专家、留学人员来华(回国)工作或定居政策。⑧会同有关部门拟定军队转业干部安置政策和安置计划,负责军队转业干部教育培训工作,组织拟订部分企业军队转业干部解困和稳定政策,负责自主择业军队转业干部管理服务工作。⑨负责行政机关公务员综合管理,拟订有关人员调配政策和特殊人员安置政策,会同有关部门拟定国家荣誉制度和政府奖励制度。⑩会同有关部门拟订农民工工作综合性政策和规划,推动农民工相关政策的落实,协调解决重点难点问题,维护农民工合法权益。⑪统筹拟订劳动、人事争议调解仲裁制度和劳动关系政策,完善劳动关系协调机制,制定消除非法使用童工政策和女工、未成年工的特殊劳动保护政策,组织实施劳动监察,协调劳动者维权工作,依法查处重大案件。⑫负责本部和国家公务员局国际交流与合作工作,制定派往国际组织职员管理制度。⑬承办国务院交办的其他事项。

15. 自然资源部

自然资源部是主管土地资源、矿产资源、海洋资源等自然资源的调查、规划、管理、保护与合理利用的国务院组成部门。其主要职权是:①承担保护与合理利用土地资源、矿产资源、海洋资源等自然资源的责任。组织拟订国土资源发展规划和战略,开展国土资源经济形势分析,研究提出国土资源供需总量平衡的政策建议,参与国家宏观经济运行、区域协调、城乡统筹的研究并拟订涉及国土资源的调控政策和措施。编制并组织实施国土规划,制定并组织实施国土资源领域资源节约集约利用和循环经济的政策措施。②承担规范国土资源管理秩序的责任。起草国土资源法律法规草案,制定部门规章并监督实施,制定地质环境保护的政策、规章,制定国土资源调查评价技术规程,拟订国土资源开发利用标准。指导地方国土资源行政执法工作,调查处理国土资源重大违法案件。③承担优化配置国土资源的责任。编制和组织实施土地利用总体规划、土地利用年度计划、土地整理复垦开发规划和其他专项规划、计划。指导和审核地方土地利用总体规划、矿产资源规划,组织编制矿产资源、海洋资源、地质勘查和地质环境等规划以及地质灾害防治、矿山环境保护等其他有关的专项规划并监督检查规划执行情况。参与报国务院审批的涉及土地、矿产的相关规划的审核。④负责规范国土资源权属管理。依法保护土地资源、矿产资源、海洋资源等自然资源所有者和使用者的合法权益,组织承办和调处重大权属纠纷,指导土地确权,承担各类土地登记资料的收集、整理、共享和汇交管理,提供社会查询服务。⑤承担全国耕地保护的责任,确保规划确定的耕地保有量和基本农田面积不减少。牵头拟订并实施耕地保护政策,组织实施基本农田保护,监督占用耕地补偿制度执行情况。指导未利用土地开发、土地整理、土地复垦和耕地开发的监督工作。组织实施土地用途管制、农用地转用和土地征收征用,承担报国务院审批的各类用地的审核、报批工作。⑥承担及时准确提供全国土地利用各种数据的责任。制定地籍管理办法,组织土地资源调查、地籍调查、土地统计和动态监测,组织国家重大土地调查专项,指导地方地籍调查、登记和土地分等定级工作。⑦承担节约集约利用土地资源的责任。拟订并实施土地开发利用标准,管理和监督城乡建设用地供应、政府土地储备、土地开发和节约集约利用。拟订并按规定组织实施土地使用权出让、租赁、作价出资、转让等管理办法，建立基准地价、标定地价等政府公示地价制度，会同农业部门监督管理农村集体建设用地使用权的流转。制定禁止和限制供地目录、划拨用地目录等，承担报国务院审批的改制企业的国有土地资产的处置。⑧承担规范国土资源市场秩序的责任。监测土地市场和建设用地利用情况，监管地价，规范和监管矿业权市场，组织对矿业权人勘查、开采活动进行监督管理，规范和监管国土资源相关社会中介组织和行为，依法查处违法行为。⑨负责矿产资源开发的管理，依法管理矿业权的审批登记发证和转让审批登记，负责国家规划矿区、对国民经济具有重要价值的矿区的管理，承担保护性开采的特定矿种、优势矿产的开采总量控制及相关管理工作，组织编制实施矿业权设置方案。⑩负责管理地质勘查行业和矿产资源储量，组织实施全国地质调查评价、矿产资源勘查，管理中央级地质勘查项目，组织实施国家重大地质勘查专项，管理地质勘查资质、地质资料、地质勘查成果，统一管理中央公益性地质调查和战略性矿产勘查工作。⑪承担地质环境保护的责任。组织实施矿山地质环境保护，监督管理古生物化石、地质遗迹、矿业遗迹等重要保护区、保护地，依法管理水文地质、工程地质、环境地质勘查和评价工作，监测、监督防止地下水过量开采和污染，承担城市地质、农业地质、旅游地质的勘查、评价工作。⑫承担地质灾害预防和治理的责任。指导应急处置，组织、协调、指导和监督地质灾害防治工作，制订并组织实施重大地质灾害等国土资源突发事件应急预案。⑬依法征收资源收益，规范、监督资金使用，拟订土地、矿产资源参与经济调控的政策措施。依法组织土地、矿产资源专项收入的征管，配合有关部门拟订收益分配制度，配合有关部门指导、监督全国土地整理复垦开发资金的收取和使用。参与管理土地、矿产等资源性资产，参与管理国家出资形成的矿业权权益，负责有关资金、基金的预算和财务、资产管理与监督。⑭推进国土资源科技进步，组织制定、实施国土资源科技发展和人才培养战略、规划和计划，组织实施重大科技专项，推进国土资源信息化和信息资料的公共服务。⑮开展对外合作与交流，拟订对外合作勘查、开采矿产资源政策并组织实施，组织协调境外矿产资源勘查，参与开发工作，依法审批矿产资源对外合作区块，监督对外合作勘查开采行为。⑯承办国务院交办的其他事项。

16. 生态环境部

生态环境部是主管环境保护工作的国务院组成部门。其主要职权是：①负责建立健全环境保护基本制度。拟订并组织实施国家环境保护政策、规划，起草法律法规草案，制定部门规章。组织编制环境功能区划，组织制定各类环境保护标准、基准和技术规范，组织拟订并监督实施重点区域、流域污染防治规划和饮用水水源地环境保护规划，按国家要求会同有关部门拟订重点海域污染防治规划，参与制订国家主体功能区划。②负责重大环境问题的统筹协调和监督管理。牵头协调重特大环境污染事故和生态破坏事件的调查处理，指导协调地方政府重特大突发环境事件的应急、预警工作，协调解决有关跨区域环境污染纠纷，统筹协调国家重点流域、区域、海域污染防治工作，指导、协调和监督海洋环境保护工作。③承担落实国家减排目标的责任。组织制定主要污染物排放总量控制和排污许可证制度并监督实施，提出实施总量控制的污染物名称和控制指标，督查、督办、核查各地污染物减排任务完成情况，实施环境保护目标责任制、总量减排考核并公布考核结果。④负责提出环境保护领域固定资产投资规模和方向、国家财政性资金安排的意见,按国务院规定权限,审批、核准国家规划内和年度计划规模内固定资产投资项目,并配合有关部门做好组织实施和监督工作。参与指导和推动循环经济和环保产业发展,参与应对气候变化工作。⑤承担从源头上预防、控制环境污染和环境破坏的责任。受国务院委托对重大经济和技术政策、发展规划以及重大经济开发计划进行环境影响评价,对涉及环境保护的法律法规草案提出有关环境影响方面的意见,按国家规定审批重大开发建设区域、项目环境影响评价文件。⑥负责环境污染防治的监督管理。制定水体、大气、土壤、噪声、光、恶臭、固体废物、化学品、机动车等的污染防治管理制度并组织实施,会同有关部门监督管理饮用水水源地环境保护工作,组织指导城镇和农村的环境综合整治工作。⑦指导、协调、监督生态保护工作。拟订生态保护规划,组织评估生态环境质量状况,监督对生态环境有影响的自然资源开发利用活动、重要生态环境建设和生态破坏恢复工作。指导、协调、监督各种类型的自然保护区、风景名胜区、森林公园的环境保护工作,协调和监督野生动植物保护、湿地环境保护、荒漠化防治工作。协调指导农村生态环境保护,监督生物技术环境安全,牵头生物物种(含遗传资源)工作,组织协调生物多样性保护。⑧负责核安全和辐射安全的监督管理。拟订有关政策、规划、标准,参与核事故应急处理,负责辐射环境事故应急处理工作。监督管理核设施安全、放射源安全,监督管理核设施、核技术应用、电磁辐射、伴有放射性矿产资源开发利用中的污染防治。对核材料的管制和民用核安全设备的设计、制造、安装和无损检验活动实施监督管理。⑨负责环境监测和信息发布。制定环境监测制度和规范,组织实施环境质量监测和污染源监督性监测。组织对环境质量状况进行调查评估、预测预警,组织建设和管理国家环境监测网和全国环境信息网,建立和实行环境质量公告制度,统一发布国家环境综合性报告和重大环境信息。

17. 住房和城乡建设部

住房和城乡建设部是负责建设行政管理的国务院组成部门。其主要职权是:①承担保障城镇低收入家庭住房的责任。拟订住房保障相关政策并指导实施。拟订廉租住房规划及政策,会同有关部门做好中央有关廉租住房资金安排,监督地方组织实施。编制住房保障发展规划和年度计划并监督实施。②承担推进住房制度改革的责任。拟订适合国情的住房政策,指导住房建设和住房制度改革,拟订全国住房建设规划并指导实施,研究提出住房和城乡建设重大问题的政策建议。③承担规范住房和城乡建设管理秩序的责任。起草住房和城乡建设的法律法规草案,制定部门规章。依法组织编制和实施城乡规划,拟订城乡规划的政策和规章制度,会同有关部门组织编制全国城镇体系规划,负责国务院交办的城市总体规划、省域城镇体系规划的审查报批和监督实施,参与土地利用总体规划纲要的审查,拟订住房和城乡建设的科技发展规划和经济政策。④承担建立科学规范的工程建设标准体系的责任。组织制定工程建设实施阶段的国家标准,制定和发布工程建设全国统一定额和行业标准,拟订建设项目可行性研究评价方法、经济参数、建设标准和工程造价的管理制度,拟订公共服务设施(不含通信设施)建设标准并监督执行,指导监督各类工程建设标准定额的实施和工程造价计价,组织发布工程造价信息。⑤承担规范房地产市场秩序、监督管理房地产市场的责任。会同或配合有关部门组织拟订房地产市场监管政策并监督执行,指导城镇土地使用权有偿转让和开发利用工作,提出房地产业的行业发展规划和产业政策,制定房地产开发、房屋权属管理、房屋租赁、房屋面积管理、房地产估价与经纪管理、物业管理、房屋征收拆迁的规章制度并监督执行。⑥监督管理建筑市场、规范市场各方主体行为。指导全国建筑活动,组织实施房屋和市政工程项目招投标活动的监督执法,拟订勘察设计、施工、建设监理的法规和规章并监督和指导实施,拟订工程建设、建筑业、勘察设计的行业发展战略、中长期规划、改革方案、产业政策、规章制度并监督执行,拟订规范建筑市场各方主体行为的规章制度并监督执行,组织协调建筑企业参与国际工程承包、建筑劳务合作。⑦研究拟订城市建设的政策、规划并指导实施,指导城市市政公用设施建设、安全和应急管理,拟订全国风景名胜区的发展规划、政策并指导实施,负责国家级风景名胜区的审查报批和监督管理,组织审核世界自然遗产的申报,会同文物等有关主管部门审核世界自然与文化双重遗产的申报,会同文物主管部门负责历史文化名城(镇、村)的保护和监督管理工作。⑧承担规范村镇建设、指导全国村镇建设的责任。拟订村庄和小城镇建设政策并指导实施,指导村镇规划编制、农村住房建设和安全及危房改造,指导小城镇和村庄人居生态环境的改善工作,指导全国重点镇的建设。⑨承担建筑工程质量安全监管的责任。拟订建筑工程质量、建筑安全生产和竣工验收备案的政策、规章制度并监督执行,组织或参与工程重大质量、安全事故的调查处理,拟订建筑业、工程勘察设计咨询业的技术政策并指导实施。⑩承担推进建筑节能、城镇减排的责任。会同有关部门拟订建筑节能的政策、规划并监督实施,组织实施重大建筑节能项目,推进城镇减排。⑪负责住房公积金监督管理,确保公积金的有效使用和安全。会同有关部门拟订住房公积金政策、发展规划并组织实施,制定住房公积金缴存、使用、管理和监督制度,监督全国住房公积金和其他住房资金的管理、使用和安全,管理住房公积金信息系统。⑫开展住房和城乡建设方面的国际交流与合作。⑬承办国务院交办的其他事项。

18. 交通运输部

交通运输部是主管交通运输行政管理的国务院组成部门。其主要职权是:①承担涉及综合运输体系的规划协调工作,会同有关部门组织编制综合运输体系规划,指导交通运输枢纽规划和管理。②组织拟订并监督实施公路、水路、民航等行业规划、政策和标准。组织起草法律法规草案,制定部门规章。参与拟订物流业发展战略和规划,拟订有关政策和标准并监督实施。指导公路、水路行业有关体制改革工作。③承担道路、水路运输市场监管责任。组织制定道路、水路运输有关政策、准入制度、技术标准和运营规范并监督实施。指导城乡客运及有关设施规划和管理工作,指导出租汽车行业管理工作。负责汽车出入境运输、国际和国境河流运输及航道有关管理工作。④承担水上交通安全监管责任。负责水上交通管制、船舶及相关水上设施检验、登记和防止污染、水上消防、航海保障、救助打捞、通信导航、船舶与港口设施保安及危险品运输监督管理等工作。负责船员管理有关工作。负责中央管理水域水上交通安全事故、船舶及相关水上设施污染事故的应急处置,依法组织或参与事故调查处理工作,指导地方水上交通安全监管工作。⑤负责提出公路、水路固定资产投资规模和方向、国家财政性资金安排意见,按国务院规定权限审批、核准国家规划内和年度计划规模内固定资产投资项目。拟订公路、水路有关规费政策并监督实施,提出有关财政、土地、价格等政策建议。⑥承担公路、水路建设市场监管责任。拟订公路、水路工程建设相关政策、制度和技术标准并监督实施。组织协调公路、水路有关重点工程建设和工程质量、安全生产监督管理工作，指导交通运输基础设施管理和维护，承担有关重要设施的管理和维护。按规定负责港口规划和岸线使用管理工作。⑦指导公路、水路行业安全生产和应急管理工作。按规定组织协调国家重点物资和紧急客货运输，负责国家高速公路及重点干线路网运行监测和协调，承担国防动员有关工作。⑧指导交通运输信息化建设，监测分析运行情况，开展相关统计工作，发布有关信息。指导公路、水路行业环境保护和节能减排工作。⑨负责公路、水路国际合作与外事工作，开展与港澳台地区的交流与合作。⑩指导航运、海事、港口公安工作，管理交通直属公安队伍。⑪承办国务院交办的其他事项。

19. 铁道部

铁道部是主管铁道工作的国务院组成部门。铁道部的主要职权是：①组织拟订铁路行业发展战略、政策，拟订铁路发展规划，编制国家铁路年度计划，参与综合运输体系规划编制工作。研究提出铁路体制改革方案及有关配套政策建议。②组织起草铁路行业法律法规草案，制定部门规章并监督实施。依法承担有关行政许可和执法监督工作。③承担铁路安全生产和运输服务质量监督管理责任。统一管理铁路运输组织和集中调度指挥工作，制定铁路运输服务质量行业标准并监督实施，规范铁路运输市场，协调、指导合资铁路、地方铁路工作。④依法监督管理铁路国有资产，管理国家铁路企业经营业绩考核工作。⑤负责国家铁路财务工作。按规定管理铁路建设基金、国家铁路资金。依法承担铁路运价管理有关工作。⑥承担铁路建设工程质量监督管理责任。按规定制定铁路工程建设有关制度并组织实施，组织管理大中型铁路项目建设有关工作，维护铁路建设行业平等竞争秩序。⑦研究提出国家铁路固定资产投资规模和方向、国家财政性资金安排的意见，按国务院规定权限，审批、核准国家规划内和年度计划规模内固定资产投资项目。⑧拟订铁路行业技术政策、标准和管理规程，组织重大新技术、新产品的研究和应用推广，组织科技合作交流、技术引进和消化吸收工作。依法负责铁路技术监督、环境保护和节能减排工作。⑨负责铁路专运、特运和治安保卫工作。⑩负责铁路行业统计、信息、应急和国防动员有关工作。⑪负责国家铁路卫生防疫管理工作，依法实施铁路卫生监督。⑫负责铁路外事、国际经济交流合作和国际联运工作，管理铁路涉及港澳台有关工作。⑬承办国务院交办的其他事项。

20. 水利部

水利部是主管水利工作的国务院组成部门。其主要职权是：①负责保障水资源的合理开发利用，拟定水利战略规划和政策，起草有关法律法规草案，制定部门规章，组织编制国家确定的重要江河湖泊的流域综合规划、防洪规划等重大水利规划。按规定制定水利工程建设有关制度并组织实施，负责提出水利固定资产投资规模和方向、国家财政性资金安排的意见，按国务院规定权限，审批、核准国家规划内和年度计划规模内固定资产投资项目；提出中央水利建设投资安排建议并组织实施。②负责生活、生产经营和生态环境用水的统筹兼顾和保障。实施水资源的统一监督管理，拟订全国和跨省、自治区、直辖市水中长期供求规划、水量分配方案并监督实施，组织开展水资源调查评价工作，按规定开展水能资源调查工作，负责重要流域、区域以及重大调水工程的水资源调度，组织实施取水许可、水资源有偿使用制度和水资源论证、防洪论证制度。指导水利行业供水和乡镇供水工作。③负责水资源保护工作。组织编制水资源保护规划，组织拟订重要江河湖泊的水功能区划并监督实施，核定水域纳污能力，提出限制排污总量建议，指导饮用水水源保护工作，指导地下水开发利用和城市规划区地下水资源管理保护工作。④负责防治水旱灾害，承担国家防汛抗旱总指挥部的具体工作。组织、协调、监督、指挥全国防汛抗旱工作，对重要江河湖泊和重要水工程实施防汛抗旱调度和应急水量调度，编制国家防汛抗旱应急预案并组织实施。指导水利突发公共事件的应急管理工作。⑤负责节约用水工作。拟订节约用水政策，编制节约用水规划，制定有关标准，指导和推动节水型社会建设工作。⑥指导水文工作。负责水文水资源监测、国家水文站网建设和管理，对江河湖库和地下水的水量、水质实施监测，发布水文水资源信息、情报预报和国家水资源公报。⑦指导水利设施、水域及其岸线的管理与保护，指导大江、大河、大湖及河口、海岸滩涂的治理和开发，指导水利工程建设与运行管理，组织实施具有控制性的或跨省、自治区、直辖市及跨流域的重要水利工程建设与运行管理，承担水利工程移民管理工作。⑧负责防治水土流失。拟订水土保持规划并监督实施，组织实施水土流失的综合防治、监测预报并定期公告，负责有关重大建设项目水土保持方案的审批、监督实施及水土保持设施的验收工作，指导国家重点水土保持建设项目的实施。⑨指导农村水利工作。组织协调农田水利基本建设，指导农村饮水安全、节水灌溉等工程建设与管理工作，协调牧区水利工作，指导农村水利社会化服务体系建设。按规定指导农村水能资源开发工作，指导水电农村电气化和小水电代燃料工作。⑩负责重大涉水违法事件的查处，协调、仲裁跨省、自治区、直辖市水事纠纷，指导水政监察和水行政执法。依法负责水利行业安全生产工作，组织、指导水库、水电站大坝的安全监管，指导水利建设市场的监督管理，组织实施水利工程建设的监督。⑪开展水利科技和外事工作。组织开展水利行业质量监督工作，拟订水利行业的技术标准、规程规范并监督实施，承担水利统计工作，办理国际河流有关涉外事务。⑫承办国务院交办的其他事项。

21. 农业农村部

农业农村部是主管农业与农村经济发展的国务院组成部门。其主要职权是：①拟订种植业、畜牧业、渔业、农业机械化、乡镇企业、农垦等农业各产业（以下简称农业）和农村经济发展政策、发展战略、中长期发展规划并指导实施，参与涉农的财税、价格、金融保险、进出口等政策制定，组织起草农业和农村经济的法律法规草案，推进农业依法行政。②承担完善农村经营管理体制的责任。提出深化农村经济体制改革和稳定完善农村基本经营制度的政策建议，指导农村土地承包、耕地使用权流转和承包纠纷仲裁管理。指导、监督减轻农民负担和村民筹资筹劳管理工作，指导农村集体资产和财务管理。拟订农业产业化经营的发展规划与政策并组织实施，指导、扶持农业社会化服务体系、农村合作经济组织、农民专业合作社和农产品行业协会的建设与发展。③指导粮食等主要农产品生产，组织落实促进粮食等主要农产品生产发展的相关政策措施，引导农业产业结构调整和产品品质的改善。会同有关部门指导农业标准化、规模化生产。负责提出农业固定资产投资规模和方向、国家财政性资金安排的意见，按国务院规定权限审批、核准国家规划内和年度计划规模内固定资产投资项目。编报部门预算并组织执行。提出扶持农业农村发展的财政政策和项目建议，经批准后与财政部共同制订实施方案并指导实施。拟订农业开发规划并监督实施。配合财政部组织实施农业综合开发项目。④促进农业产前、产中、产后一体化发展，组织拟订促进农产品加工业发展政策、规划并组织实施。提出农业产业保护政策建议。指导农产品加工业结构调整、技术创新和服务体系建设。提出促进大宗农产品流通的政策建议,研究提出主要农产品的进出口建议。研究制定大宗农产品市场体系建设与发展规划。培育、保护和发展农产品品牌。⑤承担提升农产品质量安全水平的责任。依法开展农产品质量安全风险评估,发布有关农产品质量安全状况信息,负责农产品质量安全监测。提出技术性贸易措施的建议。制订农业转基因生物安全评价标准和技术规范。参与制订农产品质量安全国家标准并会同有关部门组织实施。指导农业检验检测体系建设和机构考核。依法实施符合安全标准的农产品认证和监督管理。组织农产品质量安全的监督管理。⑥组织、协调农业生产资料市场体系建设。依法开展农作物种子(种苗)、草种、种畜禽、农药、兽药、饲料、饲料添加剂的许可及监督管理。制订兽药质量、兽药残留限量和残留检测方法国家标准并按规定发布。依法负责渔船、渔机、网具的监督管理。拟订有关农业生产资料国家标准并会同有关部门监督实施。开展兽医医疗器械和有关肥料的监督管理。指导农业机械化发展和农机安全监理。⑦负责农作物重大病虫害防治。起草动植物防疫和检疫的法律法规草案,签署政府间协议、协定。会同有关部门制定动植物防疫检疫政策并指导实施,指导动植物防疫和检疫体系建设。组织、监督对国内动植物的防疫检疫工作,发布疫情并组织扑灭。组织植物检疫性有害生物普查。承担境外引进农作物种子(种苗)检疫审批工作。组织兽医医政、兽药药政药检工作。负责执业兽医的管理。承担有关国际公约的履约工作。⑧承担农业防灾减灾的责任。监测、发布农业灾情,组织种子、化肥等救灾物资储备和调拨,提出生产救灾资金安排建议,指导紧急救灾和灾后生产恢复。⑨管理农业和农村经济信息,监测分析农业和农村经济运行,开展相关农业统计的工作。发布农业和农村经济信息,负责农业信息体系建设,指导农业信息服务。⑩制定农业科研、农技推广的规划、计划和有关政策,会同有关部门组织国家农业科技创新体系和农业产业技术体系建设,实施科教兴农战略,按分工组织实施农业科研重大专项。组织实施农业领域的高新技术和应用技术研究、农业科技成果转化和技术推广。负责农业科技成果管理,组织引进国外农业先进技术,指导农技推广体系改革与建设。负责农业植物新品种保护,负责农业转基因生物安全监督管理。⑪会同有关部门拟订农业农村人才队伍建设规划并组织实施,指导农业教育和农业职业技能开发工作,参与实施农村实用人才培训工程。承担农村劳动力转移就业培训工作,会同有关主管部门依法实施农业农村人才专业技术资格和从业资格管理。⑫组织农业资源区划工作,指导农用地、渔业水域、草原、宜农滩涂、宜农湿地以及农业生物物种资源的保护和管理,负责水生野生动植物保护工作。拟订耕地及基本农田质量保护与改良政策并指导实施,依法管理耕地质量。运用工程设施、农艺、农机、生物等措施发展节水农业。会同有关部门处理重大涉外渔事纠纷,维护国家海洋和淡水管辖水域渔业权益,负责远洋渔业管理。代表国家行使渔船检验和渔政、渔港监督管理权。⑬制定并实施农业生态建设规划,指导农村可再生能源综合开发与利用,指导农业生物质产业发展和农业农村节能减排,承担指导农业面源污染治理有关工作。划定农产品禁止生产区域,指导生态农业、循环农业等的发展。负责保护渔业水域生态环境。牵头管理外来物种。⑭承办政府间农业涉外事务,参与农业贸易谈判和农业贸易规则制订,组织开展农业贸易促进和有关国际经济、技术交流与合作。参与农业对外援助政策和规划制定,协助有关部门组织实施农业援外项目,组织有关国际公约的履约和协定的执行。⑮承办国务院交办的其他事项。

22. 商务部

商务部是主管商务工作的国务院组成部门。其主要职权是：①拟订国内外贸易和国际经济合作的发展战略、方针、政策，起草国内外贸易、国际经济合作和外商投资的法律法规，制定实施细则、规章；研究提出我国经济贸易法规之间及其与国际多边、双边经贸条约、协定之间的衔接意见。②拟订国内贸易发展规划，研究提出流通体制改革意见，培育发展城乡市场，推进流通产业结构调整的连锁经营、物流配送、电子商务等现代流通方式。③研究拟订规范市场运行、流通秩序和打破市场垄断、地区封锁的政策，建立健全统一、开放、竞争、有序的市场体系；监测分析市场运行和商品供求状况，组织实施重要消费品市场调控和重要生产资料流通管理。④研究制定进出口商品管理办法和进出口商品目录，组织实施进出口配额计划，确定配额、发放许可证；拟订和执行进出口商品配额招标政策。⑤拟订并执行对外技术贸易、国家进出口管制以及鼓励技术和成套设备出口的政策；推进进出口贸易标准化体系建设；依法监督技术引进、设备进口、国家限制出口的技术和引进技术的出口与再出口工作，依法颁发与防扩散相关的出口许可证。⑥研究提出并执行多边、双边经贸合作政策；负责多边、双边经贸对外谈判，协调对外谈判意见，签署有关文件并监督执行；建立多边、双边政府间经济和贸易联系机制并组织相关工作；处理国别（地区）经贸关系中的重要事务，管理同未建交国家的经贸活动；根据授权，代表我国政府处理与世界贸易组织的关系，承担我国在世界贸易组织框架下的多边、双边谈判和贸易政策审议、争端解决、通报咨询等工作。⑦指导我国驻世界贸易组织代表团、常驻联合国及有关国际组织经贸代表机构的工作和我国驻外经济商务机构的有关工作；联系国际多边经贸组织驻中国机构和外国驻中国官方商务机构。⑧负责组织协调反倾销、反补贴、保障措施及其他与进出口公平贸易相关的工作，建立进出口公平贸易预警机制，组织产业损害调查；指导协调国外对我国出口商品的反倾销、反补贴、保障措施原应诉及相关工作。⑨宏观指导全国外商投资工作；分析研究全国外商投资情况，定期向国务院报送有关动态和建议，拟订外商投资政策，拟订和贯彻实施改革方案，参与拟订利用外资的中长期发展规划；依法核准国家规定的限额以上、限制投资和涉及配额、许可证管理的外商投资企业的设立及其变更事项；依法核准大型外商投资项目的合同、章程及法律特别规定的重大变更事项；监督外商投资企业执行有关法律法规、规章及合同、章程的情况；指导和管理全国招商引资、投资促进及外商投资企业的审批和进出口工作，综合协调和指导国家级经济技术开发区的有关具体工作。⑩负责全国对外经济合作工作；拟订并执行对外经济合作政策，指导和监督对外承包工程、劳务合作、设计咨询等业务的管理；拟订境外投资的管理和具体政策，依法核准国内企业对外投资开办企业（金融企业除外）并实施监督管理。⑪负责我国对外援助工作，拟订并执行对外援助政策和方案，签署并执行有关协议；编制并执行对外援助计划，监督检查援外项目执行情况，管理援外资金、援外优惠贷款、援外专项基金等我国政府援外资金；推进援外方式改革。⑫拟订并执行对香港、澳门特别行政区和台湾地区的经贸政策、贸易中长期规划；与香港、澳门特别行政区有关经贸主管机构和台湾民间组织进行经贸谈判并签署有关文件；负责内地与香港、澳门特别行政区商贸联络机制工作；组织实施对台直接通商工作，处理多边、双边经贸领域的涉台问题。⑬负责我国驻世界贸易组织代表团、驻外经济商务机构以及有关国际组织代表机构的队伍建设、人员选派和管理；指导进出口商会和有关协会、学会的工作。⑭承办国务院交办的其他事项。

23. 文化和旅游部

文化和旅游部是国务院主管文化艺术事业的职能部门。其主要职权是：①拟订文化艺术和旅游方针政策，起草文化艺术和旅游法律法规草案。②拟订文化艺术事业和旅游发展规划并组织实施，推进文化艺术领域和旅游的体制机制改革。③指导、管理文学艺术和旅游事业，指导艺术创作与生产，推动各门类艺术的发展，管理全国性重大文化活动。④推进文化艺术领域的公共文化服务，规划、引导公共文化产品生产，指导国家重点文化设施建设和基层文化设施建设。⑤拟订文化艺术产业发展规划，指导、协调文化艺术产业发展，推进对外文化产业交流与合作。⑥拟订非物质文化遗产保护规划，起草有关法规草案，组织实施非物质文化遗产保护和优秀民族文化的传承普及工作。⑦指导、管理社会文化事业，指导图书馆、文化馆（站）事业和基层文化建设。⑧拟订文化市场发展规划，指导文化市场综合执法工作，负责对文化艺术经营活动进行行业监管，指导对从事演艺活动民办机构的监管工作。⑨负责文艺类产品网上传播的前置审批工作，负责对网吧等上网服务营业场所实行经营许可证管理，对网络游戏服务进行监管（不含网络游戏的网上出版前置审批）。⑩拟订动漫、游戏产业发展规划并组织实施，指导协调动漫、游戏产业发展。⑪拟订文化科技发展规划并监督实施，推进文化科技信息建设。⑫指导、管理对外文化交流和对外文化宣传工作，组织拟订对外及对港澳台的文化交流政策，指导驻外使（领）馆及驻港澳文化机构的工作，代表国家签订中外文化合作协定，组织实施大型对外文化交流活动。⑬承办国务院交办的其他事项。

24. 卫健委

卫健委是主管卫生工作的国务院组成部门。其主要职权是：①推进医药卫生体制改革。拟订卫生改革与发展战略目标、规划和方针政策，起草卫生、食品安全、药品、医疗器械相关法律法规草案，制定卫生、食品安全、药品、医疗器械规章，依法制定有关标准和技术规范。②负责建立国家基本药物制度并组织实施，组织制定药品法典和国家基本药物目录。组织制定国家药物政策。拟订国家基本药物采购、配送、使用的政策措施，会同有关部门提出国家基本药物目录内药品生产的鼓励扶持政策，提出国家基本药物价格政策的建议。③承担食品安全综合协调、组织查处食品安全重大事故的责任，组织制定食品安全标准，负责食品及相关产品的安全风险评估、预警工作，制定食品安全检验机构资质认定的条件和检验规范，统一发布重大食品安全信息。④统筹规划与协调全国卫生资源配置，指导区域卫生规划的编制和实施。⑤组织制定并实施农村卫生发展规划和政策措施，负责新型农村合作医疗的综合管理。⑥制定社区卫生、妇幼卫生发展规划和政策措施，规划并指导社区卫生服务体系建设，负责妇幼保健的综合管理和监督。⑦负责疾病预防控制工作，制定实施重大疾病防治规划与策略，制定国家免疫规划及政策措施，协调有关部门对重大疾病实施防控与干预，发布法定报告传染病疫情信息。⑧负责卫生应急工作，制定卫生应急预案和政策措施，负责突发公共卫生事件监测预警和风险评估，指导实施突发公共卫生事件预防控制与应急处置，发布突发公共卫生事件应急处置信息。⑨起草促进中医药事业发展的法律法规草案，制定有关规章和政策，指导制定中医药中长期发展规划，并纳入卫生事业发展总体规划和战略目标。⑩指导规范卫生行政执法工作，按照职责分工负责职业卫生、放射卫生、环境卫生和学校卫生的监督管理，负责公共场所和饮用水的卫生安全监督管理，负责传染病防治监督。⑪负责医疗机构（含中医院、民族医院等）医疗服务的全行业监督管理，制定医疗机构医疗服务、技术、医疗质量和采供血机构管理的政策、规范、标准，组织制定医疗卫生职业道德规范，建立医疗机构医疗服务评价和监督体系。⑫组织制定医药卫生科技发展规划，组织实施国家重点医药卫生科研攻关项目，参与制定医学教育发展规划，组织开展继续医学教育和毕业后医学教育工作。⑬指导卫生人才队伍建设工作，组织拟订国家卫生人才发展规划，会同有关部门制订卫生专业技术人员资格标准并组织实施。⑭组织指导卫生方面的国际交流合作与卫生援外有关工作，开展与港澳台的卫生合作工作。⑮负责中央保健对象的医疗保健工作，负责中央部门有关干部医疗管理工作，负责国家重要会议与重大活动的医疗卫生保障工作。⑯承担全国爱国卫生运动委员会和国务院防治艾滋病工作委员会的具体工作。⑰承办国务院交办的其他事项。⑱拟订国家人口发展规划草案，研究人口发展战略，提出统筹解决人口问题的目标和任务建议，研究提出人口与经济、社会、资源、环境协调可持续发展的政策建议。⑲负责实施全国人口和计划生育中长期规划、年度计划和事业发展规划，对人口和计划生育规划执行情况进行监督和评估，稳定低生育水平。⑳起草人口和计划生育工作的法律法规草案和政策规定，负责协调推动有关部门、群众团体履行人口和计划生育工作相关职责，促进人口和计划生育方针政策在教育、卫生、文化、就业和社会保障等工作中的衔接配合，会同有关部门提出促进出生人口性别平衡的政策措施。㉑研究提出促进人口有序流动、合理分布的政策建议，制定流动人口计划生育服务管理规划，负责推动地方建立流动人口计划生育信息共享和公共服务工作机制。㉒监测人口和计划生育发展动态，提出发布人口和计划生育安全预警预报建议，负责人口和计划生育的信息综合及信息化建设，参与国家人口基础信息库建设。㉓组织实施计划生育科学研究的总体规划，依法管理人口和计划生育技术服务工作，依法公布有关计划生育科学研究、技术服务重要信息，负责计划生育统计、信息分析工作，研究和依法规范计划生育药具管理制度。㉔制定人口和计划生育宣传教育工作规划，组织开展人口和计划生育宣传教育工作。㉕推动实施计划生育的生殖健康促进计划，提高人口素质，协同有关部门降低出生缺陷人口数量。㉖制定并组织实施人口和计划生育系统干部队伍教育培训规划，指导人口和计划生育公共服务网络体系建设，指导中国计划生育协会的业务工作。㉗负责人口和计划生育工作的国际交流与合作，负责人口和计划生育国际援助项目的实施。㉘承办国务院交办的其他事项。

25. 中国人民银行

中国人民银行是中华人民共和国的中央银行，是在国务院领导下制定和实施货币政策、对金融业实施监督管理的宏观调控部门。中国人民银行的主要职责是：中国人民银行的主要职权是：①起草有关法律和行政法规；完善有关金融机构运行规则；发布与履行职责有关的命令和规章。②依法制定和执行货币政策。③监督管理银行间同业拆借市场和银行间债券市场、外汇市场、黄金市场。④防范和化解系统性金融风险，维护国家金融稳定。⑤确定人民币汇率政策；维护合理的人民币汇率水平；实施外汇管理；持有、管理和经营国家外汇储备和黄金储备。⑥发行人民币，管理人民币流通。⑦经理国库。⑧会同有关部门制定支付结算规则，维护支付、清算系统的正常运行。⑨制定和组织实施金融业综合统计制度,负责数据汇总和宏观经济分析与预测。⑩组织协调国家反洗钱工作,指导、部署金融业反洗钱工作,承担反洗钱的资金监测职责。⑪管理信贷征信业,推动建立社会信用体系。⑫作为国家的中央银行,从事有关国际金融活动。⑬按照有关规定从事金融业务活动。⑭承办国务院交办的其他事项。

26. 审计署

审计署是国务院的审计机关。其主要职权是:①主管全国审计工作。负责对国家财政收支和法律法规规定属于审计监督范围的财务收支的真实、合法和效益进行审计监督,维护国家财政经济秩序,提高财政资金使用效益,促进廉政建设,保障国民经济和社会健康发展。对审计、专项审计调查和核查社会审计机构相关审计报告的结果承担责任,并负有督促被审计单位整改的责任。②起草审计法律法规草案,拟订审计政策,制定审计规章、审计准则和指南并监督执行。制定并组织实施审计工作发展规划和专业领域审计工作规划,制定并组织实施年度审计计划。参与起草财政经济及其相关的法律法规草案。对直接审计、调查和核查的事项依法进行审计评价,做出审计决定或提出审计建议。③向国务院总理提出年度中央预算执行和其他财政收支情况的审计结果报告。受国务院委托向全国人大常委会提出中央预算执行和其他财政收支情况的审计工作报告、审计发现问题的纠正和处理结果报告。向国务院报告对其他事项的审计和专项审计调查情况及结果。依法向社会公布审计结果。向国务院有关部门和省级人民政府通报审计情况和审计结果。④直接审计下列事项,出具审计报告,在法定职权范围内做出审计决定或向有关主管机关提出处理处罚的建议:中央预算执行情况和其他财政收支,中央各部门(含直属单位)预算的执行情况、决算和其他财政收支;省级人民政府预算的执行情况、决算和其他财政收支,中央财政转移支付资金;使用中央财政资金的事业单位和社会团体的财务收支;中央投资和以中央投资为主的建设项目的预算执行情况和决算;中国人民银行、国家外汇管理局的财务收支,中央国有企业和金融机构、国务院规定的中央国有资本占控股或主导地位的企业和金融机构的资产、负债和损益;国务院部门、省级人民政府管理和其他单位受国务院及其部门委托管理的社会保障基金、社会捐赠资金及其他有关基金、资金的财务收支;国际组织和外国政府援助、贷款项目的财务收支;法律、行政法规规定应由审计署审计的其他事项。⑤按规定对省部级领导干部及依法属于审计署审计监督对象的其他单位主要负责人实施经济责任审计。⑥组织实施对国家财经法律、法规、规章、政策和宏观调控措施执行情况、财政预算管理或国有资产管理使用等与国家财政收支有关的特定事项进行专项审计调查。⑦依法检查审计决定执行情况,督促纠正和处理审计发现的问题,依法办理被审计单位对审计决定提请行政复议、行政诉讼或国务院裁决中的有关事项。协助配合有关部门查处相关重大案件。⑧指导和监督内部审计工作,核查社会审计机构对依法属于审计监督对象的单位出具的相关审计报告。⑨与省级人民政府共同领导省级审计机关。依法领导和监督地方审计机关的业务,组织地方审计机关实施特定项目的专项审计或审计调查,纠正或责成纠正地方审计机关违反国家规定做出的审计决定。按照干部管理权限协管省级审计机关负责人。负责管理派驻地方的审计特派员办事处。⑩组织审计国家驻外非经营性机构的财务收支,依法通过适当方式组织审计中央国有企业和金融机构的境外资产、负债和损益。⑪组织开展审计领域的国际交流与合作,指导和推广信息技术在审计领域的应用,组织建设国家审计信息系统。⑫承办国务院交办的其他事项。

（三）国务院直属特设机构

目前国务院直属特设机构只有一个，即国务院国有资产监督管理委员会。它并不是一个一般意义上的行政管理机关，而是代表国家履行出资人的职责，对中央所属企业（不含金融企业）国有资产进行监督管理的一个机构。其主要职责是：①根据国务院授权，依照《中华人民共和国公司法》等法律和行政法规履行出资人职责，指导推进国有企业改革和重组；对所监管企业国有资产的保值增值进行监督，加强国有资产的管理工作；推进国有企业的现代企业制度建设，完善公司治理结构；推动国有经济结构和布局的战略性调整。②代表国家向部分大型企业派出监事会；负责监事会的日常管理工作。③通过法定程序对企业负责人进行任免、考核并根据其经营业绩进行奖惩；建立符合社会主义市场经济体制和现代企业制度要求的选人、用人机制，完善经营者激励和约束制度。④通过统计、稽核对所监管国有资产的保值增值情况进行监管；建立和完善国有资产保值增值指标体系，拟订考核标准；维护国有资产出资人的权益。⑤起草国有资产管理的法律、行政法规，制定有关规定制度；依法对地方国有资产管理进行指导和监督。

（四）国务院直属机构

国务院直属机构是指在国务院统一领导下主管某项专门行政业务的机构。国务院直属机构的法律地位低于部、委、行、署，其设立、撤销或变动由国务院决定。国务院直属机构的行政首长经国务院常务会议讨论决定，由总理任免，他们不是国务院的组成人员。目前，国务院直属机构有：海关总署、国家税务总局、国家市场管理总局、国家广播电影电视总局、国家新闻出版总署（国家版权局）、国家体育总局、应急管理部、国家统计局、国家林业和草原局、国家知识产权局、国家宗教事务局、国务院参事室、国务院机关事务管理局、国家监察委员会。

（五）国务院办事机构

国务院办事机构是国务院内部设立的、协助总理办理专门事项的工作机构。目前，国务院办事机构有四个：国务院侨务办公室、国务院港澳事务办公室、国务院法制办公室、国务院研究室。

（六）国务院直属事业单位

国务院直属事业单位是指以增进社会福利，满足社会文化、教育、科学、卫生等方面需要，提供各种社会服务为直接目的由国务院直接领导的社会组织。国务院直属事业单位不是国家行政机关，但国务院授权其中一些单位行使一定的行政职能。目前有国务院直属事业单位十五个：新华通讯社、中国科学院、中国社会科学院、中国工程院、国务院发展研究中心、国家行政学院、中国地震局、中国气象局、中国银行保险监督管理委员会、中国证券监督管理委员会、国家电力监管委员会、全国社会保障基金理事会、国家自然科学基金委员会。

（七）国务院部委管理的国家局

国务院部委管理的国家局简称国家局，是负责国家某方面工作的行政管理机关，具有相对的独立性。主管部委主要通过部长（主任）或部长（主任）召开会议的形式，对国家局工作中的重大方针政策、工作部署等事项实施管理，由主管部委部长（主任）对国务院负责。目前国务院部委管理的国家局有：国家信访局、国家粮食和物质储备局、国家能源局、国家国防科技工业局、国家烟草专卖局、国家外国专家局、国家公务员局、国家海洋局、国家测绘局、中国民用航空局、国家邮政局、国家文物局、国家食品药品监督管理总局、国家中医药管理局、国家外汇管理局、国家煤矿安全监察局、国家保密局（国家保密局与中央保密委员会办公室一个机构两块牌子，列入中共中央直属机关的下属机构）、国家密码管理局（国家密码管理局与中央密码工作领导小组办公室一个机构两块牌子，列入中共中央直属机关的下属机构）、国家航天局（工业和信息化部对外保留国家航天局牌子）、国家原子能机构（工业和信息化部对外保留国家原子能机构牌子）、国家语言文字工作委员会（教育部对外保留国家语言文字工作委员会牌子）、国家核安全局（生态环境部对外保留国家核安全局牌子）。

【关键词】

行政机关　总统制　内阁制　委员会制　半总统制　总理负责制

【思考题】

1. 总统制的特点是什么？
2. 内阁制的特点是什么？
3. 委员会制的特点是什么？
4. 何为半总统制？其特点是什么？
5. 行政机关的一般职权有哪些？
6. 何为总理负责制？国务院为什么要实行总理负责制？
7. 国务院与全国人民代表大会及其常务委员会的关系是怎样的？
8. 国务院的职权有哪些？

参考文献：

蔡定剑：《中国人民代表大会制度》，法律出版社1998年版。
李步云主编：《宪法比较研究》，法律出版社1998年版。
许崇德主编：《宪法》，中国人民大学出版社1999年版。
蔡定剑：《宪法精释》，法律出版社2006年第二版。

第七章　国家元首

【本章学习提示】　本章介绍国家元首。内容由三节组成：第一节是概述，主要介绍国家元首的历史演变、概念、特征、类型；第二节介绍国家元首的职权；第三节介绍了我国的国家元首制度。

第一节　国家元首概述

一、国家元首的历史演变

自国家产生以来，无论其疆域大小、人口多少，也无论其经济发展水平、历史文化背景如何，它都有一个最高的代表者，在国际上代表本国。虽然这个国家最高的代表者既可能是个人也可能是特定机关，但他或它在对内对外都代表国家，在外交活动中受到最高的礼遇。这个国家的最高代表者就是国家元首。

作为国家机构的重要组成部分，国家元首的出现是和国家的产生相联系的。早在原始部落，就存在酋长、长老等领袖，虽然他们还不具有国家机构的性质，但他们可看作是国家元首的雏形。从历史发展的进程来看，国家元首比法律的出现还早。在奴隶制和封建专制时期，国家权力由世袭的君主或国王或皇帝掌握，君主或国王或皇帝是国家的最高统治者。古埃及的"法老"，古希腊时期雅典的"执政官"，古罗马的"元首"，中国奴隶制时期的"国王"和封建时期的"皇帝"，都是国家元首。国家是一定数量的人口（即居民）、领土和主权三个要素的结合。但国家成立的核心要素是"主权"这个极具抽象的内容，而不是领土和居民这些有形的方面。国家主权除了设立立法、司法、行政机关来体现外，还需要设立元首来代表，使抽象的国家通过元首的设立能具体化和人格化。[1] 这是国家元首产生的原因之一。但是，国家元首与国家主权的拥有者并不是完全等同的。在早期的奴隶制、封建制国家时期——但不包括古希腊、古罗马的城市国家，国王、君主或皇帝是国家元首，也是国家主权的实际掌握者。但到了近代，"人民主权"学说为国家元首与国家主权实际拥有者的分离提供了理论基础。因为，根据这种学说，国家主权的真正拥有者是人民，通过代议制度，人民将其权力委托给选举出来的国家机关来行使。作为国家机关的组成部分，国家元首也是通过人民选举产生的国家主权的代表者或者象征者，但它并不拥有和行使主权。国家元首产生的原因之二是，国家是一个极其复杂且组织非常严密的同时也是一个抽象的共同体，国家自身是无法采取任何行动的，它必然需要一个首脑或总的代表者来代表它进行活动。[2] 特别是在当今世界，国家与国家之间的联系越来越紧密、交往日益频繁，全球化正在形成的背景下，我

---

[1] 王广辉：《比较宪法学》，北京大学出版社2007年版，第383页。
[2] 参见许崇德：《学而言宪》，法律出版社2000年版，第47页。

们无法想象一个主权国家在国际活动中竟然没有自己的代表者。

现代意义上的国家元首是与近现代民主政治产生和发展联系在一起的。现代意义上的国家元首,是国家机构的重要组成部分,它是根据宪法和法律规定的国家元首制度来行使权力的。现代宪法是民主政治的法律化,因此,现代意义上的国家元首必然是一国民主政治的组成部分。目前也有不少国家的宪法并没有对国家元首作明确规定。不过,尽管其成文宪法中没有规定国家元首制度,① 但在各国的实践中无一例外地都存在着国家元首制度。在英国,作为不成文宪法表现形式之一宪法性法律中虽然存在关于国家元首的规定,如1701年颁布的《王位继承法》中规定的国王继承问题,实际上就是国家元首制度,只是它还不够完整,还远构不成英国实际存在的国家元首制度。英国国家元首制度主要是通过宪法惯例来建立的。在英国,关于"国王统而不治"、"国王不能为非"的宪法惯例②确定了国王实际统治权,也就是国家元首的职权。元首一词第一次出现在宪法文件中是1831年的《比利时王国宪法》。该宪法规定,国王是国家元首,未经议会两院的同意,不得同时担任其他国家的元首。现代意义上的国家元首实际上是民主政治的象征。正是在这种意义上,我们将国家元首定位为现代意义上的国家元首,以此与专制意义上的、人治意义上的封建君主相区别。

元首一词在我国古代文献中很早就出现了。有学者认为,元首的称谓始于《尚书》。③《尚书·益稷》中说:"元首明哉,股肱良哉,庶事康哉。"这里的元首指君王或君主,意思是,君主圣明,大臣就贤明,百姓就能安康了。君主作为一国之首,在中国存在了几千年的历史。从商朝开始到清朝结束,我国历史上有过400多位君主或皇帝。君主作为元首,其特点是,君主由世袭产生,君主享有绝对的权力,集最高立法、司法、行政及军事权于一身。到清朝末年,皇帝的这种至尊地位才开始动摇。1908年,清朝统治者颁布《宪法大纲》。在这个欺世盗名的《宪法大纲》中公然宣称:"大清皇帝统治大清帝国,万世一系,永永尊戴";"君上神圣尊严,不可侵犯";皇帝享有"钦定颁行法律及发交议案之权""统率陆海军及编定军制之权"并"总揽司法权"。虽已有宪法之名,但皇帝享有立法、司法、行政及军事全部权力,却并无任何义务对其进行约束。这是中国历史上存在了数千年的元首的生动写照。

二、国家元首的概念

元首的形式多种多样,其行使的职权亦有大有小,虚实不一,很难概括出一个大家公认的定义。但为了研究的需要,我们仍需对"国家元首"这一术语进行必要的界定。其实,国家元首并不是一个法律上的概念,而只是一个学理概念。我们尝试对国家元首概念做如下定义:所谓国家元首,是指依据宪法规定,在国内作为国家的最高代表、在国际事务中作为主权国家的代表并行使元首权的国家机构。首先,在性质上,国家元首是一个国家机构或者说是国家机构的组成部分——国家机构的首脑部分。其次,国家元

---

① 根据荷兰学者的研究,在142个采取成文宪法形式的国家中有71个国家的宪法中使用了"国家元首"的术语。见 [荷] 亨克·范·马尔塞文、格尔·范·德·唐:《成文宪法——通过计算机进行的比较研究》,陈云生译,北京大学出版社2007年版,第67页。
② 关于"国王统而不治""国王不能为非"宪法惯例的形成及对英国国王作为国家元首的权力的界定,参见赵宝云:《西方五国宪法通论》,中国人民公安大学出版社1994年版,第139~140页。
③ 李步云主编:《宪法比较研究》,法律出版社1998年版,第702页。

首在国内是国家的最高代表。在国内的各种政治生活乃至经济生活、文化生活中，有很多机构甚至个人都可能代表国家。如各级政府、司法机关在履行职权的过程中实际上都是代表国家进行的。国家元首则是国内代表国家的机构或人员中最高的代表。再次，国家元首在国际关系中是国家主权的代表。在国际关系中，各级政府、司法机关虽然也可以在一定程度上代表国家，但国家元首却是可以完整代表一国主权的国家机构。

三、国家元首的特征

各国尽管元首制度存在差异，国家元首的名称各异、权限不一、地位各不相同，但归纳起来，都具有以下共同特征：

（一）在对外关系中国家的最高代表

这是国家元首所具有的最重要的特征。政府首脑、使节等都可以代表国家行使一定的国家权力，但国家元首则是国家对外关系中地位最高的代表。各国国家元首都享有派遣和接受使节等外交权，都被视作国家主权的象征，其行为被视为行使国家主权的行为。

（二）它是国家机构的组成部分

无论是采取个人元首制还是集体元首制，国家元首都意指国家机关，它是一国内国家机构的有机组成部分。世界上多数国家的国家元首都是独立的国家机关，且地位最高，是国家的首脑部分。当然，也有一些国家的国家元首不是独立的国家机关，而是由政府首脑兼任的。还有的国家，其国家元首没有实权，但它仍然是国家机构的首脑部分，或者至少是国家机构首脑机关的组成部分。

（三）具有特殊的法律地位

世界各国的国家元首都无一例外地享有崇高的地位。这种崇高的地位表现在：(1) 多数国家的宪法都规定，国家元首具有不可侵犯的神圣地位。如《俄罗斯联邦宪法》第91条规定："俄罗斯联邦总统不受侵犯。"(2) 在外交中国家元首享有礼仪上的特殊待遇。国家元首是主权国家的最高代表，是国家主权的象征，在国家交往中如出访他国时往往享有最高规格的礼仪待遇。即使对待像英国女王那样临朝而不理政的虚位元首或者其他并未握有实权国家元首，也都给以最高规格的礼遇。

四、国家元首的类型

尽管国家元首在各种不同国家有着不同的解释，但有一点是共同的，那就是都认为国家元首是国家的代表和象征。世界各国，不论历史长短、人口多少，也不论其幅员大小、先进与落后，任何一个主权国家都拥有自己的国家元首。国家元首，在不同国家有不同称谓，如国王、天皇、女王、大公、亲王、总统、主席等等，其结构、地位和作用也不尽相同。

根据不同的标准，可对国家元首进行多种分类。①君主制国家元首和共和制国家元首。这是根据一国采取的政体形式以及国家元首的产生与任期为标准进行的划分。君主制国家元首是在君主制国家中实行世袭制、终身制的国家元首，共和制国家元首则是在共和制国家中实行选举制、任期制国家元首。②实权元首和虚位元首。这是根据国家元首是否享有实权为标准进行的划分。实权元首是指掌握有实际国家权力的国家元首，如总统制和二元君主立宪制下的国家元首是实权元首。虚位元首则是指虽然占据国家元首之位，但却并没有多少实权的国家元首。在议会内阁制和一元君主立宪制下的国家元首是虚位元首。③兼任行政首脑的国家元首和不兼任行政首脑的国家元首。这是根据国家元首是否兼任国家行政机关首脑为标准进行的划分。前者如美国，其总统也是行政机关的首脑。但目前世界上大多数国家的国家元首都不兼任行政机关的首脑。④个人元首和集体元首。这是根据国家元首组成人员的结构来进行的划分，凡由单个个人担任国家元首的情形，我们叫作个人元首。反之，由两人或两人以上的集体担任国家元首，我们称之为集体元首。世界上绝大多数国家都实行个人元首制，仅有极少数国家实行集体元首，如瑞士和圣马力诺。⑤经世袭产生的国家元首和经选举产生的国家元首。这是根据国家元首产生的不同方式进行的分类。从世界各国看，国家元首主要有两种产生方式：世袭制和选举制。世袭制是指国家元首的职位是采取按照血缘关系在家族内部传递的方式产生。在奴隶制、封建制时代，国家元首多采用这种方式。近代以来，随着资本主义的发展，资产阶级民主政治取得成功，世袭制逐渐被抛弃。但也有少数国家如英国、日本等仍保留了世袭制，但已经发生了很大的变化，作为国家元首的国王或天皇并不享有实权，真正的权力掌握在议会或者政府手中。选举制是指国家元首通过民主选举的方式产生。实行选举制的国家，国家元首一般称"总统"，有的国家也称"主席"。经选举产生的国家元首在不同国家其实际地位和享有的权力也存在着差别。如美国总统的权力较大，而法国、德国的总统权力受到削弱。⑥资本主义国家元首和社会主义国家元首。这是根据国家的性质对国家元首进行的划分。从世界范围看，各国国家元首的具体情况千差万别，但都享有作为国家的代表和象征的地位。

第二节 国家元首的职权

综观世界各国，其宪法及有关法律对国家元首行使权力的规定虽然存在差异，但大多享有以下职权。

一、立法提案权

这是指国家元首享有提出立法议案的权力。一些国家如喀麦隆、阿根廷、埃及等是通过宪法明确赋予国家元首以立法提案权，也有一些国家如比利时、荷兰、约旦等通过宪法惯例认可国家元首享有立法提案权。

二、法律公布权

几乎所有国家的国家元首都享有法律公布权。国家元首公布法律包含两种意义，即批准和公布。也就是说，有些国家的国家元首既有批准权也有公布权，有些国家的国家元首则没有批准权而只有公布权。印度尼西亚、印度等国的国家元首享有对所公布法案的绝对否决权。法国总统享有对所公布法案的相对否决权。美国总统享有对所公布的法案的相对和绝对否决权。

三、外交权

外交权是国家元首在对外关系中享有的特殊的权利。主要包括使节权和缔约权。使节权是指国家元首在对外关系中享有的接受和派遣外交代表或者使节、领事的权力。缔约权是指作为国家的最高代表，国家元首享有的在对外关系中缔结国际条约的权力。多数国家的宪法规定，国家元首缔结的条约还需经过议会的批准方能生效。

四、军事权

国家元首的军事权，是指有些国家的国家元首对本国海、陆、空及其他武装力量所享有的最高指挥权。军事权包括统帅权和宣战权两个方面。所谓统帅权是指国家元首成为武装力量的最高首脑。有的国家的国家元首只是拥有名义上的统帅权，如英国国王名义上是英国海陆空军的大元帅，但却并无实权；有的国家的国家元首不享有军事统帅权，如中国；有的国家的国家元首不仅名义上而且实质上也是国家武装力量的统帅，如美国总统。所谓宣战权是指国家元首享有的宣布进入战争状态的权力。

五、人事任免权

国家元首的任免权是指国家元首对国家主要文武官员的任免。国家元首任免的官员包括总理或首相、部长或大臣等行政官员，在有些国家甚至还包括法官。任免权可以是实质上的，国家元首可以直接从候选人中选择任免；也可以是形式上的，国家元首必须根据议会或者内阁的决定来行使任免权。

六、赦免权

国家元首以命令的形式给予罪犯和对于已被定罪的罪犯赦免或者减轻刑罚的权力。国家元首的赦免权包括大赦权和特赦权。大赦是指国家对于某些种类的犯罪或一般的犯罪免予追诉或免除其刑罚的全部或一部之执行的法律制度。特赦是对于一定时期特定的犯罪人免除其刑罚的全部或一部的一种法律制度。前者既可施行于司法机关作出判决前，即免于追究其刑事责任；也可施行于司法机关作出判决后，即免于其刑罚的执行。后者是对特定人的赦免，是在司法机关判决确定之后对其刑罚执行的免除。

七、荣典权

荣典权是指颁赐荣典、荣誉，授予荣誉称号、荣誉职衔等权力。任何国家机关、团体均可在一定范围内授予荣誉，但经过国家元首授予的荣誉是一个国家中最高的荣誉。

第三节　我国的国家元首制度

一、我国国家元首制度的历史演变

我国的国家元首、国家主席制度经历了曲折的发展过程。

1949年《共同纲领》第13条规定："在普选的全国人民代表大会召开以前，由中国人民政治协商会议的全体会议执行全国人民代表大会的职权，制定中华人民共和国中央人民政府组织法，选举中华人民共和国中央人民政府委员会，并付之以行使国家权力的职权。"即在全国人民代表大会召开之前，由中国人民政治协商会议全体会议代行全国人大的职权，选举中央人民政府委员会。根据1949年《中华人民共和国中央人民政府组织法》第4条规定："中央人民政府委员会对外代表中华人民共和国，对内领导国家政权。"第8条规定："中央人民政府主席，主持中央人民政府委员会的会议，并领导中央人民政府委员会的工作。"中央人民政府委员会的职权，各国宪法多规定为国家元首的职权。中央人民政府委员会是集体元首，主席仅仅是集体元首的组成部分。

1954年宪法第一次设国家主席，宪法中设专门一节"中华人民共和国主席"。关于设立中华人民共和国主席，刘少奇在《关于宪法草案的报告》中说："我们的国家元首职权由全国人民代表大会所选出的全国人民代表大会常务委员会和中华人民共和国主席结合起来行使。我们的国家元首是集体的国家元首。"这说明，1954年宪法正式确立了集体领导的内容和个人代表的形式相结合的国家元首制度。1954年，第一届全国人大选举毛泽东为国家主席。1959年，第二届全国人大选举刘少奇为国家主席。1965年，第三届全国人大再次选举刘少奇为国家主席。但1954年宪法所确立的国家元首制度，在"文化大革命"爆发后受到极大冲击。国家主席被迫害致死，主席职位长期空缺，国家主席建制在事实上被取消。1970年，中共中央决定修改1954年宪法，宪法中不再设国家主席。

1975年，四届全国人大一次会议通过了新的宪法，国家主席制度正式被取消。根据1975年宪法规定，取消国家主席制度后，国家元首的部分职权由全国人大常委会或委员长行使，而由中共中央委员会向全国人大提名国务院总理人选，由中共中央主席统率国家的武装力量。

1978年宪法沿袭了1975年宪法的做法，未恢复国家主席制度。仅从宪法的规定看，这一时期的国家元首是不明确、不清楚的。但按照1978年宪法的规定，国家主席的部分职权由全国人大常委会委员长行使。1978年宪法第23条规定，全国人大常委会委员长"接受外国使节；根据全国人民代表大会或者全国人民代表大会常务委员会的决定，公布法律和法令，派遣和召回驻外全权代表，批准同外国缔结的条约，授予国家的荣誉称号"。1979年五届全国人大第二次会议通过的《地方各级人民代表大会和地方人民政府组织法》、《刑法》《刑事诉讼法》《中外合资经营企业法》等7部法律就是以全国人大常委会委员长的名义公布的。[①]

1982年宪法，总结了我国国家元首制度正反两方面的历史经验，并根据新时期的实际需要，恢复了国家主席建制，从而也恢复了我国集体内容和个人代表相结合的国家集体元首制度。1982年宪法恢复设立国家主席和恢复我国的元首制度，具有重要意义。首先，健全了我国的领导体制，明确了国家机构的合理分工，有利于推动国家各项工作的正常运作。恢复国家主席的建制以后，改变了我国国家元首、国家分工以及党政关系不清楚、不明确的不正常状态，使党和国家的领导体制走向科学和完善，这无疑有利于大大推动建设中国特色社会主义的伟大事业。其次，有利于进一步加强我国的对外交流，不断扩大对外开放。在国际交往和竞争日益加强的世界格局中，如果一个人口最多的主权大国却没有明确、法定和统一的代表者，这在国际上是不可思议的，同时也会损伤我国的国际形象，给对外交往带来不便。恢复设立国家主席，既符合国际惯例，又可以大大提高我国对外交往的效果。再次，国家主席已经成为国家统一、团结和权威的象征，恢复设立国家主席，符合我国的国情和传统以及我国人民的习惯和愿望，有利于提高国家在人民群众中的权威度，促进国家和社会生活的稳定。

现行宪法关于国家主席的规定又不是对1954年宪法的简单恢复，而是有许多新的变化和发展。主要表现在：（1）提高了国家主席的当选年龄。把1954年宪法规定的"年满三十五岁"改为"年满四十五周岁"。（2）对国家主席、副主席的任期作出了新的规定。1954年宪法规定任期四年，没有规定限任制；现行宪法规定每届任期五年，连续任职不得超过两届。（3）国家主席的职权发生了变化。1954年宪法规定国家主席统

---

① 韩大元主编：《公法的制度变迁》，北京大学出版社2009年版，第191页。

率全国武装力量,担任国防委员会主席;国家主席在必要的时候召开最高国务会议,并担任最高国务会议主席。最高国务会议由国家副主席、全国人大常委会委员长、国务院总理和其他有关人员参加。最高国务会议对于国家重大事务的意见,由国家主席提交全国人大、全国人大常委会、国务院或者其他有关部门讨论并作出决定。现行宪法取消了这两项规定。

现行宪法规定的国家主席的职权,主要包括对内发布权和对外代表权。对内发布权即根据全国人大的决定和全国人大常委会的决定,公布法律,任免国务院总理、副总理、国务委员、各部部长、各委员会主任、审计长、秘书长,授予国家的勋章和荣誉称号,发布特赦令,发布戒严令,宣布战争状态,发布动员令。可见,对内发布权又可细分为公布法律权、人事任免权、授予荣誉权和发布命令权。对外代表权即代表国家接受外国使节,并根据全国人大常委会的决定,派遣和召回驻外全权代表,批准和废除同外国缔结的条约和重要协定。从以上职权可以看出,国家主席完全处于国家最高代表的地位,代表国家从事重要礼仪性、程序性的工作。

2004年宪法修正案有两个条款涉及国家主席。

宪法修正案第27条规定:

宪法第八十条"中华人民共和国主席根据全国人民代表大会的决定和全国人民代表大会常务委员会的决定,公布法律,任免国务院总理、副总理、国务委员、各部部长、各委员会主任、审计长、秘书长,授予国家的勋章和荣誉称号,发布特赦令,发布戒严令,宣布战争状态,发布动员令。"修改为:"中华人民共和国主席根据全国人民代表大会的决定和全国人民代表大会常务委员会的决定,公布法律,任免国务院总理、副总理、国务委员、各部部长、各委员会主任、审计长、秘书长,授予国家的勋章和荣誉称号,发布特赦令,宣布进入紧急状态,宣布战争状态,发布动员令。"

这里的修改主要是将"戒严"改为"紧急状态",仅是一个术语的改变,使用"紧急状态"的概念比"戒严"更为科学。因为,根据戒严法规定戒严是"在发生严重危及国家的统一、安全或者社会公共安全的动乱、暴乱或者严重骚乱,不采取非常措施不足以维护社会秩序、保护人民的生命和财产安全的紧急状态时"采取的一种非常措施。总结2003年抗击非典的经验教训,并借鉴国际上的普遍做法,需要完善应对严重自然灾害、突发公共卫生事件、人为重大事故等紧急状态的法律制度。现行的防洪法、防震减灾法、传染病防治法等单行法律规定的措施,实际上也是在各种紧急状态下采取的不同的非常措施。在紧急状态下采取的非常措施,通常要对公民的权利和自由不同程度地加以限制。多数国家宪法中都有关于"紧急状态"的规定。2004年宪法修正案规定的"紧急状态"包括"戒严"又不限于"戒严",适用范围更宽,既便于应对各种紧急状态,也同国际上通行的做法相一致。[①] 国家主席作为国家元首的职权没有发生实质变化。

2004年宪法修正案第28条规定:

---

① 王兆国:《关于〈中华人民共和国宪法修正案(草案)〉的说明》,来源:中国新闻网,网址:http://www.chinanews.com.cn/n2004-03-08/26/411010.html,2010年1月27日访问。

宪法第八十一条"中华人民共和国主席代表中华人民共和国，接受外国使节；根据全国人民代表大会常务委员会的决定，派遣和召回驻外全权代表，批准和废除同外国缔结的条约和重要协定。"修改为："中华人民共和国主席代表中华人民共和国，进行国事活动，接受外国使节；根据全国人民代表大会常务委员会的决定，派遣和召回驻外全权代表，批准和废除同外国缔结的条约和重要协定。"

王兆国在《关于〈中华人民共和国宪法修正案（草案）〉说明》中对此做了如下说明："作这样的规定，主要的考虑是：当今世界，元首外交是国际交往中的一种重要形式，需要在宪法中对此留有空间。"① 这是我国修宪者第一次明确指出国家主席是中国的国家"元首"。国家主席进行国事活动的权力是不需要全国人大及其常委会批准的，也不需要根据其决定而作出的。虽然有学者对此给予了很高的评价，但也存在问题。因为，这在一定程度上改变了国家主席与全国人大之间的关系；而且，由于"国事活动"是一个不确定的宪法概念，因此也使得国家主席的职权在一定程度上也变得有一些不确定。②

宪法还规定，国家副主席协助国家主席工作，国家副主席受主席的委托，可以代行主席的部分职权。国家主席、副主席行使职权到下届全国人大选出的主席、副主席就职为止。国家主席缺位的时候，由副主席继任主席的职位；国家副主席缺位的时候，由全国人大补选；国家主席、副主席都缺位的时候，由全国人大补选，在补选以前，由全国人大常委会委员长暂时代理主席职位。国家副主席受托行使国家主席职权时，具有与国家主席同等的法律地位，他所处理的国务具有与国家主席处理国务同等的法律效力。国家主席缺位时副主席继任主席，是指直接继任，而无须再经选举。全国人大常委会委员长代理国家主席职位时的地位亦等同于国家主席，他所处理的国务亦具有与国家主席处理国务同等的法律效力。

二、我国国家元首制度的内容

（一）国家主席的性质和地位

中华人民共和国主席是我国的国家元首，对内对外代表国家。它不是握有一定国家权力的个人，而是一个国家机关，包括国家主席和副主席。国家主席是国家主权的代表，国家统一和民族团结的象征。国家主席对内代表整个国家机构和国家权力，对外代表中华人民共和国和中国全体人民。由于国家主席的国家最高代表的性质，他的尊严就是国家尊严的象征，所以有着最尊贵的法律地位，无论是在国内还是在国外，都应受到最高级别的礼遇。

同时，我国国家元首制度又是独具特色的社会主义国家集体元首制度。中华人民共和国主席，既是一种重要的国家职务，又是一个特殊的中央国家机关，在我国国家机构组织系统中具有重要而特殊的地位。就性质和地位来说，中华人民共和国主席是我国国家集体元首的组成部分和集中代表。中华人民共和国主席代表中华人民共和国，与全国人民代表大会常务委员会结合起来行使国家元首职权。我国宪法并未明确使用"国家元

---

① 王兆国：《关于〈中华人民共和国宪法修正案（草案）〉的说明》，来源：中国新闻网，网址：http://www.chinanews.com.cn/n2004-03-08/26/411310.html，2010年1月27日访问。
② 韩大元主编：《公法的制度变迁》，北京大学出版社2009年版，第193页。

首"的概念，但在立宪指导思想上，我国从来都坚持国家集体元首制度。我国的集体元首制度最具特色的是，由全国人民代表大会常务委员会与国家主席结合起来行使国家元首职权。国家主席代表中华人民共和国，根据全国人民代表大会和全国人民代表大会常务委员会的决定行使职权。可见，我国的国家主席居于国家元首部位，以国家最高代表的身份进行活动，但国家主席又从属于最高国家权力机关。

（二）国家主席的产生和任期

由于国家主席具有特别尊崇的法律地位，所以有着最高要求的任职条件。根据《宪法》第75条第2款的规定，国家主席、副主席的任职基本条件有二：一是政治方面，国家主席、副主席人选必须是有选举权和被选举权的中华人民共和国公民；二是年龄方面，必须年满45周岁。当然，因为国家主席是国家的象征，所以还必须具备其他一些非法律因素的任职条件，在道德、声望、贡献、学识、政治态度等方面出类拔萃，得到人民的尊重。

国家主席、副主席由全国人大选举产生。具体程序是：由全国人大主席团提出国家主席和副主席的候选人名单，然后经各代表团酝酿协商，再由主席团根据多数代表的意见确定正式候选人名单（等额名单），最后由主席团把确定的候选人交付大会表决，由大会选举产生国家主席和副主席。国家主席、副主席每届任期同全国人大每届任期。

（三）国家主席的职权

国家主席的职权要同全国人大及其常委会的职权结合起来行使。国家主席行使职权须以全国人大或全国人大常委会的决定为依据；宪法规定由国家主席单独行使的职权都属于礼仪性的或象征性的，如接受外国国书等。根据宪法规定，国家主席的职权主要有如下四个方面：

1. 公布权

即公布法律，发布命令的权限。法律在全国人大或全国人大常委会正式通过后，由国家主席予以颁布施行。就立法程序而言，我国法律在立法机关通过后，就具有法律效力。但如不经国家主席颁布，就表明法律还未开始实施，就不能发生实际的法律效力。除公布法律外，根据全国人大或者全国人大常委会的决定，国家主席还发布特赦令、戒严令、动员令、宣布战争状态等。特赦是赦免特定罪犯全部刑罚或部分刑罚的一种措施。戒严是指遇到战争或其他非常情况，在全国或国家局部地区采取停止部分公民权利保护的非常措施。全国或个别省、自治区、直辖市的戒严由全国人大常委会决定，国家主席发布戒严令。动员是指因战争或其他非常情况，在全国或在局部地区采取的非常准备措施。总动员和局部动员都由全国人大常委会决定，由国家主席发布命令。宣布战争状态是指国家主席根据全国人大或者全国人大常委会的决定，宣布与某国或某一国家集团处于交战状态的声明。

2. 任免权

全国人大或全国人大常委会确定国务院总理、副总理、国务委员、各部部长、各委员会主任、审计长、秘书长的正式人选后，由国家主席宣布其任职；在相反的情况下，宣布其免职。根据全国人大常委会的决定，国家主席派出或召回代表国家的常驻外交代表，即驻外使节。

3. 外交权

国家主席代表国家接受外国使节，也即主持递交国书仪式。根据全国人大常委会的决定，国家主席宣布批准或废除条约和重要协定。条约是主权国家间达成的、确定各种相互权利义务关系的协议。协定在广义上是条约的一种形式，但通常专指政府之间的行政协议；只有重要的协定才需经国家权力机关批准或废除，由国家主席履行批准或废除的手续。

4. 荣典权

包括授予荣誉权和受到非常礼遇权。根据全国人大常委会的决定，国家主席代表国家向那些对国家有重大功勋的人或单位授予荣誉奖章和光荣称号。另外，国家主席在国内外重大外事活动中，也有受到非常礼遇的权利。

国家副主席在任职资格上与国家主席相同，但在宪法上没有独立的权力，他的职责主要是协助国家主席工作，可以受国家主席的委托，代替国家主席出访、接受外国使节等。副主席受委托行使国家元首职权时，具有与国家主席同等的法律地位，所处理的国务具有与国家主席同等的法律效力。

（四）国家主席职位的补缺

根据《宪法》第 84 条的规定，在国家主席职位空缺时，由副主席继任主席职位；副主席缺位时，由全国人大补选；国家主席、副主席都缺位时，由全国人大补选；在补选前由全国人大常委会委员长暂时代理主席职位。

【关键词】

国家元首

【思考题】

1. 国家元首具有什么特征？
2. 国家元首有哪些职权？
3. 国家元首有哪些类型？
4. 我国国家元首制度的内容是什么？

参考文献：

许崇德主编：《宪法》，中国人民大学出版社 1999 年版。
王广辉：《比较宪法学》，北京大学出版社 2007 年版。
许崇德：《学而言宪》，法律出版社 2000 年版。
李步云主编：《宪法比较研究》，法律出版社 1998 年版。
［荷］亨克·范·马尔塞文、格尔·范·德·唐：《成文宪法——通过计算机进行的比较研究》，陈云生译，北京大学出版社 2007 年版。

第八章 我国的监察委员会

第一节 监察委员会的性质和地位

一、监察委员会的性质

中华人民共和国设立国家监察委员会和地方各级监察委员会。中华人民共和国各级监察委员会是国家的监察机关。各级监察委员会是行使国家监察职能的专责机关，是依照宪法和监察法对所有行使公权力的公职人员（以下称"公职人员"）进行监察，调查职务违法和职务犯罪，开展廉政建设和反腐败工作，维护宪法和法律的尊严的机关。

二、监察委员会的地位和组成

中华人民共和国国家监察委员会是最高监察机关。省、自治区、直辖市、自治州、县、自治县、市、市辖区设立监察委员会。

国家监察委员会由全国人民代表大会产生，负责全国监察工作。国家监察委员会由主任、副主任若干人、委员若干人组成，主任由全国人民代表大会选举，副主任、委员由国家监察委员会主任提请全国人民代表大会常务委员会任免。国家监察委员会主任每届任期同全国人民代表大会每届任期相同，连续任职不得超过两届。国家监察委员会对全国人民代表大会及其常务委员会负责，并接受其监督。

地方各级监察委员会由本级人民代表大会产生，负责本行政区域内的监察工作。地方各级监察委员会由主任、副主任若干人、委员若干人组成，主任由本级人民代表大会选举，副主任、委员由监察委员会主任提请本级人民代表大会常务委员会任免。地方各级监察委员会主任每届任期同本级人民代表大会每届任期相同。地方各级监察委员会对本级人民代表大会及其常务委员会和上一级监察委员会负责，并接受其监督。

各级监察委员会可以向本级中国共产党机关、国家机关、法律法规授权或者委托管理公共事务的组织和单位以及所管辖的行政区域、国有企业等派驻或者派出监察机构、监察专员。监察机构、监察专员对派驻或者派出它的监察委员会负责。

派驻或者派出的监察机构、监察专员根据授权，按照管理权限依法对公职人员进行监督，提出监察建议，依法对公职人员进行调查、处置。

国家实行监察官制度，依法确定监察官的等级设置、任免、考评和晋升等制度。

国家监察委员会领导地方各级监察委员会的工作，上级监察委员会领导下级监察委员会的工作。

监察委员会依照法律规定独立行使监察权，不受行政机关、社会团体和个人的干涉。监察机关办理职务违法和职务犯罪案件，应当与审判机关、检察机关、行政执法机关互相配合，互相制约。

第二节 监察委员会的职责、监察范围和管辖

一、监察委员会的职责

监察委员会依照监察法和有关法律规定履行监督、调查、处置职责。

（1）对公职人员开展廉政教育，对其依法履职、秉公用权、廉洁从政从业以及道德操守情况进行监督检查。

（2）对涉嫌贪污贿赂、滥用职权、玩忽职守、权力寻租、利益输送、徇私舞弊以及浪费国家资财等职务违法和职务犯罪进行调查。

（3）对违法的公职人员依法作出政务处分决定；对履行职责不力、失职失责的领导人员进行问责；对涉嫌职务犯罪的，将调查结果移送人民检察院依法审查、提起公诉；向监察对象所在单位提出监察建议。

二、监察委员会的监察范围和管辖

监察机关有权对下列公职人员和有关人员进行监察：（1）中国共产党机关、人民代表大会及其常务委员会机关、人民政府、监察委员会、人民法院、人民检察院、中国人民政治协商会议各级委员会机关、民主党派机关和工商业联合会机关的公务员，以及参照《中华人民共和国公务员法》管理的人员；（2）法律、法规授权或者受国家机关依法委托管理公共事务的组织中从事公务的人员；（3）国有企业管理人员；（4）公办的教育、科研、文化、医疗卫生、体育等单位中从事管理的人员；（5）基层群众性自治组织中从事管理的人员；（6）其他依法履行公职的人员。

各级监察机关按照管理权限管辖本辖区内监察法规定的人员所涉监察事项。上级监察机关可以办理下一级监察机关管辖范围内的监察事项，必要时也可以办理所辖各级监察机关管辖范围内的监察事项。监察机关之间对监察事项的管辖有争议的，由其共同的上级监察机关确定。上级监察机关可以将其所管辖的监察事项指定下级监察机关管辖，也可以将下级监察机关有管辖权的监察事项指定给其他监察机关管辖。监察机关认为所管辖的监察事项重大、复杂，需要由上级监察机关管辖的，可以报请上级监察机关管辖。

第三节 监察委员会的监察权限

一、监督、调查权

监察机关行使监督、调查职权，有权依法向有关单位和个人了解情况，收集、调取证据。有关单位和个人应当如实提供。监察机关及其工作人员对于监督、调查过程中知悉的国家秘密、商业秘密、个人隐私，应当保密。任何单位和个人不得伪造、隐匿或者毁灭证据。

二、要求说明、陈述权

对于可能发生职务违法的监察对象，监察机关按照管理权限，可以直接或者委托有关机关、人员进行谈话或者要求说明情况。

在调查过程中，对于涉嫌职务违法的被调查人，监察机关可以要求其就涉嫌违法行为作出陈述，必要时向被调查人出具书面通知。对于涉嫌贪污贿赂、失职渎职等职务犯罪的被调查人。监察机关可以进行讯问，要求其如实供述涉嫌犯罪的情况。

三、询问权

在调查过程中，监察机关可以询问证人等人员。

四、留置权

被调查人涉嫌贪污贿赂、失职渎职等严重职务违法或者职务犯罪，监察机关已经掌握其部分违法犯罪事实及证据，仍有重要问题需要进一步调查，并有下列情形之一的，经监察机关依法审批，可以将其留置在特定场所：（1）涉及案情重大、复杂的；（2）可能逃跑、自杀的；（3）可能串供或者伪造、隐匿、毁灭证据的；（4）可能有其他妨碍调查行为的。对于涉嫌行贿犯罪或者共同职务犯罪的涉案人员，监察机关可以依照前述规定采取留置措施。留置场所的设置、管理和监督依照国家有关规定执行。

五、查询、冻结权

监察机关调查涉嫌贪污贿赂、失职渎职等严重职务违法或者职务犯罪，根据工作需要，可以依照规定查询、冻结涉案单位和个人的存款、汇款、债券、股票、基金份额等财产。有关单位和个人应当配合。冻结的财产经查明与案件无关的，应当在查明后3日内解除冻结，予以退还。

六、搜查权

监察机关可以对涉嫌职务犯罪的被调查人以及可能隐藏被调查人或者犯罪证据的人的身体、物品、住处和其他有关地方进行搜查。在搜查时，应当出示搜查证，并有被搜查人或者其家属等见证人在场。搜查女性身体，应当由女性工作人员进行。监察机关进行搜查时，可以根据工作需要提请公安机关配合，公安机关应当依法予以协助。

七、调取、查封、扣押权

监察机关在调查过程中，可以调取、查封、扣押用以证明被调查人涉嫌违法犯罪的财物、文件和电子数据等信息。采取调取、查封、扣押措施，应当收集原物原件，会同持有人或者保管人、见证人、当面逐一拍照、登记、编号，开列清单，由在场人员当场核对、签名，并将清单副本交财物、文件的持有人或者保管人。

对于调取、查封、扣押的财物、文件，监察机关应当设立专用账户、专门场所，确定专门人员妥善保管，严格履行交接、调取手续，定期对账核实，不得毁损或者用于其他目的。对于价值不明物品应当及时鉴定，专门封存保管。

对于查封、扣押的财物、文件，经查明与案件无关的，应当在查明后3日内解除查封、扣押，予以退还。

八、勘验检查、鉴定权

监察机关在调查过程中，可以直接或者指派、聘请具有专门知识、资格的人员在调查人员主持下进行勘验检查。勘验检查情况应当制作笔录，由参加勘验检查的人员和见证人签名或者盖章。

监察机关在调查过程中，对于案件中的专门性问题，可以指派、聘请有专门知识的人进行鉴定。鉴定人进行鉴定后，应当出具鉴定意见，并且签名。

九、采取技术措施权

监察机关调查涉嫌重大贪污贿赂等职务犯罪，根据需要，经过严格的批准手续，可以采取技术调查措施,按照规定交有关机关执行。

批准决定应当明确采取技术调查措施的种类和适用对象,自签发之日起3个月以内有效。对于复杂、疑难案件,期限届满仍有必要继续采取技术调查措施的,经过批准,有效期可以延长,每次不得超过3个月。对于不需要继续采取技术调查措施的,应当及时解除。

十、通缉和限制出境权

依法应当留置的被调查人如果在逃,监察机关可以决定在本行政区域内通缉,由公安机关发布通缉令,追捕归案。通缉范围超出本行政区域的,应当报请有权决定的上级监察机关决定。

监察机关为防止被调查人及相关人员逃匿境外,经省级以上监察机关批准,可以对被调查人及相关人员采取限制出境措施,由公安机关依法执行。对于不需要继续采取限制出境措施的,应当及时解除。

十一、建议权

涉嫌职务犯罪的被调查人主动认罪认罚,有下列情形之一的,监察机关经领导人员集体研究,并报上一级监察机关批准,可以在移送人民检察院时提出从宽处罚的建议:(1)自动投案,真诚悔罪悔过的;(2)积极配合调查工作,如实供述监察机关还未掌握的违法犯罪行为的;(3)积极退赃,减少损失的;(4)具有重大立功表现或者案件涉及国家重大利益等情形的。

职务违法犯罪的涉案人员揭发有关被调查人职务违法犯罪行为,查证属实的,或者提供重要线索,有助于调查其他案件的,监察机关经领导人员集体研究,并报上一级监察机关批准,可以在移送人民检察院时提出从宽处罚的建议。

【关键词】

监察委员会

【思考题】

1. 简述监察委员会的性质和地位。
2. 什么是留置?
3. 什么是通缉和限制出境权?
4. 我国国家元首制度的内容是什么?

参考文献:

许崇德主编:《宪法》,中国人民大学出版社1999年版。
王广辉:《比较宪法学》,北京大学出版社2007年版。
许崇德:《学而言宪》,法律出版社2000年版。
李步云主编:《宪法比较研究》,法律出版社1998年版。
[荷]亨克·范·马尔塞文、格尔·范·德·唐:《成文宪法——通过计算机进行的比较研究》,陈云生译,北京大学出版社2007年版。

第九章 我国的审判机关与检察机关

【本章学习提示】 本章介绍司法机关,包括审判机关和检察机关。内容由三节构成:第一节讨论了司法权与司法机关的概念,司法机关的特征和司法机关的功能;第二节分别介绍了审判机关和检察机关的组织体系与职权;第三节从司法机关与党的领导的关系、司法机关与国家权力机关的关系及司法机关与行政机关的关系的角度探讨司法机关的法律地位。

第一节 司法机关概述

一、司法权与司法机关的概念

在界定司法权和司法机关概念之前,必须先了解司法的概念。对于何为司法,学界存在争议。第一种观点认为,司法是对法律的适用,是运用法律处理诉讼案件或非诉讼案件,据此使社会关系不稳定性得以消除。第二种观点认为,司法仅限于法院的裁判活动。第三种观点认为,司法是通过民事、刑事等诉讼案件等法律上的裁判,保障或监督国家法律实施的活动。[1] 第一种观点过于宽泛,以致某些非国家性质的社会组织也具有一定的"司法"性质了。而第二种观点又过于狭窄,仅有法院的裁判活动才是司法。前两种观点与我国现行宪法关于司法机关的规定不相符合。第三种观点较为可取。以上述第三种观点为基础,我们认为,所谓司法,是指由行使司法权的特定国家机关,运用法律进行裁判或者监督法律实施的活动。在我国,只有法院的审判活动和检察院的法律监督活动才能称为司法。

据此,所谓司法权,是指由特定国家机关享有的运用法律进行裁判或者监督法律实施的国家权力。司法权包括法院的审判权和检察机关的检察权。

所谓司法机关,是指享有司法权,运用法律进行裁判或监督法律实施的国家机关。根据我国宪法的规定,我国的司法机关包括人民法院和人民检察院。

二、司法机关的特征

作为行使司法权的国家机关,司法机关的特征包括:

(一)司法机关所行使的职权具有法定性

现代政治国家都通过宪法或法律明确规定司法机关所享有的国家权力。一般都通过宪法对国家的立法、行政和司法权进行界定,明确各自的范围,以实现权力的分立与制衡的目的。在我国,实行人民代表大会制度。在这种制度下,除宪法明确规定了司法机关的职权外,全国人民代表大会及其常务委员会制定的法律也涉及有司法机关职权的规定。不仅如此,我国司法机关行使职权还要受到人民代表大会及其常务委员会的监督和

---

[1] 王利明:《司法改革研究》,法律出版社 2000 年版,第 4 页。

制约。我国现行宪法规定，我国的法院和检察院向国家权力机关报告工作，对国家权力机关负责，接受国家权力机关的监督。

（二）司法机关的法律地位具有独立性

《宪法》第126条规定："人民法院依照法律规定独立行使审判权，不受行政机关、社会团体和个人的干涉。"第131条规定："人民检察院依照法律规定独立行使检察权，不受行政机关、社会团体和个人的干涉。"这样的规定表明我国的司法机关具有独立的法律地位。

（三）司法机关行使权力具有程序性

与行政机关注重权力行使的实质性结果不同，司法权的行使更注重其过程或者形式。每一司法职能的实现都要遵循严格的程序。司法机关在行使权力时，虽然也要考虑结果的公正或正确，但它更注重通过事先设计的严格的程序达到在法律上"必然"的结果。程序具有独立的价值。司法活动特别是诉讼活动，它是"以制定法既定规则为标准，以现有诉讼中的证据（法律家所谓的'事实'）为条件，以相对间隔于社会具体生活的程序为方式，作出相对合理的判断"，即司法机关据以作出判断的只能是"法律事实"而非客观事实；但"只要是在这些特定的标准、条件和方式中，也只能承认这种判断结果的合法性"。① 只要我们按照既定的程序进行，不管最终得出的是什么样的结果，它都是合法的、公正的。"裁判是否公正就要看裁判的结果是否按照正当法律程序进行操作的结果"。②

（四）司法机关的裁判或法律监督具有中立性

司法机关，无论是法院，还是检察院，在行使职权的过程中，不受法律以外的任何因素包括政府、政党、媒体等的影响。司法机关保持中立性，是司法公正的保证。司法机关的这种中立性，是司法机关对各种纠纷进行居中裁判或监督的必然要求。司法机关只有站在中间的立场，始终保持中立的态度，才能做出公正、正确的判断。

（五）司法机关司法活动所追求的基本目标是司法公正

与行政机关主要追求效率不同，司法机关在司法活动中追求的价值目标主要是司法公正。司法公正是指司法机关的审判人员和检察人员在行使审判权和检察权的过程和结果中应坚持和体现公平和正义。司法公正分为实体的公正和程序的公正。实体的公正是指裁判在认定事实和适用法律方面都是正确的。程序的公正又称形式的公正，是指司法程序必须符合公正、公开、民主、对当事人的诉讼权利的基本保护、切实保障法官的独立公正以及充分体现效率的原则。③ 司法公正是司法活动所追求的根本目标。近年来，我国逐步推进司法改革，而实现司法公正又成为司法改革的首要目标。④

三、司法机关的功能

（一）权利保障功能

法治的核心价值即人权保障。司法机关是实现法治这一核心价值的重要承担者。西

---

① 胡夏冰、冯仁强编：《司法公正与司法改革研究综述》，清华大学出版社2001年版，第24页。
② 王利明：《司法改革研究》，法律出版社2000年版，第58页。
③ 王利明：《司法改革研究》，法律出版社2000年版，第11页。
④ 谭世贵主编：《中国司法改革研究》，法律出版社2000年版，第30页。

方学者特别强调法院对人权的保障功能，认为，"一旦把人权托付给法院这种制度设置，人权就有保障"。[①] 就正式的制度而言，向法院提起诉讼是公民在其权利遭到侵害后获得救济的最后的机会。作为国家法律监督机关，检察院承担着维护国家法律统一、正确实施的职责，对人权的保障方面也发挥着重要的作用。特别是在刑事诉讼中，刑事法律监督是检察院保障公民权利的重要手段。进入到刑事诉讼中的人，包括犯罪嫌疑人、被告人及其他诉讼参与人（被害人、证人、鉴定人、辩护人、代理人和翻译人员等），都是检察院通过法律监督手段保护的对象。检察院通过刑事侦查，对国家工作人员侵犯人权的违法行为进行打击，有利于保护公民的权利；检察院通过对刑事侦查的监督，有效地保护了犯罪嫌疑人、被告人的合法权利；检察院通过提起公诉，保障了被告人及时迅速地诉讼的权利和公民不受错误追诉的权利；检察院通过对人民法院刑事审判活动的监督，保障诉讼当事人的诉讼权利；检察院通过对刑事裁决执行工作的监督，有利于公民的人身自由、财产权、生命权、健康权、申诉权利及控告权的实现。[②]

（二）纠纷解决功能

从历史的角度看，司法产生之初的基本功能即是通过裁决案件以解决纠纷，即所谓"定纷止争"。司法机关的核心职能是判断，是裁决争端。人类的历史已经表明，司法机关作为一种专门的、权威的纠纷解决机构，是人类社会发展到一定阶段才产生的。在人类历史的早期阶段，虽然存在裁决争端的活动，但却没有专门的、独立的机构，往往由行政管理者兼领司法职能。近代资产阶级革命胜利后，启蒙思想家提出的分权制衡思想获得普遍认同并变成为各国的政治实践。司法机关成为独立于立法机关、行政机关的专门的、权威的争端裁决者。司法机关的基本功能最终定位在：解决纠纷，化解社会冲突和社会矛盾。

（三）权力制约功能

司法机关的权力制约功能主要是指通过司法机关实现的对其他两个机关即立法机关和行政机关及其某些工作人员进行的监督制约。具体形式主要有两种：（1）通过行政诉讼实现对行政机关及其工作人员的有效制约。20世纪以来，在由传统的"警察国家"向现代"福利国家"转变的过程中，行政权力日益扩张。在立法、行政、司法三权分立格局中，行政权逐渐获得主导地位，一些国家也因此被称为"行政国"。行政权的扩张，行政权侵犯公民权利的事例频繁发生，进一步加强对行政权进行制约被提上议事议程。作为公民与国家（行政机关）相抗衡的形式，行政诉讼应运而生。事实证明，行政诉讼是司法机关对行政权进行制约的有效手段。（2）通过违宪审查实现对立法机关的制约。在这里，违宪审查是指法院通过司法程序来审查、裁决立法和行政机关制定的法律、法令以及行为是否违反宪法的一种活动。[③] 违宪审查的理论依据是现代立宪主义。由代表人民的制宪机关制定的宪法具有最高法律效力，法律、法令和政府行为不得与之相抵触。司法机关是宪法的守卫者，有权对法律、法令和政府行为是否违宪进行审查，并宣

---

① ［瑞士］托马斯·弗莱纳：《人权是什么？》，谢鹏程译，中国社会科学出版社2000年版，第116页。
② 关于检察院对公民人权的保障，详见韩大元主编：《中国检察制度宪法基础研究》，中国检察出版社2007年版，第219～221页。
③ 除由法院进行违宪审查的形式之外，违宪审查还有其他形式，如由宪法委员会进行的违宪审查（法国是这种形式的典型代表），由立法机关进行的违宪审查（中国是典型代表）。

布违反宪法的立法和行为无效。在我国，违宪审查权由人民代表大会及其常务委员会行使，因此，司法机关可以对行政机关及其工作人员的行为是否违法进行审查，但却不能对立法机关的立法是否违宪进行审查。这是由我国的根本政治制度即人民代表大会制度所决定的。根据人民代表大会制度，司法机关由权力机关产生，司法机关向国家权力机关报告工作，对它负责，受它监督。司法机关的地位低于人民代表大会及其常务委员会，司法机关不可能对人民代表大会及其常务委员会进行制约。

（四）秩序维护功能

秩序是"在自然和社会过程中存在的某种程度的一致性、持续性和连贯性"。① 人类发展的历史进程表明，人们总是倾向于避免混乱或无秩序，而力图建立起稳定的秩序，以便使自己过得更有价值、更有意义。法律在本质上是敌视无政府状态的，它通过规定公民及其他社会组织的权利与义务，并通过司法机关对公民与公民之间、公民与社会组织之间及各种社会组织之间的矛盾、冲突作出权威的、双方都必须服从的裁判，从而实现"社会中某种程度的关系的稳定性、进程的连续性、行为的规则性以及财产和心理的安全性"。② 在维护秩序方面，司法机关凭借政治上组织起来的力量和权威将抽象的法律规范转化为现实的行为规则。通过法律规范，更重要的是通过司法机关的裁判，人们明确了应该怎样行为和不应该怎样行为以及行为或不行为可能带来的法律后果，未来变成为可预测的未来。由此，社会生活的连续性得以维持，社会秩序得以维护。

（五）政策制定功能

一般认为，公共决策是政府为解决社会、政治、经济问题采取的，用以取得预期结果的手段。实践中，公共决策往往被视为某些国家机关的专有权力。传统观念认为，司法机关依据既有规范处理案件，它扮演的是社会安全与秩序的维护者角色，无权参与公共决策；公共决策权由行政机关、立法机关分享。但现代社会的发展，却使司法机关也逐渐在公共决策中扮演着越来越重要的角色。美国罗斯福总统1908年12月在美国国会发表的咨文中说："在我们国家，主要的立法者也许是并且经常是法官，因为他们是最后的权威。"③ 司法机关（主要是法院）之所以成为公共决策机构，在某种程度上是因为，那些在政治论战中失利的人们，往往把政治论争作为宪法问题向法院提出，法院不可避免地要对这些问题作出决定。在建立了通过司法机关（普通法院或宪法法院）进行违宪审查的制度的国家，法院参与公共政策制定的功能尤其显著。在我国现阶段，司法机关尤其是国家最高司法机关（最高人民法院、最高人民检察院）也都具有公共政策制定的功能。我国最高人民法院、最高人民检察院通过其发布的司法解释制定了大量的公共政策。

---

① 【美】埃德加·博登海默：《法理学——法律哲学与方法》，张智仁译，上海人民出版社1992年版，第199页。
② 公丕祥主编：《法理学》，复旦大学出版社2002年版，第91页。
③ 【美】本杰明·卡多佐：《司法过程的性质》，苏力译，商务印书馆1998年版，第107页。

第二节 司法机关的组织与职权

一、人民法院

(一) 人民法院的组织体制

1. 人民法院的组织体系

根据我国宪法和法律的规定,人民法院的组织系统由最高人民法院、地方各级人民法院和专门人民法院组成。最高人民法院是国家最高审判机关;地方各级人民法院包括基层人民法院、中级人民法院和高级人民法院。

(1) 基层人民法院

基层人民法院包括:①县人民法院和不设区的市人民法院;②自治县人民法院;③市辖区人民法院。基层法院负责审判第一审案件,但是法律另有规定的除外。基层人民法院除审判案件外,还办理下列事项:①处理不需要开庭审判的民事纠纷和轻微的刑事案件;②指导人民调解委员会的工作。基层人民法院对它所受理的刑事和民事案件,认为案情重大应当由上级人民法院审判的时候,可以请求移送上级人民法院审判。基层人民法院可以在城市街道办事处、农村的乡、民族乡、镇设立人民法庭,作为基层人民法院的派出机构。《人民法院组织法》规定,人民法庭是基层人民法院的组成部分,它的判决和裁定就是基层人民法院的判决和裁定。1999年出台的《人民法院五年改革纲要》提出,按照规范化、规模化的要求合理设置人民法庭。在经济发达,道路交通状况较好的地区,应当有计划地撤并部分法庭,建立或者重组具有一定规模的人民法庭;对各种"专业法庭"和不符合条件、不利于依法独立公正地行使审判权的人民法庭要清理、调整和撤并;并撤销城市市辖区内的人民法庭。

(2) 中级人民法院

根据《人民法院组织法》的规定,中级人民法院包括:①在省、自治区内按地区设立的中级人民法院;②在直辖市内设立的中级人民法院;③省、自治区辖市的中级人民法院;④自治州中级人民法院。

中级人民法院审理的案件包括①法律、法令规定由它管辖的第一审案件;②基层人民法院移送审判的第一审案件;③对基层人民法院判决和裁定的上诉案件和抗诉案件;④人民检察院按照审判监督程序提出的抗诉案件。中级人民法院对它所受理的刑事案件和民事案件,认为案情重大应当由上级法院审判的,可以请求移送上级法院审判。

(3) 高级人民法院

高级人民法院包括设在省、自治区、直辖市的人民法院。高级人民法院审理的案件包括:①法律、法令规定由它管辖的第一审案件;②下级人民法院移送审判的第一审案件;③对下级人民法院判决和裁定的上诉案件和抗诉案件;④人民检察院按照审判监督程序提出的抗诉案件。

(4) 最高人民法院

最高人民法院是国家最高审判机关,其审判的案件包括:①法律、法令规定由它管辖的和它认为应当由自己审判的第一审案件;②对高级人民法院、专门人民法院判决和裁定的上诉案件和抗诉案件;③最高人民检察院按照审判监督程序提出的抗诉案件。最高人民法院除审理案件以外,还享有下列职权:①监督地方各级人民法院和专门人民法院的审判工作,即对各级人民法院和专门人民法院的监督权。②对在审判过程中如何具体应用法律、法令的问题进行解释。即最高人民法院享有司法解释权。③规则制定权。最高人民法院还可以针对审判和法院管理中遇到的某类集中反映出来的问题,以相关的法律或条款为依据,直接"制定"相应的法律规则。如为了规范委托执行工作,维护当事人的合法权益,最高人民法院根据《中华人民共和国民事诉讼法》规定制定的《最高人民法院关于委托执行若干问题的规定》(2011年4月25日),就属于制定规则。④司法政策制定权。最高人民法院的政策决定权主要包括两个方面,一是确定审判中的司法政策,一是筹划司法审判制度和法院管理制度的改革和发展。最高人民法院迄今制定并颁布了三个"五年改革纲要"[包括《人民法院五年改革纲要(1999—2003)》《人民法院第二个五年改革纲要(2004—2008)》《人民法院第三个五年改革纲要(2009—2013)》],现在正在执行第三个"五年改革纲要"。"五年改革纲要"包括了不少司法政策的制定、修改和完善的内容。⑤指导性案例选择权。为解决统一适用法律问题,根据《人民法院第二个五年改革纲要》,最高人民法院建立其案例指导制度。2010年11月,最高人民法院出台《最高人民法院关于案例指导工作的规定》。该《规定》第1条规定:"对全国法院审判、执行工作具有指导作用的指导性案例,由最高人民法院确定并统一发布。"该《规定》第7条规定:"最高人民法院发布的指导性案例,各级人民法院审判类似案例时应当参照。"指导性案例对各级人民法院审判类似案件时具有约束力。

(5)专门人民法院

专门人民法院是指专门设立审理特殊类型案件的人民法院,包括军事法院、铁路运输法院、海事法院、森林法院和其他专门法院。专门法院不受理一般民、刑、经济案件,而是审理与设立法院有关的专门案件。这类案件专业性强、涉及面广、机密性大,需由专门法院进行审理。如军事法院专门审理有关军事部门的案件,铁路运输法院只审理与铁路运输有关的案件,等等。关于专门法院的组织和职权,人民法院组织法规定由全国人大常委会另行规定。

2. 人民法院的审判组织

根据《人民法院组织法》和相关诉讼法的规定,人民法院在审理诉讼案件的过程中,除了简易案件由审判员独任审判外,其他案件必须由合议庭作出审理,其中,重大案件和疑难案件由审判委员会讨论,最后集体投票做出最后判决。

(1)独任制

所谓独任制,是指由审判员一人对具体案件进行审理和做出裁判的制度。作为人民法院的一种审判组织,独任制仅适用于民事案件,具体包括以下情形:其一,基层人民法院及派出庭用简易程序审理的一审案件。《民事诉讼法》第40条规定,适用简易程序审理的民事案件,由审判员一人独任审理。根据《民事诉讼法》第142条规定,基层人民法院和它派出的法庭审理事实清楚、权利义务关系明确、争议不大的简单的民事案件,适用简易程序。其二,特别程序。根据《民事诉讼法》第160条的规定,法院适用特别程序审理的案件包括选民资格案件、宣告失踪或者宣告死亡案件、认定公民无民事行为能力或者限制民事行为能力案件和认定财产无主案件。根据《民事诉讼法》第161条的规定,除选民资格案件或者重大、疑难案件由审判员组成合议庭审理外,适用特别程序审理的其他案件由审判员一人独任审理。其三，非讼程序。包括适用公示催告程序和督促程序审理的案件。

(2) 合议庭

根据《民事诉讼法》的规定，除明确规定适用独任制的案件外，其余的民事案件一律适用合议制。根据《人民法院组织法》的规定，合议庭由审判长、审判员或者人民陪审员组成，合议庭的组成必须是单数。合议庭在强调集体讨论案件并在民主集中制基础上做出判决，其目的是保证司法的公正。在司法改革的过程中，最高人民法院在合议庭制度的基础上推出了主审法官制度。主审法官制度，是指由人民法院在打破审判庭建制的基础上，由依照一定职业标准选任的审判人员为主审法官独任或由主审法官组成合议庭对其所承办的案件全面负责审理，除必须提交审判委员会讨论决定的案件外，对其他案件直接享有裁判权的一种制度。合议庭中的陪审员并不是职业法官，一般由人民代表大会选举产生，人民法院也可以根据案件的情况聘请机关团体、民主党派和社会团体的成员为特邀陪审员。根据《人民法院组织法》，人民陪审员在合议庭中与审判员享有同样的权利。

(3) 审判委员会

根据《人民法院组织法》(1979年通过，2006年修订)的规定，"审判委员会的任务是总结审判经验，讨论重大的或者疑难的案件和其他有关审判工作的问题"。审判委员会是人民法院的最高审判组织，它对合议庭的判决意见拥有最终的决定权。但审判委员会并不直接审理案件，而是对合议庭审理的重大或疑难案件进行集体讨论、审议并形成判决。

审判委员会由法院的审判员构成。审判委员会的委员由法院院长提名，由同级人民代表大会常务委员会任免。一般说来，审判委员会由院长、副院长、业务庭的庭长以及资深审判员组成。所有成员对案件都具有平等的发言权和表决权，案件的判决是经过讨论之后以民主集中制的方式形成最终的判决，审判委员会的决定必须获得半数以上的委员同意方能通过。

在司法改革讨论中，审判委员会是一项备受质疑的制度，有学者认为审判委员会与司法独立的精神是相违背的。因为不参与庭审的审判委员会委员可以改变合议庭所形成的判决意见，从而剥夺了法官的独立性。但持相反意见的学者认为，要真正实现法官独立需要许多制度性条件，在没有确立这些制度性条件的情况下，强调法官独立事实上导致了法官彻底丧失了独立性，因为法官没有抵抗外界任何压力的制度性保障。法官个人无法抵抗来自权力、金钱、人情和暴力的压力。在这种情况下，审判委员会实际上是保证法官独立的重要屏障。一方面是由于审判委员会保证了法官在审理案件过程中不受外界的影响，因为法官可以从制度上把所有的外界压力推到审判委员会，另一方面，由于审判委员会在很短的时间里讨论大量的案件，主审法官在审判委员会对案件的汇报很大程度上可以主导审判委员会的意见，这保证了法官在普通案件上的独立性。

3. 人民法院的机构设置

根据人民法院的审判职能和管理职能，我们把法院内部的机构分为从事审判的业务部门和从事管理的综合部门。

(1) 业务部门

人民法院的业务部门指从事审判工作的部门,由于审判活动是一种专门化的知识活动,因此,这样的部门通常被称之为"业务部门"。业务部门的基本单位是庭,各庭设庭长一名,副庭长若干名,根据业务量的大小包括若干业务人员(比如,法官、书记员等)。

立案庭:负责诉讼案件的初步审查,对符合诉讼条件的案件进行立案,并移送相关的审判庭进行审理。

刑事审判庭:负责审理刑事案件。在中级人民法院以上,通常设立刑事审判第一庭和第二庭,前者负责审理一审刑事案件,后者负责审理人民检察院提起抗诉的刑事案件。

民事审判庭:负责审理民商事案件。根据民事审判的业务量,法院通常根据审理案件的性质或审级(一审与上诉审)设立几个审判庭。比如,最高人民法院就设立了四个民事审判庭,民一庭负责审理婚姻家庭、人身权和房地产纠纷,民二庭负责审理合同纠纷和侵权纠纷,民三庭负责审理知识产权的案件,民四庭负责审理海事案件。

行政审判庭:负责审理行政诉讼案件。

告申庭:专门负责告诉和申诉案件的审查和处理。

执行局:负责执行发生法律效力的判决书、裁定书、调解书、仲裁裁决书和其他法律文件。

(2) 综合部门

综合部门是为法院的业务部门提供服务的部门,由于不直接从事审判业务,因此也被称之为"非业务部门"。

(二) 人民法院的审判原则

根据人民法院的性质和任务,人民法院的审判工作必须坚持正确的原则。人民法院审判工作的原则有:

1. 两审终审制

两审终审制,即一个案件经过两级人民法院审理即告终结的审级制度。对于地方各级人民法院第一审案件的判决和裁定,当事人可按法定程序向上一级人民法院上诉,人民检察院可按法定程序向上一级人民法院抗诉。上一级人民法院审理第二审案件即上诉、抗诉案件的判决和裁定,是终审的判决和裁定,即二审判决和裁定一经作出就具有法律效力。地方各级人民法院第一审案件的判决和裁定,如果在上诉期限内当事人不上诉,人民检察院不抗诉,即发生法律效力。最高人民法院审判的第一审案件的判决和裁定,也是终审的判决和裁定。这是由最高人民法院的特殊地位所决定的。为了保证案件的正确审判,避免可能发生的冤假错案,对于某些已经发生法律效力的判决和裁定,如果在认定事实和适用法律上确有错误,还可以通过审判监督程序予以纠正。审判监督程序是对两审终审制的必要补充,是确保法律正确实施,切实维护公民合法权益的重要措施。

2. 依法独立行使审判权

人民法院依照法律规定独立行使审判权,不受行政机关、社会团体和个人的干涉;人民法院审判案件,坚持以事实为根据,以法律为准绳。依法独立行使审判权,是人民法院正确适用法律，维护社会主义法制的统一和尊严的根本保证。我国人民法院依法独立行使审判权，与加强党对司法工作的统一领导，加强国家权力机关和上级人民法院对审判工作的监督，加强广大人民对审判工作的监督是不矛盾的。不仅不矛盾，而且正是我国人民法院独立审判原则的科学性和生命力的体现和保证。

3. 对一切公民适用法律一律平等

人民法院审判案件，对于一切公民，不分民族、种族、性别、职业、社会出身、宗教信仰、教育程度、财产状况、居住期限，在适用法律上一律平等，不允许有任何特权。

4. 公开审理

人民法院审理案件，除涉及国家机密、个人隐私和未成年人犯罪案件外，一律公开进行。即人民法院在审理案件前要公布案由、被告人姓名、开庭的时间和地点，然后进行公开审判。

5. 被告人有权获得辩护

人民法院审理案件时，被告人有权获得辩护。被告人除自己进行辩护外，有权委托律师为他辩护，可以由人民团体或者被告人所在单位推荐的或者经人民法院许可的公民为他辩护，可以由被告人的近亲属、监护人为他辩护。人民法院认为必要的时候，可以指定辩护人为它辩护。

6. 回避原则

当事人如果认为审判人员对本案有利害关系或者其他关系不能公平审判，有权请求审判人员回避。审判人员是否应当回避，由人民法院院长决定。相应地，审判人员如果认为自己对本案有利害关系或者其他关系，也应提出回避，报本院院长决定。

7. 使用民族语言文字原则

各民族公民都有用本民族语言文字进行诉讼的权利。人民法院对于不通晓当地通用的语言文字的当事人，应当为其翻译。在少数民族聚居或者多民族杂居的地区，人民法院应当用当地通用的语言进行审讯，并用当地通用的文字发布判决书、布告和其他文件。

8. 合议制原则

人民法院审判案件，实行合议制。人民法院在审理第一审案件时，除对于简单的民事案件或轻微的刑事案件以及法律另有规定的案件，可以由审判员一人独任审判外，其他第一审案件，都要由审判员组成合议庭或者由审判员和人民陪审员组成合议庭来进行。人民法院审判上诉案件和抗诉案件，也要由审判员组成合议庭进行。合议庭由院长或者庭长指定审判员一人担任审判长，院长或庭长参加审判案件时自己担任审判长。合议庭是人民法院审判案件时坚持民主集中制的必要形式。为了全面贯彻民主集中制，各级人民法院还设立审判委员会，其任务是总结审判经验，讨论重大或疑难案件以及其他有关审判工作的问题。

二、人民检察院

（一）人民检察院的组织体系

人民检察院与人民法院体系一样组成一个自上而下的完整体系，其中包括最高人民检察院、地方各级人民检察院和专门人民检察院。地方各级人民检察院分为：①省、自治区、直辖市人民检察院；②省、自治区、直辖市人民检察院分院，自治州和省辖市人民检察院；③县、市、自治县和市辖区人民检察院。另外，省一级人民检察院和县一级人民检察院，根据工作需要，提请本级人民代表大会常务委员会批准，可以在工矿区、农垦区、林区等区域设置人民检察院，作为派出机构。专门人民检察院的设置、组织和职权由全国人民代表大会常务委员会另行规定。

（二）人民检察院的机构设置

1. 检察长

根据《人民检察院组织法》（1979年通过，1983年修订）规定，由人民检察院检察长统一领导检察院的工作。

2. 检察委员会

检察委员会是人民检察院的重要检察组织，由检察长、副检察长、各业务部门的负责人等构成。

检察委员会在检察长的主持下，采取民主集中制的方式，讨论和决定重大案件和重大问题。但是，检察长如果在重大问题上不同意检察委员会中多数人的意见，可以就有关问题报请本级人民代表大会常委会决定。这是检察委员会与审判委员会在运作上的根本区别。

3. 工作机构

检察院的工作机构可分为两类，一类为业务部门，一类为综合部门。综合部门是为检察院各业务部门提供服务的部门，并不直接从事检察业务。本书主要介绍检察院的业务部门。

（1）侦查监督处。原名为"审查批捕处"，主要负责对公安机关、国家安全机关和走私犯罪侦查机关等侦查的案件，以及人民检察院直接受理侦查的贪污贿赂、国家工作人员渎职等犯罪案件进行审查，对犯罪嫌疑人决定是否批准逮捕、起诉或者不予起诉，并对侦查机关的侦查活动是否合法实行监督。

（2）公诉处。负责对全国刑事犯罪案件（包括人民检察院直接受理侦查的贪污贿赂、国家工作人员渎职等犯罪案件）的审查起诉、出庭公诉、抗诉工作的指导。

（3）反贪污贿赂总局。负责办理贪污贿赂、挪用公款、巨额财产来源不明、隐瞒境外存款、私分国有资产、私分罚没财物等犯罪案件侦查、预审工作。

（4）渎职侵权检察处。负责办理国家机关工作人员渎职犯罪和国家机关工作人员利用职权实施的非法拘禁、刑讯逼供、报复陷害、非法搜查的侵犯公民人身权利的犯罪以及侵犯公民民主权利的犯罪等案件的侦查、预审工作。

（5）监所检察处。负责监督执行机关执行刑罚的活动。监督减刑、假释、保外就医等变更执行是否合法，对监狱、看守所、劳动教养机关的活动是否合法以及对超期羁押进行监督；负责对刑罚执行和监管改造过程中发生的虐待被监管人案，私放在押人员案，失职致使在押人员脱逃案，徇私舞弊减刑、假释、暂予监外执行案的侦查工作和其他自侦案件进行立案前的调查工作。

（6）民事行政检察处。负责对民事经济审判、行政审判的监督。对各级人民法院已经发生法律效力的、确有错误的民事、经济、行政判决和裁定，按照审判监督程序提出抗诉并出庭履行职务。

(7) 控告检察处。负责公民的报案、举报和控告。

(三) 人民检察院的职权

根据《人民检察院组织法》第5条的规定，各级人民检察院行使下列职权：①对于叛国案、分裂国家案以及严重破坏国家的政策、法律、法令、政令统一实施的重大犯罪案件，行使检察权。②对于直接受理的刑事案件，进行侦查。③对于公安机关侦查的案件，进行审查，决定是否逮捕、起诉或者免予起诉；对于公安机关的侦查活动是否合法，实行监督。④对于刑事案件提起公诉，支持公诉；对于人民法院的审判活动是否合法，实行监督。⑤对于刑事案件判决、裁定的执行和监狱、看守所、劳动改造机关的活动是否合法，实行监督。概括起来，人民检察院行使的权力主要有三种：侦查权、公诉权和诉讼监督权。

1. 侦查权

对于法律规定由人民检察院直接受理的贪污贿赂犯罪、国家工作人员的渎职犯罪、国家机关工作人员利用职权实施的侵犯公民民主权利的犯罪以及特定的侵犯公民人身权利的犯罪案件等，有权立案侦查；在侦查过程中，有权讯问犯罪嫌疑人、询问证人或被害人，进行勘验、检查、搜查，扣押物证和书证，组织鉴定；有权向任何单位和个人收集和调取物证、书证、视听资料；有权对犯罪嫌疑人采取拘传、取保候审、监视居住、拘留、逮捕等强制措施；有权对侦查终结移送起诉的案件进行补充侦查。

2. 公诉权

检察机关是国家唯一的公诉机关，代表国家行使公诉案件的控诉权。有权对侦查终结移送起诉的案件进行审查，决定提起公诉或不起诉；对国家财产、集体财产遭受损失的，有权在提起公诉的同时提起附带民事诉讼；在审查起诉时，对于需要补充侦查的案件，有权决定自行补充侦查或退回补充侦查；在审判阶段，有权派员出席法庭支持公诉；在法庭上，有权讯问被告人；有权向证人、鉴定人发问；有权宣读未到庭证人的证言笔录、鉴定人的鉴定结论、勘验笔录和其他作为证据的文书；有权向法庭出示物证；有权参加法庭辩论。

3. 诉讼监督权

对公安机关不立案的决定认为有错误的有权要求公安机关立案；对公安机关、国家安全机关、军队保卫部门、监狱、走私犯罪侦查机关要求逮捕犯罪嫌疑人的申请进行审查，决定是否批准逮捕；对侦查机关的侦查活动是否合法有权实行监督，如果发现有违法情况，有权通知予以纠正；在法庭上，有权对审判过程中的违法情形提出纠正意见；对人民法院确有错误的裁判，有权依照法定程序提出抗诉；在执行阶段，有权对判决、裁定的执行活动实行监督。

第三节 司法机关的地位

一、司法机关与党的领导

在我国，中国共产党是执政党，中国共产党在中国的领导地位是在长期的革命和建设中逐渐形成和建立起来的，是我国人民作出的一项历史选择。司法机关也必须坚持中国共产党的领导。但是，司法机关的独立性是司法公正的保证。因此，如何处理好坚持中国共产党的领导与司法机关的独立性之间的关系是一个重要的时代课题。经过实践的检验，我们在二者之间找到了平衡点：即党对司法机关的领导主要体现在政治领导、思想领导和组织领导三个方面，但不干预司法机关的对具体案件的审理。

中国共产党对司法机关的领导是通过以下具体形式实现的。首先，我国司法机关的机构设置、组织体系以及审判与检察权行使的各项制度和原则，都是在中国共产党领导下建立的，这体现了党在我国当前的特殊条件下，对司法工作的基本政策。如，实行死刑复核制度（及最高人民法院在2006年将原下放由各高级人民法院行使的死刑核准权收回最高人民法院行使）和实行死刑缓期两年执行制度，体现了党在新时期既坚决执行死刑又对死刑执行持谨慎态度即"慎杀"的基本政策；实行审判监督程序，体现了党对审判工作实事求是、有错必纠的工作要求；实行各级司法机关向同级人民代表大会负责并报告工作的制度，体现了党对司法机关民主性的要求。其次，党在不同时期对司法工作方针、政策的领导。在改革开放初期，国家的主要工作是全面拨乱反正，在这一政策指导下，司法机关的大量工作就是纠正冤假错案；在1983年，由于当时的社会治安形势严峻，司法机关在相关政策指导下实行"严打"；1992年，中共中央下发了《关于加强政法工作，更好地为改革开放和经济建设服务的意见》，司法机关开始调整工作重点，以司法职能为各地改革开放和经济建设服务；近年来，为落实党的"执政为民"的政策，司法机关提出要"司法为民"，并出台一系列措施。再次，中国共产党对司法机关的组织人事领导。这体现在：一是通过党委组织部门协商推荐法院干部，二是通过党委纪检部门对违纪法院干部实行纪律处分以保证法院干部廉洁自律。最后，中国共产党还通过对主要案件的协调处理来实现对司法机关司法工作的领导。中国共产党对司法机关的领导主要是通过中国共产党的政法委员会来实现的。

二、司法机关与同级国家权力机关的关系

国家权力机关是指人民代表大会及其常务委员会。根据宪法所确立的人民代表大会制度，各级法院院长和检察院检察长由同级人民代表大会选举产生，并向人民代表大会负责；人民代表大会审议人民法院和人民检察院的工作报告，并对其工作进行监督。根据这一制度，司法机关与同级国家权力机关之间的关系体现在以下即个方面：

（1）在性质上，人民代表大会及其常务委员会是国家权力机关，司法机关包括审判机关和检察机关，在同级之间，国家权力机关高于司法机关，司法机关行使的审判权和检察权来自国家权力机关的权力。司法机关由国家权力机关产生并对其负责，即体现了这一含义。

（2）在工作关系上，人民法院和人民检察院都对国家权力机关负责并报告工作，国家权力机关监督人民法院和人民检察院的工作。一条重要的监督途径是每年一次的人民代表大会上对司法机关的工作报告进行审议，并投票决定是否通过。但是，如果工作报告没有通过人民代表大会的审议，司法机关的负责人（院长或检察长）是否就面临着被罢免，或者如何进入罢免程序，宪法和法律还没有明确、具体的规定。1998年，最高人民法院颁布了《最高人民法院关于人民法院接受人民代表大会及其常委会监督的若干意见》，对人民代表大会及常务委员会监督法院的审判工作作出了规范性的规定。其中除了前述对法院工作报告的审议以及人民代表大会上接受人民代表的质询外，还规定人民代表大会及其常务委员会可以对法院的裁判提出质询，法院应当就质询问题进行复查并向人民代表大会及其常务委员会汇报复查情况，由此形成了人民代表大会及其常务委员会对法院的"个案监督"。但"个案监督"引起了很大争议。赞成者认为，人大是国家的权力机关，它不仅具有监督权，而且还拥有使监督权有效行使的各种权力，如对法院院长的选举、罢免权，对法院其他审判人员的任免权，对特别问题的调查、决定权等；人大是民意机关，要通过强有力的监督回应民众对遏制司法腐败的要求。反对者认为，个案监督不符合独立审判原则；影响裁判的既判力，损害司法权威；不符合效率原则，损害有限法律资源的合理配置；是基于对法律和事实的确定性的陈旧观念；在监督理念和制度上对"谁来监督监督者"这一问题缺乏认识，等等。①

（3）在人事上，根据宪法和《地方各级人民代表大会及其常务委员会与地方各级人民政府组织法》，法院院长和检察院检察长由同级人民代表大会选举产生，并向人民代表大会负责，法院的副院长、庭长、副庭长、审判委员会委员、审判员和检察院的副检察长、检察委员会委员、检察员分别由法院院长和检察员检察长提名并由同级人民代表大会常务委员会任命。地方各级人民检察院检察长在获得同级人民代表大会选举通过后，还要报上一级人民代表大会常务委员会批准。根据"党管干部"的原则，一般来说，这些院长、副院长、检察长和副检察长的人选首先经过上级或同级党委组织部门的考察和推荐，然后在人民代表大会上进行选举，由此决定任免。

三、司法机关与行政机关的关系

在 1954 年宪法颁布前，我国人民代表大会尚未建立，司法机关隶属于人民政府，是同级人民政府的组成部分。随着 1954 年宪法的颁布，全国人民代表大会和地方各级人民代表大会的建立，司法机关、行政机关与人大的关系格局才确定下来。1954 年宪法虽然经过了 1975 年、1978 年、1982 年的全面修改，对 1982 年宪法也经过了 1988 年、1993 年、1999 年和 2004 年部分修改，但这一格局并未改变。根据这一格局，司法机关（包括人民法院和人民检察院）与行政机关一样都由同级国家权力机关产生，对它负责，向它报告工作，接受它的监督。仅从宪法的这一规定看，司法机关与行政机关是平行的国家机关，相互之间没有隶属关系，没有领导与被领导关系。但它们之间事实上的关系却远不是看起来那样简单，司法机关和行政机关之间存在着相互制约关系。

（一）司法机关对行政机关的制约

司法机关对行政机关的制约，主要由有关法律作出规定，因此，司法机关对行政机关的制约是一种依法进行的监督。这体现在两个方面：

一是通过行政诉讼对行政机关的具体行政行为的合法性进行审查，② 以保护公民、法人和其他组织的合法权益，维护和监督行政机关依法行使行政职权。根据《行政诉讼法》第 54 条的规定，人民法院经过审理，根据不同情况，对行政诉讼案件分别作出以下判决：（一）具体行政行为证据确凿，适用法律、法规正确，符合法定程序的，判决维持。（二）具体行政行为有下列情形之一的，判决撤销或者部分撤销，并可以判决被告重新作出具体行政行为：①主要证据不足的；②适用法律、法规错误的；③违反法定程序的；④超越职权的；⑤滥用职权的。（三）被告不履行或者拖延履行法定职责的，

---

① 详见朱景文主编：《中国法律发展报告》，中国人民大学出版社 2007 年版，第 178 页。
② 《中华人民共和国行政诉讼法》第五条规定："人民法院审理行政案件，对具体行政行为是否合法进行审查。"

判决其在一定期限内履行。(四) 行政处罚显失公正的,可以判决变更。通过行政诉讼判决的执行,合法的行政行为得到维持,违法的行政行为得到纠正或撤销,行政机关的具体行政行为受到了有效的制约。检察机关也通过对行政诉讼活动的监督既实现了对法院的监督,也实现了对行政机关的监督。通过法院的行政诉讼和检察机关对行政诉讼活动的监督,司法机关促使行政机关依法行政。

二是司法机关通过对行政机关工作人员违法行为的制裁实现对行政机关的制约。通过检察机关对贪污贿赂、渎职等案件的侦查起诉和人民法院对这类案件的审理并对行政机关违法犯罪行为进行制裁,促使行政机关工作人员遵守法律。

(二) 行政机关对司法机关的"制约"

行政机关对司法机关的"制约",并未由有关法律作出规定,而是现实存在。这种"制约"表现为以下现象:首先,政府首长中通常有一位副职分管政法工作,而司法机关的负责人需要向同级的正副省长、正副市长、正副县长汇报工作。其次,司法机关为解决经费、基建等问题,需要向同级人民政府"请示""汇报",而这些问题同级人民政府具有单方面决定权。再次,司法机关审判和检察人员都套用行政级别。最后,司法机关经常由同级人民政府组成部门部长、局长等转任而来,而司法机关负责人也常常转任为同级人民政府部门的部长、局长等。它暗示:法院和政府的组成部门是一级的,可以平级互换。① 通过这些实践中的做法,行政机关建立起了对司法机关的有效控制,具体说来,就是行政机关掌握着司法机关的人事和财政权。一方面,行政机关对司法机关实施人事管理。行政机关对司法机关的人事管理主要体现在行政机关设定司法机关的人员编制,且也同样将司法机关的人员分为两大类,一类是"干部"编制,统称为"干警",一类是"工人"编制,统称为"勤杂人员"。司法机关的人事权须通过行政机关才能实现。另一方面,行政机关控制着司法机关的财政权。行政机关对司法机关的财政管理主要体现在司法机关的人头经费、办案经费和基建费用由同级政府的财政划拨,中央财政主要依赖有限的中央政法补助专项资金。另外,行政机关对司法机关的财政管理还包括行政机关对司法机关(法院)诉讼费的管理。根据1999年的《人民法院诉讼费管理办法》和2001年《人民法院财务管理暂行办法》,地方各级法院的诉讼费由省级财政专户集中管理,分级使用。与此同时,中央政府也禁止政法机关从事经营活动并保证一定的中央政法补助专款,并对该专款实行项目管理。

我国《宪法》第126条规定:"人民法院依照法律规定独立行使审判权,不受行政机关、社会团体和个人的干涉。"第131条规定:"人民检察院依照法律规定独立行使检察权,不受行政机关、社会团体和个人的干涉。"可见,我国宪法明确规定了法院独立行使审判权和检察院独立行使检察权,不受行政机关的干涉。目前存在的行政机关对司法机关的"制约",不符合宪法规定。不仅如此,在实践中,这种不当的"制约",存在以下弊端:司法权很难对行政权形成有效的监督和制约;导致了当前审判和执行中严重的地方保护主义;不利于司法机关的物质建设,加剧了司法职能商业化。②

如何落实宪法的上述规定,保证法院的审判独立和检察院的检察独立,是我们面临

---

① 朱景文主编:《中国法律发展报告》,中国人民大学出版社2007年版,第178页。
② 朱景文主编:《中国法律发展报告》,中国人民大学出版社2007年版,第178~179页。

的一个重大的实践课题。

【关键词】

司法权　司法机关　司法独立　司法改革

【思考题】

1. 司法机关的特征是什么？
2. 司法机关的功能有哪些？
3. 我国司法机关与国家权力机关之间是什么样的关系？
4. 我国司法机关与行政机关的关系如何？如何改进？
5. 何为司法独立？你认为怎样才能实现司法独立？
6. 如何处理司法机关与媒体之间的关系？
7. 如何正确处理党的领导与司法机关独立行使审判权、检察权的关系？
8. 司法腐败的原因有哪些？怎样克服司法中的地方主义？

【参考文献】

【美】汉密尔顿、杰伊、麦迪逊：《联邦党人文集》，程逢如、在汉、舒逊译，商务印书馆1980年版。

【美】本杰明·卡多佐：《司法过程的性质》，苏力译，商务印书馆1998年版。

【美】亨利·J·亚伯拉罕：《司法的过程》，泮伟江、宦盛奎、韩阳译，北京大学出版社2009年版。

王利明：《司法改革研究》，法律出版社2000年版。

胡夏冰、冯仁强编著：《司法公正与司法改革研究综述》，清华大学出版社2001年版。

谭世贵主编：《中国司法改革研究》，法律出版社2000年版。

韩大元主编：《中国检察制度宪法基础研究》，中国检察出版社2007年版。

朱景文主编：《中国法律发展报告》，中国人民大学出版社2007年版。

许崇德主编：《宪法》，中国人民大学出版社1999年版。

李步云主编：《宪法比较研究》，法律出版社1998年版。

【延伸阅读】

1. 《人民法院五年改革纲要》（1999—2003）
2. 《人民法院第二个五年改革纲要》（2004—2008）
3. 《人民法院第三个五年改革纲要》（2009—2013）

《人民法院第三个五年改革纲要》（2009—2013）提出了深化人民法院司法体制和工作机制改革的指导思想，即：高举中国特色社会主义伟大旗帜，坚持以邓小平理论和"三个代表"重要思想为指导，深入贯彻落实科学发展观，牢固树立社会主义法治理念，贯彻从严治院、公信立院、科技强院的工作方针，从满足人民群众司法需求出发，以维护人民利益为根本，以促进社会和谐为主线，以加强权力制约和监督为重点，从人民群众不满意的实际问题入手，紧紧抓住影响和制约司法公正、司法效率、司法能力、司法权威的关键环节，进一步解决人民群众最关心、最期待改进的司法问题和制约人民法院科学发展的体制性、机制性、保障性障碍，充分发挥中国特色社会主义司法制度的优越性，为社会主义市场经济体制的顺利运行，为中国特色社会主义事业提供坚强可靠的司法保障和和谐稳定的社会环境。

《人民法院第三个五年改革纲要》（2009—2013）提出了深化人民法院司法体制和工作机制改革的目标：进一步优化人民法院职权配置，落实宽严相济刑事政策，加强队伍建设，改革经费保障体制，健全司法为民工作机制，着力解决人民群众日益增长的司法需求与人民法院司法能力相对不足的矛盾，推进中国特色社会主义审判制度的自我完善和发展，建设公正高效权威的社会主义司法制度。

《人民法院第三个五年改革纲要》（2009—2013）提出了深化人民法院司法体制和工作机制改革的原则：一是始终坚持党的领导。二是始终坚持中国特色社会主义方向。三是始终坚持从我国国情出发。四是始终坚持群众路线。五是始终坚持统筹协调。六是始终坚持依法推进改革。七是始终坚持遵循司法工作的客观规律。

第十章 我国的军事机关

【本章学习提示】 本章共分两节。第一节介绍我国军事机关的历史演变。第二节探讨中央军事委员会的性质、地位、组成、职权和领导体制。

第一节 我国军事机关的历史沿革

按照马克思主义理论,军队是国家机器中的重要组成部分。在我国,中国人民解放军是中国共产党缔造和领导的人民军队。新中国成立后,人民军队自然就成为国家的军队。1949年《共同纲领》明确规定:"中华人民共和国建立统一的军队,即人民解放军和人民公安部队,受中央人民政府人民革命军事委员会统率,实行统一的指挥、统一的制度、统一的编制、统一的法律。"人民革命军事委员会设主席1人,副主席若干人和委员若干人,由中央人民政府委员会组织产生,受中央人民政府委员会领导。这些规定表明,新中国成立之初,我国武装力量的最高领导机关已成为国家机构的重要组成部分。

1954年宪法将人民军队的最高领导机关纳入了人民代表大会制度的范畴。1954年宪法规定,中华人民共和国主席统帅全国武装力量,担任国防委员会主席。国防委员会副主席和委员的人选,由全国人大根据国家主席的提名决定。国家主席毛泽东、刘少奇先后担任国防委员会主席。国防委员会是咨询性质的机构,不是武装力量的领导机关,武装力量的统帅权仅由国家主席掌握。1975年宪法和1978年宪法取消了国防委员会的设置,1975年宪法规定:"中国共产党中央委员会主席统率全国武装力量。"1978年宪法规定:"中华人民共和国的武装力量由中国共产党中央委员会统率。"这种规定只强调了军队是中国共产党领导的工农子弟兵,没有规定是国家的军队,没有规定最高国家军事机关是国家机关的条款,使军事领导机关从国家机构体系中脱离出去,从而混淆了党的职能与国家的职能。1982年宪法纠正了1975年宪法和1978年宪法的错误,规定设立中央军事委员会作为最高国家军事机关,领导全国武装力量,确立了军队在国家体制中的法律地位。实际上,1982年宪法规定的作为国家机构组成的中央军委与作为党的最高军事领导机关的中央军委在组织上是重叠的,党的中央军委主席、副主席和委员通过选举和决定成为国家中央军事委员会主席、副主席和委员。这样,既保证了党对军队的领导,又使得党对军队的领导不是由党的中央军委直接进行而是通过国家中央军委进行,有助于区分党的职能和国家的职能,完善国家领导体制。

第二节 中央军事委员会

一、中央军事委员会的性质和地位

1982年宪法规定:"中华人民共和国中央军事委员会领导全国武装力量。"这一规定表明，中央军事委员会是国家最高军事领导机关，对全国武装力量有领导权、决策权和指挥权。但中央军事委员会并非我国具有国防领导职权的唯一机关。根据宪法、国防法以及其他相关法律规定，中共中央、全国人大及其常委会、国家主席、国务院和国防部等也在各自范围内行使国防领导职权。

中央军事委员会作为国家最高军事领导机关，由全国人大产生，对全国人大和全国人大常委会负责。1982年宪法把"中央军事委员会"单列一节，表明中央军事委员会同国务院、最高人民法院、最高人民检察院一样，在国家机构体系中处于从属最高国家权力机关的地位。

二、中央军事委员会的组成和任期

宪法规定，中央军事委员会由主席、副主席若干人、委员若干人组成。中央军委主席由全国人大选举产生，根据中央军委主席的提名，由全国人大决定中央军事委员会副主席、委员的人选。在全国人大闭会期间，根据中央军委主席的提名，全国人大常委会有权决定中央军委其他组成人员的人选。中央军事委员会每届任期5年，同全国人民代表大会每届任期相同。考虑到军事机关的特殊性，宪法没有对中央军委主席、副主席的连续任职做出限制。

中央军事委员会之下，设有人民解放军总部机关，即中国人民解放军总参谋部、总政治部、总后勤部、总装备部。总部既是中央军委的工作机关，又是全军军事、政治、后勤、装备工作的领导机关。总参谋部负责组织领导全国武装力量的军事建设，组织指挥全国武装力量的军事行动。总政治部负责管理全军党的工作，组织进行政治工作。总后勤部负责组织领导全军后勤工作。总装备部负责组织领导全军装备工作。

三、中央军事委员会的职权

1982年宪法没有规定中央军事委员会的职权，1997年3月14日施行的《中华人民共和国国防法》规定了中央军委的10项职权：①统一指挥全国武装力量；②决定军事战略和武装力量的作战方针；③领导和管理中国人民解放军的建设，制定规则、计划并组织实施；④向全国人民代表大会或者全国人民代表大会常务委员会提出议案；⑤根据宪法和法律，制定军事法规，发布决定和命令；⑥决定中国人民解放军的体制和编制，规定总部以及军区、军兵种和其他军区级单位的任务和职责；⑦依照法律、军事法规的规定，任免、培训、考核和奖励武装力量成员；⑧批准武装力量的武器装备体制和武器装备发展规划、计划、协同国务院领导和管理国防科研生产；⑨会同国务院管理国防经费和国防资产；⑩法律规定的其他职权。

此外，我国2000年颁布实施的《立法法》第93条对中央军委的立法权也作了明确规定：中央军事委员根据宪法和法律，制定军事法规。中央军事委员会各总部、各兵种、军区，可以根据法律和中央军事委员会的军事法规、决定、命令，在其权限范围内，制定军事规章。军事法规、军事规章在武装力量内部实施。

四、中央军事委员会的领导体制

中央军事委员会在组织形式上采取委员会制，是一个由集体组成的国家机关，对重大问题的决定需要经过集体讨论。但从领导体制上说，实行的是首长负责制，即中央军委主席负责制。在这种体制下，中央军委主席有权对中央军委职权范围内的事项作出最后决定，并承担由此而产生的责任。

中央军事委员会的主席负责制体现在以下几个方面：①中央军委副主席和委员的人选由中央军委主席向全国人大提名；②中央军委发布的军事法规和其他命令必经由中央军委主席签署；③宪法规定向全国人大及其常委会负责的是中央军委主席而非中央军委。中央军委实行主席负责制，并不否认民主集中制，军委主席在对重大问题作出决策之前，也要经过委员会集体讨论和研究，然后再集中正确的意见作出决定。

【关键词】

人民革命军事委员会　中央军事委员会　军事领导机关　主席负责制

【思考题】

1. 简述中央军事委员会的性质和地位。
2. 简述中央军事委员会的职权。
3. 简述中央军事委员会的领导体制。

【参考文献】

1. 徐育苗主编：《中外军事制度比较》，商务印书馆 2003 年版。
2. 许崇德主编：《宪法》，中国人民大学出版社 1999 年版。
3. 胡锦光、韩大元主编：《中国宪法发展研究报告》，法律出版社 2003 年版。

第十一章 我国的地方制度

【本章学习提示】 本章介绍地方制度。内容由四节构成。第一节讨论了地方制度的概念和特点；第二节介绍了民族区域自治地方；第三节介绍一般地方制度；第四节介绍我国的基层群众自治组织。

第一节 地方制度概述

一、地方制度的概念

地方制度是国家制度的重要组成部分。一般认为，从内容上看，地方制度是关于地方政府结构和职权、中央与地方关系以及地方政府与当地居民关系等方面的制度，尤其是中央与地方关系在地方制度中占重要地位。一般说来，地方的权力或者地方与中央的分权是地方制度必然涉及的内容，如何保障地方的宪法或者法律主体的地位，保护地方对地方事务的决定与管理，并参与中央的政治等是地方制度的主要内容。目前，对地方制度一词在宪法学中使用并不统一，有"地方机关"或者"地方国家机关"，有"地方政府"等。在我国，地方制度包括地方各级人民代表大会、人民政府、人民法院和人民检察院等地方国家机关的组织建立、职权行使以及与人民群众的关系等，它们在中央的统一领导下，分级、分工行使国家权力。我国（大陆）的地方制度应当分为普通行政地方、民族自治地方和特别行政区三种。

二、地方制度的特点

根据中央与地方的关系，特别是中央与地方政府的关系，地方政府有不同的种类，地方制度则表现出不同的特点。有学者将地方政府分为三大类：①行政体地方政府：地方政府是中央或上级政府的下级组织，不存在代表当地公民利益和意愿的代议机关。②自治体地方政府。国家对地方事务，不由自己任命的长官负责管理，而是由当地居民选举产生的地方政府自主管理。这种地方政府是一个自治团体，具有独立法人的地位。③民主集中制地方政府。在当地存在由居民选举产生的、代表当地居民意愿的代议机构，并由代议机构（通常称为国家权力机关）选出执行机关即行政机关；与此同时，地方行政机关是中央或上级机关在当地的代表，是它们的下级机关。[1] 第一种类型，如法国，地方制度表现出地方政府是作为中央的代理人，根据中央意旨执行国家政策；第二种类型如美国，联邦政府对地方政府没有管辖权，各州根据自己的州宪法确定地方政府的产生、结构、职能以及民选官员的产生和职权等。

我国是典型的民主集中制地方政府，1982年宪法确立的地方制度的内容是[2]：①在

---

[1] 参见陈嘉陵主编：《各国地方政府比较研究》，武汉出版社1991年版，第25~26页。
[2] 参见任进：《论地方制度及其宪法保障》，载《北方法学》2008年第2期。

单一制基础上建立民族自治地方和特别行政区；②国家机构实行民主集中制；③宪法明确了中央国家机关的职权，而地方组织法、民族区域自治法、特别行政区基本法等则分别列举了一般地方国家机构、民族自治地方的自治机关以及特别行政区的具体职权。因此，我国地方制度表现出以下特点：①一般地方的各级国家权力机关有权讨论、决定本行政区域内重大事项（省级和较大的市还可以制定地方性法规）；一般地方的各级国家行政机关有权管理本行政区域内的行政工作。②民族自治地方的自治机关：行使宪法规定的地方国家机关的职权，同时依照宪法、法律规定的权限行使自治权。③特别行政区根据特别行政区基本法，"是中华人民共和国的一个享有高度自治权的地方行政区域，直辖于中央人民政府"。全国人大授权特别行政区依照基本法的规定实行高度自治，享有行政管理权、立法权、独立的司法权和终审权。一方面，作为中华人民共和国不可分离的一部分，特别行政区是中央人民政府直接管辖的地方行政区域；另一方面，特别行政区实行与内地不同的制度和政策，享有高度自治权。

第二节　民族区域自治地方[①]

一、民族区域自治地方的概念

民族区域自治是指在中华人民共和国范围内，在中央的统一领导下，以少数民族聚居的地方实行区域自治，设立自治机关，行使宪法和法律授予的自治权，实现各民族当家做主管理本民族内部事务的一种政治制度。实行民族区域自治的地方是我国一定级别的行政区域，是国家统一行政区域不可分割的组成部分，但又是不同于一般行政区域的特殊行政区域，即依法行使"自治权"的地方。民族自治地方是我国单一制国家结构条件下的一种地方政权形式，要在中央统一领导下行使自治权，管理本地区的和本民族的内部事务。民族区域自治地方政府同其他行政区域国家机关一样是中央政府领导下的一级地方政府，同其他地方政府机关一起构成完整的地方政府系统。民族自治地方的行政单位分自治区、自治州、自治县三级。

我国民族区域自治地方主要有三种类型：

第一，以一个少数民族聚居区为基础建立单一民族自治地方，如省级行政区划中的西藏自治区、宁夏回族自治区；地级国家政权机关的四川省的凉山彝族自治州；县级国家政权机关的四川北川羌族自治县等。这类民族自治地方的显著特点是，虽然区域内也包括了相当一部分其他民族，但只有一个少数民族为实行区域自治的自治民族。

第二，以一个人口较多的少数民族聚居区为基础，并包括一些人口较少的少数民族聚居区建立的民族自治地方，如新疆维吾尔自治区境内又设立了巴音郭楞蒙古自治州、博尔塔拉蒙古自治州、克孜勒苏柯尔克孜自治州、昌吉回族自治州和伊利哈萨克自治州，以及含蒙、回、哈萨克、锡伯、塔吉克等少数民族的 6 个自治县等。这类民族自治地方的特点是按照不同的行政级别设立的自治地方，由实行自治的民族在各自区域范围内行使自治权。

[①] 本节编写参阅并引用了陈卯轩：《民族区域自治地方》，载周伟主编：《宪法学》，四川大学出版社 2002 年版，第 192 页～212 页。

第三,以两个或者两个以上的少数民族聚居区为基础联合建立的多个民族联合实行区域自治的民族自治地方,如四川省阿坝藏族羌族自治州是藏族羌族联合建立的自治地方,贵州省黔东南苗族侗族自治州是苗族侗族联合建立的自治地方。这类民族自治地方的特点是,联合建立自治地方的民族是实行区域自治的民族。

二、民族区域自治地方的特征

民族区域自治制度是我国解决民族问题的基本国策。作为一项行之有效的政治制度是完全正确的,它有利于实行民主集中制和巩固国家的统一,有利于中华民族的整体发展和共同进步,这与民族区域自治地方所具有的特点是分不开的。

民族区域自治地方具有如下特点:

第一,民族自治地方是在国家统一领导下实行区域自治的地方,是中华人民共和国不可分离的一部分。我国的民族自治地方,不同于联邦制度下的"邦"、联邦制度下的"加盟共和国"。我国的民族自治地方既没有分离权,也没有单立的宪法,而是在国家统一领导下的一级地方行政区域,是整个国家不可分离的部分。但是,民族自治地方又不同于一般的地方行政区域,它是少数民族实行自治的地方。因为,在民族关系上,实行区域自治的民族是这个自治地方的主体民族,民族自治地方的名称是以建立和实行区域自治的民族命名的。

第二,我国的民族区域自治,是各少数民族聚居的地方实行区域自治,是以少数民族聚居区为基础建立的自治地方。建立民族自治地方的条件,除了少数民族聚居区为基础以外,再就是"根据当地民族关系、经济发展为条件,并参酌历史情况,可以建立以一个或几个少数民族聚居区为基础的自治地方"。也就是说,既不是以各少数民族以民族为单位的"民族自治",而是一个民族可以在几个地方建立不同级别的自治地方;也不是简单地以地方划片的"地方自治",而是实行区域自治的民族在它的聚居区内实行自治;更不是只能以一个民族实行区域自治,而是可以以一个或几个少数民族聚居区的平等联合自治。

第三,我国的民族自治地方的自治权,是通过自治机关来行使。民族自治地方的自治机关,即人民代表大会和人民政府。它们既是少数民族实行区域自治的自治机关,同时又是一级地方国家机关。根据宪法规定,自治机关既行使同级一般地方国家机关的职权,同时又行使一般地方国家机关所不能行使的自治权。

第四,我国的民族区域自治,还有一个显著的特点:"是民族自治与区域自治的正确结合,是经济因素与政治因素的正确结合,不仅使聚居的民族能够享受到自治权利,而且使杂居的民族也能够享受到自治权利。"从人口多的民族到人口少的民族,从大聚居的民族到小聚居的民族,几乎都成了相当的自治单位,充分享受了民族自治权利。

三、民族区域自治地方的设立

(一)民族自治地方建立的方式

民族区域自治制度的形成推动了民族区域自治法律制度的建立和完善,民族区域自治法制建设又促进了民族区域自治制度的发展。特别是民族区域自治法律制度的实施,使我国实现了真正的民族平等,保障了少数民族各项自治权的实现,促进了少数民族地区经济和社会的全面发展,维护了祖国统一,巩固了边防,加强了全国各民族的团结,推动了共同繁荣。

当然，我国疆域广大，民族众多，各地区各民族的社会历史条件各有特点，因此民族区域自治制度的实施并不平衡。有的民族自治地方建立得早，有的地方建立得晚，有的地方建立自治区，有的地方则只能建立自治州、自治县；有的是一个民族的自治地方，有的则是几个民族的联合自治地方。不仅如此，民族自治地方建立的方式也不一样，大体分为以下三种：第一，实行区域自治的民族经历过长期争取解放的斗争，最后在中国共产党的领导下，本民族的革命分子团结广大群众，粉碎了分裂主义者的阴谋，在全国革命胜利的高潮中，建立了民族自治地方。这种方式以内蒙古自治区最为典型。"内蒙古自治区的成立，标志着党关于推行民族区域自治的政策胜利地经受了实践的检验而进入了成熟阶段"。第二，新中国成立后，为了满足聚居的少数民族建立有利于经济文化发展的较大的民族自治地方的愿望，党中央和国务院在做出相应决策的同时，广泛宣传党的民族自治政策，耐心细致地做好各民族干部群众的工作，顺利建立民族自治地方。这种情况比较普遍，但以广西壮族自治区最为典型。第三，较为特殊。像西藏那样的地方，和内地联系比较少，境内人口绝大多数是藏族，那里的农奴主阶级建立了一套特殊的地方政权，帝国主义长期插手其中，因此，只有坚决驱逐帝国主义势力和废除黑暗的农奴制度，才能真正实现民族区域自治。据此，1951年，中央人民政府和西藏地方政府达成协议，其中规定：驱逐帝国主义侵略势力出西藏；西藏的社会制度必须进行改革；在中央人民政府的领导下，西藏实行民族区域自治。

（二）民族自治地方的建立条件

《民族区域自治法》第12条规定："少数民族聚居的地方，根据当地民族关系、经济发展等条件，参酌历史情况，可以建立一个或几个少数民族聚居区为基础的自治地方。"这里所讲的"自治地方"即"民族自治地方"。

民族自治地方是我国一定级别的行政区域，是国家统一行政区域不可分割的组成部分，但又是不同于一般行政区域的特殊行政区域，即依法行使"自治权"。由此，民族自治地方的建立必须符合法定条件。建立民族自治地方必须同时具备三个条件：

第一，以少数民族聚居区为基础。这是我国民族区域自治法规定的建立民族自治地方的基本条件。这表明，民族自治地方的建立，既不是用单纯的民族为标准，也不是按某一少数民族人口多少来划分，而是与我国各民族的居住状况和人口状况相联系的。一个民族一般有自己或大或小的聚居区，虽然由于民族间的交往、交流会使一个民族的一些成员离开本民族的传统聚居区，形成散聚情况。我国各民族经过千百年来的传承、交流形成了大杂居、小聚居的状况，55个少数民族都有其相对集中的聚居区。当然，以少数民族聚居区为基础，并不是说所有少数民族的聚居区都能建立民族自治地方，建立民族自治地方的少数民族聚居区还必须具有一定的规模。规模太小的少数民族聚居区不能建立民族自治地区。如新中国成立初我国建立的许多相当于乡、镇、村行政级别的民族自治地方，由于规模很小，实际上无法履行法律规定的自治权利。基于此，1954年宪法把民族自治地方的最小级别规定为县级。建立一个民族自治地方，是以一个少数民族聚居区为基础还是以几个少数民族聚居区为基础，要根据实际情况而定。实践中，一个申请建立民族自治地方的区域，往往不仅包含一个或几个少数民族聚居区，而且还包含其他少数民族人口和汉族人员。因此，申请实行区域自治的民族的人口占区域内总人口的比例和区域内少数民族人口占区域内包括汉族人口在内的总人口的比例，成为是否建立民族自治地方的重要参考数据。一般地讲,申请实行区域自治的民族的人口占区域内总人口的比例大于50%,或者申请实行区域自治的民族的人口占区域内少数民族总人口的半数以上,而且区域内少数民族人口占区域内总人口的比例大于50%的地方,适宜建立民族自治地方。但人口比例不是一个法定条件,只是一个参考因素。

第二,有利于处理民族关系和当地经济的发展。在少数民族聚居的地方,是建立以一个少数民族为主体的自治地方,还是建立几个少数民族为主体的联合的自治地方,主要是根据当地民族关系、经济发展等条件来决定的。民族关系条件,指民族聚居区的民族构成、民族特点,特别是聚居各民族间的相互关系,即表现在政治、经济、文化、语言和风俗习惯等社会生活各个方面的关系。我国各民族在大杂居、小聚居的格局中形成你中有我、我中有你的分布特点,一个少数民族聚居区内往往有不同数量的其他少数民族的人口,一个人口较多的少数民族聚居区有时又分布着若干其他少数民族的小聚居区,在有些情况下,两个或多个少数民族聚居区重合交叉、紧密联系在一起。这样,以哪个或哪些少数民族聚居区为基础建立何种类型的民族自治地方,应当充分考虑到聚居区内的民族关系的发展,巩固已经形成的平等、团结、互助的社会主义民族关系。经济条件,是指建立民族自治地方确定它的区域界线时,要认真考虑当地的经济联系、地理环境、资源分布、交通运输、生产要素等因素。做到有利于发挥当地的经济优势和经济要素的互补性,经济布局的合理性,有利于当地少数民族人民的生产、生活,有利于当地经济的发展。

第三,参酌历史情况。建立民族自治地方时,要从我国各民族在漫长的历史发展过程中,逐步形成了相对稳定的政治、社会联系及共同的经济活动区域的现状出发,尊重各民族世代相沿俗成、彼此认可的合理的生活、生产区域和权益分配格局,使业已形成的在一定区域内共同劳动、共同生产、联系紧密的各民族关系在经济、政治和文化上的相互接触、相互帮助得到进一步的发展。

(三)民族自治地方的建立程序

《民族区域自治法》第14条规定:"民族自治地方的建立、区域界线的划分、名称的组成,由上级国家机关会同有关地方的国家机关,和有关民族的代表充分协商拟定,按照法律规定的程序报请批准。"据此,建立民族自治地方的程序,一是协商拟定,二是报请批准。

第一,协商拟定建立民族自治地方是当地各族人民政治生活中的一件大事,它不仅关系着国家政权的建设,而且直接关系到当地少数民族当家做主管理本地方内部事务的权利,关系到当地各族人民的切身利益。因此,有关重大问题,都必须同当地有关民族的代表充分协商,征求他们的意见,取得各民族的自愿,然后才能做出决定。协商拟定的一般做法是:在上级国家机关和有关地方的国家机关的主持下,让各民族代表充分讨论协商,各方在进行认真的调查分析、科学论证、研究合理可行的方案的基础上,通过畅所欲言、反复讨论,就建立民族自治地方和建立哪一种民族自治地方的各种论据和条件,该民族自治地方区域界线的范围,该民族自治地方的名称,成立的时间,首府的所在地等事宜求得一致的看法,拟定出具体方案。

第二,报请批准建立民族自治地方的具体方案拟订后,"根据法律规定的程序报请批准"。根据《宪法》第62条和第89条规定,自治区的建立,需报全国人民代表大会批准，自治州、自治县（旗）的建立，需报国务院批准。民族自治地方的建立必须履行"协商拟定"和"报请批准"两道程序，这充分体现了民族自治地方的建立是件极为严肃的事情，必须依法进行。同样，民族自治地方的区域界线一经确定后，必须保持相对的稳定性，不得轻易变动，如果需要变动；同样需要履行"充分协商拟定"和"报请批准"（报国务院批准）两道程序。

四、民族区域自治地方的自治权

民族自治地方的自治权即民族区域自治权（简称自治权），是民族区域自治地方的自治机关依照宪法和法律的规定，根据当地民族的政治、经济和文化的实际，自主地管理本地方、本民族内部事务的一种特定权利。自治权是民族区域自治法的核心，这是由民族区域自治制度所决定的。我国的民族区域自治，是在国家统一领导下，各少数民族聚居的地方实行区域自治，设立自治机关，行使自治权。在我国，自治机关的自治权是民族自治和区域自治结合的产物，是政治权利和其他权利统一的体现，是统一性与自主性相融合的结果。因此，自治权是自治机关的一种特定的自主权，它是权利与权力的有机统一，同时自治权既具有广泛性又具有局限性。

《民族区域自治法》关于自治权的规定，大体可概括为政治方面的自治权、经济管理自治权及教科文卫体管理自治权。

（一）政治方面的自治权

第一，立法自治权。立法自治权是指自治机关按照法定程序行使的一种特定权力。具体包括：一是制定自治条例和单行条例的自治权。民族自治地方的人民代表大会有权依照当地民族的政治、经济和文化的特点，制定自治条例和单行条例。自治区的自治条例和单行条例，报全国人民代表大会常务委员会批准后生效。自治州、自治县的自治条例和单行条例，报省或者自治区的人民代表大会常务委员会批准后生效，并报全国人民代表大会常务委员会备案。二是变通执行或者停止执行上级国家机关的决议、决定、命令和指示的自治权。自治机关对上级国家机关的决议、决定、命令和指示，如有不适合民族自治地方实际情况的，可报经上级国家机关批准，变通执行或者停止执行。三是变通规定或者补充规定法律法规的自治权。自治机关根据法律法规的明确授权，依据法律法规的原则并结合当地民族的特点，按照法定程序制定变通的或者补充的规定。

第二，人事管理自治权。一是采取各种措施培养当地民族人才的自治权。自治机关根据需要，有权采取各种措施从当地民族中大量培养各级干部，各种科学技术、经济管理等专业人才和技术工人，并且注意在少数民族妇女中选拔培养各级干部和各种专业技术人才。二是采取特殊措施引进人才的自治权。自治机关可以采取特殊措施，优待、鼓励各种人员参加民族自治地方各项建设工作。三是招收少数民族人员的优先自治权。民族自治地方的企业、事业单位招收人员的时候，要优先招收少数民族人员；并且可以从农村和牧区少数民族人口中招收。

第三，组织公安部队的自治权。自治机关依照国家的军事制度和当地的实际需要，经国务院批准，可以组织本地方维护社会治安的公安部队。

第四，管理流动人口的自治权。自治机关根据法律规定，有权制定管理流动人口的办法。

第五，实行计划生育的自治权。自治机关根据法律规定，可以从本地实际出发制定实行计划生育的办法。

（二）经济管理自治权

有制定适合本地方特点和需要的经济建设方针、政策和计划的自治权；

有合理调整本地方经济发展的生产关系和改革经济管理体制的自治权；

有根据本地方的财力、物力自主安排基本建设项目的自治权；

有自主地管理隶属于本地方的企业、事业单位的自治权；

有管理和保护并优先合理开发利用本地方的自然资源的自治权；

有依法确定本地方内草场和森林的所有权和使用权的自治权；

有对外开展经贸活动和开辟贸易口岸的自治权。并在外汇留成方面享有优待；

有自主地安排利用完成国家计划收购、上调任务以外的工农业产品和其他土特产品的自治权；

有环境保护方面的自治权；

有管理本地方财政的自治权。一是凡是依照国家财政体制属于民族自治地方的财政收入，都应当由自治机关自主地安排使用。二是民族自治地方的财政收入和财政支出的项目，由国务院按照优待民族地方的原则规定。三是民族自治地方依照国家财政体制的规定，财政收入多于财政支出的，定额上缴上级财政，上缴数额可以几年不变；收入不敷支出的，由上级财政机关补助。四是民族自治地方的财政预算支出，按照国家规定，设机动资金，预备费在预算中所占比例高于一般地区。五是自治机关在执行财政预算过程中，自行安排使用收入的超收和支出的结余资金。六是自治机关有权对本地方的各项开支标准、定员、定额，根据国家规定的原则，结合本地方的实际情况，制定补充规定和具体办法。七是自治机关在执行国家税法的时候，除应由国家统一审批的减免税收项目以外，对属于地方财政收入的某些需要从税收上加以照顾和鼓励的，可以实行减税或者免税。

（三）教科文卫体管理自治权

第一，教育管理自治权。一是自治机关有权根据国家的教育方针，依照法律规定，决定本地方教育规划、各级各类学校的设置、学制、办学形式、教学内容、教学用语和招生办法。二是自治机关有权自主地发展民族教育，扫除文盲，举办各类学校，普及九年义务教育，采取多种形式发展普通高级中等教育和中等职业技术教育，根据条件和需要，发展高等教育，培养各少数民族专业人才。三是自治机关有权为少数民族牧区和经济困难、居住分散的少数民族山区，设立寄宿为主和助学金为主的公办民族小学和民族中学。四是自治机关有权在招收少数民族学生为主的学校，有条件的应采取少数民族文字的课本，并用少数民族语言讲课；小学高年级或者中学设汉文课程，推广全国通用的普通话。五是自治机关有权和其他地方开展教育方面的交流和协作。自治区、自治州的自治机关依照法律规定，可以和国外进行教育方面的交流。

第二，使用民族语言文字的自治权。自治机关在执行职务的时候，用当地通用的一种或几种语言文字；同时使用几种通用的语言文字执行职务的，可以实行区域自治的民族的语言文字为主。

第三，科技管理自治权。一是自治机关有权自主地决定本地方的科学技术发展规划，普及科学技术知识。二是自治机关有权和其他地方开展科学技术方面的交流和协作。三是自治区、自治州的自治机关有权依照国家规定，和国外进行科学技术的交流。

第四，文化管理自治权。一是自治机关有权自主地发展具有民族形式和民族特点的文学、艺术、新闻、出版、广播、电影、电视等民族文化事业。二是自治机关有权管理收集、整理、翻译和出版民族书籍，保护民族的名胜古迹、珍贵文物和其他重要历史文化遗产。三是自治机关有权和其他地方开展文化艺术方面的交流和协作。四是自治区、自治州的自治机关有权依照国家规定，可以和国外进行文化艺术方面的交流。

第五，卫生医药管理自治权。一是自治机关有权自主地决定本地方的医疗卫生事业发展规划，发展现代医药和民族传统医药。二是自治机关有权加强地方病防治和妇幼卫生保健，改善卫生条件。三是自治机关有权和其他地方开展卫生方面的交流和协作。四是自治区、自治州的自治机关有权依照国家规定，可以和国外进行卫生方面的交流。

第六，体育管理自治权。一是自治机关有权自主地发展体育事业，开展民族传统体育活动，增强各族人民的体质。二是自治机关有权和其他地方开展体育方面的交流和协作。三是自治区、自治州的自治机关有权和国外进行体育方面的交流。

由上可知，宪法、自治法、自治条例等法律法规为自治机关设定了一系列的自治权，为自治机关行使自治权奠定了基础。但是，自治机关如何行使自治权，则是需要不断探索的。根据法律规定和社会实践，自治机关行使自治权应遵循以下原则：

一是维护民族法制的原则。设定自治权，是通过法制建设得以实现的。一方面，民族区域自治法是由全国人大制定和通过的实施宪法规定的民族区域自治制度的基本法律。任何国家机关、组织和公民，都须执行和遵守。其他法律、法规和规章不得违反民族区域自治法的原则。凡是有与民族区域自治法的精神不符的，依民族区域自治法执行。自治机关必须自觉地坚持维护法制的严肃性，这是自治机关行使自治权的一个重要原则；另一方面，法律对行使每一项自治权，都明确规定有一定的原则和程序。总之，既要依法办事，又要从实际出发；既要维护国家法制的统一性，又要善于运用民族法律的灵活性；既要维护国家的整体利益，又要确保民族自治地方的特殊利益。

二是发展民族经济的原则。虽然行使自治权都有一定的限制，但这是在国家集中统一领导下的民族区域自治。在发展经济的自治权方面，自治权力是很广泛的。在发展经济问题上，只要具备有利条件，就须依法积极地努力争取；只要是在法律的范围内，就应敢于主动地发挥自治权的能动性；只要脚踏实地积极行使自治权，民族自治地方的经济建设速度就会加快。在市场经济的条件下，自治机关要善于把经济管理自治权同市场经济政策法律相结合，排除阻力和干扰，克服依靠思想，丢掉埋怨情绪，不断提高行使自治权的水平，自治权这个核心就能充分显示出它的巨大作用。

三是发展民族文化的原则。发展民族文化，主要精力集中在发展民族教育事业和科学技术方面。法律对发展民族教育自治权的规定，既有深度又有广度，关键在于自治机关如何运用。只要在不与国家教育体制失调的前提下，应立足于发展本地特点的教育事业。只要措施得当，在一定时期内，就可产生有益的效果。现代教育是科技教育，民族教育不仅是为能适应全国教育的需要，更重要的是为发展本地方的经济人才而筹计。因此，职业教育和成人教育应成为行使教育自治权的一个中心内容。只有科技和教育的先进性，才能有经济发展的稳定性和创造性，从而带来强大的经济效益。

民族区域自治机关的自治权是由法律规定的。自治机关行使自治权，既是自治机关所行使和享有的一种权力和权利，又是自治机关所应履行和承担的一种职责和义务。一方面，自治机关享有这种权利，意味着既享有行使自治权的权利，也负有行使自治权的义务，任何放弃或消极行使自治权的行为都是不许可的；另一方面，自治机关在行使自治权的时候，有权请求他人做出相应的义务，如要求上级国家机关的帮助和保障等。

总之，自治机关的自治权不仅仅是一种权利和权力，同时又是一种义务和职责。自治机关在行使权利（力）的同时必须切实履行职责和义务。具体地说：

一是应依法行使自治权。自治机关的自治权是法定的，任何自治机关在行使任何一种自治权时，都必须依照国家宪法、法律、法规尤其是自治法和自治条例、单行条例的规定，服从国家的统一领导，维护国家的统一，保证宪法和法律在本地区的贯彻和实施，积极完成上级国家机关交给的任务；在中央和上级国家机关的部署下，领导各族人民积极进行经济、文化建设，发展社会生产力，充分利用当地资源，不断提高人民的物质文化生活水平，推动当地经济和社会的全面发展，并为国家经济建设做出积极贡献；应从我国各民族大杂居、小聚居的实际出发，积极维护和发展各民族的平等、互助和团结，并为稳定边疆巩固国防而努力。

二是应正确行使自治权。自治机关的自治权，是基于民族自治和区域自治相结合而产生的，因而它具有自主性、民族性、地方性和历史性的属性。所谓自主性，是指自治机关在一定条件下和一定范围内，有依法自主管理本民族事务和本自治地方事务的权力，如自治法规定的有"自主安排""自主管理""自主决定""自主发展"等自治权能；所谓民族性，是指自治权的产生和行使原则，是基于自治民族特点而设立的，而且是民族的历史因素和现实因素的综合考虑；所谓地方性，是指它只适用于民族自治地方，只有民族自治地方的自治机关行使才有效；所谓历史性，是指每一项自治权都有一定的历史使命，随着社会的发展自治权也可能出现废止等情况。为此，必须正确地行使自治权，确保自治权在自治地方按照法律的规定实现，促进少数民族地区经济和社会的发展，防止滥用自治权力，加强对自治权行使的检查，建立健全制约监督机制，保障自治权的正确行使。特别是要正确处理自治地方内的民族关系，巩固和发展新型的社会主义民族关系，切实保障本地方内各民族都享有平等的权利，调动境内各民族进行经济和社会建设的积极性，促进各民族的共同发展、共同繁荣。

三是应充分行使自治权。自治机关的自治权是宪法和法律赋予的，因此，要充分行使，即要用够用活和用好。用够指的是，只要法律赋予了就要大胆使用，不要有顾忌；用活指的是，充分领会精神实质，创造性地行使，能灵活则灵活，能变通则变通；用好指的是，只要对当地经济和社会有利就积极行使，使其产生社会效益和经济效益。

因此，自治机关应解放思想，转变观念，大胆实践。民族自治地方立法机关，尤其应该用好用足法律赋予的立法自治权特别是制定自治条例和单行条例的权限和制定地方性法规的权限，尤为重要的是在西部大开发过程中不断完善和发展民族区域自治制度，为加速民族自治地方经济、文化建设服务，促进西部大开发战略顺利实施。根据新中国成立以来民族自治地方立法的实践经验，民族自治地方立法权的权限范围，主要有以下几个方面：

第一，国家法律明确规定，民族自治区、自治州、自治县的人民代表大会有权制定自治条例和单行条例。自治条例是一个内容比较广泛、综合性的自治法规，内容包括政治、经济、文化等各个方面。自治条例在一个民族区域自治地方只有一个,它是根据一个民族的不同特点制定的,集中体现了少数民族的自治权,离开了当地民族的特点,制定自治条例就失去了意义。而单行条例则是部分性质的法规,是民族区域自治地方人民代表大会为解决某一方面的问题,照顾当地少数民族的特点,保护民族的特殊利益而制定的地方性法规,具有具体性、针对性和可操作性的特点。不管是自治条例还是单行条例,民族自治地方立法机关立法的唯一依据是"依照当地民族的政治、经济、文化的特点"。我国有56个民族,各民族有各民族的特点,各民族有其自身存在而需解决的各种问题。民族自治条例是规定本民族内各个方面一些共性的比较重要的问题,例如民族自治地方的自治机关、自治机关的自治权;民族的教育、科学、社会秩序、宗教信仰;民族的资源开发、利用和保护;民族关系、行政管辖等问题,由于它牵涉的面较广,不可能把所有问题都规定得十分具体,这就有必要借助于单行条例从一个侧面进一步具体化、系统化。自治条例和单行条例关系十分密切,互相衔接、相互补充,形成适应民族特殊利益需要的自治法规体系。

第二,国家法律明确规定,民族自治区、自治州、自治县的人民代表大会及其常务委员会享有法律变通权。《民族区域自治法》第6条规定:"民族自治地方的自治机关根据本地方的具体情况,在不违背宪法和法律的原则下,有权采取特殊政策和灵活措施,加速民族自治地方经济、文化建设事业的发展。"第20条规定:"上级国家机关的决议、决定、命令和指示,如不适合民族自治地方实际情况的,自治机关可以报经该上级国家机关批准,变通执行或者停止执行;该上级国家机关应当在收到报告之日起六十日内给予答复。"这就是说,国家权力机关通过《民族区域自治法》赋予民族自治地方自治机关法律变通权。自治区、自治州、自治县的人民代表大会及其常务委员会在不违背宪法、法律原则的前提下,根据各民族的不同情况,灵活适用法律。例如,《婚姻法》第50条规定:"民族自治地方的人民代表大会,结合当地民族婚姻家庭的具体情况,制定变通规定。自治州、自治县制定的变通规定,须报请省、自治区、直辖市人民代表大会常务委员会批准后生效。自治区制定的变通规定,须报全国人民代表大会常务委员会批准后生效。"民族自治区、自治州、自治县的地方立法机关,都可以根据实际需要,对全国法律、国家一般法规、地方性法规在立法上进行变通。不因民族区域的大小、民族多少而在法律变通上有所区别,这种立法上变通权的平等是我国宪法民族平等性原则的体现。我国是一个多民族的国家,各少数民族在历史发展的长河中,在特定的地域环境下,形成了各自的传统和特点。在民主改革前有的民族处于封建社会形态,如白族、傣族、回族等;有的则处于奴隶社会阶段,如彝族;有的甚至处于原始阶段,如鄂伦春族等。加之这些民族居住在边疆或贫困山区,自然气候条件恶劣,交通不便,信息闭塞,经济和教育文化水平非常落后,文盲率较高,在全国性法律的实施过程中,就必然存在变通的问题。这种变通是根据特定民族或特定地域适用上的灵活处理,不是法律性质上的改变,不会导致对法律的违反,更不是对法律严肃性的破坏,相反是法律实施中原则性和灵活性的具体体现。

第三,国家法律明确规定,民族自治区的人民代表大会及其常务委员会还可以制定地方性法规。自治区人民政府所在地的市和经国务院批准的较大的市也可以制定地方性法规,报自治区人民代表大会常务委员会批准后施行。民族自治地方立法机关,除了享有制定自治条例和单行条例的权限以及对法律、法规的变通权外,同时也和普通行政区立法机关一样享有制定地方性法规的权限。这对于调动民族自治地方立法机关立法的积极性,加强民族自治地方法制建设有重要的意义。虽然民族自治区的人民代表大会及其常务委员会和民族自治区人民政府所在地的市的人民代表大会及其常务委员会和普通行政区地方立法机关享有同样地方性法规制定权,但其任务是不同的。民族自治地方立法机关,制定地方性法规的目的,是为了不断巩固、完善民族区域自治制度,保证民族自治地方自治权的充分行使,促进民族自治地方的经济、文化事业的大发展。民族自治地方立法机关在保证全国法制统一的前提下,应充分行使立法自治权,完善自治条例和单行条例。自治条例和单行条例是地方性自治法规的主要表现形式。自治条例指民族自治地方的人民代表大会,根据宪法和法律规定的原则和精神,依照自治地方的政治、经济和文化的特点制定的,用以调整民族自治地方内基本社会关系的地方性自治法规。我国自治地方有自治区、自治州和自治县三级,自治条例相应分为自治区的自治条例,自治州的自治条例和自治县的自治条例。单行条例是指民族自治地方的人民代表大会和它们的常务委员会,根据宪法和自治法的规定和国家有关部门法的特别授权,依照当地民族的政治、经济和文化的特点制定的,用以调整民族自治地方内某一方面社会关系的地方性自治法规。单行条例根据其调整的社会关系不同,可分为国家机构组织与活动、民事、婚姻家庭、自然资源开发与环境保护及管理、刑事、经济等单行条例。自治条例和单行条例有以下特征:第一,自治条例和单行条例居于法律、行政法规和地方性法规之间,不受行政法规和地方性法规制约,在我国法律体系中居于特定的地位。第二,自治条例和单行条例是民族自治地方的自治机关行使自治权的主要形式。第三,自治条例和单行条例是人民法院审理民族自治地方纠纷案件的主要法律依据。自治条例和单行条例都是民族自治地方内的地方性自治法规,但二者又是有区别的。第一,调整社会关系的范围不同。自治条例调整民族自治地方内政治、经济、文化等诸方面的社会关系,具有调整社会关系的全局性。单行条例则调整民族自治地方内某一具体社会关系,因而具有调整社会关系的局部性。第二,制定的机关和程序不完全相同。自治条例应由自治地方的人民代表大会制定;单行条例既可以是自治地方的人民代表大会制定,也可以是自治地方人民代表大会的常设机构——人大常委会制定。实践中许多单行条例多由自治地方的人大常委会制定的。第三,立法依据的直接来源不完全相同。自治条例立法的直接依据是宪法和民族区域自治法。单行条例的立法依据除了民族区域自治法外,其直接的立法依据是国家的各种部门法律,如刑法、民商法、经济法、诉讼法、婚姻法、继承法等。单行条例有相当一部分是对国家法律变通或者补充的结果。

第三节 一般地方制度

一、地方各级人民代表大会

(一) 地方各级人民代表大会的组成和任期

根据宪法、地方组织法的规定,省、自治区、直辖市、自治州、县、自治县、市、市辖区、乡、民族乡、镇设立人民代表大会;县级以上地方各级人民代表大会设立常务委员会。地方各级人民代表大会是该级行政区划内的国家权力机关,是各该级行政区划内人民行使地方国家权力的机关,它决定本行政区域内的重大事项。同级的地方国家行政机关、审判机关和检察机关都由人民代表大会产生,对负责,受它监督。

地方各级人民代表大会是由人民代表组成的。根据我国《宪法》第97条和我国《选举法》第2条及第2章的规定,地方各级人民代表大会的代表通过间接选举或者直接选举的方式产生。即省、自治区、直辖市、设区的市、自治州的人民代表大会的代表由下一级的人民代表大会选举产生;县、自治县、不设区的市、市辖区、乡、民族乡、镇的人民代表大会的代表由选民直接选举产生。地方各级人民代表大会的代表名额按照代表名额基数加按人口数增加代表的办法确定,具体而言,省、自治区、直辖市的代表名额基数为350名,省、自治区每15万人可以增加1名代表,直辖市每2.5万人可以增加1名代表;但是,代表总名额不得超过1000名。设区的市、自治州的代表名额基数为240名,每2.5万人可以增加1名代表;人口超过1000万的,代表总名额不得超过650名。不设区的市、市辖区、县、自治县的代表名额基数为120名,每5千人可以增加1名代表;人口超过165万的,代表总名额不得超过450名;人口不足5万的,代表总名额可以少于120名;乡、民族乡、镇的代表名额基数为40名,每1500人可以增加1名代表;但是,代表总名额不得超过160名;人口不足2000的,代表总名额可以少于40名。地方各级人民代表大会的代表名额基数与按人口数增加的代表数相加,即为地方各级人民代表大会的代表总名额。

自治区、聚居的少数民族多的省,经全国人大常委会决定,代表名额可以另加百分之五。聚居的少数民族多或者人口居住分散的县、自治县、乡、民族乡,经省、自治区、直辖市的人大常委会决定,代表名额可以另加百分之五。

省、自治区、直辖市的人民代表大会代表的具体名额,由全国人大常委会依照上述标准确定。设区的市、自治州和县级的人民代表大会代表的具体名额,由省、自治区、直辖市的人大常委会依照上述标准确定,报全国人大常委会备案。乡级的人民代表大会代表的具体名额,由县级的人大常委会依照上述标准确定,报上一级人大常委会备案。

根据2004年宪法修正案的规定,地方各级人民代表大会每届任期5年。地方各级人大会议每年至少举行1次。经过1/5代表提议,可以临时召集本级人大会议。

(二)地方各级人民代表大会的职权

1. 地方立法权

按照地方组织法和立法法的规定,省、自治区、直辖市的人民代表大会根据本行政区域的具体情况和实际需要,在不同宪法、法律、行政法规相抵触的前提下,可以制定和颁布地方性法规,报全国人大常委会和国务院备案。省、自治区的人民政府所在地的市和经国务院批准的较大的市的人民代表大会根据本市的具体情况和实际需要,在不同宪法、法律、行政法规和本省、自治区的地方性法规相抵触的前提下,可以制定地方性法规,报省、自治区人大常委会批准后施行,并由省、自治区人大常委会报全国人大常委会和国务院备案。

地方性法规可以就下列事项作出规定:①为执行法律、行政法规的规定,需要根据本行政区域的实际情况作具体规定的事项;②属于地方性事务需要制定地方性法规的事项。除《立法法》第8条规定的全国人大和全国人大常委会专有立法事项外,其他事项国家尚未制定法律或者行政法规的,省、自治区、直辖市和较大的市根据本地方的具体情况和实际需要，可以先制定地方性法规。在国家制定的法律或者行政法规生效后，地方性法规同法律或者行政法规相抵触的规定无效，制定机关应当及时予以修改或者废止。经济特区所在地的省、市的人民代表大会及其常务委员会根据全国人民代表大会的授权决定，制定法规，在经济特区范围内实施。民族自治地方的人民代表大会有权依照当地民族的政治、经济和文化的特点，制定自治条例和单行条例。自治区的自治条例和单行条例，报全国人民代表大会常务委员会批准后生效。自治州、自治县的自治条例和单行条例，报省、自治区、直辖市的人民代表大会常务委员会批准后生效。

2. 在本行政区域内，保证宪法、法律、行政法规的遵守和执行

地方各级人民代表大会在本行政区域内，保证宪法、法律、行政法规和上级人民代表大会及其常务委员会决议的遵守和执行，保证国家计划和国家预算的执行；保护社会主义的全民所有的财产和劳动群众集体所有的财产，保护公民私人所有的合法财产，维护社会秩序，保障公民的人身权利、民主权利和其他权利；保护各种经济组织的合法权益；保障少数民族的权利；保障宪法和法律赋予妇女的男女平等、同工同酬和婚姻自由等各项权利。

3. 选举权和罢免权

地方各级人民代表大会有权选举和罢免本级人民政府省长、副省长、自治区主席、副主席、市长、副市长、州长、副州长、县长、副县长、区长、副区长的权力。县以上人大有选举和罢免同级人大常委会组成人员及人民法院院长和人民检察院检察长的权力。选举和罢免同级人民检察院检察长，必须报上级人民检察院检察长提请该级人大常委会批准。

4. 对地方性重大事项有决定权

地方各级人民代表大会有权讨论、决定本行政区域内的政治、经济、教育、文化、卫生、科学、环境和资源保护、民政、民族工作等方面的重大事项。有权审查和批准本行政区域的国民经济和社会发展计划、预算及其执行情况的报告。

5. 监督权

地方各级人民代表大会有权听取和审查本级人大常委会的工作报告；听取和审查本级人民政府的工作报告、本级人民法院和人民检察院的工作报告；有权改变和撤销本级人大常委会不适当的决议和命令，有权撤销本级人民政府不适当的决定和命令。

二、县级以上地方各级人民代表大会常务委员会

（一）县级以上地方各级人民代表大会常务委员会的组成和任期

根据地方组织法的规定：县级以上地方各级人民代表大会设立常务委员会作为常设机构，对本级人大负责并报告工作。省、自治区、直辖市、自治州、设区的市人民代表大会常务委员会由本级人民代表大会在代表中选举主任、副主任若干人、秘书长、委员若干人组成；县、自治县、不设区的市、市辖区的人民代表大会常务委员会由本级人民代表大会在代表中选举主任、副主任若干人和委员若干人组成。其中自治区、自治州、自治县的人民代表大会常务委员会的主任或副主任应当由实行区域自治的民族的公民担任。地方各级人民代表大会常务委员会的组成人员的名额分别为：省、自治区、直辖市35人至65人，人口超过8000万的省不超过85人；设区的市、自治州19人至41人，人口超过800万的市不超过51人；县、自治县、不设区的市、市辖区15人至27人，

人口超过100万的县、自治县、不设区的市、市辖区不超过35人。为了保证县级以上地方各级人民代表大会常务委员会的组成人员专心致志地做好地方国家权力机关的工作，提高各级人民代表大会常务委员会的工作质量，以及有效地监督其他的地方国家机关的工作，宪法还明确规定，县级以上地方各级人民代表大会常务委员会的组成人员不得担任国家行政机关、审判机关和检察机关的职务，如果担任上述职务，必须辞去常务委员会组成人员的职务。

县级以上地方各级人民代表大会常务委员会的每届任期与本级人民代表大会每届任期相同，它行使职权到下届本级人民代表大会选出新的常务委员会为止。

乡、民族乡、镇的人民代表大会不设常务委员会，在人民代表大会闭会期间，为了及时处理本级人民代表大会的日常工作和其他重要工作，地方组织法规定，乡、民族乡、镇的人民代表大会设主席1人，副主席1~2人，由本级人民代表大会从代表中选举产生，任期与本级人民代表大会相同。主席、副主席不得担任国家行政机关的职务，如果担任国家行政机关的职务，必须向本级人民代表大会辞去主席、副主席职务。主席、副主席在人民代表大会闭会期间负责联系代表并组织代表开展活动，并反映代表和群众对本级人民政府工作的建议、批评和意见。

（二）县级以上地方各级人民代表大会常务委员会的职权

1. 地方立法权

省、自治区、直辖市的人民代表大会常务委员会在本级人民代表大会闭会期间，根据本行政区域的具体情况和实际需要，在不同宪法、法律、行政法规相抵触的前提下，可以制定和颁布地方性法规，报全国人民代表大会常务委员会和国务院备案。省、自治区的人民政府所在地的市和经国务院批准的较大的市的人民代表大会常务委员会，在本级人民代表大会闭会期间，根据本市的具体情况和实际需要，在不同宪法、法律、行政法规和本省、自治区的地方性法规相抵触的前提下，可以制定地方性法规，报省、自治区的人民代表大会常务委员会批准后施行，并由省、自治区的人民代表大会常务委员会报全国人民代表大会常务委员会和国务院备案。

2. 执行法律和上级人大的决议

县级以上地方各级人大常委会，在本行政区域内，保证宪法、法律、行政法规和上级人民代表大会及其常务委员会决议的遵守和执行。

3. 主持选举、召集会议、联系代表

县级以上地方各级人民代表大会常务委员会还要领导或者主持本级人民代表大会代表的选举；召集本级人民代表大会会议；负责联系本级人民代表大会代表。

4. 任免权

在本级人民代表大会闭会期间，决定副省长、自治区副主席、副市长、副州长、副县长、副区长的个别任免；在省长、自治区主席、市长、州长、县长、区长和人民法院院长、人民检察院检察长因故不能担任职务的时候，从本级人民政府、人民法院、人民检察院副职领导人员中决定代理的人选；决定代理检察长，须报上一级人民检察院和人民代表大会常务委员会备案；根据省长、自治区主席、市长、州长、县长、区长的提名，决定本级人民政府秘书长、厅长、局长、委员会主任、科长的任免，报上一级人民政府备案；按照人民法院组织法和人民检察院组织法的规定，任免人民法院副院长、庭长、副庭长、审判委员会委员、审判员，任免人民检察院副检察长、检察委员会委员、检察员，批准任免下一级人民检察院检察长；省、自治区、直辖市的人民代表大会常务委员会根据主任会议的提名，决定在省、自治区内按地区设立的和在直辖市内设立的中级人民法院院长的任免，根据省、自治区、直辖市的人民检察院检察长的提名，决定人民检察院分院检察长的任免；在本级人民代表大会闭会期间，决定撤销个别副省长、自治区副主席、副市长、副州长、副县长、副区长的职务；决定撤销由它任命的本级人民政府其他组成人员和人民法院副院长、庭长、副庭长、审判委员会委员、审判员，人民检察院副检察长、检察委员会委员、检察员，中级人民法院院长、人民检察院分院检察长的职务；在本级人民代表大会闭会期间，补选上一级人民代表大会出缺的代表和罢免个别代表。

5. 重大事项的决定权

讨论、决定本行政区域内的政治、经济、教育、科学、文化、卫生、环境和资源保护、民政、民族等工作的重大事项；审查和批准决算，听取和审议国民经济和社会发展计划、预算的执行情况报告，听取和审议审计工作报告；根据本级人民政府的建议，决定对本行政区域内的国民经济和社会发展计划、预算的部分变更；决定授予地方的荣誉称号。

6. 监督权

地方各级人民代表大会常务委员会监督本级人民政府、人民法院和人民检察院的工作，受理人民群众对上述机关和国家工作人员的批评、申诉、控告和检举；撤销下一级人民代表大会及其常务委员会的不适当的决议；撤销本级人民政府的不适当的决定和命令；对关系改革发展稳定大局和群众切身利益、社会普遍关注的重大问题，听取和审议人民政府、人民法院和人民检察院的专项工作报告；对法律、法规实施情况进行检查；对规范性文件的备案审查；进行询问和质询，组织特定问题调查等。

三、地方各级人民政府

（一）地方各级人民政府的组成和任期

中华人民共和国地方各级人民政府是地方各级人民代表大会的执行机关，是地方各级国家行政机关。包括省、自治区、直辖市、自治州、设区的市、县、自治县、不设区的市、市辖区、乡、民族乡、镇各级人民政府。地方各级人民政府对本级人民代表大会和上一级国家行政机关负责并报告工作。县级以上的地方各级人民政府在本级人民代表大会闭会期间，对本级人民代表大会常务委员会负责并报告工作。全国地方各级人民政府都是国务院统一领导下的国家行政机关，都服从国务院。因此，地方各级人民政府实行双重负责制，既要对同级人大及其常委会负责，又要向上级人民政府负责，并受国务院统一领导。

根据地方组织法的规定，省、自治区、直辖市、自治州、设区的市的人民政府分别由省长、副省长，自治区主席、副主席，市长、副市长，州长、副州长和秘书长、厅长、局长、委员会主任等组成；县、自治县、不设区的市、市辖区的人民政府分别由县长、副县长，市长、副市长，区长、副区长和局长、科长等组成；乡、民族乡的人民政府设乡长、副乡长，民族乡的乡长由建立民族乡的少数民族公民担任；镇人民政府设镇长、副镇长。省长、副省长，自治区主席、副主席，市长、副市长，州长、副州长，县长、副县长，区长、副区长，乡长、副乡长、镇长、副镇长分别由本级人大选举产生，秘书长、厅长、局长、主任、科长分别由本级人大常委会任免。

地方各级人民政府每届任期5年。

(二) 地方各级人民政府的领导体制

地方各级人民政府和国务院一样，都实行行政首长负责制。即地方各级人民政府分别实行省长、自治区主席、市长、州长、县长、区长、乡长、镇长负责制。省长、自治区主席、市长、州长、县长、区长、乡长、镇长分别主持地方各级人民政府的工作，重大问题在集体讨论研究的基础上由行政首长个人作出决定，并对各项行政工作负全部责任。地方各级人民政府的行政首长，分别领导和主持各该级人民政府的工作，副职是协助首长工作的助手，各级人民政府作出的决定、命令，制定的行政措施或规章以及向同级人民代表大会提出的议案等都要由政府首长签署、负责。

(三) 地方各级人民政府的职权

1. 地方政府规章的制定

省、自治区、直辖市的人民政府可以根据法律、行政法规和本省、自治区、直辖市的地方性法规，制定规章，报国务院和本级人大常委会备案。省、自治区的人民政府所在地的市和经国务院批准的较大的市的人民政府，可以根据法律、行政法规和本省、自治区的地方性法规，制定规章，报国务院和省、自治区人大常委会、人民政府以及本级人大常委会备案。

2. 执行决议、发布命令

县级以上地方各级人民政府执行本级人大及其常委会的决议，以及上级国家行政机关的决定和命令，规定行政措施，发布决定和命令。

3. 管理各项行政工作

地方各级人民政府依照法律的规定任免、培训、考核和奖惩国家行政机关工作人员；执行国民经济和社会发展计划、预算，管理本行政区域内的经济、教育、科学、文化、卫生、体育事业、环境和资源保护、城乡建设事业和财政、民政、公安、民政事务、司法行政、监察、计划生育等行政工作，办理上级国家行政机关交办的其他事项。

4. 领导和监督

领导所属各工作部门和下级人民政府的工作；改变或者撤销所属各工作部门的不适当的命令、指示和下级人民政府的不适当的决定、命令。

5. 依法保障各方面的权利，维护社会秩序

保护社会主义的全民所有的财产和劳动群众集体所有的财产，保护公民私人所有的合法财产，维护社会秩序，保障公民的人身权利、民主权利和其他权利；保护各种经济组织的合法权益；保障少数民族的权利和尊重少数民族的风俗习惯，帮助本行政区域内各少数民族聚居的地方依照宪法和法律实行区域自治，帮助各少数民族发展政治、经济和文化的建设事业；保障宪法和法律赋予妇女的男女平等、同工同酬和婚姻自由等各项权利。

四、普通行政区域

（一）省

1. 省级国家机关的设置

（1）省人民代表大会及常务委员会

省人民代表大会是省地方国家权力机关。省的人民代表大会代表由下一级的人民代表大会选举，受原选举单位的监督，由人民代表大会常务委员会主持本级人民代表大会代表的选举。省的代表名额基数为350名，每15万人可以增加1名代表。其代表名额基数与按人口数增加的代表数相加，即为各省人民代表大会的代表总名额。但是，代表总名额不超过1000人。省人民代表大会每届任期五年。

省的人民代表大会设立常务委员会。省人民代表大会常务委员会是省人民代表大会的常设机关，对本级人民代表大会负责并报告工作。省的人民代表大会常务委员会由本级人民代表大会在代表中选举主任、副主任若干人、秘书长、委员若干人组成。常务委员会的组成人员不得担任国家行政机关、审判机关和检察机关的职务；如果担任上述职务，必须向常务委员会辞去常务委员会的职务。省人大常务委员会组成人员的名额为35人至65人，人口超过8000万的省不超过85人；每届任期同省人民代表大会每届任期相同，它行使职权至下届省人民代表大会选出新的常务委员会为止。省人民代表大会常务委员会主任、副主任和秘书长组成主任会议，主任会议处理常务委员会的重要日常工作。省人民代表大会常务委员会可以在地区设立工作机构。

（2）省人民政府

省人民政府是省人民代表大会及其常务委员会的执行机关和地方国家行政机关。对省人民代表大会和国务院负责并报告工作，省人民政府在省人民代表大会闭会期间，对省人民代表大会常务委员会负责并报告工作。省人民政府具有双重属性，一方面，它们从属于本级人大及其常委会，执行本级人大及其常委会制定的地方性法规和决议；另一方面，它们必须服从国务院的统一指挥与领导，国务院有权向省级政府交办各项行政工作，有权改变或撤销省政府做出的不适当的决定和命令。省人民政府由省长、副省长和秘书长、厅长、局长、委员会主任等组成。每届任期五年。省长和副省长由省人民代表大会选举产生。新一届省长、副省长选举产生后，省人民政府的其他组成人员的人选，在2个月内，由省长提名，省人大常委会表决通过后任命。省人民政府实行省长负责制，省长负责主持省人民政府的工作，副省长协助省长工作并分别分管一部分工作部门。省人民政府会议分为全体会议和常务会议，全体会议由省级人民政府全体成员组成，常务会议，分别由省长、副省长和秘书长组成，政府工作中的重大问题，须经政府常务会议或者全体会议讨论决定。

根据统一领导和垂直管理的原则，省人民政府参照国务院职能部门的设立情况设置与国务院基本相应的行政机构，即各厅、局、委员会。省人民政府的厅、局、委员会等工作部门的设立、增加、减少或者合并，由省人民政府报请国务院批准，并报省人民代表大会常务委员会备案。各厅、局、委员会分别设厅长、局长、主任，在必要的时候可以设副职。办公厅、办公室设主任，在必要的时候可以设副主任。设秘书长一人，副秘书长若干人。另外，在省还设置由国务院实行垂直领导的机构，如审计局、国家安全部门等。还有国务院有关部门设立的分支机构，如民航管理局、中国人民银行分行、海关等，这些机构由国务院主管部门实行垂直领导，不列入省政府的行政序列，但省政府应当协助它们开展工作，在某些事项上拥有监督及综合协调权。在必要的时候，经国务院批准，可以设立若干派出机关。

目前，省政府的机构除办公机构以外，大体上有四类①：

①综合管理部门。主要包括经济委员会、发展和改革委员会、外贸委员会、财政、税务、工商行政、审计、统计、质量监督等。

②专业管理部门。主要包括农业、交通、建设、信息产业、水利、林业、商业、粮食、企业管理等部门。

③政治与行政管理部门。包括公安、国家安全、外事、人事、监察、民政、司法、民族事务、宗教事务、机关事务等部门。

④科学、教育、文化、卫生等部门。包括科学技术、教育、体育运动、计划生育、医疗卫生、环境保护、文化、广播电视、电影、新闻出版等部门。

（3）省人民法院

省高级人民法院由院长1人，副院长、庭长、副庭长和审判员若干人组成。省高级人民法院对省人大及其常委会负责。院长由同级人大任免，每届任期与同级人大每届任期相同；副院长、庭长、副庭长、审判委员会委员、审判员由院长提请本级人大常委会任免。高级人民法院设立刑事、民事、行政审判庭，还可以根据需要设立其他审判庭。

省高级人民法院的职权是：

①案件的审判。首先，省高级人民法院审判法律规定由其管辖的一审案件，即在其辖区内的重大刑事案件或在本辖区有重大影响的民事案件和行政案件。同时，审判下级人民法院移送审判的第一审案件。其次，审判不服下级人民法院和海事法院一审判决的上诉案件和抗诉案件。再次，审判人民检察院按照审判监督程序提出的抗诉案件。

②对下级法院审判工作的监督。对下级人民法院已经发生法律效力的判决和裁定，如发现确有错误的，有权提审或者指令下级人民法院再审。

③死刑复核。复核由中级人民法院判决的死刑、被告人未提起上诉的案件，同意判处死刑的，再报最高人民法院核准，不同意判处死刑的，则可以提审或者发回重审。同时，复核中级人民法院判处死刑缓期执行的案件。

（4）省人民检察院

省人民检察院由检察长1人、副检察长和检察员若干人组成。省人民检察院检察长由省人民代表大会选举和罢免，副检察长、检察委员会委员、检察员由省人民检察院检察长提请省人大常委会任免。省人民检察院检察长的任免，须报最高人民检察院检察长提请全国人大常务委员会批准。省人民检察院根据工作需要，提请本级人大常委会批准，可以在工矿区、农垦区、林区等设置人民检察院，作为派出机构。省人民检察院在工矿区、农垦区、林区设置的人民检察院检察长、副检察长、检察委员会委员和检察员，均由派出它的人民检察院检察长提请本级人大常委会任免。省人民检察院的任期与本级人大每届任期相同。

省人民检察院都设立检察委员会，由检察长、副检察长、部分检察员及其他干部组

---

① 参见沈荣主编：《当代中国政府与过程》，南开大学出版社2008年版，第126～127页。

成。检察委员会实行民主集中制,在检察长的主持下,讨论、决定重大案件和其他重大问题。如果检察长在重大问题上不同意多数人的决定,可以报请省人大常委会决定。省人民检察院还可以设立相应的检察处和其他业务机构,分别承办法纪监督、侦查监督、公诉和审判监督、监所监督、控告申诉等方面的工作。

2. 省的权力

省的权力在此主要讲省人民政府的权力,而省人民代表大会及其常委会、法院和检察院的权力在有关章节中已经涉及,不再赘述。

根据现行的《地方组织法》规定,省级人民政府的职权可归类为:

(1) 执行权

即执行本级人大及其常委会的决议,执行国务院下达的决定和命令,并保证其在本行政区域有效、顺利贯彻实施。另外,还必须办理国务院交办的其他事项。

(2) 管理权

执行国民经济和社会发展计划、预算,管理本行政区域内的经济、教育、科学、文化、卫生、体育事业、城乡建设事业和财政、民政、公安、民族事务、司法行政、监察、计划生育等行政工作。还包括保护社会主义的全民所有的财产和劳动群众集体所有的财产,保护公民私人所有的合法财产,维护社会秩序,保障公民的人身权利、民主权利和其他权利;保障农村集体经济组织应有的自主权;保障少数民族的权利和尊重少数民族的风俗习惯,帮助本行政区域内各少数民族聚居的地方依照宪法和法律实行区域自治,帮助各少数民族发展政治、经济和文化的建设事业;保障宪法和法律赋予妇女的男女平等、同工同酬和婚姻自由等各项权利。

(3) 地方行政立法权和制令权

省人民政府可以根据法律和国务院的行政法规,以及本级人大及其常委会制定的地方性法规,制定行政规章,可以规定行政措施,发布决定和命令。与国务院的部委和直属机构制定行政规章一样,省政府也可以制定行政规章,作为行政立法的一部分。作为一种政府的立法行为,省政府制定行政规章的程序比较严格,与国务院行政法规的制定程序类似。一般先由主管部门或专门起草小组提出草案,经省政府办公厅与法制办研究,列入省人民政府常务会议或者全体会议议程,经过充分讨论或修改后,由省长签发。行政规章正式公布后,必须向国务院和本级人大常委会备案。国务院和本级人大常委会如果认为省级政府的行政规章不适当,可以改变或撤销。

(4) 领导与监督权

省政府领导所属各工作部门和下级人民政府的工作;依照法律的规定任免、培训、考核和奖惩国家行政机关工作人员;改变或者撤销所属各工作部门的不适当的命令、指示和下级人民政府的不适当的决定、命令。

(二) 市

1. 市的不同层次 (直辖市、省辖市、县级市等)

市的层级各不相同,有与省同级的直辖市,有比省低一级、比县高一级的地级市,有与县同级的县级市。

直辖市是直属中央政府管理的省级行政单位。我国目前有四个直辖市,分别是北京市、上海市、天津市和重庆市。

地级市受省、自治区政府的直接领导和管辖，一般均为设区的市，但部分地级市也是不设区的市，如广东省中山市和东莞市、海南省三亚市、甘肃省嘉峪关市。地级市包括较大的市、设区的市、省会城市和计划单列市。计划单列市在行政级别上是副省级，这些城市①"单列"的内容主要有经济和社会发展的各项计划，赋予其在制定和执行计划、管理经济方面相当于省一级的权限。

县级市。县级市是不设区的市，具有与县相平等的行政地位。县级市一般由地区、地级市代管，自治州辖市由自治州领导。

2. 市国家机关的设置

（1）市人民代表大会及常务委员会

市人民代表大会也是市的国家权力机关，在市区域内代表人民行使国家权力。市的行政机关、司法机关都由市人民代表大会选举产生，对市人民代表大会负责，并接受其监督。市人民代表大会由代表组成。我国市人民代表大会代表的选举采取两种方式，直接选举与间接选举产生。直辖市、设区的市的人民代表大会的代表为间接选举，不设区的市的人民代表大会的代表为直接选举。直辖市、设区的市、不设区的市人民代表大会每届任期均为五年。

市人民代表大会常务委员会是市人民代表大会的常设机关，在市人民代表大会闭会期间行使市国家权力机关的职权。市人大常委会对本级人民代表大会负责并报告工作。直辖市、设区的市的人大常委会由主任、副主任、秘书长、委员会若干人组成。不设区的市的人大常委会由主任、副主任和委员若干人组成。市人大常委会组成人员的名额为：直辖市35至65人；设区的市19至41人，人口超过800万的设区的市不超过51人；不设区的市15人至27人，人口超过100万的不设区的市不超过35人。市人民代表大会常务委员会的组成人员不得担任国家行政机关、审判机关和检察机关的职务。如果担任上述职务，必须向常务委员会辞去常务委员的职务。市人大常委会每届任期与本级人民代表大会相同，为五年。

（2）市人民政府

市人民政府是市人民代表大会的执行机关，是市国家行政机关。市人民政府对市人大及其常委会负责并报告工作，接受市人大及其常委会的领导和监督。市人民政府对上一级国家行政机关负责并报告工作，接受上一级国家行政机关的领导和监督，同时还要服从国务院的统一领导。市人民政府的这种双重性质和地位，既保证了中央和上级行政机关对城市行政事务的统一领导，保证了全国政令的统一，又有利于市人民政府因地制宜地发挥主动性和积极性。

直辖市、设区的市的人民政府分别由市长、副市长、秘书长、厅长、局长、委员会主任等组成。不设区的市的人民政府分别由市长、副市长和局长、科长等组成。市长、副市长，由本级人大主席团或者人大代表联合提名，由本级人大选举产生。其他组成人员由市长提名，由市人大常委会任命。直辖市、设区的市、不设区的市人民政府每届任期五年。

---

① 具体指广州市、武汉市、哈尔滨市、沈阳市、成都市、南京市、西安市、长春市、济南市、杭州市、重庆市、大连市、青岛市、深圳市、厦门市和宁波市。

市人民政府的领导体制是行政首长负责制即市人民政府实行市长负责制。市长作为市人民政府的最高行政首长，负责领导市人民政府的工作，在工作中主要拥有五项权力：即市的最高行政决策权；最高行政指挥权；市政府工作的统一协调权；人事提名和任免权；市的最高代表权。①

市人民政府设有全体会议和常务会议，全体会议由本级人民政府全体成员组成。直辖市、设区的市的人民政府常务会议，分别由市长、副市长和秘书长组成。不设区的市的人民政府常务会议，分别是由市长、副市长组成。市长召集和主持一级人民政府全体会议和常务会议，市政府工作中的重大问题，须经市政府常务会议或者全体会议讨论决定。

(3) 市人民法院

市人民法院是独立行使审判权的专门机关，其地位从属于市人民代表大会及其常委会，由市人民代表大会选举产生，受市人民代表大会监督，对市人民代表大会以及其常务委员会负责并报告工作。市人民法院在上级人民法院监督下进行工作。但是，上级人民法院不能具体干涉市人民法院依法进行的审判活动。

直辖市设高级人民法院、中级人民法院、基层人民法院；设区的市设中级人民法院、基层人民法院；不设区的市设基层人民法院。各级市人民法院一般由院长、副院长、庭长、副庭长和审判员组成。院长由本级人民代表大会选举产生，其他组成人员由本级人民代表大会常务委员会任免。直辖市内设立的中级人民法院院长，由直辖市人民代表大会常务委员会根据主任会议的提名决定任免，副院长、庭长、副庭长和审判员由直辖市高级人民法院提请直辖市人民代表大会常务委员会任免。市人民法院的任期每届五年，与本级人民代表大会任期相同。

市各级人民法院一般设有立案庭、刑事审判庭、民事审判庭、行政审判庭、审判监督庭、执行庭以及其他审判庭和办公室等工作部门。市各级人民法院分别行使不同的职权。

直辖市高级人民法院审判下列案件：法律规定由它管辖的第一审案件；下级人民法院移送审判的第一审案件；对下级人民法院判决和裁定的上诉案件和抗诉案件；人民检察院按照审判监督程序提出的抗诉案件。

市中级人民法院审判下列案件：法律规定由它管辖的第一审案件；基层人民法院移送审判的第一审案件；对基层人民法院判决和裁定的上诉案件和抗诉案件；人民检察院按照审判监督程序提出的抗诉案件。对受理的刑事、民事等各类案件，认为案情重大应当由上级人民法院审判的时候，中级人民法院可以请求移送上级人民法院审判。

市基层人民法院的职权为：审判刑事、民事、行政等第一审案件（但是法律另有规定的除外）。基层人民法院对它所受理的各类案件，认为案情重大应当由上级人民法院审判的时候，可以请求移送上级人民法院审判。基层人民法院除审判案件外，并且办理下列事项：处理不需要开庭审判的民事纠纷和轻微的刑事案件；指导人民调解委员会的工作。

---

① 张永桃主编：《市政学》，高等教育出版社2006年版，第79~80页。

(4) 市人民检察院

市人民检察院是设在市的国家法律监督机关，代表国家独立行使检察权。市人民检察院向市人民代表大会及其常委会负责和报告工作，接受市人大及其常委会的监督。市人民检察院作为一级地方法律监督机关，必须接受上级人民检察院的领导。

直辖市设市人民检察院、市人民检察分院和市辖区人民检察院；设区的市设市人民检察院和市辖区人民检察院；不设区的市设市人民检察院。市各级人民检察院设检察长1人，副检察长和检察员若干人。检察长统一领导检察院的工作。市各级人民检察院设立检察委员会。检察委员会实行民主集中制，在检察长的主持下，讨论决定重大案件和其他重大问题。直辖市人民检察院检察长和人民检察分院检察长由直辖市人民代表大会选举和罢免，其他组成人员由直辖市人民检察院检察长提请本级人民代表大会常务委员会任免。直辖市人民检察院检察长的任免，须报最高人民检察院检察长提请全国人民代表大会常务委员会批准。设区的市、不设区的市检察院的检察长由本级人民代表大会任免，其他组成人员由检察长提请本级人民代表大会常务委员会任免。市人民检察院检察长的任免，须报上一级人民检察院，由上一级人民检察院的检察长提请该级人民代表大会常务委员会批准。市人民检察院的任期每届5年，与本级人民代表大会的任期相同。

3. 市人民政府的权力

市人民政府享有类似于省人民政府规定的权力，即执行权、管理权、制令权、领导与监督权，根据宪法和法律赋予的职权不同，可以分为：

第一类是直辖市，与一般的省享有相同的权力。

第二类是计划单列市，其国民经济等计划被单独越级列入更高一级国家计划之中，在行政上是副省级市。

第三类是能够制定行政规章的市人民政府，即省、自治区人民政府所在地的市和经国务院批准的较大的市的人民政府。

第四类是一般的地级市和所有的县级市，它们既不拥有计划单列权，也不能制定行政规章。

（三）县

1. 县国家机关的设置

(1) 县人民代表大会及常务委员会

县人民代表大会是县的国家权力机关，决定县行政区域内的重大事项，县人民政府、人民法院、人民检察院都由它产生，对它负责，受它监督。县人民代表大会由代表组成，县人民代表大会代表由选民直接选举产生。县的代表名额基数为120名，每5千人可以增加1名代表；人口超过165万的，代表总名额不得超过450名；人口不足5万的，代表总名额可以少于120名。县人民代表大会代表的具体名额，由省、自治区、直辖市的人民代表大会常务委员会依照选举法确定，报全国人民代表大会常务委员会备案。县人民代表大会代表每届任期5年。

县人民代表大会设立常务委员会。县人民代表大会常务委员会是县人民代表大会的常设机关，对县人民代表大会负责并报告工作。县人民代表大会常务委员会由本级人民代表大会在代表中选举主任、副主任若干人和委员若干人组成。县人民代表大会常务委员会的组成人员的名额为11人至23人，人口超过100万的县不超过29人。县人民代表大会常务委员会的组成人员不得担任国家行政机关、审判机关和检察机关的职务，如果担任上述职务，必须辞去常务委员会组成人员的职务。县人民代表大会常务委员会的每届任期与本级人民代表大会每届任期相同，它行使职权到下届本级人民代表大会选出新的常务委员会为止。

（2）县人民政府

县人民政府是县人民代表大会的执行机关，同时又是地方的行政机关。作为县人大的执行机关，县人民政府由县人民代表大会选举产生，对本级人大负责，并接受其领导和监督。作为地方的国家行政机关，县人民政府直接接受上一级政府的领导和监督，同时又接受国务院的统一领导。县人民政府还承担着对下属乡、镇政府的领导工作，或者对街道等派出机构的指导工作。

县级人民政府在国家行政组织体系中的隶属关系可以分为：一种是受省、自治区人民政府的直接领导，并受地区行政公署的监督指导；一种是在没有行政公署的地方，受省、自治区、直辖市的直接领导；还有一种是受省与县之间的一级国家政权机关即地级市、自治州人民政府领导的县人民政府。

县人民政府由县长、副县长和局长、科长组成。县长、副县长由县人民代表大会选举产生。在县人民代表大会闭会期间，县人民代表大会常委会可以决定副县长的个别任免。县政府局（科）长的任免，由县长提名，县人民代表大会常委会决定，并报上一级政府备案。县人民政府的每届任期为5年。

（3）县人民法院

县设基层人民法院。县基层人民法院由院长一人、副院长和审判员若干人组成。院长由县人民代表大会选举，副院长、庭长、副庭长和审判员由县人民代表大会常务委员会任免。县基层人民法院设立审判委员会，实行民主集中制。审判委员会的任务是总结审判经验，讨论重大的或者疑难的案件和其他有关审判工作的问题。审判委员会委员由院长提请本级人大常委会任免。审判委员会会议由院长主持，本级人民检察院检察长可以列席。

县基层人民法院可以设刑事审判庭、民事审判庭、行政审判庭和审判监督庭。基层人民法院的主要工作是受理和审判在它管辖范围内的第一审民事、刑事和行政案件。此外处理不需要开庭审判的民事纠纷和轻微的刑事案件，指导人民调解委员会的工作。

（4）县人民检察院

县人民检察院是国家法律监督机关，代表国家独立行使检察权。县人民检察院向县人民代表大会及其常委会负责和报告工作，接受县人大及其常委会的监督。县人民检察院作为一级地方法律监督机关，必须接受上级人民检察院的领导。

县人民检察院设检察长1人，副检察长和检察员若干人。检察长统一领导检察院的工作。县人民检察院检察长由本级人民代表大会选举和罢免。副检察长、检察委员会委员和检察员由县人民检察院检察长提请本级人大常务委员会任免。

2. 县的权力

根据《宪法》和《地方组织法》的授予，县的权力表现为县的国家机关的权力，主要包括以下几个方面：（1）组织县级国家机关的权力，即组织县人大、县政府、县法院、县检察院；（2）决定本县区域内属于自己权力范围的重大问题的权力；（3）执行国家法律、法规、国家政策、国家计划、国家预算、上级国家机关的决议和命令的权力；(4) 管理全县范围内政治、经济、文化、民政、卫生、公安等方面工作的权力；(5) 司法权是县审判机关、检察机关适用法律、法规的审判权和法律监督权。

另外，根据《地方组织法》的规定，县人民政府的职权可归类为：

(1) 执行权。即执行本级人大及其常委会的决议，执行上级国家行政机关下达的决定和命令，并保证其在本行政区域有效、顺利贯彻实施。

(2) 管理权。执行国民经济和社会发展计划、预算，管理本行政区域内的经济、教育、科学、文化、卫生、体育事业、城乡建设事业和财政、民政、公安、民族事务、司法行政、监察、计划生育等行政工作。还包括保护社会主义的全民所有的财产和劳动群众集体所有的财产，保护公民私人所有的合法财产，维护社会秩序，保障公民的人身权利、民主权利和其他权利；保障农村集体经济组织应有的自主权；保障少数民族的各项权利；保障宪法和法律赋予妇女的男女平等、同工同酬和婚姻自由等各项权利。

(3) 可以规定行政措施，发布决定和命令

(4) 领导与监督权。领导所属各工作部门和下级人民政府的工作；依照法律的规定任免、培训、考核和奖惩国家行政机关工作人员；改变或者撤销所属各工作部门的不适当的命令、指示和下级人民政府的不适当的决定、命令。

(四) 乡镇

1. 乡镇国家机关的设置

乡镇的人民代表大会是基层的国家权力机关。乡镇的人民代表大会由选民直接选举代表组成。根据《选举法》的规定，乡镇的人民代表大会代表名额基数为 40 名，每 1500 人可以增加 1 名代表；人口超过 9 万的乡的代表总名额不得超过 100 名；人口超过 13 万的镇的代表总名额不得超过 130 名[①]；人口不足 2000 的乡镇的代表总名额可以少于 40 名。聚居的少数民族多或者人口居住分散的乡经省、自治区、直辖市的人大常委会决定，代表名额可以另加 5%。乡镇的人民代表大会代表的具体名额，由县级的人民代表大会常务委员会如上确定，报上一级人民代表大会常务委员会备案。乡镇的人民代表大会每届任期 5 年。

乡镇的人民代表大会不设常务委员会，在人民代表大会闭会期间，为了及时处理本级人民代表大会的日常工作和其他重要工作，《地方组织法》规定，乡、民族乡、镇的人民代表大会设主席 1 人、副主席 1—2 人，由本级人民代表大会从代表中选举产生，其职能是在本级人民代表大会闭会期间负责联系本级人民代表大会的代表，组织代表开展活动，反映代表及群众对本级政府工作的建议、批评和意见。主席、副主席的任期与本级人民代表大会相同。他们应是主席团的成员。主席、副主席不得担任国家行政机关的职务，如果担任国家行政机关的职务，必须向本级人民代表大会辞去主席、副主席职务。主席、副主席在人民代表大会闭会期间负责联系代表并组织代表开展活动。

乡镇的人民政府是本级人民代表大会的执行机关，是基层的国家行政机关，对本级人民代表大会和上一级人民政府负责、报告工作，并统一服从国务院的领导。乡的人民政府设乡长、副乡长。镇人民政府设镇长、副镇长。乡长、副乡长、镇长、副镇长的人

---

① 2010 年修改的选举法已将 130 名限额提高到 160 名。

选,由本级人民代表大会主席团或者 10 名以上代表联合提名,进行差额选举,以获得全体代表的过半数票者当选。乡镇的人民政府任期 5 年。乡镇的人民政府实行乡长、镇长负责制。乡长、镇长主持本级人民政府的工作。政府不设工作部门,但可以聘用若干工作人员。

2. 乡镇人民政府的权力

(1) 执行权,即执行本级人大的决议和上级国家行政机关的决定和命令,发布决定和命令,确保法律和法规的贯彻执行,办理上级人民政府交办的其他事项。

(2) 制令权,即制定行政措施,发布行政命令。

(3) 管理权,即执行本行政区域内的经济和社会发展计划、预算,管理本行政区域内的经济、教育、科学、文化、卫生、体育事业和财政、民政、公安、司法行政、计划生育等行政工作;保护社会主义的全民所有的财产和劳动群众集体所有的财产,保护公民私人所有的合法财产,维护社会秩序,保障公民的人身权利、民主权利和其他权利;保障农村集体经济组织应有的自主权;保障少数民族的权利和尊重少数民族的风俗习惯;保障宪法和法律赋予妇女的男女平等、同工同酬和婚姻自由等各项权利。

第四节 基层群众自治组织

一、基层群众自治组织概述

(一) 基层群众自治组织的概念

基层群众性自治组织是指依据有关的法律规定,以城乡居民(村民)一定的居住地为纽带和范围设立,并由居民(村民)选举产生的成员组成,实行自我教育、自我管理、自我服务的社会组织,它是人民直接参与管理国家事务和社会事务的一种形式,是社会主义民主制度的一个重要方面。我国《宪法》第 2 条第 3 款规定:"人民依照法律规定,通过各种途径和形式,管理国家事务,管理经济和文化事业,管理社会事务。"第 111 条第 1 款规定:"城市和农村按居民居住地区设立的居民委员会或者村民委员会是基层群众性自治组织。"这些规定为我国基层群众性自治制度和基层民主制度建设提供了宪法依据。

(二) 基层群众自治组织的特点

根据《宪法》和《居民委员会组织法》《村民委员会组织法》的规定,以及我国城乡基层社会组织建设的实际情况,基层群众性自治是非政权型的,即非国家性质的自治,而是一种社会自治。基层群众性自治组织具有以下几个方面的特点[①]:

1. 基层性

基层群众性的自治组织的这一特点,主要表现在以下三个方面:一是从组织构成上看,居民委员会和村民委员会成员都是由社会最基本的单元——个人组成的,每个社会成员都平等地参加了该自治组织。二是从组织系统上看,居民委员会和村民委员会只存在于居住地区范围的基层社区。它们都没有上级组织,更没有全国性、地区性的统一组

---

① 参见周叶中主编:《宪法学》,高等教育出版社、北京大学出版社 2000 年版,第 223 页。苗连营主编:《宪法学》,郑州大学出版社 2004 年版,第 138 页。

织。不像工会、共青团、妇联、残联等群众团体，除有基层组织外，还有上级的地区性组织和全国性组织。三是从自治内容上看，居民委员会和村民委员会的任务及所从事的工作，都是居（村）民居住范围内社区的公共事务和公益事业，不涉及其他地区。

2. 独立性

基层群众性自治组织在组织上具有独立性。它既不从属于也不依赖于居民（村民）居住地范围内任何其他社会组织，也就是说，基层群众性自治组织不是国家机关的下级组织，也不从属于任何社会团体和社会经济组织，与它们之间不存在领导与被领导的关系，国家机关及其派出机构无权对它发布指示和命令。

3. 自治性

基层群众性自治组织是一个具有自治性质的社会组织，自治是它的重要特点。这种自治性主要表现在：它通过居（村）民的自我管理、自我教育、自我服务开展工作，实行民主选举、民主决策、民主管理、民主监督。尽管不设区的市、市辖区的人民政府或者它的派出机关、乡、民族乡、镇的人民政府，对居民委员会和村民委员会的工作可以给予指导、支持和帮助，但不得干预依法应属于居（村）民自治范围的事项；其自治的内容是居住区范围以内全方位、综合性的自治，而不仅限于某一个方面的工作。

（三）基层群众自治组织的在我国的发展历史

早在 20 世纪 50 年代，我国城市就建立了居民委员会。1950 年我国人民代表大会制度还没有正式建立的时候，天津市人民政府就在派出所辖区内设立了我国第一个居民委员会组织，居民委员会正、副主任由区公所和派出所的专职干部担任，其他委员则在当地居民中聘任。1954 年，全国人大常委会通过了《城市居民委员会组织条例》，其中明确规定："居民委员会是群众自治性的居民组织"。该条例的颁布实施，使城市居民委员会很快在全国各城市普遍建立起来。

1954 年颁布了《城市居民委员会组织条例》后，全国人大常委会于 1980 年又重新予以公布，并重申了该条例的精神仍然适用。1982 年在总结城市居民委员会经验的基础上，我国现行宪法明确规定，在城市按居民居住地设立居民委员会，并且对居民委员会的性质、任务和组织原则作出了具体的规定。随着我国城市基层群众性自治组织的不断发展、健全，以及经验积累和制度建设的不断丰富和完善。1989 年，七届全国人大常委会第 11 次会议通过了《城市居民委员会组织法》，这对加强居民委员会的建设，促进城市基层社会主义民主和社会主义物质文明、政治文明和精神文明建设的发展，提供了有力的法律保障。

在农村，由于 20 世纪 50 年代经济社会结构急剧变化未能建立农民自治制度。1955 年以后，农村人民公社成了政社合一的组织，而大队、生产队则成了公社下面的"车间"和"连队"。党的十一届三中全会以后，农村实行家庭联产承包导致农村经济体制发生了重大变革，农民首先摆脱了过去政社合一的集体经济组织的束缚，获得了生产经营自主权。而过去行政性的生产大队和生产队组织，因失去组织生产和管理农民的功能而丧失了存在的基础，农村人民公社开始解体，公社下面的生产大队开始向村演变。1980 年底，广西河池地区的宜山、罗城两县农村农民自发组建了一种全新的组织——村民委员会。到 1982 年底，村民委员会在全国的不少农村地区得到发展。

1982 年 12 月颁布的新宪法第一次确定了村民自治的制度。从此，村民自治有了宪法上的依据，成了宪法上的一种制度。1987年11月六届全国人大常委会第二十三次会议颁布了《中华人民共和国村民委员会组织法（试行）》，对村民自治组织和自治权作了具体、明确的规定。促进了村民自治制度的进一步发展。1998年11月，在总结村民自治十来年的经验基础上，九届全国人大常委会第五次会议正式通过了《中华人民共和国村民委员会组织法》。至此，我国村民自治制度已经基本成熟。

二、居民委员会

（一）居民委员会的设置

根据《居民委员会组织法》的规定，居民委员会设立的原则是根据居民居住状况，便于居民自治。居住状况主要包括居住地的行政区域状况、地理位置状况、历史状况等因素。便于居民自治主要包括：便于居民参与管理居住地的公共事务；便于居民加强与居民委员会的联系；便于居民享受居住地公共服务。依据这一原则，居民委员会一般在100户至700户的范围内设立。其设立、撤销、规范调整由不设区的市、市辖区的人民政府决定。

居民委员会可以根据需要设人民调解、治安保卫和公共卫生等工作委员会。居民委员会成员可以兼任工作委员会的委员。居民较少的居委会可以不设工作委员会，而由居委会委员负责相应的工作。

（二）居民委员会的组织

根据《居民委员会组织法》的规定，居民委员会由主任、副主任和委员5—9人组成。多民族居住的地区，应吸收人数较少的民族的居民参加委员会。居委会成员由选举产生，年满18周岁没有被依法剥夺政治权利的居民，享有选举权和被选举权。居民委员会每届任期3年，可连选连任。

根据《居民委员会组织法》的规定，居民会议是由居民委员会辖区范围内全体18周岁以上的居民组成的居民自治的权威机构。居民委员会向居民会议负责并报告工作。凡是涉及全体居民利益的重大问题，居民委员会必须提请居民会议讨论决定。居民会议有权撤换和补选居民委员会成员。居民委员会在开展工作过程中应该广泛听取居民的意见，决定问题实行少数服从多数的原则，并可根据需要下设人民调解、治安保卫和公共卫生等工作委员会。居民委员会成员可以兼任工作委员会的委员。居民较少的居委会可以不设工作委员会，而由居委会委员负责相应的工作。

（三）居民委员会的任务

根据《宪法》规定，居民委员会的任务是办理本居住地区的公共事务和公益事业，调解民间纠纷，协助维护社会治安，并且向人民政府反映群众的意见、要求和提出建议。《居民委员会组织法》第3条将居民委员会的任务具体列举为以下几个方面：

第一，宣传宪法、法律、法规或国家的政策，维护居民的合法权益，教育居民履行依法应尽的义务，爱护公共财产，开展多种形式的社会主义精神文明建设。

第二，办理本居住地区的公共事务和公益事业。

第三，调解民间纠纷。

第四，协助维护社会治安。

第五，协助人民政府或者它的派出机关做好与居民利益有关的公共卫生、计划生育、优抚救济、青少年教育等项工作。

第六，向人民政府或者它的派出机关反映居民的意见、要求和提出建议。

此外，《居民委员会组织法》第4条规定，居民委员会应当开展便民利民的社区服务活动，可以兴办有关的服务事业。第5条还规定，多民族居住地区的居民委员会，应当教育居民互相帮助、互相尊重，加强民族团结。其他有关法律还规定对应编入居民小组的被依照法律剥夺政治权利的人进行监督和教育。

三、村民委员会

（一）村民委员会的设置

根据《村民委员会组织法》的规定，村民委员会设置的原则是：根据村民居住状况，人口多少是建立村民委员会的客观条件和依据，便于群众自治是村民委员会设置的目的。依据这一原则，村民委员会一般设在自然村，小的自然村可以联合设立村民委员会；大的自然村可以设立几个村民委员会。村民委员会设置如果规模过大，村民之间难以相互了解，召集会议困难，不利于村民集体讨论决定问题。规模过小，则聚集不起一定的人力、物力和财力，难以发展。因此，村民委员会的设立、撤销、范围调整，由乡、民族乡、镇的人民政府提出，经村民会议讨论同意后，报县级人民政府批准。

（二）村民委员会的组织

根据《村民委员会组织法》的规定，村民委员会由主任、副主任和委员3至7人组成。村民委员会成员中，妇女应有适当的名额，多民族居住的村应有人数较少的民族的成员，村民委员会的主任、副主任和委员由村民直接选举产生，年满18周岁没有被依法剥夺政治权利的村民，均享有选举权和被选举权。任何组织或者个人不得指定、委派或者撤换村民委员会成员。要求罢免村民委员会成员，罢免村民委员会成员须本村五分之一以上有选举权的村民联名并且经过过半数通过。村民委员会向村民会议负责并报告工作，涉及村民利益的下列事项，村民委员会必须提请村民会议讨论决定，方可办理：

第一，乡统筹、村提留的收缴及村提留的使用。

第二，村民委员会成员中享受误工补贴的人数及补贴标准。

第三，村集体经济所得收益的使用。

第四，村办学校、村建道路等村公益事业经费的筹集方案。

第五，村集体经济项目的立项，承包方案及村公益事业的建设承包方案。

第六，村民的联产承包方案。

第七，宅基地的使用方案。

第八，村民会议认为应当由村民会议决定的涉及村民的其他事项。

村民委员会实行村务公开制度。村民委员会在开展工作过程中应该广泛听取村民的意见，决定问题实行少数服从多数的原则，并可根据需要下设人民调解、治安保卫、公共卫生等委员会，还可以分设若干村民委小组，小组长由村民推选产生。

（三）村民委员会的任务

村民委员会是村民自我教育、自我管理、自我服务的基层群众性自治组织。根据《宪法》和《村民委员会组织法》的有关规定，村民委员会的任务可以概括为以下五个方面：

第一，宣传宪法、法律、法规和国家的政策，教育和推动村民履行法律规定的义务，爱护公共财产，维护村民合法的权利和利益，发展文化教育，普及科技知识，促进村与村之间的团结、互助，开展多种不同形式的社会主义精神文明建设活动。

第二，协助乡、民族乡、镇的人民政府开展工作。

第三，村民委员会应当支持组织村民依法发展各种形式的合作经济或其他经济，承担本村生产的服务和协调工作，促进农村生产建设的社会主义市场经济的发展；应当尊重集体经济组织依法独立进行经济活动的自主权，维护以家庭承包经营为基础，统分结合的双层经营体制，保障集体经济组织和村民、承包经营户或者合伙的合法财产权和其他合法的权利和利益；依照法律规定，管理本村属于村民集体所有的土地和其他财产，教育村民合理利用自然资源，保护和改善生态环境。

第四，教育和引导村民加强民族团结、相互尊重、互相帮助。

第五，协助有关部门，对被依法剥夺政治权利的村民进行教育、帮助和监督。

【关键词】

地方制度　民族区域自治地方　基层群众自治组织

【思考题】

1. 我国地方制度的特点是什么？
2. 我国民族区域自治地方的特点是什么？
3. 我国民族自治地方设立程序是什么？
4. 我国民族自治地方的自治权有哪些？
5. 我国基层群众自治组织的特点是什么？
6. 我国基层群众自治组织的任务是什么？

【参考文献】

陈嘉陵主编：《各国地方政府比较研究》，武汉出版社1991年版。
周叶中主编：《宪法学》，高等教育出版社、北京大学出版社2000年版。
苗连营主编：《宪法学》，郑州大学出版社2004年版。
张永桃主编：《市政学》，高等教育出版社2006年版。
沈荣主编：《当代中国政府与过程》，南开大学出版社2008年版。

第十二章　我国的特别行政区制度

【本章学习提示】　本章介绍我国的特别行政区制度，内容分三节。第一节讨论了特别行政区的法律地位；第二节探讨了特别行政区与中央之间的关系，重点介绍了中央行使的体现国家主权的权力和特别行政区行使的高度自治权的具体内容；第三节介绍了特别行政区的政治体制。

特别行政区是指按照"一国两制"的基本方针，在统一的中华人民共和国境内，以宪法为依据建立的特殊的地方行政区域。"一国两制"是"一个国家，两种制度"的简称，按照邓小平的解释，"就是在中华人民共和国内，大陆十亿人口实行社会主义制度，香港、台湾实行资本主义制度"。[①]"一个国家"指中华人民共和国，最高权力机关即全国人民代表大会，中央人民政府即国务院。中华人民共和国中央人民政府是中国唯一的合法政府，只有它才能够在国际上代表中国。"两种制度"即指在中华人民共和国这个统一的国家内，实行社会主义和资本主义两种不同的社会制度，大陆实行社会主义制度，港、澳、台实行资本主义制度。"一国"是前提，"两制"是受"一国"约束的统一形式。宪法第 31 条规定："国家在必要时得设立特别行政区。在特别行政区内实行的制度按照具体情况由全国人民代表大会以法律规定。"宪法的规定表明，"一国两制"方针的具体化就是在我国境内成立特别行政区。根据"一国两制"的设想，1984 年 12 月，中英两国政府通过谈判，签署了关于香港问题的联合声明；中葡两国政府于 1987 年 4 月签署了关于澳门问题的联合声明。这两个声明确认中国政府将分别于 1997 年、1999 年对香港和澳门恢复行使主权，并设立香港特别行政区和澳门特别行政区。根据宪法第 31 条的规定，全国人民代表大会分别于 1990 年和 1993 年制定了《中华人民共和国香港特别行政区基本法》（以下简称《香港基本法》）和《中华人民共和国澳门特别行政区基本法》（以下简称《澳门基本法》）。1997 年 7 月 1 日，香港回归；1999 年 12 月 20 日，澳门回归。香港、澳门的回归，意味着香港特别行政区和澳门特别行政区的建立。

第一节　特别行政区的法律地位

特别行政区的法律地位是指特别行政区在我国国家政权体制中的地位。《香港基本法》和《澳门基本法》都在第 1 条规定，特别行政区是我国不可分离的部分；都在第 12 条规定，特别行政区是我国的一个享有高度自治权的地方行政区域，直辖于中央人民政府。这些规定，充分体现了特别行政区的法律地位。

---

① 《邓小平文选》第 3 卷，人民出版社 1993 年版，第 103 页。

(一) 特别行政区是我国不可分割的组成部分

我国是单一制国家,设立特别行政区并没有改变这一性质。作为单一制国家的组成部分,特别行政区不能从我国分离出去。根据"一国两制"指导思想建立起来的特别行政区,虽然实行与我国大陆地区不同的制度,但都统一于"一国"之中,不容破坏。

(二) 特别行政区是我国的地方行政区域

特别行政区与中央的关系是主权国家内部中央与地方的关系,是领导与被领导、监督与被监督的关系,而不是并列关系。特别行政区享有的自治权是由中央授予的,而不是特别行政区自身所固有的权力。特别行政区享有的自治权本源于中央,其具体内容和范围由中央决定。

(三) 特别行政区是实行高度自治的地方行政区域

这是特别行政区与其他普通地方行政区域相区别的地方,也正是特别行政区的"特别"之处。和其他普通地方行政区域不同,特别行政区管理权限比其他普通地方行政区域要大得多。中央管理的部分仅涉及外交、防务以及其他属于国家主权范围内的事项,其他事务均由特别行政区自主管理。

(四) 特别行政区是直辖于中央人民政府的一级地方行政区域

特别行政区直接由中央人民政府即国务院管辖,在中央人民政府与特别行政区之间没有任何中间层次的管理机构。但这不能被理解为,中央的其他国家机关与特别行政区就没有任何关系。事实上,全国人民代表大会及其常务委员会与特别行政区之间存在授权与监督的关系。全国人民代表大会授权特别行政区享有高度自治权,全国人民代表大会及其常务委员会、国务院可授予特别行政区"其他权力"。特别行政区立法机关制定的法律须报全国人民代表大会常务委员会备案,香港特别行政区终审法院法官和高等法院首席法官、澳门特别行政区终审法院法官和院长的任免须报全国人民代表大会常务委员会备案。另外,根据基本法的规定,特别行政区只设一级地方政府,只有一级政权。

第二节 特别行政区与中央的关系

本章所讲的特别行政区与中央人民政府的关系,主要是指特别行政区与中央人民政府在法律上的或说是在基本法上权力分配的关系。根据香港和澳门基本法的规定,特别行政区是国家的一个享有高度自治权的地方行政区域,直辖于中央人民政府即国务院。这种从属关系是不容置疑的。在此基础上中央与特别行政区就地方职权问题依法确定分权的政治关系。

一、中央行使国家主权原则:中央人民政府对特别行政区行使的权力

1. 由中央人民政府负责管理与特别行政区有关的外交事务

《香港基本法》和《澳门基本法》都在第13条规定:中央人民政府负责管理与特别行政区有关的外交事务。中央人民政府外交部在特别行政区设立机构处理外交事务。

2. 由中央人民政府负责管理特区的防务,即指对外防务

《香港基本法》和《澳门基本法》都在第14条规定:中央人民政府负责管理特别行政区的防务。《香港基本法》还对中央人民政府在香港的驻军作了规定,但"中央人民政府派驻香港特别行政区负责防务的军队不干预香港特别行政区的地方事务"(第14条

第 3 款)。

3. 人事任命权

《香港基本法》第 15 条规定:"中央人民政府依照本法第四章的规定任命香港特别行政区行政长官和行政机关的主要官员。"《澳门基本法》第 15 条规定:"中央人民政府依照本法有关规定任免澳门特别行政区行政长官、政府主要官员和检察长。"《香港基本法》第 43 条、《澳门基本法》第 45 条规定:特别行政区行政长官依照本法的规定对中央人民政府和特别行政区负责。《香港基本法》第 45 条、《澳门基本法》第 47 条规定:特别行政区行政长官在当地通过选举或协商产生,由中央人民政府任命。《香港基本法》第 48 条第 8 款、《澳门基本法》第 50 条第 12 款规定:特别行政区行政长官必须执行中央人民政府就基本法规定的有关事务发出的指令。

4. 全国人民代表大会常务委员会决定特别行政区进入紧急状态和在特别行政区实施的全国性法律

《香港基本法》第 18 条第 3 款、《澳门基本法》第 18 条第 3 款规定:全国人民代表大会常务委员会在征询其所属的香港或澳门特别行政区基本法委员会和香港或澳门特别行政区政府的意见后,可对列于本法附件三的法律作出增减,任何列入附件三的法律,限于有关国防、外交和其他按本法规定不属于香港特别行政区自治范围的法律。同时该条还规定:全国人民代表大会常务委员会决定宣布战争状态或因香港或澳门特别行政区内发生特别行政区政府不能控制的危及国家统一或安全的动乱而决定特别行政区进入紧急状态,中央人民政府可发布命令将有关全国性法律在香港或澳门特别行政区实施。

5. 全国人民代表大会常务委员会解释基本法

《香港基本法》第 158 条、《澳门基本法》第 143 条规定:基本法的解释权属于全国人民代表大会常务委员会。特别行政区法院在审理案件时对本法的其他条款也可解释。但如特别行政区法院在审理案件时需要对本法关于中央人民政府管理的事务或中央和特别行政区关系的条款进行解释,而该条款的解释又影响到案件的判决,在对该案件作出不可上诉的终局判决前,应由特别行政区终审法院请全国人民代表大会常务委员会对有关条款作出解释。如全国人民代表大会常务委员会作出解释,特别行政区法院在引用该条款时,应以全国人民代表大会常务委员会的解释为准。但在此以前作出的判决不受影响。全国人民代表大会常务委员会在对基本法进行解释前,征询其所属的香港或澳门特别行政区基本法委员会的意见。

6. 全国人民代表大会有权修改基本法

《香港基本法》第 158 条、《澳门基本法》第 144 条规定:基本法的修改权属于全国人民代表大会。基本法对于其修改的提案权也作出了详细的规定。

7. 特别行政区立法的备案与发回

《香港基本法》和《澳门基本法》都在第 17 条规定:特别行政区的立法机关制定的法律须报全国人民代表大会常务委员会备案,备案不影响该法律的生效。全国人民代表大会常务委员会在征询其所属的香港或澳门特别行政区基本法委员会后,如认为香港或澳门特别行政区立法机关制定的任何法律不符合基本法关于中央管理的事务及中央和特别行政区的关系的条款,可将有关法律发回,但不做修改。经全国人民代表大会常务委员会发回的法律立即失效。该法律的失效,除特别行政区的法律另有规定外,无溯及力。

二、特别行政区实行高度自治原则：特别行政区享有的自治权

1. 独立的行政管理权

《香港基本法》和《澳门基本法》都在第 16 条规定：特别行政区享有行政管理权，依照基本法的有关规定自行处理特别行政区的行政事务；同时也都第 22 条规定：中央人民政府所属各部门、各省、自治区、直辖市均不得干预特别行政区根据基本法自行管理的事务。中央各部门、各省、自治区、直辖市如需在特别行政区设立机构，须征得特别行政区政府同意并经中央人民政府批准。中央各部门、各省、自治区、直辖市在香港特别行政区设立的一切机构及其人员均须遵守香港特别行政区的法律。

2. 广泛的立法权

《香港基本法》和《澳门基本法》都在第 17 条规定：特别行政区享有立法权；第 18 条规定：在特别行政区实行的法律为基本法以及基本法规定的香港或澳门原有法律和特别行政区立法机关制定的法律。全国性法律除列于基本法附件三者外，不在特别行政区实施。凡列于基本法附件三之法律，由特别行政区在当地公布或立法实施。也就是说，特别行政区内的绝大部分事务都由特别行政区的原有法律（包括英国普通法）和特别行政区立法机关制定的法律管辖，中央国家机关的立法（即基本法所称的"全国性法律"）除列于基本法附件三的极少数有关国防、外交和其他不属特区自治范围的法律外，不适用于特别行政区。另外，《香港基本法》和《澳门基本法》都在第 23 条规定：特别行政区应自行立法禁止任何叛国、分裂国家、煽动叛乱、颠覆中央人民政府及窃取国家机密的行为，禁止外国的政治性组织或团体在特别行政区进行政治活动，禁止特别行政区的政治性组织或团体与外国的政治性组织或团体建立联系。

3. 独立的司法权和终审权

《香港基本法》和《澳门基本法》都在第 19 条规定：特别行政区享有独立的司法权和终审权。特别行政区法院除继续保持原有法律制度和原则对法院审判权所作的限制外，对特别行政区所有的案件均有审判权。该条也规定了对特别行政区法院管辖权的限制，即特别行政区法院对国防、外交等国家行为无管辖权。特别行政区法院在审理案件中遇有涉及国防、外交等国家行为的事实问题，应取得行政长官就该等问题发出的证明文件，上述文件对法院有约束力。行政长官在发出证明文件前，须取得中央人民政府的证明书。

4. 独立的财政税收权

《香港基本法》第 106 条、《澳门基本法》第 104 条规定：特别行政区保持财政独立。特别行政区的财政收入全部用于自身需要，不上缴中央人民政府。中央人民政府不在特别行政区征税。《香港基本法》第 107 条、《澳门基本法》第 105 条规定，特别行政区的财政预算以量入为出为原则，力求收支平衡，避免赤字，并与本地生产总值的增长率相适应。《香港基本法》第 108 条、《澳门基本法》第 106 条规定：特别行政区实行独立的税收制度。《香港基本法》第 103 条还规定："香港特别行政区参照原在香港实行的低税政策，自行立法规定税种、税率、税收宽免和其他税务事项。"《澳门基本法》第 106 条还规定："澳门特别行政区参照原在澳门实行的低税政策，自行立法规定税种、税率、税收宽免和其他税务事项。专营税制由法律另作规定。"

5. 独立的货币发行权并实行独立的货币金融制度

《澳门基本法》第107条规定：澳门特别行政区的货币金融制度由法律规定。澳门特别行政区政府自行制定货币金融政策，保障金融市场和各种金融机构的经营自由，并依法进行管理和监督。第108条规定：澳门元为澳门特别行政区的法定货币，继续流通。澳门货币发行权属于澳门特别行政区政府。澳门货币的发行须有百分之百的准备金。澳门货币的发行制度和准备金制度，由法律规定。澳门特别行政区政府可授权指定银行行使或继续行使发行澳门货币的代理职能。第109条规定：澳门特别行政区不实行外汇管制政策。澳门元自由兑换。澳门特别行政区的外汇储备由澳门特别行政区政府依法管理和支配。澳门特别行政区政府保障资金的流动和进出自由。《香港基本法》第110条规定：香港特别行政区的货币金融制度由法律规定。香港特别行政区政府自行制定货币金融政策，保障金融企业和金融市场的经营自由，并依法进行管理和监督。第111条规定：港元为香港特别行政区法定货币，继续流通。港币的发行权属于香港特别行政区政府。港币的发行须有百分之百的准备金。港币的发行制度和准备金制度，由法律规定。香港特别行政区政府，在确知港币的发行基础健全和发行安排符合保持港币稳定的目的的条件下，可授权指定银行根据法定权限发行或继续发行港币。第112条规定：香港特别行政区不实行外汇管制政策。港币自由兑换。继续开放外汇、黄金、证券、期货等市场。香港特别行政区政府保障资金的流动和进出自由。第113条规定：香港特别行政区的外汇基金，由香港特别行政区政府管理和支配，主要用于调节港元汇价。

6. 单独关税区

《香港基本法》第116条、《澳门基本法》第112条规定：特别行政区为单独的关税地区。香港特别行政区可以"中国香港"的名义、澳门特别行政区以"中国澳门"的名义参加《关税和贸易总协定》、关于国际纺织品贸易安排等有关国际组织和国际贸易协定，包括优惠贸易安排。特别行政区所取得的和以前取得仍继续有效的出口配额、关税优惠和达成的其他类似安排，全由香港或澳门特别行政区享有。《香港基本法》第114条、《澳门基本法》第110条规定：香港特别行政区、澳门特别行政区保持自由港地位，除法律另有规定外，不征收关税。

7. 签发特别行政区护照与独立的出入境管制

《香港基本法》第154条、《澳门基本法》第139条规定：中央人民政府授权特别行政区政府依照法律给持有特别行政区永久性居民身份证的中国公民签发中华人民共和国香港或澳门特别行政区护照，给在特别行政区的其他合法居留者签发中华人民共和国香港或澳门特别行政区的其他旅行证件。上述护照和证件，前往各国和各地区有效，并载明持有人有返回香港或澳门特别行政区的权利。对世界各国或各地区的人入境、逗留和离境，特别行政区政府可实行出入境管制。

8. 独特的官方语言政策

在香港，中英文均为正式语言（《香港基本法》第9条）。在澳门，中文和葡文均为正式语言（《澳门基本法》第9条）。

9. 土地和自然资源方面的权力

《香港基本法》第7条规定：香港特别行政区境内的土地和自然资源属于国家所有，

由香港特别行政区政府负责管理、使用、开发、出租或批给个人、法人或团体使用或开发，其收入全归香港特别行政区政府支配。《澳门基本法》第7条规定：澳门特别行政区境内的土地和自然资源，除在澳门特别行政区成立前已依法确认的私有土地外，属于国家所有，由澳门特别行政区政府负责管理、使用、开发、出租或批给个人、法人使用或开发，其收入全部归澳门特别行政区政府支配。

10. 处理特别行政区对外事务权

特别行政区在相当广泛的范围内有处理其对外事务的权能（见《基本法》第7章），如以"中国香港"或"中国澳门"的名义参加不以国家为单位参加的国际组织和国际会议（《香港基本法》第152条、《澳门基本法》第137条），并在经贸、金融、航运、通讯、旅游、文化、体育等领域以"中国香港"或"中国澳门"的名义，与外国和国际组织发展关系及签订协议（《香港基本法》第151条、《澳门基本法》第136条）。

11. 使用区旗、区徽的权力

特别行政区除悬挂中华人民共和国国旗和国徽外，还可使用其区旗和区徽（《香港基本法》《澳门基本法》第10条）。

12. 选举全国人民代表大会代表参加最高国家权力机关的权力

特别行政区选出该区的全国人民代表大会代表，参加最高国家权力机关的工作（《香港基本法》《澳门基本法》第21条）。

第三节 特别行政区的政治体制

特别行政区的国家机关包括行政长官、行政机关、立法机关和司法机关。

一、行政长官

（一）行政长官的法律地位

《香港基本法》第43条、《澳门基本法》第45条规定：特别行政区行政长官是特别行政区的首长，代表特别行政区。特别行政区行政长官依照基本法规定对中央人民政府和特别行政区负责。特别行政区的行政长官既是特别行政区的首长，又是特别行政区政府的首长。

（二）行政长官的任职资格

《香港基本法》第44条、《澳门基本法》第46条规定：特别行政区行政长官由年满40周岁，在特别行政区通常居住连续满20年的特别行政区永久性居民中的中国公民担任。根据《香港基本法》的规定，担任香港特别行政区行政长官还必须在外国无居留权。《澳门基本法》则规定，澳门特别行政区行政长官在任职期间不得具有外国居留权。《澳门基本法》第49条还规定：澳门特别行政区行政长官在任职期内不得从事私人赢利活动；行政长官就任时应向澳门特别行政区终审法院院长申报财产，记录在案。

（三）行政长官的产生办法

行政长官在当地通过选举或协商产生，由中央人民政府任命。

特别行政区第一任行政长官由推选委员会在当地以协商后提名的方式选举产生。推选委员会由特别行政区的永久性居民400人（澳门为200人）组成，其成员包括：工商、金融界人士100人（澳门为60人），专业界人士100人（澳门为50人），劳动、基层、宗教等界人士 100 人（澳门为 50 人），原政界人士、出席全国人民代表大会代表、全国政治协商会议委员 100 人（澳门为 40 人）。

特别行政区第二任行政长官由选举委员会举行产生。根据《香港特别行政区行政长官的产生办法》《澳门特别行政区行政长官的产生办法》，选举委员会由 800 人（澳门为 300 人）组成，具体构成如下：工商、金融界 200 人（澳门为 100 人），专业界 200 人（澳门为文化、教育、专业等界 80 人），劳工、社会服务、宗教等界 200 人（澳门为 80 人），立法会议员、区域性组织代表（澳门为市政机构成员的代表）、香港或澳门地区全国人大代表、香港或澳门地区全国政协委员的代表 200 人（澳门为 40 人）。选举委员会每届任期 5 年。行政长官经特别行政区选举委员会选出后，由中央人民政府任命。

（四）行政长官的任期

《香港基本法》第 46 条、《澳门基本法》第 48 条规定，特别行政区行政长官任期 5 年，可连任一次。

（五）行政长官的职权

香港特别行政区行政长官的职权和澳门特别行政区行政长官的职权略有差异。

根据《香港基本法》第 48 条的规定，香港特别行政区行政长官行使的职权如下：①领导香港特别行政区政府；②负责执行本法和依照本法适用于香港特别行政区的其他法律；③签署立法会通过的法案，公布法律；签署立法会通过的财政预算案，将财政预算、决算报中央人民政府备案；④决定政府政策和发布行政命令；⑤提名并报请中央人民政府任命下列主要官员：各司司长、副司长，各局局长，廉政专员，审计署审计长，警务处处长，入境事务处处长，海关关长；建议中央人民政府免除上述官员职务；⑥依照法定程序任免各级法院法官；⑦依照法定程序任免公职人员；⑧执行中央人民政府就本法规定的有关事务发出的指令；⑨代表香港特别行政区政府处理中央授权的对外事务和其他事务；⑩批准向立法会提出有关财政收入或支出的动议；⑪根据安全和重大公共利益的考虑，决定政府官员或其他负责政府公务的人员是否向立法会或其属下的委员会作证和提供证据；⑫赦免或减轻刑事罪犯的刑罚；⑬处理请愿、申诉事项。

根据《澳门基本法》第 50 条的规定，澳门特别行政区行政长官行使的职权如下：①领导澳门特别行政区政府；②负责执行本法和依照本法适用于澳门特别行政区的其他法律；③签署立法会通过的法案，公布法律；签署立法会通过的财政预算案，将财政预算、决算报中央人民政府备案；④决定政府政策，发布行政命令；⑤制定行政法规并颁布执行；⑥提名并报请中央人民政府任命下列主要官员：各司司长、廉政专员、审计长、警察部门主要负责人和海关主要负责人；建议中央人民政府免除上述官员职务；⑦委任部分立法会议员；⑧任免行政会委员；⑨依照法定程序任免各级法院院长和法官，任免检察官；⑩依照法定程序提名并报请中央人民政府任命检察长，建议中央人民政府免除检察长的职务；⑪依照法定程序任免公职人员；⑫执行中央人民政府就本法规定的有关事务发出的指令；⑬代表澳门特别行政区政府处理中央授权的对外事务和其他事务；⑭批准向立法会提出有关财政收入或支出的动议；⑮根据国家和澳门特别行政区的安全或重大公共利益的需要，决定政府官员或其他负责政府公务的人员是否向立法会或其所属的委员会作证和提供证据；⑯依法颁授澳门特别行政区奖章和荣誉称号；⑰依法赦免或减轻刑事罪犯的刑罚；⑱处理请愿、申诉事项。

（六）行政长官的辞职

《香港基本法》第 52 条规定：香港特别行政区行政长官如有下列情况之一者必须辞职：①因严重疾病或其他原因无力履行职务；②因两次拒绝签署立法会通过的法案而解散立法会，重选的立法会仍以全体议员三分之二多数通过所争议的原案，而行政长官仍拒绝签署；③因立法会拒绝通过财政预算案或其他重要法案而解散立法会，重选的立法会继续拒绝通过所争议的原案。

《澳门基本法》第 54 条规定：澳门特别行政区行政长官如有下列情况之一者必须辞职：①因严重疾病或其他原因无力履行职务；②因两次拒绝签署立法会通过的法案而解散立法会，重选的立法会仍以全体议员 2/3 多数通过所争议的原案，而行政长官在 30 日内拒绝签署；③因立法会拒绝通过财政预算案或关系到澳门特别行政区整体利益的法案而解散立法会，重选的立法会仍拒绝通过所争议的原案。

（七）行政会议

香港的行政会议和澳门的行政会是协助行政长官决策的机构，由行政长官从行政机关主要官员、立法会议员和社会人士中委任。行政会议由行政长官主持，其主要任务是在行政长官作出重要决策、同立法会提交法案、制定附属法规和解散立法会前，为行政长官提供咨询意见。

（八）廉政公署和审计署

《香港基本法》第 57 条、《澳门基本法》第 59 条规定，特别行政区设立廉政公署，独立工作，对行政长官负责。《香港基本法》第 58 条、《澳门基本法》第 60 条规定，特别行政区设立审计署，独立工作，对行政长官负责。

二、行政机关

（一）特别行政区行政机关的性质

特别行政区的行政机关即特别行政区政府，特别行政区政府的首长即特别行政区行政长官。

（二）特别行政区政府的组成

香港特别行政区政府下设政务司、财政司、律政司和各局、处、署。各司司长、副司长，各局局长，廉政专员，审计署长，警务处处长，入境事务处处长，海关关长为主要官员。《香港基本法》第 62 条规定："香港特别行政区的主要官员由在香港通常居住连续满十五年并在外国无居留权的香港特别行政区永久性居民中的中国公民担任。"香港特别行政区主要官员由香港特别行政区行政长官提名并报请中央人民政府任命，也由香港特别行政区行政长官建议中央人民政府免除上述官员职务。《香港基本法》第 63 条还规定，香港特别行政区律政司主管刑事检察工作，不受任何干涉。而《澳门基本法》却并无这样的规定。

澳门特别行政区政府下设行政法务司、经济财政司、保安司、社会文化司、运输工务司、廉政公署、审计署和局、厅、处等。各司司长、廉政专员、审计长、警察部门主要负责人和海关主要负责人为主要官员。根据《澳门基本法》第 63 条的规定："澳门特别行政区政府的主要官员由在澳门通常居住连续满十五年的澳门特别行政区永久性居民中的中国公民担任。澳门特别行政区主要官员就任时应向澳门特别行政区终审法院院长申报财产，记录在案。"澳门特别行政区主要官员由澳门特别行政区行政长官提名并报请中央人民政府任命，也由澳门特别行政区行政长官建议中央人民政府免除上述官员职务。

（三）特别行政区政府的职权

根据《香港基本法》第 62 条的规定，香港特别行政区政府行使的职权包括：①制定并执行政策；②管理各项行政事务；③办理本法规定的中央人民政府授权的对外事务；④编制并提出财政预算、决算；⑤拟定并提出法案、议案、附属法规；⑥委派官员列席立法会并代表政府发言。

根据《澳门基本法》第 64 条的规定，澳门特别行政区政府行使的职权包括：①制定并执行政策；②管理各项行政事务；③办理本法规定的中央人民政府授权的对外事务；④编制并提出财政预算、决算；⑤提出法案、议案，草拟行政法规；⑥委派官员列席立法会会议听取意见或代表政府发言。

（四）特别行政区政府的责任

《香港基本法》第 64 条规定："香港特别行政区政府必须遵守法律，对香港特别行政区立法会负责：执行立法会通过并已生效的法律；定期向立法会做施政报告；答复立法会议员的质询；征税和公共开支须经立法会批准。"《澳门基本法》第 65 条规定："澳门特别行政区政府必须遵守法律，对澳门特别行政区立法会负责：执行立法会通过并已生效的法律；定期向立法会做施政报告；答复立法会议员的质询。"香港特别行政区政府和澳门特别行政区政府在责任上的区别在于，香港特别行政区政府的征税和公共开支必须经香港特别行政区立法会批准，而《澳门基本法》却没有类似的规定。

三、立法机关

（一）立法会的性质

特别行政区立法会是特别行政区的立法机关。

（二）立法会的组成

根据《香港基本法》第 67 条的规定，香港特别行政区立法会由在外国无居留权的香港特别行政区永久性居民中的中国公民组成。但非中国籍的香港特别行政区永久性居民和在外国有居留权的香港特别行政区永久性居民也可以当选为香港特别行政区立法会议员，但其所占比例不得超过立法会全体议员的 20%。香港特别行政区立法会共 60 名议员。根据《澳门基本法》第 68 条的规定，澳门特别行政区立法会议员由澳门特别行政区永久性居民担任。立法会多数议员由选举产生。《澳门基本法》还规定，澳门特别行政区立法会议员就任时应依法申报经济状况。澳门特别行政区立法会议员不特别规定香港式的比例，其第一、二、三届立法会分别由 23 名、27 名和 29 名议员组成。香港立法会设主席一人，澳门立法会设主席、副主席各一人，由立法会议员根据基本法规定的条件互选产生。

（三）立法会的产生

香港特别行政区立法会议员由选举产生；澳门特别行政区立法会多数议员由选举产生，少数议员经委任产生。

香港特别行政区立法会的产生：①香港特别行政区临时立法会于 1996 年 12 月由推选委员会选举产生 60 名议员组成。其任期不超过 1998 年 6 月 30 日。②香港特别行政区第一届立法会由 60 名议员组成。其中，直接选举产生议员 20 名，功能团体选举的议员30名，选举委员会选举产生议员10名。③香港特别行政区第二届立法会由60名议员组成。其中，直接选举产生的议员24名，功能团体选举产生的议员30名，选举委员会产生的议员6名。④香港特别行政区第三届立法会由60名议员组成，分别由直接选举和功能团体选举产生各30名议员。2007年以后，香港特别行政区立法会的产生办法如需对《香港基本法》（附件二）进行修改，须由立法会2/3多数通过，经特别行政区行政长官同意，报全国人民代表大会常务委员会备案。《香港基本法》第68条规定："香港特别行政区立法会由选举产生。立法会的产生办法根据香港特别行政区的实际情况和循序渐进的原则而规定，最终达至全部议员由普选产生的目标。"

澳门特别行政区立法会的产生：①澳门特别行政区第一届立法会由23人组成。其中，直接选举议员8名，间接选举议员8名，澳门特别行政区行政长官委任7名。②澳门特别行政区第二届立法会由27人组成。其中，直接选举议员10名，间接选举议员10名，澳门特别行政区行政长官委任7名。③澳门特别行政区第三届立法会由29人组成。其中，直接选举议员12名，间接选举议员10名，澳门特别行政区行政长官委任7名。2009年及以后，澳门特别行政区立法会的产生办法如需修改，须由立法会全体议员2/3多数通过，经澳门特别行政区行政长官同意，报全国人民代表大会常务委员会备案。

（四）立法会的任期

香港特别行政区立法会除第一届任期为两年外，每届任期4年。而澳门特别行政区立法会除第一届另有规定外，每届任期4年。

（五）特别行政区立法会的职权

根据《香港基本法》第73条的规定，香港特别行政区立法会行使如下职权：①根据本法规定并依照法定程序制定、修改和废除法律；②根据政府的提案，审核、通过财政预算；③批准税收和公共开支；④听取行政长官的施政报告并进行辩论；⑤对政府的工作提出质询；⑥就任何有关公共利益问题进行辩论；⑦同意终审法院法官和高等法院首席法官的任免；⑧接受香港居民申诉并作出处理；⑨如立法会全体议员的四分之一联合动议，指控行政长官有严重违法或渎职行为而不辞职，经立法会通过进行调查，立法会可委托终审法院首席法官负责组成独立的调查委员会，并担任主席。调查委员会负责进行调查，并向立法会提出报告。如该调查委员会认为有足够证据构成上述指控，立法会以全体议员2/3多数通过，可提出弹劾案，报请中央人民政府决定。⑩在行使上述各项职权时，如有需要，可传召有关人士出席作证和提供证据。

根据《澳门基本法》第71条的规定，澳门特别行政区立法会行使如下职权：①依照本法规定和法定程序制定、修改、暂停实施和废除法律；②审核、通过政府提出的财政预算案；审议政府提出的预算执行情况报告；③根据政府提案决定税收，批准由政府承担的债务；④听取行政长官的施政报告并进行辩论；⑤就公共利益问题进行辩论；⑥接受澳门居民申诉并作出处理；⑦如立法会全体议员1/3联合动议，指控行政长官有严重违法或渎职行为而不辞职，经立法会通过决议，可委托终审法院院长负责组成独立的调查委员会进行调查。调查委员会如认为有足够证据构成上述指控，立法会以全体议员2/3多数通过，可提出弹劾案，报请中央人民政府决定；⑧在行使上述各项职权时，如有需要，可传召和要求有关人士作证和提供证据。

（六）立法会议员

特别行政区立法会由议员组成。议员有权参加立法会会议，参加选举、投票及审议议案。议员有权按照基本法的规定提出议案，对特别行政区政府的工作提出质询。

基本法规定了对立法会议员的特别保护。①基本法规定了议员的言论免责权。《香港基本法》第 77 条规定："香港特别行政区立法会议员在立法会的会议上发言，不受法律追究。"《澳门基本法》第 79 条规定："澳门特别行政区立法会议员在立法会会议上的发言和表决，不受法律追究。"②规定了对议员的人身进行特别保护。《香港基本法》第 78 条规定："香港特别行政区立法会议员在出席会议时和赴会途中不受逮捕。"《澳门基本法》第 80 条规定："澳门特别行政区立法会议员非经立法会许可不受逮捕，但现行犯不在此限。"

基本法还规定了立法会议员资格的丧失。根据《香港基本法》第 79 条的规定，香港特别行政区立法会议员有下列情况之一，由立法会主席宣告其丧失立法会议员的资格：①因严重疾病或其他情况无力履行职务；②未得到立法会主席的同意，连续 3 个月不出席会议而无合理解释者；③丧失或放弃香港特别行政区永久性居民的身份；④接受政府的委任而出任公务人员；⑤破产或经法庭裁定偿还债务而不履行；⑥在香港特别行政区区内或区外被判犯有刑事罪行，判处监禁 1 个月以上，并经立法会出席会议的议员 2/3 通过解除其职务；⑦行为不检或违反誓言而经立法会出席会议的议员 2/3 通过谴责。根据《澳门基本法》第 81 条的规定，澳门特别行政区立法会议员有下列情况之一，经立法会决定丧失立法会议员资格：①因严重疾病或其他原因无力履行职务；②担任法律规定不得兼任的职务；③未得到立法会主席同意，连续 5 次或间断 15 次缺席会议而无合理解释；④违反立法会议员誓言；⑤在澳门特别行政区区内或区外犯有刑事罪行，被判处监禁 30 日以上。

四、司法机关

（一）特别行政区司法机关的组织体系

香港特别行政区法院是香港特别行政区的司法机关。香港特别行政区设终审法院、高等法院、区域法院、裁判署法庭和其他专门法庭。终审法院是香港特别行政区最高审级法院，行使终审权。高等法院设上诉法庭和原讼法庭。香港特别行政区的检察职能由律政司承担。按照《香港基本法》的规定，香港特别行政区律政司主管刑事检察工作，不受任何干涉。

澳门特别行政区法院和检察院是澳门特别行政区的司法机关。澳门特别行政区设初级法院、中级法院和终审法院及行政法院。澳门特别行政区的行政法院管辖行政诉讼和税务诉讼。不服行政法院的裁决，可向中级法院上诉。澳门特别行政区设立检察院，独立行使检察权。

（二）特别行政区法院法官的任免

1. 特别行政区法官的任命

特别行政区法院的法官，根据当地法官和法律界（澳门为律师）及其他方面知名人士组成的独立委员会推荐，由特别行政区行政长官任命。《澳门基本法》规定，法官的选用以其专业资格为标准，符合标准的外籍法官也可聘用。香港特别行政区终审法院和高等法院的首席法官，应由在外国无居留权的香港特别行政区永久性居民中的中国公民担任；澳门特别行政区终审法院院长由澳门特别行政区永久性居民中的中国公民担任。香港特别行政区终审法院和高等法院的首席法官，特别行政区行政长官在根据独立委员会的推荐而任命他们时，须征得立法会的同意，并报全国人民代表大会常务委员会备案。澳门特别行政区终审法院院长，由澳门特别行政区行政长官从终审法院法官中选任，报全国人民代表大会常务委员会备案。

《澳门基本法》第90条还规定了澳门特别行政区检察官的任命。根据规定，澳门特别行政区检察长由澳门特别行政区永久性居民中的中国公民担任，由行政长官提名，报中央人民政府任命。检察官经检察长提名，由行政长官任命。

2. 特别行政区法官的免职

根据《香港基本法》第89条的规定，香港特别行政区法院的法官只有在无力履行职责或行为不检的情况下，行政长官才可根据终审法院首席法官任命的不少于3名当地法官组成的审议庭的建议，予以免职。香港特别行政区终审法院的首席法官只有在无力履行职责或行为不检的情况下，行政长官才可任命不少于五名当地法官组成的审议庭进行审议，并可根据其建议，依照本法规定的程序，予以免职。《香港基本法》还规定，香港特别行政区终审法院的法官和高等法院首席法官的免职，还须由行政长官征得立法会同意，并报全国人民代表大会常务委员会备案。《澳门基本法》规定，法官只有在无力履行其职责或行为与其所任职务不相称的情况下，行政长官才可根据终审法院院长任命的不少于三名当地法官组成的审议庭的建议，予以免职。终审法院法官的免职由行政长官根据澳门特别行政区立法会议员组成的审议委员会的建议决定。根据《澳门基本法》的规定，澳门特别行政区终审法院法官和终审法院院长的免职须报全国人民代表大会常务委员会备案。

(三) 特别行政区的司法原则

根据《香港基本法》的规定，香港特别行政区司法机关须遵循的司法原则包括：①司法独立原则。《香港基本法》第85条规定，香港特别行政区法院独立进行审判，不受任何干涉，司法人员履行审判职责的行为不受法律追究。②法律面前一律平等原则。《香港基本法》第25条规定，香港居民在法律面前一律平等。③司法人员履行职责行为不受追究原则。《香港基本法》第85条规定。香港特别行政区司法人员履行审判职责的行为不受法律追究。④保留陪审制原则。《香港基本法》第86条规定，原在香港实行的陪审制度的原则予以保留。⑤及时公正审判原则。《香港基本法》第87条规定，任何人在被合法拘捕后，享有尽早接受司法机关公正审判的权利。⑥无罪推定原则。《香港基本法》第87条规定，任何人未经司法机关判罪之前均假定无罪。

根据《澳门基本法》的规定，澳门特别行政区司法机关须遵循的司法原则包括：①法律面前一律平等原则。《澳门基本法》第25条规定，澳门居民在法律面前一律平等，不因国籍、血统、种族、性别、语言、宗教、政治或思想信仰、文化程度、经济状况或社会条件而受到歧视。②司法独立原则。《澳门基本法》第89条规定，澳门特别行政区法官依法进行审判，不听从任何命令或指示。法官在任职期间，不得兼任其他公职或任何私人职务，也不得在政治性团体中担任任何职务。《澳门基本法》第90条规定，澳门特别行政区检察院独立行使法律赋予的检察职能，不受任何干涉。③法官履行职责行为不受追究原则。《澳门基本法》第89规定，法官履行审判职责的行为不受法律追究。④居民除法律明文规定外不受刑罚处罚原则。《澳门基本法》第29规定，澳门居民除其行为依照当时法律明文规定为犯罪和应受惩处外，不受刑罚处罚。⑤及时公正审判原则。《澳门基本法》第29规定，澳门居民在被指控犯罪时，享有尽早接受法院审判的权利。⑥无罪推定原则。《澳门基本法》第29规定，澳门居民在法院判罪之前均假定无罪。

【关键词】

特别行政区　特首　"一国两制"

【思考题】

1. 特别行政区的法律地位如何？
2. 特别行政区享有的高度自治权有哪些？
3. 特别行政区的设立对我国实行单一制国家结构形式有无影响？为什么？
4. 由中央政府行使体现国家主权原则的权力有哪些？
5. 如何处理区际法律冲突？
6. 特别行政区长官（特首）是如何产生的？
7. 特别行政区长官（特首）在特别行政区政治体制中居于什么地位？

参考文献：

肖蔚云：《论澳门基本法》，北京大学出版社2003年版。

肖蔚云：《论香港基本法》，北京大学出版社2003年版。

焦宏昌：《港澳基本法》，北京大学出版社2007年版。

朱国斌：《香江法政纵横：香港基本法学绪论》，法律出版社2010年版。

王振民：《中央与特别行政区关系：一种法治结构的解析》，清华大学出版社2002年版。

第三编 基本权利

第十三章 基本权利总论

【本章学习提示】 本章是关于公民基本权利的一般理论，内容包括：基本权利的概念和特征、基本权利的主体、基本权利的分类和体系、基本权利的历史发展、基本权利的效力以及基本权利的限制。

第一节 基本权利的概念和特征

一、基本权利的概念

（一）基本权利的界定

基本权利指的是宪法承认的个人维持其尊严生活所需要的基础性权利，它根源于人作为人应当享有的道德权利。正如道德具有历史性，基本权利也不是一成不变的，它们服务于人在政治共同体中的具体生活，处于持续演进的过程之中。这些权利常被称为宪法权利、基本权利、基本权，有时也被简单地称为人权。基本权利是不可让渡、不可侵犯、不可剥夺的，是宪法的核心内容，宪法就国家机构所作的规定必须服务于保障和实现这些权利。同时，这些权利在法律权利的体系中也处于核心地位，任何其他法律都必须尊重它们，并确保其有效实施。

（二）基本权利与人权的关系

基本权利是宪法确认或者认可的人权，是实在法上的权利。而人权的存在形式不限于实在法的形式。人权以3种形态存在。

1. 人权首先是道德权利，指人作为人应当享有的权利

人作为人应当享有的道德权利，就是每个人作为人类成员而应当享有的自由或者资格。它不以政治社会成员的身份为前提，不是国家赋予的，相反，国家应当秉承诚信的精神（in good faith）识别和承认人权。基于这一原理，法国1789年《人和公民权利宣言》所宣示的权利主体包括了公民和自然人。1776年美国《独立宣言》指出，所有人

生而平等，被造物主赋予不可让渡的权利，其中包括生命、自由和追求幸福的权利。为了保障这些权利，在人们中间设立了政府，行使公正的权力。这段话也是把一定的道德哲学作为人权的基础，同时也作为统治权威的依据。

2. 人权需要得到国家承认，以法律权利的形式存在

大多数国家都宣布其承担尊重人权的义务。领导人或者执政党以演讲、政治报告等形式宣告的人权政策，还不是对人权保障的正式承诺。必须经过国家的制宪程序或者立法程序，国家才算正式承认了人权。例如，1776年美国《独立宣言》固然是重要的人权文件，但法院在判决时却并不直接引用，它在人权案件中的作用限于帮助裁判者理解宪法起草者的原意。从中国的经验看，全国人民代表大会于2004年修改宪法，宣告"国家尊重和保障人权"。可以说，将人权政策转化为国家法律承认的基本权利，是政党执政能力的重要表现。

3. 人权要实际享有才有意义，以实有权利的形式存在

一般情况下，实施宪法和法律有关人权的规定总是在不同程度上受实际条件制约。例如，1947年日本宪法规定，每个国民都有权过最低限度的健康的、文化的生活（第25条），但是，当时的日本尚未从战争创伤中恢复，财富极其匮乏，还不能够保证每个日本国民立刻享有正常标准的物质文化生活，但国家还是尽其所能向有需要的国民发放补助。再如，保护人的生命、身体完整是任何现代国家都不可否认的义务，但是，在现实生活中，往往难以迅速查清每个失踪的人的下落。

宪法基本权利是实在法的权利，来源于观念形态的人权，连接着道德形态的人权和实际享有的人权。从这个角度看，把基本权利简单地称为人权有其合理性。但是，观念形态的人权范围很广，基本权利难以完全覆盖，学说上历来也承认观念形态的人权与实在法上的人权是不同概念。此外，实在法上规定的人权未必都写进了宪法，而是可能记载于其他法律。所以，严格地说，基本权利不等同于人权。不过，虽然宪法文本上的基本权利确有局限性，宪法解释技术却可以使其扩展，导致基本权利向观念形态的人权靠近。

值得注意的是，基本权利虽然被界定为实在法权利，但这并不意味着基本权利仅仅是宪法明确列举的权利，当然更不限于宪法典上专门规定基本权利的章节所列举的权利。以中国宪法为例，宪法第二章是专门规定基本权利的，但是，在这一章之外，第一章"总纲"还涉及财产权等基本权利。文本上没有出现的某些权利也可以理解为中国宪法承认的权利，如最低限度物质文化生活权、生命权、健康权、隐私权、环境权、获得公平审判的权利、一般行为自由等。

二、基本权利的特征

基本权利既是个人抵御国家侵犯的主观性公权利，又是宪法实践中形成的客观价值秩序。基本权利的性质、它在法律权利体系中的核心地位以及它承载的重大功能，决定了它的特征。

（一）普遍性

1. 基本权利普遍适用于所有个人

虽然不同的个人享有基本权利的具体情况并不相同，但所有的个人都是基本权利的主体，不得否认任何人享有基本权利的资格。这种资格是不附加任何条件的，也是不可

剥夺的，任何个人都仅仅因为其作为人的事实而成为基本权利的主体。即使是犯下极其严重罪行的人也仍然是基本权利的主体。任何情况下不得侮辱已决犯的人格、国家应当尽可能促进囚犯重返社会等都体现了基本权利的普遍性。

2. 基本权利受到各国普遍承认

虽然各国政治、经济、文化的背景不同，法治发展水平各异，基本权利的宪法宣示与实际保障的范围、程度存在差异，但是，保障、实现宪法基本权利是国家取得公共权力的依据，也是衡量一国法治文明的基本指标。1993年6月14日至25日，联合国在维也纳召开了第2次世界人权大会。该会议通过的《维也纳宣言和行动纲领》强调了人权的普遍性。它指出："所有人权都是普遍、不可分割、相互依存和相互联系的。国际社会必须站在同样的地位上，用同样重视的眼光，以公平、平等的方式全面看待人权。固然，民族特性和地域特征的意义，以及不同的历史、文化和宗教背景都必须要考虑，但是各个国家，不论其政治、经济和文化体系如何，都有义务促进和保护所有人权和基本自由。"[①]

（二）不可转让性

基本权利是维持人作为人的尊严生活所需要的基础性权利。宪法确认基本权利，体现了国家维护个人尊严的义务。基本权利既是个人权利，同时也承载国家秩序，个人无权抛弃，不得将这些权利擅自转让给他人。[②] 否则，基本权利就会丧失其保护人的尊严和价值的功能。人格平等、身体的完整和自由都是维持人的尊严生活必不可少的权利，是不可剥夺的、不可限制的权利。即使一个人自愿卖身为奴，在宪法上也没有效力。

基本权利不可转让的表现有：①基本权利中的人身权直接基于人身而产生，与自然人的人格不可分割，只能由权利人本人所享有，不可由权利人自由决定是否转让他人行使或委托他人行使。②体现个人社会性、个人与国家关系的基本权利，如政治权利与自由（选举权与被选举权，出版、集会、结社、示威的自由等），个人可以自主决定行使或者放弃行使，国家也可以依法予以剥夺或者限制，但不能由权利人转让给他人，只能由本人亲自决定是否行使、如何行使。③基本权利中的经济、社会和文化权利需要个人亲自参与才能够实现，如果转让他人，也将失去宪法确认和保障个人的自由与权利的价值与目的。

（三）强制性

基本权利是宪法确认或认可的基础性权利，在法律确认的个人权利体系中具有最高的法律效力。当基本权利受到侵犯时，可以通过法律救济途径给予补救，使被侵害的宪法秩序恢复到正常状态。无论这种侵犯来自国家机关，还是法人、其他组织或个人，受害人都有权请求国家给予救济，使宪法确认的基本权利的内容得到国家强制力的保障。国家不仅有义务被动地基于个人请求保护基本权利遭受侵害的个人，还有义务主动地采取措施、创造条件，保障个人享有和行使基本权利。换言之，宪法确认基本权利，就是设定国家的义务，形成国家必须维护的秩序。

---

① 《维也纳宣言和行动纲领》第2部分第3段。
② 通常认为财产权依法转让除外。不过，宪法规定财产权还有一层深意，是指任何人有权持有财产，这种资格或者自由其实是不可让与的。

(四) 固定性

学说上把基本权利称为超宪法规范（super-constitutional norms），即不得通过宪法修改程序删去或者缩小其内容的规范。法律权利可以通过法律的制定、修改或废止的方式，确认、变更或废止。然而，对于国家保障基本权利的义务，修宪机关不得予以免除或者减少。从实践看，基本权利总体上呈现范围逐渐扩大、内容逐渐丰富的趋势。当一国宪法记载的基本权利朝相反方向运动时，该国就降低了它对人权的尊重，这种做法会遭到否定性评价，甚至受到严厉谴责。《德国基本法》第17条第2款明确规定，任何情况下都不允许侵害基本权利的本质内容，明确强调了基本权利的固定性。

(五) 综合性

基本权利是一系列基础性的权利，构成相辅相成的体系，涉及政治、经济、文化和社会生活多个方面，全面维护人的尊严和价值。从宪法发展的历史看，宪法承认的基本权利的数量呈增加的趋势。有些宪法典仅从文本看，基本权利的数量大体稳定，但是，由于宪法解释学的作用，一些基本权利的含义大大扩展，更加广泛和有力地保护人的价值和权利。随着基本权利内容的丰富和体系的完善，基本权利之间的相互支撑也更加有力。

(六) 相对稳定性

基本权利是实在法意义上的人权，是为了在国家和社会的实际运行中维护人的尊严和价值而法律化的最低限度的权利，反映国家的制度供给能力，也决定社会生活的正常状态。虽然从较长历史时期考察可以发现，由于人的生活处于发展和演进的进程中，基本权利总体上是逐渐增加和丰富的，但是，基本权利的稳定性还是十分显著的，至少体现在：①权利的核心内容是稳定的，如生命、自由、财产、选举等权利从宪法产生以来都存在，其重要性从不降低；②在社会稳定发展的过程中，基本权利体系也比较稳定；在社会发生重大变革，出现飞跃式发展的时候，基本权利才有必要迅速变动。超越社会发展阶段和国家的实际保障能力，纯粹为了人权理想而不分条件地追求尽善尽美的基本权利体系，是不可取的，不仅不会增进基本权利的享有和实现，反而会降低宪法权威，损害社会稳定。

第二节 基本权利的主体

基本权利主体是指依照宪法规定享有基本权利的人和组织。在目前对基本权利主体的分类中，较为常见的有：①划分为一般主体、特殊主体和特定主体。一般主体指个人，许多宪法文本上表述为公民；特殊主体指法人和外国人，此处之所以将自然人与法人划归同类，大概与二者都只享有某些基本权利有关；至于特定主体，则是刑事案件嫌疑人和被告人、妇女、儿童、老人等处于特殊地位的人，往往处于易受伤害的地位，故予以单列。②划分为自然人和法人，自然人中划分为公民和外国人、成年人和未成年人等等；法人之中划分为公法人和私法人；③划分为公民、外国人、法人。[①] ④划分为公

---

① 许崇德主编：《宪法》，中国人民大学出版社1999年版，第142页。

民、外国人、法人和其他组织、特定主体。①

第一种分类方法比较复杂,其中,把外国人和法人列为同类属于难点。外国人是自然人,法人是拟制人格,二者有显著区别。尽管外国人和法人都是仅仅享有某些基本权利,但是,将自然人与法人列为同一类主体毕竟导致理解上的困难。与此不同,把外国人与公民同时列为自然人主体,有其不可忽视的便利。随着全球化进程的深入推进,外国人的基本权利势必成扩张态势,与其说是只应选择部分基本权利适用于外国人,不如说只应选择部分涉及重大问题的基本权利排除适用于外国人。例如,传统上认为专属于公民享有的受教育权,就已经扩展适用于外国人。② 实际上,在当今国际社会,对外国人的权利限制逐步出现了相对宽松的趋势,除了在一定程度上保障外国人的社会经济权利,有的国家甚至开始有限度地承认外国人的参政权。中国的两个特别行政区就有这样的情况。③

以下以自然人、法人和其他组织的划分为基础,并将自然人和法人进一步细分,分别探讨。

一、自然人

国家与个人之间的关系是宪法最基本的关系。一方面,个人基于自己的理性,独立选择其行为,接受相应的后果。另一方面,人格独立的个人不是孤立存在的,而是在社会中保存其自治,可以采取联合行动,也必须尊重他人,还必须接受公权力约束。

需要注意的是,有些宪法典以复数的形式表述自然人主体。美国宪法修正案第1条、第2条、第4条采用了 the rights of the people 的表述,涉及和平集会的权利,持有和携带武器的权利,人身、住宅、文件和财产不受无理搜查和扣押的权利,中文本多译为"人民的某某权利",其实这类权利并不要求人民以整体行使,例如,美国最高法院2008年发布的一项判决指出,宪法修正案第2条规定的人民持有和携带武器的权利保护个人为了自卫而持有和携带武器,属于个人的宪法权利。虽然修正案原文提到持有武器是为了组织民兵保卫自由州,但该判决阐述道,在保护这项个人权利的时候不需要以个人服务于民兵组织为条件。④

---

① 周伟:《基本权利的理论》,载《四川大学法律评论》2002年第2卷。
② 美国最高法院针对非法移民子女就学问题判决说,宪法修正案第14条规定的平等法律保护不只是公民的权利,它是所有人的权利;非法移民的行为虽然是犯罪,但是,美国政府默许了非法移民,美国社会长期利用他们的廉价劳动;非法移民的子女不能选择自己的父母,不应受到惩罚,因此,即使是非法移民的子女,也有权享有平等对待,进入州立学校,享受与公民同等的公共教育。*Plyler v. Doe*, 457 U. S. 202 (1982).
③ 香港是国际金融中心,也是重要的物流中心。因此,《香港基本法》规定,具有香港永久性居民身份的外籍人士也享有立法会的选举权,同时在一定条件下可以在香港行政机关、立法机关和司法机关中担任一定的公职。依据这些规定,香港特区对外国人所保护的政治权利,其范围之宽,程度之高,在国际上已达到了较为罕见的水准。参见林来梵:《"国家主权"观念与"国际社会"理念的二元对应:怎样把握"一国两制"原则的包容性》,见 *The Basic Law of The HKSAR: From theory to Practice* (edited by Priscilla M F Leung & Zhu Guobin), Butterworths, August 1998, pp. 25—40.
④ *District of Columbia v. Heller*, 554 U. S. _ (2008). 美国宪法修正案第2条原文为:"管理良好的民兵是保障自由州的安全所必需的,因此人民持有和携带武器的权利不得侵犯(A well regulated Militia, being necessary to the security of a free State, the right of the people to keep and bear Arms, shall not be infringed.)"。有学者认为,该判决创造了修正案上本来没有的权利。最高法院9位法官之间意见也不一致,该判决是以5:4的微弱优势形成的。但这种微弱优势也足以说明,从个人自卫的角度考虑持有和携带武器的权利是很重要的,将该修正案的用途限制在人民组织民兵的范围之内,与现实生活的客观需要脱节。

自然人包括公民和非公民。许多宪法把公民和非公民同时规定为基本权利主体，甚至直接列在同一章节、同一条文。例如，美国宪法前十条修正案（1791年）表述的人权主体并未局限于公民，如修正案第3条民宅受保护的规定中，民宅权利主体被称为所有者（owner）；修正案第5条规定的获得大陪审团的权利、不因同一犯罪遭受双重危险、不被强迫自证其罪、受正当法律程序保护、财产不被任意征收的权利，其主体均为人（person）。1949年德国基本法第一章名为"基本权利"，其内容包括适用于一切人的权利（如人的尊严、生命权和身体完整权、自由发展人格的权利）和仅适用于公民的权利。1993年《俄罗斯宪法》第2条规定"人及其权利与自由为最高价值。承认、遵守与维护人和公民的权利与自由是国家的义务"，该宪法第二章标题为"人和公民的权利与自由"，也意味着把公民和非公民都作为基本权利主体。1988年巴西宪法第一章"基本原则"部分宣告"个人的尊严"是国家的基本价值，第二章的标题叫"基本权利及其保障"，其具体条文也没有普遍地强调公民身份，例如，位于该章起始处的平等权的主体被表述为"所有人"（第5条第1句）。

（一）公民

1. 公民享有基本权利的范围和条件

公民是宪法基本权利的一般主体，也是最重要的主体。公民作为基本权利的主体，享有宪法规定的一切基本权利。

根据我国宪法的规定，凡具有中华人民共和国国籍的人，都是享有宪法基本权利的主体。但是，只有符合宪法和法律规定的条件，即具有基本权利的权利能力与行为能力的人，才能享有全部宪法基本权利。

2. 基本权利的权利能力与行为能力

基本权利的权利能力，是指有权依法主张国家保障其基本权利，或者在基本权利受到侵害时请求法律救济的资格。私法（民法）上的权利能力与宪法（公法）基本权利能力不同。私法上的权利能力，就公民而言，始于出生，终于死亡。公民、外国人和无国籍人的民事权利能力往往相同。而宪法基本权利能力则有区别，如依法被剥夺政治权利的本国公民，不具有宪法规定的公民政治权利的权利能力；外国人和无国籍人，也不具有某些只有本国公民才享有的基本权利的权利能力。

基本权利的行为能力，是指具有基本权利的权利能力的人通过自己的行为主张基本权利，并请求国家保障其行使基本权利的能力。具有基本权利的权利能力的人，如果不具备基本权利的行为能力，也不得行使某些基本权利。例如，必须以法律上的处分为条件行使的权利，如财产权，要具备法定能力才能主张。有的领域需要特别的规则，如未成年人出生时可由父母决定其宗教教育，但到达一定年龄后未成年人即可自己判断和重新选择。[①]

宪法基本权利与民事权利是两种不相同的权利，不能完全适用民事行为能力的判断标准确定公民是否具有基本权利的行为能力。原则上，只要个人对其有关权利的行使具

---

① 该项自我决定应不以成年为条件，而应以具备相应的年龄为条件。例如，德国《宗教教育法》规定14岁以上的儿童可以自由决定其宗教信仰；如果12岁以上的儿童表明对自己所受宗教教育怀有相反的愿望，则对其进行的宗教教育应改为指向另一种不同的信仰。

有判断能力，即使属于无民事行为能力人或者限制民事行为能力人，也具有基本权利行为能力，比如，任何未成年人均可主张人身安全和人身自由的权利，当其遭遇威胁而请求警察救助的时候，不得因其缺乏私法上的意思能力而拒绝其公法的请求。

在宪法学说上，可从三方面判断基本权利行为能力：①在涉及私法性质的法律行为时，可参考民事行为能力的判断标准。②与人的生存有关，不以识别与判断能力为要件的基本权利，如人身自由权等，其基本权利的权利能力与行为能力是一致的；③与特定年龄结合的基本权利，如选举权与被选举权，只有在基本权利的权利人达到特定年龄时，才具有该基本权利的行为能力。在现实生活中，有些情况较为复杂，需要具体分析。比如，在未成年人拒绝按照监护人的安排学习艺术技能，并因而被罚站的场合，未成年人是否有资格主张其个性自由发展的权利，就是需要结合具体情景才能解答的问题。

3. 公民之间在享有基本权利方面的区别

公民是基本权利的主体，其宪法基本权利的权利能力一律平等。但由于公民个人的实际情况千差万别，基本权利的权利能力与行为能力并不完全一致。这种不一致表现为：

①具有基本权利的权利能力，但无法律行为能力者，不得享有某些基本权利，即不得主张其基本权利被侵害而请求给予法律救济。如选举权与被选举权（《宪法》第34条），言论、出版、集会、结社、游行、示威的自由（《宪法》第35条）。

②具有基本权利的权利能力和法律行为能力，但依该权利的性质和内容，只能由宪法规定的公民才可享有的基本权利，不符合宪法规定的条件者不得享有。如社会保障权，只有符合规定的条件的人，才可享有。《宪法》第44条规定："退休人员的生活受到国家和社会的保障。"第45条规定："中华人民共和国公民在年老、疾病或者丧失劳动能力的情况下，有从国家和社会获得物质帮助的权利。""国家和社会保障残废军人的生活，抚恤烈士家属，优待军人家属。""国家和社会帮助安排盲、聋、哑和其他有残疾的公民的劳动、生活和教育。"只有符合这些条件的公民，才有权主张行使此类基本权利。

③某些基本权利，只有特定性别的人、未成年人或者其他具备特定条件的人才能享有。男女平等权（第48条："中华人民共和国妇女在政治的、经济的、文化的、社会的和家庭的生活等各方面享有同男子平等的权利"）就是这样的权利。

（二）外国人和无国籍人（下文简称外国人）

1. 基本权利的主体资格

在宪法理论上，外国人是否可作为基本权利的主体，存在着以下三种观点：①否定说。此说认为，宪法以本国国民为规范的对象，外国人和无国籍人在本国内并不当然拥有该国宪法保障的基本权利。但从政治道义上说，本国国民享有的宪法基本权利，在国际人权观念日益普及的今日，许可外国人和无国籍人享有基本权利是合理的。但这是立法政策的层面，而不是宪法保障的问题。① 此说非通说。②用语区别说。此说认为，宪

---

① ［日］佐佐木忽一：《改定日本宪法论》，第469页。转引自谢瑞智：《宪法新论》，文笙书局（台北）1999年版，第154页。

法区分"国民"与"任何人"等用语。规定为"国民"权利的，以本国国民为权利主体；规定为"任何人"的，则包括外国人。① 此说基于法典的表述进行区别，被广泛接受。③权利性质说。该说认为，受宪法权利按其性质可分为只保障本国人的权利与外国人亦得保障的权利。日本学者认为，最低限度物质文化生活权等社会保障权、选举权与被选举权等参政权、受教育权、健康权与文化权等，是国家对公民应尽的义务，不应由他国来负责，故此类权利外国人不得享有。而法律面前人人平等的权利、精神自由权、经济自由权、财产权、职业选择自由权等，则可由外国人享有。②

上述用语区别说与权利性质说其实是相通的。正是由于立宪者对不同权利的性质有了理解，才会选择不同用语。在宪法典没有从用语上区分的时候，就应当诉诸权利性质说。前者是形式的区分，一目了然；后者是实质的区分，须追溯宪法原理才可以解决。但无论如何，外国人作为人存在，并且参与其所在国的经济建设和社会生活，理应受到尊重和保护，毫无疑问应当被视为基本权利的主体。

2. 外国人享有基本权利的范围

外国人可作为基本权利的主体，但外国人与公民所享有的基本权利的范围是有区别的。例如，德国基本法在列举基本权利时区分了人和公民。宗教信仰自由等人权是外国人也可以主张的权利。集会自由（第8条第1款）、结社自由（第9条第1款）、迁徙自由（第11条第1款）和职业自由（第12条第1款）等权利是德国人的权利。基本法须特别表明将二者加以区分的意思。凡是不具备这类明白限制的权利都适用于每一个人，国籍如何不予考虑。但外国人并非完全不具备德国人权利所保护的那些自由，例如，外国人可以根据个人自主权（第2条第1款）迁徙。依据德国人的权利迁徙和依据个人自主权迁徙的区别在于，基本法要求限制前者须符合较为严格的条件；而对限制后者，基本法只作了原则性的规定，无须满足十分严格的条件。换言之，在涉及迁徙自由的场合，外国人并非不受任何保护，只是对外国人的保护弱于对公民的保护。德国基本法这种精巧的设计既区分了公民和外国人，又没有过分削弱对外国人的保护。

我国宪法没有明确列举外国人享有或者不享有哪些权利，只是原则性地要求"国家保护在中国境内的外国人的合法权利和利益"（第32条）。2004年8月，公安部与外交部联合发布施行了《外国人在中国永久居留审批管理办法》，中国"绿卡"制度正式实施。这反映了在华外国人数量剧增的现实。根据有关规定，外国人是指在中国境内临时滞留或长期居住的不具有中国国籍的人，包括具有外国国籍和无国籍的自然人；合法权利和利益是指符合中国法律和世界公认的国际法准则、公认的国际惯例的各种权利。这意味着，外国人主体的范围是明确的，但权利的范围则是弹性的。学者认为，我国宪法"有关基本权利保障的规定，虽然原则上适用于外国人，然而其适用的范围则视各种基本权利的性质而定"。③ 从各国实践看，外国人在享有基本权利上所受的限制主要是对参政权的限制、对经济活动的自由权的限制以及对出入境的限制。各国的通例对中国具

---

① [日]浅井清：《日本国宪法讲话》，第78页。转引自谢瑞智：《宪法新论》，文笙书局（台北）1999年版，第154页。
② [日]宫迟俊义：《宪法Ⅱ》，第241页；小林植树：《宪法讲义》（上），第285页，均转引自谢瑞智：《宪法新论》，文笙书局（台北）1999年版，第154页。
③ 参见许崇德主编：《宪法》，中国人民大学出版社1999年版，第143页。

有参考意义。

根据我国现行法可知，在中国的外国人享有基本权利的情况如下：①有些基本权利只能由中国公民享有，外国人不享有，如选举权与被选举权、担任国家机关公职人员的权利。②有些基本权利（如集会、游行、示威的权利）外国人可享有，但受到必要的限制。《集会游行示威法》（1989年）第34条规定："外国人在中国境内未经主管机关批准不得参加中国公民举行的集会、游行、示威。"《集会游行示威法实施条例》（1992年）第30条第2款规定："外国人在中国境内要求参加中国公民举行的集会、游行、示威的，集会、游行、示威的负责人在申请书中应当载明；未经主管公安机关批准，不得参加。"③有些基本权利（如结社权和宗教活动自由权）外国人可享有，但须根据专门为他们制定的法律，才能行使并受保障。《社会团体登记管理条例》（1989年）第30条规定："非中国公民和在境外的中国公民在中国境内成立的社会团体的登记管理办法，另行规定。"又如《境内外国人宗教活动管理规定》（1994年）第8条规定："外国人在中国境内进行宗教活动，应当遵守中国的法律、法规，不得在中国境内成立宗教组织、设立宗教办事机构、设立宗教活动场所或者开办宗教院校，不得在中国公民中发展教徒、委任教职人员和进行欺压传教活动。"第3条规定："经省、自治区、直辖市以上宗教团体的邀请，外国人可以在中国宗教活动场所讲经、讲道。"④有些基本权利（如国家赔偿请求权），外国人是否享有，以该外国人所在国与我国的互惠协议为条件。《国家赔偿法》（1994年）第33条第2款规定："外国人、外国企业和组织的所属国对中华人民共和国公民、法人和其他组织要求该国国家赔偿的权利不予保护或者限制的，中华人民共和国与该外国人、外国企业和组织的所属国实行对等原则。"

（三）特定自然人主体

（1）妇女

女性在政治、经济、文化、社会和家庭生活等方面，处于易受不利对待的地位。仅仅规定人人平等，或者仅仅将形式上的平等赋予女性，并不足以改变女性易受不利对待的状况，为此，在一般性地规定人人平等之外（一般平等），不少国家的宪法还专门就女性获得平等对待的问题作专门规定（特殊平等）。例如，《德国基本法》不仅规定"法律面前人人平等"（第3条第1款），还规定"男女有平等权利。国家促进男女在事实上享有平等的机会，致力于消除现存的（性别的）不利状态"。《美国宪法修正案》第14条规定，所有人受法律的平等保护（1868年），但是，美国的女性并未实际获得平等保护，在选举权方面尤为严重，为此，修正案第19条规定"合众国公民的选举权，不得因性别而被合众国或任何一州加以拒绝或限制"。

我国宪法不仅规定"中华人民共和国公民一律平等"（第33条第2款），还规定"中华人民共和国妇女在政治的、经济的、文化的、社会的和家庭的生活等各方面都享有同男子平等的权利。国家保护妇女的权利和利益，实行男女同工同酬，培养和选拔妇女干部"（第49条），母亲受国家保护（第49条第1款），"夫妻双方有实行计划生育的义务"（第49条第2款）。此外，中国还专门制定了《妇女权益保障法》（1991）。

基于促进男女事实上平等的理念，在一定范围内给予妇女特殊照顾并不被认为违反平等原则。例如，德国联邦宪法法院强调，并非任何以性别为依据的区别对待都违反宪法，相反，以客观存在的两性间生理差异和功能差异为基础的区别对待是允许的，[①] 对妊娠妇女给予特殊保护就是如此。再如，中国宪法基于妇女的特殊情况，明确规定国家选拔和培养女干部。在实际操作流程中，由于提名等环节采取保护措施，总是有相当数量的妇女担任各级国家机构的领导职务。

（2）未成年人、老年人

未成年人和老年人是基于年龄原因受特殊保护的群体。

未成年人是容易受到侵犯的群体。我国宪法为此特别规定儿童受国家的保护（第49条第1款）。我国还制定了《未成年人保护法》（1991），使未成年人受特殊保护。在承认未成年人权利的同时，需要注意未成年人在主张权利方面的特殊性。凡是依据人的生存事实本身即可主张的权利，如生命权、身体完整权，未成年人皆可主张，无须任何年龄限制。[②] 必须以法律上的处分为条件行使的权利，如财产权，要具备法定能力才能主张。有的领域需要特别的规则，如未成年人出生时可由父母决定其宗教教育，但到达一定年龄后未成年人即可自己判断和重新选择。

我国宪法专门规定保护老年人（第44条、第45条第1款、第49条第3款）。我国制定了《老年人保护法》（1996）。老年人在物质文化生活、医疗照顾、参与社会等方面，都需要受到特殊关怀。一些国家（如韩国）为老年人福利不断制定和发布新的补贴标准。在中国，未富先老的社会问题已经迫在眉睫，而且老龄人口占比提高的趋势明显，老年人福利将是突出问题。同时，现行的强制性退休年龄是在初次就业年龄普遍较低、人口平均寿命水平不高的情况下制定的，已经严重脱离社会现实。但就业形势较为严峻，目前也难以调整强制退休的年龄标准。

（3）残疾人

有的宪法专门规定保护残疾人，如《德国基本法》第3条第3款末句规定"任何人不因其残疾而被歧视"，我国宪法规定"国家和社会帮助安排盲、聋、哑和其他有残疾的公民的劳动、生活和教育"（第45条第3款）。不管是否有这样的专门规定，对残疾人进行特殊关怀和保护都是符合宪法原理的。我国制定了《残疾人保障法》（1991），界定了残疾人的范围，就康复、教育、劳动就业、文化生活、福利、环境设施等问题做了具有针对性的规定。

保护残疾人获得平等对待与为残疾人安排特殊设施并不一定矛盾，但须注意把握尺度，不应认为有了残疾人专用设施，残疾人就不应使用普通设施。例如，对于有严重残障的儿童固然应安排其进入特殊学校学习，对其较为有利；相反，残障相对较轻的，也可以按照有利于儿童身心发展的原则安排其在普通学校学习。

（4）刑事案件嫌疑人、被告人

对刑事案件嫌疑人、被告人的特殊保护是从宪法萌芽阶段就被作为重大问题的。在近现代宪法的起源地英国，1215年《大宪章》就要求实行依法审判；1679年《人身保护法》规定被拘禁者本人或者他人可以申请人身保护令；1689年《权利法案》有禁止过多保释金、禁止未经审判的罚金和没收财产等规定。美国宪法规定了关于迅速和公开

[①] *BVerfGE* 74, 163 (1987).
[②] 中国宪法没有规定这两项权利，但不应认为予以否认，相反应视为予以承认。

审判、不得强迫被告自证其罪、不得使被告因同一罪行而两次遭受生命或身体的危害、质证、请求强制有利于被告的证人作证、获得律师帮助、禁止过多保释金等权利。现行（1947年）日本宪法以10个条文（第31～40条）规定刑事程序上的人身自由，涉及罪刑法定原则、法定程序保障、禁止不法逮捕、禁止不法监禁、禁止不符合法定条件的搜查、绝对禁止拷问和酷刑、被告人接受公正迅速的公开审判、获得律师帮助、禁止追溯既往的刑法、禁止重复追究刑事责任。韩国宪法也有类似规定。穷尽列举各国的规定既不可能，也不必要。值得一提的是，相当数量的学者认为，我国宪法对刑事案件嫌疑人、被告人的保护还不够充分，特别是缺乏禁止强迫被告自证其罪的规定。

宪法上涉及的特定权利主体不止以上几类。就我国宪法而论，还包括提出申诉、控告和检举的公民（第41条）、劳动者（第42条）、患有疾病或者丧失劳动能力的人、残废军人、烈士家属、军人家属（第45条）、华侨、归侨和侨眷（第50条）等。

二、法人和其他组织

（一）法人作为基本权利主体的理由

个人或者公民与国家之间的关系不是全部以"个人－国家"的形式展开的。个体的人往往为了经济、政治、社会、文化等目的组成团体，借助这些团体实现基本权利。例如，个人常常要依靠法人获得相应的财产才能够实现其财产权。同时，"法人是由自然人所构成，保障法人之人权是间接与自然人之人权保障发生关联，且在现代社会之结构下，法人与自然人同为社会之重要构成要素，同具有活动之实体，因此法人可为人权之主体，应无争论之余地。此所称之法人，并不限于民法所称之法人，就是不具有法人资格，凡具有团体的实质，亦应认定其享有基本权利之能力，始较符实际"。① 简言之，宪法基本权利可以扩大适用于法人和其他组织。

在现代化大生产的条件下，法人和其他组织享有基本权利是重要的宪法现象。美国最高法院于19世纪将宪法修正案正当法律程序所保护的基本权利主体"人"（person）解释为包括法人。1949年联邦德国基本法，首次在宪法典上确认法人的基本权利。它规定："在其性质许可的范围内，基本权利也适用于本国法人"（第19条第3款）。

我国宪法尚未明确规定法人和其他组织是否享有基本权利，但从宪法性法律和有关基本权利的法律规定来看，法人和其他组织也可成为宪法基本权利的主体。某一权利能否为法人和其他组织所享有，主要取决于基本权利的性质。我国有学者说："法人是否可以成为宪法上的基本权利（即人权）的主体呢？这往往取决于各种基本权利自身的法的性质。一般而言，对于财产权或其他一些经济的自由权利，法人可以成为享有主体，而至于人身自由、生存权等一些基本权利，其权利的自身特性则决定了只有自然人才可以享有。"②

（二）法人基本权利的范围

尽管法人可以作为宪法基本权利的主体，然而，法人只是法律上拟制的人，与自然人并不一样，法人作为基本权利主体与公民作为基本权利主体有着很大的区别。因此，

---

① ［日］伊藤正己：《宪法》，弘文堂平成七年版，第201页。转引自谢瑞智：《宪法新论》，文笙书局（台北）1999年版，第154页。
② 许崇德主编：《宪法》，中国人民大学出版社1999年版，第143页。

法人享有基本权利有其特定范围。

与自然人人身不可分离的基本权利,只能由自然人享有,法人不得作为享有这些基本权利的主体。不属于自然人专有,可以与自然人的人身份离的基本权利,自然人享有,法人也可享有,法人可以成为这类基本权利的主体。

以德国基本法为例,法人不享有的权利包括人的尊严(基本法第1条第1款)、生命权、身体完整权、个人自由权(第2条第2款)、男女平等(第3条第2款)、婚姻和家庭的保护(第6条)、禁止剥夺国籍、禁止被引渡于外国(第16条)、公民权利(第33条)、被监禁时的保护(第104条)规定的权利,但一般平等权(第3条第1款)、结社权(第9条)、通信秘密(第10条)、住所不受侵犯(第13条)、财产权(第14条)、请愿权(第17条)、获得司法审判的权利(第19条第4款)、有合法的法官审理案件(第101条)等权利适用于法人。

可以认为,我国宪法中的下列基本权利不以法人为权利主体:人身自由(第37条)、人格尊严(第38条)、劳动权(第42条)、休息权(第43条)、福利权(第44、45条)、受教育权(第46条)、男女平等权(第48条)、婚姻、家庭、母亲和儿童保障权(第49条)、华侨、归侨、侨眷的合法权利(第50条)。在我国宪法上,法人享有的权利包括:一般平等权(第33条第2款),言论和出版自由(第35条),通信自由和通信秘密(第40条),财产权(第13条),经济活动的自由权(第7、8、11、16、17、18条),批评、建议、申诉、控告或检举权和国家赔偿请求权(第41条),科学研究、文学艺术创作和其他文化活动的自由(第47条)等。

(三)法人作为基本权利主体的特点

不是所有的法人和组织都具有基本权利的权利能力与行为能力。法人按其设立目的和程序,划分为私法人(private corporation)和公法人(public corporation)。前者是从事私法活动的组织;后者是为执行社会公共事务和法律而成立的组织,如国家机关、依法成立的管理公共事务的事业组织。它们在法人目的和设立程序上有显著区别,相应地,其享有的基本权利的范围与内容也不相同。私法人由复数的私人经过平等主体的协商程序形成合意,依据私法设立,追求私人目标,实行私法自治。如同上文所述,除了以自然人生命和人格为基础的那些权利,个人的其他权利都可以适用于这类法人。而基于国家意志、以公共资金设立的公法人,原则上应视为国家机构的组成部分,而不是宪法基本权利的主体,相反,它们是宪法基本权利的约束对象(仅以司法上的权利为例外)。然而,它们有时具有受基本权利保护的功能,因而也受基本权利的例外保护。因此,法人作为基本权利主体有以下特点:

1. 原则上不以公法人为基本权利主体

基本权利的功能是防止国家权力对公民权利的不法侵害。公法人承担公共使命,行使公共权力,是公法上的主体,根据宪法和法律的授权,执行国家权力或者受国家机关的委托行使公共权力。其行为目的和性质均不同于私法人。学者指出,之所以原则上不以公法人为基本权利主体,有3项考虑:"①就基本权利的本质而言,基本权利的价值体系是建立在各个自然人的尊严与自由之上,而公法人的活动,却无法表现自然人的人性尊严与自由发展。②基本权利牵涉到个人对公权力的关系,国家不应自己同时为基本权利的权利人及相对人(义务人)。③公权力主体彼此之间权限或功能之侵犯,性质上属于权限争议,公权力主体之间的关系以及解决彼此的冲突,应该不属于基本权利的内容,因为他们欠缺人的直接关联。"①

2. 法人在不行使公权力的情况下,可作为基本权利的主体

在两种情况下,公法人也可作为基本权利的主体:①在诉讼权利方面,当公法人被视为类似公民的"准私人地位"时,可作为民事诉讼或行政诉讼的主体。此时,公法人与私法人、公民、其他组织一样,在诉讼过程中的法律地位平等,与其他诉讼当事人享有同等的诉讼权利与义务。②公法人以其"组织整体"的立场,可享有与该法人的民事权利能力与行为能力相适应的基本权利。②研究机构、大学可成为科学研究、文化艺术创作和其他文化活动自由的主体,③新闻、广播电视机构可作为言论、出版自由的主体。④

我国公司法允许基于政府意志以国库资金或者以国库资金占比较高的方式设立企业。它们设立后又再出资设立企业,进一步放大了此类企业的数量。它们不需要民意代表机关即人民代表大会的特别同意就获得巨额的设立资金,设立范围和经营情况不受民意机关控制、监督。它们在发起设立、经营目标和人事安排等方面都受政府程度较高的支配。⑤在"利改税"、"拨改贷"之后,它们的独立性有所提高,有自身对利润的追求。同时在市场准入、商业信贷、证券发行方面又获得特殊支持,在经营战略、人事安排、社会活动等方面受到政府较高程度的控制或干预。在它们与政府的关系中,既有对自主经营不利的一面,也有获得特别优待的一面。它们承载着强烈的国家意志。因此,它们是否属于基本权利的保护对象,是值得探讨的问题。这类企业既有意志不完全独立的一面,也有相对独立的经营目标和经营自主权。它们在宪法和法律上的形象是混合的,既有公共色彩,也有私人色彩。除此之外,我国的科研院所、高等学校等国有事业单位也有类似情况。有的国家和地区把此类企事业组织的工作人员作为公务员,我国的干部人事制度也将其工作人员大部分纳入国家干部编制。这些组织有自身利益,又负担公共使命。它们在财产权、经济活动的自由、学术研究的自由等方面有相对独立的地位,但简单地认定它们是或者不是基本权利的主体都存在问题,在现行制度中比较合理的理解是承认其混合形象。

3. 法人作为基本权利主体与自然人的区别

法人享有巨大的社会权力,相对于自然人处于优势地位,所以,法人行使基本权利,不得对自然人进行不当限制。这体现在两个方面:①对法人行使基本权利予以较多限制。因法人具有庞大的组织体系,拥有巨大的社会权力,从实质的社会公平着眼,对其经济的甚至政治活动的自由,可以予以较大程度的限制。否则,法人可能凭借经济实力而为所欲为。②在法人与其构成人员的关系上,当法人的意思与其构成人员的意思发

---

① 法治斌、董保城:《"中华民国宪法"》,空中大学(台北)印行1997年修订再版,第107~108页。
② 参见陈新民著:《宪法学导论》,三民书局(台北)1997年修订2版,第60页。
③ BVerfGE 15, 256 (1963), at 262.
④ BVerfGE 57, 295 (1981), at 321.
⑤ 例如,工商银行最大两个股东是中央汇金投资有限责任公司(持股35.40%)和财政部(持股35.30%)。中国银行、建设银行排名首位的大股东均为中央汇金公司(分别持股67.53%、57.09%)。中央汇金公司是以国库资金设立的国有独资公司,其董事会、监事会成员由国务院任命,公法色彩极其强烈。

生抵触时，应随法人团体的构成人员为任意加入或强制加入而不同，前者因成员可随时退出，相关事宜可由成员自行决定；后者则应视该法人团体的意思形成过程是否公平和适当，结合法人的社会影响力而予以限制。[1]

4. 本国法人与外国法人享有的基本权利并不完全相同

外国法人在他国境内从事某些活动，受到一定的限制。在自主经营权（经济活动的自由）方面，我国有市场准入的限制，有些生产领域禁止外国法人经营。我国加入世界贸易组织之后，部分经济领域放松了准入限制，开始向外国法人开放，但限制还没有完全取消。此外，我国宪法明文规定加强社会主义精神文明建设，通说认为，外国法人在中国境内不享有出版自由和新闻自由。

第三节　基本权利的分类和体系

一、宪法未列举的基本权利或者未予类型化的权利

人们对生活的理解能力、预见能力是有局限性的，宪法起草者也不例外。因此，美国国父之一汉米尔顿认为，宪法不必也不应列举基本权利，按照美国宪法最初文本所贯彻的有限政府原理，凡是政府权力不能干预的领域，都属于人民的自由和权利的范围，列举人民的权利反而造成人民权利仅限于列举范围的错觉。[2] 但是，人们需要通过概念识别其权利，方便地主张权利，列举权利在技术上还是有益的。需要解决的问题仅仅在于宪法应当表明基本权利不限于宪法明文列举的范围。为此，美国宪法修正案第9条明文规定："本宪法对某些权利的列举，不得被解释为否认或贬损由人民保留的其他权利。"

学者考察各国宪法文本，认为设定基本权利的方式共有3种，分别是：①列举式。它逐一列举基本权利，使其成为宪法的具体内容。多数国家采取这个方式。它的优点在于文本的确定性，便于使用和解释；缺点是开放性受到约束，容易与社会生活发生明显冲突。②概括式。这种方式是指宪法概括地规定基本权利，不列举具体类型和内容。它的优点是便于协调文本与生活之间的关系，缺点是不利于理解和使用。③折中式。这是将列举式与概括式结合的方式，即列举基本权利的主要类型和内容，对未列举的基本权利予以概括的规定。其优点是有利于发挥基本权利开放性的功能，缺点是不利于基本权利范围的确定，有时可能造成基本权利之间界限不明。比较而言，折中式具有较大合理性。可以认为我国宪法采取了折中式的基本权利设定方式，它不仅在总纲和第2章列举了若干公民基本权利，还在第2章概括规定"国家尊重和保障人权"。[3]

识别未列举的基本权利，以人的尊严和自由为导向。[4] 但具体操作并非易事。譬如，对美国宪法修正案第9条的认识就并不一致，学说上曾经有很大争议，有的认为仅

---

[1] 参见谢瑞智：《宪法新论》，文笙书局（台北）1999年版，第153页。
[2] 汉米尔顿、杰伊、麦迪逊：《联邦党人文集》，程逢如、在汉、舒逊译，商务印书馆1980年版，第426~434页。
[3] 这项概括性规定被置于宪法第33条并不完全合理。它应该被作为与国家权力属于人民以及依法治国，建设社会主义法治国家一样的总则性规定置于总纲之中较前的位置。
[4] 李累：《宪法上"人的尊严"》，载《中山大学学报》2002年第6期。

仅是对国民主权原理的宣告或者表示限制联邦政府的权力，有的则认为具备创造权利的机能。① 法官们对于适用该条规定表现得颇为谨慎，迄今为止仅适用于识别和确认隐私权。美国宪法没有规定隐私权，但最高法院判决，宪法修正案第9条支持隐私权。②

二、宪法列举的类型化的基本权利

宪法基本权利在历史中不断演进，内容日益丰富，种类逐渐增加，却并非杂乱无章，而是可以从不同角度划分类别。它们具有不同含义和具体功能，同时又相辅相成，构成一个具备内在逻辑联系的体系。在一定程度上，可以说理解了基本权利的分类和体系也就理解了基本权利发展的历程。

然而，基本权利体系又是不完整、不完美的。基本权利体系不仅不能构成严密的、封闭的体系，而且，特定宪法所载明的基本权利虽然表现出系统性，其中的某些基本权利可能还是无法归入这种系统性之中。③ 这是因为，宪法的产生和发展是人类的经验与知识扩展的结果，而不是相反。人类经验、知识及理性的有限性、局部性与人类生活的无限发展的现实可能性决定了基本权利体系不完整、不完美的状态。基于某种严密的逻辑对基本权利进行分类难免遇到困难。特定分类标准往往也难以覆盖全部基本权利，不足以完全阐明基本权利体系的内在结构。

需要补充说明的是，一些经典的分类理论没有专门列出平等权。但是，除了所有基本权利都应当服从平等原则，还应关注单项的平等权。为了减少平等原则在具体运用上的疑问，宪法起草者发展出各种单项的平等权，如针对性别、出身、种族、语言、籍贯的单项平等权。晚近的分类较为重视平等权而予以单列。④ 各种单项平等权并非可有可无，而是总结历史的经验教训后才列明的具体权利。⑤

（一）二分法

前文已经述及2种划分基本权利的方法，即基于主体身份的不同划分为人权和公民权；基于权利的功能和产生的时代背景不同划分为自由权本位的人权（第一代人权）和生存权－社会权本位的人权（第二代人权）。

1. 基于主体身份划分权利的依据是自然法学说

自然法学说认为人在自然状态下是平等和自由的，但人并不能在自然状态下存续，必须结成政治社会，建立秩序，相互合作，为此，人必须让渡某些权利，接受公意的约束。于是人不仅仅是自然的人，还是政治社会的成员。这样，人可以仅仅因为作为人就具备某些权利，还可以因为是公民而具备某些权利。相应地，基本权利划分为人权和公民权。

---

① 详见胡锦光、韩大元：《中国宪法》，法律出版社2007年11月第2版，第187页。
② *Griswold v. Connecticut*, 381 U. S. 479 (1965).
③ 康拉德·黑塞：《联邦德国宪法纲要》，李辉译，商务印书馆2007年版，第244页。
④ 同上书，第336～345页。
⑤ 1789年法国革命的口号就是"自由、平等、博爱"，但近现代宪法并未普遍地贯彻平等原则。其思想原因可追溯至伏尔泰、黑格尔、康德等思想家。他们认为人是理性的动物，而理性只属于一部分人（其实是指男性白人）。在托马斯·杰弗逊起草的《独立宣言》中出现了"所有男人生而平等"（All Men are created Equal）的表述。美国宪法第5条还明确规定，涉及奴隶制的条款必须在1808年以后才可以修改；修正案第14条生效（1858年）后黑人的地位才受到联邦宪法承认，但选举权的保障还严重不足；修正案第19条生效（1920年）后妇女的选举权才获得保障。美国宪法修正案第19条表达的其实就是一种单项的平等权。

2. 基本权利的重要分类

基于权利的功能和产生的时代背景而将基本权利划分为自由权本位的人权和生存权－社会权本位的人权，并且将前者称为第一代人权，将后者称为第二代人权，是最重要的分类之一。前者基于古典宪法的理性人假设，后者以尊重所有人，强调保护劳动者为出发点。

该划分不仅在宪法上很重要，在国际人权运动中也有重要意义。第二次世界大战结束后，国际社会为了防止战祸重演，致力于将人权保障从国内法扩展至国际法。1966年，联合国两大基本人权公约开放给各国签署。这两大基本的人权公约就是《联合国经济、社会、文化权利公约》（A 公约）和《联合国公民权利和政治权利国际公约》（B 公约），前者主要规定了生存权本位的人权，后者主要规定了自由权本位的人权（不限于自由权，还涉及参政权和请求权）。该两公约列举的权利有极其显著的不同。A 公约所列举的权利仅要求缔约国以诚信的精神尽力实现，此类权利实为抽象的权利，有待于立法者裁量其受国家保护的程度；B 公约所列举的权利有确定的基本含义，缔约国有义务立即实施，其立法不得拒绝国际标准，故此类权利为具体的权利。与此相关，除非与平等权相结合，或者立法者已经确定保护标准，A 公约所列举的权利在司法上毫无适用余地，故该类权利还被称为不具裁判性的权利；相反，B 公约诸权利在许多国家属于司法机关裁判具体案件可以适用的权利，故亦称为可裁判的权利。目前，中国已经签署该两公约，附加声明地批准了 A 公约（对劳动者的结社权有所保留），未批准 B 公约；美国只签署和批准了 B 公约，该批准附加保留，其中最重要的保留是宣告美国保留对所有人（包括孕妇、未成年人）适用死刑的权利。中美两国目前围绕对方签署和批准该两公约的状况互有批评。①

（二）三分法

德国学者耶利内克（George Jellinek，1851－1911）在《主观性公权的体系》中依据人对国家的不同地位，解释了这些权利，提出了三分法的公权利体系。他认为国家是一个集团的统一体，是法人；国家的公权属于组成国家的公民，个人对于国家的权力可称为"个人公权"，国家对于公民的权力可称为"国家公权"；个人与国家的关系可以划分为服从、排斥、请求和参与 4 种关系。

在公民与国家的 4 种关系中，①服从关系体现个人从属于国家的地位，即"被动地位"（passiver Status），此时个人承担义务而不是享有权利。服从关系不可避免，但若是只有服从，则公民将不成其为公民。所以，宪法产生和发展的历史同时也是调整和规范个人对国家的服从地位的历史。服从的范围必须以公正决定的公民义务为基础，它来源于基本道德、他人权利和社会和谐等目标，国家超出这些目标而要求公民服从，即意味着国家权力不适当地扩张了。②在排斥关系中，公民自由受承认，有权拒绝和排斥国家干预，体现了对国家权力的限制，公民在此关系中处于免受国家统治权作用的"消极

---

① 学说上还有第三代人权的概念，即集体人权的概念，其典型为所有民族对自然资源的永久主权、所有民族的自决权。该类权利源于落后民族反对帝国主义的独立运动，但目前被西方大国用于支持别国家内部的分裂主义势力。中国政府主张中国人民的生存权是首要人权，体现了接受第三代人权概念的立场。此外，中国政府认为，中国的 56 个民族已经结合成一体多元的中华民族，反对分裂势力将民族自决权适用于中国少数民族。

地位"（negativer Status），最早的人权诉求意在使人从完全服从君主恣意统治的卑下地位解放出来，因此，该消极地位是宪法的内核，一旦公民无此地位，则宪法归于消灭。③请求关系中的公民处于对国家的"积极地位"（positiver Status），它的基础是国家对公民的义务。宪法的预设是国家以公正的权力保护人的权利，因此，公民得请求国家履行其义务和职能。④第4种地位称为"能动地位"（aktiver Status）或者"能动性的公民状态地位"。其要旨在于，现代国家是公民联合结成的政治共同体，为确保国家真实服务于公民，国家的某些活动需要通过公民的行动展开，由民意机关决定公共财政就是如此。因此，个人有权直接或者间接地参与公共事务。这种地位与请求地位的类似之处在于，公民均得表示其意思，但它也不同于请求关系中的积极地位：首先，在请求关系中，公民所表示的意思是请求有权机关进行国务活动；而在参与关系中，公民自身直接或者通过其选举的公职人员表达其意思。其次，在请求关系中，公民请求有权机关作的行为以针对具体事项的裁判行为、行政处理行为为主；而在参与关系中，公民是公共意志形成过程的参与者，较多涉及立法、其他抽象的行为和具体重大事项的决定。

（三）四分法

耶利内克的权利理论具有精巧的逻辑结构，但在他所生活的时代，宪法上还没有承认生存权－社会权本位的人权。因此，凯尔森（Hans Kelsen，1881—1973）将三分法的权利分类发展为四分法的分类。其权利体系增列社会权而成为4大类基本权。①

日本学者宫泽俊义继承耶利内克理论并予以发展，认为公民对国家有如下地位：①根据法律履行义务；②对于国家无法律关系的自在状态；③相对于国家法律的消极的受益关系，公民由此获得自由；④相对于国家的积极的受益关系，由此获得社会权、生存权；⑤对国家的参与关系，由此获得参政权。如果把平等权作为全部权利的预设，不计入其分类体系，那么，宫泽俊义对基本权利的分类包括自由权、参政权、受益请求权和社会权。其中的受益请求权又称为国务请求权，获得公平及迅速审判的权利就属于这类权利。宫泽之后，芦部信喜认为基本权利包含概括性的基本权、平等权、自由权、受益权、参政权、社会权。如果说概括性的基本权是非类型化的权利，实际上是没有列举具体内容和保护范围的权利，只是作为价值原则存在，具有权利源泉的意义，那么，实际上它与此处所讨论的宪法列举的基本权利是有区别的。同时，如果考虑到其他分类也不排斥甚至以平等权为预设的话，那么，芦部信喜的分类与耶利内克及凯尔森的分类实属一脉相承。②

学说上还有其他分类方法。譬如，小林植树的方法即有其独特性，但尚未超越上述分类所依赖的人权原理。小林植树认为基本权利体系由4大类权利构成，分别是：①人权总原理。包括3组权利，即对人的尊重、生命权、健康权和生存权，追求幸福权，平等权和平等原则。②自由权的基本权，包括精神的各种自由和人身的各种自由。③经济方面的基本权，包括财产权、营业自由、迁徙自由等经济－社会的各种自由权；狭义生

---

① 不过，凯尔森没有接受耶利内克的国家法人说和公民对国家居于4种地位的见解。
② 笔者认为芦部信喜的分类更加合理。芦部加入概括性的基本权和平等权，强调了概括性的基本权具有不可忽视的意义，实际上揭示了以前的分类理论具有重大遗漏；同时，将平等权单列，意味着不仅仅以平等原则为弹性的预设，而是要求在具体领域关注刚性的宪法规则，更加符合现实生活的需要。历史表明，单凭平等原则，忽视单项平等权，宪法根本不能防止大规模的歧视行为。

存权、劳动权、教育权、环境权等生存权的基本权。④参政权和请求权的基本权，包括参政权、请愿权、自治权等体现能动关系的权利；赔偿请求、审判请求和受益请求等请求权。小林植树的分类从社会系统的角度看人的生活有其合理性，但从法技术的角度看似有不足。比如，财产权是可裁判的消极权利、具体权利，而教育权是不可裁判的积极权利、抽象权利，虽然二者均与经济-社会生活密切相关，但前者体现个人排斥国家的自由权本位，后者承载个人获得国家照顾的生存权-社会权本位，保护后者要以政府的公共开支为基础，而这项开支恰好取之于公民的财产，所以这两项权利具有对立关系，无论是价值基础还是法律特征均有天壤之别。正是由于这样的因素，小林植树所作的分类虽然提出了一个独特的观察角度，却不为多数法学者所援引。

(四) 中国宪法基本权利的分类

我国宪法学者对宪法列举的基本权利作了不同的分类。有的因为分类标准缺乏足够的概括性，致使最终将宪法基本权利列为 10 余种甚至 20 余种，类别之间难以进行比较。这样的分类理论目前已经较少被提到。

近来的宪法教科书在基本权利分类方面有了很大改变，相对较为合理，但有些问题还继续引起争论。比如，目前一般把言论自由纳入政治权利，就引发了言论是否均与政治生活有关的疑问。特别是，中国刑法所规定的剥夺政治权利也包括概括地剥夺言论自由，将言论自由完全政治化，而实际生活中大量言论的功能却是非政治性的。这表明，单项权利可能具有较为复杂的内涵，其功能触及共同体生活中的多个侧面，有时将其归入某类基本权利，只不过是为了突出其主要功能而已。

把基本权利体系划分为概括的基本权以及平等权、自由权、参政权、请求权和生存权的基本权，是一种可以接受的理论方案。亦有学者指出，中国宪法典的基本权利可划分为平等权、政治权利和自由、人身自由、宗教信仰自由、文化教育权利、社会经济权利、监督权和请求权、特定主体权利。① 笔者考虑到国际人权文件对国际社会普遍承认的人权的分类，特别是联合国人权两公约（《公民权利和政治权利国际公约》《经济、社会和文化权利国际公约》）的分类，将基本权利划分为公民权利、政治权利、经济权利、社会权利与文化权利五个大类，并据此安排有关章节的层次结构。需要说明的是，联合国人权文书是国际社会谈判形成的，它所记载的权利与各国宪法的列举并不吻合。例如，规定财产权是各国宪法的通例，但联合国人权两公约没有规定；至于公约规定的民族自决权、所有民族对自然资源的永久主权（属集体权利），则不属于宪法权利。因此，本书在参考联合国人权两公约的权利体系时，并不完全局限于该两公约的表述，比如，公约中没有规定财产权，而本书将其列为公民权利。上述五大类基本权利的界定和包含的基本权利种类如下：

1. 公民权利（civil rights）

公民权利的功能在于规范政府对于个人的行为，确保个人最大限度地享有符合公共福祉的自由。② 公民权利的种类较多。本书所列公民权利包括：生命权、人格尊严、隐

---

① 胡锦光、韩大元：《中国宪法》，法律出版社 2007 年版，第 184 页。
② Rita Cantos Cartwright and H. Victor Condè. *Human Rgiths in the United States: A Dictionary and Documents*, Santa Barbara, California, 2000, p. 25.

私权、平等权、宗教信仰自由、人身自由、迁徙自由、通信自由和通信秘密、婚姻自由权、财产权。这些权利属于防御性的消极权利。自古典宪法产生就得到承认,属于第一代人权。

2. 政治权利(political rights)

政治权利是公民参与社会管理,行使管理国家事务的权利的具体法律形式,包括各种具有民主参与公共事务性质的权利,如选举权、言论自由和平等参加公共事务的权利等。本书列举的政治权利包括选举权和被选举权、担任国家公职的权利、言论自由、出版自由、信息自由、结社自由和集会、游行、示威的自由。这些权利也属于第一代人权,但与公民权利直接防卫国家不同,它是"位于可直接适用的公民权利和只能逐步实现的社会经济权利之间的一类单独的权利"。① 它保障个人参与政治决策过程的权利,既要求国家不作某些行为,也要求国家采取某些积极措施。②

3. 经济权利(economic rights)

经济权利是指公民享有适当生活水准、获得和维持符合于人的尊严、最低限度体面生活标准的权利。本书列举的此类权利包括经济自由、经济平等、劳动权、社会保障权。经济权利与政府提供工作机会、学校、医疗设施、社会保障等义务相联系,是实现公民权利和政治权利的物质基础。经济权利保障人获得生存所需的物质基础。一旦这个物质基础得不到满足,人就不可能保持其尊严和自由,公平参与共同体生活的机会必然受到威胁。该类权利属于第二代人权,被视为规划性的(programmatic)和执行性的(progressive)权利。"规划性"是指该类权利并非直接生效,而是作为政策原则指引国家为此进行规划,推动实施,故该类权利需要立法者依据国家的实际情况裁量决定相关保障措施;执行性则是指这类权利需要国家的积极作为才能得到保障,国家为此需要提供食物、水、基本医疗,修建学校等等。③ 尽管如此,经济权利并不是可有可无的,相反,只有在得到保障的情况下,才能实现"享有免于恐惧和匮乏的自由的理想"。④

4. 社会权利(social rights)

社会权利是指个人享有的参与社会生活的权利,包括婚姻权、收养权、家庭不受政府隔离权等。⑤ 本书列举的这类权利有生存权、休息权、受教育权、环境权、妇女权利、残疾人权利、儿童权利、请愿权。这类权利也属于第二代人权,是不可裁判的、由立法者裁量决定保障水平的权利。

5. 文化权利(cultural rights)

文化权利与经济权利、社会权利一样都属于第二代人权,是不可裁判的、由立法者裁量决定保障水平的权利,其内容和范围尚未获得普遍接受的界定,甚至其中包含的"文化"这个词也没有普遍认同的定义。

---

① [奥]曼弗雷德·诺瓦克:《民权公约评注》(上),毕小青、孙世彦译,夏勇审校,生活·读书·新知三联书店2003年版,第447页。
② 周伟:《宪法基本权利:原理·规范·应用》,法律出版社2006年版,第13页。
③ 同上书,第13~14页。
④ 联合国《经济社会文化权利国际公约》序言,第2段。
⑤ Rita Cantos Cartwright and H. Victor Condè. *Human Rgiths in the United States: A Dictionary and Documents*, Santa Barbara, California, 2000, p. 202.

以上五大类权利不是同时出现在宪法上的。为了全面、深入地理解基本权利的功能，有必要回顾基本权利的历史发展过程。

第四节 基本权利的历史发展

一、古典宪法的基本权利

资产阶级革命取得胜利的时候还是马车时代，学说上将此一时期的宪法称为古典宪法。古典宪法记载的基本权利是第一代人权，其范围是公民权利和政治权利，以防卫国家侵犯个人自由，确保个人参与共同体生活，不受压迫为目标。

（一）古典宪法基本权利的范围

除了作为宪法萌芽的《大宪章》，对基本权利的记载最早可见于17世纪英国的宪法性文件，如1628年《权利请愿书》、1679年《人身保护法》和1689年《权利法案》。其中，1679年资产阶级提出并迫使英王签署的《人身保护法》规定，被拘禁者本人或者经他人申请，法院或者法官向拘禁者发出人身保护令要求将被拘禁者送交法院，经法院审理判断为不法拘禁者，应立即释放。1688年光荣革命胜利后，基本权利的保障有了重大发展。1689年制定的《权利法案》确认了英国人自古以来应享有的13项权利和自由，包括：以国王权威停止法律或者停止法律实施为违法；以国王权威擅自废除法律为违法；设立审理宗教事务之钦差法庭及其他类似法庭为违法；未经议会准许征收金钱为违法；公民有对国王的请愿权；未经议会同意平时不得保留常备军；新教徒有携带武器权；有选举议员的自由；议员在议会内有言论自由；禁止过多的保释金、罚金和残酷异常之刑罚；依法选出陪审官；未经审判的罚金及没收财产为违法；议会应经常集会。

1789年法国《人和公民权利宣言》规定了人权原则，并列举了多项基本权利，其中包括：全体公民都有权亲身或者经由其代表参与法律的制定（第6条）；自由、平等、财产、安全和反抗压迫是人的自然的和不可动摇的权利（第2条）；每个公民都有言论、著述、出版和信教的自由（第11条）；公民有权按其能力担任公共职务（第6条）；赋税应在全体公民之间按其能力平等分摊（第13条）；法律无论实施保护还是处罚，对所有人都是一样的（第6条）；只有根据法律，并按照法律指示的程序，才能控告、逮捕或者拘留人（第7条）；任何人未经宣告为犯罪以前应被推定为无罪（第9条）；法律只应规定确实需要和必不可少的刑罚（第8条）；私有财产神圣不可侵犯，除非合法认定公共需要所显然必须，且予以公平及事先的补偿，任何人的财产不被剥夺（第17条）。该宣言成为1791年法国宪法的序言。此外，1791年法国宪法还作了进一步规定。

1789年制定的美国宪法虽然涉及基本权利，如禁止制定溯及既往的法律（第1条第9款第2项、第10款第1项）、合同自由（第10款第1项），但没有系统规定基本权利，遂于1791年制定10条修正案予以补充，称为《权利法案》，其内容包括：信仰自由、言论和出版自由、和平集会的自由、请愿权（修正案第1条）；人民携带武器的权利（第2条）；人身、住宅、文件和财产不受无理搜查和扣押的权利（第4条）；任何人不得因同一犯罪行为而两次遭受生命或身体的危害；禁止强迫被告人自证其罪、不经正当法律程序，不得被剥夺生命、自由或财产；不给予公平赔偿，私有财产不得充作公用（第5条）；刑事被告人获得公平审判的权利（第6条，包括获得迅速和公开的审判、审判地应事先已由法律确定、得知控告的性质和理由、同原告证人对质、以强制程序取得对其有利的证人、取得律师帮助为其辩护);禁止有关当局要求过多的保释金,禁止过重的罚金,禁止施加残酷和非常的惩罚(第8条)等。

(二)古典宪法基本权利的特点和局限性

古典宪法承认了公民受国家尊重的地位,确立了人民主权原则和法治原则,公民的生命、自由和财产受到保护,基本权利整体上表现出保护公民,防卫国家的特点,与封建国家的法律严重损害个人主体地位、赋予君主和国家无限权力相比,无疑是伟大的进步。换言之,古典宪法的基本权利属于防卫性的消极权利,是对抗国家侵犯个人的,它以天赋人权对抗君权神授,确立了人的独立、自由的地位。但是,古典宪法对基本权利的保护还是有局限性的,至少表现在:

第一,人格平等尚未完全实现,有的人没有被视为公民,甚至没有被视为人。在这个阶段,选举权与性别、财产相关,奴隶制也还受到容忍。这种情况与伏尔泰、黑格尔、康德等思想家不无关系。他们认为理性只属于一部分人(其实是指男性白人),所以不承认人的同等地位。资产阶级以理性为号召推翻专制统治,同时又以理性为依据损害了人权的普遍性。以美国为例,托马斯·杰弗逊起草的《独立宣言》中出现了"所有男人生而平等"(All Men are created Equal)的表述。美国宪法第5条明确规定,涉及奴隶制的条款必须在1808年以后才可以修改;联邦宪法对黑人的保护在修正案第14条生效(1868年)后才有了可能,但黑人获得宪法的平等对待实际上被推迟到20世纪民权运动之后;妇女的选举权则是在修正案第19条生效(1920年)后才获得保障的。

第二,极端强调个人独立,严格排斥国家干预社会经济生活,推行自由放任的治理观,对过度的贫富分化听之任之。经过一段时间的积累,出现了严重的人道危机。经济发展不仅不能普遍惠及人群,反而催生新的压迫,导致社会分裂和动荡。

古典宪法基于"理性人"假设和国家仅仅是"守夜人"的理念,注重强调个人对自己的行为负责,追求国家职能最小化,排斥国家对社会经济生活的干预,实行严格形式主义的契约自由。这种权利观虽然有对抗公权力无理干涉私人生活的积极意义,却也导致实际处于弱者地位的劳动者被迫接受不公平的雇佣条件。这些不公平的条件包括:劳动时间过长;① 工作场所的安全、卫生条件恶劣;不利于劳动者的工资标准和支付形式;② 生死协议。③ 因此,在资本主义大生产创造出巨大物质财富的同时,劳动者的处境却恶化了,本来旨在保护人的价值的宪法基本权利反而成为制造和维持不人道状态的依据,劳动者成了单纯生产财富的工具,也就是从人沦落为物。对此,马克思尖锐地批判道,"人的世界的贬值与物的世界的增值成正比";又说,"工人生产的财富越多,他的产品的力量和数量越大,他就越贫穷。工人创造的商品越多,他就越变成廉价的商品"。④

---

① 直到20世纪初,争取每天工作不超过10小时,每周工作不超过60小时的立法还曾经被认定为违反宪法。
② 如煤矿不给矿工支付现金报酬,而以质量较差的煤炭支付。
③ 约定工伤事故完全由劳动者自行承担责任。
④ 马克思:《1844年经济学哲学手稿》,刘丕坤译,中共中央马克思恩格斯列宁斯大林著作编译局校订,人民出版社1985年版。

（三）古典宪法基本权利的历史地位

古典宪法规定的基本权利以确保个人独立和自由为目标，是防卫国家侵犯个人自由的权利。历史事实告诉我们，古典权利确有不足之处，但是，它以国家根本法的形式确认了国家应当尊重个人的原理，是建立和维持民主基本秩序的制度基础。所以，古典宪法的基本权利仍不失为宪法基本权利发展的基础，后世充实、完善基本权利体系并不能以否定和抛弃古典宪法基本权利为条件。这些基本权利并不因为宪法的发展而失去意义，相反，它们的重要性从未衰减，堪称检验国家是否实行法治的试金石。一些后发国家虽然经历了较长时期的奋斗，对于马车时代就记载于古典宪法的基本权利，至今仍未写进宪法，甚至没有加以法律化。有论者以为制宪者和立法者的沉默并不意味着否认权利，然而，古老的法律谚语说：沉默，即推定为具有相反的意思。事实上也的确存在着于法无据即不予保护的法律立场。需要强调的是，马车时代的古典宪法并不是落后、无知的表现。学者称之为古典，不无褒扬之意。其中关于基本权利的规定，一直延续至信息时代。历史反复证明它们是人类文明的重要组成部分，同时也是富有活力的部分，并非法律史上的化石。时间长河的冲刷不仅未使其湮灭，反而使其历久弥新。今天学习宪法，应将其作为不可或缺的基础性内容。一切致力于建设法治国家的人们，都不应轻视这些权利中包含的人类智慧。

二、现代宪法的基本权利

（一）现代宪法基本权利的范围和特征

现代宪法以生存权－社会权的保障为特征。现代宪法的基本权利体系除了古典宪法包含的公民权利和政治权利之外，还引入了经济、社会和文化权利。经济、社会和文化权利从1874年瑞士联邦宪法明确规定以后，经1919年德国魏玛宪法和1918年苏俄宪法发展，而后再经20世纪多个国家宪法确认，蔚为大观，学说上称为第二代人权。其理论基础在于，国家不仅要承认人的理性，还应当关切每个人的生存，因为每个人都具有内在价值，是人类家庭不可抛弃的成员，不应被降低为单纯的手段或者工具，而应被作为目的对待。国家应当修正自由放任的经济观、法律观，采取措施改变不人道的劳资关系，尊重和关怀劳动者，确保人人参与分享经济发展的成果。具体而言，国家应当尽力保证个人享有基本的物质文化生活条件、促进教育和就业、提供基本医疗保障，为每个人创造和维持稳定健康的社会生活环境。这些工作需要政府以公共资金进行。因此，经济、社会和文化权利不是对抗国家的权利，而是必须借助于公权力的作用才能实现的权利。由于这类权利以公共资金的开支为基础，而公共资金的收支权属于立法者，因此这类权利有赖于立法者裁量决定其保护范围和保护程度。

（二）现代宪法基本权利形成的曲折历程

资产阶级革命胜利以后，宪法在促进生产方面发挥了重要作用，但劳动者没有分享到发展的成果，血汗工厂盛行，贫富分化愈演愈烈。古典宪法的基本权利体系显然已经不能适应社会发展的需要。生存权－社会权本位的人权应运而生。现代宪法的基本权利体系由此产生。但这个过程是非常艰难和曲折的。

19世纪30～40年代，欧洲工人运动兴起，先后发生了法国里昂丝织工人2次起义、英国宪章运动、德国西里西亚纺织工人起义。1877年，美国发生首次罢工，劳动者要求改善劳动条件和生活条件，缩短劳动时间。在劳动者抗争的背景下，立法者不得不考虑改善劳动者处境。如英国制定了工厂法，试图改善劳动条件，缩短劳动时间。其中，1833年、1844年、1847年的英国工厂法就13~18岁劳工和妇女的劳动时间进行规定，1850年则就全体劳动者的工作时间进行规定。美国一些州也制定了限制劳动时间的立法。但这些规定不仅执行不力，甚至被认为违反宪法，是无效的法律。例如，1897年，纽约州制定劳动法，对面包厂内的排水、换气等设备进行规定，并规定劳动时间的上限。该法第110条规定每周工作时间不得超过60小时、每天不得超过10小时，引发宪法争议。1905年，最高法院认定，该劳动法限制工作时间的规定构成剥夺契约自由，违背宪法修正案关于未经正当法律程序不得剥夺自由的规定。①

究竟是改变当时的不人道状况，还是维护既有的秩序，分歧很大，各国的解决方式也不尽相同。

美国最高法院在20世纪初放弃了保守立场。1908年，仅仅在发布推翻纽约州劳动法的判决之后3年，就在新的判决中转为支持此类立法。新的案件源于俄勒冈州1903年立法限制女性劳动者的工作时间。该法规定禁止雇用任何女性在该州的机器制造企业、工厂或者洗衣房每天工作超过10小时，违者将受到罚金制裁。最高法院在判决中认定该规定维护了整个社会的利益，而不仅仅是妇女的利益，不违背宪法关于保护缔约自由的规定。该案涉及的立法虽然是保护女性劳动者的，但律师布兰代斯在案中把新的社会背景与法律联系起来的思路，对后来的宪法裁判和立法影响极为深远。②

1918年苏俄宪法和1919年德国魏玛宪法也分别对这个问题作了回答。1918年苏俄宪法第3条宣布，苏维埃政权的基本任务是消灭任何人对人的剥削，完全消除社会划分为各阶级的现象，无情镇压剥削者的反抗；第18条规定劳动为全体公民的义务并宣布不劳动者不得食。1919年魏玛宪法要求国家对劳动者的生活给予关怀，规定较多，包括：第119条第2款规定"家族之清洁康健及社会之改良，为国家与公共团体之任务，其有儿童众多之家庭，得享受相当之扶助以轻负担"，第3款规定"产妇得要求保护及扶助之"；第143第1款规定"青年教育，由公共机关任之。其设备，由联邦各邦及自治区协力设置之"；第145条规定"受国民小学教育为国民普通义务。就学期限，至少八学年，次为完成学校至满足十八岁为止，国民小学及完成学校之授课及教育用品，完全免费"；第146条第2款规定"联邦及各邦、自治区，应于预算内准备公款，资助穷困无资入中学及高等学校者。适合受中学及高等学校教育的贫困儿童的父母，应受奖学金资助，至其儿童毕业为止，使其儿童得终所学"；第163条规定"德国人民，不妨害其人身自由时，应公共福利之需要，应以精神上、体力上的能力尽道德义务。德国人民应有可能的机会，从事劳动，以维持生计。无相当劳动机会时，其必需生活应筹划及之。其细则另以联邦单行法律规定"。值得一提的是，魏玛宪法明文反对谋取显失公平的契约，第152条规定"经济关系，应依照法律规定，为契约自由的原则所支配。重利应予以禁止。违反善良风俗的行为视为无效"。否定了严格形式主义的契约自由。

（三）权利二分法的出现及其影响

虽然自19世纪中后期就有了社会经济立法，20世纪初还出现了生存权－社会权本

---

① *Lochner v. New York*, 198 U. S. 45 (1905).
② *Muller v. Oregon*, 208 U. S. 412 (1908).

位的基本权利,但是,法律界的保守风气还延续着,自由放任原则仍然占据主导地位。

1929年经济危机爆发后,欧洲和美国都在寻找摆脱危机的办法。希特勒、墨索里尼和罗斯福都采取了通过国家干预经济的方式挽救就业,稳定局势。但他们最终走上不同的道路。与欧洲的法西斯国家和日本的军国主义者抹杀个人权利,要求个体完全服从国家意志不同,美国虽然在"大萧条"以后不得不推行国家干预经济社会生活的政策,对个人自由有所限制,但个人自由和权利还是得到保存的。推行政府干预的政策并没有破坏宪法基本权利。美国人民没有以选择极端形式解决分歧,他们通过最高法院作符合时代发展需要的判决解决了重大争议。

当时,罗斯福总统推动国家干预经济社会生活的新政并非一帆风顺,曾经遭遇舆论的严重质疑和法庭的多次反对。美国联邦最高法院基于自由放任的立场,于1935—1937年间作了13项认定新政立法违宪的判决。其中最具震撼力的,是1935年5月27日以8∶1的压倒性多数认定《全国工业复兴法》违宪。罗斯福为此发表谈话,强烈抨击该判决缺乏正义感和历史感。

面对严峻的经济形势,最高法院内部逐渐显现为持保守立场、中偏右立场和自由立场的3派。为了瓦解保守派,罗斯福提出了"法院改组计划",试图通过增加法官数量,使具有时代感和新思维的人进入最高法院。他说,在宪法规定的统治机构中,总统和国会都致力于带领人民渡过危机,唯独法院因循守旧,藐视这场伟大的斗争。1937年3月29日,罗伯茨大法官倒向自由派,使得西岸旅店诉帕里什案①以5∶4的比例判决新政立法符合宪法告终。同年4月的民意调查显示,64%的人赞成法官在70—75岁退休,这对年长的保守派构成压力。6月2日,最高法院大法官维利斯·范·德万特(Willis Van Devanter)② 以78岁高龄宣布退休。此后,新政立法基本上能够获得最高法院多数法官支持。7月22日,参议院投票否决了"法院改组计划",一场宪法危机至此落幕。

1938年,美国最高法院在美国诉卡洛林农产品公司案③发表判决意见,论述了财产权(property rights)与公民权(civil rights)的差别,被称为权利二分法。这项判决意见说,立法者如欲限制财产权,只要提出合理理由即可,司法机关原则上应推定其具备合宪性;相反,立法者如欲限制公民权,司法机关不可贸然推定其合宪性,应以严格标准进行审查。换言之,公民权享有优先地位(preferred position)。权利二分法也被称为"司法审查的双重基准",其意义在于区分基本权利的效力顺序,影响深远。

由此出发,学说和实务上后来进一步提出了基本权利在司法裁判中的效力顺序体系,由弱到强排序如下:①生存权的基本权利最弱,它主要充当国家的指导原理,指引立法,其保障范围和保障程度通常取决于立法者的裁量。法官仅在立法者已经作具体裁量的场合,根据立法解决争议,而不是直接以生存权的基本权利判断立法和行政的合宪性。②经济的自由权本身虽然已经宪法被赋予具体内容,而不是依赖于立法者的具体裁量,但它并不是顺序优先的权利,在处理有关争议时,政治性人权优于经济性人权,如言论自由优于财产权。③外在的精神自由权由于经济的自由权,表达自由、学术自由和

---

① *West Coast Co. v. Parrish*, 300 U. S. 379 (1937).
② 1859年4月17日生,1941年2月8日卒,1910年12月16日至1937年6月2日任最高法院大法官。
③ *United State v. Carolene Products Co.*, 304 U. S. 144 (1938).

宗教行为自由较之于经济的自由权受到优先保护。④内在的精神自由不危害他人和社会，应特别强调国家不得侵入，司法上应当严格排斥对思想自由、情感自由、良心自由和学术思想自由的侵害。其他基本权利可分别归属于上述4类，如人身自由、参政权可按第3类对待。①

（四）基本权利体系及其保障制度的完善

经历两次大战的惨祸之后，宪法价值受到重视，人们认为尊重人的尊严和自由是维护正义与和平的基础。为此，1945年《联合国宪章》开篇就重申人权，强调应当维护"人的尊严和价值"。1948年联合国《世界人权宣言》序言指出，"对人类家庭所有成员的固有尊严及其平等的和不移的权利的承认，乃是世界自由、正义与和平的基础"。

在此背景下，战后制定的宪法特别注重基本权利的保障，不仅继续予以列举，而且内容更为丰富，体系更为完备，许多在战前没有实行宪法审判的国家设立了审理宪法案件的机关或者规定由普通法院审理宪法案件。例如，1949年联邦德国基本法以"人的尊严不可侵犯。一切国家机关负有尊重和保护的义务"（基本法第1条第1款）开篇并统率整个宪法，又明文规定基本法第1章所列举的多项基本权利是约束立法、行政和司法的直接有效地法律（基本法第1条第3款），强化了宪法的基本权利保障功能。1951年，联邦德国制定《联邦宪法法院法》，随后设立宪法法院，行使解释宪法和裁判宪法案件的职能。又如，1947年日本宪法第11条规定，该宪法保护的基本人权为永久权利，不能受到妨碍；第13条规定，全体国民都作为个人受到尊重。谋求生存、自由和幸福的国民权利，只要不违反公共福祉，在立法和其他国政都必须受到最大的尊重；同时，宪法对国民所具有的个人基本权利作了详尽规定；宪法第81条还明文规定，"最高法院为有权决定一切法律、命令、规则以及处分是否符合宪法的终审法院"。再如，战前意大利宪法仅以9个条文规定基本权利，战后1927年则以47个条文进行规定，而且在1948年设立了宪法法院。

战后60多年来其他许多宪法也进一步反映了完善基本权利体系及其保障制度的趋势。1993年南非临时宪法废除了种族隔离制度，1996年南非宪法确认了人的尊严和权利在宪法制度中的核心地位。1993年俄罗斯宪法宣布人和人的权利具有最高价值（第2条）。1989年匈牙利宪法也就人的尊严和权利作系统规定。1988年韩国宪法修正案规定了人的尊严、追求幸福权和其他多项基本权利，形成完备的基本权利体系（第10条）。这些国家都设立了宪法法院，负责解释宪法，是判断基本权利争议的权威机关。2004年，中国修改宪法，对基本权利体系进行了重大补充。

宪法基本权利体系和保障制度的完善是大势所趋。冷战结束以后，和平、发展已经成为各国共同追求的目标。在日益复杂的现代社会，确保人的尊严生活需要更为完善的宪法基本权利体系及相应的保障制度。在中国这样的发展中国家，发展过程中遭遇的人权问题层出不穷。中国抛弃了把人权理论视为资产阶级国家和法的学说的错误观点，把保障人权作为建设社会主义和谐社会的内在要求，对于适当地处理发展进程中的矛盾和冲突，发挥了重要的作用。基本权利刻画了人的宪法形象。以制度确保国家尊重人、关心人是宪法的使命所在，这意味着，完善宪法基本权利体系及其保障制度是宪法发展的

---

① 参见徐显明：《人权的体系与分类》，载《中国社会科学》2000年第6期。

核心内容。

第五节 基本权利的效力

一、基本权利效力的概念和特点

基本权利的效力是指基本权利规范在相关生活领域的约束力,表现为基本权利规范的价值和具体内容的法律强制力,而且,基本权利规范是宪法规范,它的效力作为宪法规范的效力,高于其他法律规范的效力。

总体上看,基本权利的效力是广泛的,因为基本权利体系覆盖国家权力和社会生活的诸多领域。然而,不同类别的基本权利,其效力有不同特点。通常,在建立了宪法裁判制度的国家,公民权利和政治权利的效力具有直接性、现实性和可诉性。它们本身就是必须实施的法律规范,无须立法者制定法律予以具体化就可以适用于相关争议。它们是立即无条件实施的,国家无论贫富都应当予以保护。与此不同,经济、社会和文化权利是纲领性的权利,指引立法者制定相关规范,并不直接作用于个人在政治共同体中的生活,它们是需要立法者裁量实施的权利,本身不具有可诉性,仅仅在涉及平等对待或程序公正等问题的场合,相关争议才是可诉的。对于没有建立宪法裁判制度的国家,基本权利的效力不是通过司法裁判显现的,但基本权利仍然是有效力的,只是不直接适用于对个案的司法裁判。

二、基本权利的效力类型

(一)基本权利的垂直效力

基本权利在反对专制统治的背景下产生,自然可以适用于公民与国家的关系。基本权利的这种效力被形象地称作垂直效力。这一名称来源于被治者须承受其公权力行使者以高权行为对其施加负担。基本权利的垂直效力就是针对这种负担的效力。

有些成文宪法(如美国宪法)仅概括规定宪法典的规定具有最高法律效力。许多宪法专门规定基本权利的效力,特别是垂直效力。德国基本法(1949)第1条第3项明确规定,基本法第1章列举的单项基本权利是直接有效的法律,约束立法、行政和司法。俄罗斯宪法(1993)第18条规定,人和公民的权利与自由直接有效。这些权利与自由决定法律的意义、内容与适用,决定立法、行政和地方自治的行为,并受司法保障。南非宪法(1996)第8条第1款规定,(本宪法的)权利法案适用于所有法律,并约束立法机关、行政机关、司法机关和一切国家机构。这些国家的宪法裁判机构据此直接援引宪法基本权利解决了许多个案的争议。中国虽然还没有建立起宪法裁判制度,但是,中国宪法的基本权利还是有约束力的。中国宪法序言末段宣布宪法是国家的根本法,具有最高的法律效力;全国各民族人民、一切国家机关和武装力量、各政党和各社会团体、各企业事业组织,都必须以宪法为根本的活动准则,并且负有维护宪法尊严、保证宪法实施的职责;第5条第4款规定,一切违反宪法和法律的行为,必须予以追究。宪法和立法法还就如何监督宪法的实施作了规定。

(二)基本权利的水平效力

基本权利是否适用于个人之间或者个人在社会生活中与公司法人和其他组织之间的关系,曾经引发激烈争论。例如,如果上班时间公司对言论自由进行限制或者对两性实行差别对待，出租车司机因政治主张或者党派不同而拒载客人，[①] 双方当事人均为私人性质的主体，没有任何一方行使公权力，此时认为自己受到侵害的一方是否可以援引基本权利反对侵害，不无疑问。

基本权利针对非公权行为的效力不应被否定。从功能主义的角度看，基本权利的价值在于保证个人尊严和自由地生活其所在的政治共同体。对尊严和自由的生活形成威胁和损害的主体不限于国家机构。不公平的待遇并非只能来自国家机构，它们也来自私人机构。如果完全按照私法自治原则处理私人之间的关系，由于某些个人或者组织拥有优势地位，它们有能力贬低和损害对方当事人，使对方不能受到基本的尊重，也不能保持基本的自由。例如，某些大公司基本上依据性别对其新招募的员工进行分类，给予不同的职业培训和职位安排，最终导致女性无法升迁至公司的重要岗位。所以，应当承认基本权利的水平效力，即针对非国家机构的效力。水平效力的形象称谓源于基本权利介入私人主体之间的水平关系而非垂直关系。这种效力也称作基本权利的第三人效力，因为基本权利本来适用于个人与国家二者的关系，引入水平关系的约束对象，可称之为引入第三人，故将水平效力成为第三人效力。

学者指出，基本权利的水平效力获得承认与基本权利观念转变、权力社会化、人权保障多样化、宪法裁判制度建立和社会关系综合化的背景有关：[②] ①所谓基本权利观念的转变，就是指基本权利从个人防卫国家的主观公权，发展为"客观价值体系"，从而使基本权利的效力贯穿全部法律关系，而不仅仅适用于个人与国家之间的关系。②权力社会化是指工会、律师、私人企业等组织对个人具有实际的影响力。这种作用于实际生活的权力可能侵害基本权利。③人权保障的多样化是指突破传统宪法原理，将基本权利的约束对象扩展到非国家主体，以便在现实生活中真实地维护基本权利所反映的价值。宪法裁判制度的建立使得私法规范处于基本权利的约束之下，不符合基本权利客观价值的私法规范由此受到修正。典型的例子包括宪法判决对所有权受尊重的原则、契约自由、过失责任原则的修正。④社会关系综合化是指特定社会关系不单纯属于公法关系或者私法关系。实际上，人们越来越认识到，私法关系必须以基本价值为基础，这些价值与基本权利联系紧密，劳动合同关系等特定社会关系是综合型的社会关系，同时受到公法和私法的约束。在这些领域，基本权利约束着私人之间的关系。在这里，正是由于基本权利的水平效力的作用，生死协议、血汗工厂都不再受契约自由的支持。

第六节 基本权利的限制

基本权利的内容和界限需要根据共同体生活的实际予以确定。这意味着基本权利有其界限，在此界限以内行使受宪法保护，超过该限度则构成对权利的滥用。对基本权利的限制，需要划定基本权利的保护范围，所以，合理限制基本权利也是为了有效地保障基本权利。国家有权依据正当目的，采取适当手段限制大多数基本权利，只有很少基本权利是不可限制的（如任何人不被蓄为奴隶、思想和内心信仰不受侵犯）。

[①] 许庆雄：《人权的调整与效力之研究》，见《李鸿禧教授六秩华诞祝贺论文集》，第 443 页。
[②] 胡锦光、韩大元：《中国宪法》，法律出版社 2007 年版，第 196～198 页。

限制基本权利的问题是宪法理论和实践上的重大问题。关于如何适当限制基本权利的原理，对于防止大规模、系统性地损害基本权利以及国家机构在日常运转中针对个案不适当地侵害基本权利，都是十分重要的。20世纪以来，宪法理论日益强调个人自治需要以健康的社会环境为基础，国家制度应当兼顾人的个体性和社会性，把个性自由与社会团结联系起来，为此特别重视个人权利和自由须符合公共福祉的原理。这种见解对于化解过分形式主义的自由观念，纠正资本主义早期极端的契约自由，发挥了重要作用，但是，它也伴随着片面强调权利相对性，从而阻碍基本权利正常发挥功能的情况，特别是法西斯国家利用这一原理，无限扩大对基本权利的限制，实际上消灭了基本权利。德意日等国法西斯政权垮台后，基本权利遭遇过度限制的问题也没有完全解决。基本权利的具体内容往往需要由普通法律予以界定，一旦过度强调权利相对性，基本权利仍然会被普通立法釜底抽薪，名存实亡。即使在一些宪法制度相对完备的国家，过度限制基本权利的问题也并不罕见。而且正是因为如此，才导致其司法机关不断发布判决，认定某些限制基本权利的立法和行政行为违反宪法。为了最大限度地避免宪法文本抽象地确认基本权利，而普通法律具体地消灭基本权利的现象，宪法学应当认真研究基本权利的限制问题。

一、限制基本权利的原因和依据

限制基本权利必须有正当目的。由于各国国情不同，宪法性质各异，限制基本权利的目的也有各自的特点，但是，无论怎样突出本国的实际情况，限制的目的也必须符合维护人的有价值的生活的国家目标，否则就会失去正确的价值导引。学者总结各国实践，归纳出三个方面的目的。[1] 这些目的不是相互隔离的，它们有重叠之处，只是侧重点有所区别。

（一）维护社会秩序

社会稳定有序是人们正常生活的重要条件。社会秩序需要宪法和法律来维护。宪法秩序是社会秩序的基础。为了保持社会稳定有序，宪法和法律需要承担的任务包括：确定社会中各主体的宪法地位；合理界定社会成员的权利和义务；预防对基本权利的侵犯；为基本权利受到侵犯的主体提供救济渠道；保护社会成员在宪法和法律的范围内存在和发展。

宪法和法律对维护社会秩序是重要的，但不是万能的。在为了维护社会秩序而以宪法和法律限制基本权利时，应当注意保存个人自由不受宪法和法律介入的可能性。例如，酗酒和未成年人饮酒是不健康的，但是，以宪法和法律禁止生产酒精饮料却超越了维护社会秩序的合理范围。1919年，美国经法定程序批准宪法修正案第18条，禁止在合众国及其管辖下的一切领土内酿造、出售和运送作为饮料的致醉酒类；禁止此类酒类输入或输出合众国及其管辖下的一切领土。该修正案不仅没有增进社会正义，反而导致合法的酒类市场成为黑社会势力把持的领域。1933年，美国不得不以宪法修正案第21条废除了修正案第18条的上述规定。

（二）保障国家安全

保持国家安全是国家能力正常发挥的前提条件。在国家安全受到威胁的时候，正常

---

[1] 胡锦光、韩大元：《中国宪法》，法律出版社2007年版，第199页。

的宪法秩序就会遭到破坏。为了保卫国家安全而在一定程度上限制基本权利是各国普遍接受的原理。一些国家在宪法上作了明确的规定。对于因国家安全原因而限制基本权利，须区分平时状态和紧急状态；对紧急状态，还应区别紧急状态的严重程度，采取不同的措施。应当遵循的原则是尽可能避免不必要的限制。

2001年美国"9·11"恐怖袭击事件发生后，美国宣布对恐怖主义的斗争是一场战争，由此引发诸多法律问题。如果按照战争状态理解反恐斗争，国家权力势必扩张，而基本权利也必然受到较为显著的限制。比较令人关注的问题包括：国家是否可以对所有人采取监听电话和监视其他通信的措施；外国人进入美国领土的身份认证和人身检查措施是否过于繁琐并损害人格尊严；对恐怖犯罪嫌疑人是应作为战俘对待还是作为刑事犯罪嫌疑人对待。由于恐怖袭击既不同于普通刑事犯罪，也不同于传统的战争行为，人们面对这些问题产生了困惑。法学研究必须坚持理论联系实际，才足以令人信服地解决这些问题。

（三）维护公共利益

各国宪法普遍要求维护公共利益。美国宪法序言阐述制定宪法的目的使用了"促进公共福利"（promote general welfare）的表述。日本宪法第13条规定，所有国民以个体身份受尊重。其生命、自由和追求幸福的权利，在不违背公共福祉的范围内，是立法和其他政府事务的最高目标。德国基本法虽然没有直接采用公共利益的表述，但也有一些规定表明了这种意思，例如，它规定，人人有自由发展其人格的权利，但以不侵害他人权利、不违反宪法秩序或者不违背道德规范为限。

以公共利益为由限制基本权利也得到国际人权文件的肯定。例如，《世界人权宣言》第29条第2款规定："人人在行使他的权利和自由时，只受法律所确定的限制，确定此种限制的唯一目的在于对他人的权利和自由给予应有的承认和尊重，并在一个民主的社会中适应道德、公共秩序和普遍福利的正当需要。"再如，《公民权利和政治权利国际公约》也规定权利附有特别责任和义务，可以进行限制，但目的限于"保障国家安全或公共秩序、公共卫生或风化"。

我国《宪法》第51条是关于限制基本权利的一般原则，它规定："中华人民共和国公民在行使自由和权利的时候，不得损害国家的、社会的、集体的利益和其他公民的合法的自由与权利。"此外，中国宪法和法律还就具体领域限制基本权利作了规定。如宪法还规定，国家为了公共利益的需要可以依法征收和征用私有财产并给予补偿。在民事法律上，违反公共利益是合同无效的原因之一。

由于公共利益对基本权利构成限制，合理界定公共利益的范围，不使其过度扩张，对保护基本权利具有十分重要的作用。界定公共利益有两种基本的途径。一种是在宪法和法律中直接列明公共利益事项，从而排斥非列举事项被作为公共利益事项；另一种是通过适当的程序进行个案的判断，决定单项的事务是否属于公共利益事项。前者的不足首先在于，公共利益事项难以穷尽列举，这就迫使立法者采用兜底条款，概括规定"其他"事项属于公共利益的范围，从而使列举失去刚性的限制作用；同时，即使是被列举的事项，过度实施也未必属于妥当的"公共利益"。因此，当具体事项属于被列举范围时，仍然通过适当的程序进行个案的判断，是公平界定公共利益所必需的。重大公共利益事项应当通过立法机关决定，而日常行政过程也可决定部分公共利益事项，特别是那些需要快速决定的事项。因许多公共利益事项较多地涉及政治决策或者快速应变，往往不宜归入司法判断的范围，但是，对显然与公共利益抵触的民事行为，司法机关也可以根据法律的概括规定作否定判断。

二、限制基本权利的基本形式

对宪法限制基本权利的形式，可从不同角度进行分类。例如，将基本权利划分为有法律保留的基本权利和无法律保留的基本权利，二者受不同限制形式作用。还可以根据限制性规范的形成方式和作用方式划分为内在限制、宪法和法律限制以及紧急状态下的限制。与基本权利分类一样，关于限制方式的分类，也不是绝对的，有些分类标准实际上允许各个限制形式之间具有一定的关联甚至重叠之处。本书在此列举的后一种分类即是如此。

（一）法律保留

1. 法律保留

有些基本权利受法律保留的作用。这是指保障某特定基本权利的宪法条文规定，允许普通法律限制这项基本权利。法律保留划分为一般的法律保留和特定的法律保留。

（1）一般保留

如果特定基本权利可以由法律限制，或者可以依法限制，宪法没有规定该法律须遵守何种特定要求，那么，这种保留就是一般保留。一般保留意味着立法者享有较大的限制权。例如，《德国基本法》第8条第2款规定，露天集会的权利得以法律限制或根据法律限制，就是一般保留。

（2）特定保留

特定的制定法保留是指，宪法条文规定基本权利的限制仅限于保护该条文关注的特定利益。例如，《德国基本法》第11条第2款规定，只有在个人缺乏充分生存基础而致公众遭受特别负担时，或者该条款规定的其他特定原因出现时（为应付联邦或者各州所遭遇的威胁民主自由秩序的危机；防止传染病蔓延；处理天灾或重大不幸事故；保护少年免失管教；预防犯罪行为），才可以根据或者遵循法律规定限制迁徙自由。任何制定法在这些目的之外限制迁徙自由，不属于特定保留的范围，均属违宪。如果要超越特定保留而限制基本权利，必须有特别的重大理由，例如，根据宪法，该基本权利还须让位于更加上位的价值。

2. 法律保留之外的限制

有的基本权利排斥法律保留，如《德国基本法》第4条第1款规定的信仰、思想与良心自由。宪法不规定法律保留意在限制立法者限制这项自由的权力。在这样的情况下，限制该基本权利的正当性仅仅来源于与之冲突的第三人权利和其他具备宪法地位的法律价值（如国家安全）。

（二）限制性规范的形成和作用方式

1. 内在限制

基本权利的内在限制就是基本权利内部已经确定的限制。这类限制有不同的形式。一般认为包含两种形式。

（1）基本权利本身的限制

这是指宪法中规定的基本权利概念本身对其范围与界限进行了必要的界定。例如，

《德国基本法》第4条第3款良心自由的基本权被明确限定为拒绝使用武器服战争役；第8条第1款集会自由被明确限定为和平的、不携带武器的集会。

（2）通过具体附加的文句对其范围进行限定

《德国基本法》第5条第3项第1句规定艺术与科学、研究与讲学应自由，第2句随即规定讲学自由不免除对宪法的忠诚义务。

2. 宪法和法律的限制

（1）宪法的限制

现代宪法比较普遍地规定基本权利的界限。宪法的规定可能是针对全部基本权利的，也可能是针对特定基本权利的。从制宪技术上看，二者均有其存在价值。不过，为了避免宪法规范过度抽象，导致基本权利受法律过度限制而空壳化，应当尽可能制定针对特定基本权利的限制规范，提高限制性规范的明确性和针对性。我国《宪法》第51条是高度概括性的限制规范，它规定"中华人民共和国公民在行使自由和权利的时候，不得损害国家的、社会的、集体的利益和其他公民的合法的自由与权利"。《俄罗斯宪法》第55条第3款也是高度概括的限制性规范，它规定"人和公民的权利与自由仅可由联邦法律予以限制，但仅限于维护宪政制度基础、道德、他人健康、权利和合法利益以及确保国家防卫和安全之所需"。与此不同，我国《宪法》第13条是针对特定权利的限制，它规定"国家为了公共利益的需要，可以依照法律规定对公民的私有财产实行征收或者征用并给予补偿"。《俄罗斯宪法》第25条也是针对特定基本权利的限制，它规定"住宅不可侵犯。任何人都无权违反住宅居住者的意志而侵入；如系联邦法律所规定的情况，或者依法院决定，则不在此限"。

（2）法律的限制

法律的限制服从法律保留的原理。上文已述及，不予详述。需要补充的是，限制基本权利的法律本身必须是符合宪法的。为此需要限制立法者的权力。关于如何限制立法者的权力，详见下文"限制权的界限"部分。

3. 紧急状态下的限制或者克减

紧急状态是指在一定范围和时间内由于突发重大事件而严重威胁和破坏公共秩序、公共安全、公共卫生、国家统一等公共利益和国家利益，需要紧急予以专门应对的社会生活状态。法律谚语说"紧急状态停止法律"，意思是指紧急状态停止平时的法律，而不是完全停止一切法律。鉴于历史上和现实中存在以紧急状态为借口颠覆宪法秩序的现象，现代宪法重视对紧急状态事由、紧急权力主体和权力内容进行限定。不过，国际社会公认，在紧急状态下，为了尽快恢复正常状态，国家可以限制或者克减基本权利。

（1）紧急状态下限制或者克减基本权利的理由

许多国家的宪法和国际人权公约都表明，在紧急状态下可以限制或者克减基本权利。中国于2004年修改宪法，将紧急状态明确规定于宪法，使紧急状态有了明确的宪法依据。紧急状态下限制基本权利的理由主要体现为：

第一，宪法价值是一个有机整体，根据宪法价值体系，可以界定基本权利的规范领域，从而获得基本权利规范的具体运用标准和规则，包括紧急状态下基本权利的界定规则。

第二，紧急状态意味着正常状态受到严重损害或者巨大破坏，为尽快恢复稳定的国家秩序，巩固政治制度，保护国家安全和宪法秩序，有必要采取非常措施进行应对。

第三，在紧急状态下，公民的生命、健康、财产和自由都遭到突发事件的威胁甚至侵害，为了恢复对基本权利的稳定保障，有必要以非常措施暂时地限制基本权利。这是以较小的牺牲换取更大的利益，是不得已而为之。

(2) 紧急状态下限制或者克减基本权利的范围

无论宪法对于紧急状态是否已经实现作了充足的预见和规定，国家紧急状态的发动都必须以宪法规定或者宪法原则为依据进行。因紧急状态具有减损基本权利的效果，故需特别注意以紧急状态为依据限制基本权利的范围、方式、程度、条件，并关注保障和救济问题。

紧急状态是限制或者克减基本权利的依据，但不足以限制或者克减一切基本权利，部分基本权利即使在紧急状态下也不受限制或者克减。即使在紧急状态下，国家也应该尊重人的尊严和内在价值。为此必须树立若干原则，如不得消灭司法公正，不得施加残忍、不人道和贬低人格的待遇。概括言之，生命权、人格尊严和内在的精神自由权，即使在紧急状态下也不得克减；经济权利和政治权利一般可以克减。对此，宪法上有多种规定方式，学者概括为4种类型：①

①肯定式规定。即明确列举允许限制或者克减的基本权利，禁止超越列举的范围进行限制或者克减。

②否定式规定。即规定哪些基本权利不得限制或者克减。最有影响的否定式规定是联合国《公民权利和政治权利国际公约》第4条的规定。该条规定，不得克减的基本权利包括生命权、不受酷刑的权利、不受奴役的权利、禁止因债务原因的监禁、罪刑法定、人格尊严、思想良心宗教信仰自由。此外，《禁止酷刑和其他残忍、不人道或者贬低人格的待遇或者处罚的公约》(1987)第2条第2款规定：任何意外情况，如战争状态、战争威胁、国内政局不稳定或者任何其他社会紧急状态，均不得作为施行酷刑的理由。《欧洲人权公约》(1950)第15条规定，除因战争行为引起的死亡之外，不得因紧急状态对生命权予以克减，也不得因紧急状态削弱对酷刑、奴役、违背罪刑法定原则的禁止。

③折中式规定。这是指在规定不得限制或者克减某些基本权利的同时，又规定可以限制某些基本权利。如加拿大《紧急状态法》(Emergency Act) 规定，在采取相关特殊临时措施的时候，应遵守《加拿大权利和自由宪章》《加拿大权利法案》《公民权利和政治权利国际公约》，特别是那些即使在全国性危机时也不得限制或剥夺的基本权利。同时在各种危机情况下，可以采取措施限制某些基本权利的行使，如该法第8条规定，可以在公共福利危机宣告生效期间，限制公民的迁徙自由，征收、征用财产，要求公民提供必要的服务并给予补偿。

④模糊式规定。仅仅概括地承认国家的紧急权力，而不以上述方式界定紧急状态下可以限制或者克减的基本权利。与上述3种方式相比，这种方式为紧急权力扩张留下了较大空间。

---

① 胡锦光、韩大元：《中国宪法》，法律出版社，2007年版，第205页。

三、限制权的界限

虽然基本权利的限制是必要的，但是，限制也不应是恣意的、无限的，否则，基本权利将过于稀薄，甚至形同虚设。美国最高法院大法官在谈及对财产权的限制时曾说，"长期以来，人们承认价值的享有受到不言而喻的限制，但是，这不言而喻的限制也有其自身的界限"。[1] 有些国家的宪法就限制基本权利的目的和程度进行了规定。例如，《德国基本法》第19条第2款、《韩国宪法》第37条第2款都规定，基本权利的本质内容在任何情况下不受侵害。有的国家对紧急状态下如何限制基本权利的问题也作了规定。例如，《俄罗斯宪法》第56条第3款具体列举了紧急情况时仍不得限制的基本权利，包括：第20条所保护的生命权，第21条所保护的人格尊严，第23条第1款所保护的私人生活的权利、荣誉权和名誉权，第24条所保护的个人信息的自我决定权、第28条所保护的良心自由、信仰自由，第34条第1款所保护的经济活动的自由，第40条第1款所保护的拥有住宅和住宅不受侵犯的权利，以及第46条至第56条所规定的多项权利（主要涉及司法领域，如被告不承担自证无罪的义务）。

考虑到基本权利的功能，无论如何，限制基本权利的权力应当是有限的，否则，人的尊严和价值势必遭遇威胁甚至颠覆。为此，学说上认为应考虑如下原理：

（一）限制目的须符合宪法

限制基本权利必须基于宪法所认可的目的，如维护国家安全、保护他人权利、维持社会和谐等。因现实生活的复杂性，具体衡量特定的限制目的是否符合宪法，必须对相关事项所涉及的现实状况进行客观描述，否则难以作公平的判断。例如，各国正在研究共同应对气候变化，许多环保组织也致力于推动各种层次的环保立法，然而，有关环境问题的研究报告是否客观，特别是，对全球气候史的回顾和对全球气候趋势的预测是否全面和科学，目前还有争议。同样，国内各种环保立法主张是否具有充分的科学依据，也是值得认真分辨的。因环保诉求往往涉及限制财产权和经济活动的自由等基本权利，对经济发展影响显著，应注意进行鉴别，而不是毫无保留地接受。消除贫困、改善民生和保护环境都是十分重要的问题。中国不应为了追求过高标准的环境质量而极端地限制财产权和经济自由活动的自由。

（二）应保存基本权利的本质特征

《德国基本法》第19条第2款禁止侵害基本权利本质特征的规定，在宪法史上具有深远影响。但就德国联邦宪法法院的裁判实践看，在许多场合，确定特定基本权利的本质内容是困难的。因此，联邦宪法法院一般并不诉诸这一条款，而是以比例原则替代该原理。尽管如此，特定基本权利的本质特征并不是完全不能加以发现和表述的。如果说财产权、经济活动的自由、一般行为自由等基本权利相对模糊，那么，人格尊严、司法领域的基本权利、内在精神自由等基本权利的本质内容则是相对清晰的。

（三）禁止针对个案的立法

处理个案是行政部门的职责，不应作为立法事项，否则将导致国家机构角色混乱，同时也使个人遭受专断的对待。虽然这个原理在理论上是重要的，但是，在裁判实践上往往也难以判断具体立法事项究竟是针对特定个案还是针对不特定人的。

---

[1] *Pennsylvania Coal Co. v. Mahon*, 260 U. S. 393 (1922).

（四）限制性规范的指向明确

限制基本权利的立法应指明其所限制的特定基本权利。《德国基本法》第19条第1款第2句明确规定了这项要求。它可以确保立法机关以确定的意图限制基本权利，排除随意的、缺乏明确意图的限制。

（五）限制性规范具备确定性

限制性规范应当尽可能具有较小的弹性，以免过于模糊，导致限制权过度扩张。

（六）限制性措施符合比例

比例原则适用于一切国家机构。比例原则是关于限制目的与限制手段之间关系的原理，分解为3项子原则：

1. 适宜性原则

它要求，只能采取适宜于达到目的的措施。对适宜性应作严格解释，即排除采取不完全适宜的措施。

2. 必要性原则

它也被称为最低干预原则。它要求国家机构在限制自由和权利时，只要能达到目的就采取谦抑的态度，采取最不激烈的措施，甚至在可能情况下完全不进行干预。

3. 适当性原则

如果国家采取的措施造成了与所追求的目的相比较不成比例的负担，这项措施就是不可接受的。适当性的判断需要诉诸权衡的方法。必须对特定措施所限制的权利和该措施所追求的利益进行权衡，以决定在特定情形哪一方具有优越性。应综合评价个案的所有条件。应当在个案中衡量干预的强度和公共利益的迫切性。

以上原理的任何一项都构成对国家机构限制行为的否定性判断标准，也就是说，只要违背其中一项就应被视为不法限制基本权利。

四、特别权力关系中的限制

有些公民（或者个人）因特定原因与国家形成特殊关系，军人、公务员、服刑人与国家之间的关系就是这类特殊关系，学说上称为特别权力关系。特别权力关系既可由法律强制形成，也可有个人自愿选择而形成。约束传染病患者的特别权力关系属于前者，约束公务员的特别权力关系属于后者。

特别权力关系理论源于19世纪德国法学，其要点是：在特别权力关系中，行使公权力的主体不受一般法秩序的约束，对进入该关系的公民或者个人，可以按照内部规范行使广泛的支配权，该公民或者个人必须服从；特别权力关系是特殊领域内的内部关系（如行政机关内部对公务员的管理关系），不受司法管辖，相关争议不由法院裁判；权力主体可以对宪法基本权利进行限制，不需要法律依据。可见，特别权力关系削弱法律至上、司法判断和基本人权的适用范围。

如果把特别权力关系极端化，过度强调特别权力行使者的权威，可能严重损害基本权利和法治原则。为此，特别权力关系理论虽然得以保存，但已经受到修正。德国联邦宪法法院在判决中指出，基本权在特别权力关系中并没有被取消，只是受到限制；这些限制因为符合这种权力关系的自然属性而具备合理性。[①] 学说和实务上强调：①特别权

[①] 康拉德·黑塞：《联邦德国宪法纲要》，李辉译，商务印书馆2007年版，第263页。

力关系以宪法明确规定相关个人的义务（如服刑人、公务员的义务）或者相关义务在宪法秩序下必然存在为前提；②特别权力关系的具体内容以公务员法、监狱法、传染病防治法等法律为依据；③不完全排除司法裁判；④以特别权力关系为由限制基本权利，能达到相关公共目的即可，不得过度限制；⑤权力主体的裁量权应受限制，仅限于专业技术上的拘束性裁量，如在限制传染病患者人身自由的领域，应由专业医师判断限制的必要性和限制的程度。

【关键词】

基本权利　基本权利的主体　基本权利的分类和体系　基本权利的历史发展　基本权利的效力以及基本权利的限制

【思考题】

1. 基本权利的有什么特征？
2. 基本权利主体与法律权利主体有无区别？
3. 基本权利的分类标准有哪些？
4. 基本权利是如何发展演变的？
5. 基本权利的效力是如何体现的？
6. 限制基本权利的理由是什么？
7. 比例原则的含义是什么？

【参考文献】

许崇德主编：《宪法》，中国人民大学出版社1999年版。

谢瑞智：《宪法新论》，文笙书局（台北）1999年版。

法治斌、董保城著：《"中华民国宪法"》，空中大学（台北）1997年版。

陈新民：《宪法学导论》，台湾三民书局1997年版。

[美]汉密尔顿、杰伊、麦迪逊：《联邦党人文集》，程逢如、在汉、舒逊译，商务印书馆1980年版。

胡锦光、韩大元：《中国宪法》，法律出版社2007年版。

[德]康拉德·黑塞：《联邦德国宪法纲要》，李辉译，商务印书馆2007年版。

[奥]曼弗雷德·诺瓦克：《民权公约评注》，毕小青、孙世彦译，生活·读书·新知三联书店2003年版。

周伟：《宪法基本权利：原理·规范·应用》，法律出版社2006年版。

第十四章　公民基本权利：公民权利和政治权利

【本章学习提示】　公民权利禁止国家对个人权利的干涉，是维护个性独立和自由的权利。公民权利包括生命权、人格尊严、平等权、宗教信仰自由、人身自由、居住自由、迁徙自由、隐私权、通讯自由与通讯秘密、财产权等几项具体权利。其中，平等不仅仅是一项传统意义上的宪法原则，也是公民直接享有的一项基本权利，是一条贯穿于基本权利体系的红线。在近代宪法基本权利理论中，自由权、平等权与财产权共同构成最重要的三项基本人权。政治权利体现了公民参与社会管理，行使管理国家事务权利的具体法律形式，在一定程度上具备了类似于社会、经济和文化权利要求的国家主动介入采取措施保证其实现的积极属性。政治权利包括选举权与被选举权、担任国家公职的权利、言论自由、出版自由、结社自由以及集会、游行、示威的自由和信息自由。

本章所讲述的基本权利，大多数是我国宪法已经明文规定的，个别权利虽然没有明文规定，从国家尊重和保障人权的立场看，仍应作为基本权利。

第一节　公民权利

一、生命权

（一）生命权的宪法地位

1. 各国宪法

生命权是一切人权中最具基础性的权利。尊重人的生命，是尊重人的价值的必然表现。因此，宪法通常会明确规定生命权受保护。在宪法没有明文规定生命权的场合，不应认为宪法不保护生命权，而应当视为推定的权利，同样受宪法保护。中国现行宪法就没有列举生命权，这并不意味着国家不承认、不保护生命权。

在生命权领域，最受关注的是死刑问题。尽管许多国家的宪法都表示了国家尊重人命的立场，但死刑并未完全禁止。迄今为止，各国对死刑的立场尚未统一。此外，对于堕胎、协助自杀（尊严死）等问题，也没有形成完全一致的立场。

早在19世纪，一些国家的宪法就明确禁止死刑以体现对人命的尊重和保护。1814年《比利时王国宪法》第13条禁止对平民适用死刑。1874年《瑞士联邦宪法》第65条禁止对政治犯判处死刑。"二战"以后，德国基本法基于人的尊严和价值不可剥夺的观念，规定生命权和身体完整权不受侵犯（第2条），还规定废除死刑（第102条）。

总体上看，允许死刑的宪法已经减少。目前，各国宪法废止或者限制的情况包括：①在成文宪法中明确规定国家废止死刑，或者由宪法裁判机关在宪法案件的判决中宣布死刑违反宪法。前者如1990年《克罗地亚宪法》第21条、1986年《奥地利宪法》第85条、1993年《柬埔寨宪法》第23条、1991年《哥伦比亚宪法》第11条、1987年海地宪法第20条、1990年《莫桑比克宪法》第70条均宣布禁止死刑；后者如匈牙利宪法法院于1990年10月裁决死刑违反宪法规定的生命权和人的尊严的权利。南非宪法法院于1995年6月判决认定死刑与临时宪法抵触，侵犯不受残酷、不人道或贬低人格的待遇或刑罚的权利。②宪法限制死刑的适用范围，如规定死刑适用于军事犯罪和战时犯罪，或者禁止将死刑适用于政治犯。1917年《墨西哥宪法》第22条规定："禁止对政治犯罪处死刑；死刑仅适用于以危险方式犯下叛国罪（国际战争期间）、叛逆罪、有预谋地谋杀或谋杀无自卫的人，绑架、土匪和严重军事犯罪。"1993年《秘鲁宪法》第140条规定："死刑仅适用于战时叛国罪以及国内法、秘鲁为成员国的国际法所规定的恐怖犯罪。"③如宪法在确认生命权的同时有条件地保留死刑，但实际上废止死刑（过去10年内没有执行过死刑，可以确信其不执行政策将延续，或已向国际社会做此承诺）。其中，1993年《俄罗斯宪法》规定，人人享有生命权；死刑废除之前可由联邦法律规定，作为惩罚犯有危及生命的特别严重罪行的特殊措施；死刑案件必须有陪审员参加审理（第20条）。从宪法规定看，俄罗斯保留了死刑，但实际上已经不执行死刑。

2. 国际人权文件

1948年《世界人权宣言》第3条规定："人人有权享有生命、自由和人身安全。"

1966年联合国《公民权利和政治权利国际公约》明确表达了反对死刑和限制死刑的立场，该公约第6条规定："①人人有固有的生命权。这个权利应受法律保护。不得任意剥夺任何人的生命。②在未废除死刑的国家，判处死刑只能是作为对最严重的罪行的惩罚，判处应按照犯罪时有效并且不违反本公约规定和防止及惩治灭绝种族罪公约的法律。这种刑罚，非经合格法庭最后判决，不得执行。③兹了解：在剥夺生命构成灭种罪时，本条中任何部分并不准许本公约的任何缔约国以任何方式克减它在防止及惩治灭绝种族罪公约的规定下所承担的任何义务。④任何被判处死刑的人应有权要求赦免或减刑。对一切判处死刑的案件均得给予大赦、特赦或减刑。⑤对十八岁以下的人所犯的罪，不得判处死刑；对孕妇不得执行死刑。⑥本公约的任何缔约国不得援引本条的任何部分来推迟或阻止死刑的废除。"

1989年联合国通过的《旨在废除死刑的公民权利和政治权利公约第2任择议定书》要求缔约国采取一切措施在其管辖范围内废除死刑。

（二）生命权的含义

生命权是指自然人不被非法剥夺生命的权利，国家有保障人的生命的义务。生命权被视为固有（inherent）权利，即使在紧急状态下，生命权也不受克减，国家保护生命权的义务不得减少。

国家保护生命权的义务涉及死刑（合法剥夺生命）、战争、人员失踪、堕胎、协助自杀（尊严死）等问题。个人享有生命权意味着国家保护其持续地活下去，因此，单纯的自然人活着的事实，并不表明其享有生命权；仅凭其死亡的事实也不足以解除国家维护生命权的义务。如果国家对失踪人员的下落不予追查，就意味着国家没有履行其保护该人生命权的职责；如果合格的法庭判处特定人死刑，即使该人尚未被执行死刑，其生命权也已经遭到否定。相反，如果失踪人员被查明遭到杀害，其生命权要求有关机关追查和处罚杀人行为；如果死刑判决是错误的，被执行者丧失生命后，国家应承担赔偿责任。

生命权是最具基础性的权利，但不是可以脱离其他权利独立存在的权利。例如，公民有权获得有关自然灾害、重大疫情的信息，表明生命权与获得公共信息的权利不可分割。政府在批准兴建具有潜在危险的核电厂、水坝、化工厂、金属加工厂等设施的时候，利害相关人应被告知，并有权请求举行听证，表明生命权与行政领域的程序正当性相关。

生命权通常被视为消极权利，区别于作为积极权利的生存权。生存权是指人人享有最低限度尊严生活的保障的权利，它是通过国家提供资金、物资等予以保障的，如向没有劳动能力的人提供基本生活费用。这些费用的标准如何确定，决定于立法者，受生存照顾的个人如果认为该费用标准过低，并不能诉诸司法程序请求提高该标准。相反，对于侵害生命权的行为，遭受侵害威胁的个人可请求相关机关予以排除；对于构成违法犯罪的侵害行为，国家还应当予以追诉。

（三）死刑存废问题

1. 死刑正当性之争

目前通说认为生命权要求宪法和法律（至少原则上）禁止杀人行为，合法杀人仅限于不得已的场合。国家经合法审判宣告死刑判决并予以执行是国际社会容忍的合法杀人行为。不过，反对死刑的意见影响日益扩大，要求废除死刑的主张已经产生巨大影响。[①]

早在18世纪，意大利法学家贝卡利亚就在其名著《论犯罪与刑罚》（1764）中首次系统论述了死刑的残酷性、不公正性和非必要性。他指出，"禁止杀人者无权杀人"，"能给人们心理以最大影响的，并不是刑罚的残酷，而是刑罚的持续时间"。[②] 1949年德国基本法从尊重每个人的内在价值出发，完全废除死刑。受此影响，中国也出现了人的尊严排除死刑的见解。然而，最早论述人的尊严概念的伟大哲学家康德却认为，人的尊严的概念不排斥死刑。他认为基于报应论的死刑是正当的。康德断言，如果要尊重"人的尊严"，就一定要对谋杀和其他严重犯罪处以死刑。康德坚持说，不尊重他人生命的人，事实上放弃了自己的权利，他有义务接受报应。[③]

2. 死刑支持者的主要理由

大赦国际将支持死刑的理由概括为6种：[④]

（1）死刑威慑暴力犯罪，使社会更加安全。大赦国际认为，来自全球各地的证据显示，死刑对犯罪没有特别的威慑效果。尽管人们以为废除死刑将使犯罪率升高，然而研究提供了相反的数据。2004年，美国有死刑的各州谋杀案平均发生率为每100000人口5.71例，而无死刑的各州平均为4.02例。2003年，在加拿大废除死刑27年后，谋杀案的发生率比1975年下降了44%。大赦国际认为，死刑没有使社会更安全，而只是显示出残暴。国家准许的杀人行为只是允许使用暴力，并导致暴力循环下去。

---

① 20世纪，特别是"二战"后，许多国家废除或者严格限制死刑。大赦国际2008年发表报告指出，从1979年以来，超过70个国家废除了对所有犯罪或对普通犯罪的死刑；超过130个国家的法律上没有死刑或实际上不适用死刑；目前，每年只有少数国家执行死刑。
② [意]贝卡利亚：《论犯罪与刑罚》，黄风译，中国大百科全书出版社1993年版，第385页。
③ A·J·M·米尔恩：《人的权利与人的多样性——人权哲学》，夏勇、张志铭译，中国大百科全书出版社1995年版，第155~156页、第178~179页。
④ Death Penalty: Ultimate Punishment. Amnesty International, Act/015/2008.

(2) 死刑减少毒品犯罪。由于缺乏清晰的证据表明该领域的死刑比长期监禁能更好地取得威慑效果，许多人反对这个见解。2008年3月，"联合国毒品和犯罪办公室执行官"呼吁结束对毒品犯罪适用死刑，其报告说："虽然毒品杀人，我不相信我们需要因为毒品杀人。" 2007年4月，联合国死刑特别报告员（the UN Special Rapporteur on extrajudicial, summary, or arbitrary executions）作为挑战印度尼西亚宪法的专家证人，对该国宪法法院说，"死刑不是对贩卖毒品犯罪的适当回应"。除了印度尼西亚，还有中国、印度、马来西亚、沙特阿拉伯和新加坡等国对毒品犯罪适用死刑。

(3) 如果知道将要面临死刑，人们就不大可能进行谋杀等暴力犯罪。大赦国际反驳道，这个观点以片面的假设为前提。它假设罪犯会研究和预测被抓获的后果，并认为长期监禁是可忍受的处罚，而被处决则是不可忍受的处罚。然而，许多犯罪是激情犯罪，同时，即使不是激情犯罪，潜在的处罚也不一定阻止犯罪，犯罪分子往往有侥幸心理，不相信自己会被抓住并为其犯罪负责。此外，死刑甚至导致进一步的暴力，如果罪犯知道自己犯下了死罪，就会继续犯下极其严重的罪行。例如，如果武装抢劫导致死刑，那么，劫犯在试图逃跑时就不会因为谋杀而失去什么了。

(4) 死刑可以有效防止恐怖主义。事实则是，愿意通过实施大规模暴力行为而将恐怖施加于社会的人，完全能够意识到他们可能遭受严重的身体损害，但这些人几乎不关心或根本不关心自身的安全。处死这类人常使其所属群体扬名，并创造出"烈士"，激发出对其事业的更多支持。但是，许多国家仍试图通过死刑控制恐怖主义。2005年11月，伊拉克制定了《反恐怖主义法》。该法模糊界定了恐怖主义，列出了一系列恐怖主义行为，其中包括并未造成人命损失的行为。所有这些行为均导致死刑。该法律已经导致处决数十人。

(5) 只要公众支持，死刑就没问题。各国人民有权制定法律。然而，立法必须在尊重人权的范围内进行。历史上，曾有多数人支持侵犯人权的情况。奴隶制、种族隔离和私刑都曾获得社会广泛支持，但它们严重侵犯受害人的人权。经过对死刑的30年研究，大赦国际认为，公众支持死刑的最重要的原因是希望以此摆脱犯罪。美国和其他国家的民意测验显示，如果以不可假释的终身监禁替代死刑，那么，对死刑的支持就会下降。美国盖洛普（Gallup）公司2006年5月进行的这类民意测验表明，对死刑的支持率从65％下降到了48％。

(6) 以死刑解决暴力犯罪问题成本较低，效果较好。然而，社会不应将宽恕暴力、牺牲人权作为削减成本的手段。剥夺人命的决定不应取决于经济因素。以死刑减少因禁人数很可能是不必要的，例如，美国囚禁了大约220万人，但仅有3000人被判死刑。如果被判死刑而等待执行的人都被处死，囚禁人数也不会有明显的不同。

3. 国际社会对死刑的容忍

尽管存在反对死刑的声音，而且不少国家废除或者严格限制死刑，但是，国际社会容忍了死刑。联合国《公民权利和政治权利国际公约》对死刑的立场是严格限制死刑的适用范围，并要求必须按照公平的程序审判才可以判处死刑。

一些在国际上具有较大影响力的国家保留了死刑。1992年，美国在批准《公民权利和政治权利国际公约》时，就第6条第5项（禁止将死刑适用于18岁以下的人和孕妇）提出保留，宣布美国保留对任何人适用死刑的权利，即允许处死18岁以下罪犯和孕妇。直到2005年，情况才有了变化。在西蒙斯（Simmons）案，[①] 联邦最高法院参考外国法和国际法的标准，宣告对犯有极其残忍的谋杀罪的17岁少年犯西蒙斯的死刑判决属于滥用死刑，是联邦宪法修正案第8条所禁止的"残酷与非常的刑罚"。

目前，中美等国没有接受完全废除死刑的观点，但都赞成限制死刑。保留死刑的国家以谋杀罪为主要甚至唯一适用死刑的罪行，也有相当数量的国家将死刑适用于叛国罪等严重危害国家安全的国事犯罪或者战时危害特别严重的军事犯罪。不少国家废止了对经济犯罪、财产犯罪等非暴力犯罪的死刑。因各国实际情况存在较大差异，死刑废止必然需要一个循序渐进的过程。在死刑被废止之前，应当提倡根据本国实际限制死刑的适用范围和适用程序。

4. 中国的死刑适用

在中国，死刑得以保留但仅适用于犯罪行为对国家和人民利益危害特别严重和情节特别恶劣的情形。刑罚分则明确规定了可以适用死刑的犯罪行为的范围。同时，刑法还规定，对于应当判处死刑的犯罪分子，如果不是必须立即执行的，可以在判处死刑的同时宣告缓期二年执行。中国的立场是保留但严格限制死刑。由于中国的特殊国情，死刑的适用范围还是比较广的，可以适用死刑的犯罪还比较多。财产犯罪、经济犯罪中还有适用死刑的情况，是否应当立即废除这类死刑，目前争议较大。特别是由于中国的贫富分化问题和腐败问题亟须大力治理，民众在现阶段还难以接受废止对贪污贿赂犯罪的死刑，贸然废止不利于维护政治和社会稳定。

随着国际交流和合作日益增加，中国有限地接受了国际上受到提倡的某些做法。例如，2006年4月29日，全国人大常委会批准了《中华人民共和国和西班牙王国引渡条约》。该条约第3条规定，死刑是应当拒绝引渡的理由之一。这是中国首次在国际条约中有条件地认可被引渡回国的犯罪嫌疑人不被判处死刑。

20世纪50年代中期，中国的死刑曾经部分授权各省、自治区和直辖市高级人民法院核准。实行3年后，死刑核准权收回，由最高人民法院统一行使。[②] 为保证死刑的正确适用，1979年和1996年刑事诉讼法规定，所有死刑立即执行案件都要报最高人民法院核准。但是，从20世纪80年代初期开始，基于当时社会治安管理的需要，对于严重危害社会治安的部分死刑案件的核准由最高人民法院授权各高级人民法院行使，《刑事诉讼法》关于死刑复核程序的规定事实上被中止执行。在这个时期，较多适用了死刑。《刑事诉讼法》于1996年修改后，对于严重危害社会治安的严重刑事犯罪案件的死刑仍然由最高人民法院授权高级人民法院核准，部分死刑案件的核准程序和二审程序合二为一。

中国死刑复核权由最高人民法院和高级人民法院共同形式的状况持续了20多年，导致死刑适用标准不统一，程序不严格，事实上也的确出现了一些错误适用死刑的冤案、假案。这类案件包括：1987年湖南省怀化市农民滕兴善被控杀害石小荣碎尸遭执

[①] *Roper v. Simmons*, 543 U. S. 551 (2005).
[②] 1954年《人民法院组织法》第11条第5款规定，死刑案件的判决和裁定，一般由高级人民法院核准后执行，但当事人对高级人民法院死刑案件终审裁定不服，申请最高人民法院复核的，最高人民法院应当复核。1957年一届人大四次会议通过决议规定："今后一切死刑案件，都由最高人民法院判决或者核准。"

行死刑后石小荣生还案；1994年湖北省佘详林两次被错误裁判犯故意杀人罪（杀害其妻）被判处死刑而在2005年其妻生还后得以昭雪案；1994年河北省聂树斌被错误裁判犯故意杀人罪而被执行死刑后，2005年真凶被抓获的冤杀案；2000年陕西省农村妇女赵粉绒第2次被判死刑，在执行前1天晚上被裁定暂缓执行死刑最终被判死刑缓期二年执行案；2002年河北省李久明因被刑讯逼供被判处死刑，上诉期间真凶被抓获后无罪释放案。

为了更好地保护生命权，避免死刑案件裁判标准不统一、裁判程序不规范，提高死刑判决的公平性和可靠性，中国决定于2006年将死刑复核权统一收归最高人民法院行使。国家还宣布，死刑政策从防止错杀转移到慎杀少杀严格死刑适用，保证判决的慎重和公正。从2006年起，最高人民法院新增3个刑事审判庭，专司死刑复核，并增加300-400名法官编制。最高人民法院的一系列措施正促使死刑案件的审判工作更好地体现国家尊重和保护人权的宪法规定。

（四）终止妊娠

终止妊娠就是剥夺胎儿生命。中国法律虽然承认尚未出生的胎儿享有一定的民事权利，可以依法享有继承权，但是，未出生的胎儿还没有被视为法律上的人，不是基本权利主体。

中国是世界上人口最多的国家。受资源条件约束，中国实行了计划生育的基本国策，推动可持续发展。2001年，中国制定了《人口与计划生育法》。由于文化原因，美国等西方国家曾经严格禁止终止妊娠，后改为严格限制，从而使个人获得有条件终止妊娠的自我决定权。[①] 虽然中国不同于西方国家，以立法强行要求个人节制生育，但是，中国这样做并非恣意干预个人生活，实属不得已而为之，是为了实现人与自然和谐相处、经济社会可持续发展、促进人的全面发展而采取的必要行动。

中国虽然强制公民节制生育，但对终止妊娠还是慎重的：

（1）妇女有权基于健康和医学的原因选择终止妊娠。《母婴保障法》（1994）第15条规定："对患严重疾病或者接触致畸物质，妊娠可能危及孕妇生命安全或者可能严重影响孕妇健康和胎儿正常发育的，医疗保健机构应当予以医学指导。"第16条规定："医师发现或者怀疑患严重遗传性疾病的育龄夫妻，应当提出医学意见。育龄夫妻应当根据医师的医学意见采取相应的措施。"第18条规定："经产前诊断，有下列情形之一的，医师应当向夫妻双方说明情况，并提出终止妊娠的医学意见：①胎儿患严重遗传性疾病的；②胎儿有严重缺陷的；③因患严重疾病，继续妊娠可能危及孕妇生命安全或者严重危害孕妇健康的。"

（2）在非意愿妊娠的情况下，妇女有权终止妊娠。《妇女权益保障法》（2005）第51条规定："妇女有按照国家有关规定生育子女的权利，也有不生育的自由。育龄夫妻双方按照国家有关规定计划生育，有关部门应当提供安全、有效的避孕药具和技术，保障实施节育手术的妇女的健康和安全。"《人口与计划生育法》（2001）规定："育龄夫妻应当自觉落实计划生育避孕节育措施，接受计划生育技术服务指导。预防和减少非意愿妊娠。"

---

① *Roe v. Wade*, 410 U. S. 113 (1973).

(3) 禁止非医学需要的选择性别的人工流产。《人口与计划生育法》第 35 条规定："严禁利用超声技术和其他技术手段进行非医学需要的胎儿性别鉴定；严禁非医学需要的选择性别的人工终止妊娠。"

（五）安乐死

安乐死（亦称尊严死）是指对于患有医学上的不治之症且濒临死亡的患者，根据患者本人、近亲属的要求或者医生的建议，为了避免患者承受痛苦及耗费巨额金钱，采取干预措施（如提供或注射致命物质）促成其死亡或者终止救护（如拔去氧气管、进食管）放任其死亡，提前结束其生命。在有的情况下，安乐死帮助患者从不治之症的压迫下解脱出来，摆脱痛苦，不再像机器一样被摆弄，因此也被称为尊严死。

无论是积极促成患者死亡还是放弃救护放任患者死亡，都涉及是否触犯杀人罪的问题。患者的自我决定、近亲属的代替选择或者医师的建议或选择是否可以成为犯罪阻却事由，不无疑问。安乐死按照是否决定于患者的个人选择分为自愿安乐死和非自愿安乐死。自愿安乐死是指患者本人要求速死，该意思无论是在其陷入不治之前或之后表达，也无论主动对外表示还是被动表示同意，均属自愿求死的意思。非自愿安乐死包括患者不欲结束生命，而他人认为其当死而替他结束生命，或患者无判断能力（患者为婴儿、陷于永久昏迷或者是其他无能力表示意思的人），由他人决定其安乐死。无论自愿安乐死还是非自愿安乐死，都可能出于人道动机，但均有被滥用的可能，因而难以概括地豁免追诉。如果个案的安乐死被认定违法，牵涉其中的亲友或医护人员可能要面对民事、行政或/和刑事的法律责任。①

考虑到患者的痛苦，在一些国家，禁止安乐死的态度有所松动。有的国家虽然法律上禁止，检察机关也明知医疗机构实施了许多安乐死，却予以默认，除非怀疑动机不良，往往不予追究。有的国家利用既有的法理资源，解除相关人员的法律责任，如日本法院将医生协助自杀界定为帮助患者的紧急避险行为。有些国家立法准许符合条件的消极安乐死（停止维持患者生命的干预措施），医疗机构和患者家属都因此得以免除特定条件下继续维持患者生命的相关义务。这些国家包括奥地利、丹麦、法国、德国、匈牙利、挪威、斯洛伐克、西班牙、瑞典和瑞士。但只有很少国家（或联邦制国家的州）不仅准许消极安乐死，也允许积极安乐死（积极帮助患者死亡）。荷兰、比利时、瑞士和美国的俄勒冈州均有此类立法。②

调查显示，中国社会对安乐死持正面看法。在上海进行的问卷调查中，赞成安乐死的比例为 73%；北京有 85% 以上的人认为安乐死符合人道主义，80% 以上的人认为目前国内可以实施安乐死。在中国，法学界对安乐死的合法性还有争议，司法实践也没有承认安乐死的合法性，但已有医生在特定情况下为患者实施安乐死的案例，虽被认定为

---

① 英国曾经有一位妇女患致命疾病，进入了临终阶段，完全不能行动。她打算由丈夫助其速死，又担心丈夫受到杀人的指控，就向检察机关请求预先承诺不指控丈夫杀人。检察机关认为于法无据，因而断然拒绝。她为求得安乐死，干脆控告检察机关违背基本人权（生命权、禁止不人道的对待的权利），迫使她不得不痛苦地活下去。这个官司最后到了上议院。上议院判决，原告无权要求检察机关不追诉协助自杀行为。*Dianne Pretty v. Director of Public Prosecution*. [2001] UKHL.

② 参见 *Ms B. v. an NHS Hospital*, Court of Appeal Judgment of 22 March 2002; *Cruzan v. Director, Missouri Department of Health*, 497 U. S. 261 (1990).

非法剥夺人的生命，但因情节显著轻微，危害不大，被认定不构成犯罪。① 不过，通常还是认为，医护人员促成或者放任患者死亡的行为构成故意杀人。

虽然中国现行法没有承认患者亲属或者医生根据患者请求对其实施安乐死的权利，但有学者认为，患者选择安乐死是一种符合道德的"自然权利"，而且法律也没有予以禁止。在现实生活中，病人在濒临死亡的状态下，拒绝接受医疗措施的现象并不鲜见，而国家也并不追究其亲属的法律责任，这表明法律在一定程度上认可了个人选择死亡方式和死亡时间的权利。同时，即使法律不禁止甚至允许安乐死，也应当有一定的符合社会公德和科学的条件和程序的限制。②

不治患者往往如同机械装置，身体上插满各种管子，依靠各种人工手段维持生命。此时的患者虽然是人，但其实更接近于遗体，其被对待的方式则如同物件。与其说患者是受尊重的生命个体，不如说已经沦为现代科技的玩物。救治活动有时只是一场科技秀、政治秀，患者及其亲属被裹胁其中，充当他人追逐利润和政治利益的工具。美国的小布什总统就曾于2005年批准国会通过的干预司法判决的决议，要求联邦法院重新审查一宗安乐死判决，结果遭到联邦法院坚决地拒绝。

人若要有尊严地活着，就会反对不尊严地活着。因此，特定条件下的安乐死不仅符合道德伦理，也符合现代法治的精神。在防止错误或者恶意实行安乐死的条件下，应当允许一定范围内的安乐死。为了真正地尊重患者，中国应当基于人道立场，参考其他国家和地区的经验，制定关于实施安乐死的法律法规。

（六）反恐斗争中无辜者可能遭受的牺牲

恐怖主义是当前威胁和平与安全的重要因素。许多国家经历过恐怖袭击。进入21世纪以来，美国、俄罗斯、西班牙和中国等国家都遭受过严重的恐怖袭击。当前，民族分裂势力与恐怖主义合流，严重威胁中国的安全。从国际经验看，在反对恐怖主义的斗争中，有两个突出的问题值得注意。

（1）国家可否拒绝恐怖组织的要求而导致人质遭到杀害？通常，各国的立场都是不与恐怖分子谈判。这样，一旦解救人质的行动失败，恐怖分子极可能杀害人质。

在1977年的施莱尔（Schleyer）案，③ 雇主协会主席汉斯－马丁·施莱尔（Hanns-Martin Schleyer）遭到恐怖组织绑架。恐怖组织扬言，如果不释放其被捕的11名成员，并允许这些人离开联邦德国，就要杀死施莱尔。施莱尔的代表请求宪法法院命令政府满足恐怖分子要求。这项请求的理由是，非如此则难以挽救其生命。宪法法院回应道，德国基本法不仅树立了国家保护个人的义务，也树立了国家保护所有公民的义务和保护公民共同体的义务。如果把基本法保护生命权的规定理解为要求国家满足绑匪的要求，那么，任何恐怖分子将来都可以胁迫国家。这样，国家不可能有效地保护公民。因

---

① 1986年，陕西省汉中市发生了安乐死案件。医生蒲连升应患者女儿王明成请求，为濒临死亡的患者夏素文实施了安乐死。当地检察机关以涉嫌"故意杀人"批准逮捕蒲连升。1992年，汉中地区中级人民法院终审认为，"被告蒲连升在王明成的再三要求下，同其他医生先后向危重病人注射了促进死亡的药物，但用药量属正常范围，不是造成夏素文死亡的直接原因，其行为虽属故意剥夺公民生命权利的行为，但情节显著轻微，危害不大，故不构成犯罪。"见"安乐死案件审理终结"，载《南方日报》1992年10月16日。
② 魏定仁、甘超英、付思明：《宪法学》，北京大学出版社2001年版，第283页。
③ *BVerfGE* 46, 160 (1977).

此，即使释放恐怖分子是拯救施莱尔生命的唯一办法，国家也不承担满足恐怖分子的要求的义务，因为拯救施莱尔的生命与整个共同体相冲突。如果以宪法为依据要求国家向恐怖分子让步，那就等于是给了恐怖分子威力强大的武器：只要恐怖分子威胁说要杀死某人，就会自动地引起这项义务。德国宪法法院的判决理由实际上得到普遍接受。当今世界各国普遍认为，国家挽救人质生命的办法不是满足恐怖分子的要求，而是打击恐怖分子，从恐怖分子手中直接解救人质。不能排除这种做法可能失败，导致无辜者的伤亡。但是，如果恐怖分子的要求得到满足，就会刺激他们实施更多的绑架。

（2）国家可否击落被恐怖分子劫持的民航飞机从而导致无辜乘客死亡？各国立场不尽相同。德国曾于2004年《空中安全法》规定，作为最后手段，可以击落被劫持的飞机，决定权由总理或国防部长行使。克勒总统（Horst Koehler）带着怀疑签署了这项法律。他认为，德国基本法保障生命尊严，国家无权判断哪些生命更值得保护。在因该法而发生的宪法案件中，宪法法院于2006年作出判决，宣告《空中安全法》的相关规定违反宪法，理由是每个人的生命都同等宝贵，不得为了保护他人生命而贬低乘客的生命。联邦宪法法院院长帕皮尔（Hans-Jügen Papier）说，把夺取人的生命作为拯救他人的手段，意味着把人当成物。帕皮尔说，只有一种情况下允许击落飞机，那就是飞机上仅有自杀式袭击者。此外，该判决还强调，如果《空中安全法》得以施行，那么，在实战中，很可能仅仅因为怀疑，并无任何事实依据，就下达了击落的命令。

德国的这个判决折射了反恐斗争面临的困境。按照这个判决行事，恐怖袭击得逞的可能性将大大提高，不仅乘客生命无法挽救，还会死去多得多的无辜者。本书认为，在民航飞机遭到劫持的情况下，整个政治共同体与恐怖组织处于战争状态。有战争就有牺牲。无辜乘客作为政治共同体的成员，应当承受整个共同体的风险。不过，对于承受该风险和牺牲的无辜乘客，国家应当尽一切可能弥补其损失。如果在解救无效的情形击落了民航客机，导致无辜乘客死亡，这些死去的乘客应当受到国家的特殊尊重（如适当进行安葬），其亲属应当获得国家的照顾。目前已经有些国家明确规定允许击落被劫持的飞机。其中，俄罗斯、美国和捷克允许击落；意大利一般允许击落；西班牙和希腊规定，在对安全很敏感的事件范围内，允许击落；法国规定，如果飞机威胁对安全很敏感的设施，可以用防空导弹击落。

二、人格尊严

（一）人格尊严的宪法地位

1. 各国宪法

宪法明确列举人格尊严最早见于1937年爱尔兰宪法。其序言规定国家本着审慎、公正和博爱的精神，努力促进公众福利，是个人的尊严和自由得到保障。这项规定确认人格尊严与自由是宪法的目的，是该国法治秩序的指导思想。1947年《意大利宪法》第3条规定："所有公民都有同等的社会尊严且在法律面前一律平等，不分性别、种族、语言、宗教、政治观点和人格及社会地位的差别。"该规定确认了人格尊严一律平等。第41条又规定："私人经济活动的进行不得违背社会利益，或采取有损于安全、自由或人格尊严的方式。"该规定强调人格尊严是限制私人经济活动的正当理由。

1949年《德国基本法》将人格尊严作为统率宪法的最高原则置于该法第1条第1款，它规定："人的尊严不可侵犯，一切国家机构承担尊重和保护的义务。"该规定确认了人格尊严是宪法的最高原则和独立的基本权利，在基本权利体系中居于核心地位，是国家活动的根本准则。

《德国基本法》将人格尊严规定为宪法基本权利，对后来的一些宪法产生了巨大影响。例如，《韩国宪法》第6次修改案、1990年《匈牙利宪法》和1996年《南非宪法》都规定了人格尊严权。其表述略有不同，① 但均被作为最基础的基本权利，居于基本权利体系的核心，同时还是整个国家秩序的指导原则。

2. 国际人权公约

在经历两次世界大战的惨祸之后，人的尊严在国际范围内成为基本的政治法律原则。1945年《联合国宪章》开篇就重申人权，强调应当维护"人的尊严和价值"。1948年联合国《世界人权宣言》序言指出，"对人类家庭所有成员的固有尊严及其平等的和不移的权利的承认，乃是世界自由、正义与和平的基础"；宣言第1条又规定："人人生而自由，在尊严和权利上一律平等"。

1966年联合国《公民权利和政治权利国际公约》《经济、社会、文化权利国际公约》都予以重申。《公民权利和政治权利国际公约》第10条第1款规定："所有被剥夺自由的人应受人道及尊重其固有尊严的待遇"，确认人格尊严是最基本的、不得克减的基本权利。《经济、社会、文化权利国际公约》第13条第1款规定："本公约缔约各国承认，人人有受教育的权利。它们同意，教育应鼓励人的个性和尊严的充分发展，加强对人权和基本自由的尊重，并应使所有的人能有效地参加自由社会，促进各民族之间和各种族、人种或宗教团体之间的了解、容忍和友谊，和促进联合国维护和平的各项活动。"区域性的国际人权公约也有相关规定。《美洲人权公约》第5条第2款即规定："任何人不受酷刑，不受残酷、不人道或者贬低人格的处罚或者对待。所有被剥夺自由的人，其作为人的内在尊严都受尊重。"

3. 中国宪法

新中国成立以前的宪法没有规定人格尊严。新中国成立后，1982年以前的宪法也没有规定人格尊严。1982年宪法鉴于"文化大革命"期间相当数量的干部群众遭受残酷迫害，人的尊严被严重侵犯的深刻历史教训，增加了保障公民人格尊严的规定。② 1982年宪法第38条规定："中华人民共和国公民的人格尊严不受侵犯。禁止用任何方法对公民进行侮辱、诽谤和诬告陷害。"该规定"体现了我国宪法的人道精神，同时，也有利于增强公民的主体意识，有利于在全社会的范围内建立一种互尊互爱的平等人际关系，有利于促进我国公民权利体系的进一步完善"。③

（二）人格尊严的含义

1. 个人内在价值和主体地位

人格尊严又称为人性尊严或者人的尊严，是指人仅仅由于是人就具有内在价值，享

---

① 《韩国宪法》第10条："对于所有公民，其人的价值和尊严以及追求幸福的权利受保护"。《匈牙利宪法》第54条："在匈牙利共和国，每个人享有生命权和人的尊严，不能任意剥夺人的权利。"1996年《南非宪法》第1条："南非共和国是主权独立的民主国家，遵循如下原则：(a) 人的尊严、实现平等以及促进人的权利和自由……"

② 蔡定剑：《宪法精解》，法律出版社2004年版，第230页。

③ 全国人大办公厅研究室政治组编：《中国宪法精释》，中国民主法制出版社1996年版，第163页。

有不可侵犯、不可忽视、不可替代的地位,是自然人享有和行使其他基本权利的目的。人的尊严是人所固有的,国家应当予以承认和保护。德国哲学家康德说:"任何一个人都不能被任何人利用作为工具,而是被作为目的对待,这既是其尊严之所在,因此人置其自身于世上所有其他非人类生物之上,并超越所有之物。"① 又说:"你的行动,要把你自己人身中的人性,和其他人身中的人性,在任何时候都同样看作是目的,永远不能只看作是手段。"② 康德在此探讨的"目的-手段"关系也被称为"主体-客体"关系。宪法学上由此形成"客体公式",说明人格尊严的含义,即,人是主体,不是客体(物),不应被仅仅作为手段对待。刑事领域中杀鸡儆猴式地适用刑法,不根据具体案情和罪犯人身危险性决定刑罚,仅仅根据政治需要决定刑罚,甚至将罪不至死的罪犯处以极刑,用以威慑潜在的犯罪,就是以人为工具贯彻统治意图,属于违背人的内在价值和人格尊严的做法。

只有一切人被平等地作为主体对待,才可能贯彻人是目的而不是客体的原理。这意味着,人的价值是普遍的、每个个体都具备的。因此,每个人具备内在价值和尊严。从个人普遍享有尊严的立场出发,就会推导出每个人平等地受国家尊重和关怀,都有权保持个人自治,有权公平地参与共同体生活。对安全、自由、参与社会的机会等方面权利的保障是维护个人尊严的必然要求。因此,学者指出,"从个人尊严导出人权及主权之原理,系立宪主义之基本推论,这些个人尊严为核心之原理构成宪法之根本规范"。③

把每个个人作为尊严的主体对待,并不是把个人孤立起来。"保障自由的人格权与人性尊严作为宪法最高价值,并非就是表示个人受基本权利保障之最终目的,即是要把人变成一个自负的、绝对独立自主、完全孤立的人;相反的,宪法乃将每一个人定位于团体结合性与互动上,宪法不但肯定个人人格具有独立之自主性,且承认个人在社会关系和其对社会之多种义务。个人和社会之间的紧张关系将透过基本权利,以及各个基本权利于具体条件许可限制下作详细的规范。"④

2. 人格尊严(权)与民法人格权的区别和联系

人格尊严不仅是关于人权和宪法的总原理的核心内容,它本身也是基本权利,意味着人作为人应当得到国家、社会与他人底线的尊重。作为独立的宪法权利,人格尊严是指个人不被贬低,有自我决定的权利。它还是一切基本权利的"元权利",可用于弥补现行法的不足。

需要注意的是,人格尊严作为基本权利,在各国宪法上的含义并不完全一致。在中国宪法上,人格尊严权还没有构成宪法关于人的内在价值和目的地位的总原理,其含义受到较大局限。有学者将中国宪法第38条所规定的人格尊严解释为"作为人的一种名誉,如果一个人丧失了人格尊严,也就丧失了人作为人的基本要件。"⑤ 宪法第38条在规定人格尊严不受侵犯的权利之后,紧接着又规定禁止用任何方法对公民进行侮辱、诽谤和诬告陷害,即列举了侵害人格尊严的具体形式,据此,学者认为,中国宪法所规定

---

① [德]康德:《道德形而上学原理》,苗力田译,上海人民出版社2002年版,第48页。
② 同上书,第47页。
③ 法治斌、董保城:"中华民国宪法",台湾"国立"空中大学印行1997年修订再版,第146页。
④ 同上书,第147页。
⑤ 蔡定剑:《宪法精解》,法律出版社2004年版,第230页。

的人格尊严权只覆盖名誉权、荣誉权，最大限度则可延伸至姓名权、肖像权等人格权利，但远远不足以构成宪法最高规范，① 相反，它没有超越民事权利中的人格权。但是，部分宪法学者倾向于扩大解释中国宪法第 38 条，使其含义扩充为对人的尊重的宪法最高规范。

在宪法理论上，可以从四个方面理解人格尊严权与民事权利中的人格权之间的关系。首先，二者的法律性质不同。人格尊严集中反映基本权利的价值，是其他人权的基础，其他人权是人格尊严的体现。它把国家与公民之间的关系界定为以人为目的，要求国家承担尊重人、保护人、关心人的义务。即使是对于犯下极其严重罪行的人，国家在进行最严厉的制裁时也必须给予其底线的尊重。在紧急情况下，国家不得减少对人格尊严的基本的尊重。而民事权利中的人格权体现的是私人之间的关系，要求他人尊重与权利人不可分离的利益，包括身体、自由、名誉、荣誉、肖像、自尊等。其次，二者的法律地位不同。人格权是源于人格尊严的权利。人格尊严属于宪法规范；而人格权是人格尊严的法律表现形式，是普通的民事权利。虽然法律文本记载的时间顺序上看，民事权利中的人格权先于作为宪法原则和宪法权利的人格尊严，但在现代法治的背景中，从权利体系的内在逻辑结构上看，人格尊严雄踞于法律权利体系金字塔的顶点，其他一切权利是通向这个顶点的途径，民事权利中的人格权只是人格尊严在民法中的投影。人格尊严的丰富内容不是民事权利中的人格权足以包含的，从"客体公式"可以知道，人格尊严要求的是国家善待人、保护人，这样一个足以覆盖国家全部职能的要求，不是仅仅依靠民事法律就可以满足的。第三，二者的保护范围不同。人格尊严直接约束国家权力，要求国家的一切行为以人为目的，平等地尊重和保护所有个人。人格权则要求个人、企事业单位、社会团体和国家机关在民事活动中不得侵犯他人的人格权。第四，二者的保护方式不同。人格尊严作为宪法最高价值和最核心的基本权利，主要针对国家权力并可通过宪法保障机制予以保护。对于私人侵犯人格权，则通过民事诉讼予以救济。

把人格尊严作为宪法最基本的和最上位的价值，已经受到许多国家的认可。除了德国等宪法上明文规定人格尊严的国家，即使像美国这样没有规定的国家，人格尊严也被视为理所当然的最具基础意义的法律原理，出现在美国最高法院的判决之中，而且呈现日益频繁的趋势。美国法律界的领军人物多次强调该价值的核心地位。联邦最高法院的布伦南法官（William J. Brennan, Jr.）和哈佛大学的德沃金教授（Ronald Dworkin）都强调，人的尊严是美国宪法所确认的基本价值。② 在人权理论上具有全球影响的路易斯·亨金教授（Louis Henkin）也曾撰文予以阐述。③ 面对中国宪法将人格尊严限定于人的名誉、荣誉等领域，未能突破民事权利中的人格权，越来越多的学者主张扩大解释中国宪法第 38 条，使中国宪法获得一项足以统率各项基本权利的核心价值。

---

① 林来梵：《人的尊严与人格尊严——兼论中国宪法第 38 条的解释方案》，载《浙江社会科学》2008 年第 3 期，第 47~55 页。
② 参见 Thurgood Marshall, "A Tribute to Justice William J. Brennan, Jr.," 104 *Harvard Law Review* 1 (1990) 以及罗纳德·德沃金：《认真对待权利》，信春鹰、吴玉章译，中国大百科全书出版社 1998 年版，第 262 页。
③ Louis Henkin, *Human Dignity and Constitutional Rights*, See in *The Constitution of Rights: Human Dignity and American Values*, Edited by Michael J. Meyer and W. A. Parent, 1992, pp. 210-220.

（三）人格尊严在中国现行法上的体现

人格尊严在中国现行法上主要体现在三个方面：

1. 约束国家行使刑事诉讼的权力

国家对犯罪嫌疑人和罪犯人格尊严的保障不因打击犯罪、维护公共安全而减少，即使对于《刑事诉讼法》没有明文规定的事项，国家在刑事诉讼过程中也必须做到不侵犯犯罪嫌疑人的人格尊严。《刑事诉讼法》已经有了关于保护罪犯人格尊严的规定，如第155条规定"执行死刑应当公布，不应示众"，保护了死刑犯的人格尊严。然而，近年来，有的地方公安机关对刑事犯罪嫌疑人实行公开逮捕和刑事拘留，并以游街等方式示众。这种做法虽然没有被新《刑事诉讼法》明确禁止，但可以断定该做法侵犯人格尊严。《刑事诉讼法》对犯有最严重罪行被判处死刑的人尚且遵循宪法的要求，规定禁止示众，保护其人格尊严，那么，罪行较轻的人、未经审判的人当然更不应该被示众，其被示众无疑就是人格尊严遭到公安机关的侵犯。因此，公安机关的这种做法已经受到质疑和批评。[①] 再如，中国法院在开庭审理刑事案件的时候，被告人往往身着囚服，这就暗示被告有罪，使其未经有罪判决，已经丧失非罪形象。这种不尊重被告人着装权利的行为，其实是不尊重其人格尊严的表现。被告人只在被宣告有罪之后，才应当穿着囚服，而且，囚服的设计应当既方便管理，也尽量尊重囚犯的人格，在材料质地、色彩、图案等方面，都应有人性化的考虑。

2. 约束国家行使行政权力

行政权力是国家最经常地行使的权力，行使行政权力的行为常常是依职权进行的主动行为，同时也是容易干预公民权利的行为。行政权力以公共利益为目的，但实践中常有过度强调公共利益却相对忽视公民个人权利的情况。比如，公安机关打击卖淫嫖娼行为本来无可厚非，可是，其召开公开行政处罚大会，并将卖淫女示众，就不符合宪法保护公民人格尊严的要求。

3. 约束私人行为

宪法规范通常不直接约束私人行为，但在普通法律不足以保护私人领域的人格尊严的场合，也有宪法规范进入的可能。例如，媒体不应过度报道特定罪行。在犯罪行为受到追究之后，应避免直接针对特定罪犯个人的犯罪行为和犯罪心理的报道。罪犯在服刑期间处于进行矫正的过程，为重返社会进行准备，国家和社会应当鼓励服刑罪犯顺利完成甚至提前完成这个过程。在罪犯服刑完毕后，国家和社会应尽一切可能帮助其融入社会，重新成为社会中自治的个人，自由发展其人格，重新塑造和发展正常的个人形象。为此，尽管其犯罪行为已经公开，但是，媒体也不应不断重复能从中识别该人的回顾性报道或者深度分析报道，唯其如此，才可能维护其人格尊严和人格自由发展的权利。

三、平等权

（一）平等观念

1. 西方历史上的平等思想

平等在人类思想发展进程中有着悠久的历史。古希腊时期亚里士多德认为平等就是

[①] 例如，2005年8月10日上午9时，在河南省漯河市人民广场召开了公开逮捕和刑事拘留大会，公安机关对100名犯罪嫌疑人公开宣布逮捕和刑事拘留的决定，随后押解这些犯罪嫌疑人的车队沿着市区主要街道进行"定点揭露"，即沿着街道行走。

正义。他对平等的解释包含着两方面的含义。其一，"数量相等"，即"你所得的相同事务在数目和容量上与他人所得的相等"。其二，"比值相等"，即"根据各人的真价值，按比例分配与之相衡称的事务"。① 这已经包含着平等意味着在道德上同样的应予平等对待，不同的则按照不同的比例区别处理的公平含义。虽然他对平等的这个解说对后来的平等理论产生了广泛而持久的影响，但其被社会普遍接受为法律理念与原则却是近代启蒙运动的结果。在法国资产阶级革命时期，平等与自由、博爱的理念一道被当作"几个世纪以来经过无数革命早已形成的一切事物的完整总结"。②，甚至"平等这个词成为一种原则、一种信条、一种信仰、一种宗教"③渗透到人们的日常生活而被推崇为理想的生活方式。

2. 新中国宪法史上平等观念的变迁

1954年宪法第85条规定："中华人民共和国公民在法律上一律平等"。这一规定所确立的法律上一律平等的宪法原则，与我国民国时期宪法关于公民在法律面前人人平等之规定，也有着历史的联系。由于"左"倾错误影响，1954年宪法的这一规定，受到了一些人的无理批评，认为这是资产阶级的法制原则，它抹杀了法律的阶级性。这种错误观念在一段时间内产生了较大影响，以致1975年宪法和1978年宪法都把这一规定取消了。④ 1982年宪法重新将平等纳入公民基本权利范畴。该法第33条第2款规定："中华人民共和国公民在法律面前人人平等"。

3. 平等的含义

从法律的立场来看，平等是指在利益方面或无利益方面都没有差别，亦即享有法律权利和承担义务没有差别，但这并非指绝对平等，而是法律禁止根据不合理的理由而进行区别对待。最主要体现为宪法规定的法律上人人平等（又称为法律面前人人平等、受法律的平等保护），即禁止在法律上不合理的区别对待，即指国家不得因个人的自然的（种族、肤色、性别、民族）、社会的（财产、语言、宗教、社会出身），或其他方面的（党派或政治见解、其他身份）等不同情况，在法律上对他们予以不当区分或任意划分而给以差别待遇，确定其不同的权利与义务。任何人不得因不合理区分而享有特权或承担额外义务。

（二）平等权

1. 平等权的界定

平等权是指法律面前人人平等、受法律的平等保护、禁止任何歧视、保障得到平等和有效的保护以免受到基于各种理由的歧视。平等权要求国家对个人或特定的群体在相同情况下给予相同的对待，并且仅在具备合理且必要理由的条件下才可给予区别待遇。其影响范围既可以包括私人的行为（如就业中的歧视），也可以是国家的活动（立法、行政和司法）。平等权约束国家的立法、行政和司法，对国家机关产生法律义务。这种义务要求公权力不得作出某些行为（不平等对待），宪法规定的平等是禁止国家公权力

---

① 亚里士多德：《政治学》，吴寿彭译，商务印书馆，1983年版，第234页。
② ［法］皮埃尔·勒鲁：王允道译，《论平等》，北京：商务印书馆，1988年版第21页。
③ ［法］皮埃尔·勒鲁：王允道译，《论平等》，北京：商务印书馆，1988年版第21页。
④ 吴家麟主编：《宪法学》，群众出版社1988年版，第355页。

实施任意区别对待这一消极权利的体现。同时，它也要求国家主动地实施禁止歧视的行为，从而表明它是一种积极的权利。

平等权不仅禁止国家的司法和行政在适用法律过程中没有合理依据的差别对待；而且也禁止国家立法在法律上区别对待。但是，立法机关遵循平等的义务具有积极和消极的双重性，"这一义务同时有其积极和消极的方面。一方面，立法机关在制定法律时不得带有任何歧视；同时，它有义务通过制定专门法律并提供有效的保护来反对歧视"。①因此，平等既是消极的权利，也是积极的权利

2. 平等权在基本权利体系中的地位

平等权是一项独立的基本权利。其独立性源于它与其他基本权利不同的比较性质，但它比较的不是其他基本权利的内容，而是各个享有基本权利的主体在被国家"归类"时是否依据合理的标准和理由，即特定人群与其他所有人之间在享有权利上的关系。

平等权比较的对象是个人之间在权利享有和义务承担方面相同与不同的理由和事实，强调的是个人与其他人相比较，它禁止国家任意差别的歧视对待。因此，正如男女平等权强调的不是各项基本权利内容本身，而是强调各项基本权利不得由于性别的差异（个体差异）而限制或者剥夺一样，平等权则强调的是各项基本权利不得由于个体之间的差异（而非性别差异）而被克减、限制或者剥夺特定群体的公民享有这些权利。

对于平等权之所以是一项独立的基本权利，可以从以下四个方面理解：

（1）宪法基本权利条款的具体规定。在我国现行宪法中，平等的位置放在各项基本权利规定的前面。平等之所以规定在宪法第二章第一条，是因为平等权既是一项完全独立于其他各项基本权利而存在的，也是其他各项宪法公民基本权利得以存在的基础。正如皮埃尔·勒鲁认为的那样："要确立政治权利的基础，必须达到人类平等，在此之前则没有权利可言。"②

（2）宪法基本权利条款的体系。宪法第二章的标题是"公民的基本权利和义务"。在本章规定的全部条款，都是关于公民基本权利的具体规定，而平等权规定在第二章第一条，从宪法基本权利结构体系分析，平等权不能被排除在宪法基本权利的范围之外。

（3）宪法基本权利条款各条权利的性质的分析。宪法第33条第2款没有使用"权利"这个词来界定平等权，其目的是强调这是每一个公民都享有的权利，是在基本权利体系中最基本的权利。这在第33条第3、4款的规定中体现得比较清楚。

（4）国际人权公约的确定。《公民权利和政治权利国际公约》第26条规定了一项独立的平等权和禁止歧视原则，像一条红线贯穿在该公约里面。③在国际人权法学说与实践中，《公民权利和政治权利国际公约》第26条把平等权作为一项独立的权利予以规定，与公约第6至第27条规定的其他21种权利一起共同构成权利主体享有的22项权利。

---

① ［奥］曼弗雷德·诺瓦克：《民权公约评注》，毕小青、孙世彦主译，生活、读书、新知三联书店2003年版，第462页。
② 皮埃尔·勒鲁：王允道译，《论平等》，商务印书馆1988年版，第76页。
③ ［奥］曼弗雷德·诺瓦克：《民权公约评注》，毕小青、孙世彦主译，生活、读书、新知三联书店2003年版，第454～455页。

3. 平等权的效力

平等权的效力可以从对国家权力的效力和对私人效力两个方面进行理解。

平等权拘束对象是国家权力,这称为平等权的横向效力或垂直效力。平等权首先拘束的是国家的立法权,即限制立法机关在立法上对公民享有法律权利和承担法律义务进行不合理的差别对待。其次,平等权也拘束国家行政权力,即限制行政机关在制定规范性文件和具体行为中对公民享有法律权利和承担法律义务进行不合理的差别对待。最后,平等权也拘束国家司法权力,即限制司法机关在司法行为中对公民享有法律权利和承担法律义务进行不合理的差别对待。

平等权约束国家的立法、行政和司法,对国家机关产生法律义务。这种义务要求公权力不得作出某些行为(不平等对待)。宪法规定的平等是禁止国家公权力实施任意区别对待这一消极权利的体现。同时,它也要求国家主动地实施禁止歧视的行为,从而表明它是一种积极的权利。平等权不仅禁止国家的司法和行政在适用法律过程中没有合理依据的差别对待;而且也禁止国家立法在法律上区别对待。但是,立法机关遵循平等的义务具有积极和消极的双重性,"这一义务同时有其积极和消极的方面。一方面,立法机关在制定法律时不得带有任何歧视;同时,它有义务通过制定专门法律并提供有效的保护来反对歧视"。① 因此,平等既是消极的权利,也是积极的权利。

【案例讨论】

2005年12月15日清晨,重庆市的何某和2个女同学在坐电动三轮车上学途中,与迎面驶来的一辆卡车发生碰撞,3人在交通事故的车祸中不幸遇难。事故发生后,肇事方根据最高人民法院《关于审理人身损害赔偿案件适用法律若干问题的解释》(2003年)的相关规定,赔偿生前系城镇户籍的2个女生家长各20余万元,而对何某,因其生前系农村户籍依法仅赔偿5.8万元。后肇事方另补偿3.2万元,何家共得到赔偿9万元。

问题:你认为本案应当如何处理?如何认识最高人民法院《关于审理人身损害赔偿案件适用法律若干问题的解释》第29条有关死亡赔偿金的计算的规定?②

平等权也可以直接拘束私人行为,这称之为平等权的横向效力或水平效力。这不仅是因为"私人之间的关系并不具有'私人'的性质,它受宪法规定的禁止歧视效力的约束,其活动不能违反平等原则",③ 而且也由于平等权的效力并非仅仅拘束国家,只要与公共服务有关的事项,无论行为人的身份,都受其拘束,即对平等主体之间的私人行为的拘束力。这里说的私人行为,主要是面向不特定人提供的公共服务,例如,在准公共领域的就业、学校、医院、交通、饭店、公园、海滩等服务中,即便私人经营者也不得根据性别、宗教信仰、种族等因素拒绝顾客进入。当然,这并不包括私人个人的

---

① [奥]曼弗雷德·诺瓦克:《民权公约评注》,毕小青、孙世彦主译,生活·读书·新知三联书店2003年版,第462页。
② 最高人民法院《关于审理人身损害赔偿案件适用法律若干问题的解释》第29条规定:"死亡赔偿金按照受诉法院所在地上一年度城镇居民人均可支配收入或者农村居民人均纯收入标准,按二十年计算。但六十周岁以上的,年龄每增加一岁减少一年;七十五周岁以上的,按五年计算。"
③ 胡锦光、韩大元:《中国宪法》,法律出版社2004年版,第229页。

活动。

平等权对私人行为产生拘束效力,主要取决于以下三个理由:①平等的含义之一是法律的平等保护,即国家有义务在准公共领域禁止任何私人主体的歧视行为。在国际人权法上,各项人权的法律效力主要拘束对象是国家,唯独平等权既拘束国家又约束个人。《公民权利和政治权利国际公约》第 26 条的规定即体现着禁止歧视不仅是一项个人针对国家的权利,而且也是个人应履行的法律义务的含义。[①] ②平等权作为一项宪法原则,要求国家在适用法律中予以遵循。正如法律并不禁止一个人或团体在其从事与公共活动无关的行为时的自主选择和区别而干涉私人意思自治一样,国家也必须通过法律和其他措施防止任何私人在其从事准公共服务活动的歧视行为对他人不受歧视权利的损害,2000 年四川省煤炭工业供销总公司招待所拒绝白族旅客张媛入住案即表明禁止歧视直接适用于私人效力的必要性。[②] (3) 宪法基本权利并非绝对不能拘束私人。我国理论界认为宪法基本权利对私人不发生直接效力的见解,其依据宪法调整国家与公民的关系,仅约束国家权力而非个人的主张源于西方的宪政学说。但我国宪法有关条文明文规定直接约束私人,还有的条款虽然未直接规定但其制定目的也是为了约束私人的行为。[③] 而禁止歧视规定位居宪法基本权利之首,在其他权利都可以直接约束私人的情况下,认为禁止歧视对私人行为没有直接效力的观点显然与宪法条款的规定不一致。

4. 平等权与自由权的关系

平等权是实现个人自由的保障。自由权强调国家对个人与生俱来就享有某些自由或权利,只有经过正当法律程序才可以对其予以限制或剥夺,而平等权则强调国家对这些自由或权利进行限制或区别对待,必须具备合理的依据,在此意义上,平等权与自由权本身存在着张力。"自由不可避免地产生不平等,而平等又必然地导致对自由的限制。"[④] "如果无视人的事实上的差异而将平等推向极端,人的自由与自律的发展就会受到破坏;反之,如果无抑制地认肯自由,则又会导致少数政治上或经济上的强者在牺牲多数弱者的基础上增大其权力与财富,出现不当的不平等。"[⑤]

自由权强调保护所有人的权利不得被国家限制或禁止(即保护一切人的权利),平等权则侧重于国家保护特定人群的权利不被其他群体或国家侵犯(即保护特定人的权利)。简言之,"在自由权案件中,政府法律据称侵犯了所有人的权利;而在平等权案件中,政府法律据称采用了任意的区分标准,来侵犯某些人——而非其他人——的权利。几乎所有涉及自由权的案件也涉及平等权,因为绝大多数法律都包含'立法归类'(legislative classification)"。[⑥]

[①] [奥]曼弗雷德·诺瓦克:《民权公约评注》,毕小青、孙世彦主译,生活·读书·新知三联书店 2003 年版,第 472 页。
[②] 章夫:《这算哪门子规定》,载《成都晚报》2000 年 10 月 7 日、10 月 8 日、10 月 26 日。
[③] 宪法第 4、5 条第 4、5 款、第 9 条第 2 款、第 10 条第 4、5 款、第 12 条第 2 款、第 36 条第 2、3 款第 40 条、第 41 条第 1、2 款。
[④] 转引自林来梵:《从宪法规范到规范宪法——规范宪法学的一种前言》,法律出版社 2001 年版,第 107 页。
[⑤] 转引自韩大元、林来梵、郑贤君:《宪法学专题研究》,中国人民大学出版社 2004 年版,第 296 页。
[⑥] 张千帆:《宪法学导论:原理与应用》,法律出版社 2004 年版,第 473~474 页。

(三) 平等权的历史发展

1. 法律面前人人平等

法律面前人人平等的首要含义是适用法律平等，即指国家司法机关和行政机关在适用法律的时候，不得区分适用对象，必须根据法律规定和事实进行判断，无差别地将法律规范适用于所有的人。其实质要求为国家权力应当平等地对公民的合法权利予以保护；对公民的违法行为应当平等地追究其法律责任，不得因人而异适用不同的标准。任何公民都不得享有法律以外的特权。国家不得强制任何公民承担法律以外的义务。

从法律理论和法律实践的角度来说，"平等对待并不意味着相同对待，那些将人类彼此区分开的个体特征，诸如才能、性格等，自然会在具体法律判决执行的过程中起到一定的作用。平等原则仅仅要求在客观上相同的事实类型应当得到相同的对待。同时，在客观上不同的事实类型应当予以不同对待"。① 亦即相同情况应当相同对待，不同情况应区别对待；禁止主观恣意、无正当理由的差别歧视、同责不同罚。

适用法律平等主要针对的是国家司法机关与行政机关，拘束的是司法权与行政权，而不包括立法权。对司法机关而言，必须严格地将法律的规定适用到案件的当事人，而不得考虑法律之外的情况，即严格执法，这是司法公正的基本要求；对国家行政机关而言，要求在行使行政权力中，只要是做出可能影响公民权利义务的任何行为，除非采取正当的法律程序，都必须受平等权的拘束，不得任意进行区别对待，差别待遇。

2. 受法律的平等保护

受法律的平等保护又称立法上的平等。平等的含义从适用法律平等发展成为受法律的平等保护，即从形式上要求国家平等地保障公民的权利与要求公民履行义务，发展到在实质上要求国家平等给以公民以法律保护，即平等地为公民设定权利与义务，是国家尊重和保障人权在宪法上的体现。法律面前人人平等的第一层含义是适用法律平等，仅仅与适用法律的机关，即司法机关和行政机关适用法律的活动有关而对他们产生法律义务，难以推导出不具体负责实施法律的立法机关的任何义务，即对立法机关的活动没有拘束力。

受法律的平等保护的含义，是指国家立法活动必须确认并保护所有人都享有同样的权利，给以相同的对待和处理而无所差别。可见，与约束国家行政机关和司法机关适用法律平等的形式平等不同，受法律的平等保护约束的是国家立法机关，其目的是要求国家立法机关负有通过立法的形式保障实质的平等，即立法机关有义务无歧视的保障平等权。这里所指的立法活动，既包括立法机构制定法律，也包括行政机构制定行政法规、规章，以及其他具有普遍约束力的规范性文件，还包括国家司法机关发布的司法解释和其他对相对人权利义务产生实质影响的规范性文件。

在中国，1954年宪法关于法律上人人平等之规定的文义解释，已经包含着受法律平等保护这个含义，其术语学表达方式就是中国学者提出的"立法上的平等"。这个表达方式与国际人权法上受法律的平等保护并无差别，中国学者对立法上的平等的讨论，即是指受法律的平等保护。但从20世纪50年代后期开始，法律面前平等曾被错误地当作资产阶级价值进行批判，在"文化大革命"中完全成为无人问津的禁区。直到1978年中共十一届三中全会后，法学界才开始达成公民在适用法律上一律平等的共识，开启

---

① 中国社会科学院法学研究所资料室编：《论法律面前人人平等》，社会科学文献出版社2003年版，第141页。

"立法平等"的争论,为恢复和推动社会主义法制实践提供了重要的思想渊源。①

鉴于我国批准的国际人权公约已经把受法律的平等保护作为平等含义的一个组成部分,有必要把我国法律术语中的立法上的平等,称为受法律的平等保护。立法上的平等所强调的是,国家必须在立法上保障公民都能够享有宪法确认的基本权利而不得任意差别对待。公民之所以有权受法律的平等保护,在于他们都是组成这个国家的人民的一部分。立法活动是依照法律程序体现国家意志的过程,这与法律是人民群众意志的体现,立法过程只有人民群众才能够依法参与是一致的,并不存在人民与敌对分子在立法上"讲平等"的问题,而是集中体现和表达人民群众意愿的过程。

受法律的平等保护为对法律、行政法规、规章的合宪性审查提供了一个具体的识别标准与依据。如果国家在立法上任意差别对待相同的人或事件,限制或剥夺或加重部分群体的法律权利与义务,或者给以部分群体特殊的优惠与特权,即可能使公民不能平等地享有宪法基本权利或平等地履行宪法基本义务。

在我国,受法律的平等保护主要针对的是国家制定的对公民法律权利义务具有普遍约束力的规范性文件,强调国家权力在为公民设定权利义务时,也应当受到宪法平等权的拘束,充分体现宪法规定的法律面前人人平等的原则,为国家的执法和司法行为提供宪法上的保障。另一方面,立法上的平等,并不排斥国家根据公民在自然的、社会的和事实上存在着的差异,为了保障和实现实质上的平等而进行的必要的、合理的区别对待。因为个人在生物的、环境的和社会的各方面存在着的差异,使得他们事实上存在着不平等。如果平等地对待他们,将会形成他们实际地位的不平等。而纠正这种由于客观存在的不平等的合理方式,就是根据他们的实际情况适当进行合理的区别。

各国宪法在规定平等权的同时,一般都根据个人在自然的、生理的和社会的不同情况,作出了差别待遇的规定。这些差别待遇,其目的在于弥补由于平等原则对不同的情况,对不同的人,不作区别对待可能造成的事实上的不平等,也即是为了最大程度与可能减少因注重形式平等而造成实际结果并不平等的现象,依据一定的合理区分标准,在一定限度内划分为不同的群体,目的是在立法和适用法律时达到真正意义上的平等或称为实质平等。

在这里,"标准"的确立和"程度"的适当,必须符合比例原则,即区别对待目的之正当、具体划分手段与目的关联及区别手段之最大善意(影响或损害最小)。具体包括三个方面的含义:"第一,某种待遇在一种特定的场合是恰当的,那么在与这种待遇相关的特定方面是相等的所有情况,必须受到平等的对待;第二,在与这种待遇相关的特定方面是不相等的所有情况,必须受到不平等的对待;第三,待遇的相对不平等必须与情况的相对不同成比例。"②

我国宪法和法律确定的差别包括以下几种情形:

(1)因行使政治权利需要的区别对待。这是指为了履行特定的权利或特定国家职务的需要,可以对公民行使某些权利在宪法和法律上所采取的合理的、适当的和必要的差

---

① 潘念之、齐乃宽:《关于"法律面前人人平等"的问题》、《再论"法律面前人人平等"的问题》,载中国社会科学院法学研究所资料室:《论法律面前人人平等》,社会科学文献出版社2003年版。第196~197页。
② [英]凯瑟琳·贝纳德:《欧盟劳动法》,付欣译,中国法制出版社2005年版,第225页。

别。例如，《宪法》第34条规定年满18周岁的公民享有选举权与被选举权；第74条规定全国人民代表大会代表的身份保障权。

（2）人的生理与年龄。这是指为缩小或弥补个人因生理自然差异带来的不平等而采取的合理差别。《宪法》第45条规定公民在年老、疾病或者丧失劳动能力的情况下，有从国家和社会获得物质帮助的权利；《刑法》和《未成年人保护法》对未成年人犯罪与成年人犯罪在法律上所作的合理差别规定是根据人的生理身体差异可能导致的与他人的不平等而作的合理差别；《残疾人保障法》规定国家和社会对残疾人权利给以的保障是与对非残疾人在法律上所作的合理差别。

（3）民族与性别。这是指为了缩小个人因民族、性别等等原因造成的他们与其他群体事实上存在的不平等，在法律上所采取的必要的区别规定。这些区别在法律上又称为暂行特别措施、肯定行动和反向歧视，其目的是有利于被区别的群体，缩小事实上存在着对他们与其他群体的不平等。例如，选举法对少数民族公民参加当地人民代表大会代表和全国人民代表大会代表，作了区别于汉族公民的规定；《妇女权益保障法》对妇女的政治权利、文化教育权益、劳动权益、财产权益、人身权益和婚姻家庭权益作出的保护性规定。

（4）特定职业。这是指对从事某些特殊职业需要的任职资格，可以所采取履行职业所需的能力要求进行差别。例如，《法官法》《检察官法》《警察法》《公务员法》《律师法》《医师法》《教师法》等法律，对担任某些国家机关的公职或者职业，在年龄、文化程度、专业技术资格等方面所采取的限制。

【案例讨论】

2005年1月，中国建设银行河南省平顶山分行以周香华以达到法定退休年龄为由，通知其办理退休手续。周香华认为自己应和男职工同龄退休，单位要求自己55周岁退休的决定与我国宪法和法律的有关规定相抵触，应予以撤销，遂向劳动仲裁部门提起仲裁。平顶山劳动仲裁争议委员会受理本案后以国发〔1978〕104号的合宪性问题不属于仲裁委员会受理范围，被诉人行为并无不当为由裁定对周香华的申诉请求不予支持。周香华不服平顶山市劳动争议仲裁委员会的裁决，于2005年10月28日向湛河区法院递交了民事起诉状。法院经审理认为，周香华对已满55岁且参加工作年限满10年并无争议，依照国务院《关于安置老弱病残干部的暂行办法》的规定，符合办理退休手续的条件，被告建行平顶山分行以此为据为其申报退休的决定符合现行国家政策和法规，并无不当。周香华认为被告为其办理退休手续的决定违背了宪法关于男女平等的原则，要求予以撤销的理由无法律依据，法院不予支持。法院最终作出一审判决，驳回原告周香华的诉讼请求。

问题：如何理解国务院《关于安置老弱病残干部的暂行办法》中有关男干部、男工人60岁退休，女干部55岁、女工人50岁退休的规定？劳动者退休依照性别区别年龄是否违反平等权？

3. 禁止歧视

（1）歧视的概念

歧视是指被法律禁止的针对特定群体或个人实施的，其效果或目的在于对承认、享有和行使基本权利进行区别、排斥、限制或优待的任何不合理的措施,即歧视的表现形式是在相同的情况下取消或损害特定群体或个人平等享有权利的任何区分、排除或选择的措施。

从歧视的概念可以看出其特点如下:

第一,歧视并不要求必须具备主观上的要件,只要实施某项措施的效果或目的是对某个群体承认、享有和行使基本权利进行区别、排斥、限制或优待,即事实上形成了这种情况均可构成歧视。因此,"歧视的动机或意图不是直接歧视的必要条件;只要该措施的结果具有歧视性就足够了"。① 也正因为如此,在间接歧视中无须证明歧视的故意,在直接歧视案件绝大多数国家也如此。加拿大、澳大利亚、新西兰、挪威、南非以及欧盟25个成员国在直接歧视案件中都不要求证明歧视的故意。②

第二,构成歧视的前提条件是存在着差别,即相同的情况下没有给以同样的对待,或者在类似的情况下作出相反的完全不同的处理。"不合理的同样对待给某些群体产生不利,它与不合理的区别对待同样有害,应予以禁止。"③

第三,差别的基础是不合理的,不符合比例原则,即区别对待的措施与实现的目的之间不具备相关性和必要性,差别的措施与达到的目的不存在适当比例。

第四,差别的理由是被法律禁止的,即法律保护特定群体或族群具有的某些特征,任何情况下不得作为差别对待的依据。反歧视法的发展表明,禁止歧视的种类不仅限于国际人权公约所列举的情形,而且还包括性骚扰、授意歧视以及报复行为。④

法律对歧视事由的禁止不限于明确列举的范围,任何将不利地位强加于特定个人的标准或者并非建立在合理而客观的标准基础上的差别待遇均为被禁止的区别对待。换言之,凡是基于某些原因具有取消或损害机会均等或平等享有权利的区别、排斥或优惠措施,都构成法律上的歧视。⑤ 因为在宪法基本权利体系中,由于个人或其所属群体的特点而受到的区别对待,与权利平等这个最基本的原则是抵触的,因此,不能认为如果针对某个群体权利的区别措施尚未被法律列举禁止就不构成法律上的歧视。

在国际公约中,对歧视的禁止并不限于列举的特定的理由,还禁止通过其他措辞所表达的,使一些群体或民族处于不利地位的理由,如1958年国际劳工组织《歧视(就业及职业)公约》第111号公约中规定的"国内所确定的任何其他身份或理由"。因此,"尽管很多人将歧视视为一种故意的偏见,但歧视既可以包括不合理的不同待遇(直接

---

① 加拿大、澳大利亚、新西兰、挪威、南非以及欧盟25个成员国在直接歧视案件中都不要求歧视的故意。但在美国例外,在直接歧视案件中歧视的故意是证明歧视的关键要件。参见[挪威]Ronald Craig [美] Lisa Stearns:《歧视概念的演变和发展》,李薇薇译,载李薇薇、Lisa Sterrns主编:《禁止就业歧视:国际标准和国内实践》,法律出版社2006年版,第18页。
② [挪威]Ronald Craig [美] Lisa Stearns:《歧视概念的演变和发展》,李薇薇译,载李薇薇、Lisa Sterrns主编:《禁止就业歧视:国际标准和国内实践》,法律出版社2006年版,第17~46页。
③ [挪威]Ronald Craig [美] Lisa Stearns:《歧视概念的演变和发展》,李薇薇译,载李薇薇、Lisa Sterrns主编:《禁止就业歧视:国际标准和国内实践》,法律出版社2006年版,第47页。
④ 参见国际人权法教程项目组编写:《国际人权法》,中国政法大学出版社2002年版,第384页。
⑤ 加拿大、澳大利亚、新西兰、挪威、南非以及欧盟25个成员国在直接歧视案件中都不要求歧视的故意。但在美国例外,在直接歧视案件中歧视的故意是证明歧视的关键要件。参见[挪威]Ronald Craig [美] Lisa Stearns:《歧视概念的演变和发展》,李薇薇译,法律出版社2006年版,第二章。

歧视），也可以包括不合理的相同待遇（间接歧视）；歧视可以是故意的，也可以是非故意的，甚至是无意识的行为，且导致了不同的待遇和后果"。①

（2）歧视的分类

在反歧视法上，歧视可以分为直接歧视、间接歧视、制度性歧视和骚扰4种类型。

第一，直接歧视（direct discrimination）。直接歧视是指在本质相同或相似的情况下，由于特定群体或个人的权利因法律禁止的区别事由而受到或者可能受到比他人不利或优惠的对待。直接歧视在主观上是故意的，在形式上是可以识别的，即"属于禁止歧视类别的个人与不属于禁止歧视类别的个人相比，受到更为不利的待遇"。② 最常见的性别直接歧视是雇用单位明确规定限男性或者某些行业、职位中的"女士优先考虑"。

第二，间接歧视（indirect discrimination）。间接歧视是指在形式上无差别规定，但在事实上与实现合法目的不相关、不必要、不合理，其适用的效果是把特定群体置于与他人相比不利或特惠的地位。换言之，那些表面上中立的规定、标准或惯例被适用于每一个人的时候，将导致具有某些特征的人（例如，种族、肤色、性别、宗教信仰、残疾等）受到不均衡的苛刻影响，或不平等的对待。

第三，制度性歧视（systemic discrimination）。制度性歧视又称为体系歧视或系统歧视，是指由于历史原因而非故意实施造成通过广泛的中性政策、习惯和待遇固定形成的特定群体遭受的普遍的有规律的社会不利状况。③ 也就是说，制度性歧视主要是通过简单地适用那些既定的，并非有故意地对特定群体实行歧视的程序和标准，事实上对特定群体给予排斥，使得该特定群体的人和群体之外的人加深了将这个排斥认为自然的认识。历史上一些国家实施的种族隔离政策便是制度性歧视的体现。

第四，骚扰（harassment）。骚扰是指任何目的或效果在于侵犯人的尊严，造成胁迫的、不友好的、不体面的、敌对的环境或不受欢迎的行为。④ 骚扰最常见的形式是性骚扰，即为了实现骚扰目的而实施的任何形式与性有关的令人不舒服的语言、非语言的或身体的行为，其目的或效果在于侵犯个人尊严，造成胁迫的、不友好的、不体面的、羞辱的和敌对的环境。⑤ 但骚扰并非一定与性相联系，凡是侵犯自然人人格尊严的行为，都可能构成骚扰，包括任何有损于自然人的人格尊严（体面的）的不受欢迎的行为，包括性和与性无关的行为。

四、宗教信仰自由

（一）宗教信仰自由的含义

宗教是人类社会发展到一定阶段随着人类思维能力逐步提高而产生的文化现象。宗

---

① ［澳大利亚］罗宾·雷顿：《采取暂行特别措施，防止就业歧视》，奥斯陆大学人权中心（NCHR）中国项目组2004年北京研讨会演讲稿。
② ［澳大利亚］罗宾·雷顿：《采取暂行特别措施，防止就业歧视》，奥斯陆大学人权中心（NCHR）中国项目组2004年北京研讨会演讲稿。
③ 美国和加拿大最高法院承认骚扰是一种独立的歧视形式，参见 Canada: Janzen v. Platy Enterprises [1989] 1 S. C. R. 1252; 10 C. H. R. R. D/6205. USA: *Meritor Savings Bank v. Vinson*, 477 U. S. 57 (1986). 转引［美］Lisa Stearns：《暂行特别措施——推进平等的工具》，李薇薇 译，法律出版社2006年版，第三章。
④ 美国和加拿大最高法院承认骚扰是一种独立的歧视形式，参见 Canada: Janzen v. Platy Enterprises [1989] 1 S. C. R. 1252; 10 C. H. R. R. D/6205. USA: *Meritor Savings Bank v. Vinson*, 477 U. S. 57 (1986). 转引［美］Lisa Stearns：《暂行特别措施——推进平等的工具》，李薇薇 译，法律出版社2006年版，第三章。
⑤ 蔡定剑：《宪法精解》，法律出版社2004年版，第225页。

教既是个人对某种超自然力量的信仰,也是某种与社会结构密切相关的社会力量。

1954年《宪法》第88条规定:"中华人民共和国公民有宗教信仰的自由。"在1982年宪法修改中,对宗教信仰自由修改究竟是恢复1954年宪法还是保留1978年宪法的表述有两种意见。① 1954年宪法的规定容易给人造成公民不信仰宗教是自由的,但由外在力量强制公民信仰宗教也是自由的印象。最后,宪法修改委员会采纳了恢复1954年宪法表述的意见。为了准确表达宗教信仰自由包括不强迫信教和不信教的含义,1982年宪法第36条规定:"中华人民共和国公民有宗教信仰自由。任何国家机关、社会团体和个人不得强制公民信仰宗教或者不信仰宗教,不得歧视信仰宗教的公民和不信仰宗教的公民。国家保护正常的宗教活动。任何人不得利用宗教进行破坏社会秩序、损害公民身体健康、妨碍国家教育制度的活动。宗教团体和宗教事务不受外国势力的支配。"

宗教信仰自由是指公民享有根据自己的内心信念,自愿信仰宗教的自由,包括信仰宗教的自由、参加宗教仪式的自由、参加宗教团体的自由和传教的自由。信教公民和不信教公民、信仰不同宗教的公民应当相互尊重、和睦相处。这"其实是一种思想自由。无论是从法律上还是从事实上立法者都不能涉足个人的内心意识,也不能进行任何强制或禁止"。② 宗教信仰自由决定着国家依法保护正常的宗教活动,维护宗教团体、宗教活动场所和信教公民的合法权益。

信仰宗教的自由是指公民有按照自己的意愿信仰宗教的自由,也有不信仰宗教的自由;公民有信仰这种宗教的自由,也有信仰那种宗教的自由;在同一个宗教中,公民有信仰这个教派的自由,也有信仰那个教派的自由;公民有过去不信仰宗教而现在信仰宗教的自由,也有过去信仰宗教而现在不信仰宗教的自由。参加宗教仪式的自由,是指信仰宗教的公民有举行或者参加祈祷、礼拜及各种庆典宗教仪式的自由。信教公民的集体宗教活动,一般应当在经登记的宗教活动场所(寺院、宫观、清真寺、教堂以及其他固定宗教活动处所)内举行,由宗教活动场所或者宗教团体组织,由宗教教职人员或者符合本宗教规定的其他人员主持,按照教义教规进行。参加宗教团体的自由,是指信仰同一宗教的公民,有设立宗教团体与从事宗教活动的自由,也有加入或不加入宗教团体的自由。传教的自由是指,信仰某一个宗教教派的公民,有宣传该宗教教派教义的自由。正常的宗教活动,是指信教群众在本宗教教职人员的组织下,按照各宗教的教义而进行的活动,包括了宗教仪式。

(二) 宗教信仰自由的特点

宗教信仰自由的特点主要表现在5个方面:③

(1) 任何国家机关、社会团体和个人不得限制公民信仰宗教或者不信仰宗教,不得歧视信仰宗教的公民和不信仰宗教的公民。国家应当尊重公民信仰宗教的自由和不信仰宗教的自由。任何国家机关、社会团体和个人不得损害宗教界的合法权益,干预正常的宗教活动,对不尊重公民宗教信仰自由权利和损害宗教界合法权益的错误行为,必须坚

---

① 许安标、刘松山:《中华人民共和国宪法通释》,中国法制出版社2003年版,第117页。
② 中共中央统一战线工作部网站:《我国宗教信仰自由政策的基本内容》,http://www.zytzb.org.cn/zytzbwz/religion/chanshu/80200212270063.htm,2006年2月10日访问。
③ 蔡定剑:《宪法精解》,法律出版社2004年版,第225页。

决予以纠正；在登记的宗教活动场所内和按宗教习惯在教徒自己家里进行的正常宗教活动，受到国家法律保护，不得加以干涉。国家保护宗教团体的合法权益，保护宗教教职人员履行正常教务的权利。在我国，佛教、道教、伊斯兰教、天主教和基督教不论信众多寡、影响大小，在法律面前一律平等，没有占统治地位的宗教。

（2）宗教信仰自由不等于宗教活动可以不受任何约束。宗教必须在宪法范围内活动。公民在行使宗教信仰自由权利的同时，有遵守宪法和法律的义务。任何组织或者个人不得利用宗教进行破坏社会秩序、损害公民身体健康、妨碍国家教育制度，以及其他损害国家利益、社会公共利益和公民合法权益的活动。

（3）宗教信仰自由也意味着宗教与国家政权分离。任何人都不得利用宗教干预国家的行政、不得干预司法、学校教育和社会公共教育；不得干预婚姻、计划生育等等。国家政权也不能被用来推行或禁止某种宗教。国家保护一切在宪法、法律和政策范围内的正常的宗教活动。各宗教团体自主地办理各自的教务，并根据需要开办宗教院校、印发宗教经典，出版宗教刊物，举办各种社会公益服务事业。

（4）无神论与有神论之间相互尊重。任何人都不应到宗教活动场所进行无神论的宣传，或者在信教群众中展开有神还是无神的辩论；任何宗教组织和教徒也不应在宗教活动场所外布道、传教、宣传有神论、散发宗教传单和其他未经政府主管部门批准出版发行的宗教书刊。

（5）各宗教坚持独立自主自办的原则，宗教团体在坚持独立自主自办的方针下，实行自治、自养、自传。宗教团体、宗教活动场所和宗教事务不受外国势力的支配。独立自主自办的方针并不排斥在互相尊重、平等友好的基础上与世界各国宗教组织或宗教人士进行交往。对出于宗教感情的外来援助、捐赠等只要不附带干涉我国内部事务包括宗教事务的条件，宗教组织可以接受。宗教团体、宗教活动场所、宗教教职人员在友好、平等的基础上开展对外交往；其他组织或者个人在对外经济、文化等合作、交流活动中不得接受附加的宗教条件。

【案例讨论】

邱某某系某大学网络教育学院 2004 届毕业生。在校学习期间，某大学指定包括邱某某在内的学生必修课程《马克思主义哲学原理》。该书在论述涉及宗教时表述："宗教尽管有文化传播、安定社会等作用，但本质上是麻醉劳动人民的精神鸦片。"邱某某认为该教科书中关于宗教的观点有违我国宪法和马克思主义本义，侵犯其宗教信仰自由的基本权利，遂以某大学为被告向某市某区人民法院提起民事诉讼。该院以原告起诉不属人民法院民事诉讼范围为由驳回其起诉。

问题：本案邱某某的宗教信仰自由是否受到了侵犯？为什么？

（三）宗教信仰自由的法律保护

1. 宗教信仰自由的效力

从宪法文本解释的方法来看，《宪法》第 36 条第 2 款的立法原意就有针对个人的意思。在宪法基本权利的所有条文中，通信自由和通信秘密和宗教信仰自由这两个条款都是明确针对包括个人在内的私人机构与组织具有拘束效力的。就宗教信仰自由的效力而言，它不仅拘束国家机关，而且对国家机关以外的团体、组织和个人，都产生法律上的拘束效力。这是我国宪法规定宗教信仰自由的一个特点，也表明国家对宗教信仰自由的保护。但是，对于私人侵犯宗教信仰自由，是指实施了具体侵犯宗教信仰自由的行为，包括言论和其他行为，且只有信仰宗教的公民其所信仰的宗教被侵犯，始得主张其宗教信仰自由权利被侵犯。不信仰宗教的公民主张其宗教信仰自由被侵犯必须提供相应的证据。

2. 有关宗教信仰自由的立法

我国保障公民行使宗教信仰的自由的法律规范主要是行政法规《宗教事务条例》。公民宗教信仰自由主要有：

（1）宗教活动场所的设立。宗教活动场所，是指开展宗教活动的寺院、宫观、清真寺、教堂及其他固定处所。宗教活动场所可以接受信教群众自愿捐献的布施、奉献、乜贴。设立宗教活动场所应当具备下列条件：设立宗旨不违背本条例第三条、第四条的规定；当地信教公民有经常进行集体宗教活动的需要；有拟主持宗教活动的宗教教职人员或者符合本宗教规定的其他人员；有必要的资金；布局合理，不妨碍周围单位和居民的正常生产、生活。筹备设立宗教活动场所，由宗教团体向拟设立的宗教活动场所所在地的县级人民政府宗教事务部门提出申请。宗教活动场所的财产收入由该场所的管理组织管理和使用，其他任何单位和个人不得占有或者无偿调用。

（2）宗教教职人员的权利。宗教教职人员主持宗教活动、举行宗教仪式、从事宗教典籍整理、进行宗教文化研究等活动，受法律保护。宗教教职人员经宗教团体认定，报县级以上人民政府宗教事务部门备案，可以从事宗教教务活动。藏传佛教活佛传承继位，在佛教团体的指导下，依照宗教仪轨和历史定制办理，报设区的市级以上人民政府宗教事务部门或者设区的市级以上人民政府批准。天主教的主教由天主教的全国性宗教团体报国务院宗教事务部门备案。

（3）外国人的宗教信仰自由。外国人可以在中国境内的寺院、宫观、清真寺、教堂等宗教活动场所参加宗教活动。经省、自治区、直辖市以上宗教团体的邀请，外国人可以在中国宗教活动场所讲经、讲道（《境内外国人宗教活动管理规定》）（1994年）。外国人在中国境内，可以邀请中国宗教教职人员为其举行洗礼、婚礼、葬礼和道场法会等宗教仪式。外国人在中国境内进行宗教活动，应当遵守中国的法律、法规，不得在中国境内成立宗教组织、设立宗教办事机构、设立宗教活动场所或者开办宗教院校，不得在中国公民中发展教徒、委任宗教教职人员和进行其他传教活动。

五、人身自由

（一）人身自由的含义

1. 宪法对人身自由的表述

1954年《宪法》第89条规定："中华人民共和国公民的人身自由不受侵犯。任何公民，非经人民法院决定或者人民检察院批准，不受逮捕。"1982年《宪法》第37条规定："中华人民共和国公民的人身自由不受侵犯。任何公民，非经人民检察院批准或者决定或者人民法院决定，并由公安机关执行，不受逮捕。禁止非法拘禁和以其他方法非法剥夺或者限制公民的人身自由，禁止非法搜查公民的身体。"1982年宪法修改增加规定了过去历次宪法没有规定的第3款，即禁止非法拘禁和以其他方法非法剥夺或者限制公民的人身自由，禁止非法搜查公民的身体。

2. 广义的人身自由和狭义的人身自由

在我国，对人身自由的学理解释有广义和狭义的区别。前者认为人身自由是专指个人身体保护、人身自主的自由。它包括人身保护、住宅不受侵犯、迁徙自由、人格尊严不受侵犯等；后者则认为是指公民有人身自主权，有居止行动的自由权，不受他人的支配或控制，公民的身体不受非法侵犯，或指公民有支配其身体和行动的自由，非依法律规定，不受逮捕、拘禁、审讯和处罚，亦即公民的人身（包括肉体和精神）不受非法限制、搜查、拘留和逮捕。学术界的各种观点各有所侧重，但其核心和共同之处是，强调人身自由是人作为物质存在所应有的自由，即支配自己身体自由活动不受他人的限制。

事实上，人身自由主要是指最狭隘的身体活动的自由，即人身自由是指个人按照自己的意志行动，非经法律程序其身体活动不受他人的任何限制。人身自由与身体活动的自由关系密切但又不能等同，故对身体活动并不严重地限制——例如限制居所或居住，或者驱逐出境，并不属于人身自由而属于居住自由和迁徙自由的范畴。对人身自由的干预只能是把一个人强行拘禁于某一狭隘的、受限制的场所的结果，这样的场所包括监狱或其他拘禁设施、精神病设施、再教育集中营或劳动营，或者是酗酒或吸毒上瘾者的解毒设施以及在家中的软禁。

3. 保护人身自由的重大意义

现代国家普遍需要采取对个人实施拘禁或者采取预防性的措施的方式来剥夺和限制人身自由，以便有效维护公共秩序和惩罚违法犯罪行为。国家打击犯罪、维护公共安全最常见和最普遍的方式，就是对违法犯罪行为人的人身自由实施必要的限制。无论是在历史上、现在还是将来，对人身自由的剥夺或限制都是国家主权行使的合法方式之一，也是国家维护社会公共秩序必须采取的强制措施之一。因此，各国宪法虽然都规定了人身自由不受侵犯，其目的并不是绝对地反对剥夺或限制人身自由本身，而是防止国家权力对个人人身自由进行恣意剥夺、限制，或者不遵循法律程序实施剥夺、限制自由的行为。

剥夺人身自由作为监禁的形式或预防性措施，是国家打击犯罪和维护国内安全最普遍的方式之一，也是维护主权国家权威的合法方式之一。宪法规定人身自由的目的是建立一种程序上的保障，它确定了国家立法机关通过立法可以剥夺、限制自由的条件以及具体的程序，并且要求国家司法机关对恣意剥夺、限制人身自由的行为予以纠正，它反对的只是任意的和非法的剥夺。"使国家立法机关有义务准确地界定允许剥夺自由的情况和应该适用的程序，并使独立的司法机关有可能在行政机关或执法公务人员任意或非法剥夺自由时采取迅速的行动"。① 因此，为了防止国家权力的滥用，必须对其进行严格的限制，这是各国宪法保障人身自由的共同特点，也是国际人权公约确认的主权国家的义务之一。

（二）人身自由的保护范围

1. 禁止非法拘禁

拘禁是指剥夺自由的状态，亦即剥夺人身自由的延续状态。无论在逮捕（拘留、审

---

① ［奥］曼弗雷德·诺瓦克：《民权公约评注》，毕小青、孙世彦主译，生活·读书·新知三联书店2003年版，第159~160页。

判前的羁押)、定罪(监禁)、绑架或其他行为之前或者之后,都可能存在着非法拘禁。从形式上看,拘禁包括拘留、禁闭、捆绑、隔离审查、关押等形式。非法拘禁,包括无权拘禁他人的团体、组织实施的拘禁行为和有权实施拘禁的国家机关违反法律规定的条件与程序滥用职权的行为。宪法规定人身自由不受限制的目的是禁止国家实施各种非法剥夺和限制人身自由的措施,而非法逮捕和非法拘禁构成对公民人身自由最严重的限制,当然是宪法所禁止的。

2. 以其他方法剥夺或限制公民人身自由

以其他方法非法剥夺或者限制公民的人身自由,主要是指以非法拘禁以外的其他各种违法方法来剥夺或者限制他人的人身自由。这种情况主要发生在限制自然人的身体活动的情况,即禁止自然人自主地决定并移动自己身体的自由。而法律对以其他方法非法剥夺或者限制公民的人身自由的各种情形同样也是禁止的。在实践中,对公民非法进行盘问和留置,即构成限制人身自由的其他非法方法,同样,以其他各种名目强制公民在规定的期间内在规定的地点学习的行为也属于非法限制人身自由的特殊类型。比如,2003年湖南省长沙市公安局交通管理局强制违章者看录像接受道路交通安全教育的规定,即涉嫌非法限制人身自由。① 在孙汉朝、蔡淑峰诉河南省宜阳县镇人民政府非法扣押财产和限制蔡淑峰人身自由案中,该镇政府以执行计划生育法规为由到蔡淑峰所在的学校将其带走,并要求其在规定的时间内未经许可不得离开和从事其他任何行为,直到次日才放回家。法院认定该镇政府的行为属于以其他非法方法剥夺或者限制人身自由的情形。② 以上两种情况实质上都属于以其他方法非法剥夺或者限制公民的人身自由的范畴,这与非法逮捕和非法拘禁等行为一样,也是宪法所禁止的。

3. 禁止非法搜查身体

我国宪法规定的人身自由,包括禁止非法搜查身体的内涵,这是国际人权法上人身自由没有包含的内容。1982年宪法第37条增加了1954、1975和1978年宪法都没有规定的第3款的规定,即"禁止非法拘禁和以其他方法非法剥夺或者限制公民的人身自由,禁止非法搜查公民的身体"。因此,人身自由不受侵犯的含义,不仅指自然人的身体活动的自由不受国家权力的非法侵犯,即不受国家的非法逮捕、羁押或者以其他方法非法剥夺或者限制公民身体自由的活动,而且也包括国家不得对公民的身体、人体器官或其他组织非法进行检查。也就是说,人身自由权利包括身体活动的自由权利和身体器官及其他组织不被任意检查和搜查的权利。这是中国宪法上的人身自由和国际人权法、外国宪法规定的人身自由的一个重要区别。

在操作中,搜查身体是指对他人的肢体、器官和其他组织进行搜索和检查,包括对他人的肢体、器官和其他组织进行查看、摸索、掏翻、血液和体液检查、DNA鉴定等其他各种行为。非法搜查身体,包括无权搜查的组织或团体擅自进行的搜查,也包括有权进行搜查的人不依照法定条件与程序滥用职权进行的搜查。

---

① 谢石山、凌菱:《长沙交警全国首创宣传模式 违章者被强制看录像》,http://www.legalinfo.gov.cn/fzxw/2003-07/16/content_38164.htm,2005年7月20日访问。
② 李惠民 潘鲁豫《镇政府越权扣押财物限制人身自由》,http://www.chinacourt.org/public/detail.php?id=117048 2005年12月20日访问。

国家为了公共安全和刑事犯罪侦查的需要，根据法律规定可以对公民的身体进行搜查。针对特定的有可能危害社会公共安全的情形而对自然人的身体进行检查，其检查的手段与目的都是正当的，并不违反宪法的禁止性规定，故这样的检查不属于非法搜查身体。例如，民用飞机场安全管理部门对乘坐民用航空公司的飞行器的旅客，根据实际情况的需要对自然人的肢体进行搜索，个别特殊情况下对器官的检查（对携带毒品的嫌疑人可能隐藏的毒品的器官进行检查）。

【案例讨论】

2003年7月15日上午，湖南省长沙市五一西路三泰街口，一名青年男子从车流的夹缝中行走，违反道路交通规则，被执勤交警请到路旁边的"交通安全法制教育流动学校"宣传车，观看40分钟道路安全教育录像。其理由是，从当年7月8日起，长沙交警部门为了整治行人违章行为作出一项新的规定：凡在芙蓉路的湖南图书城路口、五一路的三泰街口违章的行人，都必须上"交通安全法制教育流动学校"宣传车认真观看40分分钟的宣传录像片，才予以放行。截至当年7月1日，已有391位行人因违章到"流动学校"进行了学习。据报道，该"流动学校"将在城区各主干道逐渐推广。

问题：长沙市交警部门强制违章行人在宣传车上观看宣传录像片的做法是否侵害了违章行人的人身自由？为什么？

(三) 我国对限制人身自由强制措施的规制

1. 限制人身自由的合法条件

对人身自由进行限制有着严格的条件，国家对限制人身自由的强制措施在法律依据、主体、程序等各个方面都做出了严格的规定。

(1) 在法律依据方面，人身自由属于法律特别保留的事项，亦即只有法律才可以设定限制公民人身自由的强制措施或者法律制裁措施。《立法法》（2000年）第8条第4项和第5项规定，对于"犯罪和刑罚"，"对公民政治权利的剥夺、限制人身自由的强制措施和处罚"，只能由法律予以规定。

(2) 采取限制人身自由的强制措施的主体资格也非常严格，对于限制人身自由的行政处罚，只有特定的国家机关，即公安机关根据治安管理法律的规定才可以实施。对于扰乱人民法院法庭秩序的行为，人可以实施司法拘留。其他任何国家机关都无权实施任何剥夺、限制人身自由的措施。

(3) 在程序方面，法律对国家依照法律规定对违法犯罪嫌疑人的人身自由进行限制或剥夺的措施的手段、时间、程序和形式等内容都做出了严格规定，以在程序上防止国家权力的任意行使可能对人身自由造成的损害。

2. 行政法规规定的限制人身自由的强制措施

从宪法规定人身自由的目的与要求来看，国家为了公共安全的需要，对精神疾病、流浪、吸毒人员、传染病患者等采取的剥夺、限制人身自由的措施，应当由法律予以规定，而不得以行政法规为依据。在《立法法》施行之前的一些限制人身自由的措施都是由国务院行政法规规定的，这需要国家制定法律对行政法规中限制人身自由的规定进行废止，这其实也是社会主义法治国家建设法治社会的必然要求。现行由行政法规定的限制人身自由的措施主要有以下几种情形：

(1) 劳动教养

劳动教养，是指对游手好闲、违反法纪、不务正业且有劳动能力，但没有构成犯罪的人实行强制性教育改造的一种措施和安置他们就业的一种办法。[①] 其依据是1957年8月1日全国人民代表大会常务委员会第78次会议批准国务院公布实施的行政法规《国务院关于劳动教养问题的决定》和1979年11月29日全国人大常务委员会第12次会议批准，1979年11月29日国务院公布施行的《国务院关于劳动教养问题的补充规定》。劳动教养措施的法律性质属于行政处罚措施，期限为1年至3年，必要时得延长1年，由省、自治区、直辖市和大中城市人民政府劳动教养管理委员会暨公安机关审查批准。这个规定对尚未构成犯罪的违法行为人剥夺限制人身自由长达3年而又无须法院审判，需要在法律上加以完善。

(2) 收容教养

收容教养，是指对因不满16岁不予刑事处罚的犯罪人，在必要的时候可以由政府收容教养。[②] 其依据是《中华人民共和国刑法》第17条第4款，但法律并未明确规定收容教养的具体期限。实践中收容教养的期限为1年至3年，由县级人民政府公安机关决定实施，适用于收押管教14周岁以上未满18周岁的少年犯。本来实行收容教养的目的是保护未成年人的合法权益，但由于相关法律并未对收容教养的具体程序予以规定，可能导致被收容教养人获得法律救济的程序权利受到限制。[③] 如此一来，法律对未成年人保护的目的就极有可能被扭曲而得不到实现，甚至还会侵害到未成年人的合法权利——限制或剥夺未成年人的人身自由权利。

(3) 收容教育

收容教育，是指对卖淫、嫖娼人员集中进行法律教育和道德教育、组织参加生产劳动以及进行性病检查、治疗的行政强制教育措施。[④] 其依据是1993年9月4日国务院发布的行政法规《卖淫嫖娼人员收容教育办法》。收容教育的期限为6个月至2年，由县级人民政府公安机关决定实施。

(4) 强制戒毒

强制戒毒，是指对吸食、注射毒品成瘾人员，在一定时期内通过强制措施进行药物治疗、心理治疗和法制教育、道德教育，使其戒除毒瘾的行政强制措施。其依据是1995年1月12日国务院发布的行政法规《强制戒毒办法》。强制戒毒的期限为3个月至6个月，经批准可以延长；但实际执行的强制戒毒期限连续计算不超过1年，由县级人民政府公安机关决定实施。强制戒毒措施本身并非不当，问题在于，这个具有限制人身自由性质的强制措施的实施程序，如何设置才能与法律限制人身自由的措施相一致。

(5) 强制医疗

强制医疗，是指对精神病人在不能辨认或者不能控制自己行为的时候造成危害结果，经法定程序鉴定确认而不负刑事责任的，对该精神病人实行强制医疗的行政措施，

---

① 《国务院关于劳动教养问题的决定》序言，第2条。
② 《中华人民共和国刑法》第17条第4款。
③ 参见《乱批示的手"与收容教养"》，http://news.rednet.com.cn/Articles/2004/09/610932.HTM，2005年7月10日访问。
④ 《卖淫嫖娼人员收容教育办法》第2条。

针对在无刑事责任能力状态中实施刑法所规定的危害社会的行为，或者在实施危害行为后因患有精神病而失去辨认或控制自己行为能力，并且精神状态和实施行为的性质对社会具有危害性的人。其依据是《中华人民共和国刑法》（1997年）第18条第1款规定："精神病人在不能辨认或者不能控制自己行为的时候造成危害结果，经法定程序鉴定确认的，不负刑事责任，但是应当责令他的家属或者监护人严加看管和医疗；在必要的时候，由政府强制医疗。"实践中，这个措施由公安机关决定实施但并无法律的具体规定，这也涉及限制人身自由措施实施的程序问题。①

（6）工读学校

工读学校是普通教育中的一种特殊形式，即对有违法和轻微犯罪行为的中学生强制实行集中食宿，集中管理，过有纪律的生活的学习方式，每周授课时数不得少于24课时，参加劳动的时间不少于12小时。适用于12周岁至17周岁有违法或轻微犯罪行为，不适宜留在原校学习，但又不够劳动教养、少年收容教养或刑事处罚条件的中学生（包括被学校开除或自动退学、流浪在社会上的17周岁以下的青少年）。其依据是1981年《国务院批转教育部、公安部、共青团中央关于办好工读学校的试行方案的通知》（国发〔1981〕60号），后来国务院于1987年又颁布了《国务院办公厅转发国家教育委员会、公安部、共青团中央关于办好工读学校几点意见的通知》，成为举办工读学校的法律依据。工读学生入学须经当地区、县教育局和公安局共同审批。在工读学校就读，实际上也具有限制其人身自由的性质，如何在程序上更加完善，是需要加以解决的问题。②

六、居住自由

（一）宪法规定的居住自由及其含义

1. 关于居住自由的宪法规定

1954年《宪法》第90条第1款将住宅安全与通信秘密并列，将居住自由与迁徙自由同时予以规定。第1款规定："中华人民共和国公民的住宅不受侵犯，通信秘密受法律保护。"第2款规定："中华人民共和国公民有居住和迁徙的自由"。1982年《宪法》第39条规定："中华人民共和国公民的住宅不受侵犯。禁止非法搜查或者非法侵入公民的住宅。"该规定把公民的住宅不受侵犯作为一个独立的基本权利予以规定，体现了国家对住宅自由作为基本权利单独予以保护的重视，同时也彰显了公民住宅自由的重要性地位。该规定针对的对象不仅是国家机关，同时也针对国家机关以外的个人、组织和社会团体。

2. 居住自由的含义

居住自由，是指公民的住宅不受非法侵害与搜查，包括居住住所、选择居住地的自由和居住安全不受侵犯。居住自由是自然人人身自由的延伸，也是保障公民生命与财产安全的法律基础。自然人只有在其居住处所安全得以保障的前提下，始得实现人身自由。而住宅不仅是其日常生活、工作与休息的场所，而且是自然人保持其人格尊严与人

---

① 刘仁文：《限制人身自由 法律如何规制》，http://www.iolaw.org.cn/showarticle.asp?id=1315，2005年8月10日访问。

② 参见刘仁文：《限制人身自由法律如何规制》，http://www.iolaw.org.cn/showarticle.asp?id=1315，2005年8月10日访问。

身自由，发展个性的物质保障。因此，居住自由是公民参与社会生活，享有人身自由的重要条件，也对实现公民的其他权利，如人身权、财产权与休息权等，有着重要的影响。

居住自由中的居住的处所并不仅限于住宅。个人的居住处所实质上是指个人私生活的空间，即这里所指的住宅，其范围不仅是指严格意义上个人的居所，而且也包括各种类型用于个人生活目的的房屋，无论其法律属性属于所有、租赁、合法占有或非法占有，也无论其使用的性质状况属于主要住所、休假住所、宾馆、临时住所，甚至商业住所，无须具备标准的建筑结构或持续性的占有等时空要件。因此，无论公民居住的场所是其个人住宅、租赁的房屋、临时居住地点还是投宿于公共旅店，其居住自由与安全都受到法律的保护。除非根据法律规定的条件与程序，未经宅主同意而随意进入私人居住的处所均构成对居住自由的侵犯。

居住处所是纯粹的私人空间，其中发生的一切活动均属于个人生活的范围。除非在其居住处所的活动为犯罪预谋及犯罪预备，或者因实施暴力致使受害者向警方报案等，国家不得以任何形式非法进入个人的居住处所，包括监听和监视。正如英国普通法上的法颜所说的那样，"每个人的家就是自己的一座城堡"，"风能进雨能进，国王的军队不能进"。

【案例讨论】

2005年10月30日（星期日）早上7点，北京市朝阳区人民法院98名执行法官和法警兵分六路前往13个小区，对该院生效法律文书确定的义务人57户长年拒缴物业费的业主，采取强制进入住宅的"堵被窝"的方式予以强制执行，并对其中的16人进行了司法拘留。10多名业主衣冠不整地站在了法庭上，听候宣布司法拘留。他们有的来不及换鞋，穿着拖鞋就被押来；有的光着脚丫子；还有的甚至只穿着秋衣秋裤。这次事件被新闻媒体报道后在社会上产生了广泛的影响。

问题：北京市朝阳区人民法院"堵被窝"的执行方式是否侵害了小区业主的居住自由？为什么？

（二）居住自由的保护范围

1. 居住住所不受侵犯

居住住所不受侵犯，可以包括以下三个方面的含义：

（1）居住处所不受侵犯，即公民的居住处所不得无故侵入，包括不得干扰公民对生活场所的正常使用。国家公安机关以检查社会治安名义，任意对住店旅客进行盘查，以打击卖淫嫖娼为由等任意进入住店旅客的房间进行盘查等，均可构成对居住自由的侵犯。在2002年河南省郑州市中级人民法院受理的王海霞（化名）诉封丘县公安局对其限制人身自由、强行让其药物流产的行为违法行政案件中，郑州市封丘县公安局在没有进入刑事犯罪侦查的法律程序等情况下，到封丘宾馆进行检查并对住宿在该宾馆的王某实施限制人身自由的强制措施，该行为首先即侵犯了王某的居住自由与安全。[①] 同样，

---

① 李长新：《河南"张冲波事件"再调查》（文中王海霞、张放均为化名），http://www.8971.com/jzwj/go.asp?id=6548，2005年8月10日访问。

公安机关行使治安管理权力和其他不属于刑事侦查权力的行为，无论其行为是否合法，未经宅主同意而随意进入私人住宅均构成对居住自由的侵犯。在2005年山西清徐警察非法限制记者人身自由干扰采访事例中，清徐县公安局为了阻止记者在当地农村一个上访人家中进行的采访活动，擅砸开村民大门并闯入大院强行阻止记者正在进行的采访活动。对于被采访人而言，县公安局擅自砸开村民大门并闯入大院的行为，侵犯了其居住自由。①

(2) 住宅不受非法搜查。公民的住宅不受非法搜查，不仅指无权搜查的人不能私自对他人的住宅进行搜查，即使是有权搜查的机关也不能未经法定程序，滥用职权擅自进行搜查。《宪法》第39条规定："中华人民共和国公民的住宅不受侵犯。禁止非法搜查或者非法侵入公民的住宅。"而"本条所说的侵犯公民住宅并不限于列举的两种行为。对此条的理解应掌握：公民的住宅不受侵犯，包括不受各种方式的侵犯；宪法明文规定禁止非法搜查和闯入公民住宅，是因为这两种情况在实践中比较突出，而不能把这看成是对侵犯公民住宅的各种具体行为所作的穷尽式列举；禁止性规范在规定禁止某种行为时，往往是规定禁止该类行为中危害程度最轻的一种行为，而其他行为由于危害程度较之更为严重，当然也在禁止之列。这需要对宪法条文作扩充性解释"。② 因此，公民的住宅无论是否与其营业场所合并，在法律上都是住宅而不得任意搜查。在2005年四川省泸县人民法院裁判的白大兰诉泸县公安局非法搜查住宅侵犯居住安全行政纠纷案中，该院认定公安机关进入私人住宅的行为违法。③

(3) 住宅不得非法进入。公民的住宅不得非法侵入，即指除司法机关以外的人，未经房主同意不能强行闯入他人住宅；也包括司法机关不得违反法定程序进入他人住宅。国家司法机关在法律明确规定的情形下可以依照法律的要求进入公民的住处：在刑事诉讼中，司法机关可以依照法律规定进入犯罪嫌疑人以及可能隐藏罪犯或者犯罪证据的人的住处和其他有关的地方进行搜查；在民事诉讼执行程序中，人民法院为告知被执行人履行生效法律文书的义务而进入其住宅并不会对其权利义务产生影响。但是，人民法院为了对被执行人采取民事强制执行措施而进入其住宅，该行为与法律授权国家司法机关为了打击刑事犯罪的需要而以法定程序进入公民住宅的立法目的并不一致，采取强制进入的方式或者破门而入等其他方法，也并非为了打击刑事犯罪。如果人民法院进入公民住宅的目的是将被执行人从住宅中强制带到法院实施民事拘留，必然会影响到被执行人的居住自由权利的行使。尤其是在法定的节假日期间，公民在其住宅休息不得因为人民法院民事诉讼执行程序而受到干扰、影响或变相的限制。人民法院为了对被执行人采取民事强制执行措施而强制进入其住宅，其目的是限制当事人的人身自由，这显然与宪法保护的居住自由相关。④

2. 选择居住地的自由

居住自由包括选择居住地的自由，即公民可以根据自己的意愿决定在哪个地方居住

---

① 要俊德：《清徐警察非法限制记者人身自由干扰采访》，http://www. sx. xinhuanet. com/jrtt/2005－03/16/content_3881283.htm，2005年7月20日访问。
② 全国人大常委会办公厅研究室政治组编：《中国宪法精释》，中国民主法制出版社1996年版，第165页。
③ 周红：《抓嫖娼，不料抓到一对真夫妻》，见《成都晚报》2006年3月13日第16版。
④ 邬科：《"堵被窝"揪老赖合不合法》，《信息时报》，2005年11月19日。

或者是否搬迁自己的居住地。公民合法的住宅除非由于公共利益的需要，并且根据法律规定获得相应的补偿，国家不得以任何形式与理由采取强制方式拆除公民的住宅；对于因城市规划和商业开发建设而需要进行拆迁的，应当尊重当事人的选择居住地的自由。除非公民的人身自由被限制或者与国家形成特别权力关系（例如军人、监狱服刑罪犯、被羁押的刑事犯罪嫌疑人、劳动教养人员、被强制戒毒的人员、强制治疗的精神病人等），都有选择居住地的自由。2005年教育部取消其原来关于禁止在校大学生在校外租房的规定，即反映了国家权力退出介入在校大学生选择居住处所立场的变化。[①] 选择居住地的自由与迁徙自由有着密切的联系但并非完全等同。选择居住地属于迁徙自由的一部分，但其侧重点在特定的区域选择其居住地而不涉及活动区域地的改变；而迁徙自由通常是指从一个区域转移到另外一个区域居住和就业，必然要改变其活动地方甚至包括国家。

3. 住宅安全

居住自由还包括住宅安全。住宅安全，是指住宅作为建筑物或构筑物能保持使用功能的正常、完整，并且不受外界措施可能对住宅使用带来的任何现实的或潜在的危害。在2004年福建省漳平市法院裁判的"电线跨越住宅影响安全，住户状告电力公司侵犯住宅安全案"中，[②] 法院的裁判认为，国家实施农村电网的改造，虽然是一项造福于公众的事业，但并不能以牺牲个人的居住安全为代价。本案法院裁判的理由是被告侵犯了原告住宅安全而非相邻权，是居住安全的宪法基本权利在民事领域直接效力的体现。[③]

（三）对居住自由的限制及侵犯居住自由的法律责任

1. 对居住自由的限制

居住自由并非不受任何限制。根据法律规定，国家可以对居住自由进行限制的情形主要有：

（1）在刑事诉讼中对犯罪嫌疑人或犯罪行为的搜查。首先，国家可以依法对犯罪嫌疑人或犯罪行为进行搜查。《刑事诉讼法》（1996年修订）第109条规定："为了收集犯罪证据、查获犯罪人，侦查人员可以对犯罪嫌疑人以及可能隐藏罪犯或者犯罪证据的人的身体、物品、住处和其他有关的地方进行搜查。"

---

① 《教育部关于切实加强高校学生住宿管理的通知》（教社政〔2004〕6号）第5条规定："各高校应积极创造条件为学生解决住宿问题，原则上不允许学生自行在校外租房居住。对已在校外租房的学生，应要求其搬回校内住宿；对极少数坚持在校外租房的学生，要向他们耐心说明可能产生的后果和个人应承担的责任，并逐一登记，建立报告和承诺制度，说明租房的原因、房屋详细地址、联系方式，承诺加强人身和财产安全的自我保护，经本人与家长双方签字报学校备案。要切实加强学生校外租房的管理，决不能留下管理和教育工作的空白点。"该规定被2005年《教育部办公厅关于进一步加强高校学生住宿管理的通知》（教社政厅〔2005〕4号）取消。该通知规定"要加强学生宿舍和公寓的安全保卫工作，对极少数坚持在校外租房的学生，也要制定措施，力求做到相对集中管理，努力为学生人身和财产安全提供保障"。

比较：《普通高等学校学生管理规定》（2005年）第49条规定："学校应当建立健全学生住宿管理制度。学生应当遵守学校关于学生住宿管理的规定。"

② 《电线跨越住宅影响安全住户状告电力公司胜诉》，《中国环境报》2004年12月20日，http://news.sina.com.cn/c/2004-12-20/09514573490s.shtml，2005年8月10日访问。

③ 《民法通则》第83条规定："不动产的相邻各方，应当按照有利生产、方便生活、团结互助、公平合理的精神，正确处理截水、排水、通行、通风、采光等方面的相邻关系。给相邻方造成妨碍或者损失的，应当停止侵害，排除妨碍，赔偿损失。"

(2) 在紧急情况下为维护公共利益的目的，国家依照法律规定可以直接进入或者利用住宅设施。其一，为了预防火灾和减少火灾危害，保护公民人身、公共财产和公民财产的安全，维护公共安全，国家机关可以依照法律规定利用个人的住宅。《消防法》（1998年）第33条规定："公安消防机构在统一组织和指挥火灾的现场扑救时，火场总指挥员有权根据扑救火灾的需要，决定下列事项：……（四）利用邻近建筑物和有关设施；（五）为防止火灾蔓延，拆除或者破损毗邻火场的建筑物、构筑物。"其二，为了阻止自然灾害蔓延而征用个人的住宅。《防震减灾法》（1997年）第38条规定："因救灾需要，临时征用的房屋、运输工具、通信设备等，事后应当及时归还；造成损坏或者无法归还的，按照国务院有关规定给予适当补偿或者作其他处理"。

2. 侵犯居住自由的法律责任。

《刑法》（1997年修订）第245条规定："非法搜查他人人体、住宅，或者非法侵入他人住宅的，处三年以下有期徒刑或者拘役"。《治安管理处罚法》（2005年）第40条第1款第3项规定："非法限制他人人身自由、非法侵入他人住宅或者非法搜查他人身体的"，"处十日以上十五日以下拘留，并处五百元以上一千元以下罚款；情节较轻的，处五日以上十日以下拘留，并处二百元以上五百元以下罚款"。

七、迁徙自由

（一）迁徙自由的含义

1. 迁徙自由的概念

迁徙自由是指公民在其国内全部领土内自由移动的权利，在本国内任何地方旅行的权利，为在某个地方定居而进行的迁徙，即选择和改变其住所的人身自由。这里所指的其他地方，既包括其原居住地以外的国内任何其他地方，也包括离开其所在国到他国旅行、居住并返回本国的权利。与其他基本权利相比较，迁徙自由"更多地触及了国家主权的主要领域"，这是由于第一次世界大战以来，随着基本权利的发展，国际社会从根本上承认了人权平等地适用于所有的人即也适用于外国人，对公民基本权利的保护不再被认为是一国的内部事务，也普遍地承认是一个合法的国际法问题。①

因此，任何对人身自由的限制都构成对迁徙自由的限制。② 在我国，因水利水电工程建设或为了发展和改变贫困或不适宜居住地方的公民的居住环境，国家或者建设单位将世居的住户在经其同意的情况下安置到其他地方居住，其目的并非限制其迁徙自由，但仍需要与《宪法》第13条第3款关于"国家为了公共利益的需要，可以依照法律规定对公民的私有财产实行征收或者征用并给予补偿"的规定衔接而不能肆意侵犯公民的迁徙自由。

2. 迁徙自由的性质

迁徙自由主要包括自然人按照个人意愿自由选择其居住地、自主决定其行动空间与活动范围，以及不受限制地在国内和国外进行旅行、居住即自由出入国境的自由等。我

---

① ［奥］曼弗雷德·诺瓦克：《民权公约评注》，毕小青、孙世彦主译，生活·读书·新知三联书店2003年版，第198页。

② 例如，1980年欧洲人权法院认为，将某人的居住地限制在某个社区的做法构成侵犯迁徙自由。参见［奥］曼弗雷德·诺瓦克：《民权公约评注》，毕小青、孙世彦主译，生活·读书·新知三联书店2003年版，第201页。

国宪法学界认为其法律性质是属于自然人身体活动自由,即人身自由的延伸,因此具有宪法基本权利的性质而受宪法的保护。① 作为人身自由的延伸,迁徙自由是人的生存权和人身自由权的重要内容。"在法国大革命时期,迁徙自由被认为是自然法的基本组成部分,在不受国家控制的自由观念中占据着中心地位"。②

如果说衣食住行是人类生存最基本的需要,那么,迁徙自由则是人类生存与发展的重要条件。自然人根据其所处的社会环境与自然环境,自由选择适合其个人特点与能力的环境来满足个人自由发展,这是个人实现其追求幸福生活的具体体现。因此,迁徙自由不仅需要从法律上保障每个人能够通过自由迁徙的方式谋生与发展,而且迁徙自由也成为公民通过其自身行动表达个人意志的一个重要方式。

【案例讨论】

在20世纪50年代初期,广东省宝安县被划为中华人民共和国边境管理地区,进入边境地区的人员必须持中华人民共和国边境通行证方可进入。1980年8月26日,全国人大常委会批准颁布了《广东省经济特区条例》,深圳经济特区正式宣告成立。同年6月启动了深圳经济特区管理线的建设。1985年8月,国务院在109号文中规定:"深圳经济特区管理线正式启用后,即将原宝安县边境管理线调整到经济特区管理线。"即深圳经济特区管理线又是国家批准的边境管理线,依照中华人民共和国边境管理规定实施对"特区管理线、边境线"的双重管理。因此,在20世纪80~90年代和21世纪初期,深圳、珠海特区的居民,属于特区户籍,居民凭身份证进入,而特区以外户籍的居民必须持《边境通行证》方能进入。即便是在1997年和1999年香港和澳门特别行政区成立以后,深圳市和珠海市仍然采取这种边境管理方式进行管理。

2003年以后,随着旅游业的发展和内地游客出入的方便,当地人民代表大会和政治协商会议代表呼吁国家有关部门取消该规定而实际上不再执行。但《边境管理区通行证管理办法》(1999年)并未被明确废止。其中第2条规定:"国家在陆地边境地区划定边境管理区(含深圳、珠海经济特区),实行《中华人民共和国边境管理区通行证》(以下简称《边境通行证》)验查管理制度。"第6条规定:"凡居住在非边境管理区年满16周岁的中国公民,前往边境管理区,须持《边境通行证》。"第9条规定:"凡年满16周岁的中国公民前往边境管理区,依照本办法第二章之规定,具有下列情形之一的,应当申领《边境通行证》:(一)参加科技、文化、体育交流或者业务培训、会议,从事考察、采访、创作等活动的;(二)从事勘探、承包工程、劳务、生产技术合作或者贸易洽谈等活动的;(三)应聘、调动、分配工作或者就医、就学的;(四)探亲、访友、经商、旅游的;(五)有其他正当事由必须前往的。"

问题:《边境管理区通行证管理办法》中关于居住在非边境管理区年满16周岁的中国公民前往边境管理区,须持《边境通行证》的规定是否侵害了公民的迁徙自由?为什么?

---

① 参见何华辉:《比较宪法学》,武汉大学出版社,1988年版。李步云:《宪法比较研究》,法律出版社,1993年版。谢鹏程:《公民的基本权利》,中国社会科学出版社,1999年版。
② [奥]曼弗雷德、诺瓦克:《民权公约评注》,毕小青、孙世彦主译,生活、读书、新知三联书店2003年版,第197页。

3. 迁徙自由的意义

迁徙自由的核心内容是公民在迁居、旅游及出入国境方面排除国家的非法干涉或限制，它直接与公民享有的平等就业的权利、选择职业的权利、取得劳动报酬的权利、休息休假的权利、获得劳动安全卫生保护的权利、接受职业技能培训的权利、享受社会保险和福利的权利等权利联系在一起，也和平等的选举权和被选举权、受教育权等经济和社会权利紧密相关。如果这些权利不能实现，迁徙自由也将失去其存在的意义。"迁徙自由的存在提醒我们都是同一个国家的公民，并通过同一部宪法联系在一起"。"宪法为国家的政治统一提供了法律框架，而迁徙自由是政治统一的必然结果。它将不同地区联合起来成为一个统一的民族。在这个意义上，迁徙自由不仅是一项个人权利，而且对国家统一具有重要意义。只有充分保障迁徙到领土内的任何地区的宪法自由，公民才能真正被认为是生活在一个法律上统一的国家之内。国家宪法必须保证，体现于公民权和迁徙自由的国家不会被形形色色的地方限制所割裂"。①

(二) 中国有关迁徙自由的实践

1. 现行宪法不规定迁徙自由的背景

1982 年宪法没有把迁徙自由规定为公民的一项基本权利。学术界的通说认为，迁徙自由不是被宪法确认并受宪法保障的基本权利。我们认为，虽然公民的基本权利由宪法确认并受宪法保障，但并非完全以宪法明文规定为前提条件。《宪法》第 51 条规定："中华人民共和国公民在行使自由和权利的时候，不得损害国家的、社会的、集体的利益和其他公民的合法的自由和权利。"按照宪法的该规定，公民在行使迁徙自由的时候，只要不损害国家的、社会的、集体的利益和其他的公民合法的自由和权利，都应该受到法律的保护，而迁徙自由作为个人自由的一部分，它的行使与个人的自主与自由相联系，只要不损害国家的、社会的、集体的利益和其他的公民合法的自由和权利，宪法解释上不应予以禁止。也就是说，虽然宪法没有明确的条文对迁徙自由做出保护性规定，但是并不代表宪法对迁徙自由的态度是禁止和限制的。

可见，我国"宪法中没有对迁徙自由做出规定，并不等于我国法律取消了该项自由。首先，宪法所规定的仅是公民的基本权利，而在基本权利之外，公民还享有其他的一些权利和自由；其次，宪法中没有明文规定'禁止迁徙自由'，这就是说宪法虽然取消了迁徙自由的规定，但并没有取消迁徙自由本身"。② 再次，这是我国 1998 年签署的《公民权利与政治权利国际公约》所明确载明的一项权利。该公约不仅确认了迁徙自由与居住自由是公民的一项基本人权，而且也确认迁徙自由包括国内的迁徙自由、国际的迁徙自由以及回归本国的自由。一旦我国批准该公约后，该公约明确载明的迁徙自由即对我国具有拘束力。

2. 行政法规和规章对迁徙自由的限制

在我国，迁徙自由虽然没有为法律禁止，但却受到了行政法规和行政规章的限制。如依据行政法规和规章建立起来的户籍管理制度、流动人口管理制度，出入境管理制度等，都不同程度地存在着限制公民迁徙自由的情形。我国已经签署了《公民权利与政治

---

① 张千帆：《流浪乞讨人员的迁徙自由及其宪法学意义》，载《法学》2004 年第 7 期。
② 全国人大常委会办公厅研究室政治组编：《中国宪法精释》，中国民主法制出版社 1996 年版，第 166 页。

权利国际公约》，其批准准备工作也在进行之中。将迁徙自由恢复确定为一项宪法基本权利，是我国履行已缔结、加入的国际公约义务的正当要求。

从我国现实的社会管理与公民生活的实际情况来看，在中国境内任何一个地方选择住所、居所、工作、就业，除法律另有规定的以外，是不受任何限制的，即公民有权按照其意愿自由的选择居住地点、工作地点与就业地点。20世纪90年代以来，一些省、市开始推行的户籍制度改革，尤其是在一些地方推行的蓝印户籍制度、小城镇建设户籍改革等措施，都是在法律制度上确认迁徙自由的尝试。① 2005年11月，公安部宣布，山东、辽宁、福建等11个省的公安机关开展了城乡统一户口登记工作，公安部正在抓紧研究户籍制度改革的意见，拟在全国取消农业、非农业户口的界限，建立统一的城乡户口登记管理制度。②

（三）法律限制迁徙自由的正当理由

"尽管迁徙自由权被认为是用来保护个人以对抗任意的行政干预，但是人们也同意这种权利不能没有例外地受到保护"。③ 迁徙自由可以由法律予以限制。虽然立法机构享有立法裁量权，对迁徙自由的限制也必须遵循使迁徙自由与对其限制所保护的利益之间得到平衡的原则。只有实现保护利益的目的与限制的手段相称时，限制才是必要的。在中国，法律规定对迁徙自由进行限制的情形主要有以下几种：

（1）基于维护国家安全目的对迁徙自由进行限制。该限制是为了保证国家军事和安全机关顺利行使职权，而并非指迁徙自由对国家安全构成威胁。《戒严法》（1996年）第2条规定："在发生严重危及国家的统一、安全或者社会公共安全的动乱、暴乱或者严重骚乱，不采取非常措施不足以维护社会秩序、保护人民的生命和财产安全的紧急状态时，国家可以决定实行戒严。"第31条规定："在个别县、市的局部范围内突然发生严重骚乱，严重危及国家安全、社会公共安全和人民的生命财产安全，国家没有作出戒严决定时，当地省级人民政府报经国务院批准，可以决定并组织人民警察、人民武装警察实施交通管制和现场管制，限制人员进出管制区域，对进出管制区域人员的证件、车辆、物品进行检查，对参与骚乱的人可以强行予以驱散、强行带离现场、搜查，对组织者和拒不服从的人员可以立即予以拘留；在人民警察、人民武装警察力量还不足以维持社会秩序时，可以报请国务院向中央军事委员会提出，由中央军事委员会决定派出人民解放军协助当地人民政府恢复和维持正常社会秩序。"

---

① 1992年8月，公安部发出通知，决定在小城镇、经济特区、经济开发区、高新技术产业开发区实行当地有效城镇户口制度，这在一定范围和程度上促进农村人口向城镇的流动。1997年6月，国务院批转公安部《关于小城镇户籍管理制度改革的试点方案》，规定已在小城镇就业、居住并符合一定条件的农村人口，可以在小城镇办理城镇常住户口，进一步放开农村居民向城镇的迁徙。1998年8月，国务院批转公安部《关于当前户籍管理中几个突出问题的意见》，扩大了农村居民向城镇迁徙的人员范围。规定实行婴儿落户随父随母志愿的政策；放宽解决夫妻分居问题的户口政策；投靠子女的老人可以在城市落户；在城市投资、兴办实业、购买商品房的公民及其共同居住的直系亲属，符合一定条件可以落户。2001年3月30日，国务院批转公安部《关于推进小城镇户籍管理制度改革的意见》，受益者主要是农村居民。

② 羽良：《中国取消城乡户籍界限正在进行中》，http://news.xinhuanet.com/politics/2005-11/02/content_3718111.htm，2005年11月6日访问。

③ 奥曼弗雷德·诺瓦克：《民权公约评注》，毕小青、孙世彦译，生活、读书、新知三联书店2003年版，第209页。

(2) 为维护公共利益的目的而对迁徙自由进行限制。此限制主要针对的是风景名胜区和规划保护的地区。《城市规划法》(1989 年) 第 29 条规定: "城市规划区内的土地利用和各项建设必须符合城市规划, 服从规划管理。" 第 30 条规定: "城市规划区内的建设工程的选址和布局必须符合城市规划。设计任务书报请批准时, 必须附有城市规划行政主管部门的选址意见书。"《风景名胜区管理暂行条例》(1985 年) 第 8 条规定: "风景名胜区的土地, 任何单位和个人都不得侵占。风景名胜区内的一切景物和自然环境, 必须严格保护, 不得破坏或随意改变。在风景名胜区及其外围保护地带内的各项建设, 都应当与景观相协调, 不得建设破坏景观、污染环境、妨碍游览的设施。在游人集中的游览区内, 不得建设宾馆、招待所以及休养、疗养机构。在珍贵景物周围和重要景点上, 除必需的保护和附属设施外, 不得增建其他工程设施。"

(3) 为了保护他人的权利与自由对公民的迁徙自由进行限制。此限制是指法律禁止迁徙国外的自由权。《公民出入境管理法》(1985 年) 第 8 条规定: "有下列情形之一的, 不批准出境: (一) 刑事案件的被告人和公安机关或者人民检察院或者人民法院认定的犯罪嫌疑人; (二) 人民法院通知有未了结民事案件不能离境的; (三) 被判处刑罚正在服刑的; (四) 正在被劳动教养的; (五) 国务院有关主管机关认为出境后将对国家安全造成危害或者对国家利益造成重大损失的。"

(4) 由于未履行法律义务而对公民的迁徙自由进行限制。此限制主要指未履行纳税的义务, 《税收征收管理法》(2001 年) 第 44 条规定: "欠缴税款的纳税人或者他的法定代表人需要出境的, 应当在出境前向税务机关结清应纳税款、滞纳金或者提供担保。未结清税款、滞纳金, 又不提供担保的, 税务机关可以通知出境管理机关阻止其出境。"

八、隐私权

(一) 隐私权的含义

1. 隐私权的概念

现行宪法没有规定隐私权。但可以从其他宪法条文中推导出隐私权。宪法第 38 条规定: "中华人民共和国公民的人格尊严不受侵犯。" 这里的 "人格尊严", 包括个人的隐私不被他人知晓的含义。此外, 《宪法》第 39 条关于住宅不受侵犯的规定和第 40 条关于通信自由和通信秘密受法律保护的规定, 实际上也包含着对隐私权的保护。2004 年宪法修正案第 24 条规定: "国家尊重和保护人权。" 该规定中所指 "人权" 包括了被列入国际人权公约的重要人权之一的隐私权。

隐私权 "可以指一种中性状态或是事物的状况, 也可以理解成为一种期望的状态或事物状况, 以及一种心理状态, 一种请求, 一些法律权利, 一种法律利益"。[①] 隐私权 (privacy) 作为一种个人独处的权利, 主要是指被确认为属于个人控制范围内免遭不想要的、不合理干涉的权利, 即在不涉及他人自由的领域中, 个人按照其意愿和期望设计自己的生活。也可以认为隐私权是免遭不想要的、不合理的干涉的被社会确认属于个人控制的领域。[②] 具体包括个人的私生活秘密和信息不被他人获悉、不被公开和不受侵

---

① [美] 阿丽塔·L·艾伦 (Anita Allen)、理查德·C·托克音顿 (Richard C. Turkington): 《美国隐私法·学说、判例与立法》, 冯建妹、石宏、郝倩、刘相文、许开辰编译, 中国民主法制出版社 2004 年版, 第 8 页。
② 杨宇冠: 《人权法——公民和政治权利国际公约研究》, 中国人民公安大学出版社 2003 年版, 第 335 页。

扰，即自然人的私人生活安宁和私人信息不被他人侵扰、知悉、搜集、利用和公开的权利。

隐私权从理论上包括个人与其周围的人之间的四种不同的关系，即孤立状态（即个人独立于群体之外不受任何其他人的监视和监听，这是个人所能实现的最完整的原始状态）、亲密关系（即个人作为一个团体的组成部分而行动，实现在两个或两个以上的个人之间建立起亲密的关系）、姓名保留（即个人在公众场合或者从事公共事业的个人仍然需要寻求或找到不受他人辨认、监视的自由）和隐私保留（即个人与他人的交流总是不完整的，这些信息包括非常私人的神圣的信息，或者是在特殊情况下羞于启齿的而且说出来是亵渎的事情）。[1]

2. 隐私权的意义

隐私是一种反映在日常生活中的价值，其核心是个人独处的权利和保持其个性的权利，隐私权保护的是个人存在和自主的、不触及他人自由和隐私的特定领域。[2] 它保护的是未经个人同意而接近或接触其身体和个人信息。对隐私权的保护不仅源于自然人的尊严与价值，也是个人实现其自治的需要。人是自主的主体，其在与他人进行交流与沟通中，如果他的行为不影响公共利益、公共秩序和他人的权利与自由，应当许可其选择的与外界相对隔离的宁居或独处环境，尊重其与他人不同的价值观念、行为活动与生活方式。所以，"隐私就是对他人接近一个特定个人的限制。当其他人无权、无法接近或者了解一个人时，这个人就享有了完整的隐私。在享有完整的隐私的情况下，没有任何人有关于他（她）的信息，没有任何人注意他（她），也没有任何人对他（她）实施身体上的接触"。[3]

个人有权自主决定其个人的行为和生活方式，这是社会和谐发展和个人自由发展的共同基础。生活在社会中的个人享有和实现自主，其实是一种避免被别人完全控制或者统治的愿望，而保持和发展个人意识是与个人对自治的需要联系在一起的。"个人的独特性是一个人的基本尊严和价值，也是保护他神圣不可侵犯的个性的社会秩序的需要。为了促进自决和自主的发展，某种程度的隐私是必要的；而为了促进有责任感的家庭成员和更为广泛的社区的发展，也有必要形成某种程度的隐私"。[4]

（二）隐私权的范围

隐私权究竟覆盖多大的范围还难以确定。在欧盟国家中，隐私权包括个人的身份（包括姓名）、外表、性生活方式、身体上的表面、身体完整权、决定医学治疗的权利，个人资料的保护等；[5] 在美国，隐私包括个人信息（包括电话录音、银行登记的个人信息、艾滋病患者携带者、犯罪记录、药物测试、健康医疗信息）、交流信息、电子隐私

---

[1] [美] 阿丽塔·L·艾伦（Anita Allen）、理查德·C·托克音顿（Richard C. Turkington）：《美国与私法·学说、判例与立法》，冯建妹、石宏、郝倩、刘相文、许开辰编译，中国民主法制出版社2004年版，第51页。

[2] [奥] 曼弗雷德·诺瓦克：《民权公约评注》，毕小青、孙世彦主译，生活、读书、新知三联书店2003年版，第293页。

[3] [美] 阿丽塔·L·艾伦（Anita Allen）、理查德·C·托克音顿（Richard C. Turkington）：《美国与私法·学说、判例与立法》，冯建妹、石宏、郝倩、刘相文、许开辰编译，中国民主法制出版社2004年版，第13页。

[4] 同上书，第11页。

[5] 杨宇冠：《人权法》，中国人民公安大学出版社2003年版，第335页。

（收费记录、来电显示、电子邮件、电子跟踪装置等）、计算机、数字技术、因特网隐私、私生活等基于人格、身份和名誉的隐私和自决隐私等。①

在我国，虽然目前理论和实务界认可的隐私权的范围尚难以统一，但大体上包括以下方面的私人生活领域：其一，自然人的身体信息，即自然人身体组织结构，包括身体特征、组织器官、生殖器官和性器官、健康状况、疾病与生理缺陷、体重、特征等。其二，自然人的交流信息，即自然人的私人空间，包括居所地址、活动场所、通信地址、电话号码、电子邮件地址等。其三，自然人的生活信息，即自然人的生活方式，包括生活习惯、性生活、性格爱好、私人信件、邮件、包袋、物品等。其四，自然人的社会信息，即自然人交流沟通信息，包括社会关系、生活经历、婚姻经历、家庭状况、宗教信仰、财产状况等。

（三）知情权与隐私权的冲突

国家为了加强对公共事务的管理，无疑需要了解有关个人的信息，即享有知情权，而个人在有义务如实提供相关信息的同时，也有保守其个人生活信息的隐私权。二者的冲突主要表现在以下方面：第一，国家要求其工作人员（尤其是录用中）提供与完成岗位职责无关的个人身体信息、婚姻状况、宗教信仰、个人经历和社会关系等私人生活信息。第二，国家要求应征兵役的人员提供与军人职责无关的私人生活信息、宗教信仰、性取向、家庭出身、主要社会关系等。第三，义务教育机构要求受教育者提供与人身和安全保护无关的家庭出身、社会关系、身体健康等信息；高等教育机构要求受教育者提供个人的家庭情况、婚姻状况、社会关系、宗教信仰、政治党派和其他私人生活的信息。

（四）对隐私权的保护

1. 对侵犯隐私权的法律救济的程序

隐私权作为宪法基本权利之一，与其他的宪法基本权利相互交叉。诸如人格尊严权、住宅安全权、通信自由与通信秘密权等宪法基本权利，在对隐私权被侵犯进行法律救济时，可以寻求涵盖隐私权内容的法律规定作为依据。侵犯宪法隐私权与侵犯民事隐私权的法律救济的程序不同。前者是国家权力或者受国家委托授权行使公共权力造成的侵犯，通过行政诉讼或宪法基本权利诉讼的程序予以救济；后者是平等主体之间发生的普通侵权纠纷，适用民事诉讼的救济程序。在1999年，6名在校学生诉湖南外语外贸学院侵犯名誉权案中，②法院在一审判决书中认为，被告在不适当的场合，公开宣扬有害原告身心健康的言语并造成较大社会影响，确已对原告的名誉权构成侵害。故判决校方赔偿经济损失和精神损失费等共计20多万元。2000年长沙市中级人民法院在终审裁定认定校方在大会上公开批评的事实成立，但同时认为因校方对学生作出处理决定而提出的名誉权纠纷，不属于人民法院的民事受案范围而撤销一审判决。本案一审法院适用《民法通则》处理认定构成名誉侵权；而二审法院则认为本案系不平等的当事人之间发生的侵犯隐私权纠纷，应当适用最高人民法院［1998］26号《关于审理名誉权案件若

---

① 参见［美］阿丽塔·L·艾伦（Anita Allen）、理查德·C·托克音顿（Richard C. Turkington）：《美国与私法·学说、判例与立法》，冯建妹、石宏、郝倩、刘桂文、许开辰编译，中国民主法制出版社2004年版，第2至7章。

② 参见《男女大学生同床过夜事件起波澜》，载《读报参考》2000年第4期。

干问题的解释》第 4 条关于"国家机关、社会团体、企事业单位等部门对其管理的人员作出的结论或处理决定,当事人以其侵害名誉权向人民法院提起诉讼的,人民法院不予受理"之规定。

【案例讨论】

2004 年 8 月 9 日,四川省宜宾市警方接到该省公安厅网监处转发的浙江省杭州市网监支队线索称,宜宾市有两个互联网上网账号分别于 2004 年 3 月 21 日和 2004 年 7 月 11 日登陆浙江一色情淫秽网站,查阅、浏览色情淫秽图片并在该网站上留言。宜宾警方接报后,在该市电信等单位配合下,排查有关案件线索 300 多条,8 月 10 日终于查清该两个互联网上网账号具体用户详细资料,并掌握了大量相关证据。警方迅速出击,挡获韩某、钟某两名违法嫌疑人。

问题:本案中警方的做法是否侵害了韩某、钟某的隐私权?为什么?

2. 对隐私权的保护

法律对于国家保护个人隐私权的主要规定有:第一,国家司法机关保护当事人的隐私。《刑事诉讼法》(1996 年修订)第 85 条规定:"报案人、控告人、举报人如果不愿公开自己的姓名和报案、控告、举报的行为,应当为他们保守秘密"。第二,国家无权获悉犯罪嫌疑人的隐私。《刑事诉讼法》第 93 条规定:"犯罪嫌疑人对侦查人员提出的与本案无关的问题,有拒绝回答的权利。"第三,国家有义务保护个人的隐私。《刑事诉讼法》《民事诉讼法》和《行政诉讼法》规定涉及个人隐私的案件及未成年人犯罪的案件不公开审理,涉及个人隐私的证据应当保密,涉及个人隐私的案件以及当事人申请不公开审理的离婚案件可以不公开审理等。第四,律师依照职务获得的当事人的隐私,有尊重和保密的法律义务。《中华人民共和国律师法》(2001 年修订)第 33 条规定,律师"不得泄露当事人的隐私"。《律师职业道德和执业纪律规范》(2001 年修订)第 8 条规定,律师应当"保守委托人的商业秘密及委托人的隐私"。第五,医师必须为病人的隐私保密。《执业医师法》(1998 年)第 22 条第 3 项规定,医师在执业活动中应履行"关心、爱护、尊重患者,保护患者的隐私"的义务。

3. 法律对隐私权的限制

隐私权涉及个人生活最敏感的区域,其保护的范围可因具体情况而受到限制。如果个人的私生活与国家安全和社会公共利益相关,或者是刑事犯罪侦查的需要,则其隐私权在不同程度上会受到限制。在中国,法律没有对限制隐私权的具体情况予以规定,但根据有关法规、政策和习惯的认可,主要体现在以下方面:第一,担任领导职务的国家工作人员的个人财产与收入的隐私受限制,包括家庭成员从事商业活动的情况,应当向其所在的机关申报。第二,领导职务的国家工作人员的私生活的隐私受限制,应当依照规定接受社会的监督,公众对其基于职务期间的行为有批评的权利。[①] 第三,犯罪嫌疑

---

① 2004 年安徽省阜阳市中级人民法院审理的原告张西德(安徽省临泉县委书记,现任安徽省阜阳市政协副主席)诉张西德诉陈桂棣、吴春桃名誉侵权案,即提出了对国家工作人员任职期间包括隐私权在内的名誉权保护问题。关于该案审理情况的报道和争议焦点,详见中国律师网 http://www.chineselawyer.com.cn/forum/showflat.php?Cat=&Number=579609&page=0&view=expanded&sb=5&o=5&fpart=all&vc=1,2005 年 8 月 20 日访问。

人或罪犯与案情有关的生活经历、通信、身体、居所必须接受调查、询问或搜查,该隐私受到限制。第四,影星、歌星等社会公众人物的部分隐私(例如,身体信息、生活经历、生活习惯、婚恋经历等个人一般生活信息),因与公众知情权有关而受部分限制。

九、通信自由与通信秘密

(一)通信自由与通信秘密的含义

1954年《宪法》第90条第1款规定:"中华人民共和国公民的住宅不受侵犯,通讯秘密受法律保护。"该规定把通讯秘密与居住自由并列,作为一项基本权利予以规定。1982年《宪法》第40条规定:"中华人民共和国公民的通信自由和通信秘密受法律保护,除因国家安全或者追查刑事犯罪的需要,由公安机关或者检察机关依照法律规定的程序对通信进行检查外,任何组织或者个人不得以任何理由侵犯公民的通信自由和通信秘密。"该规定把通信自由与通信秘密并列,突出了通信自由与通信秘密作为两种相互联系但又不完全相同的基本权利的特点。

通信自由,是指公民通过通信工具来表达其意愿的自由;通信秘密,是指公民通过书信、电话、电报、传真、邮件、电子邮件等现代通讯方式表达其意愿,不得被非法扣押、隐匿、拆阅、录音、窃听或采取其他方式获取其内容。通信自由与通信秘密,是宪法赋予公民按照自己的意愿,自由地与他人进行沟通,传达信息,享有不向国家告知,国家不得非法获悉其内容的权利,其目的在于保障在通信过程中公民个人自由表达的内容不被他人知晓。在1982年宪法中,通信主要是指狭义的信件,[①]但现在已经被扩大解释并辅以广义的含义,包括一切用于交流的方式。

通信自由和通信秘密保护的利益是个人私生活的秘密与表现行为的自由。"既体现了国家对公民个人隐私权的保护,同时,它也是实现言论自由和思想自由的一个重要形式。"[②]通信自由与私生活秘密都是实现言论自由和思想自由的基础,对二者的保护存在着一定的交叉,但保护两者自由的侧重点与角度不同——前者强调公民表达其意愿的自由,后者更侧重个人对公众保持私人性格、行为和数据秘密的权利。公民通过行使通信自由和通信秘密的权利,可以自由地进行社会交往,表达其意愿并按照自己的意志行动。

(二)通信自由和通信秘密的范围

通信秘密的范围大体上包括如下三个方面:首先,通信的内容,即当事人自由表达的意愿。邮政通信的内容包括纸质信件、汇款单附言的内容;电信通信内容包括电话、电报、电子邮件、语音寻呼、多媒体图像等的内容。其次,与通信相关的资料。邮政通信相关资料包括邮编、收件人、发件人、通信地址、邮戳时间等;电信通讯相关数据包括主叫号码、被叫号码、联系时间、地点、次数、电子邮件网址、IP地址等。最后,通讯工具使用者的数据,即使用者的姓名、住址、证件号码、通信工具所有权的性质、费用缴纳情况等。

[①] 在1982年修宪讨论时,班禅委员提出,现代技术发达,电话窃听等是否包括?彭真说,这里只讲通信,其他另谈吧。见1982年修改宪法档案。转引蔡定剑:《宪法精释》,法律出版社2004年版,第234页。

[②] 全国人大常委会办公厅研究室政治组编:《中国宪法精释》,中国民主法制出版社1996年版,第166页。

【案例讨论】

2004年8月，原告王某某以被告昆明市电讯公司在主叫方不知情的情况下开通来电显示业务为由，认为被告私自（自动）将其个人的固定电话号码透露给第三方，侵犯其个人使用电话号码的隐私权。而被告未经原告同意将其电话号码显示给他人。向昆明市盘龙区人民法院提起民事诉讼，认为被告侵犯其隐私权与通信秘密。

问题：请结合分析如何处理本案？

（三）通信自由和通信秘密的效力

宪法规定的通信秘密和通信自由直接拘束国家机关，国家权力在行使中必须尊重和保障个人通信自由和通信秘密。

（1）国家立法活动和制定规范性文件，不得涉足个人通信自由和通信秘密的范围。因此，一些地方性法规对城市违法广告中的电话号码，规定停机的法律制裁措施缺乏相应的依据。20世纪80年代末期以来，在中国各地的城市中，一些广告发布者在其广告中发布了其电话号码。其中一些广告的内容不当或违法，成为各地城市市容环境卫生管理中的一个问题。1999年，深圳市人大常委会颁布地方性法规《深圳经济特区市容和环境卫生管理条例》，规定对这类违法广告中的电话号码停止或限制其使用。其中第31条第1款规定："禁止在建筑物、构筑物的外墙及市政公用设施、管线和树木上张贴、涂写、刻画。"第2款规定："违反前款规定的，由主管部门责令其限期清洗，并处一千元以上三千元以下罚款；逾期不清洗或拒不接受处理的，主管部门核实后可没收其通信工具或书面通知电信企业暂停其在张贴、涂写、刻画中标明的电信码号的使用，有关电信企业应当在接到通知后3日内配合执行。暂停电信码号使用期间，违法行为人接受处理的，有关电信企业应根据主管部门的通知，恢复其电信码号使用。暂停及重新开通电信码号使用所需要的费用由违法行为人承担。"在其他一些城市，也规定对违法小广告的电话实行停机处理。地方性法规对违法广告中的电话号码停止或限制其使用的规定，并不符合宪法保护的通信自由与通信秘密之规定。

（2）人民法院在民事诉讼执行程序中，为了执行工作的需要调取个人数据通信电话号码清单，涉及被执行人或其与第三人的通信自由和通信秘密。个人使用数据通信方式与他人通话的电话号码，虽然不属于通讯内容本身，也不涉及其表达的内容，但电话号码表明其与他人通讯的相关信息，故也属于宪法保护的通讯秘密的范围。2003年湖南省某县人民法院执行一起因该县移动通信营业部拒绝提供某通信用户的电话详单对该营业部处以3万元罚款案中，全国人大常委会法工委就该案的法律询问答复意见即体现了这个法律见解：用户通信数据中的通话详单属于宪法保护的通信秘密范畴，人民法院依照民事诉讼法调查取证时，应符合宪法的规定，不得侵犯公民的基本权利。①

（3）人民法院在民事诉讼中无权调取当事人通信的内容。人民法院审理民事案件实行不告不理的原则，在审理中对一方当事人申请调取另一方当事人通话的内容的证据涉及宪法保护的通信自由与通信秘密。2005年11月18日重庆市巴南区人民法院审理的闻丽（化名）诉胡立（化名）实施性骚扰侵犯人格尊严案中，被告向法院申请调取原告

---

① 参见《法院取证违宪吗?》，《人民法院报》2004年6月16日，http://www.yihuiyanjiu.org/llyj_d.asp?id=1475，2005年10月25日访问。

给其发的 80 个短消息内容，以证明双方自愿进行情感交流而非性骚扰。该院 24 日即从中国联通公司调取到在 6 月 1 日到 6 月 30 日期间原告给被告所发的短信内容。① 该案提出了人民法院在民事审判中是否有权调取当事人通讯的内容作为审理民事案件证据的法律观问题。而在本案中法院调取证据的措施表明，人民法院为了查明事实并根据通信一方当事人的申请调取其与另一方当事人通信的内容是依照民事诉讼法规定行使裁判权的体现。然而，人民法院在审理民事案件中的这个措施是否与宪法规定的通信自由和通信秘密不受侵犯相抵触，显然是需要讨论的问题。

（4）对国家机关以外的任何组织与个人也有直接的效力，即任何人都不得以任何理由侵犯公民的通信自由和通信秘密。《宪法》第 40 条"任何组织或者任何个人不得以任何理由"之规定，即表明对非国家权力以外的所有人，都产生直接的法律效力。所不同的是，对国家权力的直接拘束力，可以通过宪法基本权利救济程序予以救济，而对国家权力以外的人的违法行为，则可根据《邮政法》《民法典》《刑法》和行政法规定的救济程序获得救济。

（四）法律对通信自由和通信秘密的限制

通信自由与通信秘密并非绝对，依照法律规定可以受到限制。但是，国家机关在行使这项权力的时候，必须严格依照法律规定的条件与程序进行。

（1）国家公安、检察、法院、安全机关可以依照法律规定对公民的信件和邮件进行检查。《邮政法实施细则》（1990 年）第 8 条规定："因国家安全或者追查刑事犯罪需要，公安机关、国家安全机关、检察机关检查、扣留邮件、冻结汇款、储蓄存款时，必须依法向相关县或者县级以上的邮政企业、邮电管理局出具相应的检查、扣留、冻结通知书，并开列邮件、汇款、储蓄存款的具体数目，办理检查、扣留、冻结手续后，由邮政企业指派专人负责拣出，逐件登记后办理交接手续；对于不需要继续检查、扣留、冻结或者查明与案件无关的邮件、汇款、储蓄存款，应当及时退还邮政企业。邮件、汇款、储蓄存款在检查、扣留、冻结期间造成丢失、损毁的，由相关的公安机关、国家安全机关、检察机关负责赔偿。"

（2）海关可以依照法律规定的程序对公民的进出境邮件进行查验。《海关法》（2000 年修订）第 48 条规定："进出境邮袋的装卸、转运和过境，应当接受海关监管。邮政企业应当向海关递交邮件路单。邮政企业应当将开拆及封发国际邮袋的时间事先通知海关，海关应当按时派员到场监管查验。"《邮政法实施细则》（1990 年）第 50 条第 1 款规定："海关、检疫部门依法查验国际邮递物品或者检疫邮件，应当注意爱护；需要封存时，除向寄件人或者收件人发出通知外，应当同邮政企业或者分支机构履行交接手续，并负责保管，封存期不得超过四十五日。"第 48 条第 2 款规定："……海关依法查验国际邮包时，在设关地应当与用户当面查验。收、寄件不能到场的，由海关开拆查验，邮政工作人员在场配合。被开拆查验的邮包，由海关和邮政企业共同封装，双方加具封签或者戳记。海关依法开拆查验的印刷品，应当重封并加具海关封签或者戳记。"

---

① 杨在文：《短信暧昧已犯性骚扰？重庆一小学女教师告校长性骚扰 5 年昨开庭》，《成都商报》2005 年 11 月 19 日第 3 版。《"性骚扰"案女主角：法院取证违宪》，《成都商报》2006 年 2 月 21 日第 8 版。http://edu.newssc.org/system/2006/02/21/000054099.shtml。2006 年 2 月 21 日访问。

（3）监狱管理机构可以依照法律规定对在监狱服刑的罪犯与他人的通信进行检查。《监狱法》（1994年）第47条规定："罪犯在服刑期间可以与他人通信，但是来往信件应当经过监狱检查。监狱发现有碍罪犯改造内容的信件，可以扣留。罪犯写给监狱的上级机关和司法机关的信件，不受检查。"此外，罪犯亲属寄给罪犯的包裹、汇款或罪犯寄给亲属的包裹、汇款，必须按照国家邮政规定办理，并经干警认真检查登记，罪犯签章。如发现包裹夹带违禁品，将视情节，按规定给予处罚。①

十、财产权

（一）财产权的含义

1. 财产权的概念

财产权是指财产所有人对其财产享有不受国家和其他组织、个人限制、剥夺或侵占的权利。财产权虽然与经济生活息息相关，却不同于生存权本位的经济权利；财产权是消极权利，而本章第三节将要讲述的经济权利总体上是积极权利。因此，虽然有的学者将财产权列入经济、社会和文化的类别中阐述，本书认为，基于财产权的消极性以及它在政治社会中的自由权特点，更适宜纳入公民权利予以说明。虽然联合国《公民权利和政治权利国际公约》并未提及该权利，但原因不是该权利不属于核心的消极权利，而是以美苏两国为代表的两大阵营意见分歧，导致该权利未写入该公约。

1954年《宪法》第11条规定："国家保护公民的合法收入、储蓄、房屋和各种生活资料的所有权。"这里的财产权主要包括收入、储蓄、房屋和各种生活资料的所有权而不包括生产资料。1982年《宪法》第13条规定："国家保护公民的合法的收入、储蓄、房屋和其他合法财产的所有权。国家依照法律规定保护公民的私有财产的继承权。"该规定把1954年财产权包括的"各种生活资料的所有权"，扩大为"其他合法财产的所有权"。1982年《宪法》对财产权规定体现在两个方面：一是把财产权的保护区别为社会主义公共财产与私有财产两种不同的形式。前者包括国家的财产和集体的财产；后者是公民的私有财产，包括公民的私有财产权和继承权。2004年宪法修正案第22条规定："公民的合法的私有财产不受侵犯。国家依照法律规定保护公民的私有财产权和继承权。国家为了公共利益的需要，可以依照法律规定对公民的私有财产实行征收或者征用并给予补偿。"宪法第22条修正案对私有财产的保护体现在三个方面，首先，不再列举私有财产的形态，只要是合法财产，包括生活资料和生产资料，都一律给予保护，不限于原来规定的合法的收入、储蓄、房屋和其他合法财产。其次，规定私有财产权受法律保护，并用"财产权"取代了原来规定的"所有权"，不再限于原来规定的保护私有财产的继承权和所有权。三是规定国家为了公共利益的需要且依照法律规定才可以对私有财产实行征收或者征用并给予补偿。

宪法保护公民的财产权，主要限制的对象是国家权力，其目的是限制国家权力任意侵犯个人的合法财产权，防止国家权力对私有财产权造成的不法侵害。对国家以外的其他组织和个人侵犯私有财产权的保障，通过民法、刑法等其他普通法律的具体规定实现，一般不属于宪法财产权的调整范围。也有的观点主张，"宪法意义上的私有财产权

---

① 中国监狱网，《罪犯通信、会见、特优会见、与亲属共餐的有关规定》，http://www.ltjy.gov.cn/yuwugongkai/yuwu3.html，2005年10月8日访问。

是一种复合型的权利，它在私人之间、私人与私人之间建构起双重的社会关系。就前一种关系而言，私有财产权意指国家（通过法律）赋予权利的主体对财产的所有权，国家不能任意地干涉和侵犯并负有保护的义务和职责，这划定了公权力的界限和范围，并排除了权力进入的可能性。就后一种关系而言，它表现为财产权人可以根据自己的意志和市场规则自由行使自己的各项财产权利，不受他人干涉，也排除了非权利人的侵犯资格，私有财产权作为一项宪法权利，同时具有对抗公权力和私权利的双重属性"。①

在近代宪法基本权利理论中，财产权与平等权、自由权，共同构成了最重要的3个基本人权。而对这3项基本权利进行保障，是人类组织政府与政治社会的首要目的。因此，财产权与自由、平等都是先于国家存在的权利，这决定着国家的目的是保护人民的财产、平等和自由。这是近代宪法理论将财产权作为个人享有的一种对抗国家的自然权利的理论前提。

2. 财产权的意义

财产权是形成和保护物质财富的权利，不仅为个人的生存与自由发展提供了必需的物质基础，也为社会秩序的安全奠定了经济条件，同时还为社会自治提供了前提条件，从而可以减少个人、组织对国家的依赖。财产权的这个作用，一方面体现在它通过法律对物进行控制的方式实现对个人自由和安全的保障；另一方面又通过物对人进行控制的方式为财产所有人对抗他人提供了物质条件。因此，财产权引导社会把生产活动投入到它最有价值的领域，促进个人最大可能地利用财产，或保护其财产免受非法利用，保证了个人的自主需要体现在社会的分配与市场交易的结果中。

财产权在个人与国家、个人与他人自由活动的范围上划定了一个界限。在财产权的范围内所有人享有自主支配财产的权力。如果国家需要对个人的财产进行干预，则必须有正当的理由且遵循正当的法律程序。如果需要对财产进行限制，也必须证明国家限制、禁止其处分财产的合理依据。如果说政治权利和自由在社会参与方面，宗教信仰自由在思想内心活动方面确定了国家与个人行为的范围，那么，财产权则在经济上划分了个人与国家的行动边界。

在现代社会中，国家是社会财富的主要源泉，它一方面通过税收的方式从社会聚集起巨大的国库财产，另一方面又通过国有企业的经营创造社会的财产，还通过对个人的财政拨付、发放救济金、社会保险等方式消费财产。人们对财富的支配、控制，必然依附于与政府的关系，从而影响着个人与国家之间的关系。因此，财产权不仅要求国家在制定规范公民财产制度的法律时，应当注意保障公民的财产所有权，而且要求国家依法满足人民合法请求。

3. 财产权的性质

财产权具有双重属性。② 它既不能被分类为完全的公民或政治权利，也不能被分类为经济、社会权利。财产权保护个人的经济利益，故也属于经济和社会权利的范围。财产权强调国家对个人财产不得干涉而具有消极保护的特点，而经济和社会权利要求国家

---

① 黄竹胜：《论私有财产权》，载杨海坤主编：《宪法基本权利新论》，北京大学出版社2004年版，第86页。
② C. 克罗斯：《财产权》，载［挪］艾德等：《经济、社会和文化的权利》，黄列译，中国社会科学出版社2003年版，第219页。

采取积极措施以保证公民事实上享有财产权而具有积极的特点。实现个人的经济和社会权利，要求国家对社会的财富和资源合理的分配以达到社会公正，而财产权利则强调保障既得权利，即强调既得的财产不受任意干涉而得到保护，这是财产权与经济和社会权利保障之间的部分冲突。因为"为实现对财产的权利和人人真正享有对财产的权利，个人应享有最低程度的有尊严生活所必需的财产，其中包括社会保障和社会援助。如果实现财产权仅仅限定为那些有能力获得财产者拥有财产的权利以及保证这些人在这些已有的财产权中免受干涉，那么至少从道义上讲，证明财产权的正当理由是有难度的"。[1]

4. 财产权的范围

宪法上的财产范围并不限于传统的动产和不动产，而且还包括无形的权利，例如，有经济价值的契约权，各种经济利益、企业信誉，对国家提出的仍未决定的赔偿请求，有利于申诉人合法期望的待决申诉。[2] 在20世纪70年代以前的美国，正当程序上的"财产"概念的范围相当狭隘，主要是指不动产、动产、金钱或证券，不包括社会福利、政府职位、经营许可被认为市政府授予的优惠（Privilege），对这类非个人财产权利的剥夺无须经过正当程序即可没收或取消这些优惠。1972以后的判例提出的"新财产"包括社会福利和公共职业等政府馈赠，政府在剥夺前必须经过正当程序。[3]因此，财产保障的范围并非限定在特定种类的财产上，只要是对公民已经或将来可能产生的利益，无论其属于哪一种形态都属于财产的范围。

在我国，宪法财产权的范围也应当作宽泛的解释，公民的财产只要是不被法律禁止取得的或者被依法剥夺的利益，都可以视为合法的财产范围。因此，财产包括既得的生产资料和生活资料，以及可能获得的其他经济利益的与国家的合同缔结权。我国宪法规定的财产权利的种类，除了公民的私有财产权利以外，还包括国家的财产权、集体的财产权。无论是哪一种财产权，它们在法律上都享有平等的法律地位且受法律的平等保护。

宪法财产权限制的对象主要是国家，即国家做出的任何有可能影响公民财产权利的行为都必须受到限制。国家权力不得被滥用于获取或者帮助法人和其他组织获取公民个人的合法财产。2003年8月湖南省嘉禾县委、县政府滥用行政权力强制进行房屋拆迁，对11户被拆迁人违法下达强制拆迁执行书，强制拆除了这些住户的住宅，该违法行为侵犯了被拆除房屋人房屋的财产权利。[4] 在2003年到2005年陕西省陕北地区涉油当事人不服省、市、县三级人民政府收归国有的纠纷中，也涉及国家对私有财产的保护及其相关法律问题。[5]

---

[1] C. 克罗斯：《财产权》，载［挪］艾德等：《经济、社会和文化的权利》，黄列译，中国社会科学出版社2003年版，第231页。

[2] C. 克罗斯：《财产权》，载［挪］艾德等：《经济、社会和文化的权利》，黄列译，中国社会科学出版社2003年版，第224页。

[3] 张千帆：《宪法学导论·原理与应用》，法律出版社2004年版，第595页。

[4] 参见：曾鹏宇："湖南嘉禾拆迁户状告县房管局 索赔60万精神损失"，载《北京青年报》2004年08月14日。http://news.sina.com.cn/c/2004-08-14/07414030471.shtml，2005年5月20日访问。

[5] 朱雨晨：《我国保护私有财产入宪 有产者维权之路仍艰辛》http://news.sina.com.cn/c/2004-12-28/09135351343.shtml，2006年4月15日访问。

朱雨晨：《陕北"油田护产行动"：在合法与非法之间寻路》，http://www.chinanews.com.cn/news/2005/2005-06-15/26/586802.shtml，2006年4月15日访问。

（二）对财产权的限制

1. 限制财产权的条件

财产权不是一项绝对的权利，而是一项相对的即受法律限制的权利。"所有权已不再是个人的主体权利，而趋向于成为动产与不动产持有者的社会职能。所有权对所有财富持有者来说包含了利用所有权增加社会财富的义务和由此引出的社会的相互依存。他所做的只是完成某种社会工作，只是通过让其支配的财富发挥价值来扩大社会财富。因而他有义务完成这一工作，并且只有当他完成了社会工作时，才能按其工作完成的程度受到社会的保障。"①

国家限制财产权的正当性在于实现公共利益，因此，为了公共利益的需要构成对财产权的限制的合法条件。公共利益是一个不确定的法律概念，它表现为社会全体成员整体性的利益需求，包括所有人都可以享有并受到普遍承认的利益（例如健康、安全、国防、环境等）。公共利益与国家利益、集体利益和政府利益是不同的，其概念通常难以确定，并没有一个适用于所有情况的普遍标准，而是根据具体情况依据一定的标准逐案决定的。② 因此，根据公共利益对财产权进行限制，既为国家干预个人合法财产提供了正当理由，也对限制国家行使该权力提供了宪法依据。由于公共利益和平衡各种利益的需要，国家在推行各种社会政策时可以对个人的财产权利进行某些限制，这是实现经济、社会和文化权利需要国家履行积极义务的表现。例如，为实现社会保障权、健康权和教育权需要国家的纳税措施，而保障环境权或健康权会严重限制所有人使用其财产的权利等。

2. 限制财产权的程序

财产关系到个人生存和发展的物质基础，对其进行限制即便符合公共利益的条件，也必须严格按照正当的程序实施。《宪法》第 13 条第 1 款规定："公民的合法的私有财产不受侵犯。"第 3 款规定："国家依照法律规定保护公民的私有财产权和继承权。"因此，国家依照法律规定的程序实施对财产权的限制。在 2005 年宁夏回族自治区银川市 6800 多出租汽车司机不满市人民政府实施有关出租汽车管理新规定而集体停运的事件中，即说明了国家对可能影响公民个人财产权利的任何行为，都必须经过正当的法律程序。③

3. 对财产权限制的种类

（1）没收

没收是指对通过违反法律禁止性规定取得的财产，国家依照法律规定对该财产强制剥夺的法律制裁方式。财产权的行使，必须依照法律规定的方式才受法律的保护；对违

---

① ［法］莱昂·狄骥：《宪法学教程》，王文利等译，辽海出版社、春风文艺出版社 1999 年版，第 239 页。
② 张千帆认为，行政法（或一般法律）的基本目标应该是社会公共利益的最大化与个体利益的合理分配。"公共利益"必须以个体利益为基础，并最终落实到个体利益之上。或用数学的语言来表达，公共利益应该是个体利益的某个"函数"。公共利益和私人利益并不是在本质上完全不同的两个概念，两者之间也不存在一道清晰的概念鸿沟。张千帆：《"公共利益"的构成——对行政法的目标以及"平衡"的意义之探讨》，载《比较法研究》2005 年第 5 期。
③ 《银川出租运价上调罢运事件尘埃落定》，http://news.xinhuanet.com/politics/2005-11/15/content_3781195.htm，2006 年 4 月 15 日访问。

法取得的财产给以法律制裁，也就是对合法财产的保护。对违反行政法取得的财产给以没收的法律制裁，只有法律、行政法规有权设定。给以没收行政处罚的，必须依照法律、行政法规规定的程序。对于违反刑法取得的财产给以没收的，必须依照刑法规定。国家机关违法对公民财产给以没收的，不符合宪法保障财产权的原则，受害人有权请求国家给以赔偿。

（2）征收

征收是指国家为了公共利益的需要，对公民合法享有的财产强制取得，并给财产所有人合理补偿的一种强制措施。① 征收和征用既有共同之处，又有不同之处。共同之处在于，都是为了公共利益需要，都要经过法定程序，都要依法给予补偿。不同之处在于，征收主要是所有权的改变，征用只是使用权的改变。②

宪法第 22 条修正案规定："国家为了公共利益的需要，可以依照法律规定对公民的私有财产实行征收或者征用并给予补偿"。第 20 条修正案规定："国家为了公共利益的需要，可以依照法律规定对土地实行征收或者征用并给予补偿"。从宪法第 10 条第 3 款规定所体现的保护公民财产权的原则来看，国家对土地以外其他财产的征收，必须符合公共利益的需要，并且必须依照法律规定的条件与程序实施。对财产的征收涉及国家剥夺公民的合法财产，将对公民财产权的行使造成严重侵害，因此设定财产征收的权力，只能由法律规定，即属于法律保留的事项。例如，《立法法》（2001 年）第 8 条第 6 项规定，对非国有财产的征收，只能由法律予以规定。无论是中央政府还是地方政府，除非为了公共利益且给以补偿，都不得凭借国家权力强制将私有财产收归国有。

目前，我国法律对财产征收的规定包括：

---

① 在美国，关于征收和警察权力的界限大体可以分为以下 4 种。其一，政府基于公益（如公共健康、安全、福利等）对私人财产的限制是行使警察权力。其二，政府虽基于公益目的限制私人财产，但限制程度过度超越了警察权力的界限，法院会认定构成征收，要求对私人予以补偿。其三，虽限制、剥夺财产权利过多，但政府行为基于危害理论，即原告财产权利对公共造成危害，政府行为属于实施警察权。其四，政府基于危害理论的立法是很狭窄的，而且该立法不能完全剥夺原告的财产权利，否则仍构成征收。参见李进之、王之华、李克宁、蒋丹宁：《美国财产法》，法律出版社，1999 年 1 月第 1 版，第 205 页。

② 参见 2004 年 3 月 8 日，全国人大常务委员会副委员长王兆国在第十届全国人大第二次会议上作的《关于〈中华人民共和国宪法〉修正案（草案）的说明》。《说明》第 2 条解释说："宪法修正案（草案）将宪法第十条第三款'国家为了公共利益的需要，可以依照法律规定对土地实行征用。'修改为：'国家为了公共利益的需要，可以依照法律规定对土地实行征收或者征用，并给予补偿。'这样修改，主要的考虑是：征收和征用既有共同之处，又有不同之处。共同之处在于，都是为了公共利益需要，都要经过法定程序，都要依法给予补偿。不同之处在于，征收主要是所有权的改变，征用只是使用权的改变。宪法第十条第三款关于土地征用的规定，以及依据这一规定制定的《土地管理法》，没有区分上述两种不同情形，统称'征用'。从实际内容看，《土地管理法》既规定了农村集体所有的土地转为国有土地的情形，实质上是征收；又规定了临时用地的情形，实质上是征用。为了理顺市场经济条件下因征收、征用而发生的不同的财产关系，区分征收和征用两种不同情形是必要的。"相应地，为了区别两种不同的情况，与宪法相一致，2004 年 8 月 28 日，第十届全国人民代表大会常务委员会第 11 次会议通过了《关于修改〈中华人民共和国土地管理法〉的决定》，对该法修改如下："一、第二条第四款修改为：'国家为了公共利益的需要，可以依法对土地实行征收或者征用并给予补偿。二、将第四十三条第二款、第四十五条、第四十六条、第四十七条、第四十九条、第五十一条、第七十八条、第七十九条中的'征用'修改为'征收'。依照《宪法修正案草案说明》和修改后的《土地管理法》关于征收的规定可以看出，征收的主要形式——土地征收是指国家基于公共利益，依法补偿后强制取得集体土地所有权的行为。参见郭海清：《适当确定征收中公共利益的范围——美国联邦最高法院宪法判例对我国的启示》，上海交通大学法学院 2005 年硕士论文，指导教师童之伟教授，第 8 页。

第一，对非国有的境外投资企业，国家原则上不实行征收，特殊情况下实行征收的，应当给予相应的补偿。这是指对中外合资经营企业、外资企业和台湾同胞投资企业，国家原则上不实行征收。只有在为了公共利益需要的特殊情况下，才可以依照法律程序实行征收，并且给以相应的补偿。《合资企业法》（2001年修改）第2条第3款规定："国家对合营企业不实行国有化和征收；在特殊情况下，根据社会公共利益的需要，对合营企业可以依照法律程序实行征收，并给予相应的补偿。"《外资企业法》（2001年修改）第5条规定："国家对外资企业不实行国有化和征收；在特殊情况下，根据社会公共利益的需要，对外资企业可以依照法律程序实行征收，并给予相应的补偿"。《台湾同胞保护法》第4条规定："国家对台湾同胞投资者的投资不实行国有化和征收；在特殊情况下，根据社会公共利益的需要，对台湾同胞投资者的投资可以依照法律程序实行征收，并给予相应的补偿"。

第二，对公民的私有财产和集体所有的土地，国家可以依法征收，但应当对财产所有人给予补偿。宪法第22条修正案规定："国家为了公共利益的需要，可以依照法律规定对公民的私有财产实行征收或者征用并给予补偿。"第20条修正案规定："国家为了公共利益的需要，可以依照法律规定对土地实行征收或者征用并给予补偿。"《土地管理法》（2004年）第47条规定："征收土地的，按照被征收土地的原用途给予补偿。"第48条规定："征地补偿安置方案确定后，有关地方人民政府应当公告，并听取被征地的农村集体经济组织和农民的意见。"

【案例讨论】

1994年4月13日，原中国石油天然气总公司和陕西省政府签订了《关于开发陕北地区石油资源的协议》，从中石油和陕西延长油矿管理局已登记的探矿权、采矿权区块范围内，划出1080平方公里的区域，交由地方市、县组织开发。陕北地方政府依照该协议开始大规模招商引资。到1998年底，延安、榆林地区各县石油开发总投入已达50.5亿元，其中联营企业32.9亿元，共钻井5561口，年产油量达到168万吨。石油开发收入占到地方财政的80%，6年翻了50倍。1999年7月，原国家经贸委和国土资源部联合发布"国经贸石化1239号文件"，要求陕北当地各县政府必须依法行政，"坚决停止和纠正允许投资商参与石油开采活动的做法"和"杜绝越权审批石油区块及井位的行为"。但陕北地方政府不仅没有按照该规定进行整顿和清理，而且加大了招商引资的力度和优惠政策，导致更多投资者进入投资油田开发。2003年春，陕北地方政府采取"先收井，后清算"的办法突然强行收回油田。上千名"油老板"和数万农民认为其利益和财产受到侵害，且清算也是以政府单方面定价为准，远远低于各大小投资者的计算价格。从2003年7月开始，当地出现了长时间的大规模群众上访。投资者一度与政府派来回收油井的人员发生暴力冲突，也曾集体赴各级政府上访。

问题：运用宪法财产权分析本案陕北地方政府收回投资者投资的油田以及投资者的行为。

(3) 征用

征用是指国家为了公共利益，依照法律规定使用非国有财产或者劳务，并给予补偿的一种法律制度。征用适用于不动产且不涉及改变物的所有权，而仅仅是改变物的使用权。征用既可以发生在紧急情况下，但也可能适用于一般情况。"征收和征用是既有联系又有区别的两项法律制度。其共同点在于强行性。不需得到对方的同意，强行拿过来。但是征收实质是强制收买，它的补偿就是代价，是商品交换关系，应当大体符合等价交换原则。征收的对象限于不动产，主要是土地所有权和土地使用权。征用是强制使用，它并不取得什么权利，就是强制使用，用后归还，归还不了的要赔偿。征用的对象包括不动产和动产，没有限制。"① 征用主要可以分为以下两种情形：

第一，对个人、法人或者其他组织的财产，国家在紧急情况下可以决定临时征用，但应当给被征用人予以适当补偿。这里的紧急情况，包括社会动乱形成的紧急状态和自然灾害带来的损害。《戒严法》（1996 年）第 17 条规定："根据执行戒严任务的需要，戒严地区的县级以上人民政府可以临时征用国家机关、企业事业组织、社会团体以及公民个人的房屋、场所、设施、运输工具、工程机械等。在非常紧急的情况下，执行戒严任务的人民警察、人民武装警察、人民解放军的现场指挥员可以直接决定临时征用，地方人民政府应当给予协助。实施征用应当开具征用单据。前款规定的临时征用物，在使用完毕或者戒严解除后应当及时归还；因征用造成损坏的，由县级以上人民政府按照国家有关规定给予相应补偿。"

第二，对自然人、法人或其他组织的房屋，国家建设可以征用，由国家与当事人协商合理补偿的方式。这是指对城市房屋拆迁，如果国家是拆迁人，由拆迁人与被拆迁人协商。协商不成的，由房屋拆迁管理部门或者同级人民政府裁决。对裁决不服的，可以向人民法院起诉。《归侨侨眷权益保护法》（2000 年修订）第 13 条规定："国家依法保护归侨、侨眷在国内私有房屋的所有权。依法征用、拆迁归侨、侨眷私有房屋的，建设单位应当按照国家有关规定给予合理补偿和妥善安置。"《城市房屋拆迁管理条例》（2001 年）第 13 条规定："拆迁人与被拆迁人应当依照本条例的规定，就补偿方式和补偿金额、安置用房面积和安置地点、拆迁期限、拆迁过渡方式和过渡期限等事项，订立拆迁补偿安置协议。拆迁租赁房屋的，拆迁人应当与被拆迁人、房屋承租人订立拆迁补偿安置协议。"

（4）国有化

国有化是指国家将原本不属于国家所有的企业或者某些特别的产业，转移给国家所有的一种措施。宪法修正案第 15 条规定："国家实行社会主义市场经济"；第 11 条规定："在法律规定范围内的个体经济、私营经济等非公有制经济，是社会主义市场经济的重要组成部分"。"国家保护个体经济、私营经济的合法权利和利益。国家对个体经济、私营经济实行引导、监督和管理"。宪法关于国家实行社会主义市场经济的这些规定，确立了国家对非公有制经济不实行国有化的原则。

在 20 世纪 50 年代，在中华人民共和国成立后的最初时期，国家根据当时社会的发展情况和国家的政策，对非国有的外国企业和其他企业实行国有化，即对在中华人民共和国成立之前设立的属于外国资本家和本国资本家所有的企业，根据国家政策的规定将其收归国家所有，由国家进行经营管理。

---

① 梁慧星：《宪法修正案对征收和征用的规定——解读修改后的宪法第 13 条第 3 款规定》，http://www.civillaw.com.cn/weizhang/default.asp?id=16823,2006 年

1979年以来，我国实行改革开放的政策，确立了经济体制改革的基本方针与政策。为了建立一个稳定的经济秩序与发展环境，增强投资者的信心，《宪法》第18条规定了国外企业和其他国外的经济组织在中国的法律地位，受中国法律保护。《合资企业法》《外资企业法》《台湾同胞投资保护法》，根据《宪法》第18条之规定，明确规定对于外国投资和台湾同胞投资企业，国家不实行国有化。对于境内私营企业与民营企业，根据宪法修正案第11、15条规定，国家不实行国有化。

第二节 政治权利

一、选举权与被选举权

（一）选举权与被选举权的含义

选举权是指公民依照宪法和法律规定选举国家权力机关的组成人员或者其他国家机关领导人的权利；被选举权是指公民依照宪法和法律规定享有被提名推荐为国家权力机关的组成人员或者其他国家机关领导人的候选人，并当选为国家权力机关的组成人员或者其他国家机构领导人的权利。选举权是最重要的政治权利。任何民主制度只要其政治决策过程不是通过召开公民大会的方式来实现，就必须依赖于代议机构中的代表来进行表决。[1]

1954年《宪法》第86条第1、2款规定："中华人民共和国年满十八岁的公民，不分民族、种族、性别、职业、社会出身、宗教信仰、教育程度、财产状况、居住期限，都有选举权和被选举权。但是有精神病的人和依照法律被剥夺选举权和被选举权的人除外。""妇女有同男子平等的选举权和被选举权。"1982年《宪法》第34条规定："中华人民共和国年满十八周岁的公民，不分民族、种族、性别、职业、家庭出身、宗教信仰、教育程度、财产状况、居住期限，都有选举权和被选举权；但是依照法律被剥夺政治权利的人除外。"该规定与1954年宪法规定的区别在于，将"社会出身"改为"家庭出身"，删去了"有精神病的人"没有选举权和被选举权的规定。

《宪法》第34条将选举权与被选举权列于平等权之后，置于公民基本权利的第二项位置，表明了选举权这项政治权利的重要地位，它是公民参与管理国家事务的必要前提和有效途径。"真正的选举要求选民具有某种最低限度的政治影响。与自由选举原则相关联，真正的选举意味着有资格的选民可以在不同的政党、不同的执政纲领，至少是单一的政党的几个不同的候选人之间自由进行选择。只有在有关国家可以证明一党制在该国特定的政治条件下为正当、该政党的结构是多元的并且该政党在人民中具有广泛的代表性的情况下，仅在单一政党的不同候选人之间的选择才构成真正的选举。任何其他情况都会构成对真正和自由选举制度的不合理的限制。"[2]

（二）选举权与被选举权的行使

公民行使选举权的法律要件有：（1）必须是中国公民，选举权与被选举权只能由中

---

[1] ［奥］曼弗雷德·诺瓦克：《民权公约评注》（上），毕小青、孙世彦主译，夏勇审校，生活·读书·新知三联书店2003年版，第437页。

[2] ［奥］曼弗雷德·诺瓦克：《民权公约评注》（上），毕小青、孙世彦主译，夏勇审校，生活·读书·新知三联书店2003年版，第438页。

国公民享有，不具有中国公民资格的外国人和无国籍人不得享有；（2）必须是具有政治权利行为能力的人才享有，即年满18周岁具有完全民事行为能力的人；（3）未被依法剥夺政治权利。

我国的选举分为直接选举和间接选举。① 各级人民代表大会代表的竞选，实质上是选民个人之间的竞选，与西方选举中的政党竞争有着性质上的差异。因为宪法已经明确规定各个政党的地位、性质和相互关系，这决定着各级人民代表大会代表选举的性质仅仅是选举人民的代表。②

推荐候选人是中国共产党对选举工作行使领导权的重要体现。在直接选举中推荐候选人分为两种情况。其一，一些省、直辖市和自治区将中国共产党和人民团体推荐候选人的比例限制在15％或20％以内。其二，一些省、直辖市和自治区对政党和人民团体推荐候选人的比例不作任何限制，即主要是中国共产党党组织在推荐候选人。③ 在间接选举中，候选人实际上全都是推荐产生的，代表联名推荐候选人当选的只是个例，④ 其目的是促使各方面代表人物得以当选为各级人民代表大会的代表⑤。

从20世纪90年代开始，在选举实践中也逐步出现了非推荐候选人参加选举。1992年四川省泸州市市中区选民曾建余和1998年湖北省潜江市选民姚立法等，都是以自荐候选人身份参与竞选并成功当选。2003年，深圳、潜江、北京等地的公民积极自荐竞选基层人民代表大会代表。⑥

（三）对选举权与被选举权的保护与限制

1. 对享有选举权与被选举权的保障

（1）选民有权按照其意愿独立投票选举被选举人，既不受国家的非法干预和影响，

---

① 《选举法》规定，在直接选举中，各政党、各人民团体，可以联合或者单独推荐代表候选人；选民10人以上联名，也可以推荐代表候选人。在间接选举中，各政党、各人民团体，可以联合或者单独推荐代表候选人；代表10人以上联名，也可以推荐代表候选人。

② 蒋劲松：《党的领导权与人民主权的关系——关于中国共产党在人民代表大会代表选举中的领导作用的一个视角》，http://www.yihuiyanjiu.org/oldweb/llyj_d.asp? id=1492,2006年6月20日访问。

③ 同上。

④ 以2003年1月河南省选举十届全国人大代表为例，本次选举要在204名候选人中选出165名，差额39名。这204名候选人均为组织推荐，程序是：各地级市市委推荐，市委组织部考核，省委组织部备案，省人大代表选举产生。参见《中国，有这样一位人大代表——姚秀荣十年沉浮》，载《南风窗》，2003年7月4日。

⑤ 蒋劲松：《党的领导权与人民主权的关系——关于中国共产党在人民代表大会代表选举中的领导作用的一个视角》，http://www.yihuiyanjiu.org/oldweb/llyj_d.asp? id=1492,2006年6月20日访问。

⑥ 2003年深圳市各区人大代表选举中，"高频度、多发性"地出现了民荐候选人和自荐候选人参与竞选的"群体效应"。邹树彬、唐娟、黄卫平："2003年人大代表竞选的群体效应：北京与深圳的比较"，载《人大研究》2004年第4期。

在北京市2003年18个区县人大代表选举中，共有22名选民以自荐方式寻求候选人提名，其中高等学院学生10人，住宅小区业主6人，学者和律师等专业人士6人。邓飞、竹本、邹树彬：《大陆2003民选波澜》，载《凤凰周刊》总131期。

2003年10月，在湖北省潜江市人大代表选举中，中央和湖北省要求非党代表应占35％，知识分子代表应占20％。本次共有41名自荐候选人参加竞选。其中，在职和退休教师11人，村委会主任5人、法律工作者4人、工人9名、农民12人。在本次选出的316名人大代表中，工人79名，占25％；农民102名，占32.3％；知识分子28名，占8.9％；干部110名，占34.8％。非共产党员32名，占10.1％。41名自荐候选人全部落选。黄广明：《姚立法及其追随者》，载《南方周末》2003年12月31日。http://www.southcn.com/weekend/economic/200401090018.htm，2006年6月20日访问。

也不受其他可能对选民投票施加任何影响的不正当行为的支配。①

（2）选举权表明选民有权利自己参与竞选并获得被选举的资格，国家应对此予以保障，选民有权按照其意志自由的投票而不受选举办公室推荐的候选人的限制。

（3）选举权要求国家依法保障公民按照其意愿投票，并对任何在选举中可能影响选民投票的行为予以制止。在2005年陕西省渭南市合阳县人民法院裁判的贿选争议的行政诉讼案中，即表达了这个法律见解。②但在1999年，在北京市中级人民法院裁判的驳回原告请求救济侵犯选民政治权利的案件中，受案法院以无法律明确规定为由不予受理，也表明法律对侵犯选举权救济程序的不足且需要进一步健全。③

2. 实践中的问题

选举权是公民参与和管理社会公共事务的权利，对其进行限制只能依照法律规定的条件和程序。选民享有平等的选举权与被选举权，即选民不因其户籍等原因而在选举中被国家区别对待，只要是未被剥夺政治权利的公民，都应当在其经常居住地行使该权利。1983年全国人大常委会《关于县级以下人民代表大会代表直接选举的若干规定》，在选举实际工作中还缺乏具体的对立的措施④，这与1979年以来中国人口流动的实际情况不相符合，也极不便于户籍不在其工作地和居住地的公民行使选举权与被选举权。⑤虽然选举法和全国人大常委会的上述规定对公民行使选举权并无其他限制，但实

---

① 2中央电视台网站：《新闻调查·回望2003》，http://www.cctv.com/tvguide/special/C11690/20040117/100164.shtml，2006年3月20日访问。李秀琴：《山西老窑头村：天价村官再次当选村主任》，中国选举治理网：http://www.chinaelections.org/readnews.asp?newsid=%7BD740EDDB-56A8-4A9A-B2E8-D974DB6172C7%7D，2006年3月13日访问。

② 黄博：《50元一票贿选村官 286名村民打赢贿选官司》，http://www.chinacourt.org/public/detail.php?id=143804，2006年3月20日访问。

③ 参见于坤：《中国第一例侵犯选举权案没有结局》，载《中国律师》1999年第7期第42页。

④ 全国人民代表大会常务委员会通过的《关于县级以下人民代表大会代表直接选举的若干规定》（1983年），对限制公民行使选举权与被选举权的情况作了明确的规定。一是精神病患者不能行使选举权利的，经选举委员会确认，不行使选举权利。二是因反革命案（1997年修订刑法改为"危害国家安全罪"）或者其他严重刑事犯罪案被羁押，正在受侦查、起诉、审判的人，经人民检察院或者人民法院决定，在被羁押期间停止行使选举权利。三是下列人员准予行使选举权利：（一）被判处有期徒刑、拘役、管制而没有附加剥夺政治权利的；（二）被羁押，正在受侦查、起诉、审判，人民检察院或者人民法院没有决定停止行使选举权利的；（三）正在取保候审或者被监视居住的；（四）正在被劳动教养的；（五）正在受拘留处罚的。以上所列人员参加选举，由选举委员会和执行监禁、羁押、拘留或者劳动教养的机关共同决定，可以在流动票箱投票，或者委托有选举权的亲属或者其他选民代为投票。被判处拘役、受拘留处罚或者被劳动教养的人也可以在选举日回原选区参加选举。四是选民在选举期间临时在外地劳动、工作或者居住，不能回原选区参加选举的，经原居住地的选举委员会认可，可以书面委托有选举权的亲属或者其他选民在原选区代为投票。选民实际上已经迁居外地但是没有转出户口的，在取得原选区选民资格的证明后，可以在现居住地的选区参加选举。

在全国人大常委会法工委1986年11月答复四川省人大常委会关于《痴呆人是否列入选民名单》中，将选举法第23条关于后天性精神病人需要经过选举委员会的确认程序列入选民名单之规定，扩大到精神病患者中先天性的痴呆人，无须经过选举委员会确认的程序，直接不列入选举名单的范围，即"精神病人包括痴呆人，选民登记时，不列入选民名单"。这是他们享有选举权但缺乏相应的选举行为能力的体现。参见乔晓阳、张春生主编：《选举法和地方组织法释义与解答》（修订版），法律出版社1997年版，第198页。

⑤ 参见方常君、陈祺：《深圳外地居民七进法院讨要社区选民资格败诉》，http://www.chinaelections.org/readnews.asp?newsid={ECCCC4D9-C646-4633-B99B-40A1F3A8707D}，2006年3月20日访问；
王攀：《江山选民资格案叩问"新市民"政治权利》，http://news.xinhuanet.com/banyt/2005-07/27/content_3273654.htm，2006年3月20日访问。

际中存在着不在户籍地工作和生活的公民难以充分行使选举权和被选举权的事实。这需要在法律上进一步完善相关的制度与程序。

【案例讨论】

山西省河津市下化乡老窑头村共1260多口人、291户人家。大多数村民的生活相当困难，盖不起房、看不起病、娶不起媳妇、上不起学的现象普遍存在。2003年4月17日上午10时，老窑头村召开村委会换届选举大会。2个村委会主任候选人在正式选举之前向全体选民见面时，王玉峰承诺其如果当选，将以村民户口簿为准当天每人发1800元，他的支持者还将装有100多万元现金的箱子抬到主席台上；史明泽则承诺，如果当选，将在2天后给村民每人发2000元。选举结果是王玉峰当选为村委会主任。当天下午在投票选举结束后，王玉峰即按照投票之前的承诺，对每个村民发放1800元，共计194万元。两位新当选的村委会副主任也兑现承诺，共向村民发放了14.55万元。

问题：如何看待本案中候选人王玉峰在选举中的行为？是否构成贿选？

二、担任国家公职的权利

（一）担任国家公职权利的含义

担任国家公职的权利是指公民享有担任国家机关工作人员和国家机关领导职务参与管理国家事务的权利。

1982年《宪法》通过确认人民依照法律规定管理国家事务的方式，确认了公民担任国家公职的权利。《宪法》第2条规定："中华人民共和国的一切权力属于人民。人民行使国家权力的机关是全国人民代表大会和地方各级人民代表大会。人民依照法律规定，通过各种途径和形式，管理国家事务，管理经济和文化事业，管理社会事务。"在我国，人民是国家权力的主体，一切国家权力归属于人民；人民通过选举代表组成国家权力机关的方式行使管理国家的权力，享有选举权与被选举权；人民通过各种途径与形式行使管理国家的权力，包括担任国家机关的公职。依照《宪法》第2条第1款规定，只有全国人大及其常委会制定的法律方可对担任国家公职的权利进行限制。行政法规、行政规章和规范性文件不得对公民担任国家公职的权利予以排斥、区别、限制和剥夺。

在中国，担任国家公职的权利主要是指担任纳入国家行政编制、由财政负担工资福利的公职人员的权利。主要包括三种：第一，担任国家行政机关的行使国家行政权力的公职人员，即公务员；第二，担任由国家权力机关选举和决定任命产生的国家机关领导成员和人民法院、人民检察院的法官、检察官；第三，担任依法履行公职、纳入国家行政编制、由国家财政负担工资福利的社会团体的领导人员和工作人员，包括各级人大常委会机关、政协委员会机关、工会、共青团、妇女联合会、残疾人联合会、科学技术协会等[①]。凡是担任国家公职的人员必须参加国家统一的公务员录用考试。

（二）对担任国家公职权利的法律救济

公务员在履行公职中发生的纠纷不属于人民法院行政诉讼管辖的范围，只能通过向

---

① 公务员法草案将公务员范围表述为："本法所称公务员，是指依照法律规定管理国家事务和履行社会公共事务管理职能、使用国家行政编制、由国家财政负担工资福利的机关中除工勤人员以外的工作人员"。该法通过的文本删去了"除工勤人员以外"的字样。

公务员主管机关提起申诉的方式解决。但在公务员考试录用中国家与考生的纠纷因双方尚未形成国家公职关系，国家机关侵犯公民担任国家公职权利的纠纷属于人民法院行政诉讼管辖的范围。例如，2002年蒋韬在报考公务员中身体高度未达中国人民银行成都分行录用行员的1.68米规定侵犯平等权身高歧视案[①]，2003年11月安徽芜湖市张先著在报考公务员体检中被发现携带乙肝病毒被芜湖市人事局拒绝进入考核程序录用为国家公务员的乙肝歧视案[②]，人民法院均按照前述原则处理。在司法实践中，绝大多数这类纠纷都通过行政诉讼予以救济，但对2005年杨世建因年满36周岁被国务院人事部拒绝其报名参加2006年中央国家机关公务员录用考试年龄歧视案[③]中涉及的国务院部委行政规章对担任国家公职权利进行限制的合法性问题，北京市高级人民法院裁定不属于人民法院行政诉讼管辖范围。在法律理论和最高人民法院司法解释上，公民报考国家公务员录用的纠纷均属行政诉讼的范围，司法实践中的多数做法也如此，上述案例的例外表明人民法院审判实践中的不统一。

【案例讨论】

2003年6月，原告张先著在芜湖市人事局报名参加安徽省国家公务员考试，报考职位为芜湖县委办公室工作人员。经过笔试和面试，综合成绩在报考该职位的三十名考生中名列第一，按规定进入体检程序。2003年9月17日，张先著在芜湖市人事局指定的铜陵市人民医院进行体格检查，体检报告显示其乙肝两对半中的HbsAg、HbeAB、HBcAb均为阳性，主检医生依据《安徽省国家公务员录用体检实施细则（试行）》确定其体检不合格。同年9月25日，芜湖市人事局组织包括张先著在内的十一名考生前往解放军第八六医院进行复检。复检结果显示，张先著的乙肝两对半中HBsAg、抗－HBc（流）为阳性，抗－HBs、HbeAg、抗－Hbe均为阴性，体检结论为不合格。依照体检结果，芜湖市人事局以口头方式向张先著宣布，张先著由于体检结论不合格而不予录取。受案法院认为，被告拒绝原告张先著进入考核程序的具体行政行为缺乏事实证据应予撤销，但鉴于2003年安徽省公务员招考工作已结束，且张先著报考的职位已由该专业考试成绩第二名的考生进入该职位，故该被诉具体行政行为不具有可撤销内容，判决确认被告芜湖市人事局在2003年安徽省国家公务员招录过程中作出取消原告张先著进入考核程序资格的具体行政行为主要证据不足。

问题：芜湖市人事局以张先著体检结论不合格而不予录取的做法是否侵害了张先著的权利？为什么？

三、言论自由

（一）言论自由的含义

1. 言论自由的概念

言论自由是指公民享有的以语言、文字、图画等方式表达其对国家管理、经济建设和文化事业、社会事务以及自己从事科学研究、文学艺术创作和其他文化活动的成果的

[①] 参见成都市武侯区人民法院行政裁定书（2002）武侯行初字第3号。
[②] 参见安徽省芜湖市新芜区人民法院行政判决书（2003）新行初字11号。
[③] 参见北京市高级人民法院行政裁定书（2006）高行终字第131号。

自由。言论自由不仅是人民表达思想、观点与见解，开展社会交往的一种方式，而且也是参与管理国家事务的重要手段。言论自由的逻辑基础在于对公民鉴别能力的信任。言论自由本身为抵御有害理论的传播提供了合适防御，压制言论将导致仇恨并威胁到社会的稳定。只有当实行自由言论会产生迫在眉睫的严重危害是，才可以对言论进行限制。①

1954年《宪法》第87条规定："中华人民共和国公民有言论、出版、集会、结社、游行、示威的自由。国家供给必需的物质上的便利，以保证公民享受这些自由。"在1982年《宪法》中，没有保留1954年《宪法》第87条第2句，是基于当时的社会经济条件很难达到每件事情都有物质条件作保证的考虑。如果规定了，但实践中又做不到，效果反而不好。当然，不规定并不表明不给予保证，而是根据情况给予适当的物资保证，并随着国家经济形势的不断发展，物质保证的范围将会越来越大②。1982年《宪法》第35条规定："中华人民共和国公民有言论、出版、集会、结社、游行、示威的自由。"

言论自由按照其内容特点可以分为政治言论和非政治言论的自由。前者是指表达政治观点、批评政府（包括立法、行政与司法）的政策等民主参与国家管理事务的权利；后者包括艺术言论、商业言论和私人之间的批评、评论或表达看法的言论。因此，言论自由不仅保障公民有权提出对国家公共管理活动的看法与建议，而且也保障表达个人的意愿以及对他人和社会评价的自由不受非法侵犯。

在国外言论自由保护实践中，政治言论自由的保护最强，几乎对与公共利益有关的政治言论不进行限制，对艺术表达的保护则要弱一些，而对商业言论的保护最弱。③ 言论自由是个人的一项基本权利，也可以由自然人组成的组织和法人享有，但国家或行使公共权力的机构及其工作人员并不享有。因此，在平衡言论自由与其他权利中，如果涉及公共人物（包括公务员和其他行使公共权力的人），通常偏重于言论自由权利；如果涉及公众利益时，言论自由优先于个人的名誉权；如果是自然人或者与公众利益无关的私人生活，公民的隐私权名誉权优先于言论自由；如果涉及法人的名誉，通常认为新闻媒体的言论自由优先于法人的名誉权。④ 政府机构不享有民法上的名誉权，不得通过民事诉讼或刑事自诉的方式对批评者予以惩罚，国家工作人员只有在证明批评言论针对其本人而非机构或职务行为时，才可以请求其个人名誉被侵犯，纯粹的评论言论应当受到绝对的保障。⑤

没有言论自由，公民的其他各项政治权利就不可能得以实现。因此，"任何言论自由只要没有违反国家的法律，就不应该受到外来的限制和干涉。其中包括：第一，不受党和国家政策的限制，这就意味着公民可以对党和国家的政策提出不同的看法；第二，不应因对党政机关及其工作人员提出批评意见而受到打击报复；第三，不受是非、真假

---

① 张千帆：《宪法学导论·原理与应用》，法律出版社2004年版，第497~499页。
② 肖蔚云：《我国现行宪法的诞生》，北京大学出版社1986年版，第135~136页。
③ 陈欣新：《表达自由的法律保障》，中国社会科学出版社2003年版，第4~5页。
④ 浦志强：《对〈足球〉报被王珀诽谤案的法律思考》，http://sports.sina.com.cn/r/2005-10-12/12151814200.shtml，2006年3月21日访问。
⑤ 侯健：《舆论监督与名誉权问题研究》，北京大学出版社2002年版，第167页。

的限制;第四,不受社会道德的限制"。① 因此,只要言论不违反法律就不应该受到国家的限制,公民可以对国家的政策提出不同的看法和批评意见并不得因此受到打击报复。对于散布虚假的、淫秽的言论通常以道德标准加以评判,但为了社会利益有时可受到法律的限制。②

2. 言论自由的意义

言论自由与人是语言动物的本性相联系而构成其他自由的前提。它所造就的是一个真诚、严肃、务实的人格,畅所欲言不仅使有意义的政治交流成为可能,而且使人们得以超越对压抑的恐惧从而恢复作为人的本性和尊严。没有言论自由其他自由就不存在,至少得不到可靠的保证,人们就不可能对政府官员的行为提出意见和批评,公共信息就得不到充分交流和传播。言论自由也直接维系着社会的道德基础。限制言论——尤其是统治势力不愿听到的言论,人们就不敢说真话,社会就必然充斥着空话、大话和假话。人人心照不宣却因为压力或诱惑而公开说谎,没有人敢于真诚地探讨切中要害的社会问题,社会将失去互信的基础。因此说,言论自由在其他一切自由中是最重要的。在现代社会中,限制言论自由具有特殊的困难。新闻封锁的目的是维护政府形象,但除非在极端专制和封闭的国家,这一手段往往是得不偿失。如果人们知道政府在封锁消息则难以提高政府在公民心中的地位。③

言论自由的目的是限制政府对公民自由表达愿望进行的任何恣意限制。言论自由之所以有价值,"这不只是因为言论自由带来的后果,而且还因为它是一个正义的政治社会的基本和'构组上'的特征,在这样的政治社会中,政府将它的成年公民(不具有行为能力的除外)看成是富有责任心的道德主体"。④ 但是,言论自由不仅保障公民对国家公共管理活动的看法与建议,而且也保障表达对他人和社会评价的自由不受非法侵犯,即言论自由的非政治内容与其政治内容也同样的重要,尽管不能将言论自由在促进国家公共事务管理方面的作用与它们在文学艺术、社会科学或私人决定方面相提并论,但也并非可以忽略它们的作用。

3. 言论自由的方式

言论自由的实质是表达观点、接收信息与思想,即有主张和发表意见的权利。法律既保护思想表达与信息表达的内容,也保护表达的传播形式与表达的方式。言论的形式包括谈话、演说、通信、艺术、写作、表演、设计、研究报告和出版等纯粹言论(pure speech),即以口头或书面语言表达意见的行为。因此,言论自由的形式可以体现为出版自由。言论自由也包括旨在交流思想和意见的各种行为,即象征性言论(symbolic speech)。言论最便捷和最常见的形式是以口头语言的方式表达人的思想和意见⑤;书面

---

① 全国人大常委会办公厅研究室政治组编:《中国宪法精释》,中国民主法制出版社 1996 年版,第 155 页。
② 蔡定剑:《宪法精解》,法律出版社 2004 年版,第 222 页。
③ 张千帆:《宪法学导论·原理与应用》,法律出版社 2004 年版,第 490~491 页。
④ [美]罗纳德·德沃金:《自由的法——对美国宪法的道德解读》,刘丽君译,上海人民出版社 2001 年版,第 283 页。
⑤ 甄树青认为:"言论自由的最显著特征是它的口语性。它专指人们采用口头语言的形式或说话的手段的自由。口头语言包括谈话、议论、辩论、讲学等形式。人们利用广播、电视、录音等电子传媒进行谈话、议论辩论讲学等,也属于口语范围,是在运用言论自由"。甄树青:《论表达自由》,社会科学文献出版社 2000 年版,第 41 页。

（包括电子数据）形式的言论是狭义的言论自由或新闻出版自由，还包括书写、印刷、艺术、广播、电视、电影等现代传播媒介表达的各种形式的言论，以及发表政治性或政策性见解、学术性成果和文艺作品等形式。

在现代社会中，传播媒介是实现言论自由的重要形式，因此，任何对传播方式的限制，包括印刷媒体、广播电视电影、传单、宣传册子、横幅与标语牌的展示、绘画展览、服装展览、街头音乐表演、网络等的限制都是对接收信息和公布信息的干涉。① 在我国，通过象征性言论表达公民意见与意愿的案例说明了言论自由形式的多元化与必要性。2003年浙江省杭州市民刘进成与其他一些房屋被拆迁户穿上写有维护宪法内容的白大褂走上街头抵制其房屋被强制拆迁被警方以扰乱社会秩序为由予以拘留的案件②和2004年北京市崇文区花市胡同黄振沄与其他拆迁居民运用国旗和宪法抵抗强制拆迁案，③ 都体现了公民可以通过行为的方式来表达自己的思想、看法、意见和主张。

（二）言论自由的效力

在人民法院的司法实践中，《宪法》第35条关于言论自由的条款可以作为人民法院裁判非政治言论和舆论批评言论案件的法律依据。司法适用体现在以下方面：

（1）言论自由的界限是不得损害他人的权益。在2000年恒升集团诉王洪、中国计算机世界出版服务公司、生活时报社网络名誉侵权案中，北京市第一中级人民法院认为："个人在行使言论自由权时，不得损害他人的权益。国际互联网的高度开放性虽给人们提供了更广阔的舆论空间，但不论何人在互联网上发表言论与看法时，仍应恪守上述原则。网上言论的发布者必须对其向社会扩散言论的客观公正性负责"。④

（2）法律保护公民的言论自由，包括对特定的事或人进行的评论。在2005年李保华诉周国平发布批评言论侵犯名誉权案中，北京市海淀区人民法院认为，"法律保护民事主体的名誉权不受他人非法侵害，同时亦保护民事主体言论自由的权利。民事主体对事物或人的评论，在不侵害他人合法权利的情况下，为法律所保护"。⑤

（3）法律保护名誉权也保护言论自由。在2004年广州市华侨房屋开发公司诉被告中国经济体制改革杂志社名誉权纠纷案中，广州市天河区人民法院认为："公民和法人依法享有名誉不受侵害的权利，同时也享有言论自由的权利"。⑥

（4）对互联网言论自由的保护。在互联网公司对注册用户言论的管理所涉及的言论自由，也有法院认定不属于民事诉讼管辖的范围的案例。在2005年单志东诉上海热线信息网络有限公司、上海信息产业（集团）有限公司擅自删帖侵害言论自由权案中，上海市第二中级人民法院认为言论自由不属于人民法院民事诉讼管辖的范围⑦。

---

① 陈欣新：《表达自由的法律保障》，中国社会科学出版社2003年版，第3~4页。
② 郑白：《刘进成：拆迁户的宣传宪法行动》，载《中国新闻周刊》2003年12月19日。http://news.sohu.com/2003/12/19/56/news217135646.shtml，2006年4月15日访问。
③ 参见《北京百余居民手持新宪法组成人墙抵制强制搬迁》，http://news.xinhuanet.com/house/2004-04/05/content_1401349.htm，2006年4月15日访问。
④ 参见北京市第一中级人民法院民事判决书（2000）一中民终字第1438号。
⑤ 参见北京市海淀区人民法院民事判决书（2005）海民初字第07289号。
⑥ 参见广东省广州市天河区人民法院民事判决书（2003）天法民一初字第1832号。
⑦ 参见上海市第二中级人民法院民事裁定书（2005）沪二中民一（民）终字第2971号。

【案例讨论】

2004 年 8 月中旬开始，原告单志东通过互联网向上海热线信息网络有限公司所属上海热线论坛申请会员注册登记，并选择了论坛服务。2004 年 9 月 5 日开始，上海热线信息网络有限公司开始删除单志东在其网站发布的有关维他奶（上海）有限公司使用霉变豆粉生产豆奶及转载《法制生活报》报道的帖子。单志东遂以上海热线信息网络有限公司删除其发帖和转贴行为违宪侵犯其公民言论自由权为由提起民事诉讼。上海市黄浦区人民法院裁定其诉讼请求不属于法院的受理范围驳回其起诉。在上海市第二中级人民法院终裁维持原裁定后，单志东以上海热线信息网络有限公司违反服务合同为由，请求继续履行合同并对其单方终止合同的行为赔礼道歉。黄浦区人民法院以原告行为属重复起诉为由驳回其起诉，上海市第二中级人民法院亦以本次起诉"理由虽与前次诉讼有所不同，但所依据的事实和具体的请求事项与前次诉讼并无不同"为由维持一审裁定。

问题：上海热线删除单志东帖子的做法是否侵害了单志东的言论自由权？为什么？

（三）言论自由与其他权利的冲突

在行使言论自由权利时，可能与其他公民的人格尊严和名誉权、隐私权发生冲突。但合法行使法律权利并不承担言论自由过度而侵犯他人权利的责任。在我国现有的实践中主要体现在以下方面：

（1）公民在公开审理时发表答辩状，其中即使有针对对方人身侮辱或贬低人格的不当言论，并不构成侵权。[①]

（2）国家对少数人选择特殊的言论方式应予以尊重，民主的社会应当给以宽容。公民通过其身体表达意愿爱好的言论，即使是非主流的言论表达方式，虽与主流价值观不符，但其行为方式仍应当受到国家的尊重和宽容，并享有与主流方式等同的宪法权利。例如，在征兵体检标准中对文身的限制，在法理上涉嫌对少数通过文身的方式表达其美学价值观的公民服役的权利予以限制[②]，但无论在理论上和事实上都不能证明文身不适合军队这个特殊机构。2002 年浙江省象山县全县征兵 336 人中有 246 名青年因文身被淘汰。[③] 在湖南省以在军容风纪上保持军人的严肃性为由，作出了有染发、文眉、文身等过于时尚打扮的学生将不能入伍的规定。[④] 这些限制措施一方面与长期以来主流价值观对部分青年通过染发、文眉、文身等方式表达其美学观念与倾向存有的刻板印象与偏见有关，另一方面也与中国社会价值观与审美观逐步多样化、个性化的发展现状不符合。事实上，上述案例也可以视为对公民行为方式的歧视，即由于偏见造成的对不同的表达自由的方式所作的不合理的区别对待，从而构成对这部分群体的法律歧视。

---

① 中国法院网：《庭上被指滥用诉权郑州律师二上法庭再次败诉》http://www.chinacourt.org/public/detail.php?id=200663，2006 年 4 月 7 日访问。
② 国防部《应征公民体格检查标准》第 8 条规定："着短装身体裸露部位刺有'点、字、图案'，直径超过 2cm（其他部位直径超过 3cm）或虽经手术处理仍留下明显文身瘢痕，影响军容，不合格。少数民族地区纯属民族风俗习惯的文身，着短装不明显影响军容，合格。"
③ 来吾法：《关于做好新形势下征兵工作的几点思考》，http://www.xsyc.gov.cn/readnews.php?newsid=447，2006 年 3 月 21 日访问。
④ 尹丹：《湖南征兵仪容要求更严 大学生染发文身不能入伍》，http://news.sina.com.cn/c/2002-10-23/1019778834.html，2006 年 3 月 21 日访问。

（3）保护公民的批评言论不受国家的恣意限制。公民对国家机关工作人员行使职权的行为，以及国家机关负责人的职务行为发表批评、建议与控告性质的言论，也属于宪法保护的言论自由的范围。[①] 在安徽省阜阳市中级人民法院审理张西德诉陈桂棣、吴春桃名誉侵权案中，被告陈桂棣、吴春桃即提出这个法律见解。[②]

【案例讨论】

2004年1月7日，《足球》报在头版显著位置刊登了《"国资委"阻击中国足球》的署名文章的同时，在第3版以整版的篇幅的系列文章对国有企业退出足球投资领域进行了详细的分析报道，称国务院国有资产监督管理委员会认为中国足球是"不良资产"，要求国有企业在3年内全面退出足球投资领域。1月9日傍晚，中国足协发表声明要求《足球》报致歉，并宣布从即日起取消《足球》报对中国足协主办、承办的所有赛事和活动的采访资格，并将保留进一步追究《足球》报对此事应承担相关责任的权利。国资委随后发表声明，"国资委从来没有在任何正式文件、会议简报和其他正式场合"发布过《足球》报文章中所述内容。《足球》报当晚回应说：中国足协的处罚违宪违法，限制了新闻自由，他们无权剥夺、限制任何记者的采访权。

问题：中国足协取消《足球》报对中国足协主办、承办的所有赛事和活动的采访资格的做法是否侵害了《足球》报的言论自由权？为什么？

（四）对言论自由的限制

大体上说，国家对以下滥用言论自由权利的行为依法进行限制：

（1）不得利用言论自由侵犯他人的人身权。例如，以书面或口头形式侮辱或者诽谤他人，损害他人名誉的；对未经他人同意，擅自公布他人的隐私材料或以书面、口头形式宣扬他人隐私，致他人名誉受到损害的；因撰写、发表批评文章引起的名誉权纠纷，文章的基本内容失实，使他人名誉受到损害的，依法承担民事侵权责任。

（2）不得利用言论自由危害社会治安管理。《治安管理处罚法》（2005年）第42条规定："有下列行为之一的，处五日以下拘留或者五百元以下罚款；情节较重的，处五日以上十日以下拘留，可以并处五百元以下罚款：（一）写恐吓信或者以其他方法威胁他人人身安全的；（二）公然侮辱他人或者捏造事实诽谤他人的；……（五）多次发送淫秽、侮辱、恐吓或者其他信息，干扰他人正常生活的。"

（3）不得利用言论自由进行违法犯罪活动。例如，《刑法》第246条规定的以暴力或者其他方法公然侮辱他人或者捏造事实诽谤他人，情节严重的犯罪行为和《刑法》第249条规定的煽动民族仇恨、民族歧视，情节严重的犯罪行为，依法承担刑事责任。

四、出版自由

（一）出版自由的含义

出版自由是指公民享有通过在出版物上，包括报纸、期刊、图书、音像制品、电子

[①] 南方周末网：《县委书记"官告民"事件》，http://www.southcn.com/weekend/commend/200209050006.htm，2006年3月21日访问。

[②] 中国律师网：小杨同学：《听审有感——听张西德诉陈桂棣、吴春桃名誉侵权案》和《陈桂棣等被诉名誉权纠纷案——代理词》http://www.chineselawyer.com.cn/forum/gshowflat.php?Cat=&Number=579609&page=&view=&sb=5&o=&fpart=all&vc=1，2006年3月21日访问。

出版物、互联网等，自由表达自己对国家事务、经济建设和文化事业、社会事务的见解和意愿，自由发表自己从事科学研究、文学艺术创作和其他文化活动的成果的自由。出版自由属于广义上的言论自由的范围，是言论自由以书面或者电子出版物等表达形式的自然延伸，即将口头言论以某种形式予以固定化的形式。

1954年《宪法》第87条规定："中华人民共和国公民有言论、出版、集会、结社、游行、示威的自由。国家供给必需的物质上的便利，以保证公民享受这些自由。"1982年《宪法》第35条规定："中华人民共和国公民有言论、出版、集会、结社、游行、示威的自由。"

出版自由对个人而言，是表达、交流其思想、观点和见解的手段，同时也是促进社会精神文明和科学文化事业发展的重要方式。但出版自由与言论自由并非完全等同。出版自由实质上是将言论自由以出版物的形式行使，是这两项权利的行使合并为一种形式；但言论自由的行使在大多数情况下并不需要选择出版自由的方式，尽管出版自由是保障言论自由最重要的形式与体现，尤其是新闻媒体出版自由对于个人言论自由行使提供了最重要的载体。

从各国保障言论自由权利行使的经验来看，最重要的且最必需的是有法可依，唯有法律，即出版法、新闻法可以对言论自由进行限制与保障，并且不得与宪法相抵触。虽然我国尚未制定出版法、新闻法这两部重要的保障言论自由的法律，但并不意味着出版自由不受宪法的保护。现阶段我国为了便于对出版业的管理和公民行使出版自由权利，国家制定了有关新闻出版管理规定的行政法规与规章，这既是国家对新闻出版管理的法律依据，也是依法保障出版自由的法律措施。随着社会主义法治国家建设进程的发展，出版法、新闻法的立法工作将弥补现有的法律漏洞。

（二）个人出版自由与新闻媒体言论自由

出版是言论的最常见和最重要的载体之一。保障言论自由的实现，必须保障刊载言论的新闻媒介的自由。"作为一项普遍保障，言论自由本身即隐含着新闻与出版自由；对新闻和出版自由的限制，必然是对言论自由传播的极大限制。"[1] 为了保障新闻自由，"普通法里的言论自由权是一种仅仅用来反对它称之为'先决约束'（previous restraint）的一种权利。政府不得阻止公民按其意愿发表文章。但是，若公民所发表的出版物具有进攻性或危险性，那政府就有自由在出版物发表以后惩罚他们"。[2] 在德国，基本法禁止对新闻媒介的报道进行审查。在美国，宪法第一修正案也禁止对新闻媒介进行事前审查，并认为政府越复杂、腐化和渎职的机会越多，就越需要新闻监督。而防止谣言传播，维护公共治安不构成限制新闻自由的理由。虽然政府可以为保障公共道德对某些电影实行事前审查，但只有满足沉重的举证责任，政府才能证明事前限制的正当性。新闻自由可能和国家安全发生冲突，因此，政府机密文件不能被无限制地公开。[3]

（三）我国对出版自由的规范

在中国，调整出版自由的法律规范主要是行政法规、行政规章和国务院新闻出版主

---

[1] 张千帆：《宪法学导论·原理与应用》，法律出版社2004年版，第532页。
[2] 转引［美］罗纳德·德沃金：《自由的法——对美国宪法的道德解读》，刘丽君译，上海人民出版社2001年版，第278页。
[3] 张千帆：《宪法学导论·原理与应用》，法律出版社2004年版，第534～536页。

管部门的规范性文件。行政法规有《出版管理条例》（2001年）、《音像制品管理条例》（2001年）、《印刷业管理条例》（2001年）。行政规章有《期刊出版管理规定》（2005年）、《音像制品出版管理规定》（2004年）、《电子出版物管理规定》（1997年）、《互联网出版管理暂行规定》（2002年）、《印刷品承印管理规定》（2003年）、《内部资料性出版物管理办法》（1997年）、《出版物市场管理规定》（2003年）等。此外，还有部分规范性文件，它们主要根据在出版市场中需要解决的事项予以规定。[①] 上述行政法规和规章对出版物及其出版单位和出版物印制单位的管理，事实上也涉及对言论自由的保障与规范。

在实践中，对出版自由的限制体现在以下四个方面：

（1）对言论自由行使内容的限制。《出版管理条例》（2001年）第5条规定："公民依法行使出版自由的权利，各级人民政府应当予以保障。公民在行使出版自由的权利的时候，必须遵守宪法和法律，不得反对宪法确定的基本原则，不得损害国家的、社会的、集体的利益和其他公民的合法的自由和权利。"[②]

（2）对行使言论自由方式的限制。通过出版物即报纸、期刊、图书、音像制品、电子出版物等发表言论的，必须由出版单位出版。《出版管理条例》（2001年）第9条规定："报纸、期刊、图书、音像制品和电子出版物等应当由出版单位出版。出版单位包括报社、期刊社、图书出版社、音像出版社和电子出版物出版社等。"

（3）对设立出版单位的限制。《出版管理条例》（2001年）第12条规定："设立出版单位，由其主办单位向所在地省、自治区、直辖市人民政府出版行政部门提出申请；省、自治区、直辖市人民政府出版行政部门审核同意后，报国务院出版行政部门审批。"

（4）对出版特定题材的出版物的限制。《关于加强图书审读工作的通知》（1994年）提出"专题报批的图书出版选题计划报告的要求。这类选题应及时上报及时处理。省一级新闻出版局在上报新闻出版署时要有一份详尽的审读报告和明确的处理意见。审读报告包括：所上报选题计划、书稿的情况概要、特点，及存在的问题，处理意见等。"[③]

五、结社自由

（一）结社自由的含义

结社自由是指公民享有为了某一共同目的，结成某种持续性的社会团体的自由。

---

① 《关于部分古旧小说出版的管理规定》（1993年）、《关于不得出版宣扬愚昧迷信和伪科学内容出版物的通知》（1999年）、《关于严格规范期刊刊载有关性内容等问题的通知》（1999年）、《关于加强图书审读工作的通知》（1994年）、《关于加强古籍整理今译图书出版管理的通知》（1995年）等。参见新闻出版总署网站的"政策法规－规范性文件"公开的有关规范性文件的名称，http://www.gapp.gov.cn/GalaxyPortal/inner/zsww/board_display.jsp?boardid=11501010111150704&boardpid=105&boardid1=115010101111507，2006年4月10日访问。

② 《出版管理条例》第25条。《互联网新闻信息服务管理规定》（2005年）第19条。

③ 为了加强对出版物的管理，对某些出版物实行审读的管理方式。新闻出版总署在《关于加强图书审读工作的通知》中指出："本通知所称图书审读是指政府出版管理部门对出版物的社会效果进行的检查，是对出版物是否符合四项基本原则、党的方针政策，是否符合国家的法律、法规及有关的规章制度，是否符合当今社会道德规范的要求，是否有利于社会主义精神文明和物质文明建设等做出的有一定权威性的评价。这种审读不同于一般出版社编辑人员对书稿编辑加工的审读，它是从宏观的角度，侧重于检查其政治的和政策性的内容可能对社会产生的后果和影响。"参见新闻出版总署：《关于加强图书审读工作的通知》，http://www.gapp.gov.cn/GalaxyPortal/inner/zsww/zongsu3.jsp?articleid=5369&boardpid=105&boardid1=115010101111507，2006年4月10日访问。

"这里所说的结社包括组织政党、政治团体及宗教、学术、文化艺术、公益等各种非政治性的社会团体"。① 根据公民结社的目的不同,可将结社划分为以盈利为目的的结社与不以营利为目的的结社两种形式。前者如商业结社,例如公司、集团、协会等;后者如宗教、慈善、文化艺术团体等。尽管结社自由有两种形式,但在宪法上主要是指非营利性的结社自由,其原因在于宪法上的结社自由,其根本意义在于保护人们组成非营利社会团体,以保护宪法赋予的言论、出版、集会、游行、示威的自由等权利和自由的行使。因此,"为了在具有共同利益的领域采取集体行动,公民可以组建一个合法的团体,是结社自由的一个最重要方面,如果没有这方面的自由,该项权利在某种意义上等于被剥夺了"。②

1954 年《宪法》第 87 条规定:"中华人民共和国公民有言论、出版、集会、结社、游行、示威的自由。国家供给必需的物质上的便利,以保证公民享受这些自由。"1982 年《宪法》第 35 条规定:"中华人民共和国公民有言论、出版、集会、结社、游行、示威的自由。"

结社自由包括为追求或推动任何社会的、艺术的、文学的、科学的、文化的、政治的、宗教的或其他的目标而与他人相结合的自由。其核心是社会和管理机构是否允许以及在多大程度上允许特定目的之社团存在并推动其目标。其形式包括:非法人社团、互助会、工会、特许社团、法人公司、产业协会或者建筑业协会。社团必须遵守法律的规定并为推动社团的目标以及管理其自身的事务享有广泛的自由而不受政府的干预和控制。包括社团为宣传其目标,赢得支持,秘密地或公开地举行与其目标相关会议的自由。③

结社自由也适用于非政府组织。非政府组织(Non Governmental Organizations,NGO),是指"在地方、国家或国际级别上组织起来的非营利性的、自愿公民组织。非政府组织、由兴趣相同的人们推动,它们提供各种各样的服务和发挥人道主义作用,向政府反映公民关心的问题、监督政策和鼓励在社区水平上的政治参与。它们提供分析和专门知识,充当早期预警机制,帮助监督和执行国际协议"。可见,非政府组织是与政府组织相对应的概念。在中国结社自由也适用于非政府组织。④ 其含义偏重于指那些公民自愿组织的非营利性的、非政治性的、从事社会公益活动与国家机构、官方社会团体、企事业组织相独立,按章程开展活动的社会团体,介于政治团体与商业团体二者之间。

非政府组织的显著特点是与社区的联系十分紧密,从而便于对一些社会敏感的问题或热点问题协助国家进行处理,以便于完善社会管理的法律与政策体系,并由国家在更大的范围内予以推广,由此促进和推动社会的协调发展与进步。由于其主要目的是推进社会政策的实施或社会公益事业的发展,故对非政府组织的管理也可以适用结社自由。

---

① 全国人大常委会办公厅研究室政治组编:《中国宪法精释》,中国民主法制出版社 1996 年版,第 156 页。
② (1998) 27 E. h. r. 33. cf. Association X v. Sweden, App. No. 6094/73; 9 D. R. 5. 陈欣新:《结社自由的司法保障》,载吴玉章主编:《社会团体的法律问题》,社会科学文献出版社 2004 年版,第 358 页。
③ [英] 戴维·M·沃克:《牛津法律大辞典》,李双元等译,法律出版社 2003 年版,第 444 页。
④ 关于非政府组织的定义,参见《什么是非政府组织?》,http://www.un.org/chinese/aboutun/ngo/qanda.html,2006 年 4 月 18 日访问。

(二) 结社自由的意义

结社自由"与表达自由、集会自由一样,结社自由处于公民权利和政治权利的重叠区域中。作为一项公民权利,它保证的是,在一个人为无论任何原因或任何目的希望与他人结社或已经如此行为时,该行为针对国家或私主体的干预受到保护。作为一项政治权利,它对民主的存在和运行是不可或缺的,因为人们只有在能够与他人联合(成为一个政党、职业利益团体、组织或其他追求特定公共利益的社团)的条件下,才能有效地主张其政治利益"。① 结社自由不仅是宪法确认的个人自由的延伸,而且也通过人们的共同意愿实现一种利益的聚合。在现代社会中,"如果人们有权自由发展自己的活动,那么他们也应该有权自由地将自己的活动与他人的活动结合起来"。② 结社是实行市场竞争和人民管理政府的至关重要的手段。③ 由于结社自由和一般的言论或新闻自由相比更加危险和难以控制,很少有国家能容忍无限制的结社自由。然而,没有结社自由公民就成了一个个游离的"孤子",相互之间不能形成理解、共识和感情,也不能形成市民社会来管理自己的事务,必然事事依赖国家而无形中助长了政府与社会的家长式专制主义倾向。④

结社自由对于一个国家民主的作用,托克维尔在《美国的民主》一书中认为它是通过培养公民团结自治,结社自由是民主社会防止政府专制的最有力手段。结社能够团结公民个人的力量以抵御国家与社会的专制。每个人的力量都是微弱的,并在现代大社会中容易产生消极悲观的情绪;但社团能把公民们带到一起,增强他们的力量、信心和感情,使他们更为相互关心。如果公民获得了结社自由,那么他们不论大事小事都会养成结社的习惯,并通过社团的力量来解决它们之间的问题,从而减少政府直接干预的必要性。虽然某些极端的社团可能会危及社会稳定,但与其禁止不如使他们的活动公开化,因此,结社自由可以防止地下组织的存在。⑤

(三) 我国对结社自由的管理

在我国,调整结社自由的法律规范主要有行政法规《社会团体登记管理条例》(1998年)、《民办非企业单位登记管理暂行条例》(1998年)和《基金管理条例》(2004年)和有关的规范性文件等。《社会团体登记管理条例》(1998年)第2条对社会团体概念的界定,可以视为结社自由的立法解释。按照该解释,社会团体"是指中国公民自愿组成,为实现会员共同意愿,按照其章程开展活动的非营利性社会组织"。其中,民办非企业单位和基金会也属于这类社会团体。⑥

我国的社会团体可以分为政治团体、行业团体、公益团体、专业团体和学术性社会

---

① [奥] 曼弗雷德·诺瓦克:《民权公约评注》(上),毕小青、孙世彦译,生活·读书·新知三联书店2003年版,第381页。
② [法] 莱昂·狄骥:《宪法学教程》,王文利等译,辽海出版社、春风文艺出版社1999年版,第229页。
③ 蔡定剑:《宪法精解》,法律出版社2004年版,第223页。
④ 张千帆:《宪法学导论·原理与应用》,法律出版社2004年版,第500~501页。
⑤ 转引张千帆:《宪法学导论·原理与应用》,法律出版社2004年版,第501页。
⑥ 《民办非企业单位登记管理暂行条例》(1998年)第2条规定:"民办非企业单位,是指企业事业单位、社会团体和其他社会力量以及公民个人利用非国有资产举办的,从事非营利性社会服务活动的社会组织"。《基金管理条例》(2004年)第2条规定:"本条例所称基金会,是指利用自然人、法人或者其他组织捐赠的财产,以从事公益事业为目的,按照本条例的规定成立的非营利性法人。"

团体。政治团体是指其主要任务、机构编制和领导职数由中央机构编制管理部门直接确定，虽然是非政府性的组织，但行使着部分政府职能，而且某些特定的社会团体也承担着某些社会职能，协助推行国家政策，这类社会团体，它们不属于宪法保障的结社自由的范围。① 行业团体主要是指工商领域的协会，主要职责是为企业服务，自律、协调、监督和维护企业合法权益，协助政府部门加强行业管理。学术性社会团体是指其职责为组织学术交流活动，提出对策和建议，研究本学科新问题，进行信息的交流和传播，参与有关咨询、论证工作和反映会员意见等的组织。专业性社会团体是指其职责为组织本专业的社会成员开展符合本专业特点的活动，反映本专业成员的利益和建议，协助政府管理或参与管理与本专业有关的社会事务等的组织。

在中国，国家对社会团体管理的特点主要有：

（1）对结社实行业务主管单位和登记管理机关双重负责的管理体制。② 成立社会团体原则上必须经其业务主管单位即业务主管部门——县级以人民政府有关部门及其授权的组织的审查同意③，然后再由发起人持业务主管单位批准文件向登记管理机关即人民政府民政部门申请筹备。④

中国共产党作为社团的性质与地位已经被宪法确认故无须登记。此外，还有三种全国性的带有准官方性质的社会团体不予登记：（一）参加中国人民政治协商会议的人民

---

① 目前全国性社会团体近 2000 个。其中使用行政编制或事业编制，由国家财政拨款的社会团体约 200 个，在这近 200 个团体中，全总、共青团、全国妇联的政治地位特殊，社会影响广泛。还有 16 个社会团体的政治地位虽然不及上述三个社会团体，但也比较特殊。它们分别是：中国文联、中国科协、全国侨联、中国作协、中国法学会、对外友协、贸促会、中国残联、宋庆龄基金会、中国记协、全国台联、黄埔军校同学会、外交学会、中国红十字总会、中国职工思想政治工作研究会、欧美同学会。新华网：《社会团体》，http://news.xinhuanet.com/ziliao/2002-01/28/content_285782.htm，2006 年 4 月 17 日访问。
② 1950 年《社会团体登记暂行办法》并未规定社会团体实行双重管理的体制。1989 年《社会团体登记管理条例》体现了限制社会团体的数量与活动的精神。1998 年《社会团体管理办法》的社会背景发生了较大的变化，政府职能转化要求社会团体承受政府转让出来的权力，仍然规定社会团体实行双重管理的体制，事实上在社会团体登记部门与其业务主管部门之间造成了不少矛盾。参见：吴玉章：《"政府管理社团"模式及其效果》，载吴玉章主编：《社会团体的法律问题》，社会科学文献出版社 2004 年版，第 12 页。
③ 根据民政部的规定，"社会团体业务主管单位的职能应能涵盖所属社会团体的业务范围，并能够对主管的社会团体进行业务指导。各业务主管单位必须对其所主管社会团体负责，按照中共中央、国务院文件和有关法规的规定切实履行管理职责。各业务主管单位应建立相应的管理机构，选派政治强、作风正、素质好的同志具体从事社团管理工作，业务主管单位对其所主管社会团体在其业务主管单位未做新的调整之前，必须负责到底，决不能撒手不管"。民政部《关于重新确认社会团体业务主管单位的通知》（民发〔2000〕41 号）。
④ 社会团体的业务主管单位是指："（一）国务院组成部委、国务院直属机构、国务院办事机构及地方县级以上人民政府的相应部门和机构；（二）中共中央各工作部门、代管单位及地方县级以上党委的相应部门和单位；（三）全国人大常委会办公厅、全国政协办公厅、最高人民法院、最高人民检察院及地方县级以上上述机关的相应部门；（四）经中共中央、国务院或地方县级以上党委、人民政府授权作为社会团体业务主管单位的组织。（五）军队系统的社会团体的业务主管单位的问题由总政治部明确。""经中共中央、国务院或地方县级以上党委、人民政府授权作为社会团体业务主管单位的组织，应具备以下条件：（一）能够全面履行社会团体业务主管单位职责的组织；（二）中央或地方机构编制管理机关'定职能、定机构、定编制'；（三）有具体机构和人员从事社会团体管理工作的组织；（四）经中共中央、国务院或地方县级以上党委、人民政府履行过授权程序的组织。同时具备以上条件的组织，方可作为社会团体的业务主管单位"。《民办非企业单位登记管理暂行条例》（1998 年）第 3 条规定："成立民办非企业单位，应当经其业务主管单位审查同意，并依照本条例的规定登记。"

团体;① （二）由国务院机构编制管理机关核定，并经国务院批准免于登记的团体②；（三）机关、团体、企业事业单位内部经本单位批准成立、在本单位内部活动的团体。同时，凡是违反规定成立社会团体的，依照《治安管理处罚法》（2005年）第54条规定进行处罚："违反国家规定，未经注册登记，以社会团体名义进行活动，被取缔后，仍进行活动的；被依法撤销登记的社会团体，仍以社会团体名义进行活动的，处十日以上十五日以下拘留，并处五百元以上一千元以下罚款；情节较轻的，处五日以下拘留或者五百元以下罚款。"现行法律规范不承认非登记社会团体的合法地位，其实质是限制结社时选择组织形态的自由③。

2011年，民政部门对公益慈善类、社会福利类、社会服务类社会组织，履行登记管理和业务主管一体化职能。这意味着，上述三类社会组织将可直接登记，改变以前的双重管理门槛。这三类社会组织是首批纳入民政部门对社会组织直接登记范围的试点。④

（2）社会团体必须具备法人的资格，设立门槛高⑤。具体标准包括：①有50个以上的个人会员或者30个以上的单位会员；个人会员、单位会员混合组成的，会员总数不得少于50个；②有规范的名称和相应的组织机构；③有固定的住所；④有与其业务活动相适应的专职工作人员；⑤有合法的资产和经费来源，全国性的社会团体有10万元以上活动资金，地方性的社会团体和跨行政区域的社会团体有3万元以上活动资金；⑥有独立承担民事责任的能力。⑥

（3）社会团体活动内容必须合法，不得违背社会道德风尚和不得从事违反宪法、法律规定或营利性经营活动。《社会团体登记管理条例》（1998年）第4条规定，公民组织社会团体应当遵循的法律界限是："社会团体必须遵守宪法、法律、法规和国家政策，不得反对宪法确定的基本原则，不得危害国家的统一、安全和民族的团结，不得损害国

---

① 参加中国人民政治协商会议的人民团体有：中华全国总工会、中国共产主义青年团、中华全国妇女联合会、中国科学技术协会、中华全国归国华侨联合会、中华全国台湾同胞谊会、中华全国青年联合会、中华全国工商业联合会。见《民政部关于对部分团体免予社团登记有关问题的通知》（民政部民发〔2000〕256号）。

② 经国务院批准可以免于登记的社会团体有：中国文学艺术界联合会、中国作家协会、中华全国新闻工作者协会、中国人民对外友好协会、中国人民外交学会、中国国际贸易促进会、中国残疾人联合会、宋庆龄基金会、中国法学会、中国红十字总会、中国职工思想政治工作研究会、欧美同学会、黄埔军校同学会、中华职业教育社。见《民政部关于对部分团体免予社团登记有关问题的通知》（民政部民发〔2000〕256号）。

③ 齐红：《结社自由与法人社团制度》，载吴玉章主编：《社会团体的法律问题》，社会科学文献出版社2004年版，第152页。

④ http://news.sohu.com/20110706/n312525337.shtml，2011年7月6日访问。

⑤ 《社会团体登记管理条例》第3条。

⑥ 据谢海定2002—2003年在深圳市和安徽省部分地区的调查，经过正式登记的民间组织的数量为实际数量的8%—13%。如果加上为解决特定问题而成立的民间组织，这个比例还会更低。而在对乡镇的小型统计中，经过登记的社团组织数占实际数量的1/12—1/20；经过登记的民办非企业单位组织占实际数量的1/10—1/12。该比例比民政部门的摸底更低。谢海定：《中国民间组织的合法性困境》，载吴玉章主编：《社会团体的法律问题》，社会科学文献出版社2004年版，第54～55页。

据2004年福建省民政厅民间组织管理处的调查，当地的农村专业经济协会多数达不到按照现有的社团登记条件而无法注册。福建省乡村两级农村专业经济组织约4800多个，多数未经民政部门登记。建瓯市依法登记的农村专业经济组织只有13个，还有200多个组织没有登记就挂牌成立。参见李亚彪、钟玉明、傅丕毅：《调治肌体硬伤，与政府分担和谐压力——和谐社会中的非政府社会组织专题调查》，http://news.xinhuanet.com/banyt/2005-05/27/content_3011136.htm，2006年4月18日访问。

家利益、社会公共利益以及其他组织和公民的合法权益，不得违背社会道德风尚。社会团体不得从事营利性经营活动"。①

（4）社会团体必须在其地域范围内活动，同一行政区域不得设立2个以上相同的社会团体。《社会团体登记管理条例》（1998年）第13条第2款规定："在同一行政区域内已有业务范围相同或者相似的社会团体，没有必要成立的"。第19条规定："社会团体成立后拟设立分支机构、代表机构的，应当经业务主管单位审查同意，向登记管理机关提交有关分支机构、代表机构的名称、业务范围、场所和主要负责人等情况的文件，申请登记。社会团体的分支机构、代表机构是社会团体的组成部分，不具有法人资格，应当按照其所属的社会团体的章程所规定的宗旨和业务范围，在该社会团体授权的范围内开展活动、发展会员。社会团体的分支机构不得再设立分支机构。社会团体不得设立地域性的分支机构。"

（5）社会团体必须接受国家的管理与监督。《社会团体登记管理条例》（1998年）第29条第3款规定："社会团体接受捐赠、资助，必须符合章程规定的宗旨和业务范围，必须根据与捐赠人、资助人约定的期限、方式和合法用途使用。社会团体应当向业务主管单位报告接受、使用捐赠、资助的有关情况，并应当将有关情况以适当方式向社会公布。"第31条规定："社会团体应当于每年3月31日前向业务主管单位报送上一年度的工作报告，经业务主管单位初审同意后，于5月31日前报送登记管理机关，接受年度检查。工作报告的内容包括：本社会团体遵守法规和国家政策的情况、依照本条例履行登记手续的情况、按照章程开展活动的情况、人员和机构变动的情况以及财务管理的情况。"②

六、集会、游行、示威的自由

（一）集会、游行、示威自由的含义

集会自由是指公民享有聚集于露天公共场所，发表意见、表达意愿的活动，其目的是公民为了共同的目的，集合在一定场所，讨论问题或表达意愿活动的自由；游行自由是指公民在公共道路、露天公共场所列队行进、表达共同意愿活动的自由，其形式是在共场所列队行进，以表示其态度、意见和要求等意愿；示威自由是指公民在露天公共场所或者公共道路上以集会、游行、静坐等方式，表达要求、抗议或者支持、声援等共同意愿的活动的自由，其目的是表示抗议或愤怒等强烈愿望，聚集一起显示决心和力量。

1954年《宪法》第87条规定："中华人民共和国公民有言论、出版、集会、结社、

---

① 《民办非企业单位登记管理暂行条例》（1998年）第4条规定："民办非企业单位应当遵守宪法、法律、法规和国家政策，不得反对宪法确定的基本原则，不得危害国家的统一、安全和民族的团结，不得损害国家利益、社会公共利益以及其他社会组织和公民的合法权益，不得违背社会道德风尚。民办非企业单位不得从事营利性经营活动。"《基金管理条例》（2004年）第4条规定："基金会必须遵守宪法、法律、法规、规章和国家政策，不得危害国家安全、统一和民族团结，不得违背社会公德。"

② 根据有关规定："业务主管单位和登记管理机关要实行严格的章程审核制度，监督民间组织按照核定的章程和业务范围开展活动，加强对民间组织的年度检查，建立举报制度，发挥新闻舆论的监督作用。严禁民间组织之间建立垂直领导或变相垂直领导关系和组织网络系统。要责令内部制度不健全的民间组织进行整改；对违反章程、损害会员利益、违法违纪的民间组织，登记管理机关要依法处罚，从而帮助和督促民间组织进行自我约束、自我管理"。见《中共中央办公厅、国务院办公厅关于进一步加强民间组织管理工作的通知》（中办发[1999]）。

游行、示威的自由。国家供给必需的物质上的便利，以保证公民享受这些自由。"1982年《宪法》第35条规定："中华人民共和国公民有言论、出版、集会、结社、游行、示威的自由。"

集会、游行、示威的自由是言论自由的延伸。"集会、游行、示威自由的共同之处是它们都是自由表达意愿，其实质都是公民运用一种激烈的方式，以个人权利来对抗国家权力。而不同之处则是在表达的程度、方式和方法上有所差异。"[①] 文娱、体育活动、正常的宗教活动、传统的民间习俗活动，不属于宪法基本权利范围的集会、游行、示威自由；同样，国家举行或者根据国家决定举行的庆祝、纪念等活动，国家机关、政党、社会团体、企业事业组织依照法律，组织章程举行的集会，也不属于公民行使集会自由权利的行为。

（二）集会、游行、示威自由的行使

集会、游行、示威自由的行使，主要发生在公共道路或露天场所，必然会对社会公共秩序与安全造成极大的影响，因此，各国法律在保障公民行使这项权利的同时，也从程序上作出了具体规定，以平衡社会公共利益与个人自由之间的关系。根据《游行集会示威法》（1989年）的有关规定，公民在行使此项自由时，应当遵循的法律程序如下：

（1）举行集会、游行、示威，实行强制许可的制度。举行集会、游行、示威必须要有负责人。依照法律规定需要申请的集会、游行、示威，其负责人必须在举行日期的五日前向主管机关递交书面申请。申请书中应当载明集会、游行、示威的目的、方式、标语、口号、人数、车辆数、使用音响设备的种类与数量、起止时间、地点（包括集合地和解散地）、路线和负责人的姓名、职业、住址。主管机关接到集会、游行、示威申请书后，应当在申请举行日期的二日前，将许可或者不许可的决定书通知其负责人。不许可的，应当说明理由。逾期不通知的，视为许可。确因突然发生的事件临时要求举行集体、游行、示威的，必须立即报告主管机关；主管机关接到报告后，应当立即审查决定许可或者不许可。

（2）举行游行、集会、示威的内容，应当服从法律的限制。申请举行的集会、游行、示威，有下列情形之一的，不予许可：①反对宪法所确定的基本原则的；②危害国家统一、主权和领土完整的；③煽动民族分裂的；④有充分根据认定申请举行的集会、游行、示威将直接危害公共安全或者严重破坏社会秩序的。

（3）举行游行、集会、示威的方式，必须服从公共秩序的管理。对于依法举行的集会、游行、示威，主管机关应当派出人民警察维持交通秩序和社会秩序，保障集会、游行、示威的顺利进行。依法举行的集会、游行、示威，任何人不得以暴力、胁迫或者其他非法手段进行扰乱、冲击和破坏。为了保障依法举行的游行的行进，负责维持交通秩序的人民警察可以临时变通执行交通规则的有关规定。游行在行进中遇有不可预料的情况，不能按照许可的路线行进时，人民警察现场负责人有权改变游行队伍的行进路线。

（4）举行集会、游行、示威活动的时间，必须遵循法律规定。举行集会、游行、示威的时间限于早六时至晚十时，经当地人民政府决定或者批准的除外。集会、游行、示威应当按照许可的目的、方式、标语、口号、起止时间、地点、路线及其他事项进行。

---

① 全国人大常委会办公厅研究室政治组编：《中国宪法精释》，中国民主法制出版社1996年版，第156页。

集会、游行、示威的负责人必须负责维持集会、游行、示威的秩序,并严格防止其他人加入。集会、游行、示威的负责人在必要时,应当指定专人协助人民警察维持秩序。负责维持秩序的人员应当佩戴标志。举行集会、游行、示威,不得违反治安管理法规,不是进行犯罪活动或者煽动犯罪。

(5)集会、游行、示威活动必须接受国家的管理。举行集会、游行、示威,有下列情形之一的,人民警察应当予以制止:①未依照本法规定申请或者申请未获许可的;②未按照主管机关许可的目的、方式、标语、口号、起止时间、地点、路线进行的;③在进行中出现危害公共安全或者严重破坏社会秩序情况的。有前款所列情形之一,不听制止的,人民警察现场负责人有权命令解散;拒不解散的,人民警察现场负责人有权依照国家有关规定决定采取必要手段强行驱散,并对拒不服从的人员强行带离现场或者立即予以拘留。《治安管理处罚法》(2005年)第55条规定:"煽动、策划非法集会、游行、示威,不听劝阻的,处十日以上十五日以下拘留。"

七、请愿权

(一)请愿权的含义

请愿权是指公民为维护自身权益或团体、公共利益,就特定事项向国家机关表达意见,要求其为或不为一定行为对其主张的合法权益或事项予以救济的权利。①

1954年《宪法》第97条规定:"中华人民共和国公民对于任何违法失职的国家机关工作人员,有向各级国家机关提出书面控告或者口头控告的权利。由于国家机关工作人员侵犯公民权利而受到损失的人,有取得赔偿的权利。"1982年《宪法》第41条规定:"中华人民共和国公民对于任何国家机关和国家工作人员,有提出批评和建议的权利;对于任何国家机关和国家工作人员的违法失职行为,有向有关国家机关提出申诉、控告或者检举的权利,但是不得捏造或者歪曲事实进行诬告陷害。对于公民的申诉、控告或者检举,有关国家机关必须查清事实,负责处理。任何人不得压制和打击报复。由于国家机关和国家工作人员侵犯公民权利而受到损失的人,有依照法律规定取得赔偿的权利。"

请愿权包括信访权与举报权。

1. 信访权

(1)信访权的含义

信访权是指公民享有的采用书信、电子邮件、传真、电话、走访等形式,向各级人民政府、县级以上人民政府工作部门反映情况,提出建议、意见或者投诉,请求有关国家机关依法处理的权利。包括批评权、建议权和申诉权。批评是指公民对国家机关及其工作人员工作中的缺点和错误公开指出并要求其予以改正的行为。建议是指公民对国家机关及其工作人员的工作提出完善或改进的意见的行为。申诉是指公民在其合法权益受到国家机关错误决定侵害时,向作出决定的机关或其他法定国家机关陈述事实和理由,请求撤销原决定或重新作出决定的行为,主要分为两种情况:其一,对人民法院作出的已经发生法律效力的判决或裁定,当事人及其家属或者其他利害关系人,可以向人民法院或者人民检察院提出申诉,要求改正或者撤销原判或裁定。其二,对国家行政机关的

---

① 章志远:《论请愿权》,载杨海坤主编:《宪法基本权利新论》,北京大学出版社2004年版,第195页。

决定不服，相对人及其他利害关系人可以向有关国家机关提出申诉，要求更正或者撤销原决定。① 行使信访权应当依照行政法规规定的条件和程序，不得以信访的名义聚众扰乱社会秩序。2006年陕西省靖边县人民法院对冯秉先、冯孝元、王世军等3名"油老板"犯聚众扰乱社会秩序罪的判决，即表明了合法行使信访权利与违反社会治安管理以及犯罪的界限。②

(2) 信访权的行使

我国规范公民请愿权的主要是行政法规《信访条例》(2005年)。其主要特点如下：

第一，向国家行政机关信访的，必须属于《信访条例》规定的事项。《信访条例》(2005年) 第14条规定："信访人对下列组织、人员的职务行为反映情况，提出建议、意见，或者不服下列组织、人员的职务行为，可以向有关行政机关提出信访事项：①行政机关及其工作人员；②法律、法规授权的具有管理公共事务职能的组织及其工作人员；③提供公共服务的企业、事业单位及其工作人员；④社会团体或者其他企业、事业单位中由国家行政机关任命、派出的人员；⑤村民委员会、居民委员会及其成员。对依法应当通过诉讼、仲裁、行政复议等法定途径解决的投诉请求，信访人应当依照有关法律、行政法规规定的程序向有关机关提出。"

第二，向其他机关信访的，分别向有权机关提出。《信访条例》(2005年) 第15条规定："信访人对各级人民代表大会以及县级以上各级人民代表大会常务委员会、人民法院、人民检察院职权范围内的信访事项，应当分别向有关的人民代表大会及其常务委员会、人民法院、人民检察院提出，并遵守本条例第十六条、第十七条、第十八条、第十九条、第二十条的规定。"

第三，采取走访的方式信访，限于向有处理权的本级或者上一级机关提出。《信访条例》(2005年) 第16条规定："信访人采用走访形式提出信访事项，应当向依法有权处理的本级或者上一级机关提出；信访事项已经受理或者正在办理的，信访人在规定期限内向受理、办理机关的上级机关再提出同一信访事项的，该上级机关不予受理。"第18条第1、2款规定："信访人采用走访形式提出信访事项的，应当到有关机关设立或者指定的接待场所提出。""多人采用走访形式提出共同的信访事项的，应当推选代表，代表人数不得超过5人。"公民未向有处理权的本级或者上一级机关走访，要求上级国家机关纠正下级国家机关或有关机关对其本人或他人的合法权益造成的损害的违法行为，虽然依照信访条例的规定属于不当行使基本权利，但该不当行为尚不构成被给以法律制裁的程度，或者构成国家限制其行使请愿权的正当理由。国家机关对于公民越级走访的行为不得以任何理由进行干涉、限制、剥夺，更不能对此实施法律制裁。

第四，信访事项可以采取口头和书面的形式提出。《信访条例》(2005年) 第17条第1、2款规定："信访人提出信访事项，一般应当采用书信、电子邮件、传真等书面形式；信访人提出投诉请求的，还应当载明信访人的姓名（名称）、住址和请求、事实、理由。""有关机关对采用口头形式提出的投诉请求，应当记录信访人的姓名（名称）、

---

① 肖蔚云、姜明安主编：《北京大学法学百科全书·宪法学行政法学卷》，北京大学出版社1999年版，第409页。
② 参见刘书云、尚栩：《陕西3名"油老板"聚众扰乱社会秩序被判刑》，http://news.xinhuanet.com/legal/2006-01/06/content_4017673.htm，2006年4月18日访问。

住址和请求、事实、理由。"

2. 举报权

（1）举报权的含义

举报，是指公民向国家司法机关和有关部门（主要是中共纪律检查委员会、国家监察机关）检举、揭发国家公务员及其有关组织的工作人员的违法、犯罪事实或者提供违法、犯罪线索的行为。举报是宪法和法律赋予公民对国家公务员及其有关组织的工作人员进行监督的一项民主权利。

举报包括检举和控告两种形式。检举是指公民对任何国家公务员及其有关组织的工作人员的违法失职行为向有关机关揭发，要求处理的行为；控告，是指公民向司法机关揭露、告发犯罪事实或犯罪嫌疑人，要求依法予以惩处的行为，也包括对国家公务员及其有关组织的工作人员的违法失职行为和犯罪线索，向有关机关（国家监察机关）和组织（中共纪律检查委员会）揭发和指控的行为。

举报既是我国公民同职务违法、犯罪行为作斗争的有力武器和重要手段，也是我国司法机关、行政监察机关以及其他有关机关和部门发现和查处职务违法犯罪案件的主要线索来源和渠道。检举人一般不是犯罪案件的被害人或其法定代理人，与案件无直接的利害关系，其主要是为了伸张正义，维护法制，保护国家和社会公共利益及他人的合法权益。

（2）举报权的行使。

第一，各国家机关受理举报的分工。

举报权的行使主要是依据中共中央纪律检查委员会的政策规定和最高人民检察院的规定。接受公民举报的机构主要有：国家检察机关、中共纪律检查机关、国家监察机关和工商行政管理、税务、审计、物价、海关、外汇管理、劳动和社会保障、质量技术监督等部门。各机关在其职责范围内受理举报。

检察机关受理举报案件的范围包括：对贪污贿赂犯罪，国家工作人员的渎职犯罪，国家机关工作人员利用职权实施的非法拘禁、刑讯逼供、报复陷害、非法搜查等侵犯公民人身权利的犯罪以及侵犯公民民主权利的犯罪；以及国家机关工作人员利用职权实施的其他重大的犯罪案件，需要由人民检察院直接受理的时候，经省级以上人民检察院决定，可以由人民检察院立案侦查。对于上述案件的犯罪嫌疑人及其犯罪线索的举报，都由人民检察院受理。

中国共产党纪律检查机关受理举报的范围是：对党员、党组织违反党章和其他党内法规，违反党的路线、方针、政策和决议，利用职权谋取私利和其他败坏党风行为的举报；对其他涉及党纪党风的问题的举报等。根据1997年制定的《中国共产党纪律处分条例（试行）》规定，党的组织和党员违犯党的纪律应当给予党的纪律处分的行为，主要有：政治类错误，组织、人事类错误，经济类错误，失职类错误，侵犯党员权利、公民权利类错误，严重违反社会主义道德类错误，违反社会管理秩序类错误等。

监察机关受理举报的范围是：对国家行政机关及其工作人员和国家行政机关任命的其他人员违反国家法律、法规、政策和决定、命令以及政纪行为的举报。具体地说，主要有：违反国家政策和决定、命令，弄虚作假，欺骗领导和群众；参与或者支持非法活动；贪污、贿赂、挪用公款，利用职权为自己或他人谋取私利；挥霍浪费国家和集体资产；滥用职权，侵犯群众利益；泄露国家秘密；压制批评，打击报复；在外事活动中有损国家荣誉与利益；其他违反政纪的行为。

第二，举报的形式。

采取何种举报方式，由举报人根据自己的意愿和具体情况来定。举报通常可采用以下几种方式：

电话举报，即举报人按照所掌握的案件线索的性质，通过拨打举报电话，向负责受理此类案件的举报机构或者有关部门进行举报。

信函举报，即举报人将所掌握的案件线索，以书面信函的方式，投寄给负责受理此类案件的举报机构或者有关部门进行举报。

当面举报，即举报人就所掌握的案件线索，亲自到有关举报机构或者有关部门向举报机构的工作人员进行举报。

预约举报，即当面举报的一种补充形式，是指举报人就所要举报的案件线索实现与举报机关或者有关部门进行联系，约定时间、地点以及接待人员，进行当面举报。

此外，行使举报权也可以采取电传、电报、录音、录像或者通过互联网等方式进行。

第三，对举报人权利的保护。

对举报人权利的保护主要依照中国共产党《党内监督条例》（2004年）的政策规范。其中第26条规定："凡向党组织检举党员或下级党组织严重违纪违法问题的以及党员控告侵害自己合法权益行为的，党组织应当按照有关规定及时调查处理。党员署真实姓名检举的，应当视情况将处理结果告知该党员，听取其意见。"第42条规定："鼓励、支持、保护党组织和党员领导干部、党员、党的代表大会代表在党内监督中发挥积极作用。对署真实姓名反映问题或检举、控告违纪违法行为的，党组织和有关人员应当为其保密；对泄露的要追究责任。对检举、控告党员或党组织严重违纪违法问题经查证属实的，给予表扬或奖励。对打击报复监督者的，对以监督为名侮辱、诽谤、诬陷他人的，以及在监督中有其他违纪违法行为的，依纪依法严肃处理。"但这些政策性规定仍显得软弱无力。对报复者只能进行事后惩罚，起不到事先保护举报人的作用。对举报人保护的规定适用范围也过于狭小，仅限于本人而不包括举报人的近亲属。没有建立举报人特殊保障制度，泄密事件不断发生，实名举报者在举报后被打击报复得不到适当的救济的状况时有发生。① 这些情况表明国家应当尽快制定保护公民举报权的法律，使宪法确认的检举、控告国家机关及其工作人员违法行为的基本权利得到法律的具体保护。

八、信息自由

（一）信息自由的含义

1. 公共信息

公共信息又称为政府信息，是指行使国家公共权力的机构（包括行政机关、法律法规授权委托的组织、获得以纳税人税款为来源的政府财政拨款的社会团体、组织等）在行使其管理或提供公共服务过程中制作、获得或掌握的以纸质、胶卷、磁带、磁盘以及

---

① 参见邓颖、潘晓凌：《实名举报者今何在？》，http://www.nanfangdaily.com.cn/southnews/zmzg/200604200775.asp。

其他电子存储材料等载体反映的内容。

在现代社会中,国家权力行使获得的任何信息都依照法律规定予以公开。立法权力行使过程及其活动情况的公开由《立法法》规定,司法权的形式及其活动情况由诉讼法规定。行政权力的行使及其活动情况的公开,各国都制定专门的信息公开法或政府信息法予以保障。因此,公共信息的范围限于国家行使行政权力获取的信息,不包括立法机关制定的法律、人民法院和人民检察院制作的法律文书与行政机关制定的行政法规、规章。

2. 信息自由

信息自由（right of information）又称知的权利或知情权（right to knowledge）、信息自由（freedom of information）,是指公民对行使国家公共权力的活动进行了解、知悉和监督的自由,即公民享有从行使公共权力的国家机关或其他组织了解、获取、知悉国家公共管理信息的权利[1]。信息自由不仅有助于公民维护其个人的合法权益,而且也是保障公共权力行使的透明、公开与民主。公共信息是社会的公共资源,每个公民都有权享有和获悉并由此行使对公共权力进行监督。国家作为公共信息的拥有者,对其在行使国家权力过程中获取、掌握和控制的公共信息,有义务将公共政策的制定和执行情况告知公民,这是国家保障公民行使管理国家事务权利的基本义务。信息自由是现代法治国家确认并从法律上对公民"知的权利"予以保障的结果,也是判断行政体制公开、法治政府与民主政治发展水平一个重要的法律指标[2]。在基本权利体系中,信息自由是第二次世界大战以来公民权利中最重要的权利之一,获得了国际社会和法律理论的高度评价,[3]并与环境权等一样被认为是第三代人权。

国家机关及其工作人员行使权力的职务消费,来源于国家财政预算或预算外资金,从法理上说应当接受纳税人的监督。这部分信息并非国家秘密、商业秘密和个人隐私,属于公众关心且与纳税人利益有关的公共利益的一部分,但现行制度没有将其纳入公开的范围。让公民知晓、了解这类公共信息有利于监督和防止腐败,也有利于建立公开透明的法治政府。从我国现有民主政治发展的实际情况来看,国家已经明确要求中央企业负责人（其行政级别或管理权限参照厅、局级或省、部级领导干部管理）为履行工作职责所发生的消费性支出及享有的待遇,包括公务用车配备及使用、通讯、业务招待（含礼品）、差旅、国（境）外考察培训等与企业负责人履行其职责相关的消费项目,向本职业公开以接受监督。[4] 因此,随着我国行政管理制度的逐步完善,结合国家防治腐败措施的综合治理,把各级国家机关及其工作人员的职务消费纳入公共信息公开的范围,

---

[1] 刘广登:《论知情权》,载杨海坤主编:《宪法基本权利新论》,北京大学出版社2004年版,第153页。
[2] 参见周伟:《中国信息公开法律制度的现状、问题与前瞻》,载《政治学研究》2003年第4期。
[3] 有关信息自由的理论研究,参见《法与法律理论研究国际丛书:信息自由》（Aldershot, England and Burlington, Vermont: Freedom of Information, The International Library of Essays in Law and Legal Theory (2000 edition), Ashgate Publishing — Dartmouth Publishing Co., 2nd Series 2000 (Tom D. Campbell, ed.).
[4] 《关于规范中央企业负责人职务消费的指导意见》（2006年）第7条规定:"增强企业负责人职务消费的透明度。企业拟定的职务消费管理制度在履行内部决策程序前,应当通过职工代表大会等形式听取职工意见。企业负责人职务消费情况应作为厂务公开的内容,定期在适当范围公布,接受职工的民主监督。公布的内容原则上包括:公务用车配备及使用、通讯、业务招待（含礼品）、差旅、国（境）外考察培训等职务消费的年度预算及执行情况等。"

对于推进中国社会主义民主法制建设有重要作用。

3. 信息自由的意义

公共信息形成过程表明，在行使公共权力过程中获得的公共信息，其归属并非行使该权力的机关，而是产生这些机关的纳税人。任何一项行政权力的行使，都不可避免地直接涉及个人的基本权利，其目的也是实现公共服务。"在这种意义上说，要求行政机关负有向社会公开公共信息的义务，这既是对行政机关的制约和限制，也是人民主权原则本身的要求。"①公共信息公开有助于建立公正透明的行政管理体制，保障公民的知情权。公民通过公共信息公开不仅可以维护其自身合法权益，而且也有助于监督政府机关依法履行职责。因此"知情权制度的发达与否，直接反映出一个国家的民主宪政水平。知情权制度愈发达表明政府的透明度愈强，民主参与度愈高。政府公开化程度决定了知情权的实现程度"。②信息自由"是社会民主的基石。知情权要求政府必须做到行政公开，这不仅是政府义不容辞的法定职责，也是对公民平等权利、民主参与的法律保障"。③

（二）信息自由的性质

《宪法》没有规定信息自由，但可以从《宪法》有关条文中推导出来。1982年《宪法》第2条规定："中华人民共和国的一切权力属于人民。"第41条规定："中华人民共和国公民对于任何国家机关和国家工作人员，有提出批评和建议的权利；对于任何国家机关和国家工作人员的违法失职行为，有向有关国家机关提出申诉、控告或者检举的权利，但是不得捏造或者歪曲事实进行诬告陷害。"实现这两条《宪法》规定，无论是公民依照法律规定行使管理国家事务的权力，还是对国家机关和国家工作人员提出批评和建议，或对任何国家机关和国家工作人员的违法失职行为向有关国家机关提出申诉、控告或者检举，都是以对国家管理事务、公共权力行使和社会公共事务的知晓为前提的。④公民获取国家管理的公共信息，不仅是实现《宪法》第2条、第41条的前提，而且也是实现《宪法》序言规定的建设社会主义法治国家的重要内容。因此，不论是《宪法》规定的人民主权和法治国家的基本要求，还是公民行使批评建议和申诉权利的前提要件，都表明我国《宪法》有关规定中包含了信息自由。

在我国，信息自由即知情权虽然尚未制定法律，但从2002年广州市《广州市政府信息公开条例》发布施行后⑤，各地政府规章中即以立法例的形式予以确认。2003年2月开始在北京市等地的非典型肺炎防治工作中，显示公共信息公开制度化、规范化的紧

---

① 韩大元、姚西科：《试论行政机关公开公共信息的理论基础》，载《河南省政法干部管理学院学报》2001年2期。
② 杜钢建：《知情权制度比较研究》，载《宪法比较研究文集》，南京大学出版社1993年版，第156页。
③ 林喆：《公民基本人权法律制度研究》，北京大学出版社2006年版，第325页。
④ 林喆：《公民基本人权法律制度研究》，北京大学出版社2006年版，第330页。
⑤ 《广州市政府信息公开规定》（2002年）第1条规定："为保障个人和组织的知情权，规范政府信息公开，增加行政活动的透明度，监督政府机关依法行使职权，依据有关法律、法规的规定，结合本市实际，制定本规定。"

迫性。① 2003年5月，国务院要求各部委和各省、市、区加快推进信息公开步伐。2004年以来，上海、湖北、吉林、江苏、辽宁、陕西等省市以及国土资源部、国家食品药品监督管理局等中央部委也先后制定颁布政府信息公开方面的政府规章。2006年1月1日，中央政府网站正式推出，使公民获悉国家公共政策信息的程序与形式进一步具体化。同时，国务院《政府信息公开条例》的制定工作也进入行政法规的立法程序。②

从宪法基本权利发展过程来看，信息自由最初包含在寻找、接收与传播信息与思想的表达自由之中，并未单独作为一项基本权利规定在《宪法》文本中。自从200多年以前的瑞典宪法性文件将信息自由确认为一项独立的基本权利以来，不仅20世纪后半期世界上一些国家宪法明确规定了信息自由是一项独立的基本权利，而且许多国家和地区还制定了专门的规范政府信息公开的法律，保障这一基本权利的行使。1946年联合国第一次大会通过第59（1）号决议认可信息自由是一项基本权利，"信息自由是一项基本人权，也是联合国追求的所有自由的基石"。在1995年联合国人权委员会观点与表达自由特别报告人的报告中，都提出了信息自由是一项基本人权的主张。"言论与表达自由的最重要的因素之一是寻找或者获得信息的权利"。此后，在1998年的报告中进一步宣布："寻找、接收与传播信息的权利使国家负有积极的义务，以保证获得信息，尤其是政府以所有方式储存的信息。"在该委员会2000年的报告中，解释了信息权作为一项人权的内容，并敦促各国应修改其法律或者制定新的法律以保证公众获得信息的权利，阐明了信息权的主要特点和各国的法律保障信息自由应当体现的原则③。

信息自由不仅具有个人不受限制的自由的获取公共信息的消极性质，而且也具有公共信息的拥有人主动公开满足个人信息自由的积极性质。从个人只有在充分了解各种事实、意见、建议才能够有效地参与管理国家事务的层面来说，信息自由是一项积极要求政府信息公开的权利。④

（三）公共信息的公开

1. 公共信息公开的范围

公共信息公开是为了保障公民了解、知晓、获悉国家管理事务的具体情形，其重要

---

① 2003年3月，北京市等部分地区发现非典型肺炎。国务院决定，从4月21日起，将原来5天公布一次疫情改为每天公布一次。公共信息的迅速及时公开证明，现代社会信息渠道多元化，公共信息公开是建立诚信政府最基本的要义。在这场突发公共卫生事件中，截至5月初，全国共有120多名中央和北京、河北、山东、重庆、内蒙古、浙江等15个省、市、自治区的官员医为在防治非典型肺炎中擅离职守，迟报、瞒报、漏报疫情或工作不力而受到被免职、停职、警告、降级、通报批评等惩处。其中，原卫生部部长张文康和原北京市副市长孟学农均被免职。中共中央组织部一位官员在接受新华社记者采访时说："这是中国首次在突发灾害事件中，就同一问题连续地、大范围地处分失职官员。"

② 冯晓芳：《〈政府信息公开条例〉列入国务院法制办立法重点》，http://news3.xinhuanet.com/legal/2006-03/17/content_4313521.htm，2006年6月10日访问。

③ 这些原则是：第一，公共机构有义务公开信息，个人有权获得信息。第二，信息自由意味着公共机构出版并广为传播涉及公众重大利益的文件。第三，信息自由法至少应当包括教育公众的内容，并传播如何行使获得信息自由的信息。第四，不得以保全政府的面子或者掩盖违法行为为目的拒绝公开信息，公开例外的情形必须由法律确定且避免将并不造成公共利益损害的事项纳入其中。第五，公共机构建立公开、透明的机制保证个人行使获得信息的权利。第六，获得信息的成本不能太高。转引自周汉华主编：《外国政府信息公开制度比较》，中国法制出版社2003年版，第2页。

④ ［日］芦部信喜著、高桥和之增订：《宪法》（第3版），林来梵、凌维慈、龙绚丽译，北京大学出版社2006年版，第153页。

目的在于公民监督公共权力机构的合法行使，故公共信息以公开为原则，不公开为例外[1]。

在我国政府信息公开的实践中，公共信息公开的种类可以分为依职权公开、申请公开、部分公开和免于公开四种情形：

（1）依职权公开，即主动公开。这是指公开义务人将其获取、拥有的公共信息在没有申请的情况下予以公开。属于这类情形的包括：管理规范和发展计划、与公众密切相关的重大事项、公共资金使用和监督、政府机构和人事等社会关注或公共利益的信息。尤其通过电子自动化设备实施的管理行为，应当及时告知相对人。

（2）裁量公开。这是指对某些公共信息公开后可能影响第三人权益的或具备其他情形的，由公共信息拥有机关根据实际情况决定是否予以公开，适用于部分与他人利益有着密切联系的公共信息。

（3）部分公开。这是指公共信息中如果含有部分免于公开的事由和可以公开的内容的，该公共信息的掌握机构应当公开其中可以公开的部分。在部分公开的公共信息中，其可以公开部分即是依职权或裁量公开，其不可公开部分即是免于公开。

（4）免于公开。这是指公共信息公开后可能对国家、公共利益和他人的利益造成损害的，不予公开。公共信息公开是原则，不公开为例外，只有法律规定涉及国家安全、商业秘密和个人隐私的情形，属于不公开的范围。

【案例讨论】

2005年1月18日，湖南省常宁市荫田镇爷塘村农民蒋石林从一位县人大代表处听说常宁市财政局去年"违法购买了两辆小车"一事后，给市财政局寄发《关于要求常宁市财政局对违法购车进行答复的申请》，认为财政局的湘D72783号别克牌小车和湘D72583蒙迪欧牌小车是违法所购，对纳税人的钱不当利用的处理情况给予答复未果。以"财政局超预算、超编制购买豪华轿车"为由，将常宁市财政局告上法庭，法院以所诉事项不属于人民法院受案范围裁定驳回。该市财政局派员到蒋石林家当面解释财政局购买小车的情况，并解释说虽然法院依法没有受理此案，但你告状有一定的道理。并对市财政局未答复其申请表示歉意。

问题：如何评价本案蒋石林的行为、法院的裁定以及财政局的行为？

2. 公共信息公开的方式

公共信息公开的方式视公开的范围不同而有别。

（1）依职权公开信息应当通过以下一种或者多种形式及时进行：①政府网站和官方公共网站[2]；②公共档案馆；③政府公报；④官方新闻媒体（包括官方报刊、官方电视、广播等新闻媒体）；⑤信息厅、公开栏、电子屏幕、电子触摸屏等设施；⑥政府公开服务热线；⑦政府新闻发布会；⑧其他便于公众及时、准确获得信息的形式。[3] 对于

---

[1] 《广州市政府信息公开规定》（2002年）第6条规定："政府信息以公开为原则，不公开为例外。"
[2] 政府网站是指各级人民政府及其工作部门的网站。官方公共网站是指各级地方人民政府网络主管部门直接管理的承担官方宣传任务的公共网站，与其他由私人投资机构主办的网站有着不同的性质，例如，新华网、人民网及其各地方网站；各省、直辖市、自治区和市、县命名的网站，例如，上海在线、四川新闻等。
[3] 《陕西省政府信息公开规定》（2005年）第10条。

依职权公开的事项，拥有公共信息的行政主体应当主动公开，不得以内部规定为由予以拒绝。

(2) 依申请公开的公共信息，申请人可以采用书面（信函）、口头、电子邮件等形式向掌握该政府信息的公开人提出申请。公开人依申请方式提供政府信息，并可以安排适当的时间和场所，供申请人阅读或者抄录。但是，公开人对于其应当主动公开的公共信息尚未公开而申请人又请求公开的，应当依法公开而无权行使是否公开的裁量权。在任俊杰诉郑州市规划局和市城建档案馆不公开停车位规划许可证文号及相关材料案中，虽然郑州市中原区人民法院在裁判中认为原告有权查阅行政机关作出的准予行政许可决定，但无证据证明其诉讼请求涉及行政机关侵犯其人身权、财产权而驳回其起诉。但宣判后河南省郑州市城市规划局复函该市市民任俊杰，对其要求查询本市停车位规划的审批依据、文号及有效期等问题进行了书面答复。① 该案裁判后公共信息拥有机关的行为表明了其应当履行公开信息的法律义务。

【关键词】

生命权 人格尊严 平等权 隐私权 宗教信仰自由 人身自由 居住自由 迁徙自由 通讯自由与通讯秘密 财产权 选举权与被选举权 担任国家公职的权利 言论自由 出版自由 结社自由 集会、游行、示威自由 信息自由

【思考题】

1. 生命权的含义是什么？如何看待当前与生命权有关的争论？
2. 人格尊严的含义是什么？其效力体现在哪几个方面？
3. 平等权的含义是什么？平等权具体包括哪些内容？其效力体现在哪几个方面？
4. 宗教信仰自由的特点是什么？
5. 我国法律、法规规定了哪几种限制公民人身自由的情形？
6. 居住自由的范围包括哪些？
7. 迁徙自由的含义是什么？我国法律法规对迁徙自由作了哪些限制规定？
8. 隐私权的含义是什么？隐私权的具体内容包括哪些？法律对隐私权的保护和限制体现在哪些方面？
9. 通讯自由和通讯秘密的效力包括哪几个方面？法律对通讯自由和通讯秘密的限制有哪些？
10. 财产权的含义和范围是什么？法律是如何限制财产权利的？
11. 选举权与被选举权的含义是什么？我国的选举分为哪几种类型？我国法律对选举权与被选举权行使作了哪些保护和限制规定？
12. 担任国家公职的权利的含义是什么？司法实践中是如何救济此项权利的？
13. 言论自由的含义是什么？其效力包括哪些方面？法律对言论自由作了哪些限制性规定？

---

① 中国法院网《郑州市民起诉规划局讨要知情权》，http://www.chinacourt.org/public/detail.php?id=208813，2006年6月16日访问。

14. 出版自由的含义是什么？我国对出版自由作了哪些限制规定？

15. 结社自由的含义是什么？我国对社团管理的特点有哪些？如何理解非政府组织的特点与作用？

16. 集会、游行、示威自由的含义是什么？我国法律是如何规定该项权利的行使的？

17. 信息自由的特点有哪些？

【参考文献】

［英］凯瑟琳·贝纳德：《欧盟劳动法》，付欣译，中国法制出版社2005年版。

［美］Lisa Stearns 等：《禁止就业歧视：国际标准和国内实践》，李薇薇译，法律出版社2006年版。

［美］阿丽塔·L·艾伦（Anita Allen）、理查德·C·托克音顿（Richard C. Turkington）：《美国与私法·学说、判例与立法》，冯建妹、石宏、郝倩、刘相文、许开辰编译，中国民主法制出版社2004年版。

［挪］艾德等：《经济、社会和文化的权利》，黄列译，中国社会科学出版社2003年版。

国际人权法教程项目组：《国际人权法》，中国政法大学出版社2002年版。

蔡定剑：《宪法精解》，法律出版社2004年版。

董和平、韩大元、李树忠：《宪法学》，法律出版社2000年版。

胡锦光、韩大元：《中国宪法》，法律出版社2004年版。

林来梵：《从宪法规范到规范宪法——规范宪法学的一种前言》，法律出版社2001年。

中国社会科学院法学研究所资料室：《论法律面前人人平等》，社会科学文献出版社2003年版。

谢鹏程：《公民的基本权利》，中国社会科学出版社1999年版。

李步云主编：《宪法比较研究》，法律出版社1998年版。

杨宇冠：《人权法——公民和政治权利国际公约研究》，中国人民公安大学出版社2003年版。

［奥］曼弗雷德·诺瓦克：《民权公约评注》，毕小青、孙世彦等译，生活·读书·新知三联书店2003年版。

［美］罗纳德·德沃金：《自由的法——对美国宪法的道德解读》，刘丽君译，上海人民出版社2001年版。

张千帆：《宪法学导论·原理与应用》，法律出版社2004年版。

周伟：《中国的劳动就业歧视：法律与现实》，法律出版社2006年版。

第十五章 公民基本权利：经济、社会和文化权利

【本章学习提示】 经济权利是保证公民享有适当生活水准、享有获得和维持符合于人的尊严最低限度的体面生活标准的权利。经济权利被认为既是规划性的权利也是执行性的权利。规划性的权利意味着要求政府通过"规划"，实现国家的义务；执行性的权利则表明政府需要执行相应的措施来履行国家的义务。经济权利包括经济自由、经济平等、社会保障权利和劳动权四项具体权利。社会权利是指保护个人在其生活的社会条件中相关的权利，它奠定了人们得以确立和规范他们的社会条件的基础。社会权利包括公民享有的受教育权和妇女作为女性所享有的妇女权利。文化权利在权利的内容、范围等方面并没有普遍接受的定义，甚至对于"文化"本身也没有普遍认同的定义。其实质是保护个人发展和参与其所属群体和社会的文化生活的权利。文化权利包括科学研究自由、文学艺术创作自由和参加文化生活权利。

第一节 经济权利

一、经济自由

（一）经济自由的含义

经济自由是指公民为获得物质利益以及与物质有关的财产利益而采取相关的活动不受国家的限制、剥夺或禁止，同时国家应当积极行使权力，排除影响公民行使经济自由权利的障碍。经济自由的核心是经济活动，即目的是取得、维护或实现财产目的的活动，不包括那些具有人身性质的居住和迁徙自由、移居国外和选择国籍的自由、职业选择的自由等内容。[①]

1993 年宪法第 7 条修正案规定："国家实行社会主义市场经济。"社会主义市场经济决定着经济活动主体可以自主地从事经济活动，获取财富，实现其经济利益不受国家限制、剥夺的自由。

宪法对财产权利的保障主要是对公民已经取得的物质利益不被非法侵犯，但同时也包括对公民可以取得的物质利益的机会予以保障。经济自由是对公民及其他经济活动主体取得物质利益机会，即可能获得但尚未获得物质利益的资格保障而不是对已经取得的物质利益的保障。因为"交换，与财产权一样，乃是一种自然的权利。每个生产或获得某一产品的人都应该可以选择或立刻将其用于自己的目的，或者将其转让给地球上任何人，只要该人同意以某种他所希望得到的东西与他交换。如果他并未有任何违反公共秩序和良好道德的行为，而仅仅为满足另一个人的便利，那么，剥夺他的这种选择权，乃

[①] 莫纪宏主编：《宪法学》，社会科学文献出版社 2004 年版，第 323 页。

是把掠夺行径合法化"。①

如果说宪法财产权利的目的偏重于限制国家对公民已经取得的财产的结果或状态的限制、剥夺或克减，那么经济自由的目的则是限制国家对将要取得财产的过程的干预。② 因此，经济自由是保障人们谋求获取财富、实现或改善其人身自由的物质保障的活动。公民只有实现了经济自由，才能为其拥有财产并要求国家保护其拥有财产奠定基础。如果经济自由得不到保障，财产权利就难以实现，保障财产权也仅限于已经取得的财产。经济活动自由可以分为五种形式：其一，创设自由，即无须许可就可进入一个场所或市场从事一项活动的自由。其二，竞争的自由。其三，消费自由。其四，合同自由。其五，结社自由，即劳工的集体行动，以及个人和经济单位有权组建公司及其他经济联合体。③ 经济自由强调的不是静态的财富积累，而是人们创造财富的条件和前提，这是一个开放式的，面向未来的潜能世界。财富不仅是现有的财富，而且是能够拥有的财富。④

经济自由表明，宪法必须有效地控制国家权力对法律界定的财产权利和包含财产转移的契约安排进行的公开侵扰，而此种限制是对现代政治中多数决定论立法程序的限制⑤。2004年4月民航总局发布《关于重申禁止国内航班跨零点飞行的通知》，禁止各航空公司国内航班在机场跨零点飞行，此即限制经济自由的情况；2006年开始，所有国内民用航空机场的国内客运时间安排可延长到次日凌晨2点，新疆地区到次日凌晨4点。但国家禁止部分经济主体从事经济活动构成侵犯经济平等而非经济自由，例如民航总局是对所有航空公司进行限制，而非其中部分公司，应该视为侵犯经济自由而非平等。《普通高等学校学生管理规定》（1989年）第49条规定："除商业和旅游类校（院）系科（专业）可举办实习商店外，学生个人不得从事经商活动。"即是对在校大学生经济自由活动的限制，尤其是对必须通过勤工俭学的方式完成学业的学生经济自由的干预。⑥ 在2005年教育部修改该规定中的立场反映了国家权力对在校大学生经济自由的尊重。

【案例讨论】

美国人丹尼斯·霍普发现联合国1967年《外层空间条约》为所有联合国成员国签署，规定外太空天体的主权不为任何一个国家所有，但未规定私人不得拥有外太空星体后，遂向当地法院、美国、苏联和联合国递交了一份所有权声明，宣布其为月球、太阳系除地球外的8大行星及其卫星的土地拥有者。2005年8月30日，丹尼斯·霍普与李捷签订"独家经销协议"，为其在中国内地、台湾、香港的总代理商，独家销售丹尼斯"拥有"的月球土地。2005年9月5日，"月球大使馆"在朝阳区工商部门正式注册成

---

① 巴斯夏：《财产、法律与政府——巴斯夏政治经济学文粹》，秋风译，贵州人民出版社2003年版，第246页。
② 张雪丽：《"月球村"老板不认罚坚决上诉》，载《法制早报》2006年1月6日，http://www.chinalegalnews.com.cn/legaltimes/20060102/1401.htm，2006年3月16日访问。
③ [美]亨金、罗森塔尔：《宪政与权利——美国宪法的域外影响》，郑戈等译，三联书店1996年版，第164页。
④ [美]罗宾·保罗·马洛伊：《法律和市场经济—法律经济学价值的重新诠释》，钱弘道、朱素梅译，法律出版社2006年版，第52页。
⑤ [美]詹姆斯·布坎南：《财产与自由》，韩旭译，中国社会科学出版社2002年版，第59页。
⑥ 《普通高等学校学生管理规定》（2005年）第46条。

立。10月9日,该公司开始以298元人民币可购买月球上1英亩(合6亩)的土地并获得《月球土地所有权证书》进行销售。美国总公司总裁丹尼斯·霍普也特意赶到北京促销。11月25日,李捷在京宣布月球背面属于自己所有,并把公司"月球大使馆"的名称改为月球村航天科技有限公司。2005年12月21日,北京市朝阳区工商行政管理局以违反《投机倒把行政处罚条例》为由对月球村航天科技有限公司处以5万元罚款,并吊销营业执照。2006年1月初,海淀法院正式开庭审理此案。

问题:北京市朝阳区工商行政管理局的做法是否侵害了李捷享有的经济自由?为什么?

(二)对经济自由的限制

经济自由是一项基本权利。"对于经济自由,现代宪法大多强调为了公共利益的需要,在合理赔偿和补偿的情况下可以对其进行某种程度的限制"。① 如果为了国家安全、公共利益需要进行限制,必须由法律或者行政法规予以适当限制且需正当的理由。

(1)对于关系国家军事、安全、国民经济命脉和统一经济秩序的行业,国家可以限制由特定的经营主体经营而排斥其他经济主体的参与。

(2)对一般的行业,国家限制则应当受到严格规制。这其中,对具备网络性质,较易形成自然垄断的行业(如电力、广播电视、铁路等),因为由垄断的一个或很少几个企业经营更容易获得规模经济,若由多个企业经营则容易破坏网络的整体效率,故可以对需要维护网络统一效率的部分的经营主体进行限制;但对于非网络部分则应当实行竞争经营,如电力行业中的电网部分宜垄断经营,而发电部分则完全可以采取竞争经营。同样,铁路也可以网运分离,其中铁路网可以统一运营,而运输则完全可以放开。②

(3)对影响公共利益的行业,其经济自由可以根据社会秩序的实际需要在从业人员、经营对象和经营时间上进行必要的限制。例如,鉴于娱乐业存在着一些潜在危害公共利益的因素,在国家尚未制定法律的情况下由行政法规对该行业的经营自由进行必要的限制,③ 与中国现阶段法制实践中对人身自由、出版自由和结社自由等均由行政法规进行限制的情况是一致的。在需要由国家规定的从事经济活动的资格条件中,凡是公民(法人或者其他组织)能够自主决定的、市场竞争机制能够有效调节的、行业组织或者中介机构能够自律管理的以及国家采用事后监督等其他管理方式能够解决的,国家均不得设立相应的资格条件予以限制。④

二、经济平等

(一)经济平等的含义

经济平等是指国家对包括个人在内的各类经济主体,在法律上相同对待,保障其以相同的法律主体地位和权利义务在公平的经济环境中参与市场活动,从而实现在经济活动中的平等。经济平等是实现财产权利的重要内容,也是公民实现其他宪法基本权利的

---

① 莫纪宏主编:《宪法学》,社会科学文献出版社2004年版,第323页。
② 李佐军:《关系"国计民生"并非政府垄断的理由》,载《经济参考报》2004年8月22日。http://news.xinhuanet.com/fortune/2004-08/18/content_1812995.htm,2006年3月16日访问。
③ 《娱乐场所管理条例》(2006年)第5、23、28条。
④ 《行政许可法》第13条。

物质基础与保障。这就要求民营企业作为企业法人，在市场竞争领域的经济活动中，与国有企业应当享有平等的权利与义务。

在我国，非公有制经济与公有制经济都是社会主义市场经济的组成部分。《宪法》第11条规定："在法律规定范围内的个体经济、私营经济等非公有制经济，是社会主义市场经济的重要组成部分。""国家保护个体经济、私营经济等非公有制经济的合法的权利和利益。国家鼓励、支持和引导非公有制经济的发展，并对非公有制经济依法实行监督和管理。"这表明，非公有制经济与国有经济，都具有相同的法律地位。依照经济平等原则，它们应当享有同样的经济权利与义务，不得由于经济主体在所有制方面的差异，而受到国家的歧视对待。

经济平等，要求国家在针对包括个人在内的非公有制经济的经济活动制定法律、法规和规章时，应当根据宪法关于非公有制经济地位之规定与平等原则；对于已经制定的这类规定，也应当依照宪法的这一原则，"清理和修订限制非公有制经济发展的法律法规和政策，消除体制性障碍。允许非公有资本进入法律法规未禁入的基础设施、公用事业及其他行业和领域。非公有制企业在投融资、税收、土地使用和对外贸易等方面，与其他企业享受同等待遇"。① 为此，需要国家"进一步消除制约非公有制经济发展的体制性障碍和政策性因素，进一步落实鼓励、支持和引导非公有制经济发展的政策措施。取消在大多数既不关系国家安全也与国民经济命脉无涉的领域，对非公有制经济实行限制的做法。国家不得对非公有制经济主体实行排斥性的区别对待，维护公用企业的垄断地位。"②

【案例讨论】

1998年3月，国务院宣布重组石油工业，组建两大全业务的石油集团，即中国成品油石油集团、中国石化集团。1999年5月，国务院办公厅转发经贸委等八部门的38号文（国办发〔1999〕38号）文件，规定除这两大集团之外，不允许其他独立的成品油批发企业存在。2001年9月，国务院办公厅转发了国家经贸委等五部门《关于进一步整顿和规范成品油市场秩序的意见》（国办发〔2001〕72号）文件，重申了两大集团的批发专营权——成品油由石油集团、石化集团集中批发，并进一步赋予两大集团以零售专营权——各地区新建的加油站，统一由石油集团、石化集团全资或控股建设。非两大集团的成品油批发企业大幅减少，最少的如新疆只剩下3家。1999年底，国内大约有8.8万座加油站，其中两大集团之外的占到87.6%，市场份额约60%，到2003年年中，加油站数量降至8万座左右，两大集团之外的降至50%，市场份额则降至40%。

问题：1998年赋予两家国有公司垄断经营权的规定是否与经济平等相抵触？是否构成侵犯经济平等权利？

（二）经济平等与税收

经济平等也要求国家对各类经济主体的税收平等，使得各类经济主体在经济活动中

---

① 《中共中央关于完善社会主义市场经济体制若干问题的决定》，载《人民日报》2003年10月21日，第1版。
② 参见钱俊毅、吕剑波：《邮政法修改可能使300多万快递员成非法从业者》，载《新民晚报》2006年2月10日，http://finance.sina.com.cn/g/20060210/20242333631.shtml，2006年2月25日访问。

获得相同的经济竞争条件与资格，不因经济主体本身的差异而承担对国家不同的税收负担。在我国税收制度改革之前，国家根据经济主体所有制的不同而区别对待国有企业、集体企业、私营企业和外商投资企业，制定了不同的税收标准，加重了国有企业的经济负担。国家在对外开放初期为了吸引外商投资而对其实行大大低于内资企业的税收标准，虽然这种做法可以吸引国外投资者到国内投资解决国内发展经济资金不足的困难，但事实上是背离了经济平等的原则。随着我国经济的不断发展，在赋税上遵循国内外经济主体的经济平等权，是发展我国经济竞争力的重要措施。对于内资企业的税赋，无论是在证券交易所上市交易的股份有限公司还是其他所有制的企业，如果国家为了发展证券市场而仅仅对上市公司实行特殊的税收优惠，使得其他企业在税赋上与它们不平等而在市场竞争中可能处于不利的地位，显然也不符合经济平等的原则[①]。对内资企业和外资企业，也采用不同的税率。内资企业适用《企业所得税暂行条例》（1993年）第3条规定，纳税人应纳税额，按应纳税所得额计算税率为33%；外资企业适用《外商投资企业和外国企业所得税法》（1991年），对外资企业规定了不同类型的税收优惠措施[②]。由于外资企业能够比内资企业享受更多的税收优惠，实际测算的外资企业平均税率为13%，内资企业为25%。[③] 上述不平等的税收政策，直接导致了不同企业之间市场竞争的不平等。从经济平等的宪法视角来看，国家应当平等地确定纳税人的税率，使他们处于同样的市场竞争地位，获得平等的市场条件。

三、社会保障权利

（一）社会保障权的含义

社会保障是国家通过国民收入的分配与再分配，对社会成员的基本生活权利予以保障的社会安全制度。当社会成员因为年老、疾病、失业、生育、死亡、灾害等原因致使生活发生困难时得以从国家和社会获得基本生活需求的保障。社会保障由社会福利、社会保险、社会救助、社会优抚和社会安置等制度组成。

社会保障权是指公民享有因特定原因不能通过其他正当途径获得必要的物质生活资料时，有从国家和社会获得生活保障，享受社会福利的权利。

1954年《宪法》第93条规定："中华人民共和国劳动者在年老、疾病或者丧失劳动能力的时候，有获得物质帮助的权利。国家举办社会保险、社会救济和群众卫生事业，并且逐步扩大这些设施，以保证劳动者享受这种权利。"1982年《宪法》第14条第4款规定："国家建立健全同经济发展水平相适应的社会保障制度。"第44条规定："国家依照法律规定实行企业事业组织的职工和国家机关工作人员的退休制度。退休人员的生活受到国家和社会的保障。"第45条规定："中华人民共和国公民在年老、疾病或者丧失劳动能力的情况下，有从国家和社会获得物质帮助的权利。国家发展为公民享受这些权利所需要的社会保险、社会救济和医疗卫生事业；国家和社会保障残废军人的生

---

① 在2002年1月1日前，各地对地方实行的上市公司所得税先按33%的法定税率征收再返还18%的优惠政策。一些地方政府为了扶植上市公司，经财政部同意由地方政府返还企业上缴所得税总额的18%，使得这类上市公司企业所得税实际只缴15%，http://www.sun2008.com/financial/zhongguocjbd/caijingzx/20010913/112.html，2006年6月10访问。

② 《外商投资企业和外国企业所得税法》（1991年）第7、8条。

③ 《税改箭在弦上》，http://res.qzhi.com.cn/detail/632780439900000000/373149.html，2006年6月10访问。

活,抚恤烈士家属,优待军人家属;国家和社会帮助安排盲、聋、哑和其他有残疾的公民的劳动、生活和教育。"

我国调整社会保障制度的法律规范主要有行政法规《失业保险条例》(1998年)、《工伤保险条例》(2003年)和国务院规范性文件。例如,《国务院关于深化企业职工养老保险制度改革的通知》(国发〔1995〕6号)、《国务院关于建立统一的企业职工基本养老保险制度的决定》(国发〔1997〕26号)、《国务院办公厅关于继续做好确保国有企业下岗职工基本生活和企业离退休人员养老金发放工作的通知》(国办发〔2000〕9号)、《国务院办公厅转发民政部关于进一步做好农村社会养老保险工作意见的通知》(国办发〔1995〕51号)、《国务院关于建立城镇职工基本医疗保险制度的决定》(国发〔1998〕44号)。还包括劳动与社会保障部门行政规章和规范性文件,例如《关于完善城镇职工基本养老保险政策有关问题的通知》(劳社部发〔2001〕20号)、《关于规范企业职工基本养老保险个人账户管理有关问题的通知》(劳社厅发〔2001〕5号)、《企业职工生育保险试行办法》(劳部发〔1994〕504号)、《县级农村社会养老保险基本方案(试行)》(民办发〔1992〕2号)。此外,各省、市、自治区也制定了相应的地方性法规、地方政府规章和规范性文件。

(二)社会保障权的内容

在现阶段,我国的社会保障制度分为以下五方面:

1. 获得国家物质帮助的权利

公民在年老、疾病或者丧失劳动能力的情况下,有权请求国家和社会给以必要的物质帮助。1982年《宪法》第45条规定:"中华人民共和国公民在年老、疾病或者丧失劳动能力的情况下,有从国家和社会获得物质帮助的权利。"国家主要通过各级人民政府的民政部门提供物质上的帮助;社会主要通过集体经济组织、企事业单位、社会团体、群众自治组织和社会各界人士通过捐赠等方式提供物质上的帮助。这里所说的社会保险是指国家强制实行的由劳动者和雇佣劳动者的单位,包括国家机关、企事业组织和其他一切雇佣劳动者的团体、私人向社会保险机构缴纳社会保险费,以促进社会保障为目的的非营利的商业保险以外的社会保障制度。

【案例讨论】

张小华1967年8月参加工作,1996年11月因故意伤害罪被判刑四年。1997年4月2日,南京金陵石油化工公司化肥厂解除了与张小华的劳动合同。刑满释放后,张小华未重新参加工作。南京市劳动和社会保障局以国家规定判刑前工龄不予计算连续工龄,张小华实际缴费年限为9年零9个月,即1987年1月至1996年9月为由,排除其在国家实行养老金社会统筹之前参加工作的工龄,认定其不具备按月领取养老金的条件。后考虑到张小华的实际困难,作为个案为其办理了退休手续并从2002年10月起发放养老金。张小华认为其1967年参加工作。国家从1987年开始实行养老保险制度,规定此前在国家机关、企事业单位工作没有交纳养老保险金的年限视为缴费年限。张小华认为其1997年被判刑,至判刑时止,其工龄应为30.5年。南京市劳动和社会保障局不能因其受过刑事处罚剥夺其工龄,遂于2003年11月向南京市白下区人民法院提起行政诉讼,要求判令被告南京市劳动和社会保障局确认其30.5年工龄。

问题:张小华的社会保障权利是否被侵害?你认为本案应当如何处理?

2. 城市居民最低收入的保障

城市居民收入低于当地城市最低生活保障标准的,有权请求获得基本生活物质帮助的权利。《城市居民最低生活保障条例》(1999年)第2条规定:"持有非农业户口的城市居民,凡共同生活的家庭成员人均收入低于当地城市居民最低生活保障标准的,均有从当地人民政府获得基本生活物质帮助的权利。"城市居民最低生活保障标准,按照当地维持城市居民基本生活所必需的衣、食、住费用,并适当考虑水电燃煤(燃气)费用以及未成年人的义务教育费用确定。第8条规定:"县级人民政府民政部门经审查,对符合享受城市居民最低生活保障待遇条件的家庭,应当区分下列不同情况批准其享受城市居民最低生活保障待遇:(一)对无生活来源、无劳动能力又无法定赡养人、扶养人或者抚养人的城市居民,批准其按照当地城市居民最低生活保障标准全额享受;(二)对尚有一定收入的城市居民,批准其按照家庭人均收入低于当地城市居民最低生活保障标准的差额享受。"

3. 农村社会养老保险和农村五保供养居民的保障

农村社会养老保险是国家保障全体农民老年基本生活的制度,目前在全国有条件的地区逐步推广。农村社会养老保险制度坚持资金个人交纳为主,集体补助为辅,国家予以政策扶持;坚持自助为主、互济为辅;坚持社会养老保险与家庭养老相结合;坚持农村务农、务工、经商等各类人员社会养老保险制度一体化的方向。个人交纳要占一定比例;集体补助主要从乡镇企业利润和集体积累中支付;国家予以政策扶持,主要是通过对乡镇企业支付集体补助予以税前列支体现。一般以村为单位确认(包括村办企业职工、私营企业、个体户、外出人员等),组织投保。乡镇企业职工、民办教师、乡镇招聘干部、职工等,可以以乡镇或企业为单位确认,组织投保。①

农村居民属于五保供养对象的,有请求集体经济组织给以帮助的权利。五保供养的对象是指村民中符合下列条件的老年人、残疾人和未成年人:①无法定扶养义务人,或者虽有法定扶养义务人,但是扶养义务人无扶养能力的;②无劳动能力的;③无生活来源的。根据《农村五保供养工作条例》(1994年)之规定,供养的范围包括在吃、穿、住、医、葬方面给予的生活照顾和物质帮助;供养的实际标准,不应低于当地村民的一般生活水平。具体标准由乡、民族乡、镇人民政府规定。

4. 残废军人、烈士、军人家属生活的保障

《宪法》第45条第2款规定:"国家和社会保障残废军人的生活,抚恤烈士家属,优待军人家属。"残废军人是指参战或者因公负伤致残的现役军人;烈士是指我国人民和人民解放军指战员,在革命斗争、保卫祖国和社会主义现代化建设事业中壮烈牺牲的人员,其家属称为革命烈士家属;军人家属是指军人的父母、配偶、子女,以及依靠军人生活的十八周岁以下的弟妹、军人自幼曾依靠其抚养长大现在又必须依靠军人生活的其他亲属。对于上述人员生活的社会保障,国务院颁布了行政法规《革命烈士褒扬条例》(1980年)、《军人抚恤优待条例》(1988年)、《中国人民解放军士官退出现役安置

---

① 《县级农村社会养老保险基本方案(试行)》(民办发[1992]2号)序言。

暂行办法》(1999年)，作出了具体规定。

5. 农民工的保障

农民工是指具有农村户口身份而在城镇务工，兼有农民与工人双重身份的劳动者。其特征有三：一是持有农村户口，但在城市、乡镇企事业单位工作；二是拥有农村土地承包经营权，而以在城镇务工所得为主要谋生手段及生活来源；三是工作生活居所不稳定，具有流动性，其生活工作居住总是随着务工场所的变化而改变。[①] 农民工是中国在实现工业化、城镇化中将长期存在的现象。现阶段中国的社会保险制度依照户籍管理体制为基础而未将农民工的社会保障纳入统一的政策范围虽然有其历史和社会背景[②]，但与宪法确定的公民社会保障权不符，国家也应当履行对农村居民的社会保障义务。

2006年国务院发布《国务院关于解决农民工问题的若干意见》，确定国家要高度重视农民工社会保障工作的原则。优先解决工伤保险和大病医疗保障问题，逐步解决养老保障问题。要兼顾农民工工资收入偏低的实际情况，实行低标准进入、渐进式过渡，调动用人单位和农民工参保的积极性。要采取建立大病医疗保险统筹基金的办法，重点解决农民工进城务工期间的住院医疗保障问题。抓紧研究低费率、广覆盖、可转移，并能够与现行的养老保险制度衔接的农民工养老保险办法。有条件的地方，可直接将稳定就业的农民工纳入城镇职工基本养老保险。已经参加城镇职工基本养老保险的农民工，用人单位要继续为其缴费。劳动保障部门要抓紧制定农民工养老保险关系异地转移与接续的办法。

四、劳动权

（一）劳动权的含义

劳动是人们获得物质利益、维持生存的基本手段。狭义上的劳动偏重于强调其作为一种谋生手段，即经济生活的手段。20世纪初期以来，劳动权的含义扩大到从强调劳动条件、社会公正和普遍平等之间的相互依存，到强化劳动作为与人的价值、人格发展及社会需求紧密相连的概念。而把劳动与人的尊严联系在一起，为他们相互依存的渗透国际人权制度铺平了道路[③]。

1954年宪法第91条规定："中华人民共和国公民有劳动的权利。国家通过国民经济有计划的发展，逐步扩大劳动就业，改善劳动条件和工资待遇，以保证公民享受这种权利。" 1982年《宪法》第42条规定："中华人民共和国公民有劳动的权利和义务。国家通过各种途径，创造劳动就业条件，加强劳动保护，改善劳动条件，并在发展生产的基础上，提高劳动报酬和福利待遇。劳动是一切有劳动能力的公民的光荣职责。国营企

---

① 《中国经济周刊》（2005年第43期），人民网 http://www.people.com.cn/GB/paper1631/16299/1439184.html，2006年4月16日访问。

② 国家关于农民工社会保险的政策规定主要有《关于农民工参加工伤保险有关问题的通知》（劳社部发〔2004〕18号）和《关于推进混合所有制企业和非公有制经济组织从业人员参加医疗保险的通知》（劳社厅发〔2004〕5号）。地方的有：北京市劳动和社会保障局《北京市外地农民工参加工伤保险操作暂行办法》（京劳社办发〔2004〕101号）和《北京市外地农民工参加基本医疗保险操作办法》（京劳社办发〔2004〕101号）、《北京市农民工养老保险暂行办法》（京劳社养发〔2001〕125号）；《上海市外来从业人员综合保险暂行办法》（2004年修订）。

③ K. 德罗兹维基：《工作权和就业中的权利》，载［挪］艾德等：《经济、社会和文化的权利》，黄烈译，中国社会科学出版社2003年版，第254～255页。

业和城乡集体经济组织的劳动者都应当以国家主人翁的态度对待自己的劳动。国家提倡社会主义劳动竞赛，奖励劳动模范和先进工作者。国家提倡公民从事义务劳动。国家对就业前的公民进行必要的劳动就业训练。"

劳动权又称工作权，是指有劳动能力的公民享有从社会获得有保障的工作并按照其劳动的数量和质量取得劳动报酬和其他劳动所得的权利，即受雇佣权和获得劳动所得权。劳动权的实现取决于劳动者的工作能力、劳动力市场的需求，并不是指国家保证每个公民都能够获得一个工作，而是要求国家采取适当的措施为公民就业创造条件使其获得就业的机会。劳动权是社会权利的核心，是公民得以保障其生存的条件和行使其他各项基本权利的重要手段。

劳动权的实现，有赖于国家积极创造公民参与劳动的条件。因为劳动权的实现，首先必须要有受雇用的机会，这要求国家积极地创造劳动就业条件，满足劳动者对就业的要求。劳动权的实现，还需要国家对劳动者进行必要的劳动就业训练，使劳动者具备基本的劳动技能。宪法规定劳动既是权利也是义务，因为劳动是国家和社会积累物质财富和精神财富的基本方式。公民在享受国家提供的这些物质保障的同时，也应当为国家和社会履行相应的义务。文明社会废除了强迫劳动，这里的义务应当理解为一种道德义务而不是法律义务。如果承认人民有工作的义务，事实上将发生各种困难。[①] 从法律的意义来看，将劳动规定为公民的一项法律义务似乎是我国宪法所特有的现象。在宪法理论上，由于劳动能否成为法律上的义务本身即存在争议，故可以认为我国将劳动作为一种义务规定在宪法里面，或许其宣示意义大于实际意义。

（二）劳动权利的内容

《劳动法》（1994年）具体规定了法律保障公民行使劳动权的基本内容。主要是：

1. 平等就业权

《劳动法》第3条规定，劳动者享有平等就业的权利。平等就业权是指劳动者享有平等就业的机会。平等要求相似的对待相似的人，在劳动就业中，每个劳动者都是独一无二的，并不能够把他们等同起来。因此，这存在着由道德来判断谁与谁类似的情形。但在确定应该被相似对待的人时，如果没有道德标准，平等就没有任何意义，正是由于平等在个人或群体特殊性质的关联性方面没有提供内部指导，所以需要不歧视原则来填补平等就业判断不确定性的漏洞。[②]

2. 不受歧视权

《劳动法》第12条规定："劳动者就业，不因民族、种族、性别、宗教信仰不同而受歧视。"第13条规定："妇女享有与男子平等的就业权利。在录用职工时，除国家规定的不适合妇女的工种或者岗位外，不得以性别为由拒绝录用妇女或者提高对妇女的录用标准。"不得被歧视权是指以劳动者的劳动能力、工作经验、工作水平、专业技术等岗位所需的条件作为录用劳动者的条件，而不得以劳动者的民族、种族、性别、宗教信仰等其他与劳动岗位职责无关的条件为标准，对劳动者求职过程中进行的区别对待，即

---

① 王世杰，钱瑞升：《比较宪法》，中国政法大学出版社1997年版，第131页。
② ［英］凯瑟琳·贝纳德：《欧盟劳动法》，付欣译，中国法制出版社2005年版，第220页。

排斥某些群体的劳动者从事某些劳动岗位，限制、剥夺他们劳动的基本权利[①]。中国最普遍和最典型的劳动就业歧视是对农民工的立法歧视，包括主管部门的行政规章、国务院及其他部门的规范性文件、地方性法规、地方政府规章、规范性文件对农民工在城镇就业的限制性规定。[②] 这些规定从 2004 年起逐步被清理和取消，但植根于户籍制度的其他就业歧视仍然存在。

3. 选择职业的权利

《劳动法》第 3 条规定，劳动者享有选择职业的权利。选择职业的权利包括选择职业、工作、其他有报酬活动的和工作场所的自由。但是，选择职业的自由根据工作职位的要求和国家安全，也可以予以限制。这通常需要结合比例原则和必要性原则一起解释。国家机关工作人员选择自由应当受法律和国家政策的限制，不得影响国家权力的行使或利用其拥有的资源为其个人或为他人谋取个人利益。[③]

选择职业的权利并不排斥竞业限制。竞业禁止是用工单位禁止在职或离职后职工到与原单位存在业务竞争关系的单位工作。[④] 竞业禁止限制的是员工的择业权而非就业权。如果遵守竞业禁止将导致职工无法就业，则该限制因剥夺劳动者的劳动权而无效[⑤]。竞业禁止在保障雇主的商业秘密和技术秘密不因雇员与雇主劳动关系终止而受到损害的同时，限制了劳动者利用其从工作经历中获得的知识、经验和技能在其熟悉的领域劳动的自由，因此，用人单位给予劳动者经济补偿，是竞业禁止协议生效的前提条件[⑥]。除非雇主对劳动者支付补偿金，竞业禁止合同将自动终止[⑦]。竞业禁止补偿金不是用人单位给予劳动者劳动报酬，二者支付的条件、程序与方式均不能等同起来，故不能用支付劳动报酬的方式代替支付竞业禁止补偿金[⑧]。

【案例讨论】

廖建华曾担任金蝶软件西南区总经理、成都分公司总经理，2005 年初调任深圳总公司掌管金蝶软件在全国的售后服务。其与金蝶公司签订的《保密及竞业限制协议》约定："未经甲方事先书面同意，乙方不得在离职后一年内，在与甲方存在商业竞争关系或者其他利害关系的用人单位任职，或者自己生产、经营与甲方有竞争关系的同类产品或业务"。"甲方每月发放的薪资和福利待遇中，均已包括用以给乙方在竞业限制期内的补偿金额"。同年 9 月廖建华离开金蝶，数月后加入用友软件。金蝶软件公司以违反条

---

① 2005 年 8 月 28 日，全国人大常委会批准了《1958 年消除就业和职业歧视公约》(1958 年 (第 111 号公约)。
② 参见周伟等：《中国的劳动就业歧视：法律与现实》，法律出版社 2006 年版。
③ 《法官法》(2001 年修正) 第 15 条。《检察官法》(2001 年修正) 第 18 条。《公务员法》(2005 年) 第 53、68 条。
④ 《公司法》第 61 条。《劳动法》第 22 条。
⑤ 《关于加强科技人员流动中技术秘密管理的若干意见》(国科发政字 [1997] 317 号) 第 7 条第 2 款。《劳动部关于企业职工流动若干问题的通知》(劳部发 [1996] 356 号) 第 2 条。
⑥ 宋鱼水：《一起劳动者与竞业禁止的案例分析》，http://www.chinacourt.org/public/detail.php?id=142726，2006 年 4 月 18 日访问。
⑦ 《公司状告员工跳槽反输"竞业禁止"官司》http://info.news.hc360.com/html/001/002/008/016/123304.htm，2006 年 4 月 20 日访问。
⑧ 顾萌：《金蝶起诉前中层违反竞业禁止 要索赔 10 万元》，http://biz.163.com/06/0320/17/2CM2SP3M00020QEE.html，2006 年 4 月 20 日访问。

款为由，要求前员工廖建华离开目前服务的公司并向金蝶赔偿10万元人民币。廖建华为此申请劳动仲裁委员会依法确认竞业限制条款对申诉人无约束力。

问题：本案竞业限制条款与劳动权是否冲突，你认为应当怎样裁判？为什么？

4. 劳动报酬取得权

《劳动法》第3条规定，劳动者享有取得劳动报酬的权利。报酬是指劳动者从其雇主那里直接或间接地获得的正常的工资、薪水或其他报酬。取得报酬的含义包括同工同酬，即工作分类相同、工作价值相同应当获得相同的报酬，不得因劳动者的性别等原因而区别对待。《劳动法》第50条规定："工资应当以货币形式按月支付给劳动者本人。不得克扣或者无故拖欠劳动者的工资。"劳动者获得劳动报酬是劳动关系得以成立的条件。但即便未签订劳动合同而未纳入劳动法调整的劳动活动仍受宪法劳动权的保护。用工单位不得以任何形式变相侵犯劳动者的报酬取得权。

5. 休息权

《劳动法》第3条规定，劳动者享有休息休假的权利，第51条规定："劳动者在法定休假日和婚丧假期间以及依法参加社会活动期间，用人单位应当依法支付工资。"上述休息权是法定休息权。劳动休息权还应当包括在劳动时间或劳动场所劳动者维持自然人新陈代谢生理需要的其他方式。在广西壮族自治区鹿寨县汽车客运公司不服对其职工上厕所期间发生的交通事故造成的人身损害认定为工伤①和四川省成都市中级人民法院裁判对职工在工作场所和工作时间内上厕所发生的伤亡未认定为工伤应当重新认定案中，②都认为劳动者在工作时间内上厕所属于自然人生理需要的休息方式，由此而发生的事故应当认定为工伤。

6. 获得劳动安全卫生保护的权利

《劳动法》第3条规定，劳动者享有获得劳动安全卫生保护的权利。劳动者对劳动单位违反安全规定的作业，有权予以拒绝。第52条规定："用人单位必须建立、健全劳动安全卫生制度，严格执行国家劳动安全卫生规程和标准，对劳动者进行劳动安全卫生教育，防止劳动过程中的事故，减少职业危害。"第54条规定："用人单位必须为劳动者提供符合国家规定的劳动安全卫生条件和必要的劳动防护用品，对从事有职业危害作业的劳动者应当定期进行健康检查。"第56条规定："劳动者在劳动过程中必须严格遵守安全操作规程。劳动者对用人单位管理人员违章指挥、强令冒险作业，有权拒绝执行；对危害生命安全和身体健康的行为，有权提出批评、检举和控告。"近年来，中国矿难事故凸现国家在监督企业保障劳动者劳动安全方面的职责，也显示出现有的劳动监察制度发挥实际效果需要进一步完善的问题。③

---

① 14 马本现：《乘务员上厕所遭遇车祸被认定为工伤》，中国法院网 http://www.chinacourt.org/public/detail.php? id=186416，2006年4月20日访问。
② 14 马本现：《乘务员上厕所遭遇车祸被认定为工伤》，中国法院网 http://www.chinacourt.org/public/detail.php? id=186416，2006年4月20日访问。
③ 据国家安监总局网站公布的数据，截至2005年12月18日，全国煤矿企业发生1次死亡10人以上特大事故56起，死亡1710人，同比增加16起、703人；发生一次死亡30人以上特别重大事故11起，死亡961人，同比增加三起、438人。参见汪海明：《年度话题追踪 2005年的矿难》，载《财经》（总149期），2006年。

7. 其他权利

《劳动法》第 3 条规定的劳动者享有的劳动权利还包括：接受职业技能培训的权利、享受社会保险和福利的权利、提请劳动争议处理的权利和法律规定的其他劳动权利。

（三）劳动权的效力

当劳动法不能直接援引或者不能充分保障当事人权利时，人民法院可以适用宪法规定的劳动权裁决。

（1）在侵犯劳动权无普通劳动法律规范直接援引的情况下，可以适用劳动权的宪法基本权利作为人民法院裁判案件直接援引的法律依据。

在 1988 年最高人民法院在（88）民他字第 1 号《最高人民法院关于雇工合同"工伤"概不负责是否有效的批复》中指出："对劳动者实行劳动保护，在我国宪法中已有明文规定，这是劳动者所享有的权利。张学珍、许广秋身为雇主，对雇员理应给予劳动保护，但他们却在招工登记表中注明'工伤概不负责'。这种行为既不符合宪法和有关法律的规定，也严重违反了社会主义公德，应属无效民事行为。至于该行为被确认无效后的法律后果和赔偿等问题，请你院根据民法通则等法律的有关规定，并结合本案具体情况妥善处理。"① 该司法解释表明，人民法院在无普通民事法律、劳动法律规范可以援引的情况下，可以援引劳动权的宪法基本权利作为认定涉讼民事行为是否具有合法性的依据。

（2）在侵犯劳动权适用劳动法不能满足对宪法劳动权救济的情况下，可以直接援引宪法劳动权的条款裁决案件。

在最高人民法院公报发布的四川省眉山县人民法院裁判的刘明诉铁道部第二十工程局二处第八工程公司、罗友敏工伤赔偿案中认为："《中华人民共和国宪法》第四十二条第二款规定：'国家通过各种途径，创造劳动就业条件，加强劳动保护，改善劳动条件，并在发展生产的基础上，提高劳动报酬和福利待遇'。《中华人民共和国劳动法》第三条规定：'劳动者有获得劳动安全卫生保护的权利'。第四条规定：'用人单位应当依法建立和完善规章制度，保障劳动者享有劳动权利和履行劳动义务。'被告罗有敏作为工程承包人和雇主，依法对民工的劳动保护承担责任。……被告第八工程公司在与被告罗友敏签订的承包合同中约定'施工中发生伤、亡、残事故，由罗友敏负责'，把只有企业才能承担的安全风险，推给能力有限的自然人承担，该条款损害了劳动者的合法权益，违反了我国宪法和劳动法前述有关规定，依照《中华人民共和国民法通则》第五十八条第一款（五）项的规定，该约定应当属于无效条款，不受法律保护。第八工程公司对原告刘明的工伤事故，依法应当承担连带责任。"该案进一步确认人民法院直接适用劳动权的宪法基本权利条款，并确认民事协议是否具有法律效力。②

在最高人民法院公报发布的龙建康诉中州建筑工程公司、姜建国、永胜县交通局损害赔偿纠纷案中，进一步确认了云南省永胜县人民法院适用劳动权裁判案件的适用法律原则："《中华人民共和国宪法》第四十二条第四款规定：'国家对就业前的公民进行必

---

① http://vip.chinalawinfo.com/newlaw2002/slc/slc.asp?db=cas&gid=33555143，2006 年 4 月 20 日访问。
② 参见"刘明诉铁道部第二十工程局二处第八工程公司、罗友敏工伤赔偿案"（1998 年），载《中华人民共和国最高人民法院公报》1999 年第 5 期，第 172~173 页。

要的劳动就业训练'。《劳动法》第 4 条规定：'用人单位应当依法建立和完善规章制度，保障劳动者享有劳动权利和履行劳动义务'。《民法通则》第 156 条第 2 款规定：'公民、法人由于过错侵害国家的、集体的财产，侵害他人财产、人身的，应当承担民事责任'。被告中州公司是经国家批准有资格承包建设工程的企业，在用人时应当承担宪法和劳动法规定的提供劳动保护、对劳动者进行劳动就业训练等义务。中州公司通过签订《建设工程承包合同》，向被告交通局承包了过境线工程。作为该工程的直接承包者和劳动法规定的用人单位，中州公司在将该工程转交给被告姜建国具体负责施工后，没有履行宪法和劳动法规定的上述义务，也未对姜建国的工作情况进行监督管理，因而引起工伤事故的发生。对此，中州公司应当承担民事责任。中州公司在与被告姜建国签订的内部承包合同中约定：'如发生一切大小工伤事故，应由姜建国负全部责任'，把只有企业才能承担的风险转给实力有限的自然人承担。该约定损害劳动者合法权益，违反了宪法和劳动法的规定，是无效约定，不受法律保护。"① 这个司法见解同样表明了人民法院在适用劳动法无法救济劳动者劳动权的情况下，可以援引宪法劳动权的条款裁判案件的原则。

第二节 社会权利

一、妇女权利

（一）妇女权利的含义

妇女权利是指女性群体和个体相对于男性群体和个人的平等，而非男性相对于女性的平等。法律之所以不对男子而是对妇女权利给以特别保护，是因为妇女与男人在事实上并不平等或可以说妇女与男人相比是弱势群体，需要法律的特别保护。

1954 年《宪法》第 96 条规定："中华人民共和国妇女在政治的、经济的、文化的、社会的和家庭的生活各方面享有同男子平等的权利；婚姻、家庭、母亲和儿童受国家的保护。"1982 年《宪法》第 48 条第 1 规定："中华人民共和国妇女在政治的、经济的、文化的、社会的和家庭的生活等各方面享有同男子平等的权利。"第 2 款规定："国家保护妇女的权利和利益，实行男女同工同酬，培养和选拔妇女干部。"其中第 2 款是在以前宪法条款基础上增加的。主要针对的是社会上重男轻女思想仍很严重以及妇女干部所占比例很少的情况，希望通过增加这一规定，从宪法上加强对男女平等权的保护。因此，在第 1 款的基础上进一步突出强调了国家加强对女性的双重保护的重点：一是劳动上的平等权，二是政治生活中的培养、选拔女干部。②

男女在生理上的差异构成人类社会上层建筑歧视妇女的基础。事实上，自然人性别的生理差异与被描述的对应的心理状态之间并没有必然的联系。人类社会长久以来一直给男女以不同的制度安排，强调男女两性某种预先决定和不可逃避的等级色彩的角色。③ 虽然作为个人的男性和女性在他们性格中的温柔与刚毅、敏感与冷淡等方面都有

---

① 《中华人民共和国最高人民法院公报》1999 年第 5 期。
② 蔡定剑：《宪法精释》，法律出版社 2004 年版，第 250 页。
③ ［美］莱斯利·里普森：《政治学的重大问题——政治学导论》，刘晓等译，华夏出版社 2001 年版，第 122 页。

很大的不同，但这种程度上的不同仅分布在两性共同组成的人类差异序列中。男子和女子在其个性中展现的某种程度的特性是自然的现象，而在男人是社会领导地位这个特权神话基础上建立起来的制度才是不自然的。[①]

（二）妇女权利的内容

1982年之前的宪法把男女平等与婚姻家庭的保护放在一起规定，1982年《宪法》将女平等与婚姻家庭分别规定，且增加了第2款。这不仅表明妇女权利即男女平等权与婚姻家庭权是两项独立的权利，而且也表明了国家有保障男女平等权实现的义务。

妇女权利实质上也是男女平等权。男女平等是中国的一项基本国策。它不仅强调的是女性相对于男性的平等，要求国家和社会保障女性在政治的、经济的、文化的、社会的以及家庭等方面以等同于男性享有权利的地位，而且也强调妇女特有的某些权利。实现男女平等的核心是平等与禁止歧视原则。而保障妇女获得与男子平等的就业机会、共享经济资源和社会发展成果，是推进性别平等与妇女发展的首要目标和优先领域。保障妇女的合法权益是全社会的共同责任。国家机关、社会团体、企业事业单位、城乡基层群众性自治组织，都有义务依法保障妇女的权益。男女平等要求国家采取必要的措施，逐步完善保障妇女权益的各项制度，消除对妇女一切形式的歧视。国家制定并实施中国妇女发展纲要，并把妇女与经济、妇女参与决策和管理、妇女与教育、妇女与健康、妇女与法律、妇女与环境六大领域的34项主要目标和100项策略措施等妇女发展纳入经济社会发展总体规划[②]。

男女平等权主要包括以下内容：第一，政治权利，即妇女有权通过各种途径和形式，管理国家事务，管理经济和文化事业，管理社会事务。第二，文化教育权利，即学校和有关部门应当执行国家有关规定，保障妇女在入学、升学、毕业分配、授予学位、派出留学等方面享有与男子平等的权利。学校在录取学生时，除特殊专业外，不得以性别为由拒绝录取女性或者提高对女性的录取标准。第三，劳动和社会保障权利，即各单位在录用职工时，除不适合妇女的工种或者岗位外，不得以性别为由拒绝录用妇女或者提高对妇女的录用标准。劳动（聘用）合同或者服务协议中不得规定限制女职工结婚、生育的内容。第四，财产权利，即家庭共有财产关系中，不得侵害妇女依法享有的权益。妇女在农村土地承包经营、集体经济组织收益分配、土地征收或者征用补偿费使用以及宅基地使用等方面，享有与男子平等的权利。任何组织和个人不得以妇女未婚、结婚、离婚、丧偶等为由，侵害妇女在农村集体经济组织中的各项权益。第五，人身权利，即妇女的人身自由不受侵犯。第六，婚姻家庭权利，即禁止干涉妇女的结婚、离婚自由。

（三）妇女权利的保护

1. 妇女的土地承包权利

妇女权利对自治组织和乡规民约也具有直接的法律效力。任何组织或个人，包括法律授权行使自治权的组织，不得根据妇女的婚姻状况而对妇女与男子享有的平等权利予

[①] [美]莱斯利·里普森：《政治学的重大问题——政治学导论》，刘晓等译，华夏出版社2001年版，第122页。
[②] 国务院新闻办公室：《中国性别平等与妇女发展状况》（2005年）http://news.xinhuanet.com/newscenter/2005-08/24/content_3395409.htm，2006年3月16日访问。

以限制、克减或剥夺。在四川省新津县人民法院（1995）新民初字第 118 号王玉伦、李尔娴诉五津镇蔬菜村村委会侵犯男女平等权案中，即阐明了农村妇女出嫁到其他地方而未迁出户籍的，其责任田仍然受法律保护的法律立场。① 在 2003 年山东省博兴县人民法院裁判的王某诉村委因其"出嫁女"而不分给责任田行政案件即表达了农村妇女出嫁到城镇未迁出户籍其土地责任田仍然受法律保护的法律见解。② 当然，由于在农村普遍存在着以妇女从夫居为主，婚后大多是女方到男家落户的习惯和传统，在执行土地承包政策中存在着的歧视妇女和侵害妇女权益的现象在一些地方还较为普遍，妇女享有的农村土地承包责任田权利方面需要国家在行政、司法的特别保护。③

2. 禁止虐待妇女

妇女与男子在家庭中的地位平等，夫妻双方应当相互尊重，国家禁止以存在婚姻家庭关系为由侮辱妇女人格、实施家庭暴力或虐待妇女④。禁止任何有损妇女尊严和人格的家庭暴力行为。在严某不服公安机关给以其治安警告行政处罚向杭州市西湖区人民法院提起行政诉讼并被法院受理引发国内首例因婚内虐待行政诉讼案中，公安机关对严某给予处罚的行为即表达了这个法律见解。⑤

3. 性的平等

男女平等包括夫妻双方性的平等，即夫妻一方无权支配和强迫对方的性要求。妇女的性权利与人格尊严不因其与丈夫的婚姻关系而被迫服从于对方。夫妻感情如确已破裂，因婚姻关系处于特殊阶段，男方如违背女方意志并使用暴力与妻子发生性关系，可构成强奸罪而承担相应的刑事责任。⑥

4. 禁止性别歧视

男女平等还要求国家对妇女基于性别固有的特征进行差别对待，也不得以妇女的婚姻状况与怀孕与否而排斥、限制或剥夺其与男性同等的法律权利。2005 年商务部在录用国家公务员程序中，因应试者未说明其婚姻状况，在试用期中发现其怀孕而予以辞退

---

① 参见喻敏：《论男女平等的宪法原则在"民事领域"内的直接效力》，载《中国法学》1995 年第 6 期，第 103 页。
② 参见中国法院网：《村规民约不合法"出嫁女"讨回责任田》http://www.chinacourt.org/public/detail.php?id=71478，2006 年 4 月 6 日访问。
③ 参见 2001 年中国科学院农业政策研究中心关于《妇女与土地权》的学术研讨会的总结，http://www.ccap.org.cn/GL/GL-02-1.pdf，2006 年 4 月 6 日访问。
④ 据中国法学会《反对针对妇女的家庭暴力对策研究与干预》项目（以下简称反家暴项目）的调查，在所调查地区被调查者中有 2/3 的人表示在儿童时期遭受过家庭暴力，有 1/3 的人表示家庭中存在配偶暴力，其中 80% 以上是针对妇女的暴力。参见张李玺、刘梦反家暴项目《现状、态度和预防——对妇女的家庭暴力调查结果报告》，2002 年 11 月，未刊稿。最高人民法院《关于适用〈中华人民共和国婚姻法〉若干问题的解释（一）》（2001 年）第 1 条规定："家庭暴力，是指行为人以殴打、捆绑、残害、强行限制人身自由或者其他手段，给其家庭成员的身体、精神等方面造成一定伤害后果的行为。持续性、经常性的家庭暴力，构成虐待。"
⑤ 中国法院网：《全国首例因婚内虐待引发的行政官司》http://www.chinacourt.org/public/detail.php?id=1897，2006 年 4 月 6 日访问。
⑥ 陈为明：《论婚内强奸行为的刑事责任》，http://article.chinalawinfo.com/article/user/article_display.asp?ArticleID=25538，2006 年 4 月 7 日访问。类似案例报道参见《陕西首例婚内强奸案宣判 施暴丈夫被判刑》，http://www.unn.com.cn/GB/channel346/347/1388/200110/24/117838.html，2006 年 4 月 7 日访问。

的决定,即涉嫌构成对应试者的性别歧视。① 2003 年湖南省公务员的录用体检标准,对女性固有的生理特征作为身体健康与否的标准。在公务员录用程序中,对"体检不合格者将坚决不予以录用"②,约 20%的考生虽然笔试和面试都合格,但因不符合该标准确定的身体"优"的标准而未被录取。这个对妇女固有生理特征作出差别限制的规定,在 2004 年被社会公开指责涉嫌对应试者的性别歧视而被迫取消。③

5. 临时特别措施

男女平等并不排斥为了保障女性群体与男性享有平等权利而采取的有利于女性的合理差别措施。在赵某诉厦门市思明区教育局在推荐入读外国语学校名额中限制男女生比例的具体行政行为侵害平等受教育权行政诉讼案争议的核心,即说明了这个法律见解。④ 如果为了职业与教育多元化采取的旨在平衡自然人性别比例的措施有其合理性并不构成性别歧视,但此平衡必须基于对男女两性全面考虑。如果仅仅在个别领域中降低女性的比例的同时而保持其他领域男性的高比例,则该旨在降低女性比例的差别措施同样构成性别歧视。

【案例讨论】

2005 年,某大学外国语学院小语种招生对男女生设置了不同的分数线。男生文科 590 分,理科 619 分;女生文科 598 分,理科 636 分。

问题:本案中某大学做法是否构成性别歧视?为什么?

二、受教育权利

(一)受教育权的含义

受教育权是指公民享有从国家获得接受教育的机会和获得接受教育的物质帮助的权利。受教育权是每一个公民按照其个人能力享有平等接受教育的权利,接受教育的类型包括初等教育、中等教育、高等教育、职业教育等各种形式。

1954 年《宪法》第 94 条规定:"中华人民共和国公民有受教育的权利。国家设立并且逐步扩大各种学校和其他文化教育机关,以保证公民享受这种权利。国家特别关怀青年的体力和智力的发展。"1982 年《宪法》第 46 条规定:"中华人民共和国公民有受教育的权利和义务。国家培养青年、少年、儿童在品德、智力、体质等方面全面发展。"此外,第 19 条规定:"国家发展社会主义的教育事业,提高全国人民的科学文化水平。国家举办各种学校,普及初等义务教育,发展中等教育、职业教育和高等教育,并且发展学前教育。国家发展各种教育设施,扫除文盲,对工人、农民、国家工作人员和其他

---

① 中国法院网:《不服公务员资格被取消 孕妇状告商务部被驳回》http://www.chinacourt.org/public/detail.php?id=159252,2006 年 4 月 7 日访问。

② 《湖南省国家公务员录用体检试行办法》(湘人发[2003]31 号)第 21 条规定:"妇科体检包括:询问月经初潮年龄、周期、出血量及持续时间;有无痛经、白带,有无伴随症状(如外阴瘙痒、腹痛、排尿状等)及其程度。已婚妇女作阴道涂片检查。"第 22 条规定:女性"第二性征发育正常,乳房对称、无包块,外阴无炎症、溃疡、肿瘤,无子宫脱垂,为合格"。

③ 中国妇女网:《湖南省公务员录用体检标准"歧视"女性遭质疑》,http://www.women.org.cn/allnews/06/574.html,2006 年 4 月 7 日访问。

④ 中国法院网:《12 岁男生状告教育局"性别歧视"终审败诉》http://www.chinacourt.org/public/detail.php?id=145293,2006 年 4 月 7 日访问。

劳动者进行政治、文化、科学、技术、业务的教育，鼓励自学成才。国家鼓励集体经济组织、国家企业事业组织和其他社会力量依照法律规定举办各种教育事业。国家推广全国通用的普通话。"

受教育权是每一个公民都享有的基本权利，这一权利不应该因公民个人能力以外的原因有所区别。它与劳动权一样构成个人发展的基本手段之一。因为公民行使各项公民权利和政治权利，例如，出版自由、言论自由、集会和结社自由、选举权与被选举权等，都取决于接受的教育。同样，要充分行使经济、社会和文化权利，也只有在达到最低限度的教育之后才可能行使。教育的目的在于加强人权，而宽容和尊重人权应当是受过教育者的主要特征。[①]

受教育权并非仅仅指父母为子女提供教育的责任和国家通过强制入学的方式保障适龄儿童接受适当的教育，而主要是确定国家有义务发展和维护学校及其他教育机构的义务，以便为每个人提供受教育的机会。这意味着国家应通过立法和其他方法保证公民不受歧视和消除在获得和享有教育方面的不平等的状况。[②] 受教育权只能通过国家发展和维护学校及其他教育机构为公民提供免费的义务教育。

（二）受教育权的性质

公民个人的发展包括智力、体能、品格、修养、文化、科学、情操等各方面，这些只有通过接受教育才能够得到全面的发展；而在现代社会，社会的政治、经济、文化、科学和技术的发展，是以人的文化科学素质不断提高为前提条件的。国力的强弱越来越取决于劳动者的素质，取决于各类人才的质量和数量。这决定着接受教育不仅是个人能力发展的需要，而且也是社会发展的客观需要，因此，公民接受教育既是享有权利的体现，也是其为国家和社会进步应尽的义务。

但是，受教育的权利义务统一性限于义务教育，且与其他权利义务统一有着不同的特点。首先，权利与义务并存仅在义务教育阶段。结束义务教育以后已经免除其受教育的义务，公民仍享有继续接受义务教育之外的教育之权利，因此，受教育的权利与义务的统一限于义务教育阶段。其次，在义务教育阶段，受教育的权利主体与义务主体是相分离的。一方面，从现实情况来看，义务教育阶段的学生绝大多数不具备完全民事权利能力和行为能力，规定他们有接受教育的义务其象征意义远大于实际意义，即便学生没有履行这项义务，国家也不可能给予其法律制裁。受教育的义务主体应该是处于义务教育阶段的学生的监护人，即他们有义务保障学生的受教育权利，督促他们主动行使这项权利。凡疏于履行这项义务导致适龄儿童失学的，国家可以给予监护人以相应的处罚。另一方面，对义务教育负有保障义务的主体，除了义务教育适龄儿童、少年的监护人之外，还包括国家、学校以及社会相关团体等，权利主体与义务主体并不同一。

（三）国家对义务教育的保障

国家保障公民享有受教育的权利，应当提供必要的物质条件，这是国家的主要义

[①] M. 纽瓦克：《教育权》，载［挪］艾德等：《经济、社会和文化的权利》，黄烈译，中国社会科学出版社 2003 年版，第 279 页。

[②] M. 纽瓦克：《教育权》，载［挪］艾德等：《经济、社会和文化的权利》，黄烈译，中国社会科学出版社 2003 年版，第 285~286 页。

务。为此,《宪法》第19条规定:"国家发展社会主义的教育事业,提高全国人民的科学文化水平。国家举办各种学校,普及初等义务教育,发展中等教育、职业教育和高等教育,并且发展学前教育。国家发展各种教育设施,扫除文盲,对工人、农民、国家工作人员和其他劳动者进行政治、文化、科学、技术、业务的教育,鼓励自学成才。国家鼓励集体经济组织、国家企业事业组织和其他社会力量依照法律规定举办各种教育事业。"为了实施宪法规定的公民享有受教育的权利,国家制定了《义务教育法》(2006年)、《高等教育自学考试暂行条例》(1988年)、《教师法》(1993年)、《教育法》(1995年)、《职业教育法》(1996年)、《高等教育法》(1998年)等法律。

国家的保障义务主要是指义务教育。义务教育是国家统一实施的所有适龄儿童、少年必须接受的教育,是国家必须予以保障的公益性事业。实施义务教育,不收学费、杂费。国家对义务教育的责任与非义务教育的责任并不是一样的。对于公民而言,接受义务教育的权利与非义务教育的权利在权利的享有和行使上也有着重大的区别。义务教育的特点主要是:

(1) 义务教育是指国家的义务。国家建立义务教育经费保障机制,保证义务教育制度实施(《义务教育法》第2条)。国务院和县级以上地方人民政府应当合理配置教育资源,促进义务教育均衡发展,改善薄弱学校的办学条件,并采取措施,保障农村地区、民族地区实施义务教育,保障家庭经济困难的和残疾的适龄儿童、少年接受义务教育(《义务教育法》第6条)。

(2) 义务教育是适龄儿童、少年及其父母或监护人的义务。但此义务仅限于到义务教育学校接受教育。适龄儿童、少年不分性别、民族、种族、家庭财产状况、宗教信仰等,依法享有平等接受义务教育的权利,并履行接受义务教育的义务(《义务教育法》第4条)。适龄儿童、少年的父母或者其他法定监护人应当依法保证其按时入学接受并完成义务教育(《义务教育法》第5条第2款)。

(3) 义务教育的费用由国家承担。1986年义务教育法实施以来,受教育者虽然不承担学费,但事实上承担了相当一部分的杂费,这与义务教育的原则与目的不相符合。鉴于不收学费、杂费需要有过渡的实际情况,《义务教育法》第61条规定:"对接受义务教育的适龄儿童、少年不收杂费的实施步骤,由国务院规定。"从2006年开始,国务院对西部农村的所有中小学生实施了免杂费的政策。西部农村4900万名义务教育阶段学生已经享受到了免杂费的政策并按国家标准获得了补助。国务院还规定在2007年内中部地区将全部实行免杂费。[1] 由于城市义务教育免杂费的工作需要地方政府做好充分的准备,其实施将比农村适当推迟。鉴于我国义务教育中存在着的城镇与农村的差别,国务院决定在2007年,使全国农村家庭经济困难的学生都能享受到免杂费、免书本费,补助寄宿生,2010年我国的农村地区实现免费义务教育,2015年全国普遍实行免费义务教育。[2]

---

[1] 王比学、宋伟、董洪亮:《新修订的〈义务教育法〉9月1日起施行——义务教育法修订四个关键词回应教育热点问题》,http://npc.people.com.cn/GB/14957/53050/4551800.html,2006年7月6日访问。
[2] 章新胜:《中国全民教育国家报告新闻发布会》,http://www.edu.cn/20051110/3159899.shtml,2006年1月21日访问。

【案例讨论】

2005年9月，全日制"孟母堂"在上海市松江区开设，其教学内容以读经为主，其中语文课所读的是《易经》《论语》等中国古代传统典籍；英语以《仲夏夜之梦》起步；数学则由外聘老师根据读经教育的观念，重组教材，编排数理课程。"私塾"的体育课以瑜伽、太极之类修身养性的运动为主。学校在12名孩子身上实验以古老的私塾教育替代小学教育。学校不讲课文、不教英文单词。在数学的教学内容中甚至涉及微积分。学校在秉承"读经典、尊孔孟、诵莎翁、演数理"的宗旨下，教授从4岁到12岁的12位孩子。①

讨论：家庭教育违反义务教育法吗？

（四）受教育权的效力

教育权的效力可以分为以下两个方面：

（1）受教育权对国家权力产生直接的拘束力。国家不得以任何方式，对公民受教育的权利予以限制。2000年及其以前，教育部规定的全日制普通高等学校报名资格必须是未婚和一般不得超过25周岁以下；②2004年及其以前规定被高等学校开除学籍或勒令退学到报名结束之日不满一年者不得报考③；2006年及其以前规定报考全日制普通高等学校报名资格须身体健康④；2006年以前报考高等院校全日制硕士研究生年龄一般不超过40岁、博士一般不超过45周岁⑤。这些限制条件，均与受教育者接受教育无任何直接关系，即差别对待的理由与受教育的方式或者接受教育的能力无关，因此违反宪法受教育权的相关规定。

【案例讨论】

2003年12月3日，重庆市人事局与市政府办公厅在媒体上发布了一条关于招录秘书的启事，要求学历为普通高校大学本科及以上学历。2004年1月5日，市人事局在媒体上刊登2004年报考国家公务员的简章，只针对普通高校应届本科以上毕业生。梁衡与其他自考生认为该启事和简章对自考生构成歧视。他们认为，政府人事部门对自考生的歧视行为将对自考生在社会上产生不良的影响。2005年重庆市取消了该规定。

问题：国家机关录用公务员区别受教育者的选择学习的方式合法吗？请说明理由。

（2）受教育权要求国家的政策必须保障受教育权的行使。国家教育行政主管部门和国家义务教育机构应当对接受义务教育的适龄儿童一视同仁，保障他们接受义务教育不得在权利上区别对待。中国20世纪50年代中期以来实行的农村与城镇户籍管理制度，

---

① 杨玉：《上海教委："孟母堂"违法办学 家长行为亦属违法》，载《新闻晚报》，2006年7月11日。http://news.xinhuanet.com/edu/2006-07/25/content_4876460.htm，2006年7月28日访问。
② 教育部《2000年普通高等学校招生工作规定》，第1条第1项第4目规定："未婚，年龄一般不超过二十五周岁。有特殊贡献的中国公民，经所在单位推荐，省、自治区、直辖市招生委员会批准，年龄、婚否不限"。
③ 教育部《2004年普通高等学校招生工作规定》第1条第1项第4目规定："被高等学校开除学籍或勒令退学到报名结束之日不满一年者"不得报考。
④ 教育部《2006年普通高等学校招生工作规定》第1条第1项第3目规定，报考资格之一是"身体健康"。
⑤ 《2006年全国招收攻读硕士学位研究生简章》第2条第1项。中国研究生招生信息网：《2006年全国招收攻读硕士学位研究生简章》，http://www.edu.cn/20051110/3159899.shtml，2006年1月21日访问。

造成城市公共服务设施和教育资源对农民工子女就读的严重紧缺，或者部分公立义务教育学校不能满足农民工子女就读的实际需要。① 在 20 世纪 90 年代以后一些大城市出现的收费低廉的农民工子女学校客观上承担着基础教育的任务，但这些学校不能获得国家财政经费和教师资源支持，教学设施和教学质量无法达到法律规定的办学条件而未取得教育行政主管部门的办学许可，处于非法办学的状态，或者是被逐步清理或者被取缔②。在不能充分保障农民工子女义务教育的情况下，应当实事求是地解决并满足这些低收入家庭尤其是农民工子女在城镇接受义务教育的实际需要。③

第三节 文化权利

在人类学上，文化被认为是"一个社会成员共享的理想、价值和信仰，社会成员用它们解释经验并生成行为，而且它们也反映在他们的行为之中"。④ 在哲学上，文化被理解为是有别于物质成就的精神成就，亦即人的内在人格和自我完善的意向。"它（文化）是一个人内心的组织和陶冶，一种同人们自身的个性的妥协；文化是达到一种更高的自觉境界，人们借助于它懂得自己的历史价值，懂得自己在生活中的作用，以及自己的权利和义务。"⑤

在法律意义上，按照联合国教育科学文化卫生组织通过的决议，"文化视为某个社会或某个社会群体特有的精神与物质、智力与情感方面的不同特点之总和；除了文学和艺术外，文化还包括生活方式、共处的方式、价值观体系、传统和信仰"。⑥ "就其核心来说，是指思想、艺术、宗教。'文化'这一概念所表达的一种强烈的意向就是把这一类事物与政治、经济和社会现实区分开来"。⑦ 文化权利包括科学研究（学术自由）、文学艺术创作和参加文化生活的权利。我国宪法确认的公民有进行科学研究、文学艺术创作和其他文化活动的自由，与国际人权法上文化权利大体相同。

一、科学研究自由

（一）科学研究自由的含义

科学研究自由又称为学术自由，是指公民有权通过各种方式从事科学技术研究，并在研究中自由地讨论、发现和分析问题，发表意见和提出不同的见解。"科学研究自由在性质上属于精神自由的范围，体现了宪法保护公民思想自由和表达自由的原则。因此，科学研究自由也称为'学术自由'。"⑧

---

① 参见四川省统计局：《四川调查：消除体制障碍 解决农民工子女教育问题》，http://www.stats.gov.cn/was40/reldetail.jsp?docid=402269316，2006 年 4 月 20 日访问。
② 刘大江：《农民工子女，我上得起的学校为啥都是"非法"的》，http://news.xinhuanet.com/newscenter/2005-09/08/content_3462084.htm，2006 年 4 月 18 日访问。
③ 国务院办公厅转发教育部、中央编办、公安部、发展改革委、财政部、劳动保障部发布《关于进一步做好进城务工就业农民子女义务教育工作的意见》（国办发〔2003〕78 号）。
④ ［美］威廉·A·哈维兰著：《文化人类学》，瞿铁鹏、张钰译，上海社会科学出版社 2006 年版，第 56～57 页。
⑤ 葛兰西：《葛兰西文选》，中央编译局译，人民出版社 1992 年版，第 5 页。
⑥ 《世界文化多样性宣言》（2001 年）序言第 2 段。
⑦ ［德］诺贝特·埃利亚斯：《文明的进程》（第 1 卷），王佩莉译，三联书店 1998 年版，第 62 页。
⑧ 许崇德主编：《宪法》，中国人民大学出版社 1999 年版，第 167 页。

科学文化研究，通常以参与有关科研机构和科研组织为基础，因此，此项权利首先包括各种学术研究或教学机构中的研究人员享有在其研究领域进行寻求真理、开展交流的自由。个人享有不受干涉、不受支配地研究、思索并且得出结论地自由，并且为他人参考、娱乐、分享信息之用，可以在自由出版和传播其思想和研究成果。①《高等教育法》(1998年)第10条规定："国家依法保障高等学校中的科学研究，文学艺术创作和其他文化活动的自由。在高等学校中从事科学研究、文学艺术创作和其他文化活动，应当遵守法律。"明确赋予高等院校教研人员及学生以学术自由。在该法其他相关条款的相关规定中，也体现了学术自由②。科学研究自由也包括平等利用高等教育机构资源的权利和免受任意解雇的权利，研究者自由决定其研究主题和方法的权利，教学自由、学生选择学习领域和参与高等教育机构管理的权利，学术合作权以及大学自治的体制化保障。③

（二）科学研究自由的内容

科学研究是指在从事科学研究（包括自然科学、工程科学、医学科学、社会科学）的过程中，选择研究课题、交流学术观点、表达学术见解的精神活动。科学的研究与发展，随着新的生产技术和对自然现象的新的认识，将对人类社会的发展产生深刻的影响。

科学研究自由包括高等教育机构自主组织实施教学活动。国家以统一的硕士研究生入学标准，要求全国各地高等院校按照统一的条件录取学生，不利于一些具备特殊能力学术人才的选拔与培养。④

科学研究自由包括教育机构教学研究人员自主选择研究方法、研究主题和发表研究成果的自由，任何以强制或者变相强制其从事学术研究和生产学术产品的措施并以此作为聘用与否的主要条件的做法，都有悖于学术自由。

（三）对科学研究自由的保护与限制

1982年《宪法》第20条规定："国家发展自然科学和社会科学事业，普及科学和技术知识，奖励科学研究成果和技术发明创造。"第47条规定："国家对于从事教育、科学、技术、文学、艺术和其他文化事业的公民的有益于人民的创造性工作，给以鼓励和帮助。"宪法规定国家的义务在于发挥其在教育科学文化建设中的作用。《科学技术进步法》(1993年)、《促进科技成果转化法》(1996年)等法律和有关的行政法规，对保障科学研究自由作出了规定。国家只有认真履行了这些宪法和法律义务，才能够为公民

---

① ［英］戴维·M·沃克：《牛津法律大辞典》，李双元等译，法律出版社2003年版，第443页。
② 《高等教育法》(1998年)第34条规定："高等学校根据教学需要，自主制订教学计划、选编教材、组织实施教学活动。"第35条规定："高等学校根据自身条件，自主开展科学研究、技术开发和社会服务。国家鼓励高等学校同企业事业组织、社会团体及其他社会组织在科学研究、技术开发和推广等方面进行多种形式的合作。国家支持具备条件的高等学校成为国家科学研究基地。"第36条规定："高等学校按照国家有关规定，自主开展与境外高等学校之间的科学技术文化交流与合作。"第37条规定："高等学校根据实际需要和精简、效能的原则，自主确定教学、科学研究、行政职能部门等内部组织机构的设置和人员配备；按照国家有关规定，评聘教师和其他专业技术人员的职务，调整津贴及工资分配。"
③ ［挪］艾德等：《经济、社会和文化的权利》，黄列译，中国社会科学出版社2003年版，第297~298页。
④ 徐友渔：《"清华博导愤怒"拷问招研究生体制》，载《新京报》2005年3月25日。http://opinion.people.com.cn/GB/1034/3270100.html，2006年4月25日访问。

实现其科学文化研究自由创造条件。公民进行科学研究、文学艺术创作和其他文化活动是宪法确认的一项基本权利，受法律保护，同时，国家应当为公民进行科学研究、文学艺术创作和其他文化活动提供必要的物质条件与保障。

科学技术是推动历史进步的巨大力量，是人类社会文明发展水平的重要标志。国家应当尊重科学研究的规律，不得运用国家权力干扰、影响和侵犯公民开展科学研究的权利。但科学研究不得违背《宪法》保障的人的固有尊严与价值，尤其不得进行任何有损于人类生命伦理与道德的研究。即便科学研究也应当尊重和遵守公认的生命伦理规范，任何有损固有的尊严与价值，违背人类生命伦理规范的科学研究都应当受到限制。例如，生物医学领域人类胚胎干细胞研究虽然属于科学研究，但其研究工作并非完全自由。任何此类科学研究必须符合生命伦理规范，尊重和遵守国际公认的生命伦理准则。我国禁止进行生殖性克隆人的任何研究①，允许开展胚胎干细胞和治疗性克隆研究②。

二、文学艺术创作自由

（一）文学艺术创作自由的含义

文学艺术创作自由作为文化权利的一部分，意味着个人不受限制地自由创造自己的文化作品的权利，以及所有人享有自由利用创作作品的权利。③ 富有创造力的多样性的发展要求充分地实现文化权利。每个人都应当能够用其选择的语言，特别是用自己的母语来表达自己的思想、进行创作和传播自己的作品；每个人都有权接受充分尊重其文化特性的优质教育和培训；每个人都应当能够参加其选择的文化生活和从事自己所特有的文化活动，但必须在尊重人权和基本自由的范围内。④

1982年《宪法》第22条规定："国家发展为人民服务、为社会主义服务的文学艺术事业、新闻广播电视事业、出版发行事业、图书馆博物馆文化馆和其他文化事业，开展群众性的文化活动。"这是国家保障公民文学艺术创作权利行使的义务，也是国家履行该职责的措施。文学艺术创作是一种精神生产活动，"文化活动是一种高层次的精神生活，是一种创造性的活动，它所反映的是人们对客观世界的认识和描绘。在合法的前提下，文化活动具有一定的独立性，它只服从科学和真理，而不能用意识形态来作为衡量的标准，不能强求文化活动必须为统治阶级的意识形态服务"。⑤ 我国对文学艺术创作实行"百花齐放、百家争鸣"的方针，⑥ 任何强制或者要求文学艺术创作必须贯彻政策方针的做法都不符合宪法上的文学艺术创作自由。

（二）文学艺术创作自由的形式

文学艺术创作活动以一定的形式体现。这些形式主要是文学艺术作品，包括文学和

---

① 《人胚胎干细胞研究伦理指导原则》（2004年）第9条规定："从事人胚胎干细胞的研究单位应成立包括生物学、医学、法律或社会学等有关方面的研究和管理人员组成的伦理委员会，其职责是对人胚胎干细胞研究的伦理学及科学性进行综合审查、咨询与监督。"

② 杨志望、曾伟：《中国为何对全面禁止克隆人研究说"不"？》，http://news.ustc.edu.cn/Article_Show.asp?ArticleID=4565，2006年6月15日访问。

③ R. 斯塔温黑根：《文化权利：社会科学的视角》，载［挪］艾德等：《经济、社会和文化的权利》，黄烈译，中国社会科学出版社2003年版，第99~100页。

④ 《世界文化多样性宣言》（2001年）第5条。

⑤ 全国人大常委会办公厅研究室政治组编：《中国宪法精释》，中国民主法制出版社1996年版，第176~177页。

⑥ 参见《"百花齐放，百家争鸣"方针》，http://news.xinhuanet.com/ziliao/2003-01/20/content_698003.htm，2006年6月20日访问。

艺术领域内的一切作品，如图书、讲课、演讲、讲道、戏剧、舞蹈、乐曲、电影作品、图画、建筑、雕塑、摄影作品等，还包括翻译、改编、乐曲整理，某一文学或艺术作品的其他改造的演绎作品。文学艺术作品的内容与特点决定于社会的实践需要与社会发展的水平，也是社会群体精神文化生活的反映。

（三）文学艺术创作自由与司法审查

国家应当尊重文学艺术创作的规律与特点，保护公民文学艺术创作的自由及其作品表达的思想精神，尤其是在该作品被控侵犯他人名誉权、隐私权或其他权利时，应当遵循利益平衡原则兼顾当事人的言论自由与其他权利。在 2006 年湖北省武汉市武昌区人民法院裁判的刑事附带民事判决书中，判决被告人涂怀章创作发表的小说《人殃》以特定的两江师范学院作为故事发生地，将自诉人作为生活原型加以描写构成诽谤罪，判处拘役 6 个月，后被告人提起上诉。① 该案表明，公民行使文学艺术创作的自由可能与他人权利发生冲突，可能侵犯他人的合法权利而构成民事侵权，但是否因此而构成刑事犯罪并受刑事处罚，则是人民法院司法裁判必须慎重考虑的问题。

三、参加文化生活权利

（一）参加文化生活权利的含义

参加文化活动也包括平等利用文化设施、文化遗产的权利，参加文娱、音乐等文化娱乐活动的权利。

文化设施包括各种文化活动的设备，例如，图书馆、博物馆、展览馆、文化馆等公民参加文化活动的载体。这表明国家在规划城镇建设中，应当保障建立必要的文化设施与活动场所，合理规划城镇文化设施建设，尤其在新建居民区必须规划和配套建设相应的文化设施。

文化遗产包括物质文化遗产和非物质文化遗产。物质文化遗产是具有历史、艺术和科学价值的文物，包括古遗址、古墓葬、古建筑、石窟寺、石刻、壁画、近代现代重要史迹及代表性建筑等不可移动文物，历史上各时代的重要实物、艺术品、文献、手稿、图书数据等可移动文物；以及在建筑式样、分布均匀或与环境景色结合方面具有突出普遍价值的历史文化名城（街区、村镇）。非物质文化遗产是指各种以非物质形态存在的与群众生活密切相关、世代相承的传统文化表现形式，包括口头传统、传统表演艺术、民俗活动和礼仪与节庆、有关自然界和宇宙的民间传统知识和实践、传统手工艺技能等以及与上述传统文化表现形式相关的文化空间。

（二）国家对公民参加文化生活权利的保护义务

国家拥有控制和支配文化资源的权力，并对公民利用文化设施、文化遗产权利的实现有着重要的影响。国家的文化政策应当有助于公民文化权利的实现，为其参与文化活动提供便利的条件。2004 年底，文化部、国家文物局等 12 部委决定，从 2005 年 1 月 1 日起，享受国家财政支持的各级各类公益性文化设施，都要向未成年人免费或优惠开放的政策，即体现了国家保障公民参加文化活动的义务。② 在 2003 年北京市对 6 个世界

---

① 参见湖北省武汉市武昌区人民法院［2005］武区刑自初字第 35—44 号刑事附带民事判决书。
② 参见丁肇立：《明年起公益性文化设施对未成年人集体免票》，http：//news. xinhuanet. com/newscenter/2004—10/30/content_2157698. htm，2006 年 5 月 10 日访问。

文化遗产游览参观点申请调整门票价格一事举行的听证会上，门票价格最高涨幅超过200%，且依照户籍区别本地人与外地人，事实上增加了外地游客的支付费用而对本地游客的影响并不大，这显然未考虑到公民利用世界文化遗产权利的便利。①

【关键词】

经济自由　经济平等　社会保障权利　劳动权　受教育权　妇女权利　科学研究自由　文学艺术创作自由　参加文化生活的权利

【思考题】

1. 经济自由的含义是什么？哪些事项构成限制经济自由的正当事由？
2. 经济平等的含义是什么？
3. 社会保障权的含义是什么？社会保障权的内容有哪些？
4. 劳动权的含义是什么？有哪些具体内容？劳动权的效力在司法实践中是如何表现出来的？
5. 妇女权利的含义是什么？妇女权利有哪些具体内容？法律规定了哪些保护妇女权利的具体措施？
6. 受教育权的含义是什么？受教育权的效力在司法实践中是如何表现出来的？国家在保障公民受教育权时应该尽到哪些义务？
7. 请愿权的含义是什么？信访权的行使有哪些特点？
8. 科学研究自由的含义是什么？有哪些具体内容？
9. 文学艺术创作自由的含义是什么？
10. 参加文化生活权利的含义是什么？

【参考文献】

［英］凯瑟琳·贝纳德：《欧盟劳动法》，付欣译，中国法制出版社2005年版。

［挪］艾德等：《经济、社会和文化的权利》，黄列译，中国社会科学出版社2003年版。

蔡定剑：《宪法精释》，法律出版社2004年版。

许崇德主编：《宪法》，中国人民大学出版社1999年版。

莫纪宏主编：《宪法学》，社会科学文献出版社2004年版。

---

① 《一致同意故宫等门票涨价：北京人听证外地人埋单》，http://news.xinhuanet.com/newscenter/2004-12/03/content_2291672.htm，2006年5月10日访问。